HADIJA HARUNA-OELKER • DIE SCHÖNHEIT DER DIFFERENZ

HADIJA HARUNA-OELKER

DIE SCHÖNHEIT DER DIFFERENZ

Miteinander anders denken

btb

Für Malik, Lars und Sternenkind

Weil ihr mir zeigt, was ich nicht länger brauche,
und ich mit euch den Weg zu all dem Schönen finde.

Inhalt

Vorwort

Wir sehen nicht die Dinge, wie sie sind,
sondern wir sehen sie, wie wir sind.

– Talmud

Dieses Buch ist eine Einladung. An alle, die über die Zustände unserer Gesellschaft nachdenken wollen. An Menschen die andere Antworten suchen als die gängigen Bestandsaufnahmen über Spaltung, Grabenkämpfe oder Generationenkonflikte. In diesem Buch schreibe ich *für* etwas und nicht gegen etwas an. Ich schreibe für eine diverse Gesellschaft und ihre Schönheit, und ich schreibe für alle, die einen Weg dorthin suchen. Ich schreibe für Menschen, die verstehen wollen und die sich »aufgeweckt« fühlen, weil sie sich mit dem, was uns unterscheidet und viele unterdrückt, noch nicht oder noch zu wenig beschäftigt haben – oder weil es sie schon lange beschäftigt. Dieses Buch ist für Menschen, die nicht nur mit Gleichen reden möchten, sondern erfahren wollen, was ihnen noch unbekannt ist. Es ist für alle, die Fragen haben, auf der Suche nach Antworten sind und die Angst ablegen wollen, etwas falsch zu machen. Die sich Klärung statt Selbstgeißelung wünschen, die Offenheit und Achtsamkeit konfrontativen Begegnungen oder vereinfachenden Pro-und-contra-Debatten vorziehen. Es ist für alle, die lernen und verlernen wollen, die wachgekitzelt werden möchten und sich fragen: Was ist da noch?

Ich trage in diesem Buch Überlegungen und Geschichten von Personen, die sich seit Jahren über eine gleichberechtigte und machtkritische Gesellschaft Gedanken machen, mit wissenschaftlichem Wissen zusammen, und ich setze all das in Verbindung zu mir selbst. Ich schreibe dieses Buch aus meiner Perspektive, die manchmal eine unterdrückte und andere Male eine privilegierte ist. Mein Sprechen und Schreiben ist das Ergebnis meiner eigenen Subjektivität, Meinung und Position. Es zeigt meinen Weg genauso wie meine schmerzhaften Erkenntnisse.

Ich bin eine Schwarze, nicht behinderte, normschlanke, cis-hetero Frau mit der Erfahrung, chronisch krank zu sein. Ich bin Mutter, Ehefrau, Tochter, Schwester, Journalistin und Feministin. Ich wurde in Westdeutschland sozialisiert. Meine Perspektive ist die eines Arbeiter*innen- und Angestelltenkindes der sogenannten unteren Mittelschicht, das studiert und einen sozialen Aufstieg erlebt hat. Ich bin Teil einer weltweiten Geschichte der Unterdrückung. Eingebettet in ein soziales Umfeld bin ich von Menschen umgeben, die mir zeigen, was es heißt, migriert, Schwarz, behindert, arm, muslimisch (gelesen zu werden), jüdisch, sinti, queer, dick_fett, neurodivers und/oder chronisch krank zu sein. Ich stehe mit ihnen in Verbindung, fühle mich verbündet. Ich glaube, dass es kein Zufall ist, dass mich so viele unterschiedliche Menschen in meinem Leben begleiten und ich sie. Ich habe viel durch und in der Begegnung mit anderen gelernt, Bewegung ist Teil meiner Biografie. Auf diese Weise stehen mein Umfeld und ich repräsentativ für unzählige Menschen, die unterschiedlich leben und sich in ihrem Menschsein gleichen. Die Publizistin Hannah Arendt nannte es die Gleichheit beim absoluten Unterschiedlichsein, und genau darin liegt die Schönheit der Differenz, die ich mit diesem Buch erfahrbar machen möchte und die infrage stellt, was vielen als »normal« gilt.

Normal. Ein so häufig verwendeter und schwieriger Begriff. Der Duden beschreibt es als »der Norm entsprechend; vorschriftsmäßig so [beschaffen, geartet], wie es sich die allgemeine Meinung als das Übliche, Richtige vorstellt«. Ich glaube, dass wir nicht darum herumkommen, genau dieses Normale zu hinterfragen, denn vielmehr sollten wir alle verstehen, was es bedeutet, privilegiert zu sein und auf der nicht benannten Seite gesellschaftlicher Konstruktionen zu stehen. Was es in Deutschland heißt, *weiß*, hetero, seelisch gesund, normschön, nicht behindert, christlich sozialisiert, mit Studienabschluss oder gesichertem Auskommen zu sein. Wir alle sollten uns in unseren jeweiligen Positionen dessen bewusst werden, was wir nicht sind, und dem nicht mit Abwehr oder (Selbst-)Stigmatisierung begegnen. Das ist ein politischer Akt und ein intimer Weg, weil sich kein Mensch den eigenen Geburtsort auf der Welt oder vieles von dem, was das eigene Sein ausmacht, ausgesucht hat. Das zu erkennen bedeutet, sich selbst gegenüber eine Haltung zu entwickeln, die von innerer Nähe und Zugewandtheit auf der persönlichen Ebene geprägt ist, um auf der Metaebene die gesellschaftlichen Machtverhältnisse und die eigene Positionierung darin zu erkennen. Ich glaube, dass wir im Nachdenken, Sprechen und Aushandeln unseres Miteinanders weniger Sorge und Empörung, sondern mehr Verständnis für mögliche Irritationen auf dem Weg zu neuen Erkenntnissen brauchen.

Deshalb beschäftige ich mich in diesem Buch mit den Perspektiven »der Benannten«, also von Diskriminierung betroffenen, marginalisierten Menschen und deren Beziehungen zu denjenigen, die deren Erfahrungen nicht machen. Ich möchte den Fokus weg vom Leid hin zu Ursachen und Folgen lenken und verschiedene Sprachen erfahrbar machen. Deshalb sehe ich es positiv, dass wir in einer Zeit nie erlebter »Demokratisierung der Öffentlichkeit« leben, in der mehr Menschen die Möglichkeit haben, an Aushandlungsprozessen über unsere Gesellschaft teilzunehmen. Für mich ist die Behauptung, dass marginalisierten Menschen mit ihren Anliegen im Namen der Gerechtigkeit neue Ungerechtigkeiten schaffen, haltlos, weil niemand benachteiligt werden soll, aber sich bei genauerer Betrachtung viele Dinge anders denken lassen. Zum Beispiel, dass das, was als normal gilt, eine soziale Wirklichkeit ist, die von jedem Menschen anders erlebt wird und für die unsere Sozialisierung eine maßgebliche Rolle spielt: das Elternhaus, die Schule oder der Sportverein. Je nach Wertvorstellungen unseres Umfelds werden wir unterschiedlich geprägt. Wie eine eigene Meinung und Persönlichkeit entsteht, ist für alle von uns verschieden, es ist in Deutschland ganz anders als an anderen Orten der Welt. Eine einheitliche Definition von Normalität kann es deshalb nicht geben. Und das, was normal ist, lässt sich demnach auch verändern.

Aus diesem Grund erzähle ich in diesem Buch davon, wie ich unsere Gesellschaft und ihre Menschen in ihrer Differenz sehe. Ich stelle Fragen an die Gegenwart, und meine Suche nach Antworten und meine Betrachtungen verstehe ich als eine mögliche Lesart dieser komplexen Gegenwart. Das alles auf diese Weise aufzuschreiben ist für mich auch ein Wagnis, weil ich mich angreifbar mache, weil mein Privates hier politisch wird. Aber hey, kein Wachstum ohne Risiko! Daran glaube ich, und deshalb begebe ich mich auf unbestimmtes Terrain.

So verlief auch mein Weg in den Journalismus, der Ende der 2000er in der Position von »eine wie dich hatten wir noch nie in der Redaktion«, also in der Vereinzelung, seinen Anfang nahm. Er ist für mich auch ein Weg einer Emanzipation, auf dem ich meine Rolle im Journalismus finden musste. Auch Medienschaffende sind (nur) Menschen, die unterschiedlich denken, weshalb ich für eine kritische Herangehensweise, einen transparenten und verantwortungsvollen Journalismus stehe und eine Journalistin sein möchte, von der das Publikum weiß, welche Absenderin sie ist.

Ich bin bewegt und mache kein Geheimnis daraus, Menschenrechtlerin zu sein. Es war ein intensiver Weg, das journalistische Handwerk, meine Expertise und meinen Stil öffentlich in ein Verhältnis zu stellen. Und so nehme ich in diesem Buch mein journalistisches und mein persönliches Ich zum Ausgangspunkt, weil ich glaube, dass das eine Erzählung nicht weniger neutral macht. Zumal sowieso kein Mensch neutral ist. Als Teil meiner Generation habe ich erfahren, wie es ist, in die Fußstapfen von Menschen zu treten, die den Weg für ihre Nachkommen geebnet haben. Und ich bin Teil einer Generation, die inzwischen selbst auf eine jüngere blickt. Damit geht mein Blick auf unsere Gesellschaft von einer sozialen Bewegung aus, die schon immer ihre Bündnisse gesucht hat. Mein Anliegen ist es, zwischen den vielen Positionen, die ich sehe, zu übersetzen, Verständnis zu schaffen und Brücken zu bauen – auch zu den politischen Generationen der Emanzipationsbewegung, die schon so lange ihren Weg zur Freiheit geht, damit sie »in der Gewissheit ihres unveräußerlichen Rechts der Menschenwürde« leben kann, wie es Freiheitskämpfer Nelson Mandela bei seiner Antrittsrede als erster Schwarzer Präsident nach der Apartheid 1994 ausdrückte.

Noch immer und anders gibt es auch heute in Deutschland noch vieles zu besprechen, was unsere Gesellschaft und unsere gemeinsame Vergangenheit angeht. Und das noch mehr, seitdem wir uns durch die Corona-Pandemie weniger sehen und in Kontakt sein können, um auszuhandeln, wie wir zusammen leben wollen. Deshalb ist mein Nachdenken auch ein Zeitzeugnis gesellschaftspolitischer Verschiebungen, die sich mir im letzten Jahrzehnt gezeigt und in unterschiedlichen Debatten zugespitzt und ein bündnishaftes Wachstum sozialer Bewegungen eingeläutet haben. Das Emanzipationsbewusstsein einer neuen politischen Generation treibt die Gesellschaft nach vorne. Widerspruch und Widerstand gegen gängige Routinen wachsen, auch weil antisemitisch und rassistisch motivierte Anschläge sich verstärkt haben. An die Oberfläche dringt nun, was Hunderte Jahre Unterdrückung bewirkt haben. Und dieser Aufbruch kündigt für mich an: Es ist erst der Anfang.

Es gibt für uns alle viel zu klären. Wer spricht über wen, und wer wird gehört? Wer wird bei Entscheidungen mitgedacht, angesprochen, ausgeblendet und wer nicht eingeladen? Wem wird Wissen zugänglich gemacht, und wer ist davon ausgeschlossen? Wer entscheidet über allgemeingültige Regeln und Ordnungen? Wen inkludiert und exkludiert unsere Gesellschaft? Warum ist das so? Wer will das noch, und wer will das nicht mehr? Und wie gehen wir besser miteinander um? Um darauf zugewandte Antworten zu finden, illustriere ich in Workshops gerne ein bildhaftes Beispiel, das vielleicht einige kennen: mit einer Person, der einer anderen auf den Fuß tritt und daraufhin sagt: »Ich habe es nicht bemerkt, außerdem bin ich ein guter Mensch.« Ich habe schon viele gefragt, was sie von dieser Antwort halten. Manche nahmen den Satz als indirekte Entschuldigung an die getretene Person wahr, andere reagierten empört, weil die Reaktion vom Schmerz ablenkt. Und wieder andere empfanden die Begründung als unwichtig, weil der Schmerz zählt und es dafür einer Entschuldigung bedarf – ohne Wenn und Aber.

Verleugnung, Scham und Schuld sind die Abwehrmechanismen, aus denen heraus Menschen handeln, wenn sie andere verletzt haben. Denn auch Personen, die verletzen, erleben emotionale Zustände, wenn ihnen klar wird, dass sie etwas verschuldet haben, insbesondere dann, wenn es unabsichtlich geschehen ist. Schuld entsteht durch eine (gefühlte) Beschuldigung von außen.

Scham ist oft die Reaktion auf das Nichterfüllen eines Ideals, das jemand für sich anstrebt, zum Beispiel ohne Fehler sein zu wollen. Oder sie resultiert aus der subtilen Angst, nicht mehr gemocht zu werden. Nicht selten kommt es dann zu einer Umkehr: Dann geht es in einer verletzenden Situation plötzlich um die Gefühle, Hintergründe und Intention der Person, die getreten hat, und nicht um den betroffenen Mensch, dessen Fuß schmerzt.

Was bedeutet dieses Bild für unser Zusammenleben? Es stellt die Frage, wem die Aufmerksamkeit gebührt und welche Rolle die Intention handelnder Menschen spielt. Wir leben in einer Zeit, in der viele marginalisierte Personen schon lange Schmerzen äußern und jetzt häufiger damit wahrgenommen werden. Sie bitten darum, dass ihnen nicht mehr auf die Füße getreten wird. Deshalb ist die Frage, welcher Umgang und welche Auseinandersetzungen daraus folgen: welche Menschen bereit sind, die eigene Blase zu verlassen und bisherige Vorstellungen zu verändern. Wie es gehen kann, sich ohne Schuld und Scham gemeinsam damit auseinanderzusetzen, was Differenz und Diskriminierung in unserer Gesellschaft bedeuten. Eine Kollegin sagte einmal zu mir, dass sie sich eine »ruhige Sicherheit« im gemeinsamen Umgang mit Diskriminierung wünsche, und meinte damit ein entspanntes und fürsorgliches Miteinander. Eine entspannte Haltung, die unsere Differenz nicht ändern möchte und an der Weiterentwicklung von Wissen darüber interessiert ist, wie wir als Gesellschaft mit unseren Vielheiten umzugehen lernen. Also damit, sich nicht mehr auf die Füße zu treten. Was auch bedeutet, eine gemeinsame Sprache zu finden, weil uns oft die Worte fehlen, um ohne Wertung übereinander zu sprechen. Wie also kann es uns gelingen, achtsam über- und zueinander zu sprechen, wenn wir uns begegnen, und wie können wir nach dem fragen, was wir nicht wissen? Wie gehen wir mit denjenigen um, die sich auf all das gar nicht einlassen wollen? All diese unterschiedlichen beteiligten Menschen machen unseren gesellschaftlichen Zustand so fragil, und das zu erkennen ist ehrlich.

Der Sozialwissenschaftler Aladin El-Mafaalani zeichnet zur Erklärung für diesen aktuellen gesellschaftlichen Prozess ein eindrückliches Bild: Er lässt uns einen Tisch imaginieren, an dem neben der sogenannten Dominanzgesellschaft inzwischen auch die Nachkommen einstiger eingewanderter Menschen Platz genommen haben, die zuvor auf dem Boden saßen. Dass sie nun mit am Tisch sitzen, unterscheidet sie von den eigenen Eltern. Ihre zunehmende Teilhabe hat den Blick für die eigenen Empfindungen und Ausgrenzungserfahrungen dieser Personen geöffnet. Das ist eine positive Entwicklung, die aber nicht zur Folge hat, dass ihre Diskriminierungserfahrungen verschwunden sind. Sie können im Gegenteil sogar zunehmen, weil »die Neuen« am Tisch von manchen, die vorher dort saßen, als unliebsame Störung oder Konkurrenz wahrgenommen werden oder weil manche deren Unterdrückung weiterhin wollen. Das Bild vom Tisch und auf dem Boden sitzenden Menschen steht für so viele verschiedene Differenzerfahrungen und zeigt, dass, je mehr Menschen am Tisch Platz nehmen (wollen), es auch immer Kräfte und Gegenkräfte gibt. Es erklärt, warum wir inmitten einer gesellschaftlichen Transformation stecken und es auch mal heftig zugeht im Gespräch: Weil viele Ichs mit ihren unterschiedlichsten Differenz- und Diskriminierungserfahrungen ihr Recht einfordern, gehört zu werden, und dabei um Deutungsfragen gerungen und darüber gestritten wird, wer wie recht bekommt. Soziologische Betrachtungen beruhigen damit, dass eine differenzierte Gesellschaft sich gerade durch Konflikte integriert, und zwar dann, wenn diese als notwendig anerkannt und institutionalisiert werden. Wenn sie also im Sinne aller geführt werden, was trotzdem anstrengend ist: Es bleibt kompliziert, auch wenn sich Dinge verbessern, und unsere zukünftige gesellschaftliche Aufgabe wird es sein, uns nicht nur damit auseinanderzusetzen, was uns verbindet, sondern auch mit dem, was uns unterscheidet.

Und dazu braucht es insbesondere politische Räume, in denen ein ehrlicher Umgang mit den unangenehmen Seiten unserer Geschichte gefunden werden muss und den Folgen, die wir heute auf unterschiedliche Weise tragen. Unsere Vergangenheit ist, wie sie ist, und wir können uns nicht von ihr lösen, sie ist mit unseren Alltagshandlungen genauso verwoben wie mit unseren Vorstellungen von der Welt. So kommt es, dass alle Menschen andere verletzen können, aber wir uns darin unterscheiden, wie wir es tun. Und welche Konsequenzen wir aus den Erkenntnissen ziehen.

Veränderung beginnt im Denken, was für mich heißt, unsere Gleichheit in einer anderen Dimension zu suchen. Deshalb liegt für mich die Schönheit in unserer Differenz, und ich stehe unserem gesellschaftlichen Wandel positiv gegenüber. Mehr noch, er schenkt mir Hoffnung. Mit dieser Einstellung habe ich dieses Buch geschrieben, einer Perspektive, die Blicke weitet, Möglichkeiten zeigt und Handlungsräume aufmacht, um ein anderes Miteinander zu denken. Um dorthin zu kommen, bedarf es einigen Aufwands und Kraft. Dazu müssten »wir« uns alle erst einmal besser kennenlernen, verstehen und ansprechen können, ohne einander zu verletzen. Und genau das versuchen seit den 2000ern die Vertreter*innen der unterschiedlichsten wissenschaftlichen Disziplinen in den Sozial- und Erziehungswissenschaften mit Begriffen und Theorien, die den Begriff der Differenz ergänzen. Davon ausgehend werde ich in diesem Buch mit dem von der US-amerikanischen Juristin Kimberlé Crenshaw geprägten Ansatz der sogenannten »Intersektionalität« arbeiten.

Dahinter verbirgt sich ein Verständnis von Menschen, das sie nicht in einzelnen Merkmalen wie beispielsweise Aussehen, Körper, Religionszugehörigkeit oder Körpermerkmalen begreift, sondern in deren Gleichzeitigkeit. Weil kein Mensch nur aus einer Erfahrung besteht und Menschen vieles sind. Allein unsere Persönlichkeit setzt sich aus einer Fülle von Eigenschaften zusammen, die sich über die Zeit eines Lebens verändern können. Es sind innere Dimensionen wie beispielsweise Alter, Aussehen oder Begehren, auf deren Zustand wir wenig Einfluss haben. Anders ist es bei den äußeren Eigenschaften wie Einkommen, Gewohnheiten oder Elternschaft. Dazu kommt der Einflussbereich der Gesellschaft, in die jeder Mensch mit seinem gesamten Sein eingebettet ist. Wenn wir also von diesem Verständnis ausgehen, gibt es keine statischen homogenen Gruppen, weil in einem Menschen verschiedene Realitäten zusammenwirken und jeder Mensch *anders* ist. Davon ausgehend will ich in diesem Buch Vorstellungen starrer Kategorien und Konstruktionen aufbrechen, in die wir Menschen als Gruppen gepresst werden. Denn kein Mensch kann einseitig als diskriminiert oder Diskriminierender verstanden werden, so einfach ist die Welt nicht. Eine Person kann von einer Ausgrenzung betroffen sein und an anderer Stelle selbst diskriminieren. Und das schafft Möglichkeiten für gemeinsame Bündnisse.

Wer sich mit Schwarzen, behinderten, queeren, religiösen, spirituellen, aber auch mit psychologischen und neurologischen Perspektiven beschäftigt, wird viele Ansätze und Analysen finden, die das Ziel haben, diese Intersektionalität zu erklären und damit zu argumentieren. Schon vor Jahrzehnten haben Wissenschaftler*innen weltweit aufgezeigt, wie wir unsere eigene Position im Spiegel *der Anderen* erkennen lernen. Auch ich versuche mich in diesem Ansatz des Verstehens, weil das bedeutet, mich befreiter bewegen zu können, mich verbinden zu können und mich verbunden zu fühlen. In diese Richtung zu denken war für mich kein in jeder Phase angeleiteter Weg, und ich bin längst nicht angekommen. Er entwickelt sich in mir durch meine Begegnung mit Menschen, dadurch, dass ich mir Wissen aneigne, Fehler mache und mir eingestehe, dass ich mit meinem (unbewussten) Handeln andere verletzen kann, und daraus Konsequenzen ziehe. Dieser Weg ist ein Prozess, der praktisch heißt, dazuzulernen und Gelerntes wieder zu verlernen. Ich glaube daran und bin nicht alleine damit, Möglichkeiten zu sehen, um aus bestehenden unterdrückenden Systemen zu mehr Gleichberechtigung für alle zu gelangen. Marginalisierte Menschen kämpfen schon seit Jahrhunderten darum, sie haben mit ihren Ideen Freiheiten erkämpft. Einzelne Menschen sind dabei eigene und persönliche Wege gegangen, haben Verbündete gesucht oder sind in Bewegungen gewachsen. Konstruktiv an gemeinsamen Lösungen für alle zu feilen geht mit Bedacht, und es bedarf Sensibilität, um Ungerechtigkeiten freizulegen. Abläufe und Denkweisen zu verändern heißt, an den eigenen Haltungen und Routinen für ein Besseres zu rütteln.

So muss sich in uns selbst zeigen, dass unsere Differenz ein Gewinn im eigenen Leben ist. Deshalb liegt der erste Schritt zu einem gemeinsamen Miteinander auch genau dort. Es geht um eine sich selbst und anderen Menschen zugewandte Reflexion, weil erst so möglich wird, sich auf Veränderungen einzulassen, die ein Denken anregen, das flexibel genug ist, die Richtung zu ändern. Dazu sind insbesondere Menschen in privilegierten Positionen aufgefordert. Es bedeutet, aus der Komfortzone herauszutreten, sich mutig zu zeigen. Und mutig sind nach Mandela nicht die Menschen, die keine Angst haben, sondern die, die ihre Furcht besiegen und die eigene Befreiung nicht an der Unterdrückung anderer Menschen ausmachen, weil Gleichberechtigung keine Unterdrückung ist.

Über zehn Jahre nach der Selbstenttarnung des NSU, den Anschlägen von Halle und Hanau in den Jahren 2019 und 2020 und dem Einzug und Etablieren rechter Kräfte und ihrer Parteien in sämtlichen deutschen Parlamenten braucht unsere Gesellschaft eine Idee davon, wie sie ihre Differenz zu einer Kraft bündelt, die dieser Entwicklung wehrhaft entgegentritt. Dazu muss allen klar sein, dass für eine Demokratie einzustehen auch bedeutet, sich in machtkritischen Fragen auszukennen und ungerechte Machtstrukturen aufzulösen. Es muss sich etwas verändern, damit über Gerechtigkeit reden nicht zur Floskel verkommt. Das heißt, dass es nur mit allen Beteiligten am Tisch unserer Gesellschaft nach vorne geht, denn erst dann wird keine Perspektive vergessen, weil kein Mensch alleine alle auf dem Schirm haben kann. Weil nur so neue Ein- und Ansichten dazukommen. Im besten Fall finden sich im Aushandeln unterschiedliche Ideen darüber, wie sich geeinigt wird. Vielleicht braucht es einen neuen Tisch. Aber das ist der Weg der Allianz für eine anerkennende, inklusive Gesellschaft in der Gegenwart und Zukunft.

Meine Gedanken dazu sind von der afrikanischen Philosophie des Ubuntu geprägt, die die Friedenspreisträgerin des Deutschen Buchhandels Tsitsi Dangarembga in ihrer Preisrede 2021 bekannt gemacht hat. Es sind Perspektiven, die auf gegenseitiger Anerkennung und Achtung basieren und für mich bedeuten, rational, aber nicht emotionslos zu sein. So ist mein Denken von einem Fühlen bestimmt, von dem ich zutiefst überzeugt bin. »Rationalität heißt eben nicht, emotionslos zu sein. Es kann auch heißen, von der Wichtigkeit des Emotionalen im Leben zutiefst überzeugt zu sein. Es heißt, die Wichtigkeit von Beziehung zu kennen und in all den Herausforderungen des Lebens die Kraft nicht aufzugeben«, schrieb mir der Antirassismus-Trainer, Pfarrer und Wegbegleiter Austen Brandt einmal zu meiner Stärkung. Auch mir geht es um Aussöhnung, um ein Weitergehen mit denen, die einen gemeinsamen Weg mit allen suchen. Deshalb sehe ich mich selbst auch als Werdende und nicht als Seiende und werde mein ganzes Leben lang Lernende sein. In diesem Buch teile ich meine Gedanken und bin dabei nicht fertig. Es ist eine Momentaufnahme und handelt von meinem Leben in verschiedenen Umfeldern, die mir Einblicke gewähren. Deshalb spreche ich heute unterschiedliche Sprachen und lerne stetig dazu. So war es auch während des Schreibens dieses Buches – bis zum Schluss.

Differenz bedeutet für mich nicht, *anders* zu sein, sondern ist eine alltägliche und schöne Erfahrung im Miteinander. Differenz ist meine Normalität, und meinen Weg hierher habe ich gefunden, weil meine Familie, meine Freund*innen, mein bewegtes Umfeld und viele Menschen innerhalb der Schwarzen Community und andere marginalisierte Personen ihn mir gezeigt und mich bestärkt haben, weil ich mich empowert und emanzipiert habe. So hat sich während der Entstehung dieses Buches vieles in mir verändert, und diesen Prozess möchte ich nun teilen. Weil teilen auch Heilung ermöglicht und das für mich die Grundlage einer Gesellschaft ist, aus der die Schönheit der Differenz wachsen kann.

Disclaimer: Wie dieses Buch lesen

> *Mit einer neuen Sprache wird der Wirklichkeit immer dort begegnet, wo ein moralischer, erkenntnishafter Ruck geschieht, und nicht, wo man versucht, die Sprache an sich neu zu machen, als könnte die Sprache selber die Erkenntnis eintreiben und die Erfahrung kundtun, die man nie gehabt hat… Eine neue Sprache muß eine neue Gangart haben, und diese Gangart hat sie nur, wenn ein neuer Geist sie bewohnt.*
>
> – Ingeborg Bachmann

Dieses Buch kann einen vielleicht gewünschten Anspruch auf Vollständigkeit nicht erfüllen. Kein Buch kann für alle und alles sprechen. Es gibt viele besondere Menschen, die über unsere Pluralität geforscht, nachgedacht und geschrieben haben, und es braucht noch viele weitere Stimmen, die gehört werden müssen, weil deren Wissen sich verbreiten muss. Einige von ihnen werde ich in diesem Buch erwähnen, indem ich ihre Gedanken aufnehme, sie rezitiere und versuche sie weiterzudenken. Es geht mir in diesem Buch auch darum, möglichst viele Menschen zu benennen, weil ich nicht alleine stehe. Und gleichzeitig stehe ich vor der Herausforderung, viele wissenschaftliche und politische Begriffe erklären und viele unterschiedliche Kontexte einordnen zu müssen. Es sind verschiedene Diskurse und Sprachen, innerhalb derer ich mich in diesem Buch bewege, und gleichzeitig soll es viele mitnehmen. Oft wurde ich gefragt, wer konkret die Menschen sind, die ich ansprechen möchte, und irgendwie hoffe ich, dass es einfach viele sind.

Bevor es also losgeht, noch ein paar Informationen zu meiner Sprache und dem Gebrauch dieses Buches. Manche Namen von Menschen habe ich markiert geändert. Fremdwörter versuche ich, so gut es geht, im Lesefluss zu erklären. Am Ende des Buchs findet sich eine Quellenangabe für jedes Kapitel. Außerdem gibt es nach vielen Kapiteln einen Anhang, in dem ich Menschen und ihre Arbeit zeige und einladen möchte, das jeweilige Thema zu vertiefen.

Sprache ist eine Form der Handlung, die Menschen zugleich wertschätzen, verletzen, anerkennen und diskriminieren kann. Sprache ist politisch. Sie kann Menschen abwerten, auch wenn es so nicht gemeint ist oder es so nicht verstanden werden soll. Es bedarf einer gewissen Offenheit, um Dinge wahrzunehmen, selbst wenn einem diese nicht unmittelbar nachvollziehbar oder gerechtfertigt erscheinen. Es braucht Kontext. Und ich stelle fest, dass dieser oft fehlt und Sprachdebatten nicht selten laut und einseitig oder an der Oberfläche diskutiert werden. Und das, obwohl viele kluge Menschen schon viele differenzierende Dinge darüber geforscht und gesagt haben. Und so führt das Absprechen von Diskriminierung durch Sprache in der Umkehr zu einer sich verschärfenden Situation für »die Benannten«. Ohne Austausch darüber ergibt sich keine Lösung, und was bleibt, ist ein Streit absoluter Positionen. Deshalb habe ich viele Workshops gegeben, Texte geschrieben oder Veranstaltungen moderiert, die sich mit der Frage nach einem diskriminierungssensiblen Sprachgebrauch beschäftigen. Darüber, wie das Geäußerte auf andere Menschen wirken kann, welcher Blick auf die Welt sich darin zeigt. Ich glaube, dass eine Veränderung im Denken auch über die Sprache stattfindet, und ich wünsche mir eine

Gesellschaft, in der alle Menschen wahrnehmbar sind. Deshalb versuche ich mich an einem Sprachgebrauch, der sich an einer »anerkennenden Sprache« orientiert. Es ist der Versuch, möglichst immer viele mitzudenken, um Normen aufzulösen. Diese Auflösung passiert, indem Irritation und Störungen entstehen, ohne unverständlich zu werden. Auch Schreiben und Sprechen sind Übung.

Für alle Menschen, die nicht *weiß* sind, nutze ich die Selbstbezeichnungen Schwarz, Person/People of Color (PoC) oder nicht *weiße* Person. Es sind politische Begriffe, die unterschiedliche Lebensrealitäten zeigen. Angelehnt an die von Maisha-Maureen Auma, Grada Kilomba und Peggy Piesche im Sammelband *Mythen, Masken und Subjekte* formulierte Erklärung, schreibe ich *weiß* kursiv, weil es eine Konstruktion ist ebenso wie »Schwarz«. »Schwarz« schreibe ich groß, um zu verdeutlichen, dass es sich um eine Zuordnung und eine bestimmte Erfahrung handelt, die ich als »Rassifizierung« verstehe. »Rassifiziert« beschreibt die Handlungsweise, wie Schwarzen Menschen bestimmte Zugehörigkeiten oder Wesensarten zugeschrieben werden. Sich als Schwarz zu bezeichnen ist ein Prozess. Es ist ein politisches Selbstverständnis, um sich in dieser Gesellschaft zu positionieren, und es handelt sich dabei nicht explizit um die Hautfarbe. Schwarzsein bedeutet beispielsweise, dass Menschen durch die gemeinsame Erfahrung von Rassismus auf eine bestimmte Weise wahrgenommen werden.

Auch *weiß* verstehe ich als eine soziale Position. Sie befindet sich im gesellschaftlichen Machtverhältnis ganz oben, ist aber wie Schwarz eine gesellschaftliche Konstruktion. Denn Mensch ist Mensch. Doch obwohl das so ist, unterscheidet sich, wie wir wahrgenommen werden und nach vermeintlichen »Mehr- und Minderheiten« unterschieden werden. Wie das Reden und Agieren in einer Dominanzgesellschaft nur diejenigen zeigt, die nicht von Ausschlüssen betroffen sind. Das macht für mich politische Ungleichheiten deutlich, die in einer Gesellschaft nicht alleine eine Frage von Zahlen oder Mehrheiten sind, sondern davon abhängen, was an strukturellen Regeln, Abläufen, Normen und Institutionen erschaffen wurde, um sie aufrechtzuerhalten.

»PoC« wird in Deutschland oft für migrantisierte und marginalisierte Menschen verwendet, da es bisher kein deutsches Wort gibt, das ihre unterschiedlichen Erfahrungen vereint. »BIPoC« steht dabei für Black, Indigenous and People of Color und differenziert das Spektrum noch weiter aus. »Indigenous« bedeutet so viel wie »in ein Land geboren«. Die Selbstbezeichnung »indigen« bezeichnet die Erfahrung, durch einen rassistischen, also kolonialen Raub von Land verdrängt zu werden und deshalb Verfolgung, Mord oder Genozid erlebt zu haben und dadurch bis heute unterdrückt zu werden. Wer sich also fragt, was Indigenous in Deutschland für eine Rolle spielt, der sei ganz simpel an unseren gesellschaftlichen Umgang mit Native Americans beziehungsweise den First Nations der USA und Kanadas zu Karneval oder Fasching in Deutschland erinnert: veraltete Kinderspiele oder -lieder. Es gibt auch hierzulande eine sprachliche Verbindung zur imperialistischen Geschichte. Wir leben in einer globalisierten Welt.

Viele der englischsprachigen Selbstbezeichnungen, die wir in Deutschland nutzen, entstammen der Civil-Rights-Bewegung der USA und zielen darauf ab, Menschen mit Rassismuserfahrung in ihren unterschiedlichen Erfahrungen selbstbestimmt zu spiegeln. Sie gelten als emanzipatorische und solidarische Begriffe, denn nur was als Problem erkannt und benannt wird, kann auch bekämpft werden. PoC gilt zudem als Umdeutung der abwertenden Zuschreibung »coloured«, ein Begriff, der im Deutschen oft fälschlicherweise mit »f*rbig« übersetzt wird. Menschen haben allerdings keine Farben, und damit obsolet sind auch alle anderen Bezeichnungen, die auf Hautschattierungen von Schwarzen Menschen abzielen und eigentlich mit der subtilen Botschaft verknüpft sind, dass Schwarze, die eine hellere Schattierung haben (light-skinned), favorisiert werden, weil das als wünschenswert und normschön gilt. Dieses Denken beschreibt die Tatsache von Colorism, auf die ich später noch eingehen werde.

Neben rassismussensibler Sprache verwende ich eine gendersensible Sprache. Dafür nutze ich das Gendersternchen, benenne Geschlecht/Gender oder suche nach genderneutralen Formen. »Gender« als Begriff nutze ich immer dann, wenn die Zuordnung fehlt und nicht auf ein Geschlechtsteil geschlossen wird, weil Gender nicht nur eine biologische, sondern auch soziale Konstruktion beschreibt. Es ist mir wichtig aufzuzeigen, dass, wenn ich nur »Wissenschaftler« schreibe, ich im Kopf vieler Menschen nur über Männer schreibe. Und dass, wenn ich kein Sternchen nutze, ich Menschen, die sich nicht in die binäre Ordnung von Mann und Frau einordnen, unsichtbar mache. Inzwischen taucht in der Debatte um das Gendersternchen auch der Doppelpunkt auf. Weil einige Vorleseprogramme den Doppelpunkt als kurze Pause vorlesen, heißt es, der Doppelpunkt sei barrierefreier. Allerdings tun dies die meisten nicht, wie unter anderem der Berater für digitale Barrierefreiheit Taner Aydın untersucht hat. Viel wichtiger als die Frage, ob der Doppelpunkt verwendet wurde, ist daher die Frage, ob ein Text für Screenreader aufgearbeitet wurde, ob es bei Bildern eine Unterschrift oder einen Alternativtext gibt. Das erklärt die Stimmen, die darauf hinweisen, Gender- und Behindertengerechtigkeit nicht über Stern- und Doppelpunktfragen gegeneinander auszuspielen.

Der Doppelpunkt sollte das Sternchen und ein Nachdenken über die Binarität, die ein generisches Maskulinum in der deutschen Sprache vermittelt, nicht abhaken, weil es die Sprech-, Schreib- und Sehgewohnheiten von Cis-Menschen vermeintlich weniger stört. Als Cisgender werden Menschen bezeichnet, die sich mit dem ihnen bei der Geburt zugeschriebenen Geschlecht identifizieren. Cisgender erweitert das Differenzverständnis und bricht als Bezeichnung mit gängigen Sichtweisen. Es ändert die Bedingungen für nicht-binäre, inter und trans* Menschen, die oft als Abweichung von der Norm gelesen werden. Cis ist also das Gegenteil von trans*, und viele hetero und queere Menschen sind cis. »Queer« wiederum ist ein politischer Begriff, der aus Widerstand und in der Wissenschaft als Selbstbezeichnung aus der sogenannten LGBTQIA+-Community stammt. Es ist eine englische Abkürzung, die für Lesbian, Gay, Bi, Trans, Queer und Intergender und Agender steht. Das + verdeutlicht, dass es noch mehr Gender-Identitäten gibt. »Trans*« ist dabei ein Sammelbegriff, der für alle Transidentitäten steht. Ebenso gilt »inter*« als Sammelbegriff für die Vielfalt intergeschlechtlicher Realitäten und Körperlichkeiten. Es ist mir wichtig, kenntlich zu machen, dass es Gender noch nie in nur zwei Varianten gab, sondern es ein Spektrum an Möglichkeiten gibt, die cisheteronormative Vorstellungen infrage stellen.

Sprache ist für mich ein Feld, um all unsere Lebensrealitäten sichtbar zu machen und zu experimentieren. Sie entwickelt sich, war schon immer im Wandel und hat sich den gesellschaftlichen Gegebenheiten angepasst. Zeitgemäße Anpassungen wurden vorgenommen, haben sich etabliert, alte Sprachweisen tradierten sich aus und wurden vergessen. Sprache sucht neue Wege, zeigt Leerstellen auf, und neue Worte etablieren sich. Das ermöglicht, unsere gesellschaftlichen Vorgänge besser oder exakter zu beschreiben. Für mich spaltet unsere Sprache nicht, sondern deckt durch ein differenziertes Betrachten ihrer Beschaffenheit auf, was übersehen wurde. Ein Wissen um Begriffe ist für mich die Grundlage, um in einen echten Austausch über unser Miteinander zu kommen, der über eine Empörung von »Sprachdiktatur« oder »Ästhetik« hinausgeht. Es gilt, sich mit dem Kontext auseinanderzusetzen, in dem Menschen Selbstbezeichnungen wählen, um ihre Differenz zu beschreiben, weil es ihre Form des Widerstands gegen eine Erfahrung der Abwertung ist. Erst die Benennung der einzelnen Diskriminierungsformen ermöglicht, sie zu verstehen. Es ist der erste Schritt, um dann in der Summe ihres Verschränktseins Ähnlichkeiten festzustellen und Schritte gegen die Diskriminierung einzuleiten. Diese Schritte beginnen mit einem Umdenken und Andersdenken über die alltäglichen Sprachhandlungen, die dazu beitragen. Hannah Arendt zufolge gestalten wir sprechend und handelnd die Welt, und damit ist Sprache ein Ort, wenn auch nicht der einzige, um etwas zu verändern.

Zuerst bin ich Mensch. Ein Mensch mit Merkmalen. Auch über diese Form der sogenannten people-first-language gilt es, sich beim Reden, Schreiben und Sprechen Gedanken zu machen. Und so gibt es kritische und befürwortende Stimmen des Mensch-zuerst-Ansatzes, der für die Bezeichnung »Mensch mit Behinderung« plädiert. Von kritischer Seite wird darunter aber auch der Versuch einer »Normalisierung« verstanden. Ein gut gemeinter Ansatz, der verkennt, dass Beeinträchtigungen wie Autismus, ADHS oder chronische Schmerzen uns unterscheiden und eben kein zusätzliches Merkmal darstellen, sondern Menschen damit verschränkt sind. Vertreter*innen dieses Ansatzes sprechen von behinderten Menschen, so wie von Schwarzen oder queeren Menschen gesprochen wird. Zumal damit auch deutlich wird, dass behinderte Menschen zum einen behindert sind, aber auch durch von nicht behinderten Menschen gemachte äußere Barrieren wie Gebäude oder gängige Abläufe behindert werden. »Behindert ist man nicht, behindert wird man« ist ein bekannter Ausspruch dafür. So achte ich in diesem Buch auf eine ableismuskritische Sprache und suche keine Synonyme wie »besondere Bedürfnisse« oder »Handicap«, weil das die Realitäten verschleiert.

Schlussendlich wünsche ich mir nicht nur für unserer Sprache, dass wir aus der Enge und Begrenztheit heraustreten, die viele Debatten bestimmt. Dass wir mehr ins Nachdenken kommen, zum Beispiel darüber, dass übergewichtig eine Abwertung beinhaltet und die beschreibende Form eines Körpers deshalb mehrgewichtig ist. Dass wir klären, warum die Adjektive »dick« und »fett« negativ besetzt sind, aber es nicht sein sollten, und mehr Menschen sich dafür interessieren, wie dicke_fette Menschen versuchen, ihre Selbstbeschreibungen wieder für sich zurückzugewinnen. In diesem Sinne ist Sprache auch etwas, mit dem sich die Widerstände gegen unsere Differenz überwinden lassen, wenn mehr von uns Gefallen daran finden. Davon ausgehend verstehe ich den Begriff der Diversität als einen, der im Deutschen (noch) weniger mit einem spezifischen Konzept verbunden ist. Ich nutze ihn als analytisches Synonym und Erklärung für einen wertneutralen Blick auf unsere Differenz, die da ist und gleichzeitig konstruiert wird. Diversitätskategorien wie Gender, Behinderung oder Ethnizität sind Analysekategorien, und eine diversitätsbewusste Berichterstattung bedeutet einen professionellen Umgang damit. Es ist etwas anderes, als der Begriff »Diversity« beschreibt, der im Englischen auf einer wertschätzenden Vorstellung basiert, die soziale, kulturelle oder individuelle Differenzen weniger als faktische Tatsache versteht, sondern positiv besetzt. Dabei aber werden beispielsweise in Unternehmen menschliche Unterschiede oft in ihrem ökonomischen Potential betrachtet und eine damit verbundene Diskriminierung außer Acht gelassen. Mich aber interessiert weniger, was ein Mensch kann oder wozu er gut zu gebrauchen ist, was eher einer kapitalistischen Logik folgt. Und mir geht es auch nicht darum, einen Trend zu stützen, bei dem jetzt alle auf Diversity machen, die eine sogenannte Alibi(Token)politik unterstützt. Das passiert, wenn beispielsweise zwar mehr Schwarze, behinderte oder trans Menschen TV-Sendungen moderieren, sich aber in der internen Struktur der Medienanstalten langfristig nichts verändert. Repräsentation ist wichtig, aber das alleine genügt nicht. Zumal sich damit irgendwann ein »Diversity Dilemma« ergibt, nämlich, dass Menschen nur noch in Kategorien gedacht werden, aus denen sie dann nicht mehr herauskommen.

Veränderung ist ein stetiger Prozess, und so sollten wir das Eigene nicht aufgeben, aber Neues oder anderes zulassen. Deshalb würde ich es für mich selbst als einen Widerspruch empfinden, mich in diesem Buch für Gleichbehandlung auszusprechen und dabei das Miteinander in unserer Sprache unter den Tisch fallen zu lassen. Und obwohl auch ich denke, dass es herausfordernd ist, unsere Differenz je nach Perspektive immer adäquat zu beschreiben und Klischeebildung zu vermeiden, versuche ich es. Ich tue es auch, weil Sprachnutzung für mich als Journalistin ein Handwerk ist, das ich verantwortungsvoll nutzen möchte. Wie kann ich diversitätssensibel darstellen und beschreiben, das ist eine wichtige Frage für mich. Und ebenso: Wie kann ich schön und ästhetisch schreiben und dabei authentisch bleiben? Manchmal ist es ein Balanceakt, und ich weiß nicht, ob mir dieses Gleichgewicht im Buch immer gelingt. Aber mein Ansatz ist es, mich in Sprache auszuprobieren, und so werde ich es mit den Schreibweisen in diesem Buch handhaben, das zudem ein Sensitivity Reading von verschiedenen Personen erfahren hat, weil nicht alle Perspektiven von mir repräsentiert werden. Dieses Vorgehen würde ich mir für alle Bücher wünschen, und damit hoffe ich, dass dieses Buch schön klingt und sich für möglichst viele gut anfühlt.

#Reflexionen

Die AG Feministisch Sprachhandeln hat einen Leitfaden zu antidiskriminierenden Sprachhandlungen herausgegeben. **»Was tun? Sprachhandeln – aber wie? W_Ortungen statt Tatenlosigkeit«**. Das Gleichstellungsbüro der Goethe-Universität Frankfurt bietet **»Handlungsempfehlung für eine diversitätssensible Mediensprache«**. Formulierungshilfen für einen sensiblen Sprachgebrauch in der Migrationsgesellschaft gibt es im **»NdM-Glossar«** der Neuen deutschen Medienmacher*innen.
https://feministisch-sprachhandeln.org/
https://www.uni-frankfurt.de/66760835/Diversitaetssensible-Mediensprache.pdf
https://glossar.neuemedienmacher.de/

Mit dem Projekt **»Leidmedien.de«** des Vereins Sozialhelden berät ein Team aus Medienschaffenden mit und ohne Behinderung Redaktionen in Sachen ableismuskritische Berichterstattung. Der Leitfaden **»Auf Augenhöhe«** fasst kompakt zusammen.
https://leidmedien.de
https://leidmedien.de/journalistische-tipps/leitfaeden/leitfaden-augenhoehe/

»Schöner schreiben über Lesben und Schwule« ist ein Leitfaden vom Bund Lesbischer und Schwuler Journalist*innen. **»Trans in den Medien«** ist eine Broschüre des Vereins TransInterQueer TrIQ). Das **»Gender Glossar«** ist ein Online-Nachschlagewerk der Universität Leipzig, in dem Wissen um Geschlecht und Sexualität multiperspektivisch verhandelt wird.

http://www.blsj.de/uploads/Schoener-schreiben-ueber-Lesben-und-Schwule_BLSJ-Leitfaden_2013.pdf
https://www.transinterqueer.org/download/Publikationen/TrIQ_Journalist_innen-2.%20Aufl.-web(2).pdf
https://gender-glossar.de

»Schreiben über…« Ein Glossar und einen Leitfaden für einen rassismuskritischen Sprachgebrauch hat das AntiDiskriminierungsBüro (ADB) Köln/Öffentlichkeit gegen Gewalt e. V. herausgebracht. Alice Hasters und ich haben darin eine 2022 erscheinende Aktualisierung des Textes **»Schreiben über Schwarze Menschen«** geschrieben, den ich 2013 mit der Antirassismus-Beraterin Jamie Schearer formuliert habe. In den Publikationen **»Mit kolonialen Grüßen«** oder »**Das Märchen von der Augenhöhe«** von glokal e. V. geht es um das Denken und Schreiben in Zusammenhängen der Entwicklungszusammenarbeit. **»Wie Rassismus aus Wörtern spricht. (K)Erben des Kolonialismus im Wissensarchiv deutsche Sprache. Ein kritisches Nachschlagwerk«**, 2012. Dieses Buch von Susan Arndt, Nadja Ofuatey-Alazard (Hg.) gilt als ein Klassiker aus wissenschaftlicher Perspektive.
https://www.oegg.de/leitfaden-fuer-einen-rassismuskritischen-sprachgebrauch/ https://www.oegg.de/sprache-schafft-wirklichkeit-glossar-und-checkliste-zum-leitfaden-fuer-einen-rassismuskritischen-sprachgebrauch/ https://www.glokal.org/publikationen/das-maerchen-von-der-augenhoehe/
https://www.glokal.org/publikationen/mit-kolonialen-gruessen/

Sozialisation

Wie werden wir?

*Der Mensch wird und wächst in ständiger Veränderung von Dingen und anderen Menschen um ihn herum. Sich eingliedern beginnt in der Familie, der Beziehung zu Gleichaltrigen, dem Umfeld. Die Vergesellschaftung folgt. Mehr Menschen kennenlernen, Verhaltensweisen in sich verankern, Institutionen durchlaufen, Freund*innenschaften schließen. Sich im Denken und Fühlen an soziale Regeln und Abläufe anpassen. Sich den Meinungen und Gefühlen unserer Nächsten nicht entziehen können. Sich zugehörig und angehörig fühlen. Die Ausprägung unseres Seins, unserer Persönlichkeit ist eingegliedert in die sozialen Orte, in denen wir leben. Bis ins Alter leben wir in Abhängigkeit von Normen und Werturteilen, um uns miteinander zurechtzufinden. Wie werde ich gespiegelt, wie spiegele ich mich?*

Kindheit: Bei Rassismus wird ihnen schlecht[1]

ich werde trotzdem afrikanisch sein
auch wenn ihr mich gerne deutsch haben wollt
und werde trotzdem deutsch sein
auch wenn euch meine schwärze nicht paßt
ich werde noch einen schritt weitergehen
bis an den äußersten rand
wo meine schwestern sind
wo meine brüder stehen
wo unsere FREIHEIT beginnt
ich werde noch einen schritt weitergehen und
noch einen schritt weiter
und wiederkehren
wann ich will
wenn ich will
grenzenlos und unverschämt bleiben

– May Ayim

May Ayim machte meinen Anfang. Sie, die Poetin, 1960 geboren. Vorreiterin der Schwarzen Bewegung in Deutschland, die

1 Triggerwarnung: Dieses Kapitel enthält unter Umständen verletzende Darstellung und reproduziert Gewalt durch das Benennen von Kolonialverbrechen und ihren Folgen.

mit ihrem politischen Wirken und Lyrik zur Geschichte und Gegenwart Schwarzer Menschen bekannt wurde. Mit 16 Jahren lernte ich ihre Arbeit kennen. Damals steckte ich mitten im Identitätswirrwarr der Born-in-the-80s-Kinder, deren Eltern oder Elternteile einmal nach Deutschland migriert waren. Ich, das Kind einer *weißen* Mutter aus Bayern und eines Schwarzen Vaters aus Ghana, aus der Metropole Kumasi, das zusammen mit ihnen in Frankfurt am Main aufwächst. Meine Jugend war eine, in der ich mein *Weiß*sein gelernt hatte und mein Schwarzsein nicht kannte. Sie war lange begleitet von der Sehnsucht nach vermeintlich erstrebenswerten Attributen: Ich wollte glatte Haare haben und *weiß* sein. Ich hasste es, in der Sonne dunkler zu werden, und benutzte als Jugendliche Sunblocker. Ich dachte, dass das mein Leben leichter machen würde. Was für ein Irrtum.

Es war die Zeit der Schulpraktika, und ich hatte damals wochenlang nach einer Beratungsstelle gesucht, weil ich wissen wollte, wie eine Psychologin arbeitet. Beim Verband der binationalen Ehen und Partnerschaften (iaf) bekam ich den Zuschlag, durfte in Sitzungen zuhören, wie Paare aus Familien wie meiner Rat suchten. Es ging um die Möglichkeit zu heiraten, um Familiennachzug, interkulturelle Fragestellungen, um Kindererziehung und Fragen nach Identität und Zugehörigkeit. Irgendwann wurde mir der Sammelband *Farbe bekennen* in die Hand gedrückt. Ayim hat darin zusammen mit anderen Schwarzen Frauen 1986 über ihr Leben und die Geschichte Schwarzer Menschen in Deutschland geschrieben. Fast nichts hatte ich vorher darüber gewusst, und mein Verlangen nach Wissen über mich selbst war damals so unglaublich groß.

Meine Eltern ahnten zu dieser Zeit nicht wirklich, was in mir vorging. Zumindest glaube ich das, weil ich es ja selbst nicht genau wusste. Wie auch? Meine Mutter, eine Krankenschwester, die Anfang der 70er Jahre als junge Frau aus dem

Dorf in die Stadt gezogen war, hatte viel Empathie, aber wenig Wissen über das, was Rassismus insbesondere für ein Kind wie mich bedeutete. Und mein Vater, der noch vor dem Ende der Kolonialzeit in Ghana geboren wurde, hatte wieder andere Erlebnisse und ein anderes Verhältnis zu Deutschland und dem Thema Rassismus als ich. Lange hoffte er, wie ich heute weiß, dass ich weniger Probleme haben würde als er, weil es meine *weiße* Mutter gab.

Erst als ich erwachsen war, begriff ich die Geschichte meiner Eltern und konnte die Erfahrungen einordnen, die Paare wie sie bis heute machen. Wie es für sie war bei der Wohnungssuche, die Blicke, das Unverständnis, aber auch das Nichtverstehen zwischen den beiden. Ich habe ihre sehr individuellen und besonderen Geschichten oft beweint, weil sie mich geprägt haben wie all die Kinder, die in ähnlichen Strukturen wie ich aufgewachsen sind. Heute verstehe ich, wie sehr sich die Erfahrungen meines Vaters in Deutschland von meinen nicht nur als ein in Deutschland geborenes Kind der sogenannten zweiten Generation unterscheiden, sondern auch welchen Unterschied unsere verschiedene Hautschattierung für andere macht. Welche Unterschiede unsere Genderdifferenz und die Anerkennung unserer Ausbildungen spielt. Ich lernte, dass es unterschiedliche Formen einer transgenerationalen Weitergabe von Stress und Trauma gibt und was das für mich als Nachkommin eines ehemals Kolonisierten bedeutet. Was es heißt, als Heranwachsende nichts über dieses Kapitel meiner Geschichte und die Rolle Deutschlands darin gelernt zu haben. Über »Maafa«, den Swahili-Begriff für »Große Katastrophe«, der die Verbrechen gegen die Menschen afrikanischer Abstammung beschreibt, wie zum Beispiel den Völkermord an den Herero und Nama im heutigen Namibia.

Erinnern wir uns kurz an ein Land, das als deutsche Kolonie einst Deutsch-Südwestafrika genannt wurde. Deutsche

Siedler*innen besetzen das Land der Herero und Nama, die sie mit abfälligen Namen bezeichnen. 1904 erklärt Herero-Führer Samuel Maharero den Kolonialisten den Krieg. Mit der Schlacht am Waterberg unter General Lothar von Trotha wendet sich der Aufstand in einen Vernichtungsfeldzug. Von 1904 bis 1908 fanden rund 80 Prozent der 80 000 Herero und zehn Prozent der 20 000 Nama, die sich dem Aufstand angeschlossen hatten, den Tod. Menschen: erschossen, vertrieben, verdurstet und verhungert, als sie in die fast wasserlose Omaheke-Wüste flüchteten, die abgeriegelt wurde. Menschen, die in Konzentrationslagern an Seuchen, Unterernährung und den Folgen der Zwangsarbeit starben oder durch medizinische Experimente ermordet wurden. Ihre Skelette wurden zu vermeintlichen Forschungszwecken nach Berlin geschickt. Denn die Begehrlichkeiten richteten sich nicht nur auf das Land und seine Schätze, sondern auch die Forschung hatte ein großes Interesse an den Körpern der kolonialisierten Menschen. In Deutschland sollte ein umfassendes »Archiv« aufgebaut werden. Schädelmessungen sollten die vermeintliche Überlegenheit *weißer* Menschen beweisen, sagte mir der Kolonialhistoriker Joachim Zeller. Weiblich gelesene Menschen wurden in den Arbeitslagern gezwungen, die Köpfe von Toten mit kochendem Wasser und Glasscherben von Haaren und Haut zu säubern. Um die Muskulatur zu erhalten, wurden sie in Formaldehyd eingelegt. Die Kisten sandte die »Schutztruppe« zum Beispiel an das Pathologische Institut in Berlin, wo sie vermeintlich anatomischen Untersuchungen unterzogen wurden. Schon damals wurden Formen der späteren Praxis der Eroberung von »Lebensraum« und »Vernichtungskrieg« praktiziert, die im Zweiten Weltkrieg wiederkommen sollten.

Nicht nur Wissenschaftler, auch Abenteurer, Kaufleute und Militärs bestückten als Kolonialisten über Jahrzehnte Universitätsarchive und private Sammlungen mit Gebeinen und Präparaten. Diese vermeintliche Forschung basierte auf Mord, Vergewaltigung und dem Handel mit Schwarzen Menschen. Der Anthropologe und Eugeniker Eugen Fischer war persönlich für die Freiburger Alexander-Ecker-Schädelsammlung zuständig, die bis in das Jahr 1810 zurückgeht. Später zählte er zu den führenden Köpfen der eugenischen Forschung des Nationalsozialismus, die die Lehre von der vermeintlichen Verbesserung des biologischen Erbguts von Menschen beschreibt. Aus Namibia hatte er sich zahlreiche Schädel und Weichteile schicken lassen und 1908 selbst die Gräber von Topnaar-Nama geöffnet und deren Leichname entwendet. Ich war dabei, als die Berliner Charité 2014 einer 60-köpfigen Delegation aus Namibia 20 Schädel von Opfern zurückgab. Vier Frauen, 16 Männer, darunter ein Kind. Köpfe von Menschen ohne Namen, ausgestellt in Glasvitrinen, verpackt in hellen Pappkartons. Menschliche Überreste von Opfern des deutschen Kolonialkrieges, die unter fragwürdigen Umständen nach Berlin gekommen waren. Elf von ihnen waren Nama, neun Herero, das konnten die Forscher an den abgeschliffenen Zähnen feststellen. 18 der Toten waren im Konzentrationslager der Halbinsel Shark Island (Haifischinsel) vor der Lüderitzbucht umgekommen. Drei von ihnen hatten unter dem im Lager verbreiteten Skorbut gelitten. Die afrikanische Kolonialgeschichte holte Deutschland damals ein, schrieb ich in einem Artikel für den *Tagesspiegel* und erinnere mich an entsetzte Gesichter von Kolleg*innen, als ich das Thema anbot.

Jahrelang hatten die Nachfahren der getöteten Herero und Nama um die Rückführung der Gebeine gekämpft. Noch heute lagern Tausende in den Depots und Sammlungen von deutschen Museen, Universitäten, Kliniken und Privatsammlungen. Erst 2015 gab es eine vorsichtige Anerkennung des Völkermords durch den damaligen Sprecher des Auswärtigen Amtes. Und es dauerte bis zum Mai 2020, bis offiziell wurde, dass Deutschland als erste westliche Regierung anerkennt, dass während der Kolonialzeit ein Genozid verübt worden ist. Die Regierung wollte bezahlen, aber keine Reparationen. Es gab Diskussion und Kritik über die angekündigten 1,1 Milliarden Euro Entwicklungshilfe für die nächsten 30 Jahre von Seiten der Nachfahren der Opfer, weil nicht mit ihren zuständigen Vertretungen verhandelt wurde. Viele fürchten, dass die »Wiederaufbauhilfe« nie bei ihnen ankommt, weil sie weder der eigenen noch der deutschen Regierung vertrauen. Fast sechs Jahre hatten Deutschland und Namibia unter scharfer Kritik über die »Aussöhnung« gestritten. Im November 2021 hatte das namibische Parlament die »gemeinsame Erklärung« mit dem deutschen Staat dann nicht ratifiziert.

Für Genozidforscher*innen wie Jürgen Zimmerer und Kristin Platt zeigte dieses nicht zustande gekommene Abkommen, dass ein wichtiger Perspektivwechsel nicht vollzogen wurde: Es sei kein Versöhnungs-, sondern ein Spaltungsabkommen, und die Proteste in Namibia zeigen die Verbitterung dort und hier. So ist das eine die historische Verantwortung und das andere die Frage danach, ob Schuld verjähren kann. In Namibia ist Kolonialismus bis heute in vielerlei Hinsicht Gegenwart. Die Geschichte des Kolonialismus nicht sehen und sich mit den Folgen nicht beschäftigen zu wollen nennt sich »koloniale Amnesie«. Sie erklärt, warum ich in der Schule nichts über diese Geschichte gelernt habe und mir ein Wissen über diese Vergangenheit und ihre Folgen über die Jahre selbst aneignen musste. Es gab deshalb auch in mir einiges zu heilen, aber nur so kann meine Geschichte auch eine heilsame für mein Kind werden.

Als anders markiert werden. Nicht der *weißen* Norm entsprechen. Aus der Rolle fallen. Wann habe ich das zum ersten Mal gespürt? Ich war im Kindergarten, als ich meinem Vater zu Hause unter Tränen berichtete, dass mich ein anderes Kind mit Schokolade verglichen hatte. Zwar konnte er mir damals Schwarzsein und Rassismus nicht erklären, aber er schenkte mir seinen Lieblingsanhänger: eine goldene Plakette mit einem aufgedruckten LKW, die mich stark machen sollte. Stark sein, wenn du in den Augen anderer aus der Rolle fällst. Eine Botschaft, die mich lange innerlich getrieben hat. Damit bin ich nicht alleine.

Mikroaggressionen nannte der Sozialpsychologe Chester Pierce 1970 die vielen kleinen Stiche, die ständigen verbal und nonverbal abwertenden Erfahrungen und Botschaften, die sich in einem Menschen ansammeln. Sie sind subtil, unauffällig, latent aggressiv. Wie kleine Mückenstiche, wenn eine Person jeden Tag gestochen wird, und das immer an der gleichen Stelle. Mikroaggressionen wirken erschöpfend. Vor allem, wenn du als Kind und junge Erwachsene keine Worte für das Erlebte hast und wenn du überhaupt erst im Nachhinein realisierst, womit du gerade konfrontiert wurdest. Es ist alltäglicher Rassismus, der etwas beschreibt, das auf der Ebene alltäglicher Szenarien und Nebenschauplätze passiert. Der Historiker Ibram X. Kendi nennt sie auch »rassistische Angriffe«, weil es alles andere als harmlos ist, wenn du jeden Tag Rassismus erfährst. Die Autorin Alice Hasters bringt vieles davon in ihrem Buch *Was Weiße nicht über Rassismus wissen, aber wissen sollten* auf den Punkt und schreibt in einem weiteren Text: »Dinge sind nicht rassistisch, weil sie verletzend sind, sondern verletzend, weil sie rassistisch sind.« Das erklärt, wie sich still und leise die Verbindung zwischen deinem Kopf und Bauch trennen kann und wie schmerzlich es ist, wenn du dir dessen bewusst wirst. Wenn du Schritt für Schritt aufarbeitest, dass andere dich, dein Aussehen oder Verhalten kommentieren und dich einsortieren, und du vielleicht gelernt hast, dir das nicht anmerken zu lassen. Dass sich für dich der Boden auftut, wenn wieder einmal das N-Wort fällt. Du lernst, wie Rassismus zu deinem Lebensbegleiter wird, mit dem du dich immer wieder, im Kleinen wie im Großen, arrangieren musst, weil so viele Menschen ihn nicht sehen (wollen) – vor allem dann, wenn du die einzige betroffene Person in einem Raum bist, wenn du ihn ansprichst, und diejenigen, die nicht betroffen sind, die Geschichte einfach wegreden oder sich umdrehen mit der Bitte, du sollst weniger empfindlich sein. Ich erinnere mich an unzählige Erlebnisse, die davon berichten, wie es ist, wenn dich deine Differenz in einer Welt der vermeintlich Gleichen zu einer *Anderen* macht. Mikroaggressionen treffen auch Menschen, die wegen ihrer Genderdifferenz oder ihrer sexuellen Orientierung diskriminiert werden. Sie zwingen sie dazu, sich immer wieder erklären zu müssen und Vorannahmen und Vorurteile richtigzustellen. Was aber nicht heißt, dass alle Menschen die eigene Geschichte und die Erfahrungen damit aufarbeiten. Nicht alle erkennen, sehen und fühlen die Ausgrenzung, die sie erleben, oder nehmen sie überhaupt als solche wahr. Auch wollen nicht alle Menschen darüber sprechen, Expert*innen sein oder Bücher schreiben. Andere übersehen oder übergehen ihre Erlebnisse, manche sind und bleiben wütend darüber und kommen beispielsweise nicht gut klar mit *weißen* Menschen, weil sie im Schmerz sind, andere lachen die Erfahrungen weg. Wieder andere glauben, dass sie selbst für ihre (Rassismus-)Erfahrungen verantwortlich sind, oder wollen mit Antirassismus nichts zu tun haben. Genauso, wie es auch Personen gibt, die Feminismus für Unsinn halten.

Schwarze Menschen sind geprägt von ihren sozialen und familiären Hintergründen, der Zeit und den Orten, an denen sie geboren wurden. Auch von Privilegien, die sie in bestimmten Punkten im Intersektionen- bzw. Diskriminierungsspektrum genießen. Mir ist bewusst, auf welcher Seite dieser Welt ich geboren bin und welche Vorteile es für mich hat, nicht in absoluter Armut aufgewachsen zu sein, ob ich das nun will oder nicht. Ich weiß, dass ich mich heute zum bildungsbürgerlichen Mittelstand zählen kann, dass ich mir um mein Auskommen keine Sorgen (mehr) machen muss. Ich will damit sagen: Schwarze Menschen sind unterschiedlich, keine homogene Gruppe. Eigentlich sollte das keine Überraschung sein, und trotzdem werden sie oft so gesehen und behandelt.

Ayim hat als Jugendliche in mir die Neugierde geweckt, mehr über unsere und damit meine Schwarze Geschichte in einem größeren Kontext zu erfahren. Ich erinnere mich noch daran, wie ich während des besagten Praktikums die Mitherausgeberin von *Farbe bekennen*, Katharina Oguntoye, kontaktierte. Wir wollten uns treffen, und ich sehe mich noch in der Telefonzelle stehen und ihre Entschuldigung hören, weil sie mich versetzen musste. 1996 gab es noch keine Handys, und SMS schreiben war noch nicht. Oguntoye lud mich während dieses Telefonats zur lokalen Trauerfeier für Ayim in Frankfurt ein, die sich kurz zuvor das Leben genommen hatte. Ich war schockiert. Ich ging nicht hin und habe mich nicht wieder bei Oguntoye gemeldet.

Damals wusste ich noch wenig über Ayim, ihr Leben und die Community. Ich wusste nicht, welcher Raum mich an diesem Abschied erwartet hätte, was Schwarze Gemeinschaft bedeutet und dass gemeinsames Trauern heilsam sein kann. Ich wusste nicht, dass Ayim in Zukunft nicht der einzige Schwarze Mensch sein würde, den ich einmal verabschieden würde. Und dass ich noch viele weitere intensive Erfahrungen auf meinem Weg machen würde, um eine selbstbewusste Schwarze Frau zu werden.

Damals traute ich mich einfach nur nicht hinzugehen, und Oguntoye sollte ich erst zwölf Jahre später begegnen, als ich ein Porträt über sie, ihre Arbeit und ihr Leben als Schwarze lesbische Frau schrieb. Damals, 1996, endete meine jugendliche Kontaktsuche nach Schwarzen Menschen mit einem Anruf bei

Tahir Della von der Initiative Schwarze Menschen in Deutschland (ISD) in München, die 1986 als Initiative Schwarze Deutsche gegründet wurde, weil die afrodeutsche Bewegung damals von den Perspektiven Schwarzer Menschen mit einem *weißen* und einem Schwarzen Elternteil wie mir dominiert wurde. Es ging ihnen um Fragen nach Zugehörigkeit als Schwarze Deutsche und nach dem Auflösen von rassistischen Vorstellungen. Und es ging ihnen um das Aushandeln und Finden einer eigenen, einer positiven Identität.

Noch heute führt Della ähnliche Telefonate mit suchenden Menschen wie mir damals. Der Bedarf nach positiver Selbstfindung von Menschen ohne Schwarze Lebensbezüge ist weiterhin groß. Damals konnte er wenig für mich tun, weil es in Frankfurt keine aktive Jugendgruppe gab. Zu dieser Zeit war in Deutschland Rassismus kein Begriff, auf den sich bezogen werden konnte. Bei Vorfällen wurde das Label Ausländer- und Fremdenfeindlichkeit genutzt. Auch ich wusste bis zu meinem Praktikum nichts über Rassismus. Ich schrieb im Anschluss für das Magazin der iaf meine ersten Artikel über das Thema. Mit Titeln wie »Schwarz-*weiß*-kariert« oder der Antwort auf einen Leserbrief, in dem ich erklärte, wie Kinder wie ich rassismusfrei bezeichnet werden sollten. Wie dankbar bin ich, dass ich schon damals an eine Selbstbezeichnung herangeführt wurde, die sich gut für mich anfühlte. Ich weiß, wie wichtig das für meinen späteren Findungsprozess war. Ich legte damals den abwertenden Begriff »Mischling«[2] für Kinder wie mich ab und wurde Schwarz. Zwar verstand ich zu diesem Zeitpunkt nur im Ansatz, was das

2 Diese Beschreibung ist stets mit einer sozialen Herabstufung verbunden. Der Begriff wurde zunächst in der Tierzucht, später dann auch bei Menschen verwendet. Der Kolonialismus markierte sie in seiner ideologischen Vorstellung als minderwertig, weil sie angeblich die schlechten Eigenschaften der (schwarzen/weißen und nichtjüdisch/jüdischen) Elternteile vereinigten.

Wort als politische Kategorie bedeutet, aber zumindest wusste ich, dass es eine Lebenserfahrung beschreibt, nämlich meine. Es war der erste Schritt meiner Emanzipation. Ich absolvierte ihn im Stillen, denn bis ich Mitte zwanzig war, war da keine Person, mit der ich über diese Dinge hätte sprechen können.

Heute glaube ich, dass die Tatsache, dass ich mich während meines Studiums zur Expertin meiner eigenen Themen gemacht habe, eine unterbewusste Entscheidung war. Irgendwann in den Jahren zwischen 2000 und 2006 erklärte ich Migration und Rassismusforschung zu meinen Schwerpunkten, und sie wurden gleichzeitig Teil meiner Selbstfindung. Wissenschaftliche Texte sog ich auf und eignete mir ein akademisches Wissen an. Wenn ich heute im Privaten über meine Rassismuserfahrungen spreche (und mein Umfeld wird das sicher bezeugen), dann schwingt deshalb auch immer gleich die Analyse mit. Das habe ich jetzt so eingespielt, mir antrainiert. Das hat mich gerettet, und das bekomme ich nicht mehr los. Es ist ein Teil von mir geworden.

Was ist dieser Rassismus in seinen unterschiedlichen Spielarten, Formen und Ebenen, für den es wissenschaftlich gesehen einige Definitionen gibt? Der als Begriff in Deutschland für viele ein rotes Tuch ist und für den gerne extremistische Menschen verantwortlich gemacht werden? Es wird nicht gerne darüber geredet, weil viele ihn mit den Menschheitsverbrechen des Nationalsozialismus assoziieren. Doch finden sich rassistische Menschen, Strukturen und Sprache bis heute in unserer Mitte.

Rassismus zeichnet sich durch seine Permanenz, Vielgestaltigkeit und Widersprüchlichkeit aus. Nach dem Soziologen Robert Miles wurde mit dem Rassismus-Begriff erstmals auf die rassistischen Vorgänge im 18. und 19. Jahrhundert aufmerksam gemacht. Das damalige Europa war das Zentrum in der Entstehung rassistischer Ideologie. Er etablierte sich als europäische

Denktradition unter dem Schirm der Wissenschaft. Sie erfand die sogenannte »weiße Rasse« mitsamt dem Christentum als vermeintlich naturgegebene Norm, was zeigt, dass »Rasse« als Vorstellung ein Ergebnis von Rassismus ist. Eine derartige biologistische Unterscheidung von Menschen ist falsch, trotzdem hält sich diese Vorstellung bis heute. Der Begriff »race« beschreibt die soziale Konstruktion und doppelte Bedeutung: Es gibt keine »Rassen«, aber Menschen glauben, dass es sie gibt, und diskriminieren deshalb andere wegen ihrer Unterschiede. Und diese wiederum werden sozial, politisch, religiös oder kulturell begründet. Race ist die Kategorie, und die verschiedenen Rassismen sind die Praxen, um Unterdrückung herzustellen, zum Beispiel die zwischen *weißen* und Schwarzen Menschen, muslimisch gelesenen Menschen wie Frauen mit Kopftuch oder sogenannten »Nordafrikanern«, von denen unklar ist, wie sich diese Zugehörigkeit äußerlich eigentlich feststellen lässt, weil Menschen ihre Staatsbürgerschaft nicht angesehen werden kann und Nordafrika oder die arabische Welt einen Raum voller Stereotypen darstellt. Erinnern wir uns an das Aufleben dieser Stereotype des vermeintlich kriminellen Ausländers als Folge der Debatte um die Silvesternacht von Köln 2015: Sie geschah inmitten der großen Aufnahme von Schutzsuchenden, um die humanitäre Aktion mit populistischen Schlagworten zu diffamieren. Das Thema sexualisierter Gewalt gegen Frauen und weiblich gelesene Personen verschob sich, und der rassistische Phänotyp des vermeintlich »vergewaltigenden Muslims« wurde gesetzt und via Polizeisprache der sogenannte »Nafri« (Nordafrikanischer Intensivstraftäter) in der Öffentlichkeit etabliert. Die rassistische und antisemitische Figur des »Vergewaltigers« ist Jahrhunderte alt. All das heißt nicht, dass sexualisierte Gewalt als Problem zu vernachlässigen ist. Viel ist damals unter dem Schlagwort »Nein heißt Nein« und dem geänderten Paragrafen 177 im Strafgesetzbuch berichtet und darüber gestritten worden, dass diese Form der Gewalt ethnisiert oder »islamisiert« sei, wie es 2016 Feminist*innen unter dem Hashtag #Ausnahmslos kritisierten und sich gegen eine Instrumentalisierung von rechts sowie eine mediale Berichterstattung formierten, die mit reißerischen und stigmatisierenden Deutungen Millionen von Menschen unter Generalverdacht stellte.

Dieses ist eines von vielen Beispielen menschenfeindlicher Konstruktionen. Und viel von meinem theoretischen Verständnis darüber orientiert sich an den Ausführungen des Soziologen Stuart Hall, der 1932 auf Jamaica geboren wurde und 2014 in London starb. Er deutete Rassismus nicht nur als Ideologie, sondern auch als Praxis staatlicher Politik. Also eine soziale Praxis, die körperliche oder imaginierte kulturelle Merkmale von Menschen zur Grundlage macht, um sie zu klassifizieren, zu hierarchisieren und abzustufen. Sie also nicht nur in Arme und Reiche, sondern in *Weiße* und Schwarze einzuteilen und diese Differenz zu bewerten. Die Vorstellungen über diese Unterschiede beeinflussen uns bis heute auf verschiedene Weise und leben fort in einem sogenannten »Rassismus ohne ›Rassen‹« (Neorassismus/Kulturrassismus), wie es der Sozialwissenschaftler Étienne Balibar beschrieb und damit die Konstruktion von race beschreibt, die die Dehumanisierung von Menschen an ihr Aussehen oder Merkmale wie Herkunft oder Religion knüpft. Damit ist Rassismus auch heute ein Werkzeug, um Menschen als Gruppen sozial, politisch und ökonomisch auszuschließen. Er ist eine negative Differenzpraktik, die weltweit unterschiedlich ausgelebt wird. Die Rassismusforschung untersucht, wie Gesellschaften diese Unterschiede erzeugen. Es gibt deshalb auch nicht nur eine Form von Rassismus, sondern viele Rassismen. Aus diesem Grund wird heute von Formen des Anti-Schwarzen, -muslimischen oder -asiatischen Rassismus oder vom Rassismus gegen Rom*nja und Sinti*zze gesprochen. Dazu kommt, dass die Erfahrungen, die betroffene Menschen damit machen, nicht statisch, sondern sich überschneidend betrachtet werden müssen. Denn es gibt Schwarze Rom*nja oder muslimische Asiat*innen – und es sollte klar sein, dass, wenn ich von Asiatinnen spreche, ich Menschen aus Pakistan wie aus China meinen könnte. Es gilt, die verinnerlichten Bilder, die Konstruktionen im Kopf zu hinterfragen.

So sind rassistische Praktiken Jahrhunderte alt, sie haben sich verändert und ihren Gesellschaften angepasst. Sie haben sich so sehr in unsere Geschichte, Kultur und Sprache eingeschrieben, dass wir bis heute mit bestimmten Erzählungen sozialisiert werden und viele übernehmen, auch wenn wir das nicht wollen. Der Migrationsforscher Mark Terkessidis fasst Rassismus unter den drei Komponenten Rassifizierung, Ausgrenzungspraktik und differenzierende Macht zusammen. Mit Rassifizierung beschreibt er den Prozess, Menschen in Gruppen mit bestimmten Merkmalen zu fassen und im Verhältnis zur eigenen Gruppe festzulegen. Mit Ausgrenzung erklärt er in Anlehnung an Miles die praktische Folge, also wie diese Gruppen ungleich behandelt werden. Und mit differenzierter Macht beschreibt er, wem die Gewalt innewohnt, über das Leben von Menschen zu entscheiden, zum Beispiel an den Außengrenzen von Europa.

Damit ist eine Gesellschaft so rassistisch, wie sie ihren Rassismus nicht erkennt, ihn weiterlebt und nicht bespricht. Der Rassismus heute ist ein anderer als gestern, als viele Dinge kein Problem darstellten, weil die Gemeinschaft eben so dachte und die Betroffenen, die es schon damals gab, noch weniger gehört wurden als heute. Deshalb wünschen sich heute umso mehr Menschen, dass es nicht so bleibt, wie es früher einmal war. Rassistische Handlungen können intendiert, also beabsichtigt sein, dann sind die Handelnden Rassist*innen. Aber rassistische Handlungen können auch unbewusst passieren und bleiben dennoch rassistisch. Sie öffentlich zu besprechen ist für viele schwierig, weil das der Reflexion und Selbstliebe bedarf. Zuzulassen, dass es eigentlich gut, vielleicht sogar liebevoll gemeint war. Es ist der unbeabsichtigte Fußtritt, der deshalb manchem eine Entschuldigung schwer macht, weil wir gelernt haben, uns nur dann zu entschuldigen, wenn wir auch Schuld fühlen. Aber es geht hier nicht um Schuld im klassischen Sinn, sondern um verantwortungsvolles Handeln. Es geht darum, zu erkennen, dass wir rassistischen Vorstellungen aufgesessen sind, und uns das einzugestehen. Dafür braucht es Raum für sich selbst, aber vor allem auch Raum für die betroffene Person, für die der Grund einer getroffenen Aussage keinen Unterschied macht. Auch der Ton macht die Musik. Sich das klarzumachen verändert die Wirkung, nimmt die betroffene Person in den Fokus und die Handelnden in die Verantwortung. Dann spielt nicht die Intention der Handlung eine Rolle, sondern es geht darum, mich selbst zu befähigen, die Gefühle der anderen Seite wahrzunehmen. Es ist das, was ich versuche, wenn ich mein Gegenüber zunächst nicht verstehe: erst einmal über dessen Position nachzudenken. Wenn ich mich frage, was ich übersehen haben könnte, weil meine Position mir das erlaubt. Einen Rundumblick einzunehmen heißt, ohne Sorge achtsam zu sein.

Über Rassismus und einen Umgang damit wurde in Deutschland noch wenig auf diese Weise gesprochen, weil er insgesamt nicht genug besprochen wurde. Jetzt gilt es, die Scham und Angst vor Spaltung vor einem Gespräch darüber abzulegen, damit sich die Erfahrungen Schwarzer Menschen zu einem Gemeinsamen in Differenz vereinigen können und sich das rassistische System mit unseren Nachkommen nicht fortschreibt und immer wieder Wunden aufgerissen werden. Damit keine Grabenkämpfe entstehen, von denen diejenigen profitieren, die diese Spaltung heute gerne so wollen. Schließlich leben wir in einer globalisierten und digitalisierten Welt, die immer weiter zusammenrückt. In diese Welt passen die unterdrückenden Systeme nicht nur nicht mehr, sondern die Unterdrückten wehren sich auch stärker dagegen. Diese Menschen tun es im Foucaultschen Sinn und lassen sich nicht mehr zu Gefangenen unserer Geschichte machen. Doch weil menschenfeindliche Strukturen hartnäckig sind und das negative Bild unserer Differenz bereits im frühen Kindesalter eine Rolle spielt, ist es eine große und eine Generationenaufgabe, diese Situation zu verändern.

Deshalb ist es mir im Zusammenhang mit unserer Sozialisation und Prägung wichtig, an dieser Stelle über Kinder als die zukünftige Generation zu sprechen. Weil in diesem Stadium des Menschseins angelegt wird, wie wir werden. Zudem waren wir alle einmal Kinder und standen mit unserer Geburt quasi auf einer Startlinie, um dann – wenn man es aus machtkritischer Perspektive betrachtet – unterschiedlich weiterzukommen.

Vielen gelten Kinder als unschuldig, und sie sind es auch. Sie halten Erwachsenen mit ihrem Verhalten einen Spiegel vor. Aus Elternperspektive sehe ich, dass sie einen ausgeprägten Gerechtigkeitssinn haben und Benachteiligung für sie eine Rolle spielt. Sie könnten Vorreiter*innen sein, wenn es um das Verständnis von Gleichberechtigung geht und um die Frage danach, wie wir diesen Prozess des Verstehens unterstützen könnten. Wir können an ihnen beobachten, wie sie Differenz lernen. Sie verbalisieren das, was gesellschaftlich verhandelt wird. Schon früh stellen sie Unterschiede zwischen Menschen fest, bewerten diese aber erst, wenn sie damit codiert werden. Kinder können schon in sehr jungen Jahren Vorurteile hegen oder rassistisch sein. Das passiert, weil unsere Diskriminierungssysteme tief verwurzelt sind. Wie sehr das der Fall ist, zeigt sich in unzähligen Studien und Tests wie dem bekannten »Doll Test« von Kenneth und Mamie Clark, die 1940 Kinder danach fragten, ob die *weiße* oder die Schwarze Puppe die schönere und nettere sei. Alle Kinder identifizierten die *weiße* als die positive. Auch sogenannte Baby-X-Versuche zeigen, wie eine erwartende Wahrnehmung schon bei Neugeborenen beginnt, wenn Versuchspersonen sich ein Baby, das als Junge gelesen wird, vorstellen und ihn automatisch als größer, aktiver und fordernder einschätzen, während vermeintliche Mädchen als ruhige und zarte Babys gelten.

Darüber, wie Kinder ihre Einstellungen formen und wozu das führt, hat in Deutschland unter anderen die Erziehungswissenschaftlerin und Professorin Maisha-Maureen Auma geforscht. Für sie zeigen die Baby-X-Versuche auf, wie früh wir in eine Differenzierungsarbeit verstrickt sind und von frühster Kindheit an mit Annahmen und Konstruktionen konfrontiert werden. Sie nennt diese »gemachte Differenzen«. Soziale Ungleichheit ist für Auma demzufolge ein Lernprodukt. Im sozialen Trainingslager Kindergarten und Schule lernen Heranwachsende, sich in Gemeinschaften zu bewegen, erfahren dort Regeln und Ordnungen des Zusammenlebens. Es entstehen gruppendynamische Prozesse, in denen sie auch ausgegrenzt werden. Schon die Kinder machen die Erfahrung von Hierarchien, und ihre Identität wird innerhalb politischer Debatten erzeugt, die Erwachsene um sie herum führen. Kleine Kinder bringen in ihren Spielen, deren Inhalten und in ihrem interaktiven Verhalten diese Erfahrung von Differenz hervor. Sie nehmen wahr, wer mit Macht und Prestige ausgestattet ist, und wiederholen diese Strukturen beispielsweise beim Spielen. Für Auma sind Kinder für Macht- und Hierarchiebotschaften empfänglich. Entsprechende Erziehungsbotschaften vermitteln für sie das »So-Sein« in der (sozialen) Welt. Sie argumentiert dafür, dass Kinder ein berechtigtes Interesse daran haben, Macht zu empfinden, zu erfahren und auszuüben, weil dies für ihre Entwicklung und ein Verständnis von Selbstwirksamkeit als Teil ihres Selbst wichtig und notwendig ist. Es gibt also ein Verständnis von Macht, nämlich dass diese positiv und negativ sein kann. Negativ, wenn sie andere unterdrückt. Positiv, wenn sie mich handlungsfähig macht. Wenn also Kinder in ihrer Verstrickung in gesellschaftliche Ungleichheitsverhältnisse in einer gleichberechtigteren Zukunft gut aufgestellt sein sollen, dann gilt es, ihr Lernen neu zu organisieren. »Lernprozess der Vergesellschaftung« nennt Auma Konzepte, die Machtpositionen kritisch in den Blick nehmen. Es ist für mich der Grund, warum eine diversitätsbewusste Erziehung mit entsprechenden Materialien wichtig ist.

Ganz konkret betrifft das zum Beispiel Kinderbücher, weil diese Einfluss auf die Sprache, die Bilder und das Denken von Kindern nehmen. Es genügen ein Blick in ein Bücherregal und die Frage, wer dort repräsentiert wird oder welches Kind sich dort repräsentiert fühlt. Sind das nur *weiße* Kinder, Kinder ohne Behinderung, die in heterosexuellen Familienkonstellationen leben? Es braucht kein explizites Buch über Rassismus oder andere Differenzerfahrungen, um in Kindern Normen aufzubrechen – und weg mit Büchern und Filmen der heroischen Sorte, dass Kinder es »trotz« ihres Schwarzseins oder ihrer Behinderung geschafft und sich ihre Anerkennung erarbeitet haben. Es sollten stattdessen beispielsweise Bücher mit einem kleinen behinderten Mädchen sein, das ein Abenteuer auf dem Spielplatz erlebt, in denen queere Menschen, Ein-Eltern-Haushalte vorkommen, Intersektionalität in all ihren Merkmalen eben. Es geht darum, nicht-binäres Denken spielerisch zu begreifen. In *Ich bin anders als du – ich bin wie du,* einem meiner Lieblingskinderbücher von Constanze von Kitzing, lernen kleine Kinder auf einfache Weise, was Menschen verbindet und was sie unterscheidet und dass es nicht immer die Dinge sind, die man mit erwachsenem Blick zu erkennen glaubt. Oder einfach mal das

Family Memory von *Leona Games* mit einem Sortiment spielen, in dem viele Familienkonstellationen und unterschiedliche Menschen vertreten sind, die so divers sind wie die Wirklichkeit.

Wenn ein Kind Zugänge zu unterschiedlichen Perspektiven hat, die sein Verständnis von Differenz erweitern, verändert sich auch der Blick des Kindes auf sich selbst und andere. Und das beeinflusst, was es später einmal für sich selbst aushandelt, wie es sich selbst als Mensch erklärt oder welche Form seines Werdens es für sich als wünschenswert und möglich sieht. »The secret education« nennen Olaolu Fajembola und Tebogo Nimindé-Dundadengar in ihrem Ratgeber-Sachbuch *Gib mir mal die Hautfarbe – Mit Kindern über Rassismus sprechen* die heimliche Bildung, die Kinder in Filmen, traditionellen Reimen oder Liedern erfahren, und beschreiben ein aktives Vorgehen im Umgang damit, weil es nicht ohne die Anerkennung und das Besprechen unangenehmer Wahrheiten geht.

Es ist wichtig, unsere Differenz vor Kindern auszusprechen. Denn das Nicht-Thematisieren kann eine Fremdverortung verstärken, weil Kinder mit ihren Gedanken mit sich alleine bleiben. Der Wunsch, Kindern die Welt immer als gut zu präsentieren, ist zwar ein schöner, aber wenig sinnvoller. Denn spätestens, wenn ihnen Ausgrenzendes passiert oder sie es bei Freund*innen mitbekommen, muss ihnen sowieso erklärt werden, wie die Welt funktioniert. Vielfalt ist nicht einfach so etwas Positives, das funktioniert, weil wir es uns wünschen. So ist die Welt leider nicht. Und in dieser Welt sind es gerade die Kinder, die sich deutlich weniger als Erwachsene trauen, über Differenz und Diskriminierung zu sprechen. Es bedarf also Fingerspitzengefühls und genauer Beobachtung, weil Kinder akzeptiertes Verhalten lernen und ihre Abneigungen gegen andere nicht unbedingt äußern, so wie von Diskriminierung Betroffene lernen, dass ein ausgrenzendes Verhalten ihnen gegenüber sozial akzeptiert wird, und es im schlimmsten Fall verinnerlichen. Kinder sind keine Erwachsenen. Und so sollten ihre Verhaltensweisen anders bewertet werden. Darum ist es so wichtig, mit ihnen gemeinsam über ihre Annahmen über Menschen nachzudenken. Es geht nicht um »Richtig«- oder »Falsch«-Botschaften, sondern darum, dieses Thema als eine langfristige Erziehungsaufgabe zu sehen.

Mit meiner Suche nach immer neuen Materialien baue ich vor und suche nach Möglichkeiten, meinem Kind eine kindgerechte, aber reale Welt zu zeigen, in der es selbstbewusst seinen Platz findet. Auf all das haben Erwachsene Einfluss, sie können Kindern vermitteln und deutlich machen, dass das, was sie selbst sind, nicht allumfassend ist, dass es noch mehr gibt, was sich von ihnen unterscheidet und dass das etwas Schönes ist. Wir könnten das auch für uns selbst tun. Denn das Gute ist, mit Kindern fällt es als erwachsener Mensch leichter, Veraltetes und falsch Erlerntes zu verlernen, weil sie mit Leichtigkeit, Interesse und im besten Fall mit Freude auf die Erfahrung mit anderen zugehen.

#RassismuskritischePerspektiven

Die Initiative Schwarze Menschen in Deutschland (ISD) wurde 1985 gegründet und gilt als eine der ältesten Selbstorganisationen von und für Schwarze Menschen. Sie versteht sich als Interessenvertretung in Gesellschaft und Politik. Alltäglicher Rassismus, rassistisch motivierte Gewalt und Polizeigewalt sind zentrale Schwerpunkte der Arbeit. Es geht der ISD um Partizipation und Verbesserung der Lebenssituation Schwarzer Menschen. Ihr Wunsch ist die Wahrnehmung ihrer vielfältigen Perspektiven und eine rassismuskritische Haltung in allen Lebensbereichen und Institutionen, die die Realität ineinandergreifender Formen von Diskriminierungen anerkennt, die Schwarze Menschen erleben. Die ISD versteht sich dabei nicht als einzige Vertretung, sondern als Teil der sogenannten Schwarzen Community mit all ihren NGOs, Initiativen, Verbänden und Projekten, die seit Jahren in Deutschland aktiv sind. *https://isdonline.de*

ADEFRA e. V. – Schwarze Frauen in Deutschland – ist ein kulturpolitisches Forum von und für Schwarze Frauen und dezidiert auch für Personen, die sich als nicht-binär, trans* und inter* positionieren. Wie die Geschichte der ISD nahm auch die der Generation Adefra ihren Anfang Mitte der 1980er Jahre. Eine Gruppe Schwarzer Aktivistinnen, die die Arbeit und der Aufenthalt der US-amerikanischen feministischen Theoretikerin, Lyrikerin und Aktivistin **Audre Lorde** (1934–1992) in Berlin zusammenbrachten und zur Gründung eigener Strukturen inspirierten. In der Gründung der Schwarzen Bewegung in Deutschland waren Schwarze, lesbische Aktivistinnen der

1980er Jahre nicht nur der Motor, was das Formulieren eines Schwarzen queer-feministischen Standpunkts anging, sondern sie sind bis heute Impuls- und Strukturgeberinnen für das Wachsen einer organisierten Schwarzen Gemeinschaft.
http://www.adefra.com

Phoenix e. V. Es gibt viele Menschen, die sich Rassismus entgegenstellen möchten, aber die Frage haben, wie rassismuskritisches Handeln funktioniert. Das Ziel von Phoenix ist es seit 1993, dahingehend Menschen für seine unterschiedlichen Erscheinungsformen zu sensibilisieren, sich der eigenen Prägung und Sozialisierung bewusst zu werden und sich Rassismen mit positiven Strategien entgegenzustellen. Zu diesem Zweck bietet der Verein Antirassismus-Trainings und Empowerment-Trainings für von Rassismus Betroffene und Nicht-Betroffene an. Ziel ist es, sich zu verbünden. Das Konzept wurde in den 90er Jahren von **Austen P. Brandt** entwickelt, der in London von **Sybil Phoenix** in der Pädagogik der Antirassismus-Trainings ausgebildet wurde. 2010 wurde die Arbeit von Phoenix mit dem Aachener Friedenspreis ausgezeichnet.
https://www.phoenix-ev.org

Each One Teach One e. V. (EOTO) ist ein Community-basiertes Bildungs- und Empowerment-Projekt in Berlin, das 2012 gegründet wurde und 2014 als Bibliothek seine Türen als Ort des Lernens und der Begegnung öffnete. Es stellt Literatur von Menschen afrikanischer/afrodiasporischer Herkunft vor und vermittelt Wissen im intergenerationalen Dialog. Die Präsenzbibliothek dokumentiert anhand von etwa 6000 vor allem deutschsprachigen Büchern Schwarze Geschichte und Gegenwart in und außerhalb Deutschlands. Sie basiert auf der Sammlung von **Vera Heyer**, die in den 70er Jahren mit dem Sammeln

der Werke begann. Zuletzt hat EOTO zusammen mit Citizens for Europe (CFE) die erste Studie veröffentlicht, die sich damit beschäftigt, wie Schwarze Menschen in Deutschland leben. Der **Afrozensus** zeigt, welcher gesellschaftliche Beitrag von ihnen ausgeht, welche Diskriminierungen sie erfahren, und ist deshalb ein Novum, weil er von Schwarzen Organisationen selbst erhoben wurde. Das schuf Vertrauen im Umgang mit sensiblen Daten, von denen es mehr in unserer Migrationsgesellschaft braucht.
https://www.eoto-archiv.de /
https://afrozensus.de

»KARFI« wurde 2012 als Schwarzes Bildungskollektiv für Empowerment und rassismuskritische Bildung gegründet. Die drei Mitglieder **Ilinda Bendler, Laura Digoh-Ersoy** und **Nadine Golly** setzen mit ihren Workshops, Fortbildungen, Beratungen und Moderationen dort an, wo Wissen produziert und von Multiplikator*innen nach innen und außen weitergegeben wird: in den Bereichen Bildung, Kultur, Wissenschaft, Gesundheit, Verwaltung, Politik. Neben dem Anspruch, wissend und handlungsfähig Position beziehen zu können, geht es um strukturelle Veränderungen, gerechtere gesellschaftliche Realitäten, Kompliz*innenschaften und empowernde Räume für alle diejenigen, die sich Visionen trotz täglicher Rassismuserfahrungen bewahren und lebendig halten. Kontakt: karfi@live.de

»Deutschland Schwarz *weiß*«, »exit RACISM«, »Und jetzt du. Rassismuskritisch leben« und »Was *weiße* Menschen nicht über Rassismus hören wollen, aber wissen sollten«. Mit ihren vier Büchern haben die Künstlerin Noah Sow (2000/ Aktualisierung 2010), die Trainerin Tupoka Ogette (2018/2022) und die Journalistin Alice Hasters (2019) in den vergangenen

Jahren aus Schwarzer Perspektive wegweisende rassismuskritische Bücher für ein breiteres Publikum geschrieben und es auf prominente Weise geschafft, ein unbeliebtes Thema in die Öffentlichkeit zu rücken. Mit **»Gib mir mal die Hautfarbe – Mit Kindern über Rassismus sprechen«** haben Olaolu Fajembola und Tebogo Nimindé-Dundadengar ihren Fokus dabei auf frühkindliche Prägung gelegt. Mit ihrem **Online**-Shop **»Tebalou«** bieten sie seit 2018 ein vielfältiges, diversitätsbewusstes Sortiment an Spielzeug und Büchern an. *https://tebalou.shop* Ebenso veröffentlichte **Nkechi Madubuko** mehrere Bücher in die erziehungstechnische Richtung. Zuletzt 2021 **»Erziehung zur Vielfalt. Wie Kinder einen wertschätzenden Umgang mit Unterschieden lernen«**. Handlungsmöglichkeiten für die pädagogische Praxis lieferte 2015 der von Elina Marmer und Papa Sow herausgegebene Sammelband **»Wie Rassismus aus Schulbüchern spricht: Kritische Auseinandersetzung mit ›Afrika‹-Bildern und Schwarz-Weiß-Konstruktionen in der Schule«** finden sich Schulbuchanalysen und Interviews mit Jugendlichen und ihren Lehrkräften, die aufzeigen, wie kolonialer Rassismus gegenwärtig funktioniert. Er liefert Strategien und Konzepte, um ihn im Bildungssystem zu erkennen und dagegen vorzugehen. Darüber, wie sich bewertende Strukturen im Hochschulbetrieb eingeschrieben haben und verändern lassen, hat **Emily Ngubia** geschrieben. In **»Eingeschrieben. Zeichen setzen gegen Rassismus an deutschen Hochschulen«** (2015) erklärt sie, was es bedeutet, als Schwarzer Mensch in einem *weißen* Hochschulsystem zu studieren und Karriere zu machen. Das Buch **»Anleitung zum Schwarzsein«** 2016 von der Journalistin **Anne Chebu,** versteht sich als Einführung in die Schwarze Community in Deutschland und als erste Schritte zu einer rassismuskritischen Reflexion.

Rose Daniela Amakye, @roseamongthorns_ positioniert sich als Schwarze dark-skinned Frau, die mit ghanaischen Eltern in Bayern aufwuchs. Als angehende Kultur- und Sozialwissenschaftlerin beschäftigt sie sich mit rassismuskritischen Gesellschaftsanalysen und intersektionalem Feminismus. Neben dem Studium arbeitet Amakye als Beraterin in der Antidiskriminierungsberatung an der Humboldt-Universität zu Berlin und engagiert sich unter anderem bei Black Lives Matter Berlin, The String Archestra und der Rosa-Luxemburg-Stiftung. Während Amakye den privilegierten Zugang zu akademischen Texten zum Verständnis übergreifender Machtstrukturen nutzen darf, ist es ihr im sozialen Umfeld wichtig, über die Dekonstruktionen und Dekolonisierung des eigenen Denkens und Handelns zu sprechen und zu arbeiten. Amakye hat im Team ein Drittel dieses Buches im Sensitivity Reading gelesen.

Afrika und Schwarzes Bewusstsein. Mein Empowerment

I have great respect for the past.
If you don't know where you've come from, you don't know where you're going.
I have respect for the past, but I'm a person of the moment.
I'm here, and I do my best to be completely centered at the place I'm at, then I go forward to the next place.

– Maya Angelou

Wovon bin ich geprägt? Von Deutschland, meinem Zuhause, dem Geburtsort meiner Mutter. Ich wusste als Kind wenig über den afrikanischen Kontinent, über Ghana, das Zuhause meines Vaters, bevor er in den 70er Jahren nach Deutschland zog. Ich hatte ihn, seine Fotos, seine Freunde, die wir besuchten, und die Feste, die wir feierten. Eid al-Fitr zum Beispiel, das muslimische Fest nach dem Fastenmonat Ramadan. Ein Tag, an dem mein Vater strahlte und bestens gelaunt war. Kurz vor den Feierlichkeiten gingen wir immer in die Stadt, um mir ein schönes Kleid zu kaufen und schicke Schuhe und vieles andere, was ich mir wünschte. Dann feierten wir in großer Runde der ghanaisch-muslimischen Community in der Moschee und oft auch bei uns zu Hause. Es ist mein kindlicher Geschmack von afrikanischer Diaspora, an den ich mich gerne erinnere.

In Ghana selbst war ich als eineinhalbjähriges Kind nur ein einziges Mal mit meinen Eltern. Aber da sind keine Erinnerungen, nur Fotos von mir, die ich aus dieser Zeit habe. Das mit meinen Großeltern mag ich besonders gern. Darauf ist mein Opa zu sehen, der mich auf dem Arm trägt. Neben ihm steht meine Oma, die sanft in die Ferne blickt, und wir sind umringt von Kindern.

Ich trage den Namen meiner Großmutter, was eine große Ehre für mich ist: Hadija, die selbstständige Seifenverkäuferin aus Kumasi. Kürzlich sagte mir eine Freundin, dass die Bedeutung meines Namens »Geschenk« sei. Ich habe das nie recherchiert. Die Frage »Was bedeutet der Name?« hat mich immer eher dazu verleitet, die Geschichte der Namensgeberin zu erzählen, die Geschichte von Khadija, die einst eine reiche und kluge Kauffrau und bereits zweimal verwitwet war, als sie den 25-jährigen Mohammed, Religionsstifter und erster Prophet des Islam, kennenlernte und dessen erste Frau wurde. Sie verhalf ihm zu seinem Erfolg. Es heißt, dass er sie bis zu ihrem Tode liebte.

Auch meine Großmutter war eine starke und unabhängige Frau, wie mir erzählt wurde. Es ist schade, dass ich sie und meinen Großvater nie wirklich kennengelernt und keine eigenen Erinnerungen an sie habe. Als mein Großvater starb, war ich acht Jahre alt. Ich erinnere mich an den Abend der Nachricht, als wir im Wohnzimmer saßen und mein Vater telefonierte. Es war das einzige Mal, dass ich ihn weinen sah. Meine Großmutter starb, als ich 18 Jahre alt war.

Was mir fehlt, ist eine kindliche Erinnerung an das Land, in dem mein Vater geboren und aufgewachsen ist. Wo er zum Automechaniker ausgebildet und dann als Fahrer des späteren Vizepräsidenten Ghanas, Joseph W. S. deGraft-Johnson, angestellt war. Manchmal macht mich diese Tatsache traurig, weil ich dort keine Wurzeln schlagen konnte, aber ich weiß auch um die Umstände und dass mein Vater selbst fast ein Jahrzehnt nicht dort gewesen ist, weil uns das Geld fehlte. Später habe ich andere Wege gefunden, um mich mit dort zu verbinden.

Ich erzähle diese Passage aus meinem Leben, weil ich als sogenanntes afro- und Schwarz-deutsches, light-skinned Einzelkind meiner Eltern Teil einer größeren Geschichte bin, die Kinder wie ich zu erzählen haben. Ich habe in diesen Satz alle uns beschreibenden (rassismusfreien) Begriffe gepackt und damit Lebensrealitäten, die variieren können. Dass meine Mutter *weiß* und mein Vater Schwarz ist. Dass ich Schwarz bin, aber er dark-skinned ist, also eine dunklere Hautschattierung als ich hat, was hierzulande einen Unterschied macht. Aussagen wie: »Du bist doch gar nicht so schwarz«, oder ein Kollege, der mir erklärte, dass ich gar nicht Schwarz sei, woraufhin er mich aus Gründen des Vergleichs nach der Hautschattierung meines Vaters befragte, zeigen das. Schwarz ist nicht gleich Schwarz in Europa, was unsere Erfahrungen angeht. Auch auf meinen Reisen auf den afrikanischen Kontinent wurde ich in die Welt der kolonial geprägten rassistischen Kategorisierungen eingeführt: Point 50, halfcast für halbschwarz. Aber was steckt hinter diesem Bedürfnis nach Zuordnung? Es ist die Verknüpfung von kulturellen und biologisierten Merkmalen mit spezifischen (abwertenden) Eigenschaften. Es gibt viel über die strukturelle Diskriminierung, den Anti-Schwarzen Rassismus gegenüber Menschen mit dunkleren Hautschattierungen (dark-skinned) und die Bevorzugung von Menschen, die wegen ihrer helleren Hautschattierung (light-skinned) näher an einer *weißen* Norm sind, zu wissen:

»Colorism« ist ein von der Schriftstellerin Alice Walker 1983 geprägter Begriff, der eine Form des Rassismus beschreibt, der für Ungleichheit zwischen Schwarzen Menschen mit helleren und dunkleren Hautschattierungen sorgte und seinen Ursprung im Rassismus und der Versklavung Schwarzer Menschen des 18. und 19. Jahrhunderts in den USA hat. Versklavte mit hellerem Aussehen galten als vorzeigbar, weil sie dem *weißen* Schönheitsideal näher waren, und mussten deshalb im Haus schuften, während die anderen für niedere Arbeiten bestimmt waren. Nach dem Ende der Sklaverei etablierte sich in den USA ein Schwarzes Bürgertum, dem Schwarze Menschen, die light-skinned waren, angehörten. Sie erhielten das Ungleichgewicht gegenüber dark-skinned Menschen mit dem Erhalt ihrer Privilegien aufrecht, das von Thesen wie der des Theologen Samuel Stanhope Smith, dem späteren Präsidenten der Princeton Universität, untermauert wurde, der light-skinned Menschen als Verkörperung einer harmonischen Zukunft betrachtete. Kendi nennt diese Logik verhaltensspezifischen Rassismus, weil er Verhalten und Hautfarbe verbindet. Das Positive gilt als hell, das Negative als dunkel. Dieses Denken beeinflusst beispielsweise die Wahrnehmung von Attraktivität. Es sind subtile Vorstellungen, die bis heute dazu führen, dass Menschen, die dark-skinned sind, weltweit die Haut mit Bleichcremes aufhellen, die Haare chemisch glätten, öfter Polizeikontrollen durchleben, deren Taschen kontrolliert werden und deren Geburtsort noch seltener in Deutschland verortet wird als meiner. Es ist eine Diskriminierungsform, die sich nicht nur auf Hautschattierungen, sondern auch auf Augenfarbe, Körperbau, Haarstruktur, Größe von Nase und Lippen, den sogenannten Texturism und Featurism, bezieht. Ich erinnere mich, wie ich mit meiner jüngeren Schwester, die dark-skinned ist, ein trauriges Gespräch darüber führte, dass sich in der afrikanischen Diaspora viele dark-skinned Frauen Kinder mit helleren Hautschattierungen wünschen. Und dass es sich dabei nicht um einen »persönlichen Wunsch« handelt, sondern um eine rassistische Struktur, in der Gebärenden nahegelegt wird, light-skinned Kinder zu bekommen. Bleaching oder branqueamento beschreibt diese soziale, politische und wirtschaftliche Praxis, die ein weiteres Erbe der kolonialen Ideologie ist. Es ist eine rassifizierende Art, wie unsere Körper verhandelt werden, bei denen Schönheit und Erfolg nach den Kriterien eines vermeintlich europäischen *Weiß*seins bemessen werden. Es geht so weit, dass Eltern ihren heller aussehenden Kindern mehr Aufmerksamkeit schenken als ihren dunkleren. Es ist eine sehr schmerzliche Tatsache.

Ich bin für andere dem *Weißen* näher, weil meine Mutter *weiß* ist. Es markiert meine gesellschaftliche Stellung, die im Machtverhältnis von Rassismus mit Privilegien verbunden ist. Sie ist politisch. Es ist wichtig für mich zu wissen, dass ich in einer weltweit an *weißen* Normen orientierten Gesellschaft unterschiedlich gelesen werde. Dass ich in einer unter- und gleichzeitig überprivilegierten Position innerhalb einer marginalisierten Gruppe bin. Das heißt, nicht alle Schwarzen Menschen erleben den Anti-Schwarzen Rassismus gleich, aber alle erleben ihn. Es ist deshalb wichtig, über die Unterschiede von Schwarzsein zu sprechen, und wir bräuchten bessere Erklärungen dafür, dass Colorism eine reale Erfahrung Schwarzer Identitäten ist, dass es unterschiedliche Machtdynamiken gibt, die sich auch auf Schwarze Menschen und deren Beziehungen untereinander auswirken. Dass Menschen wie ich beispielsweise bei der Jobsuche oder in Sachen Repräsentation gegenüber einer dark-skinned Person bevorzugt werden und ich eher die Person bin, der zugeschrieben wird, gebildet zu sein. Und dass ich dennoch gleichzeitig Rassismus erfahre und einkalkulieren muss, dass meine »Wurzelkunde« mit der beliebten Frage danach, »woher ich komme«, mein Gegenüber verwirrt, weil ich in der Kombination meines arabisch klingenden Namens und meiner »biologischen« Herkunft für viele keinen Sinn ergebe und sich darin rassistische Vorstellungen bemerkbar machen. Vor allem dann, wenn mein

Schwarzsein zusammen mit einem light-skinned Privileg für sie bedeutet, im Vergleich zu meinem Vater weniger *anders* zu sein. Als sei Hautfarbe ein Trend, ein Accessoire, das zu- und abgelegt werden kann. Aber sie ist weder Lebensmittel noch stillt meine Hautschattierung eine Sehnsucht nach Sommerurlaub. Sie ist angeboren, macht mich aus und ist mit bestimmten Erfahrungen verknüpft. Deshalb ist sie ein Politikum. Deshalb ist »Schwarz« als Begriff eine politische Kategorie. Und Colorism eine Tatsache, die die Leben Schwarzer Menschen massiv beeinträchtigt. Es geht dabei nicht um ein Ausspielen, um darkskinned gegen light-skinned Schwarze Person, was faktisch sowieso eine falsche Konstruktion ist, weil es Schwarze Menschen in all shades mit unterschiedlichen Herkünften und Geschichten weltweit gibt.

Ich sehe es an den problematischen Diskursen über die Kinder Schwarzer Elternteile. »Oh, ihr Kind ist aber dunkel« oder vice versa »ist ja so ein helles Baby« im Vergleich zu ihnen. Mit glattem Haar sogar, »da muss wohl die Mutter aus Indien sein«, hörte mein *weißer* Mann einmal von einer unbekannten Person auf einer Zugfahrt, bei der ich nicht dabei war. Und ich wurde bereits vor der Geburt meines Kindes von den unterschiedlichsten Menschen dazu befragt, welche Hautschattierung mein Kind wohl haben werde. Meistens habe ich den Spieß umgedreht und zurückgefragt: Warum ist das wichtig? Was macht es für einen Unterschied? Sind Babys nicht alle irgendwie niedlich? Ach so, ja, die lighter-skinned sind ja besonders süß? Warum eigentlich? Und stimmt. Manche Menschen wären auch gerne so »mixed-race«, »so braun« wie ich und wissen überhaupt nicht, was das bedeutet und mit welchem Denken sie sozialisiert wurden.

Ich kenne viele Schwarze Frauen, denen ihre Kinder abgesprochen wurden, weil sie *weiß* und blond sind. Die darunter gelitten haben, wie andere ihre Kinder (fremd-)verorten. Diese Frauen wurden als Mütter zu Kindermädchen erklärt. Und weil ich einen *weißen* Partner habe, habe ich mich vor meiner Schwangerschaft darauf vorbereitet, ein sogenanntes *weiß* gelesenes Kind zu bekommen, im Englischen gibt es dafür den Begriff »passing«, der beschreibt, dass die Gesellschaft einen Menschen zwar als *weiß* kategorisiert, aber Rassismus in Aufwachsen und Sozialisierung des Kindes als Erfahrung eine Rolle spielt. An dieser Tatsache zeigt sich, dass Rassismus nicht wirklich etwas mit der Hautfarbe zu tun hat, sondern ein System ist. Es ist krude und leider beständig.

Und es ist frustrierend, dass es so wenig Raum für die vielseitigen Leben Schwarzer Menschen in Deutschland gibt und dass stattdessen die meisten Erzählungen von Klischees oder einseitigen Perspektiven geprägt sind, die auf Brüche und Ausschluss hinauslaufen. Ich überrasche zum Beispiel manche Menschen damit, nicht das Kind eines Schwarzen Vaters zu sein, der abwesend ist. »Hach, deine Eltern waren so lange zusammen…« oder »Wow, du kennst deinen Vater« sind Aussagen, die ich aus meiner Pubertät kenne. Mir liegt viel daran, auch die Geschichten derer zu erzählen, deren Eltern durch politische Systeme getrennt wurden – zum Beispiel mussten viele Schwarze Kinder in Ostdeutschland von ihren Vätern verlassen werden, weil sie nach dem Mauerfall nicht mehr bleiben durften. Es gibt sehr viele Geschichten von Familien, die in Deutschland keine sein durften.

Hartnäckig hält sich auch das Gerücht, dass Kinder wie ich eher zu Problemen neigen, weil wir nirgendwo zu Hause sind. Anschaulich untermalt die Gründe für unsere vermeintlich große Zahl an Problemen eine Bundestagsdebatte von 1952, in der Luise Rehling von der CDU die mixed-race Kinder zu einem »innerdeutschen Problem« erklärte. Mit rassistischen Begrifflichkeiten appellierte sie, sich darum zu bemühen, ihnen »in Deutschland nicht nur die gesetzliche, sondern auch die menschliche Gleichberechtigung zu gewähren! ... Ich meine, wir hätten hier die Gelegenheit, einen Teil der Schuld abzutragen, die der Nationalsozialismus durch seinen »Rassen«dünkel auf das deutsche Volk geladen hat.«

Ich zitiere diesen Abschnitt, um aufzuzeigen, wie sich der Rassismus nach dem Zweiten Weltkrieg einfach fortsetzte, und um Einblicke in sozialisierte Vorstellungen und sprachliche Framings über Schwarze Menschen in Deutschland zu geben. »Framing« bedeutet, dass wir durch Sprache Meinungen politisch und medial in Kontexte stellen, die auch unser Handeln bestimmen, weil sich im Gehirn kognitive Deutungsrahmen, also Frames bilden, je häufiger ich etwas in einem bestimmten Zusammenhang höre. Das erklärt, wie Abwertungsvorstellungen von Menschen sich trotz des Zweiten Weltkriegs und der Shoah halten konnten und wie tief und lange sie gesellschaftlich verankert sind.

Dieser Umstand erklärt auch, warum meine Großmutter meine Mutter davon überzeugen wollte, dass ich als Kind nicht die Sprache meines Vaters lernen sollte. Sie ging davon aus, dass mir das nur Nachteile bringen würde. Sie hatte seine Sprache für nicht lernwürdig, schlimmer noch, für schädigend für mich und meine Entwicklung gehalten. Es ist kein Wunder, dass sie so dachte, wenn ich an ihre alten Schulbücher und die rassistische Darstellung und Sprache in Sütterlinschrift denke, die Schwarze Menschen als primitiv markierte. Es erklärt, warum ich wie viele Schwarze Kinder von Glaubenssätzen geprägt wurde, die uns lehrten, dass wir doppelt gut und im besten Fall besser als andere (also *weiße* Kinder) sein müssten, und ich deshalb heute so perfektionistisch bin. Deshalb hat meine Mutter meinen Vater gebeten, mit mir lieber Englisch zu sprechen, damit ich später einmal Vorteile hätte, wogegen sich mein Vater sträubte, weil er mir die Sprache der einstigen Kolonisatoren nicht beibringen wollte und ich deshalb »nur« Deutsch gelernt habe.

Ich lernte Hausa, die Sprache meines Vaters, nur in der Theorie, indem ich mich im Studium im Fach der Afrikanistik mit Funktionsweisen und der Grammatik der in Zentral- und Westafrika weit verbreiteten Tonsprache beschäftigte. Eine Sprache, in der Worte in unterschiedlicher Tonhöhe gesprochen werden und durch einen veränderten Tonverlauf in einer Silbe in ihrer Bedeutung verändert werden. Ich lernte, dass dem Wissen in Europa über die vielen Hundert Sprachen des Kontinents eine missionarische Forschung zugrunde liegt, eine Forschungsgeschichte, die jahrzehntelang die Existenz hochkultivierter Sprachen leugnete und ihre Komplexität und Vielfalt auf rassistische Art abwertete. Ich lernte in der Theorie, was der afroamerikanische Journalist Ta-Nehisi Coates meinte, als er sagte, dass das Lernen von Fremdsprachen der langsamen Gewöhnung an die Tatsache gleiche, dass auch in anderen Welten intelligentes Leben existiert. Es ist schade, dass ich die Sprachen meines Vaters, der auch Asanti und Twi spricht, nicht von klein auf gelernt habe. Sie hätten mir so viele Zugänge und Verbindungen ermöglicht. Es ist ein Phantomschmerz, den nicht nur ich habe. Ich erinnere mich an den Podcast *Voice Versa* der Autorinnen Mithu Sanyal und Jacinta Nandi über das Thema »Vatersprache«, in dem sie über ihre Sehnsucht nach Worten und den Verlust und die Trauer darüber, nie Bengalisch gelernt zu haben, austauschten.

Wie können wir uns dem nähern, was uns fehlt? Ein wichtiger Schritt waren für mich meine Reisen auf den afrikanischen Kontinent. Die erste, gewerkschaftlich organisierte führte mich mit 23 Jahren nach Dakar in den Senegal. Am Tag vor dem Abflug bekam ich eine Panikattacke. Unter Dauerheulen versuchte ich, meiner Mutter meine Angst davor zu erklären, dass mich die Eindrücke dort überwältigen könnten. Die Vorstellung, zum ersten Mal wirklich alte Schwarze Menschen zu sehen, schnürte mir den Hals zu. Ich hatte über die ersten Erfahrungen Schwarzer Kinder wie mir auf dem Kontinent in *Farbe bekennen* gelesen. Von den Geschichten derjenigen, die dort ein Zuhause gesucht und nicht gefunden hatten. Also versuchte ich, nicht darauf zu hoffen, und gleichzeitig war Deutschland für mich ein Zuhause, dem ich mich oft nicht zugehörig fühlte. Mein Verhältnis zwischen hier und dort war ein schwieriges, und ich war auf der Suche. Wo würde mein Platz sein, und was würde es für mich im Senegal zu finden geben?

Es berührt mich noch immer, mich in diese Zeit zurückzuversetzen, mich hineinzufühlen und diese Zeilen aufzuschreiben. Vieles ist lange her, weit weg, und es ist auch traurig, Kontakt zu meinem Ich von damals aufzunehmen, in dem ich mich als völlig verloren erkenne. Oder wie hätte ich es früher ausgedrückt: Ich war lost. Ankerpunkte waren schon damals meine Freundinnen und meine Wahlfamilie, meine »Mädels« aus der Schulzeit, wie wir uns bis heute nennen. Sie waren mein Halt in allen Etappen meines Lebens. Vielleicht erinnern sie sich noch, wie ich es geschafft habe, mich in den Flieger nach Dakar zu setzen, um mit mir völlig unbekannten Menschen dieses Erlebnis zu wagen. Ich erinnere mich weder an den Flug noch an die Ankunft, aber an einige Begegnungen mit Menschen, mit denen ich noch Jahre später Kontakt hatte. Ich erinnere mich an ein Mode- und Musikfestival, weil der Senegal ein Land verschiedenster Stile ist: an den Rap, den Mix aus westafrikanischer Musik und Funk, das Orchestra Baobab mit einem der bekanntesten Sänger des Landes, Youssou N'Dour, und seine Mischung aus Popmusik und Mbalax, das verschiedene regionale Einflüsse mit schnellem Rhythm and Blues vermischt. Ich erinnere mich daran, dass ich mich auf der Reise zwei mitreisenden Frauen offenbarte und in dieser intensiven Zeit nicht alleine war. Wie wir Gorée besuchten, die Insel, auf der ehemals versklavte Menschen umkamen, und meine Tränen nur so aus mir herausflossen, und mich die Eindrücke von der Vielseitigkeit von Farben und Trauer schier überwältigten. Es war mein Auftakt, mein Initialmoment für viele weitere Reisen, auf die ich mutiger Feigling mich begeben sollte. Ich nenne mich so, weil ich bis heute immer das gleiche zweigeteilte Bauchgefühl habe, wenn ich in ein neues, mir unbekanntes Becken springe und mir von außen nicht anmerken lasse, wie viel Kraft mich das kostet.

Zwei Jahre nach dieser ersten Reise war ich bereit für Ghana, mein zweites Zuhause, die Reise in das Land meines Vaters. Es war gegen Ende meines Studiums, als ich mich einer Studiengruppe anschloss, um im Südosten des Landes an einem entwicklungspolitischen Gemeinschaftsprojekt mit ghanaischen Studierenden zu arbeiten. Es war ein lokales Community-Projekt, bei dem wir viele Steine schleppten und mit den Bewohner*innen in der Volta-Region im Osten des Landes in der Stadt Hohoe am Fundament einer Schule bauten. Mein Plan war es, meine Diplomarbeit über Ghana zu schreiben, und ich sah diese Reise als Vorrecherche, aber noch viel mehr als Möglichkeit, das Land mit einem persönlichen Beitrag auf eigene Faust kennenzulernen. Am Ende des Projekts reiste ich mit einem meiner heute besten Freunde durch das Land. Mit ihm besuchte ich meine Familie in Kumasi das erste Mal als erwachsene Frau und wurde so herzlich aufgenommen, als sei mein Kindheitsbesuch erst gestern gewesen. Es gab so viele Menschen, die sich an mich und meine Mutter erinnerten und mir von ihren Eindrücken von damals berichteten. Die sich glücklich zeigten, weil ich wiedergekommen war, den Kontakt gesucht hatte und sie, in Deutschland lebend, nicht vergessen hatte.

Ich hatte in den Tagen dieses Besuchs Dauerkopfschmerzen,

und ich empfand Dauerfreude. Ich lachte so viel, dass meine Ohren schmerzten. Es gab so viel für mich zu sehen, zu erleben und zu verstehen. Ich konnte die »Habits«, also die Gepflogenheiten, die Abläufe, die Codes der ghanaischen Community erleben, der meine Familie väterlicherseits entspringt. Mein Verständnis für das Leben dort erweitern und ein wenig das ergänzen, was ich als Kind versäumt hatte. Es ist ein soziales Wissen, das ich noch heute erfahre, auch mithilfe meiner jüngeren Geschwister, obgleich wir alle Kinder der afrikanischen Diaspora sind, also in Europa geboren wurden. Niemals vergessen werde ich das Bild der über 90-jährigen Nachbarin auf dem Hof meiner verstorbenen Großeltern. Eine zierliche, feine Gestalt mit faltiger Haut und einem sanften Lächeln. Sie weinte bei meiner Abreise, als ich sie umarmte, obwohl Tränen dieser Art dort nicht üblich sind. Sie wusste, dass wir uns nicht mehr wiedersehen würden, und ich wusste es auch.

Die zweimonatige Reise nach Ghana fügte das fehlende Teil meines inneren Puzzles zusammen. Als ich die Stadt Elmina und das 1482 von den Portugiesen erbaute Fort für versklavte Menschen »Elmina Castle« besuchte, von dem aus Elfenbein, Gold, Pfeffer, Zucker und später auch Menschen gewaltvoll in Zellen zusammengepfercht und verschifft wurden, verstand ich, dass ich mit meiner Reise zu mir selbst auch ein Trauma bearbeitete. Es ist ein transgenerationales Trauma, das Schwarze Menschen weltweit als Nachkommen einst versklavter und kolonialisierter Menschen in sich tragen. Wie viele historische Filme hatte ich mir als Jugendliche angeschaut, dabei Tränen vergossen und nicht verstanden, warum ein so tiefer Schmerz in mir sitzt. Als Erwachsene habe ich mich gefragt, warum ich mir immer wieder den Film über die *Amistad* ansehen musste, der die Geschichte eines Prozesses gegen Versklavte zwischen 1839 und 1841 erzählt, der als wesentlicher Schritt zur Abschaffung der Sklaverei in den USA verstanden wird. Er handelt von Menschen, die geraubt und über Westafrika verschifft wurden. Die das Schiff kaperten, die Kontrolle übernahmen, dafür vor Gericht gestellt und später freigesprochen wurden. Die am Ende des Films nach Jahren nach Hause zurückkehren, aber deren Familien fort sind, weil auch sie verschleppt wurden. Kein Happy End.

1997 kam *Amistad* in die Kinos, und ich schaute mir den Film damals mit meiner Mutter und ihrer besten Freundin an. Später ließ ich ihn mir von ihr auf Videokassette schenken und sah ihn einmal auch mit meinem Vater. Ich weiß nicht mehr, wie er darauf reagierte, sehe kein Gesicht mehr vor mir, ich erinnere mich nur, dass wir darüber ins Reden kamen. Wir waren verbunden im Gefühl, das Leid zu spüren. Damals haben mein Vater und ich noch nicht über Rassismus gesprochen. Es gab damals zwischen uns keine Worte für diese Erfahrungen, und so verstehe ich diesen von mir initiierten Filmnachmittag im Nachhinein als einen Wunsch nach Auseinandersetzung, die erst später kommen sollte.

Heute habe ich genug von den Interpretationen Schwarzen Lebens auf der Leinwand gesehen. Zu schmerzhaft, oft frustrierend waren die Filmerlebnisse für mich, je besser ich sie deuten konnte. Diese Filme sind einfach nicht (mehr) für mich gemacht. Mein schrecklichstes und soweit ich mich erinnere letztes Erlebnis dieser Art war der Besuch des mehrfach oscarprämierten Films *12 Years a Slave* aus dem Jahr 2014, bei dem ich gefühlt als einzige Schwarze Person im Kino saß. Dieser Film ist brutal. Da waren Schmerz und Ekel, die die Darstellung psychischer, sexueller und emotionaler Gewalt an den Versklavten im Film in mir auslöste. Ich weinte leise und schämte mich irgendwie im vollbesetzten Kinosaal, versuchte, mich zusammenzureißen, weil keine andere Person um mich herum so ergriffen schien wie ich. Für andere war das ein schlimmer und sicher ein erkenntnisreicher, weil guter Film. Für mich war er körperliches Leid.

Bis zur Geburt meines Kindes 2016 setzte ich meine Reisen auf den Kontinent fort: nach Kenia, Südafrika und Mosambik. Ein paar Jahre später reisten wir gemeinsam zu Freund*innen nach Algerien. Mein Wunsch, möglichst viel von den Unterschieden der insgesamt 54 Länder auf dem Kontinent zu erfahren, die mir in Deutschland so oft als homogene Einheit verkauft worden waren, ist noch immer groß. Wenn ich gekonnt hätte, wäre ich gerne noch viel mehr gereist. Heute weiß ich, was mir mein Vater als kleines Kind vermitteln wollte, wenn er sagte, dass ich nicht sagen soll, dass ich aus Afrika komme, sondern aus Ghana stamme, womit er herausstellen wollte, dass Afrika kein Land ist, sondern dass dieser Kontinent eine Geschichte hat und ich darin meine, weil er seine dort hat. Doch scheinen aus medialer Sicht der Berichterstattung wenige Weltgegenden für viele Menschen von Deutschland aus so weit entfernt. Dass Deutschland in Afrika einmal Kolonien besaß und ein geschlossenes Kolonialreich anstrebte, wurde aus unserem nationalen Gedächtnis verdrängt. Dabei war die koloniale Expansion für Generationen von Deutschen eine nationale Schicksalsfrage. Es ging um den sogenannten »Platz an der Sonne«, der sich auch in der einstigen Hauptstadt des deutschen Kolonialreichs, Berlin, spiegelt, wo die geraubten Güter, Kunstschätze und Menschen aus den Kolonien landeten. Manche kamen freiwillig als Diplomaten oder Händler. Die meisten wurden als Zwangsarbeiter verschleppt, in Zoos ausgestellt und als »Beute« von Kriegen betrachtet und gehandelt. »Kolonie Togo« heißt heute noch eine Kleingartensiedlung, die inmitten des afrikanischen Viertels im Wedding liegt. Lüderitzstraße oder Nachtigalplatz: Es sind Straßennamen, die Kolonialherren als vermeintliche »Entdecker« ehren, die im Auftrag des Deutschen Reichs nicht nur in Namibia gemordet und geplündert haben.

Wir sprechen von knapp 140 Jahren Schwarzer deutscher Geschichte. Hervorzuheben ist das Jahr 1884, als der Kontinent kolonialisiert und die Länder in einem »scramble for Africa« auf Einladung des deutschen Kanzlers Bismarck unter den Diplomaten der europäischen Kolonialmächte im Reichskanzlerpalais zur »Berliner Konferenz« auf einer meterhohen Afrikakarte aufgeteilt und zusammengehörige Menschen willkürlich über verschiedene »Staaten« verteilt wurden. Und damit besitzt Schwarze deutsche Geschichte wie jede andere Gemeinschaftsgeschichte eine eigene Chronologie. Es ist wichtig, ihre Eckdaten während der deutschen Kolonialzeit (1884–1918), der Weimarer Republik (1918–33) und des Nationalsozialismus (1933–45) zu verbinden, um die Leben Schwarzer Menschen in Deutschland heute zu verstehen. Dazu kommt, dass die Erfahrungen Schwarzer Menschen vor dem Nationalsozialismus facettenreich und zum Teil widersprüchlich sind. Neben dauerhaft hier lebenden Afrodeutschen und afrikanischen Migrant*innen gab es auch Afroeuropäer*innen und Afroamerikaner*innen in diesem Land. Ihre jeweilige Herkunftsgeschichte sollte später Konsequenzen für den Charakter der Verfolgung im Zweiten Weltkrieg haben. Denn dieser war sowohl von rassistischen politischen Vorgaben als auch von außenpolitischen Interessen bestimmt.

Zusammenfassend lässt sich festhalten, dass die Leben Schwarzer Menschen in Deutschland selten Gegenstand der historischen Forschung sind. Erst spät haben sich Historiker*innen auf die Suche nach den Zeugnissen ihres Lebens gemacht und Skizzen afrikanischer Migration und ihrer Lebensbedingungen in Deutschland über mehrere historische Perioden entworfen. Lange war ihre Migrationsgeschichte nach Europa eine männlich geprägte, weil es anfänglich männlich gelesene Arbeitskräfte waren, die in den großen Städten und den Industrieländern gesucht wurden. Die deutschen Kolonien bildeten die Voraussetzung für die erstmals in größerer Zahl stattfindenden Einreisen von hauptsächlich Afrikanern* nach Deutschland. Es brauchte einheimische Fachkräfte für die Kolonialverwaltung auf dem Kontinent, und die Mehrzahl wurde an Missions- und Kolonialschulen zu Handwerkern oder zu einheimischen Facharbeitern für die Arbeit in den Kolonien ausgebildet. Wieder andere reisten auf Schiffen der deutschen Afrikalinien als Koch, Flugbegleiter oder Heizer nach Deutschland ein. Häufig wurden sie als Sprachgehilfen für afrikanische Sprachen für die sogenannten Forschungen zu Afrika und für die Missionsarbeit eingesetzt, oder sie kamen als ehemalige Angehörige der deutschen Schutztruppen, den Askaris, nach Deutschland. Außerdem gab es die große Gruppe, die von deutschen Kaufleuten oder Reisenden als Hilfen für den Haushalt oder als sentimentales »Mitbringsel« mit nach Deutschland gebracht wurden.

Die sogenannten »Landsleute«, wie sie sich untereinander nannten, kamen, und viele blieben für den Rest ihres Lebens in Deutschland, arbeiteten hier und gründeten Familien. Einige von ihnen brachten sich auch auf politischer Ebene in die deutsche Gesellschaft ein. In den letzten Jahren der deutschen Kolonialherrschaft hatten diejenigen, die noch Verbindungen zu ihren Heimatländern hatten, mit Petitionen beim deutschen Reichstag versucht, die Öffentlichkeit über die Zustände in den Kolonien zu informieren. Eine Gruppe politisch orientierter Afrikaner rief den deutschen Zweig einer Menschenrechtsorganisation ins Leben, deren Hauptsitz sich in Paris befand. All diese Interventionen markieren die Geschichte und Meilensteine der sogenannten älteren, der ersten Schwarzen Bewegung in Deutschland, die bis etwa kurz nach dem Zweiten Weltkrieg reicht.

Gleichzeitig wendete sich die deutsche Gesellschaft nach der

Besatzungszeit des Ersten Weltkriegs immer stärker gegen sie. So sahen deutsche Nationalisten ihr Land 1920 selbst zu einer Kolonie herabgewürdigt. Am heftigsten reagierten die völkischen Rassisten unter Adolf Hitler. Ihre Kampagne hatte fatale Folgen. Allerdings wird ein kurzer Absatz den unterschiedlichen Lebenswegen von Kolonialmigrant*innen und -familien an dieser Stelle nicht gerecht. Es gibt viele unterschiedliche Geschichten über Menschen des afrikanischen Kontinents, die deutsche Staatsbürger*innen waren und durch die Verschärfung der rechtlichen Situation – nach dem Inkrafttreten der Nürnberger Gesetze 1935 – ihre Pässe verloren, die meist durch staatenlose Ausweise ersetzt wurden. Das Leben für Schwarze Menschen in Deutschland wurde zu einem Balanceakt. Auch deshalb, weil die Politik des NS-Staates und seiner Behörden ihnen gegenüber in Deutschland widersprüchlich und irrational agierte: So wurden sie teilweise zu »lebendem Kapital« und traten als einstige koloniale Untertan*innen in Völkerschauen auf, die als »Deutsche Afrikaschauen« bezeichnet wurden und an die einstige deutsche Größe erinnern sollten. Ein sogenannter »Kolonialismus ohne Kolonien« wirkte weiter fort und beschreibt, wie sich die abwertenden, kolonialen Vorstellungen zwar nicht mehr aus den eigenen Expansionserfahrungen speisten, aber aus denen der anderen europäischen Kolonisierer, was die weiterhin abwartende Haltung der offiziellen Behörden erklärt. Während die Behandlung der Menschen, die aus den Kolonien nach Deutschland gekommen waren, sich uneinheitlich gestaltete, entlud sich auf die etwa 800 afro- und asiatisch-deutschen Kinder der Rheinlandbesetzung, die sogenannten »Rheinlandkinder«, die »Schwarze Schmach«, eine beispiellose Hetzkampagne.

Die Geschichte Schwarzer Menschen in Konzentrationslagern ist aufgrund der Quellenlage schwer rekonstruierbar. Schätzungen zufolge wurden 2000 Schwarze Menschen in Konzentrationslagern von den Nationalsozialisten ermordet. Als Grund wurden oft Ehen oder Beziehungen zu *weißen* Deutschen oder ein vermuteter Sabotageakt angeführt. Die Schwierigkeiten der Rekonstruktion bestehen unter anderem auch darin, dass nur in einigen Häftlingszugangsakten die Nationalität dokumentiert wurde, beziehungsweise Schwarze Menschen inhaftiert und unter »asozial« aufgeführt wurden. Aus bislang gesichteten Listen von Inhaftierten ist bekannt, dass der Einweisungsgrund nicht immer angegeben wurde. Insbesondere bei denjenigen mit deutschen Namen ist es schwer möglich, ihr Schwarzsein zu rekonstruieren. Weitere Recherchen über Schwarze Menschen im Nationalsozialismus sind daher notwendig.

Zwei Menschen, die von entwürdigenden Auftritten in »Völkerschauen« und Kolonialfilmen erzählen, weil sie diese Zeit überlebt haben, sind Marie Nejar und Theodor Wonja Michael, ein wichtiger Teil der Schwarzen Community, die ich kennenlernen durfte. Theodor Wonja Michael wurde 1925 als viertes und jüngstes Kind einer *weißen* Deutschen und eines Kameruners geboren. Sein Vater Theophilus Wonja Michael entstammte einer aristokratischen Familie, seine Mutter Martha war eine Näherin aus Ostpreußen. Sie starb ein Jahr nach seiner Geburt. Als Halbwaise wuchs Michael zunächst bei seinem Vater auf, der die Familie als U-Bahn-Bauer ernährte. Später lebte er unter erbärmlichen Umständen bei Pflegeeltern. In deren »Völkerschauen« musste er bereits als kleiner Junge entwürdigende Szenen mimen und sich begaffen lassen. Michael begann zu stottern, mit 14 Jahren hatte er bereits Magengeschwüre. Als 1934 auch der Vater starb, wurden die vier Geschwister getrennt. Drei verließen das Land, Michael blieb in Nazideutschland. Er musste das Gymnasium verlassen, bekam einen »Fremdenpass«, wurde mit dem N-Wort gekennzeichnet und schlug sich als Page, Portier und Komparse durch. Er verhielt sich unauffällig, mied behördliche Kontakte, hatte keine Beziehung. Anderen Schwarzen Menschen begegnete er nur, wenn er mit ihnen arbeitete, in Propagandafilmen wie etwa *Carl Peters* mit Hans Albers. Mit Nejar war Theodor als Komparse in der 1942 gedrehten Romanverfilmung *Münchhausen* zu sehen. 1943, als der Film ins Kino kam, wurde Theodor in einem Arbeitslager als Zwangsarbeiter interniert, wo er 1945 die Befreiung erlebte.

Theodor ist dem rassistischen Genozid entkommen und gründete danach eine Familie, studierte mit einem Stipendium auf dem zweiten Bildungsweg, spielte am Theater, arbeitete als Radiosprecher und Journalist, entwickelte sich zu einem anerkannten Experten für die Belange des afrikanischen Kontinents. Es war der Beginn »einer neuen Identität«, wie er in Interviews sagte. Weil er so viel über den afrikanischen Kontinent wusste, machte ihm sein »schwieriges Mutterland« das Angebot, für den Bundesnachrichtendienst zu arbeiten. Als der erste Schwarze Bundesbeamte im höheren Dienst im Rang eines Regierungsdirektors ging er 1987 in Rente. 2019 starb er. Ich war auf seiner Beerdigung mit Hunderten anderen Menschen. Was mir bleibt, sind ein Foto mit ihm, Marie und mir während eines gemeinsamen Abends und die Möglichkeit, seine Geschichte weiterzutragen, wie er es sich 2013 in seiner Autobiografie *Deutsch sein und schwarz dazu. Erinnerungen eines Afro-Deutschen* gewünscht hat. Immer, wenn ich diesem Mann wiederbegegnet bin, musste ich weinen, weil mich sein Leben so bewegte. Weil er für mich für so viel nicht erzählte Geschichte in Deutschland steht und trotz all des Leids, das er erfahren hat, ein so warmherziger Mensch war. Er hatte diese Resilienz, wie sie viele bedrohte Menschen erlernen. Jüdische Gemeinschaften haben nach der Shoah sogenannte Resilienz-Zentren entwickelt, um das Geschehene aufzuarbeiten. Auch Theodor hat das Grauen überlebt und mit seinem Erzählen die Kapitel deutscher Geschichte des 20. Jahrhunderts verbunden: das koloniale Selbstverständnis bis in die Weimarer Republik mit den rassistischen Bezügen des NS-Staates und deren fehlende Aufarbeitung in der Nachkriegszeit mit der wieder wachsenden afrikanischen Diaspora in Deutschland.

Ich erinnere mich an die Festlichkeiten des 30-jährigen Jubiläums der Initiative Schwarze Menschen in Deutschland (ISD), als er und Nejar als Ehrengäste unter ihrer Schirmherrschaft die Feier in Frankfurt am Main mit ihrer Rede eröffneten. Rund 300 Menschen erhoben sich von ihren Sitzen. Tosender Applaus, der nicht enden wollte, weil ihre Rolle als Vorbilder für all diejenigen Menschen, die in Deutschland Rassismus ausgesetzt sind, sich dagegen wehren und behaupten wollen, so spürbar wurde. Weil sie immer wieder bereit waren, jüngeren Menschen ihre Geschichte zu erzählen. Ihre Zeugenschaft zeigt auch, dass die Schwarzen Opfer der Shoah bis heute weder Anerkennung noch »Entschädigung« für ihr Leid erhalten haben. Theodors Tod macht deutlich, dass die Möglichkeit für Letzteres schwindet. Er war einer der wenigen verbliebenen Zeitzeugen, ein Überlebender, der davon zu berichten wusste, dass es zwar keinen gesonderten Vernichtungsbefehl der NS für Angehörige der afrikanischen Diaspora gab, sich der gezielte Anti-Schwarzen-Rassismus jedoch belegen lässt: die Sterilisierung, Internierung und Ermordung Schwarzer Menschen.

Es war wichtig für mich, zu verstehen, warum ich erlebe, was ich erlebe, um weiterzugehen. Wenn ich heute auf mein Leben in meinen Zwanzigern zurückblicke, als ich mir dieses Wissen aneignete, denke ich, dass ich mich damals sehr rational selbst analysiert habe, bevor ich meine Gefühle und meinen Geist in meinen Dreißigern emotional mit meinen Erfahrungen verbunden und meinen Kopf und mein Herz zusammengebracht habe. Ich kenne einige Schwarze Menschen und Freund*innen, die ähnliche Etappen wie ich durchlaufen haben. Es tut gut, das zu wissen, damit nicht alleine zu sein und dass viele, die das hier jetzt lesen, sich sicher darin wiederfinden werden. Und so schreibe ich die Zeilen dieses persönlichen Kapitels für alle Interessierten auf, aber insbesondere auch für Schwarze Menschen, weil es viel zu wenige Bücher von uns, für uns und über uns gibt. Und ich hoffe, dass es in Zukunft mehr davon geben wird, um zu zeigen, dass die Schwarze Community in Deutschland keine bestimmte Gruppe ist, und dass sich dieser von mir genutzte Ausdruck der Community auch auf selbstbestärkte Menschen oder Menschen auf ihrem Weg bezieht, die das unterdrückende System erkennen und sich davon lösen möchten. Nicht alle Schwarzen Menschen stehen an diesem Punkt oder schlagen diesen Weg für sich ein. Deshalb ist die Schwarze Community einerseits soziale Bewegung, die für Gleichberechtigung und Antirassismus einsteht, und andererseits ein nicht immer, aber häufig sicherer Ort, der mir geholfen hat zu wachsen, um an diesem Punkt hier und heute angekommen zu sein und mich befreit, bestärkt und selbstliebend zu fühlen. Innerhalb dieser Gemeinschaften begleiten sich Schwarze Menschen seit Jahrhunderten. Menschen wie Michael und Nejar haben in Deutschland nach dem Zweiten Weltkrieg die Grundsteine gelegt. Und es gibt noch andere, die ich gesondert erwähnen werde, weil das beispielhaft dafür steht, dass viele Schwarze Menschen, die in einem überwiegend *weißen* Umfeld sozialisiert wurden, darüber berichten, dass sie begleitet wurden, als sie sich zum ersten Mal mit ihrem Schwarzsein auseinandergesetzt und »durch die Tür gegangen sind«, wie ich es nenne.

In meinem Leben hieß die erste Schwarze Türöffnerin und Wegbereiterin Eleonore Wiedenroth-Coulibaly, Mitbegründerin der Initiative Schwarze Menschen in Deutschland und Mitautorin von *Farbe bekennen*. Wir begegneten uns nach meiner Ghana-Reise, als sie und ich dem Aufruf gefolgt waren, in einer universitären Arbeitsgruppe einen postkolonial-feministischen Schwerpunkt für eine Konferenz in Leipzig zu organisieren. Es war zehn Jahre nach meinem Anruf bei Tahir Della, um eine Jugendgruppe bei der ISD zu finden. Mein Status: Ich war knapp 26 Jahre alt, hatte einen diversen Freund*innenkreis, aber faktisch keine Schwarzen Kontakte außerhalb meiner Familie. Ich stand kurz vor dem Studienabschluss. Vor dieser Kulisse ist es vorstellbar, wie aufgeregt ich war, Eleonore, einer Aktivistin der jüngeren Schwarzen Bewegung in Deutschland, zu begegnen. Eine Frau im Alter meiner Mutter, deren Geschichte zu ihren Ursprüngen in *Farbe bekennen* ich genau kannte. Aber ich ließ mir nichts anmerken. Was hätte ich auch sagen sollen, ohne dass ich einen Seelenstriptease hätte hinlegen müssen, für den mir damals sowieso die Worte gefehlt hätten.

Unsere Gruppe ganz unterschiedlicher Frauen und Personen, die als solche gelesen werden, arbeitete intensiv zusammen. Mit der Initiatorin des Arbeitskreises war ich über unsere gemeinsame Arbeit mit der Politikwissenschaftlerin und Genderforscherin Uta Ruppert verbunden. Bei dieser tummelten sich zu dieser Zeit an der Frankfurter Goethe-Universität fast alle Schwarzen Studierenden, nicht nur weil sie die einzige Lehrende mit Expertise zum afrikanischen Kontinent in unserem Schwerpunkt war, sondern weil sie auch ein entsprechend kritisches und feministisches Bewusstsein mitbrachte, was zum Zeitpunkt meines Studiums (und leider auch heute noch) nicht zum Standard zählt. Dort waren Studierende geschützter als anderswo vor Diskriminierungen der unterschiedlichsten Art, die es auch in akademischen Kreisen gibt. Das hatte sich herumgesprochen. Dort traf ich viele von den Menschen, die mich heute noch begleiten.

Über die Monate lernte ich Eleonore besser kennen. Sie stellte mir viele Fragen und brachte mich in Kontakt mit anderen jungen Schwarzen Menschen meines Alters. Wir organisierten gemeinsame Treffen und redeten unendlich viel. Ich lernte Dinge, von denen ich vorher nie gehört hatte, trat aus meiner Vereinzelung heraus, und es lief alles so leicht ab. Eleonore nahm mich an der Hand und begleitete mich durch die ersten Phasen Schwarzer Bewusstseinsbildung. Es war für mich ein schmerzhafter, aber heilsamer Prozess, und heute weiß ich, dass sie einer Vision folgte. Ich hatte lange nach dieser Anbindung gesucht. Ich war bereit dafür.

Die Begriffe für das, was ich damals durchlief, lernte ich erst später. Von den »stages of Blackness« im Kontext Schwarzer Emanzipation erfuhr ich beispielsweise in meinem ersten Empowerment-Workshop, der Menschen für alltäglichen und strukturellen Rassismus sensibilisiert und Rassismuserfahrungen positive Strategien entgegensetzt. »Empowerment« nennen sich selbstbestärkende Konzepte, die bereits im Zuge der Schwarzen Bürgerrechts- und der feministischen Frauenbewegung der 60er Jahre in den USA bekannt wurden und bis in die Zeit des antikolonialen Widerstands zurückverfolgt werden können. Es gibt dazu Seminare, in denen Menschen lernen, die eigene Biografie und ihre Erfahrungen in einen größeren Kontext einzuordnen, um selbstbestimmt zu wachsen. Die Stufen, die sie währenddessen, aber insbesondere in der Verarbeitung danach durchlaufen, hat unter anderem der südafrikanische Bürgerrechtler Steve Biko beschrieben, der in seinem Denken wiederum von Größen wie Marcus Garvey oder Frantz Fanon und dem Konzept des sogenannten »doppelten Bewusstseins« von W.E.B. Du Bois geprägt war.

Bereits 1903 schrieb Du Bois in *Die Seelen der Schwarzen* über Sozialisierung und das Gefühl Schwarzer Menschen, entfremdet zu leben, wenn die eigene Zugehörigkeit nicht als Bereicherung, sondern als Makel verstanden wird – das Gefühl, sich selbst immer nur durch die Augen *der Anderen* wahrzunehmen und der eigenen Seele einen Maßstab anzulegen, der nur »Spott und Mitleid« übrighat. Für diese Entfremdung findet er als Leitmotiv das Bild des Schleiers, mit dem Schwarze Menschen geboren und mit einer Art zweitem Gesicht und »doppeltem Bewusstsein« sozialisiert würden, sodass sie sich stets in einer Zweiheit und nicht als Ganzes verstehen würden: zum Beispiel als US-Amerikaner*innen und als Schwarze Personen. Diese ambivalente Wahrnehmung kann Passivität, Aggression, Minderwertigkeitsgefühle und Überkompensation zur Folge haben. Das erklärt, warum bis heute viele von Rassismus betroffene Menschen versuchen, möglichst angepasst und unauffällig zu handeln oder sich offensiv von anderen Schwarzen Menschen (die über Rassismus sprechen) abzugrenzen, um nicht mit ihnen verglichen zu werden. Es ist ein Schutzmechanismus und gleichzeitig ein Weg in die Vereinzelung, dem die Black-Power-Bewegung in den USA und zeitgleich das »Black Consciousness Movement« in den 60er Jahren in Südafrika etwas entgegensetzen wollten. Beide Bewegungen dachten auf psychologischer und spiritueller Ebene an eine »Entsklavung« und »Dekolonialisierung« Schwarzer Menschen. Also an Lebensweisen, um bewusst gelernte Weltbilder und Denkweisen aktiv zu verlernen und zu verstehen, dass die Vergangenheit nicht nur ein historisches Ereignis ist, sondern Folgen im Heute hat. Mithilfe »Schwarzer Bewusstseinsbildung« als Teil einer Lebensweise die eigene Position aufzuwerten und einen positiven Blick auf sich und gesellschaftliche Wertesysteme zu werfen, schafft einen neuen Antrieb, und wenn eine Gesellschaft Rassismusfragen offen anspricht, gibt es Hoffnung darauf, dass alle einbezogen werden. Es bedeutet für mich, dass wir uns befähigen müssen, über Rassismus zu sprechen. Dass wir uns dem Ansprechen, Aussprechen und Zuhören stellen müssen. Es bedeutet, sich unangenehmen Wahrheiten zu stellen, um sie für die Gegenwart aufzulösen.

Dieser Weg beschreibt im übertragenen Sinn auch meinen persönlichen. Vordenker*innen und politisierte Menschen gaben mir den Rahmen vor, um zu verstehen, in welche Richtung ich gehen könnte. Sie zeigten mir, dass das, was ich erfahre, kein individuelles Problem, sondern ein gesellschaftlich verankertes, ein strukturelles und altes System ist und wie ich ein selbstbestärkter und empowerter Teil einer Gruppe vieler marginalisierter Menschen bin und mir diese Klarheit darüber nicht nehmen lasse. Ich bin dankbar dafür, dass ich, um hier anzukommen, vom Wissen der sogenannten »Elders«, der Älteren der Schwarzen Bewegung in Deutschland, profitieren konnte. Ich bekam von ihnen Blicke in die Vergangenheit geschenkt: in die Anfänge, die Kämpfe, die Fragen und Forderungen einer gesellschaftlichen Bewegung, die in den 80er Jahren ihren Anfang nahm und über die viele Menschen heute leider noch immer wenig wissen.

Damals waren die Netzwerke, in denen ich heute aktiv bin, noch klein. Erst in den 90er Jahren waren Initiativen von marginalisierten Menschen wie »Kanak Attak« entstanden. So fehlte vielen von uns aus der 80er-Jahre-Generation »mit Migrationshintergrund«, wie wir einheitlich verhandelt wurden, mit Mitte zwanzig das Wissen darüber, wie wir mit einem wachsenden Anspruch auf Teilhabe in den etablierten Strukturen Fuß fassen können. Das Bewusstsein, dass Deutschland ein Land ist, in dem sich Migrant*innen verorten, setzte sich erst Mitte der 2000er langsam durch. Wir bauten den Blick darauf – unter anderem als die »Neuen deutschen Medienmacher*innen« – erst aus. Es fehlten Bücher im etablierten Literaturbetrieb, weil sie gerade erst geschrieben wurden, und ein globaler Wissenstransfer, wie er heute über die Sozialen Medien erfolgt, noch in der Zukunft lag. Wenn heute zu Recht die Bücher von Alice Hasters, Tupoka Ogette oder *Unter Weißen* oder *Der Weiße Fleck* von Mohamed Amjahid und andere Autor*innen gefeiert werden, weil sie einem breiten Publikum den Rassismus und das politische Dagegenhalten unserer Zeit erklären, dann erinnere ich mich daran, dass es Ende der 2000er nur ein bekanntes Werk aus Schwarzer Perspektive gab, nämlich das der damaligen Journalistin Noah Sow *Deutschland Schwarz* Weiss: *Der alltägliche Rassismus* aus dem Jahr 2008. Es war ein Buch, in dem sie für diese Zeit einfach, verständlich und mit deutlichen Worten zusammenfasste, was ich erlebte. Es diente mir als Handreichung für mein *weißes* Umfeld, als Geschenk für Freund*innen und Familie. Sow und ich waren Teil der gleichen Generation, und wir waren auf dem Weg. Doch galt für uns, wie für die vor uns und auch diejenigen, die nach uns aktiv wurden, dass dieser Weg lang und anstrengend ist. So wurde ich Teil einer größeren Erfahrung und, ja, auch zu einem Menschen, der heute als Journalistin und Expertin für das Thema Rassismus im medialen Mainstream gilt. Ich habe mich von aufgezwungenen Bildern befreit und lasse mich beim Sprechen oder Schreiben darüber nicht mehr abdrängen. Für das, was ich jetzt bin und lebe, habe ich einiges getan und Empowerment gebraucht. Und nicht immer entspricht die mir zugeschriebene Rolle, oder wie ich medial geframed werde, meinem Selbstverständnis. Aber sei es drum. Was ich weiß: dass ich die Geschichte Schwarzer Menschen und ihrer Erfahrungswelten weiterhin auf meine Art besprechen, vermitteln und übersetzen werde. Dass ich dabei eine andere Sprache und ein anderes Gefühl hineinlegen werde als Menschen, die diese Erfahrungen nicht machen, und dass ich wiederum andere Ausdrucksweisen und Emotionen vermittle, wenn ich über Differenzerfahrungen von Menschen berichte, die ich nicht erlebe. Und so schließe ich dieses Kapitel mit meiner Perspektive, für die ich gut sprechen kann, um mich schrittweise denen zu nähern, die ich mit anderen teile, und Erfahrungen, die ich nur an mir spiegeln kann, weil ich diejenigen, die es besser wissen als ich, begleite, beobachte und ihre Verbündete sein möchte. Weil ich glaube, dass wir lernen können, die Perspektiven der anderen in uns zu tragen. Ich habe erlebt, dass es Menschen gibt, die aus ihren Positionen heraus ähnliche Fähigkeiten entwickelt haben, damit wir uns besser verstehen.

Mein (Schwarzer) Feminismus

> *I am a feminist, and what that means to me is much the same as the meaning of the fact that I am Black; it means that I must undertake to love myself and to respect myself as though my very life depends upon self-love and self-respect.*
>
> – June Jordan

Meine Mutter ist eine Feministin aus einem kleinen bayerischen Dorf, die als junges Mädchen eine Brille trug und damit nicht dem Schönheitsideal ihrer Zeit entsprach. Sie war ein Mädchen, das besser nicht so viele Bücher lesen und später nicht studieren sollte, was sie beides trotzdem tat. Letzteres auf dem zweiten Bildungsweg mit Mitte vierzig. Ich machte die Fotos auf ihrer Abschlussverleihung.

Meine Mutter zählt zur Riege gewerkschaftlich organisierter Arbeiter*innen und Angestellter. Als Krankenpflegerin arbeitete sie zehn Jahre im Dauernachtdienst, hatte also eine Woche Nachtdienst und daran anschließend eine Woche frei. Sie arbeitete im Schichtdienst, der ihr tiefe Augenränder verpasste. Sie tat es, damit sie und mein Vater, der als Speditions- und Lastwagenfahrer arbeitete, meine Betreuung sichern konnten. Meiner Mutter war es wichtig, dass ich viel lernte, dafür sparte sie ihr Geld. Zusammen gingen wir alle zwei Wochen in die Stadtbücherei, liehen Bücher für mich aus, die sie erst mir vorlas und später ich ihr. Ich erinnere mich an Abende mit dem kleinen Hobbit und fantastischen Geschichten von Heike und Wolfgang Hohlbein, an Sagen und Märchen, die ich liebte. Ich bekam musikalische Früherziehung, tanzte Ballett, sang im Kinderchor der Alten Oper in Frankfurt, spielte Klavier, ging zum Turnen und später zum Jazzdance, durfte mich ausprobieren. Dafür sparte sie. Meine Mutter hat mir viele Dinge gezeigt und ermöglicht, die mich an Erfahrung wachsen ließen – im Guten wie im Schlechten. Es gab dabei nur eine Regel, dass ich dranbleiben und nicht gleich hinwerfen sollte, wenn ich etwas Neues anfing. Daran halte ich mich bis heute. Meine Mutter nahm mich auch mit auf Tarif-Demos, wenn es um bessere Bezahlung für das Pflegepersonal ging, und sie stritt später nicht weniger intensiv als Personalrätin für deren Rechte, bevor sie zwei Jahre vor ihrem Dienstende mit 58 Jahren noch einmal auf einer psychiatrischen Station Erwachsene pflegte. Die Themen Pflegenotstand und strukturelle Probleme im Gesundheitswesen waren und sind ihre Lebensthemen. Meine Mutter ist eine kämpferische Frau, die mit 17 Jahren von zu Hause auszog, um selbst zu bestimmen, wie ihr Leben laufen sollte. Ich denke, die Liebe zu meinem Vater war auch ein unterbewusster Protest gegen ihre Familie und eine Form der Heilung der Traumata aus ihrer Kindheit, deren es mehrere gab. Meine Mutter hatte es nicht leicht, und deshalb hatten wir es auch oft nicht leicht. Es brauchte Zeit und Wege für uns. Wir beide brauchten Zeit, um damit umzugehen, aber das Schöne ist, dass wir uns behalten haben. Heute ist da Liebe, Akzeptanz und Bewunderung füreinander. Es ist besonders.

Ich schreibe das alles, weil diese Erfahrungen mich sozialisiert haben, weil darin auch viel Politisches steckt, was feministisch ist. Meine Mutter prägte mich durch die Art, wie sie lebte. Heute weiß ich, wie viel ich von meiner Mutter gelernt habe.

Sie hat mir gezeigt, wie wichtig es ist, als Frau selbstbestimmt zu leben und sich nicht abhängig zu machen. Und nach einigen Umwegen habe ich auch ihretwegen verstanden, dass ich auf Dauer nur mit einem Partner zusammen sein möchte, der ähnliche Reflexionsansprüche mit mir teilt, wie ich sie habe – heute bin ich mit diesem Mann verheiratet. Ich erinnere mich noch gut an meine Krise Anfang zwanzig, als eine meiner Freundinnen zu mir sagte: Du bist zu tough, sei doch ein bisschen »mehr Mädchen«, und ich nicht wusste, wie das geht.

Im Nachdenken über früher fragte ich meine cis-hetero Freundinnen aus Schulzeiten während der Arbeit an diesem Buch bei einem Treffen, ob sie sich als Feministinnen verstehen. Ihre Antworten fielen unterschiedlich aus. Gemeinsam sinnierten wir, was Feminismus für uns heißt, mit welchen Frauenbildern wir früher zu Hause und in unserem Umfeld sozialisiert wurden: wie wir glaubten, bitte mehr so und weniger so sein zu müssen, und uns irgendwie noch immer vor der Kulisse vermeintlicher Ideale bewegten. Wir kamen zu dem Ergebnis, dass negativ besetzte Vorstellungen über Stereotype »feministischer Frauen« einige von uns innerlich davon abgehalten hatten, sich als Feministin zu bezeichnen, obwohl wir viele der politischen Vorstellungen, die damit zusammenhingen, teilten. Bedeutet feministisch sein auch, einen aktiven politischen Einsatz zu bringen? Darüber führten wir ein offenes Gespräch, wie ich es mit meinen Freundinnen seit unserer Jugend auf unterschiedliche Arten und Weisen führe. Auch ich bin eine Art Feministin der zweiten Stunde. Ich war eine, die früher Feminismus entweder mit *weißen* Alt-68er-Feministinnen oder der modernen Karrierefrau ohne Kind in Verbindung brachte. Beides war für mich wenig erstrebenswert.

Feministin bin ich erst geworden, nachdem ich mein Schwarzsein klar hatte. Erst danach konnte ich mich für die Wege feministischer Strömungen der sogenannten dritten Generation öffnen, wie sie zeitlich unterteilt werden. Ich war Mitte oder Ende zwanzig, als ich anfing, mir bewusst Orte zu suchen, an denen die Bereitschaft herrschte, Rassismus und Sexismus gemeinsam zu verhandeln, und wo ich mich mit Fragen sozialer, politischer und ökonomischer Gendergleichheit beschäftigte, so wie es die Autorin Chimamanda Ngozi Adichie 2013 in einem TED-Talk »We Should All be Feminists« erklärte, der eine weltweite Diskussion über Feminismus entfachte. Als eine der bemerkenswerten Wissenschaftlerinnen, die soziale Machtmechanismen kritisierte, galt bell hooks, die Feminismus in »Feminism is for Everybody« bereits im Jahr 2000 als Bewegung definierte, die Sexismus, sexistische Ausbeutung und Unterdrückung abschaffen will.

Feminismus ist wie so vieles in unserem Leben vielfältig. Es gibt an manchen Bewegungen darin Kritik. Es gibt zum Beispiel in feministischen Kreisen von Cis-Frauen Versäumnisse, queere Perspektiven mitzudenken. Auch ich musste mich mit dieser Tatsache beim Bearbeiten dieses Kapitels auseinandersetzen. Doch genau das ist ein Teil der Reflexion, mit der ich nun weitergehe. So appelliert auch die Autorin Roxane Gay in ihrem Buch *Bad Feminist.* Sie versteht sich als Feministin, die sich klar darüber ist, nicht alles zu wissen, und nicht glaubt, auf alles eine Antwort zu haben. Feminismus ist ein Angebot und Gays Appell: »Lasst uns die Feministinnen werden (oder wenigstens versuchen), die wir in dieser Welt gerne sehen würden.« Ich mag diesen Ansatz, weil er ein zugänglicher ist, weil er zunächst eine individuelle Entscheidung ist und eine persönliche Auseinandersetzung beschreibt, die mich zum intersektionalen Denken führt. Und er zeigt für mich, dass Feminismus nicht perfekt ist, weil er eine Bewegung von Menschen ist, die nicht vollkommen sind. Aber dass er die Basis für einen Denk- und Entwicklungsraum bietet, einen, in dem ich weiter wachsen will mit

Feminist*innen, die weiter sind als ich, weil sie bestimmte Perspektiven tiefer durchdrungen haben und ich lernbereit bin. Das klingt leicht, auch wenn es das nicht ist. Weil es an allen Orten der Emanzipation um Fragen von Repräsentation, Macht und Deutungshoheit geht, und es ein stetiger innerer Aushandlungsprozess bleibt, der von Menschen nach außen getragen wird. Aber schlussendlich ist Feminismus für alle da.

Feministisch zu denken ist für mich kein Label, sondern ein selbstreflexives Bewusstsein, das sich auch mit Männlichkeit und nicht-binären Menschen sowie einer Kritik an einer als zweigeschlechtlich konstruierten Norm beschäftigt. Schließlich sind das Patriarchat und Sexismus keine individuellen Einzel- oder Frauenprobleme. Es geht darum, wie wir uns zueinander verhalten und welche Rollen wir dabei zugewiesen bekommen. Es geht auch darum, zu erkennen, dass diese Strukturen älter sind als wir. In all unseren Differenzerfahrungen geht es darum, veraltete Muster zu durchbrechen, um das Verbindende zu suchen. Deshalb ist Feminismus auch nicht nur eine persönliche Einstellungssache: Feminismus ist politisch.

Und das ist der Grund, warum die feministische Idee auch Hasser*innen hat und Kampfzone ist. Da sind Menschen, die behaupten, Feminismus mache vieles komplizierter, was früher einfach gewesen sei. Sie halten wenig von »Genderblabla« und loben veraltete Geschlechterrollen als »natürlich«. Strömungen von politisch rechter Seite ziehen mit in dieser Argumentation. 2014 startete die AfD im Netz eine Gegenkampagne zur Aktion der Jusos »Ich bin Feministin, weil …«, in der Sympathisantinnen bekannt gaben: »Ich bin keine Feministin, weil ich mir gerne die Tür aufhalten lasse.« Als ob es darum ginge. Aber worum geht es »dem Feminismus«? Es geht um mehr als den Gender-Pay-Gap oder die Rolle von Frauen in Führungspositionen zu thematisieren (was trotzdem wichtig ist). Das Patriarchat lebt, #MeToo bleibt ein Thema, Gleichstellungsgesetze sind in ihren Botschaften teils widersprüchlich, und das Eintreten für Gendergerechtigkeit wird oft als rückschrittlich interpretiert, als hätten wir die Gleichstellung schon erreicht und als wäre feministische Politik aus der Zeit gefallen. Dabei geht es um so viel mehr: um Themen wie Lohngefälle, Darstellungen in Musik, Film oder Werbung, Abtreibung oder Verhütung, Mehrfachbelastung durch Familien- und Erwerbsarbeit, Altersarmut oder sexualisierte Gewalt. Aber welchen Unterschied machen diese Themen für eine Frau, die wenig Einkommen hat, für eine behinderte, eine migrierte, eine muslimisch gelesene, eine Schwarze oder queere Frau? Warum haben es die einen anders schwer als die anderen – warum ist es hier schwerer als andersherum? Wie genau sieht die Machtpyramide aus? Wer findet statt in der Politik? Wer formt die öffentliche Meinung: durch Reden, Gesetze, das Setzen von Normen, die uns als Privatpersonen betreffen? Personen, die für all diese Facetten einstehen, sind auf jeden Fall keine homogene Gruppe. Sie formieren sich mit alternativen Ausdrucksformen im realen Leben und im Netz. Feminismus ist heute auch Popkultur. Kritisch wird darüber diskutiert, wie sich am nachhaltigsten für die Gleichstellung und Gendergerechtigkeit kämpfen lässt, weil es einen Unterschied zwischen westlichen Perspektiven gibt und denen, die die gesamte Welt in den Blick nehmen.

Das Private im Politischen und das Politische im Privaten zu sehen, diese Perspektiven bestimmen die Frauenbewegung schon lange. In den 70er Jahren wurde der Leitsatz »das Private ist politisch« geprägt und benennt quasi das Henne-und-Ei-Problem. Dieser Satz gilt als Aufruf, die eigenen Rechte einzufordern, aber auch, sich darüber bewusst zu werden, dass das eigene, private Handeln politisch ist und es eine Rolle spielt, in welcher Position ich bin, auch in meinem Privatleben. 2020 rief beispielsweise die Journalistin Teresa Bücker in ihrer *SZ*-Kolumne »Freie Radikale« eine bestimmte Klientel Frauen dazu auf, die Arbeit prekär finanzierter Personen, die sie im Haushalt unterstützen, besser zu entlohnen. Bückers Intervention zeigte, wie politisch unsere persönlichen Entscheidungen sein können. Sie zeigt auf, dass von Armut betroffene Feminist*innen eine andere Art der Unterdrückung erfahren als die gut situierten, die deren Unterstützung in Anspruch nehmen, und dass in einer Welt vermeintlicher Chancengleichheit unterschiedliche Sicht- und Handlungsweisen die Basis politischen Handelns werden. Es ist der Ruf danach, einander als Frauen und Personen, die weiblich gelesen werden, in den Blick zu nehmen, was ebenso wichtig ist, wie den Fokus auf Gendergerechtigkeit zu lenken. All das – und so vieles mehr, wie beispielsweise die Anerkennung unserer Verschiedenheit als Mütter oder die Anerkennung des politischen Akts eines Vaters, wenn er in einem patriarchal strukturierten System Elternzeit nimmt – gilt es gedanklich zu weiten, wenn wir über Verteilungsfragen sprechen. Denn im feministischen Projekt geht es um mehr. Es geht um Fragen nach Strukturen, die es aufzubrechen gilt. Gemeint sind Wertvorstellungen, geprägte Entscheidungsabläufe und Routinen, die so beeinflussen, dass FLINTA* (Frauen, Lesben, Inter, Nichtbinäre, Trans, Agender) in ihrer Differenz unterschiedlich benachteiligt werden. Zum feministischen Kampftag am 8. März 2021 lese ich auf Instagram in vielen Posts von einem Feminismus, der intersektional sein muss. Der nur dann etwas taugt, wenn »deine Aktionen, Emotionen, deine Sprache fette und diverse Körper einschließen und queer-positiv, antirassistisch, antisexistisch, trans*inklusiv, sexworking-positiv sind und inklusiv für nicht dokumentierte Menschen. Wenn dein Feminismus Ableismus, Klassismus ODER/UND jede andere Form der Unterdrückung infrage stellt«, wie es die Poetin Lahya Aukongo auf Englisch schreibt.

Es ist kein neuer Feminismus, der sich in den letzten Jahren unter anderem durch die Sozialen Medien und bis in den Mainstream hinein entwickelt hat, nur seine Ausdrucksweisen haben sich verändert. Schon lange ist bekannt, wer in patriarchalen Strukturen unserer Gesellschaft nach wie vor benachteiligt ist, und trotzdem entspricht diese Erkenntnis keinem Mainstream-Zeitgeist, der wirklich etwas daran verändern würde. Der Blick in die Entstehungsgeschichte der Frauenbewegung zeigt, dass queere, Schwarze Frauen und Personen, die als solche gelesen werden, ausschlaggebend waren im Kampf für gleiche Rechte, weil sie aufgezeigt haben, dass wir eine von Rassismus geschaffene Ungleichheit nicht getrennt von Gender, Klassenzugehörigkeit, Sexualität oder Einwanderungsgeschichte sehen sollten. Bereits 1851 rief die in der Sklaverei geborene afroamerikanische Aktivistin Sojourner Truth in ihrer berühmten Rede »Ain't I a Woman« Frauen jeden Aussehens, Hintergrundes und Glaubens dazu auf, füreinander einzustehen und ihre marginalisierten Positionen als weiblich gelesene Personen und Schwarze Sklavinnen anzuerkennen. Ich denke an die Geschichte der kriegerischen Aschantikönigin Yaa Asantewaa, die 1900 den letzten großen Aufstand ihres Volkes gegen die britische Herrschaft über die damalige Goldküste (das heutige Ghana) anführte und als eine der zentralen Figuren des afrikanischen Matriarchats gilt, in dem soziale und rechtliche Beziehungen über die mütterliche Linie organisiert sind und Frauen damit eine zentrale Rolle in der Gesellschaft zukommt. Es war eine gesellschaftliche Struktur, die der Kolonialismus zerstörte.

Beispiele wie diese zeigen die weltweite Tradition der Verbundenheit und gegenseitigen Unterstützung von Frauen und Personen, die als solche gelesen werden, auf die sich später beispielsweise auch die afroamerikanische Literaturwissenschaftlerin, Autorin und Aktivistin Audre Lorde in den 70er und 80er Jahren bezog. Mit ihren Werken wurde sie international zu einer der wichtigsten Stimmen des Schwarzen Feminismus des 20. Jahrhunderts, die das Denken vieler Menschen bis heute prägt. Sie plädierte dafür, Unterschiede nicht als Ursache für Spaltung zu sehen, sondern als »Antrieb für Veränderung«. »Ich bin nicht frei, solange andere Frauen* nicht frei sind, auch wenn ihre Fesseln andere sind«, erklärte Lorde, die sich selbst als Schwarze, lesbische Frau, Feministin, Kriegerin, Dichterin und Mutter positionierte. Für sie galt, nicht nur gegen eine Art der Unterdrückung zu kämpfen, und sie sah auch keine Hierarchie zwischen Unterdrückungsformen. Sie glaubte daran, dass wir uns nur durch die Akzeptanz unserer Unterschiede wirklich miteinander solidarisieren können. Sie machte ihre Vision anhand unzähliger Beispiele greifbar: was es heißt, das Denken über die Unterschiede von Frauen* zu verändern, wie es ist, als lesbische Frau Queerfeindlichkeit unter Schwarzen Menschen oder als Schwarze Frau rassistische Diskriminierung in *weißen*, queeren Runden zu erfahren. Diese Gedanken lassen sich ausweiten zu der Erkenntnis, dass es in unserer Gesellschaft keine sicheren Orte gibt, nur solche, an denen bewusst versucht wird, sie sicherer für alle sein zu lassen. Es zeigt, wie wichtig es ist, dass es mehr Menschen gibt, die versuchen, diese Räume zu gestalten. Sie lassen sich durch Aussprache und Absprachen herstellen, denn alleine schon das Sprechen darüber macht Orte für Menschen sicherer, die es nicht gewohnt sind, dass auf sie geachtet wird. Umsicht zu verbalisieren zeigt, dass wir einander wichtig sind und uns ernst nehmen. Eine »globale Schwesternschaft« nannte es Audre Lorde in ihren Arbeiten über das Empowerment Schwarzer Frauen und Personen, die als solche gelesen werden. Es ging Lorde um transnationale Solidarität, Europas Verstrickung in die Sklaverei und den Kolonialismus sowie die Macht der Sprache im Sinne ihrer lyrischen Einmischung.

In ihren Berliner Jahren von 1984 bis 1992 ermutigte sie in Deutschland viele, ihr »Schweigen zu brechen und für sich selbst zu sprechen«, indem sie ihre Geschichte aufschrieben und veröffentlichten. Die Literaturwissenschaftlerin Marion Kraft war eine von ihnen und erklärte im Nachwort des von ihr mitübersetzten Essaybandes *Sister Outsider*, das 40 Jahre nach dem Original 2021 in Deutschland erschien, wie Lordes Worte eine klare Absage an die Verzweiflung waren und dass erst, wenn Unterdrückung als solche benannt wird, diese auch erfolgreich bekämpft werden kann.

In universitären Kreisen der Gender- und Postkolonialen Studien gelten Lordes Texte schon lange als Pflichtlektüre, und das waren sie auch für mich im Studium. Wie viele ihrer Texte passen sie in die heutige Zeit, und sie haben auch heute noch die Kraft, uns zu erklären, was die Bewegungen von #MeToo, #MeTwo oder #BlackLivesMatter mit Nachdruck und neuer Sprache fordern. Noch sind Lordes Visionen in Gedichten und Essays eher denjenigen bekannt, die in dieser Richtung suchen und arbeiten, doch zeigen sie anschaulich, wie notwendig es ist, intensiver über unsere Verschiedenheit nachzudenken und sie dafür zu nutzen, solidarisch Brücken zu bauen. Es geht darum, sich der eigenen Position und den eigenen möglichen Vorteilen bewusst zu werden, um sie konstruktiv für andere einzusetzen, damit sie uns nicht trennen, sondern zu einer Verbindung werden. Wir können uns gegenseitig Türen öffnen. Ich verstehe mich als Feministin, weil ich dieser Bewegung innerhalb des Feminismus viel zu verdanken habe. Er steht für mich für vieles, was ich mir für unsere Gesellschaft wünsche: Als Bewegung hat er eine mehrperspektivische Geschichte, er ist vielfältig und kann in vielen Facetten gelebt werden. So bezeichnet sich meine *weiße* Mutter aus anderen Gründen als Feministin, als ich es als Schwarze Frau tue. Das ist so, weil wir zu unterschiedlichen Zeiten geboren, von unterschiedlichen Dingen geprägt wurden und durch unsere Differenz unterschiedliche Erfahrungen im Leben machen. Deshalb haben wir unterschiedliche Antworten auf die gleichen Fragen gefunden, die uns als Frauen oder weiblich gelesene Menschen aber gemeinsam beschäftigen. Keine feministische Person ist wie die andere, und deshalb ist es auch der Feminismus nicht.

#SchwarzeLebenInDeutschland

Ihre Perspektiven auf das Überleben des Zweiten Weltkriegs haben die Überlebenden **Marie Nejar** und **Theodor Wonja Michael** in ihren Büchern **»Deutsch sein und schwarz dazu. Erinnerungen eines Afro-Deutschen«**, 2013 und **»Mach nicht so traurige Augen, weil du ein N*lein bist: Meine Jugend im Dritten Reich«**, 2007, aufgeschrieben. Und in **»Kinder der Befreiung: Transatlantische Erfahrungen und Perspektiven Schwarzer Deutscher der Nachkriegsgeneration«**, 2015, vereint Herausgeberin **Marion Kraft** Stimmen einer Schwarzen Deutschen Nachkriegsgeneration, die einen fast vergessenen Teil deutscher Geschichte erzählen.

Der Sammelband **»Farbe bekennen«** wurde 1986 von **May Ayim, Katharina Oguntoye** und **Dagmar Schultz** herausgegeben. Das Buch gilt als erste Publikation Schwarzer Menschen der Gegenwart in Deutschland und Grundstein für die jüngere Schwarze Bewegung. 30 Jahre nach der Gründung der ISD erschien 2016 **»Spiegelblicke, Perspektiven Schwarzer Bewegung in Deutschland«**, herausgegeben von **Denise Bergold-Caldwell, Laura Digoh-Ersoy, Hadija Haruna-Oelker, Christelle Nkwendja-Ngnoubamdjum** und **Camilla Ridha**. Im Sammelband finden sich Essays, Porträts, analytische Texte, Storytelling und Fotoreportagen von über 50 beteiligten Autor*innen, Zeitzeug*innen und Porträtierten unterschiedlicher Generationen.

Die Bücher **»Sisters and Souls: Inspirationen von May Ayim«** sind anlässlich des 20. und 25. Todestages von May Ayim 2015 und 2020 erschienen. Menschen verschiedener Generationen zeigen darin in lyrischen, essayistischen und wissenschaftlichen Beiträgen, wie sie von der Poetin, Aktivistin und Wissenschaftlerin inspiriert wurden und welche Projekte und Zukunftsvisionen daraus entstanden sind. Herausgeberin ist die Kommunikationswissenschaftlerin **Natasha Kelly**, die 2019 auch **»Schwarzer Feminismus«** veröffentlichte. Ein Schwerpunktheft zu **»Schwarze Feminismen – Black Feminisms«** ist 2021 von der Zeitschrift für feministische Politikwissenschaft FEMINA POLITICA veröffentlich worden. Herausgegeben von **Denise Bergold-Caldwell, Vanessa Thompson** und **Christine Löw**. Bergold-Caldwell ist zudem Autorin von **»Schwarze Weiblich*keiten – Intersektionale Perspektiven auf Bildungs- und Subjektivierungsprozesse«**, 2020.

»Afrekete«, 1988. Die Zeitschrift wurde von (hauptsächlich lesbischen) Afrodeutschen/Schwarzen Frauen herausgebracht, die zum Verein ADEFRA zählten. Der von der Antidiskriminierungsbeauftragten der Stadt Heidelberg **Evein Obulor** in Zusammenarbeit mit RosaMag herausgegebene Sammelband **»Schwarz wird großgeschrieben«** vereint die Texte von 20 unterschiedlichsten Schwarzen FLINTA* (Frauen, Lesben, Inter, Nichtbinäre, Trans, Agender), die in Deutschland leben. Sie berichten über ihre Leben, Ziele und Zukunftsvisionen und erzählen auf persönliche Weise, die mit Stereotypen bricht und zu einem Umdenken aufrufen möchte.

»RosaMag« ist ein von **Ciani-Sophia Hoeder** gegründetes Online-Lifestylemagazin, das Schwarze FLINTA und Freund*innen informieren, inspirieren und empowern soll. Es versteht sich als ein Zuhause, das unterschiedlichste Lebenswelten Schwarzer Menschen in Deutschland visualisieren will. Das Magazin

betreibt auch einen Podcast. In **»In jeder Beziehung«** sprechen Jena Samura, Winnie Akeri und Celia Parbey über genau das. Während Maciré und Fatou im Podcast **»Afropod: Kompromisslos Schwarz!«** das Ziel verfolgen, Schwarze Perspektiven und Analysen auf Deutsch zu verbreiten. Das **»Daddy Magazine«** möchte die deutsche Medienlandschaft diversifizieren, indem es sich auf die Stimmen und Geschichten derer konzentriert, die in traditionellen Medien nicht ausreichend vertreten sind. Dahinter stecken die Mitbegründer*innen **Kemi Fatoba** und **Joe von Hutch**.
https://rosa-mag.de /
https://www.daddy.land

Diese Seite enstand mit Unterstützung von **Yezenia León Mezu**, @yzlm_, eine*r fett, inter* und Schwarz-indigenous positionierte*n freiberuflich arbeitende*n Übersetzer*in und Sensitivity Reader*in aus Kolumbien. León Mezu hat einen BA-Abschluss in Spanischer Literaturwissenschaft und Linguistik sowie in Religionswissenschaften. Als Bildungsreferent*in macht León Mezu politische Bildungsarbeit zu Intergeschlechtlichkeit und forscht aus intersektionaler Perspektive zu Anti-Schwarzem Rassismus, wie Politiken des fetten Körpers und Begehrlichkeit, mentale Gesundheit und Theologie des Schwarzen queeren Körpers. León Mezus Tätigkeit umfasst Sensitivity Readings sowie Literatur- und Filmübersetzungen wie zuletzt »Wir müssen über Geld sprechen« von Otegha Uwagba ins Deutsche. Im Team hat León Mezu ein Drittel dieses Buches sensitiv gelesen.

Bewegung

Was beeinflusst uns?

Bewegung ist Körperarbeit. Sie entsteht durch das Zusammenziehen oder Anspannen der Muskeln. In den Sozialwissenschaften ist sie kollektiver Akteur. Politische Bewegung steht für das organisierte Eintreten für politische Ziele, weil Menschen ihre Daseinsbedingungen, ihre Wünsche und Bedürfnisse erfahrbar machen und durchsetzen wollen. Eine Kraft und Strömung, um die gesellschaftlichen Verhältnisse zu verändern. Gleiche Rechte für alle. Menschenrechte. Wo stehe ich?

Initialmomente

> *Ich weiß keine bessere Schule, das Leben zu bilden, als unablässig eine große Verschiedenheit anderer Lebensformen, Sinnesarten und Gebräuche vor Augen zu haben und sie so eine unendliche Mannigfaltigkeit der Gestalten unserer Natur kosten zu lassen.*
>
> – Michel de Montaigne

Ich erinnere mich noch gut an den Schlüsselmoment, der mich lehrte, was es heißt, feststellen zu müssen, dass man sich in einem Thema doch gar nicht so gut auskennt wie gedacht. So einen habe ich Mitte der 2000er erlebt. Ich war Teil des Organisationsteams einer internationalen Fachkonferenz in Leipzig, in dem wir als Arbeitsgruppe Veranstaltungen organisierten, die sich mit Gender-Themen aus postkolonialer Perspektive beschäftigten. Wir wollten damit eine Leerstelle füllen und hatten einiges vor. Ich war kurz vor dem Ende meines Studiums und im Vergleich zu den anderen in meinem Team neu im Thema. Wir brachten einige bekannte Forscher*innen für die Panels zusammen. Unter ihnen auch die wissenschaftliche Mitarbeiterin und Journalistin Rebecca Maskos, die zum Thema Behinderung aus Bewegungsperspektive arbeitete.

Während ihres Vortrags war ich Teilnehmerin. Ich sehe mich noch oben auf dem Rang im vollgepressten Seminarraum sitzen.

Maskos schildert eindrücklich, verbindet Biografisches mit Erkenntnissen der Sozialwissenschaft, der sogenannten »Disability Studies«, die als interdisziplinärer Wissenschaftsansatz in den USA zu diesem Zeitpunkt viel weiter vorangeschritten sind als in Deutschland. Während Maskos vorträgt, schreibe ich in mein Notizbuch. Sie erzählt, unter welchen Umständen ihre Eltern sie Mitte der 70er großgezogen haben, als Behinderung noch weniger Thema war. Ich erinnere mich gut, wie sie mich anregte, das erste Mal bewusster darüber nachzudenken, wie unsere Gesellschaft Menschen mit Behinderung begegnet. Ich war aufgefordert, mir selbst Fragen im Stillen zu beantworten: Ob ich hin- oder wegschaue, wenn ich einem Menschen mit einer sichtbaren Behinderung begegne. Sie fragte, was wir fühlen würden: Mitleid, Distanz, Befremden, Neugierde? Ob wir schon einmal das Gefühl gehabt hätten, nichts »damit« zu tun haben zu wollen. Ob wir in der Lage seien, offen über Behinderung zu sprechen. Maskos konfrontierte uns mit uns selbst, bevor es auf sachlicherer Ebene um Bilder, Sprache, gesellschaftliche Routinen und Abläufe oder die Debatte ging, was wir als lebenswertes Leben empfinden.

Ich weiß noch, wie irritiert ich von dem Unbehagen in mir war. Mir bewusst zu machen, dass sich mein internalisierter Ableismus in meiner damals noch teilweise aktiven (Jugend-) Sprache ausdrückte, wurde zu einem mit Scham behafteten und schmerzhaften Moment. Mit einem vermeintlich beiläufigen Wort für ein schlechtes Verhalten von Menschen hatte ich über Jahre Menschen mit einer Spastik beleidigt. Ich hatte nicht darüber nachgedacht, es nicht verknüpft. Es war eine Erklärung und keine Entschuldigung für mich, weil das doch gar nicht zu mir passte! Mir wurde klar, dass ich mir auch nie bewusst Gedanken über die Erfahrungen meiner *weißen* Cousine mit einer Hörbehinderung gemacht hatte. Und ich fragte mich, warum mein Schwarzsein wiederum nie Thema bei ihr gewesen war, obwohl wir beide so eng verbunden waren. Oder waren wir es vielleicht genau deshalb? Hatten unsere Differenzerfahrungen etwas damit zu tun?

Von Kindheit an hatten wir zeitgleich unterschiedliche Differenzerfahrungen gemacht und nie ein Wort darüber verloren, weil uns die Worte fehlten und mit uns als Kinder darüber nicht gesprochen wurde. Wir hörten nur die Erwachsenen reden. Erst als wir selbst alt genug und bereit waren, sprachen wir über früher, über die Unsichtbarkeiten unseres Alltags und stellten die Unterschiede im Umgang mit uns selbst fest: dass ich als Kind auf subtile Art immer vermittelt bekommen hatte, doppelt so gut sein zu müssen wie andere, und sie das unterbewusste Gefühl hatte, als weniger fähig in unserer auf Leistung ausgerichteten Gesellschaft betrachtet zu werden. Wir erkannten, dass die Folgen unserer Unsicherheiten sich ähnelten, weil uns Selbstbestärkung gefehlt hatte. Ich verstand, dass mein kindliches Genervtsein davon, ihr Sachen oft zweimal sagen zu müssen, mein damaliges Unverständnis für ihr Leben ausdrückte. Dafür kein Verständnis gehabt zu haben, was es mit dir macht, wenn du mehrmals bitten musst, dass andere lauter sprechen, und wie das dazu führen kann, dass du seltener etwas sagst, um unangenehmen Situationen aus dem Weg zu gehen. Kein Verständnis zu haben, dass du weniger verstehst oder bestimmte Orte meidest. Ich erinnere mich, dass meine Eltern sich sorgten, als es um eine Operation am Ohr meiner Cousine ging und mein Vater und ich sie danach täglich im Krankenhaus besuchten, sie jeden Tag ein Eis bekam und ich nur jeden zweiten und deshalb eifersüchtig auf sie war. Wir waren Kinder. Wir verstanden nicht viel und wurden von den Erwachsenen im Verstehen nicht unterstützt. Vieles stimmt mich heute noch traurig, und es tut uns gut, darüber zu sprechen.

(Selbst-)Reflexion. Sie hat mir gezeigt, dass ich nicht alles auf dem Schirm habe, obwohl ich den Anspruch an mich damals im Vorlesungssaal bei Maskos hatte. Ich hatte gerade damit begonnen, ein Selbstverständnis für mich selbst zu entwickeln, und wünschte mir wie sie, dass andere ihre Worte und ihr Denken über Menschen wie mich überdachten. Maskos hat uns Teilnehmenden einen Raum geöffnet, der unserer Gesellschaft so oft fehlt: einen Raum, in dem Reflexion ohne Selbstgeißelung möglich ist. Es war das erste bewusste Mal, ein initialer Moment für mich, es auszuhalten, dass ich in bester Absicht Fehler mache, die andere verletzen. Dass ich andere übersehe, auch wenn ich das nicht will, und dass ich das tue und kann, weil mich ein Thema vermeintlich nicht (be)trifft, zumindest noch nicht.

Es ist ein Privileg, wenn ich entscheiden kann, ob ich mich mit der Differenzerfahrung meines Gegenübers auseinandersetze oder nicht. Ob ich mir in diesem Fall beispielsweise zukünftig um Barrierefreiheit oder eine anerkennende Sprache in meinem Setting Gedanken mache oder es sein lasse. Ob mir eine bestimmte Repräsentation wichtig ist oder ich sie vergesse, weil es so viele andere um mich herum auch tun. Ob ich das Thema abtue mit Sätzen wie: »Ich kann da keine Behindertenfeindlichkeit, keinen Rassismus, keinen Antisemitismus etc. sehen« und deshalb glaube, dass es sie nicht gibt. Oder Menschen als zu sensibel abtue, wenn sie aufmerksam machen auf alltägliche Dinge wie Bezeichnungen für Saucen oder Ausdrücke, die ein abwertendes Bild transportieren, wenn ich zum Beispiel sage, dass ein Mensch an den »Rollstuhl gefesselt« ist, »der Vergleich hinkt« oder wir »etwas blind drauflos machen«. Dass ich auch beim Schreiben dieses Buches weitere Erfahrungen mit Schreibweisen machte, deren ausschließender Gehalt mir nicht bewusst war, bis ich darauf hingewiesen wurde.

Von Belang ist demnach nicht nur die Intention einer Handlung, sondern auch die unterbewusste innere Haltung zu unserer Differenz. Wenn zum Beispiel eine Kollegin in einer Sitzung wie selbstverständlich glaubt und sagt, dass wir ja alle ein gewisses Unbehagen fühlen würden, wenn eine Frau mit Kopftuch zum Vorstellungsgespräch käme, und wir darüber sprechen sollten, warum wir diese Gefühle hätten. Zwar hat sie mit Letzterem recht, aber ich widerspreche ihr trotzdem, weil ich im Gegensatz zu ihr kein Unbehagen fühle und nicht vereinnahmt werden möchte, sondern deutlich machen will, wie unterschiedlich unsere Perspektiven auf Menschen aussehen. Dass Frauen mit Kopftuch für mich normal sind. So wie es für mich normal ist, keine diskriminierende Sprache benutzen zu wollen.

Wir sind unterschiedlich. Das festzustellen ist nicht verwerflich, das Problem beginnt dann, wenn wir unseren Differenzen mit Abwertung begegnen. Die Frage ist also, wie damit umgehen, wenn ein Mensch eine innere Abneigung gegen bestimmte Unterschiede zu anderen in sich feststellt? Was tun mit den Reflexen vermeintlich *Anderen* gegenüber? Wie der Mischung aus Neugierde, Unverständnis oder Unbehagen begegnen? Eine Möglichkeit ist für mich, mich selbst zu befragen: Was bewerte ich gerade? Woher kommt mein Gefühl? Warum fühlt sich mein Gegenüber durch meine Handlung verletzt? Was ist es, das mich irritiert? Woher stammt mein (Un-)Wissen (über mein Gegenüber)? Was sollte ich vielleicht recherchieren, wo dazulernen, wo einen Systemabgleich machen?

So mache ich es, weil ich weiß, dass ich in gesellschaftliche Systeme sozialisiert wurde, die mir auch Schlechtes vermittelt haben. Auch ich wurde darin mit einigen Glaubenssätzen sozialisiert, die mein Erwachsenwerden geprägt haben: Sei stark, sei perfekt, streng dich an. Zusammen mit »mach schnell« hatte ich mich mit einigen verinnerlichten Glaubenssätzen in meinem Leben auseinanderzusetzen. Auch andere Menschen sind beeinflusst von diesen Treibern, und so begegnen wir uns als Unbekannte mit all diesen Vorerfahrungen persönlicher und systemischer Art. Je ähnlicher sie sich sind, desto einfacher wird es zwischen uns zumindest am Anfang, weil unsere jeweiligen »Normalitäten« ein nonverbales Grundverständnis schaffen. Aber wie wir uns begegnen, hängt auch davon ab, wie bewusst wir uns über unsere Unterschiede sind und wie viel Sensibilität wir für uns selbst und unser Gegenüber mit dessen Erfahrungen aufbringen. Wie würde sich unser Austausch verändern, wenn wir unsere Blasen und Milieus häufiger verließen? Was wäre, wenn unser Austausch sich dahingehend veränderte, dass das, was eine Person sagt und fühlt, genauso viel zählt wie das, was eine andere sagt, sodass unterschiedliche Ansprüche gleichzeitig im Raum stehen könnten? So würden bisher missachtete Erfahrungen relevant und aufgewertet, weil diejenigen, die von etwas betroffen sind, am besten darüber urteilen können, was für andere nicht offensichtlich ist. Wir würden die Differenz anerkennen und Zwischentöne (be-)achten. Wir würden verstehen lernen, dass es nicht darum geht, »Opfermentalitäten« zu schaffen, sondern gleichberechtigte Gespräche zu eröffnen, um gleichberechtigte Strukturen aufzubauen. Wir würden mehr Menschen kennenlernen, die sich von uns unterscheiden, wir würden besser über uns selbst Bescheid wissen.

Ich bin nicht behindert, ich bin hetero, als Bildungsaufsteigerin mit Abitur, Studium und gut bezahltem sowie gesellschaftlich anerkanntem Job, in meiner Familie inzwischen finanziell abgesichert. Ich bin in Deutschland geboren, light-skinned mit einer *weißen* deutschen Mutter und deshalb seit Geburt Besitzerin eines deutschen Passes. Ich bin Teil intellektueller Kreise, kann als Journalistin meine Meinung sogar in öffentlichen Foren sagen, ohne staatliche Bestrafung zu befürchten, und habe dafür die Technik und Zugang zum Internet. Es gibt vieles, mit dem ich es leichter habe als andere, und ich bin dankbar dafür, dass es so ist. Ich habe Privilegien, und sie zu kennen und mir bewusst zu machen verändert meinen Blick auf andere, meine gesellschaftliche Position und Verantwortung.

Als ich Maskos traf, kannte ich meine Positionen so bewusst noch nicht, und ich konnte noch nicht mit ihr solidarisiert sein, obwohl ich es mir gewünscht hätte. Heute weiß ich, dass es mehr als guten Willen braucht, um das zu tun. Dass es ein tiefer liegendes Verständnis für unsere Differenzen braucht. Es war meine persönliche Entscheidung, darauf zu achten und achtsamer zu sein, damit ich andere weniger übersehe und verletze. Es heißt für mich, mir immer wieder auch Räume für eine Auseinandersetzung zu suchen und zu lernen, sich für die eigenen Privilegien nicht zu schämen. Es gibt Möglichkeiten und Orte, um sich mit anderen über die eigenen Vorteile und Dominanzerfahrung auszutauschen, um Räume zu verändern oder Repräsentation zu schaffen. Das nennt sich Powersharing. Es ist quasi das Gegenstück von Empowerment, also etwas, das Menschen tun können, wenn sie von gesellschaftlichen Ungleichheiten profitieren. Wenn sie zum Beispiel den Vorteil haben, einfacher an Jobs oder Wohnraum zu kommen, von Behörden ernst genommen zu werden, es im Bildungssystem leichter zu haben oder einfach nur als Individuum gleichberechtigt in bestimmten Settings wie dem Arbeitsplatz, dem Fußballverein oder der Yoga-Gruppe wahrgenommen zu werden. Powersharing versucht, die Frage zu beantworten, wie ein Mensch die eigenen Vorteile mit anderen teilen kann, die diese Privilegien nicht haben. Es gibt Trainings, die dieses Wissen praktisch vermitteln. Das gemeinsame Wachsen kann Teil eines Heilungsprozesses für alle sein: Sprachlosigkeit, Schuld und Ängste überwinden, Wut und Ärgernis teilen.

Und hier lässt sich mein persönliches Beispiel oder die individuelle Auseinandersetzung auf mögliche Initialmomente eines Kollektivs beziehungsweise unserer Gesellschaft übertragen. Wir sahen sie im Sommer in der großen Rassismus-Debatte 2020, als in der breiten Öffentlichkeit so viel über Privilegien gesprochen wurde wie nie zuvor. Als beispielsweise die Politikwissenschaftlerin und Gründerin des Instituts für diskriminierungsfreie Bildung Josephine Apraku und der Journalist Malcolm Ohanwe im Netz *weiße* Menschen dazu aufriefen, sich zu fragen, wie sie von Rassismus profitieren. Für einen Monat postete Apraku unter dem Hashtag #kritische*Weiß*_heiten jeden Tag eine Frage. Zum Beispiel: »Wann ist dir das erste Mal bewusst geworden, dass du *weiß* bist?« Und Ohanwe schrieb auf Twitter: »Wir sind ausgelaugt und müde! Wir haben keinen Bock mehr auf Morddrohungen und Beleidigungen. Macht euch an die Arbeit, *weiße* Leute! Seid Botschafter!«

Es waren ungewohnte Aufforderungen, denen die einen offen begegneten und die anderen unangenehm waren, weil sie sich noch nie mit ihrem Weißsein auseinandergesetzt hatten oder sich bisher nur über schlimme Geschichten über Rassismus-Erfahrungen empört, diese aber in keinen Bezug zu sich selbst gesetzt hatten. Damit wurde die Perspektive gedreht: Das war kein #Rassismusporno, das heißt, dass Menschen wie ich wie bereits Hunderte Male zuvor berichten sollten, was wir alles Schlimmes erfahren haben, damit uns geglaubt wird, sondern es war ein Aufruf zum Nachdenken darüber, in welchen Bereichen es Nichtbetroffene leichter im Leben haben als von Rassismus Betroffene. Damit einher ging die Hoffnung, dass diese Auseinandersetzung Menschen zur Frage führt, wo ihre Verantwortung liegt und übernommen werden muss. Ich habe während dieser Zeit einige Menschen erlebt, die in den Geschehnissen ihren Initialmoment fanden. Nichtbetroffene *weiße* Menschen, die mich anriefen und fragten, was kann ich tun, oder die auf einmal selbst wussten, was zu tun war, und ihre Privilegien nutzten, um in ihrem Umfeld oder an ihrem Arbeitsplatz an der Veränderung mitzuwirken.

Reflexionsprozesse lösen bei Menschen die unterschiedlichsten Gefühle aus. Ob wir uns der eigenen Scham stellen, ein Schuldgefühl ablegen, uns verteidigen oder vom Thema ablenken, was den Schmerz im anderen verstärken kann. Über all das entscheiden wir. Im Schuldgefühl zu verbleiben ist letztlich nur ein Mittel, um alles so zu lassen, wie es ist. Lorde nennt es den »ultimativen Schutz vor Veränderung«. Das Konzept der sogenannten »white innocence« (*weiße* Unschuld) der Genderforscherin Gloria Wekker, das später unter Begriffen wie »white tears« und »white fragility« (*weiße* Tränen und Zerbrechlichkeit) von anderen aufgegriffen wurde, erklärt ein Reaktionsmuster, wenn auf rassistisches Verhalten aufmerksam gemacht wird und die Person, der der Vorwurf gemacht wurde, verletzt oder mit Tränen reagiert, anstatt sich mit den Gründen auseinanderzusetzen. Sich für die eigene Unschuld zu entscheiden ist zwar emotional für das innere Selbst, aber ebenso machtvoll für die andere Seite. Eine weitere Abwehr ist es, mit denjenigen zu argumentieren, die es »geschafft haben«, um zu erklären, dass die Welt doch schon viel besser geworden ist. Roxane Gay nennt es die Moral einer »Politik der Respektabilität« und verweist darauf, dass positive Einzelfälle der Veränderung kein System verändern. Sie erklärt es am Beispiel von Oprah Winfrey, einer der reichsten Schwarzen Frauen der Welt, der 2013 in einer schicken Boutique in Zürich gesagt wurde, dass die Handtasche, die sie kaufen möchte, zu teuer für sie sei. Winfrey hat also nur da ein Privileg, wo sie als prominente, reiche Person erkannt wird, ansonsten ist sie einfach nur eine Schwarze Frau, die wie jede andere unterdrückt werden kann. Ihr Erfolg genügt also nicht, damit die Welt rassismusfrei ist. Genauso wenig, wie es genügt, dass es jetzt einige wenige bekannte Schwarze Politiker*innen in Deutschland gibt. Die Ungerechtigkeiten sind nicht aus der Welt, nur weil sie es geschafft haben. Und es nutzt auch nichts, persönlich keine »Hautfarben zu sehen«, weil das weniger die eigene Akzeptanz beweist, sondern vielmehr die Unfähigkeit, Rassismus erkennen zu wollen. Denn wer keine Hautfarben sieht, sieht auch keinen Rassismus, und das nicht tun zu müssen ist ebenfalls ein Privileg. Auf mich angewendet heißt das, ich kann und will Menschen nicht (mehr) trösten für den Rassismus, den sie nicht gesehen haben, und ich will nicht getröstet werden für das, was ich übersehen habe, wenn ich andere verletze. Ich muss mich stattdessen selbst fragen, warum das passiert ist und wie ich mich damit bewusst auseinandersetze, damit es sich nicht wiederholt. Den damit verbundenen Schmerz oder die Scham in mir muss ich mit mir selbst ausmachen, im besten Fall bedanke ich mich für die neue Einsicht oder bitte ohne »aber« um Entschuldigung. Und ja, es kann mir passieren, dass mein Gegenüber diese nicht annimmt, weil ich nicht wissen kann, die wievielte Person ich bin, die das heute schon getan hat.

Ich weiß, dass das jetzt eine lange Gedankenkette der Reflexion war. Und ja, genau so ist es manchmal. Deshalb klappt es auch nicht immer, sie genau in dem Moment zu leisten, in dem Dinge passieren. Aus menschlicher Sicht ist es nicht immer möglich, gleich alles wahrzunehmen. Aber es ist nie zu spät. Ich stelle mir vor, was passieren würde, wenn mehr Menschen diese Art des Denkens und der Erkenntnisprozesse durchlaufen würden. Wenn mehr Menschen Einsichten bekämen und deshalb einander zugewandter begegnen würden.

Denn Tatsache ist: Wir sind nicht alle gleich und werden nie gleich von etwas betroffen sein. Deshalb versuche ich zu vermeiden, von meinen Erfahrungen einfach auf andere zu schließen.

Ich vergleiche nicht, sondern versuche, Brücken von meinem Gefühl und meiner Erfahrungswelt zu der meines Gegenübers zu bauen. Ich versuche zuzuhören, ohne gleich eine Antwort auf Gesagtes zu haben. Ein Gefühl dafür zu empfinden, mich zu informieren, wenn mir etwas neu oder ungewohnt vorkommt. Ich finde es großartig, wie viel mehr Möglichkeiten wir heute dafür haben, wie viele Menschen bereit sind, über sich zu berichten, damit andere etwas lernen können. Es ist auch anstrengend für sie. Kostenlose Bildungsarbeit zu leisten, ist nicht selbstverständlich, und auch ich beteilige mich daran. Heute geht vieles so viel schneller mit wenigen Klicks, aber vielleicht macht es auch genau das Sortieren und Differenzieren so kompliziert. Als Journalistin bin ich sicher klar im Vorteil, weil Recherche zu meinem Kerngeschäft zählt und mein Selbstverständnis mich dazu befähigt, ohne Angst vor Fehlern möglichst anerkennend Dinge anzusprechen oder zu fragen. Und sicherlich braucht es auch die Kapazität, die Fülle an Informationen einordnen zu können, weil es viel ist, was es über unsere Differenzen zu erfahren gibt. Aber ich empfinde das als Geschenk. »Wach denken« nennt die Philosophin Rebekka Reinhard das, was nötig ist, um sich auf die Unberechenbarkeit des Lebens einzulassen, denn Angst davor macht alles eng. Sie rät dazu, nicht auf Gegensätzen von Entweder-oder zu beharren, um zu neuem Wissen zu gelangen und der Uneindeutigkeit der Welt mit Lust am Ausprobieren zu begegnen. Und da wären wir wieder: Es sind die Grautöne und Irritationen, auf die es ankommt. Ich auf jeden Fall möchte im Gespräch bleiben. Und um das zu üben, brauche ich, brauchen wir Orte, an denen wir als Beobachtende und Erkennende sein können, wie Gay es nennt. Wo wir zusammenkommen und diskutieren; wo wir aushandeln, statt anzuklagen.

Meine Reise durch die Mitte

> *Wir müssen Widerstand zeigen und ein klares Bekenntnis: Ja, wir wollen in einer pluralen Demokratie zusammenleben, die vom Gedanken der Einigkeit, des Rechts und der Gleichheit angetrieben wird. Ich denke, es gibt da gerade ein großes Momentum, man hört schon die Ersten rufen: Auf, auf! Setzt euch in Bewegung! Es ist unser Land. Verteidigen wir es gemeinsam.*
>
> – Naika Foroutan

Mein wichtigster Wert ist die Freiheit. Verstöße dagegen begehen im Extremfall Extremisten. In meinem Alltag verstoßen dagegen auch Menschen mit diskriminierendem oder menschenfeindlichem Verhalten. Unter unzähligen Hashtags wurden Geschichten erzählt, die auch ich erzählen kann. Aber ich spreche nicht gerne darüber. Nur dann, wenn ich Erfahrungen repräsentativ als die vieler Menschen in Deutschland aufzeige. Ich spreche quasi in der Sache. Es ist oft ein seltsamer Spagat.

Ich fühle mich mehrfachzugehörig, mehrstaatlich, grenzenlos. Ich zähle zu einer Generation, die sich selbstbestimmte Namen gibt, die ein Verständnis dafür einfordert, dass noch nie alle Deutschen *weiß* waren und »unsere Werte« neu überdacht werden müssen. Meine Werte sind vielfältig, interkontinental. Ich bin das Kind einer christlich-deutsch sozialisierten Mutter der Fünfziger-Nachkriegsgeneration und eines muslimisch-ghanaisch sozialisierten Vaters der Vierziger-Postkolonial-Generation. Ich bin ganz das, was ich bin. Ich bin politisch Schwarz. Es ist eine Lebenserfahrung, die mich weltweit mit Menschen unterschiedlicher Herkunft und kulturellen Hintergründen verbindet. Ich wusste erst, dass ich Schwarz bin, als *weiße* Menschen mir mein Anderssein vermittelten. Und mein Aussehen an etwas Biologisches knüpften. Ich bin ein Konstrukt, das je nach Kontext anders gelesen wird. Meine Biografie ist ein Gewinn, kein Defizit. Integration ist für mich kein Thema. Und die vieldiskutierte Sorge über unsere sich verändernde Gesellschaft ist für mich Ausdruck eines Hilferufs in einer komplexer werdenden Welt. Grundlage ist für mich, mit dem Verbindenden zu beginnen: mit der Menschenwürde und humanistischen Werten. Die sind wichtig, aber brüchig.

Wer gehört zum »Wir« der deutschen Gesellschaft und wer nicht, wurde nach den rassistisch motivierten Hetzjagden in Chemnitz diskutiert und 2015 während der vielfach gestiegenen Zahl von nach Europa flüchtenden Menschen in unzähligen Debatten diskutiert. Wir leben in Zeiten, in denen sich Seenotretter*innen vor Gericht und der öffentlichen Meinung für ihre Taten rechtfertigen müssen und renommierte Medienhäuser auf die Idee gekommen sind, darüber zu diskutieren, ob ertrinkende geflüchtete Menschen im Mittelmeer noch gerettet werden dürfen oder ob daraus Pull-Faktoren für Migration entstünden und ihr Tod als Signal andere davon abhalten würde, die gefährliche Reise für ein besseres Leben anzutreten. Diskutabel wurde auch die Frage, ob Eltern und ihre Kinder im abgebrannten, menschenverachtenden Lager von Moria unterstützt werden sollten, weil sie aufgrund einer Brandstiftung selbst schuld an ihrer Lage seien. Wir leben in Zeiten, in denen Menschenleben scheinbar einfach so entwertet werden können, genauer gesagt das Leben von Menschen, die keine Europäer*innen sind.

2011 erschien das *Manifest der Vielen.* Um sich nicht abzuschaffen, muss Deutschland sich neu erfinden, hieß es im Ankündigungstext des Bandes, der heute nur noch gebraucht erhältlich ist und bei mir im Bücherschrank steht. Profilierte Autor*innen formierten sich schon damals mit kritischen Analysen und persönlichen Geschichten gegen Thilo Sarrazins Abschaffungsschrift. Sein Buch *Deutschland schafft sich ab* verkaufte sich 1,5 Millionen Mal und führte wochenlang die Bestsellerlisten an. Seine These über Jüd*innen, Juden und die Genetik ist bekannt, die aus dem Buch über muslimische Migrant*innen, die schlechter in der Schule und häufiger arbeitslos seien sowie von Sozialleistungen lebten und deshalb per se eine Bedrohung für Deutschland seien, ebenfalls. Im Manifest widersprechen ihm die Schreibenden in Texten über ihre vielfältigen Leben in Deutschland, über ihre Identitäten und ihr Muslim*in- oder Nicht-Muslim*in-Sein. Ein Jahr später formulierten die *ZEIT*-Autorinnen Alice Bota, Khuê Phạm und Özlem Topçu in »Wir Neuen Deutschen« das Selbstverständnis einer wachsenden Generation, zu der auch ich mich zähle. Sie berichteten von einem Lebensgefühl jenseits eindeutiger Zugehörigkeiten, ihr Deutschsein in Deutschland.

Viel wurde darüber sinniert, ob der »Sarrazin-Effekt« zur gesellschaftlichen Spaltung beigetragen und die Debattenkultur über unsere Migrationsgesellschaft verändert hat. Harte Zahlen gibt es dafür nicht, aber Beobachter*innen markieren diese Zeit als einen sich nach rechts öffnenden Ruck, weil Migration mit Verfall verknüpft und als Konfliktthema prominent gesetzt wurde. Diesen Effekt habe auch ich in den Anfangsjahren meiner journalistischen Tätigkeit gespürt, als ich noch als freie Zeitungs- und Magazinautorin und Radiomacherin zwischen meiner WG in Berlin und meinem möblierten Zimmer in Frankfurt am Main pendelte.

Es war die Zeit, in der ich mich »frei« schrieb, um mich in der Medienwelt zu etablieren, und dafür fast jeden Job annahm, um mir eine Grundlage aufzubauen. Es war eine schöne, aber auch anstrengende Zeit, in der ich viel im Zug saß und nicht genau wusste, wohin meine Reise gehen wird. Ich schrieb Reportagen, Hintergrundberichte, lernte, was es heißt, Reporterin zu sein und draußen mit Menschen in Kontakt zu treten. Damals arbeitete ich auch für die junge Welle des Hessischen Rundfunks, und mein Wunsch war es irgendwann, im Bereich des politischen Journalismus tätig zu sein. Ich arbeitete sehr viel, oft zu viel, und erinnere mich an Unsicherheiten, weil ich immer dachte, noch so viel lernen und den Medienbetrieb noch so viel besser kennenlernen zu müssen, um mich wirklich etablieren zu können. Ich arbeitete deshalb in unterschiedlichen Redaktionen mit unterschiedlichen Menschen, die auf verschiedene Weisen offen und zugänglich waren, was meine Perspektiven anging.

Wie problematisch es um den Wissensstand in Sachen Rassismus und im konkreten Fall um antimuslimischen Rassismus in vielen Redaktionen stand und wie das für mich zum Problem werden könnte, wurde mir eindringlich bewusst, als ich 2011 eine Reportage über eine neu eröffnete Boutique für muslimische Frauenmode in Berlin schrieb. Der Begriff »Modest Fashion« existierte damals noch nicht in Deutschland. Und Artikel in der deutschen *Vogue* über die Ästhetik einer ganzen Generation junger, weltoffener und social-media-kundiger Konsument*innen waren noch nicht geschrieben: über eine heute milliardenschwere Branche, der das Museum für Angewandte Kunst in Frankfurt 2019 eine Ausstellung widmete, deren Rahmenprogramm ich moderierte.

Modest Fashion bezeichnet dezente, wenig körperbetonte

Mode, die in ihrer Art in verschiedenen Ländern von Designer*innen unterschiedlich interpretiert wird. Selbstbestimmte Fashionistas setzen mit ihrem Style den einschlägigen Stereotypen etwas entgegen. Die Träger*innen (übrigens nicht nur Muslim*innen) sehen keinen Widerspruch zwischen ihrem Glauben und modernem Lebensstil, und sie gehen gerne shoppen – schon damals 2011 in Neukölln. Dort hatte eine Boutique neu eröffnet und war der Boulevardpresse einen Aufreger wert gewesen, weil eine *weiße*, deutsche Konvertitin sie eröffnet hatte und weil der Laden auf seiner Fassade mit einem ins Deutsche übersetzten Koranvers die Verhüllung der Frau mit den Worten thematisierte: »…Sie sollen ihre Tücher auf den Schlitz ihres Gewandes schlagen und ihren Schmuck vor niemand anderem enthüllen als vor ihrem Ehemann.« Mein Auftrag als Reporterin sollte sein: den Laden besuchen, recherchieren und ein Hintergrundstück schreiben.

Als ich ankam, war der Laden gut besucht. Im Schaufenster waren Modepuppen ausgestellt, die lange Gewänder und Kleider trugen sowie bunte Kopftücher mit farbigen Stickereien und Strass-Steinen. Es gab auch eine große Auswahl an verzierten Nadeln, mit denen die Klamotten und Schleier befestigt werden konnten. Ich sprach mit der Besitzerin, die mir ihr Vertrauen schenkte. Sie erklärte mir Konzept und Idee: dass der arabische Koranvers auf Deutsch übersetzt worden sei, weil sie damit die zweite und dritte Generation in Deutschland geborener Frauen mit Migrationsgeschichte ansprechen wollte, die kein oder nur noch schlecht Arabisch sprechen. Sie erklärte mir ihren Blick auf weiblich wahrgenommene Körper und Bekleidung, warum ihre Auswahl ausgefallener sei als die in anderen Läden in Neukölln, was ihn besonders machte. Ich schrieb alles auf, sammelte Stimmen für einen Kiez-Report. Kontaktierte den damaligen Bezirksbürgermeister von Neukölln, Heinz Buschkowsky, um ihn nach seiner Meinung zu fragen. Als ich ihn anrief, hatte er noch nichts von dem Laden gehört, dennoch verlangte ich ihm ein Zitat ab, schließlich sollte mein Bericht ausgewogen sein. Dazu Stimmen von der Straße und von Kund*innen, die mir erklärten, was den Laden so attraktiv für sie mache und dass es zwar verschiedene Auslegungen der Sure gebe, aber sie sich auch nicht daran störten, weil es einfach schön sei, dass es diesen Laden für sie gebe.

Ich formulierte meinen Text und war ganz zufrieden damit – bis zum nächsten Morgen. Was war passiert? Ohne Absprache war die Dramaturgie verändert worden, Textbausteine waren umgebaut und einen wertenden Unterton gesetzt. Buschkowskys Antwort wurde, quasi als Aufreger, fälschlich als Anlass für meinen Besuch im Laden inszeniert. Als ich in der Redaktionskonferenz meine Kritik an diesem Vorgehen formulierte, stockte mir der Atem vor Scham. Ich musste vor großer Runde dramaturgische Zwischentöne kritisieren, die nun aus dem Text herauszulesen waren, Subtiles, das nicht meiner Handschrift entsprach. Es war heikel, dieses Thema anzusprechen, zumal ich nicht vorbereitet war und innerlich total aufgewühlt. Als freie Autorin hatte ich das Gefühl, wenig zu sagen zu haben, aber es gab Kolleginnen, insbesondere die jüngeren, die mich verstanden. Texte zu ändern ohne Absprache sei ein No-Go, sagte ein älterer Kollege vor allen anderen, was mich zunächst erleichterte. Später aber zerriss die Person, die das Stück »redigiert« hatte, meinen eingereichten Text. Sie zitierte mich zu einem Zweiergespräch ins Büro unseres Chefs. Setzen sollte ich mich. Sie blieb stehen und wetterte. Einfach unmöglich sei es, dass ich einen so positiven Text über islamische Frauenmode geschrieben hätte, in dem es so geklungen hätte, als sei das Kopftuch ein stylisches Trendaccessoire, obwohl Frauen damit unterdrückt würden. Ich solle der Person mal eine Frau nennen, die das Kopftuch gerne trage. Ich konterte, dass ich diese Frauen persönlich kenne, sie Teil meiner Familie seien. Und was das bitte mit meinem Text zu tun habe.

Ich war sprach- und fassungslos, den Tränen nahe, eingeschüchtert saß ich wie auf meinen Stuhl gefesselt, versuchte mich zu verteidigen, aber es schien aussichtslos. Ich hatte keinen Fehler gemacht, sondern abgebildet, was war. Ich hatte von einer Boutique und aus einer Szene berichtet, der sich bis dato kein Mensch auf diese Art genähert hatte. Das war eine Welt, die diese*r Redakteur*in nicht kannte. Ich hatte keine Partei für überhaupt nichts genommen, es ging mir nicht um Agenda-Setting, sondern darum, meinen Job zu machen, nämlich Lebensrealitäten abzubilden, die schon damals viele nicht als solche sehen wollten. Es war die Geschichte einer Ladenbesitzerin, die niemanden provozieren wollte, sondern deren Zielgruppe gläubige Frauen waren, die gern ihr Haar und ihre Körper verhüllten. Bis heute habe ich diese Situation nicht vergessen. Sie steht für mich exemplarisch für die Vorbehalte, mit denen Frauen mit Hijab konfrontiert sind. Meinen Namen habe ich aus dem veränderten Online-Artikel entfernen lassen.

Was waren das für Zeiten damals? Ein Jahr vor diesem Erlebnis, 2010, hatte die Mitte-Studie der Friedrich-Ebert-Stiftung einen erneuten Anstieg von Islamfeindlichkeit und Antisemitismus in Deutschland festgestellt. Der Konfliktforscher Andreas Zick erklärte die Zahlen damit, dass gesellschaftliche Krisen, nachdem sie überstanden sind, immer auch Vorurteile bestärken, weil die Gesellschaft diskutiert, wem welche Rechte zustehen und wem nicht. So lag 2006 der Wert der Islamfeindlichkeit nach der Wirtschaftskrise bei einem Hoch von etwa 33 Prozent, sank anschließend und war 2010 wieder auf 29,6 Prozent, 2011 sogar auf 32,3 Prozent gestiegen, was Zick als Reaktion auf die weltweite Finanzkrise ab 2008 deutete.

Sarrazin kann mit seinem Buch damals also als Gewinner der gesellschaftlichen Stimmung und nicht als ihr Initiator gelesen werden. Eigentlich klar, dass ein rassistisches Buch allein nicht genügt, um Unterdrückungssysteme zu stärken. Sie waren schon da, sind es immer noch und können durch Krisen immer wieder befeuert werden. Drei Jahre nach Erscheinen des Buches gründete sich die AfD, und ich erlebte, wie sich über die Jahre die Art und die Inhalte der Debatten in den Redaktionen und Häusern, für die ich arbeitete, veränderten. Meine Erfahrung mit der muslimischen Mode-Reportage sollte nicht die einzige dieser Art bleiben, aber sie war eine der schrecklichsten, auch auf persönlicher Ebene, weil ich als Nachwuchsjournalistin damals noch so verletzlich war. Durch meine Widerworte riskierte ich einiges, aber es war wohl mein Gerechtigkeitssinn, der mich antrieb, mir nicht aufdrücken lassen zu wollen, wie das Leben anderer Menschen zu sein hat. Ich konnte nicht anders reagieren.

Vielleicht war es auch diese Einstellung, die mich in meine zweite Emanzipationsphase führte, als ich mich 2013 zum ersten Mal aus dem redaktionellen Hintergrund in die Öffentlichkeit wagte. Als ich nicht nur wie bisher meinen Namen unter Artikel setzte, sondern mein Gesicht öffentlich zeigte. Grund dafür war eine über Wochen dauernde Sprachdebatte über diskriminierende Wörter in Kinderbüchern, nachdem die Familie von Ottfried Preußler entschieden hatte, ebendiese Begriffe in *Die kleine Hexe* zu streichen oder, wie ich es ausdrücke, »zeitgemäß anzupassen«, und damit eine Diskussion auslöste.

Mekonnen Mesghena, Referent für »Migration & Diversity« bei der Heinrich-Böll-Stiftung, hatte die Familie mit einem Leserbrief bewegt. Nicht schlecht gestaunt hatte er, als er seiner siebenjährigen Tochter das Buch vorgelesen hatte und darin N-Worte und andere abwertende Beschreibungen las. Vom Verlag erhielt er auf seine Kritik eine überraschend positive Antwort:

»Auch Ihrem Schreiben von neulich ist es wohl zu verdanken, dass es gelungen ist, die Familie Preußler davon zu überzeugen, die fraglichen Begriffe in *Die kleine Hexe* auszutauschen«, hieß es da. Und dass das Ergebnis in der neuen Ausgabe ab Sommer 2013 zu sehen sein werde. Aber wie konnte die Preußler-Familie es wagen? So oder ähnlich dachten wohl die Stimmen des Feuilletons, in dem sich auf faszinierende Weise Abwehrreflexe entfalteten, denen wir auch heute noch begegnen. Es war das erste Mal, dass ich diese Form der Debattenkultur und den Kampf um Deutungshoheit kennenlernen durfte. Diskutiert wurde im Spannungsfeld zwischen rassistischer Sprache und Werktreue, zwischen zeitgemäßem Umgang mit alter Literatur und ihrer Sprache und Zensur.

»Der N* bleibt ein N*«, titelte die *ZEIT* das Interview mit der Kinderbuchautorin Christine Nöstlinger. Während der Literaturkritiker Denis Scheck seine Haltung in rassistischer US-Minstrel-Manier schwarz angemalt, also geblackfaced, in der Sendung »Druckfrisch« zum Ausdruck brachte. Ab etwa 1830 hatten in den »Minstrel Shows« bemalte *weiße* Menschen das Klischee von ewig fröhlichen Schwarzen Personen verkörpert, um ein *weißes* Publikum zu belustigen. Mir war das medial alles neu. Was sollte das? Ich war von der Aufbereitung und Diskussion journalistisch und menschlich enttäuscht. Es fehlten die Gegenstimmen, es fehlte an Ausgewogenheit von Expert*innen und davon betroffenen Menschen. Es gab sie doch. Kamen sie nicht durch, oder warum hörte und las ich sie nicht? Alles Fragen, die ich mir damals das erste Mal stellte. Es kostete mich einiges an Mut, mich öffentlich zu positionieren, wohl wissend, dass viele meine Meinung nicht teilen würden. Der Gegenwind war vorprogrammiert.

»Es sind auch meine Kinderbücher«, titelte die *taz* mit einem Foto von mir auf der Titelseite. Es war ein gutes Gefühl, und es waren Wochen, in denen ich oft müde und erschöpft nach Hause kam und mich von den kräftezehrenden Rassismus-vollen Gesprächen und hasserfüllten Nachrichten erholen musste. Ich erinnere mich an ein Treffen mit meinen besten Freundinnen in einem Frankfurter Restaurant. Als ich hereinkam, sie von ihren Plätzen aufstanden, mich einfach nur in den Arm nahmen und ich nichts erklären musste, weil sie mich verstanden.

2013 war für mich der Anfang vieler medialer Wellen und Debatten dieser Art, die ich seitdem erlebt habe. Es war das Jahr 2015, als die vielen Ehrenamtlichen geflüchtete Menschen an Bahnhöfen mit Jubelschreien empfingen und eine »Willkommenskultur« in Deutschland gefeiert wurde und als nach dem Sommer der Hilfsbereitschaft der Gefühlskater kam und die große Frage war, wie die Situation bewältigt werden kann, und dafür unzählige militarisierende und Angst verbreitende Schlagworte gefunden wurden.

Wo von »Strömen« geredet wird, ist ein Denken in Begriffen wie »Eindämmen« nicht weit. Es war die andere Seite der neuen Krise, die Deutschland im Spätherbst desselben Jahres dann in drei Lager unterteilte: die Optimisten, die Hasserfüllten und die Skeptiker. Wochenlang wurde über die ersten beiden Gruppen geschrieben, über ein helles und ein dunkles Deutschland sinniert, und es gab noch diejenigen, die zwar nie zu PEGIDA-Demonstrationen gegangen wären, sich aber sorgten, dass Angela Merkel sich verschätzt hatte. Wir schaffen das! Schaffen wir das wirklich?

Nach der Wirtschafts- und Finanzkrise also die »Flüchtlingskrise«, aktuell stecken wir noch in der Corona-Krise und ihren Folgen, und immer wieder gibt es Menschen, die diese besonderen Zustände für ihre Zwecke zu nutzen wissen. Aus diesem Grund wiederholen sich die Slogans und Debatten immer wieder, die sich seit dem Zuzug der geflüchteten Menschen nur in ihrer Machart verändert haben. »Wir sind nicht Burka«, tönte 2017 der damalige Bundesinnenminister Thomas de Maizière und präsentierte unter den Schlagworten Haltung, Leistung, Patriotismus einen Zehn-Punkte-Plan für eine deutsche Leitkultur. Die AfD diskutierte im Bundestag mit abwertenden Begriffen für Muslim*innen, und der Ex-AfD-Vorsitzende Alexander Gauland banalisierte sprachlich die Zeit des Nationalsozialismus in der deutschen Geschichte

Wie sich das Böse schleichend bis heute fortschreibt und längst alltäglich ist, zeigt sich aktuell nicht nur in den Peaks der antisemitisch und rassistisch motivierten Anschläge wie dem von Halle und Hanau, sondern auch im Ton der Auseinandersetzung, der immer rauer wird. Verhärtete politische Fronten, kein Konsens, keine Kompromisse. Wir verlieren, wenn wir dauerhaft auf eine abwertende Inszenierungslogik hereinfallen. Eine restriktive Migrations- und Fluchtpolitik wird Menschen nicht abhalten, vor Krieg oder Hunger zu fliehen. Dass es rechten Kräften immer auch darum geht, sich Aufmerksamkeit und Deutungshoheit im gesellschaftlichen und politischen Raum zu erkämpfen, hat der Philosoph Antonio Gramsci schon vor langer Zeit ausführlich beschrieben. Inzwischen ist klar, wie und wo die AfD Marker in öffentlichen und politischen Räumen hinterlassen will und Agenda-Setting betreibt. Normalisierung durch Enttabuisierung. Mit Erfolg gelten Political Correctness und Identitätspolitik manchen inzwischen als Kampfbegriffe, um alles klein zu machen, was sich sensibel gegenüber von Diskriminierung Betroffenen und deren Anliegen zeigt. »Gutmensch« ist, wer sich für ein Bewusstsein einsetzt, Diskriminierungen anzuerkennen und sprachliche oder strukturelle Routinen zu durchbrechen: Das ist die Sprache rechter Kräfte.

Nicht ohne Grund titelte die Mitte-Studie der Universität Bielefeld 2018/19 mit »Verlorene Mitte, feindselige Zustände« und beschreibt darin ein Deutschland in Unruhe, Hass, Abschottung und Gewalt, der Solidarität und zivilgesellschaftliches Engagement gegenüberstünden. Erinnern wir uns, es ist die Zeit, in der rechtsextreme Gruppen zusammen mit dem bürgerlichen Milieu auftreten, rechtspopulistische Forderungen und Diskurse mehr Raum in Politik und Debatte erhalten und sich menschenfeindliche Vorurteile mit politischen Meinungen verbinden. Die Abwertungen gegenüber Gruppen wie Asylsuchenden, Sint*izze und Rom*nja oder muslimisch gelesenen Menschen bleiben konstant verbreitet. Stabil ist der Wert des verschwörungsbasierten und israelbezogenen Antisemitismus und besonders auffällig die gestiegene Zustimmung bei jüngeren Befragten. Das ist deshalb ein so großes Problem, weil diese Zahl mit einer höheren Gewaltbilligung und -bereitschaft einhergeht.

Es sind inzwischen Jahre vergangen, seit wir in den Mainstream-Medien das erste Mal darüber gesprochen haben, wie weit rechtsextreme und menschenfeindliche Einstellungen in die Mitte unserer Gesellschaft eingedrungen sind, und wir tun es noch immer. Wir reden darüber, dass Polarisierungen die Norm der Gleichwertigkeit aller verschoben haben. Gegen wen richtet sich die Ablehnung? Ist die demokratische Mitte geschrumpft oder verloren? Das sind alles alte Fragen. Die Anschläge von Halle und Hanau zeigen die Folgen dieser Entwicklung. 2020/21 titelte die Mitte-Studie mit »Geforderte Mitte«, weil ihr Rechtsextremismus, Populismus, Rassismus inzwischen so zusetzen würden und sie selten so gefordert gewesen sei wie jetzt.

Die Lage ist prekär, weil inzwischen eine »teils/teils«-Stimmung herrscht. Das soll heißen, dass offen rechtsextreme Einstellungen zwar weniger verbreitet sind, aber sich viele Menschen nicht mehr klar von Rassismus, Antisemitismus und Rechtsextremismus abgrenzen. Was bedeutet, dass die Mitte öffentlich vielleicht weniger diskriminierende Einstellungen vertritt und sich deren Gefahren bewusster wird, aber auch, dass sie dennoch abwertend eingestellt ist und sich in den Graubereich flüchtet. Die Gefahr ist weniger greifbar, aber sie ist da, und das noch größere Problem ist: Für Betroffene gibt es keinen Teils/teils-Rassismus.

Die Mitte ist gefordert, das ist das Fazit der Studie. Die Forderungen klingen einfach, bedeuten aber einen großen Einsatz: Haltung zeigen, Position beziehen, um unsere Demokratie zu stärken. Denn Letztere ist in Gefahr, wenn sich mehr Menschen vom rationalen Grundkonsens abwenden, von dem Willen und der Fähigkeit, Meinungen, die auf Fakten basieren, wertzuschätzen, und sich lieber Verschwörungen, Medien- und Elitenschelte, Anti-Klimathemen und Strömungen gegen Gender-Sensibilität zuwenden. Und genau vor diesem Problem stehen wir alle gemeinsam. Es ist eines, das wächst, wenn »wir« nicht in Bewegung kommen, um miteinander kollektive Bündnisse zu schließen für ein besseres und sicheres Leben, von dem wir alle profitieren. Für die Mitte heißt das aufzuwachen.

Differenz und soziale Bewegungen

… Doch wir müssen die Schuhe ablegen,
es zulassen, dass Dornen, scharfe Felssplitter und Scherben
unseren schwerfälligen Gang ausbluten
unablässig bis wir diese Hürde nehmen
mit Hüpfen und Sprüngen
die uns den Gipfeln entgegenschleudern
jenseits der Fata Morgana
die auf der Höhe des Betrugs
mit besessenem Rachen lauert
das Zischen aus dem Fels
uns zu Stein erstarren lässt
unseren Willen mit seinem Gift betäubt
uns in die Unterwerfung zwingen
oder unseren Widerstand brechen will.
Und wieder sind es jene Stimmen
die unsere Lenden gürten
uns stark machen
mit einem Aufseufzen den Übergang zu wagen.

Der Instinkt unseres Denkens
Das Leben der Eltern
Das Kind
Unsere Zeit.

– Lindiwe Mabuza

Für ein Interview in einem Frankfurter Studierendenmagazin wurde ich 2020 gefragt, welche Zeit meines Studiums für mich prägend war. Mir fielen mein wissenschaftliches Kolloquium im Abschlussjahr 2005/2006 und die Anfänge unserer studentischen Schwarzen Gruppe in dieser Zeit ein. Wir nannten uns »Empowerment Initiative Frankfurt«, die später in der Frankfurter Lokalgruppe der ISD aufging. Ich bin also seit über 17 Jahren bewusster Teil der sogenannten Schwarzen Community in Deutschland. Mein Wissen über Rassismen, Widerstand und Empowerment wuchs parallel mit der Arbeit in solidarischen Bündnissen, weshalb die Themen der Schwarzen Diaspora in Deutschland auch ein Schwerpunkt meiner journalistischen Arbeit sind. Erst beim Schreiben wurde mir klar, wie sehr mich diese Zeit, besonders meine sechsjährige Vorstandsarbeit in der ISD mit den besonderen Menschen Sharon Dodua Otoo, Jonas Berhe, Tahir Della, Jamie Schearer und Julius Franklin, geprägt hat, bis ich mich 2016 in die Elternzeit verabschiedete.

Es war das Jahr, in dem die ISD ihr 30-jähriges Bestehen feierte. Ich hatte mir hochschwanger den Hut für die Organisation der geplanten Festlichkeiten in Frankfurt aufgesetzt, arbeitete in verschiedenen Arbeitsgruppen mit, um einzelne Projekte zu realisieren: Wir planten nicht nur das Fest für viele Hundert Menschen in der Jugendkulturkirche Sankt Peter in Frankfurt am Main. Wir hatten auch Gelder für ein Theaterstück und einen Sammelband beantragt, ein Film sollte entstehen. Wir hatten viel vor, wollten Geschichte für uns schreiben. Neben den Shoah-Überlebenden Theodor Wonja Michael und Marie Nejar hatten wir auch eine der Black-Lives-Matter-Initiatorinnen Ayọ Tometi (früher Opal Tometi) eingeladen. Ihr Kommen bestärkte uns, weil es ein historisches Anknüpfen an alte Traditionen war.

Transnationale Netzwerke sind ein fester Bestandteil Schwarzer diasporischer und panafrikanischer Bewegung, auch wenn sie weltweit von unterschiedlichen Vorgeschichten durch die Zeit der Sklaverei oder den Kolonialismus geprägt sind. In Deutschland hatte allen voran Audre Lorde in den 80er Jahren Schwarze Frauen und Personen, die als solche gelesen werden, dazu inspiriert, ihre Geschichten aufzuschreiben, die im Anschluss die ISD und ihre Schwesterorganisation Adefra gründeten, während in Ostdeutschland Angela Davis Schwarze Frauen während ihres Besuchs in den 70ern inspiriert hatte. Unsere Gruppe in Frankfurt begegnete ihr 2013 wieder, als sie im Rahmen ihrer Gastprofessur an der Goethe-Universität in Frankfurt weilte und dabei nicht nur lehren, sondern auch lernen wollte über Rassismus in Deutschland. Darüber, wie wir ihn heute erleben.

Bei ihrem Besuch nutzte Davis ihren Status, um mit uns das in Deutschland wenig verhandelte Thema Racial Profiling sowie die unaufgearbeitete Todesgeschichte von Oury Jalloh zu skandalisieren, der 2005 in einer Dessauer Polizeizelle verbrannte und dessen Fall bis heute nicht offiziell aufgeklärt wurde. Nonchalant bat sie bei ihrem Fernsehauftritt in der »Kulturzeit« darum, einen rassistischen Sprachgebrauch in Deutschland kritisch zu überdenken. Bei einem weiteren Besuch in Deutschland 2015 machte sie sich zusammen mit der Antirassismus-Forscherin Gina Dent in Berlin dafür stark, transnationale Verbindungen zwischen einzelnen Menschenrechtsbewegungen herzustellen, um geflüchtete Menschen in Deutschland und in Europa bei ihrem Kampf um mehr Akzeptanz zu unterstützen.

Während ihres Besuchs in Frankfurt gab es Standing Ovations, als sie den Raum zu ihren Vorlesungen betrat. Über ihren Besuch in unserer Mitte, die Abende in äthiopischen Restaurants, über ihre Geschichte, ihren Widerstand und ihr Überleben, das sie für so viele Menschen bis heute erstrahlen lässt, schrieb ich ein Porträt in der *Frankfurter Rundschau.* Wie gerührt und geehrt fühlte ich mich, die Ikone und Mentorin einer

Bewegung kennenzulernen, die sich nichts aus der Überhöhung ihrer Person machte, und damit war ich nicht alleine. »Ich bin nur ein Mensch. Was ich repräsentiere, ist der Sieg der Bewegung«, sagte sie damals und verwies auf die Richtung, die Lorde bereits in den 80er Jahren mit den Worten angekündigt hatte: »Mit oder ohne euch, wir sind auf dem Weg.«

Die Fortsetzung dieser Bewegung ist es, was wir heute noch beobachten. Die Zukunft des Feminismus und einer gesellschaftlichen Haltung, die sich für eine Gleichbehandlung aller und gegen jede Form von Diskriminierung wendet, ist mehrperspektivisch. Sie wächst in einem sogenannten intersektionalen Verständnis und in der Auseinandersetzung damit. Schon lange hinterfragen Schwarze, jüdische, migrierte, behinderte und queer-feministische Aktive, Intellektuelle und Künstler*innen, die in der gängigen Erzählung über von 1985 bis in die 2000er selten vorkommen, was unsere Differenz ausmacht. Lange wurden ihre Stimmen in feministischen Diskursen ins Abseits gedrängt. Es gab für sie keine ungebrochene Solidarität. So kommt es, dass damals wie heute der Protest für mehr Teilhabe nicht aus der Mitte der Gesellschaft, sondern von denjenigen kommt, die allzu oft nicht mitgedacht werden, marginalisierten Menschen. Ein Beispiel dafür ist die Abschaffung von Paragraf 175 des Strafgesetzbuchs, der Homosexualität bis 1994 kriminalisierte und für dessen Abschaffung in vorderster Reihe die Schwulen- und Lesbenbewegung kämpfte. Ein anderes Beispiel sind die Aktiven in der Bewegung behinderter Frauen, die sich in ihren Anfängen selbst als »Krüppelfrauen«, »-lesben« und »-gruppen« bezeichneten, um sich vom Stigma zu befreien und die Zusammenarbeit mit nicht-behinderten Menschen zu kritisieren. Ihre Widerstandsarbeit mündete in den 90er Jahren in der Arbeit in ihren Landesnetzwerken und institutionalisierte sich in hauptamtlichen Stellen. Auch die Perspektiven migrantisierter Frauen innerhalb der deutschen Frauenbewegung muss gesondert betrachtet werden, wie es die Wissenschaftlerinnen Encarnación Gutiérrez Rodríguez und Pinar Tuzcu in ihrem Buch *Migrantischer Feminismus* beschreiben, in dem sie mit Erzählungen von Zeitzeug*innen eine Neuschreibung aus der Perspektive der politischen Selbstorganisierung in Deutschland vornehmen. Ihre Debatten fanden nebeneinander und vor dem Hintergrund der Auseinandersetzung mit dem Nationalsozialismus und der Vernetzung internationaler Frauenbewegung statt und verliehen den Bewegungen in West- und Ostdeutschland ihre politische Kraft und Zukunftsvision.

Klären wir also das, was heute unter dem Begriff der Intersektionalität und Differenz verstanden wird: der Ansatz, der von der bereits erwähnten Kimberlé Crenshaw 1989 in ihrem Essay »Demarginalizing the Intersection of Race and Sex« prominent geprägt wurde und die Kategorien Race und Gender unter dem Begriff »Gender-Rassismus« zusammenbrachte.

Intersektionalität ist eine theoriebildende Sichtweise, die sich heute in den unterschiedlichsten Ansätzen, Denkmodellen und Arten des Arbeitens wiederfindet. Nehmen wir zur Veranschaulichung das gern genommene Bild der Verkehrskreuzung. Es kommt Verkehr aus allen Richtungen, mal fließt er in die eine, mal in die andere Richtung. Passiert ein Unfall, können eine einzelne Person oder mehrere dafür verantwortlich sein. Außerdem macht es einen Unterschied, ob ein Mensch sich zu Fuß mitten auf der Straße befindet, wo er aus mehreren Richtungen angefahren werden kann, oder ob er am Straßenrand parkt. Es gibt also unterschiedliche Verwundbarkeiten, sie sind mehrdimensional und können sich in einem Menschen vereinen. Wird dieses Denkmodell übertragen, wird sichtbar, dass eine Schwarze Frau sexistisch oder rassistisch diskriminiert werden kann oder beides gleichzeitig. Sie kann quasi aus mehreren Richtungen angefahren werden, und aus noch mehr Richtungen droht Gefahr für eine Schwarze, behinderte, geflüchtete, arme, trans Frau. Die Kategorien sind Merkmale, sind Erfahrungen, die in eine soziale Hierarchie eingebettet sind, die gesellschaftlich definiert wird, und die Formen der Diskriminierung, die dadurch erfahren werden, führen zu einer systemischen Ungerechtigkeit und sozialer Ungleichheit.

Bereits im Vorwort habe ich zu beschreiben versucht, wie ich in meiner Arbeit, im Erzählen von Geschichten und Sendungskonzeptionen versuche, intersektional zu denken. Rassismuskritisch zu sein bedeutet für mich auch, feministisch zu sein und alle anderen Diskriminierungsformen und ihre Verflechtungen und möglichen Schnittmengen wahrzunehmen. Es geht dabei weniger um ein klares Programm als vielmehr um eine Form des analytischen Blicks auf Sachverhalte, aus denen sich ein praktisches Handeln ergibt. Es gibt unterschiedliche methodische Zugänge, um die Verteilung von Ressourcen oder Rechten kenntlich zu machen. Anders als Konzepte wie Integration, Inklusion oder Diversity geht es bei intersektionalen Ansätzen darum, die gleichzeitige Berücksichtigung der sogenannten Mikro- und Makroebene, also beispielsweise die Erfahrung einer Person in ihrem kleinen und konkreten Fall, aber gleichzeitig die Wechselwirkung im größeren System und ihre Wechselwirkungen auf Struktur-, Repräsentations- und Identitätsebene zu betrachten. Auf das Crenshaw-Beispiel bezogen heißt das, dass die Ursache eines Unfalls nicht immer eindeutig aus einer Richtung kommen muss und eindeutige Schuldzuweisung deshalb oft schwierig ist.

»Ein wahrhaft intersektionaler Feminismus kann jeden Menschen auf dem Planeten erreichen«, sagt Crenshaw, für die klar ist, dass erst, wenn die Rechte und Interessen der strukturell am stärksten marginalisierten Menschen durchgesetzt werden, auch der Feminismus alle Menschen weltweit erreicht. Ein ähnliches Bild ergibt sich mit Blick auf das Wirken der Schwarzen

Bewegung in Deutschland. Noch immer ist die Auseinandersetzung mit der kolonialen Vergangenheit Thema, wenn es beispielsweise um die Umwidmung oder -benennung von Straßennamen oder öffentlichen Plätzen geht. Doch verbindet sich die Kritik fehlender Aufarbeitung mit den Folgen des Kolonialismus, die sich in gesellschaftlichen Phänomenen wie Rassismus mit Kapitalismus, Patriarchat, Heteronormativität oder Ableismus in Europa verschränken. Das schafft Platz für Stimmen wie die von Emilia Roig, Gründerin des Center for Intersectional Justice, die in ihrem Buch und ihrer Arbeit versucht, in Deutschland neue Denkansätze zu vermitteln und angesichts der Vielzahl von Diskriminierungen und »Systemen der Unterdrückung« alle gleichzeitig, gleichermaßen und gegenseitig zu bekämpfen und nicht nacheinander. Denn es war bisher nicht erfolgreich, erst den Klimawandel, dann Gewalt gegen Menschen, die patriarchaler Gewalt ausgesetzt sind, also Frauen, inter*, trans*, queere und nicht-binäre Personen, dann Rassismus, dann Ausgrenzung von behinderten Menschen zu behandeln. Das macht auch wenig Sinn, weil sich Formen von Diskriminierung und Ungleichheit im intersektionalen Verständnis verstärken. Für Roig bedeutet das, Diskriminierung innerhalb von Diskriminierung zu bekämpfen, Ungleichheiten innerhalb von Ungleichheiten wahrnehmbar zu machen und Minderheiten innerhalb von Minderheiten zu empowern. Das bedeutet, keinen Menschen zurückzulassen wie beim Slogan im Sinne des Refugeemovements »Leave no One Behind«. Roig plädiert für eine mehrdimensionale Perspektive und rahmt diese mit ihrer Geschichte und wissenschaftlichen Theorien von auch in diesem Buch genannten Vorreiter*innen und ihren »Theorien der Befreiung«, wie sie sie nennt. Sie will die Mechanismen der Unterdrückung freilegen, um sie zu überwinden. Ich schließe mich ihrer Betrachtung an und fokussiere mit meiner Erzählung auf einen erklärenden Blick auf unsere Differenzen, um sie für mehr Menschen erfahrbar zu machen.

Ich nutze den Begriff der Differenz, weil er mir eingängig erscheint und gleichzeitig auf theoretischer Forschung basiert. Es ist der Versuch, eine Perspektive in einem größeren Diskurs einzunehmen, der für Verständnis sorgen will. Ich möchte aufzeigen, dass die Geschichte sozialer Bewegung keine Modeerscheinung oder Medienhype ist, sondern ein langer Weg, der von unterschiedlichen Menschen gegangen wurde, auf dem jede Generation anders feststellen musste, dass Privilegiertsein und Marginalisiertwerden vom Kontext abhängt und dass unsere eigene Perspektive darauf nicht statisch sein kann, weil die Zeiten und Umstände sich ändern.

Was sich gleicht, ist die Forderung bewegter Menschen, dass ihr Menschsein in aller Komplexität wahrgenommen wird, dass es an uns als Gesellschaft liegt, darüber denken und sprechen zu lernen und im Gespräch darüber zu bleiben. Dass nur so unsere vielen Ichs zu einem offenen Miteinander zusammenwachsen können, weil es nur dann ein »normal für alle« geben kann.

Das ist der Weg der Transformation und das Ziel derer, die diesen Wandel herbeisehnen. Doch weil es nicht das Ziel aller Menschen unserer Gesellschaft ist, holpert und kracht es, wird die Spur verloren und wieder Fahrt aufgenommen. Es sind Wellenbewegungen, zwei Schritte vor und einer zurück, mit Höhen und Tiefen, wie die Geschichte uns zeigt, die dabei ihre Namen und Formen geändert haben. In diesem Aushandlungsprozess geht es um die Zukunft unserer Gesellschaft als vielfältige Demokratie. Auf diesem Weg haben sich schon immer die Kräfte verschoben, deshalb wurde viel erreicht und gab es immer wieder Backlashs, also Rückschläge. So ist die Black-Lives-Matter-Bewegung eine Protestbewegung, die nicht erst 2020 aufkam, sondern bereits seit 2013 herangewachsen ist, als der Nachbarschaftswächter George Zimmerman nach den tödlichen Schüssen auf den 17-jährigen afroamerikanischen Trayvon Martin freigesprochen wurde. Als Ayọ Tometi, Alicia Garza und Patrisse Khan-Cullors die Situation in den USA nicht mehr hinnehmen wollten und den Hashtag #BlackLivesMatter formulierten, der zu einer Bewegung wurde und in den Folgejahren durch Demonstrationen gegen weitere rassistisch motivierte Polizeigewalt auch in anderen Fällen intervenierte. Wie George Floyd 2020 konnte auch Eric Garner bereits 2014 nicht mehr atmen, als mehrere Beamte ihn auf dem Boden in einen Würgegriff genommen hatten. Auch in seinem Fall ging ein Video davon um die Welt.

Es sind Wiederholungen, sogenannte Kontinuitäten, die wir auf dem Weg der Emanzipation sehen. So gilt die BLM-Bewegung auch als Kind der Civil-Rights-Bewegung in den USA, die Neues hervorbrachte, weil sie sich als intersektional versteht und ihre Unterstützer*innen offensiv die Themen von Unterdrückung im Zusammenhang mit allen sozialen Ungleichheiten und Machtverhältnissen zu betrachten versuchten. Deshalb galt die BLM Bewegung auch 2016 bei der Organisation der Festlichkeiten zum 30. Jahrestag der ISD als Vorbild. Es war eine Zeit, als viele Aktive wie ich sie vermehrt in unseren Zusammenhängen praktisch umsetzen wollten oder es in ihren Kreisen bereits taten. Auch ich wollte seit dieser Zeit ganz konkret verstehen, wie ein gemeinsames Verständnis von Differenz und die Verwobenheit unterschiedlicher Diskriminierungsformen funktionieren. Viele um mich herum begannen die Zusammenhänge und Kontexte zu hinterfragen und damit auch das, was in sogenannten geschützten Räumen als vermeintlich normal galt, um intersektionale Räume zu schaffen, in denen Normen sich auflösen. Es war ein intensiver, auch schmerzhafter Prozess, weil auch geschützte Räume nicht für alle Menschen darin Sicherheit bedeuten.

Seitdem beobachte ich, wie sich in Deutschland soziale Bewegungen und Organisationen mit einem intersektionalen Denken professionalisieren und weiter emanzipieren wollen. Die Globalisierung tut den Rest zu einer wachsenden Verbindung, und in den sozialen Medien wird sich ausgetauscht, weitergebildet und öffentlich gemacht, wo gesellschaftliche Missstände existieren. Groß ist die Aufmerksamkeit, wenn es um Unterstützung geht, und deshalb ist es nicht verwunderlich, dass die BLM-Demonstrationen gegen Rassismus und Polizeigewalt 2020 in über 60 Ländern stattfanden, und dass es die Bewegung in Deutschland zu guter Letzt schaffte, das Thema Rassismus nicht nur auf die USA, sondern auch auf die Probleme in Deutschland zu beziehen.

Und so verstehe ich diese Zeilen hier, während ich sie schreibe, aus Bewegungsperspektive als eine Momentaufnahme in einer Zeit des Wandels einer Gesellschaft, die der Soziologe Armin Nassehi als eine »Gesellschaft der Gegenwarten«, eine »träge, infizierte Gesellschaft« beschreibt, weil wir inmitten einer Pandemie stecken. Er meint das metaphorisch, aber auch funktional. Weil wir seit Längerem in einem Spannungsfeld leben, in dem unklar ist, wie es weitergeht, weil gerade alles im Hier und Jetzt geschieht. Dabei sind wir mit der Vielseitig-, Vielstimmig- und Gleichzeitigkeit von Differenzen in ökonomischer, politischer, rechtlicher, wissenschaftlicher, medialer und religiöser Hinsicht konfrontiert, außerdem kommen Erwartungen hinzu, die jeder Mensch hat, und da wir nach Nassehi keine Gesellschaft »aus einem Guss« sind, reagieren wir unterschiedlich auf die Herausforderungen. Für ihn fehlen uns für einen guten Umgang die gemeinsamen »bordeigenen Mittel«, das heißt für mich, uns fehlt das Handwerkszeug. Gleichzeitig folgten unsere Konflikte und die Dynamik von Diskussionen »ultrastabilen Mustern«. In *Das große Nein* beschreibt Nassehi, wie Protest dann entsteht, wenn Geltungsansprüche und Kritik sich in unseren eingefahrenen Routinen nicht durchsetzen können. Dann bäumt sich der Widerstand (von Seiten sozialer Bewegungen) auf und wird zum Protest, den er als »Demokratiegenerator« versteht und damit als eine Kraft, die die moderne Gesellschaft nicht gerne zulässt. Dann wird es laut, eine Debatte kann seltsame Eigendynamiken entwickeln, und sie kann im schlechtesten Fall einfach wieder verpuffen.

»Verpuffen« finde ich ein gutes Wort, denn das ist es, wenn bestimmte Empörungsmomente von Menschen nur als vorübergehender medialer Hype erlebt werden und darin weniger eine gesellschaftliche Transformation gesehen wird, die an eine Emanzipationsbewegung anknüpft, die vollenden will, was vor langer Zeit begonnen wurde. Veränderung ist kein Sprint, sondern ein Marathon, schrieb 2019 Timo Luthmann in seinem Handbuch *Politisch aktiv sein und bleiben*. Und so wird seit Jahrzehnten für die vollständige Gleichberechtigung und eine Repräsentationspolitik gestritten, nur dass hegemoniale Abwehrreflexe in unserer digitalisierten Welt nicht mehr so einfach wie früher funktionieren und sich die Emanzipation nicht aufhalten oder abdrängen lässt.

Es gibt viele Versuche, das, was wir als Gesellschaft sind und werden, zu beschreiben. Wir leben heute in einer Gesellschaft der »Super-Diversität«, sagt der Soziologe Steven Vertovec. Wir sprechen nicht mehr von einer Einwanderungs-, sondern einer Migrationsgesellschaft und unterscheiden uns in unzähligen weiteren, kleinteiligen Merkmalen: Leben im urbanen oder ländlichen Raum, unser Lebensstil, Konsum oder Musikgeschmack. Als Individuen kapseln wir uns in einer »Gesellschaft der Singularitäten« von kollektiven Vorstellungen ab und leben als Einzelne in einer »Beschleunigungsgesellschaft« unter zunehmendem Optimierungsdruck, wie es der Soziologe Hartmut Rosa beschreibt. Die Begleiterscheinungen sind Empathieverlust und Egoismus. Deshalb werden getrennte Welten analysiert zwischen den eher weltoffenen, urbanen Kosmopolit*innen einerseits und den sich eher abschottenden, ländlicheren Kommunitarist*innen andererseits, wo nur wenig Begegnung oder Aushandlung stattfindet und über Dinge gestritten wird, ohne ein gemeinsames Ziel zu verfolgen.

So ließe sich theoretisch deuten, was wir real beobachten können. Und sicherlich stimmt von alledem ein bisschen. Zumindest erklärt es mir, warum sich in Debatten gestern über etwas empört wird, das Thema heute wieder vergessen und sich morgen wieder über Ähnliches aufgeregt wird, ohne durch Innehalten und Nachdenken einen Schritt weitergekommen zu sein, von Konsens oder Kompromiss ganz zu schweigen. Und immer wieder dreht es sich im Kern um die grundsätzliche Frage unseres Miteinanders. Es liegt auch daran, dass sich viele der an einer Debatte Beteiligten ihrer eigenen Positionen, Identitäten, Intersektionen, nicht einmal ihrer Geschichte wirklich bewusst sind. So wie ich lange nicht wusste, welchen Unterschied es macht, eine Schwarze Frau und kein Schwarzer Mann zu sein. Oder dass ich mit meiner Mutter zwar das Frausein teile, aber sie *weiß* ist. Oder dass ich keine Behinderung habe und damit nicht wissen kann, wie das Leben für meine Cousine ist. Und dass ich die Rolle meiner sozialen Herkunft erst dann in Betracht ziehen konnte, als ich beruflich etabliert war. Dazu kommt, dass es einen Unterschied macht, welche Merkmale eines Menschen sichtbar sind und welche nicht. Eine Migrationsgeschichte kann unsichtbar, aber eine Behinderung sichtbar sein und umgekehrt. Und alles das macht einen Menschen samt seiner Erfahrung, seinem Körper und Geist zu einem Individuum, als das er sich verschiedenen Kollektiv-Zugehörigkeiten zuordnen kann oder von anderen zugeordnet wird. Alles das beeinflusst, wie ein Mensch gelesen wird. Und wer ist schon eindeutig? Ich bin es auf jeden Fall nicht.

Generationendialoge und der (Klima-)Wandel

… Das Sichere ist nicht sicher.
So wie es ist, bleibt es nicht.
Wenn die Herrschenden gesprochen haben,
Werden die Beherrschten sprechen.
Wer wagt zu sagen: niemals?
An wem liegt es, wenn die Unterdrückung bleibt?
An uns.
An wem liegt es, wenn sie zerbrochen wird?
Ebenfalls an uns.
… Wer seine Lage erkannt hat, wie soll der aufzuhalten sein?
Denn die Besiegten von heute sind die Sieger von morgen,
Und aus Niemals wird: Heute noch!

– Bertolt Brecht

Ich bin 41 Jahre alt, und sicher kann ich mich nicht besonders gut in 70-Jährige oder nicht mehr in heute 20-Jährige hineindenken, aber durch Kontakt und Gespräche ist es mir möglich, anderen Perspektiven und Meinungen als meinen eigenen in meinem Kopf Platz zu machen. Ich zähle zu einer Generation, die in Westdeutschland mit dem Erbe der 1968er-Generation aufgewachsen ist. Dieser wurde nachgesagt, dass sie sich nicht mit Verhältnissen zufriedengeben, die für ihre Eltern und Großeltern akzeptabel waren. In der Kohorte meiner politischen

Generation sehe ich an vielen Orten Einzelkämpfer*innen, die sich zu etablieren versuchten, indem sie Vereine und Interessenverbände gründeten, um als Gemeinschaft überhaupt wahrgenommen zu werden. Und ich sehe, wie diese heute in den Hintergrund rücken, weil neue Formen der Mobilisierung und Vernetzung auch im Digitalen gefunden werden.

Ich bin von der Kraft des politischen Bewusstseins einer jüngeren Generation als meiner angesteckt. Ihr Einsatz und ihr Selbstbewusstsein bewegen mich. Mir imponiert die Bewegung, welche die Autorin Bettina Weiguny als pragmatisch, idealistisch und erste politische Generation seit den 68ern erklärt. Wie sie mit der Ungleichverteilung umgehen, vergangene Fehlentscheidungen korrigieren will und miteinander beispielsweise eine nachhaltige Klimagerechtigkeit für alle einfordert. Und, nein, natürlich sind nicht alle unter ihnen gleich, genau wie noch nie alle Menschen politisch waren. Auch macht sich für mich keine politische Generation alleine an ihrem Alter fest. Es gibt Ähnlichkeiten innerhalb einer Generation, die in zeitliche Alterskohorten eingeteilt werden, aber noch nie haben alle 25-Jährigen gleich getickt, ebenso wenig wie alle 75-Jährigen. Menschen sind bestimmt von ihrer Prägung, ihrer Sozialisierung, den Erfahrungen und den Räumen, in denen sie groß werden und sich aufhalten. Sich zu verändern fällt denen leichter, die flexibel sind, die es einfacher damit haben, sich in verschiedene Welten und Themen hineinzudenken, und die sich deshalb auch anderen Generationen öffnen können. Wie also finden »wir« in Deutschland als Kollektiv von mehr als 80 Millionen Menschen gemeinsame Regeln in einer Zeit, in der Freiheit das große Thema ist – insbesondere seit der Pandemie? Wie setzen wir gemeinsame Ziele fest, und wer organisiert diese?

2021 war Bundestagswahl, und nach 16 Jahren hieß es, Abschied von Kanzlerin Angela Merkel zu nehmen. Viel war die

Rede von einer sozioökologischen Transformation, und in der Debatte um Klimawandel und Diversität werden Generationenfragen gespiegelt. Der Wahlkampf zeigte den Wunsch nach Veränderung vieler auf, insbesondere in einer jüngeren Generation und bei den sogenannten »Progressiven« aller Altersklassen, die von einem politischen Wandel eines »wir können anders leben« überzeugt sind. Auch ich finde, dass es so nicht weitergehen kann, dass wir die Erde verwüsten, vermüllen und ausbrennen und die Hälfte unseres CO_2-Ausstoßes von den reichsten zehn Prozent der Weltbevölkerung verpufft wird. Ich lebe in einer Beziehung, in der immer wieder Thema ist, wie es um unsere Welt steht. Für viele Menschen ist es keine Option mehr, die Augen zu verschließen, weil das der bequemere Weg wäre oder sie lieber die eigene Haut retten als die Welt, die wir teilen. Lange gelang es den Privilegierten dieser Welt nicht, wahrzunehmen, wie schlecht es einem Großteil der Bevölkerung auf dieser Erde geht, und nun hat die Hochwasserflut auch hier vielen die Keller weggerissen. Menschen sind gestorben. Wälder brennen, und die Prognosen des Weltklimarats IPCC werden immer drastischer. Der Klimawandel ist längst passiert und für den afrikanischen Kontinent und die Menschen dort nicht etwas, das erst in Zukunft eintreten wird. Wir werden hier in den westlichen Ländern, und das ist sicher, über mehr als Verzicht und Verbote sprechen müssen.

»Weltverlust« nannte es Hannah Arendt. »Weltabkehr« nennt es die Philosophin Eva von Redecker in ihrem Buch *Revolution für das Leben,* in dem sie konstatiert, dass wir jetzt an einem Punkt angekommen sind, an dem wir die Katastrophe vergegenwärtigen.

Die schärfste Kritik kommt auf dieser Seite der Erde nun von einer wachsenden Zahl von Menschen, die eine abgestumpfte Gesellschaft auf antirassistisch-feministische Art aufwecken will.

Diese Menschen entnehmen ihr Wissen naturwissenschaftlichen Forschungen, und ihr Motor ist das Auflehnen gegen den politischen Stillstand und der Unmut darüber, dass nichts getan wurde, als es noch um Schadensbegrenzung ging. »Der Kapitalismus verschleudert das Leben«, schreibt von Redecker und erklärt, wie die Klimabewegung eine unmittelbare, drängende Sachherrschaftskritik leiste. Anstatt Güter zu verwerten, wollen die Kritiker*innen lieber teilen. Leben retten statt zu zerstören, Arbeit regenerieren, statt zu erschöpfen. Der Wunsch nach nachhaltigen Regeln für die Gemeinschaft, an die sich alle halten müssen, speist sich aus dem Wunsch, dass die Politik Verantwortung übernimmt. »Wir könnten Leben retten, anstatt sie zu zerstören«, verkünden die lateinamerikanischen »Feminist*innen« von NiUnaMenos, und das proklamieren alle, die sich seit der Gründung von Black Lives Matter ihren Demonstrationen angeschlossen haben und die Kraft ihrer globalen Bewegungen durch Hashtag-Kampagnen Aufwind verschafft und durch Bündnisse Kraft verleiht. Während quasi auf der anderen Seite Menschen stehen, die das Gefühl haben, dass alles irgendwie am besten so bleibt, wie es ist oder war. Deshalb hat die relative Mehrheit bei der Bundestagswahl auch die »variierte Normalität« gewählt, kommentierte treffend *ZEIT*-Journalist Bernd Ulrich: So ließ sich am Ergebnis dieser Wahl spiegeln, wer in Deutschland (noch) das Sagen hat. Es zeigt sich am Wahlverhalten der Mehrheit der über 60-Jährigen, das sich von dem der unter 21-Jährigen unterschied. So zeigten Umfrageergebnisse des Forschungsinstituts »Infratest dimap«: Hätten Jungwähler*innen zwischen 18 und 24 Jahren entschieden, lägen die Grünen und FDP gleichauf. Und ein Ergebnis der Forschungsgruppe Wahlen hat gezeigt, hätten nur unter 30-Jährige gewählt, wären die Grünen die stärkste Kraft geworden, dicht gefolgt von der FDP. Die Linke wäre im Bundestag, und die AfD hätte weniger Stimmen. Auch Kleinstparteien wurden gewählt, weil viele jüngere Wähler*innen kein Nähe mehr zu den etablierten Parteien spüren. Und damit wird deutlich: So wie es ist, wird es nicht bleiben. Druck und Drang nach einer Veränderung bleiben. Und auch wenn für manche das, was gefordert wird, noch nach Utopie klingt, so ist es doch eine, die wir dringend brauchen.

Der Wandel der Generationen steckt in so vielen Themen und Menschenleben. Wenn ich von Kindern lese, die es nach der Flucht in Deutschland »geschafft« haben, stelle ich mir ihre Biografien in der Zukunft vor: Sie müssen Vorurteile überwinden, eigene Traumata oder die ihrer Eltern verarbeiten und mit dieser Geschichte in Deutschland leben (lernen). Sprache üben, ankommen, weiterkommen. Die Geschichten dieser Kinder reihen sich ein in die der Generation der sogenannten »Neuen Deutschen Kinder«, und damit meine ich alle Kinder, die hierzulande groß werden und groß geworden sind. Die manche nicht als zugehörig verstehen, weil Deutschland und deren Regierungen sie nicht dazu eingeladen haben. Aber ich binde sie als Generation nicht an ein Verständnis nationaler Staatsbürgerschaft, sondern an ihr Zuhause. In Kanada wird die zweite Generation, also die mit dem Migrationshintergrund, offiziell als »Second Generation Canadians« bezeichnet. Oft ist es ein ganz simples Verständnis von Zugehörigkeit, das den Unterschied macht.

Ich bin 1980 geboren und damit gerade noch Teil einer Generation X oder bereits Y, also Millennials, auf die jetzt die Generation Z folgt. Eine Generation, die scheinbar noch einen Schritt weiter geht als wir und in ihrer Durchsetzungskraft darauf aufbaut, dass vor ihr Menschen bereits den Weg geebnet und am Fundament gebaut haben. Eine Generation mit besserem Zugang zu Informationen und Wissen, die sich digital eine weltweite Wahrnehmung verschafft. Einmal sprachen mein Mann und ich mit einem befreundeten Paar darüber, ob wir »früher«

eine »Greta-Generation« hätten sein können. Ich erinnere mich zurück, wie ich und viele um mich herum mit Anfang zwanzig uns finden mussten in einer westlich privilegierten Welt, in der eigentlich alles da war, eben nur nicht für alle. Flüge günstig. Essen in Massen im Supermarkt verfügbar, für alle, die es sich leisten konnten. Krieg kannten wir nicht, wenn wir in Deutschland geboren wurden, und die Teilung Deutschlands hatten wir nur als Kinder erlebt. Fernsehen mit Kabelanschluss, den wir zu Hause ab 1990 hatten. Arbeit schien für alle da zu sein, zumindest aus West-Perspektive, und über das Prekariat wusste ich nichts als jugendlicher Mensch. Es gab dieses Wort auch noch nicht. Ich lese über meine Generation, die in Westdeutschland aufgewachsen sind, Attribute wie »gut ausgebildet«, »technikaffin«, »mit vielen Möglichkeiten zur Selbstverwirklichung ausgestattet«, charakterisiert von einem »Work-Life-Balance-Wertewandel«, den wir uns später gönnen konnten. In der Summe also ziemlich gute Voraussetzungen für viele, die es »geschafft« hatten, um unbeschwert in »Happyland«, wie die Autorin Tupoka Ogette es beschreibt, zu verweilen, um heute meistens dann ein schlechtes Gewissen zu bekommen, wenn es um ihre Mobilität und ihr Konsumverhalten geht. Elektrofahrzeuge und Bioprodukte kaufen sind die Themen einer bestimmten privilegierten, kritischen Szene meiner Altersgruppe, die es sich leisten kann. Während von Armut betroffene Menschen es sich nicht leisten können, moralisch gut zu leben, und das in einer Welt, die alles andere als fair trade ist.

Wer will, kann viel über die ungleiche Verteilung in dieser Welt erfahren. Seit Jahrzehnten kämpfen soziale Bewegungen marginalisierter Menschen unter anderem in Deutschland darum, ihr Aufmerksamkeit zu verschaffen, doch verschaffte die Generation Z diesem Thema hier eine neue Aufmerksamkeit. Sie verbindet verschiedene Szenen und ist nicht mehr gewillt, im Stillstand zu verharren. Die Jüngsten unter ihnen sind zu ungeduldig, um zu warten, bis sie alt genug sind, um mitreden zu dürfen. Es gab diese Art Proteste natürlich auch in meiner Generation. Nur, dass ich die Phase weniger spürte und erlebte, in der Heranwachsende unabhängig von ihren Bezugspersonen eine eigene Identität entwickeln. In der sie Entscheidungen fällen und sich für ihr Recht auf Bildung, gegen Kinderarbeit, für ein selbstbestimmtes Leben oder beispielsweise besseres Trinkwasser einsetzen. Es gab diese Kinder zu allen Zeiten. Zum Beispiel Iqbal Masih aus Pakistan, der mit vier Jahren verkauft wurde, um Teppiche zu knüpfen, sich mit zehn Jahren zum Führer einer Arbeiterbewegung aufschwang und 1995 mit zwölf Jahren in New York einen Menschenrechtspreis verliehen bekam, bevor er in seiner Heimat erschossen wurde. Oder Sophie Cruz, die mit fünf Jahren 2015 auf einer Kundgebung in Washington mit einer Rede über das ungelöste Schicksal der »Dreamer« bewegte, also die Kinder von Menschen, die seit Jahren ohne Papiere in den Vereinigten Staaten lebten. Oder die zwölfjährige Severn Cullis-Suzuki, die bereits 1992 auf der UN-Klimakonferenz in Rio de Janeiro versuchte, was Greta auch durch ihre Privilegien schaffte: nämlich, dass sich ihr andere anschlossen, als sie sich 2015 in den Schulstreik begab, um damit den Verlust unserer Zukunft zu bezeugen. Es ist eine wachsende Schar jugendlicher Menschen, die fragt, warum sie zur Schule gehen und lernen sollen, wenn es keine Erwachsenen gibt, die etwas unternehmen, um die Welt zu retten. Ihr Vorwurf an die Älteren, immer noch nicht reif genug zu sein und zu sagen, wie es wirklich ist, hallt nach. Und er hat durchaus seine Berechtigung, wie ich finde.

Weiguny bringt in ihrem Buch *Denn es ist unsere Zukunft* die Geschichten der eben Genannten und der Mobilisierung der Jugend im 21. Jahrhundert zusammen, die nicht ohne Malala

Yousafzai denkbar wäre, das Schulkind aus Pakistan, das 2013 den Friedensnobelpreis erhielt. Diese Sammlung rührt mich, weil ich mich mit ihnen verbunden fühle und glaube, dass niemand zu jung ist, um etwas zu bewegen, und dass es nie zu spät ist, damit anzufangen, wie es die indonesische Klimaaktivistin Melati Wijsen sagte.

Damit wird auch das Alter(n), das Jung-, das Alt- und das Dazwischensein, zu einer Erfahrung von Differenz. Es ist eine bisher wenig theoretisierte Kategorie, wie die Soziologinnen und Lebensphasenforscherinnen Grit Höppner und Anna Wanka erklären. Doch kommt der Altersdifferenz eine besondere Rolle zu, weil sich darin Erfahrungen und Verhältnisse zeigen, die im Gegensatz zu anderen Merkmalen über das gesamte Leben ungebrochen wirksam sind und die ein dauerhafter Prozess mit einer Vielzahl von Zuständen ist, den wir alle erleben. Wie fühle und lebe ich mit 5, 43 und 89, und wie hat mich jedes meiner gelebten Jahre analog zur gesellschaftlichen Entwicklung verändert? Das Alter(n) ist ein natürlicher Prozess, es ist nicht statisch, sondern dynamisch. Was kann ein jüngerer Mensch sehen, und an was erinnern sich ältere Menschen zurück?

Unser Alter spielt in unserem Miteinander immer eine Rolle. Höppner und Wanka erklären, dass die mittleren Lebensjahre in unserer Gesellschaft als Ideal eines entscheidungsfähigen und selbstbestimmten Erwachsenen gelten, während die frühen und späten Lebensjahre als Abweichung dieses Normalzustandes verstanden werden. Das zeigt sich beispielsweise daran, dass ein erfolgreiches Alter(n) quasi damit gleichgesetzt wird, eben nicht zu altern. Ein »gutes Alter« wird gerne als »jugendlich« inszeniert, während biologistische und defizitäre Altersbilder gesellschaftlich weniger gut ankommen. Die altersfeindliche Haltung spiegelt sich in falschen Botschaften von besser nicht gebrechlich, sondern fit, gesund, selbstständig und aktiv sein zu müssen. Diese Haltung ist falsch, weil sich das Alter eines Menschen nicht an seinem Erscheinungsbild festlegen lässt, sondern so nur ein körperlicher Optimierungsdruck widergespiegelt wird, der unsere Gesellschaft bestimmt.

Auf diese Weise knüpfen sich auch Vorstellungen vom »guten Leben« an das Alter, woraus Machtverhältnisse generiert werden, die in verschiedene Richtungen zeigen. Fragen, die folgen, sind zum Beispiel: Wer hat das Sagen? Wer darf was? Es geht um Regeln und Altersbegrenzungen an »Rändern des Lebenslaufes«. Themen wie Kinderarbeit, Renteneintrittsalter, aber auch das Wahlrecht oder die Schulpflicht sind daran gebunden und zeigen, wie sich Alter in unseren sozialen und institutionellen Strukturen festschreibt. Es zeigt sich, dass Menschen in jeder Lebensphase nicht frei von Bewertungen sind und wie Menschen abhängig vom Alter sozial platziert werden und Lebenschancen, Teilhabe und Ressourcen ungleich verteilt sind. Für die Kindheits- und Jugendforscherinnen Christine Hunner-Kreisel und Stella März weist der Begriff »Generation« auf ein Ungleichheitsverhältnis in kapitalistisch orientierten und organisierten Gesellschaften hin, in der Kinder beispielsweise durch ihre schulischen Aktivitäten zwar einen bedeutsamen Beitrag zum Humankapital leisten, ihre Rolle aber trivialisiert sei. Als »Trivialmaschinen« werden sie mit Wissen befüllt, das wenig zählt, und wenn sie erwachsen sind, dürfen sie bitte produktiv werden.

Hinter Analysen wie dieser, die ich nur anreißen kann, verbergen sich sozialwissenschaftliche Fragen nach Kindern als soziale Akteure und der sogenannten generationalen Ordnung, auf die ich hinaus möchte. Ersteres vertritt die Sicht auf Heranwachsende als aktive Mitglieder, die an ihrer Entwicklung und der Ausgestaltung der Gesellschaft mitwirken. Zweiteres erklärt die machtbezogene Relation von älteren zu jüngeren Menschen, was sich zum Beispiel daran zeigt, dass Kinder, wenn es um ihr Kindeswohl geht, nur ein begrenztes Mitspracherecht haben. Es gibt beispielsweise die Debatte um die Verankerung der UN-Weltkinderrechte im Grundgesetz, die 54 Artikel umfasst. Davon sind 40 konkrete Rechte von Kindern, die 1992 von Deutschland ratifiziert wurden. Sie besagen unter anderem, dass alle Kinder auf der Welt die gleichen Rechte haben. Das Recht zu lernen, in die Schule zu gehen, auf elterliche Fürsorge, Erziehung ohne Gewalt, vor Krieg und Flucht geschützt zu werden. Und dass sie das Recht haben, sich zu informieren, gehört zu werden und zu demonstrieren. Alles Dinge, die nicht selbstverständlich sind. Was mich zu der kritischen Frage führt, wie junge Menschen in unserer Gesellschaft wahrgenommen werden mit ihren Forderungen. Ob sie ernst genommen oder abgetan werden, indem zum Beispiel Argumente dafür gefunden werden, die weltweit aktiven Klimaaktivist*innen als Subjekte elterlicher Zwecke aus gut situierten Häusern und inszenierungsbedürftige »kleine Kinder« zu degradieren, oder indem Thunbergs Asperger-Syndrom zu einer fragwürdigen Eigenschaft erklärt wird, mit der sie andere instrumentalisieren wolle, was im Übrigen ein ableistischer Gedanke ist, also einer, der behinderte Menschen diskriminiert.

So taten und tun sich bis heute viele Erwachsene oder ältere politische Generationen schwer damit, junge, politisierte Menschen anzuerkennen oder in einen intergenerationalen Dialog mit ihnen zu treten. Und natürlich gibt es auch umgekehrt Hemmnisse, in Kontakt zu treten. Deshalb schreibe ich dieses Kapitel. Weil ich glaube, dass es wichtig ist, diese Emanzipations- oder Wachstumsprozesse von allen Seiten zu verstehen. Ich wünsche mir mehr Verständnis, auch um sich gegen einen damit verbundenen Ageism, also die Diskriminierung älterer Menschen, und gegen die Diskriminierung jüngerer Menschen, den Adultismus, zu wehren: Eine Fridays-for-Future-Jugend mit einem YouTuber Rezo gegen alternde Politiker*innen etablierter Parteien steht als Symbolbild für beide Phänomene, daran lässt sich beobachten, wie der gesellschaftliche und digitale Wandel an Altersfragen festgemacht wird, wie vermeintliche Fronten diskursiv hochgefahren werden und ein intergenerationaler Austausch fehlt. Diese Fronten möchte ich gedanklich gerne einreißen, weil ich gefühlt dazwischenstehe, altersmäßig in der Mitte eines westlichen Lebens im Sandwich der Generationen positioniert bin.

Wer versteht unsere Gegenwart besser: die jüngeren oder die älteren Menschen? Es war noch nie nur eine von beiden Seiten. Aber ja, heute kann etwas als veraltete Meinung gelten, was gestern noch gut oder angesagt war, und heute etwas als naiv und weltfremd daherkommen, was morgen innovativ und progressiv sein kann. Und so frage ich mich, während ich quasi im gesellschaftlichen Normbereich stehe, ob Menschen in meiner Position nicht die Aufgabe zukommt, die Ansichten beider Seiten zu inkludieren und ins Gespräch zu kommen. Welche Privilegien und welche Verantwortung kommen uns in der Mitte zu?

In diesem Zusammenhang muss ich einmal mehr erkennen, dass diese Verantwortung nur Menschen einer bestimmten Mitte zukommt, nämlich der etablierten. Schließlich bestehen wir als Menschen nicht nur aus unserem Alter, sondern in einem intersektionalen Verständnis sind unsere Leben eben auch von unserer sozialen, wirtschaftlichen und körperlichen Lage, unserer Herkunft und anderen Merkmalen bestimmt. Es ist der Grund, warum meistens nur bestimmte Menschen in Entscheidungspositionen sitzen und kommen. Es geht also nicht nur um das, was ein Mensch selbst schaffen kann, sondern auch um die Möglichkeiten, dorthin zu kommen. Und damit spielt das Alter im Umkehrschluss wiederum nur eine bedingte Rolle, wenn es darum geht, die eigenen Ansichten auf das Leben oder bestimmte Zusammenhänge zu ändern. Denn das ist in jedem Alter möglich. Es kommt dabei auf die persönliche Einstellung an, und die kann sich im Laufe eines Lebens wandeln. Denken wir an politische Generationen, an konservativ, liberal, progressiv oder ganz allgemein links und rechts gedacht, wenn wir es vereinfacht ausdrücken. Auch eine politische Meinung und Position ist nicht in Stein gemeißelt, wie die Geschichte zeigt. Wer wo politisch steht, ist mehr an Privilegien und weniger ans Alter geknüpft. Und wie unterschiedlich das sein kann, zeigt sich zum Beispiel daran, dass sich heute statistisch mehr Frauen unter 35 als Feministin bezeichnen als ältere. Und ich wiederum kenne viele Schwarze oder behinderte Frauen über 50, die der politischen Generation der sogenannten Zweiten Frauenbewegung in Deutschland angehören und sich darüber freuen, dass ein intersektionaler Feminismus von einer politisch jüngeren Generation endlich umgesetzt wird und damit die jahrzehntealten Ansätze ihrer Bewegung nach vorne bringt und sich intergenerational mit ihnen verbindet. Es ist der Grund, warum ich mich mit einer jüngeren, politischen Generation verbunden fühle, ihre Forderungen nachempfinden kann, auch wenn ich eine andere Sprache spreche und anders geprägt wurde. Ich verstehe mich als Brücke, weil ich auch meine politischen »Vorgänger*innen« fühlen kann.

Und so lese ich die Bücher von jüngeren Autorinnen, die mir ihre Leben und Ansichten schildern, und kenne die Erzählungen und Geschichten der älteren Menschen, von denen es zu wenige Bücher gibt, weil sich die Verlage früher wenig für ihre Geschichten interessierten. Und ich glaube, dass sich viel von dem heraufbeschworenen Generationenkonflikt auflösen und der pauschalen Stigmatisierung von Jung und Alt etwas entgegensetzen ließe, wenn eine Einsicht darüber gelänge, dass schon immer eine jüngere Generation Dinge einforderte, von denen die ältere oft erstaunt war. Es ist wie mit Kindern und deren Eltern, die später selbst zu Eltern, dann zu Großeltern wurden. Aber immer gab es innerhalb einer Generation auch diejenigen, die den Boden für die nächste Generation (vor-)bereitet hatten, den diese wiederum weitergehen konnte, um dann auch manchmal die Richtung zu ändern. Die Ideen der Jüngeren kommen nicht aus dem Nichts, diese Einsicht verbindet die Generationen.

Deshalb finde ich weder, dass die jüngeren Menschen es nicht besser wissen können, noch, dass die älteren zu verkrustet sind, um anders denken zu lernen. Ich setze auf Aushandlungsprozesse zwischen politischen Generationen, insbesondere, wenn es um Fragen sozialer Gerechtigkeit geht, die seit ewig auf der Agenda sozialer Bewegungen stehen. Denn dort vermischen sich das politische Anliegen und das Alter in einer politischen Generation, die nach neuen Wegen, einer neuen Aufklärung und Geschichtsschreibung sucht, sowie das Wissen der älteren Menschen, die die Erfahrung der Aushandlungsprozesse und Geschichte mitbringen. Gemeinsam wird Alter im Sinne eines politischen Bewusstseins aber eben auch relativ, weil es letztlich auf das gemeinsame Ziel und ein gesellschaftliches Verständnis des einzelnen Menschen ankommt. Erst im Austausch und dem gegenseitigen Einhaken geht es weiter nach vorne. Darin sehe ich die Verbindung und eine verbindende Mitte, in der ich mich befinde. Ich sehe, dass dies bereits geschieht und dass bei vielen der Einstieg in Bündnisarbeit heute eben der Protest gegen den Klimawandel ist. Nicht ohne Grund werden im Kontext von sozialer Unzufriedenheit und Klimaschutz Begriffe wie »Umweltgerechtigkeit« und die sogenannte »Umwelt-Intersektionalität« bekannter. Im Sommer 2022 soll das Buch *The Intersectional Environmentalist: How to Dismantle Systems of Oppression to Pro-*

tect People + Planet von »Green Girl« Leah Thomas in den USA erscheinen. Auch hier zeigt sich die Verbindung generationaler Bewegungen, deren Protest nicht mehr nur gegen »etwas«, das die Protestierenden direkt betrifft, gerichtet ist, sondern die ihre Privilegien nutzen, um Kritik im Namen der »Ungehörten« zu formulieren. In Deutschland wird inzwischen nach einem »grünen Kapitalismus« gefragt, der die Klimakrise nicht auf eurozentrische Weise lösen will. Es gibt mehr und mehr Forderungen von (privilegierten) Menschen, die die Ausbeutung von BIPoC bzw. Schwarzen Menschen weltweit in den Fokus rücken. Es sind Kämpfe, die schon seit Jahrzehnten gekämpft werden und die immer noch zu wenig wahrgenommen werden. Menschen können nicht von ihrer Umwelt getrennt werden, und es braucht ein Verständnis von Gerechtigkeit, bei denen Mensch, Umwelt und Klima andere nicht ausschließt. Das macht es unabdingbar, dass marginalisierte Gemeinschaften in den Verhandlungen in westlich privilegierten Staaten darüber miteinbezogen werden, also insbesondere Frauen aus nicht europäischen Ländern, die weltweit am stärksten betroffen sind und in westlichen Ländern kaum eine Rolle spielen. Denn wenn die Umweltverschlechterung weiter zunimmt und westlich-kapitalistische Strukturen weiterhin ausbeuterisch wirken, nimmt auch ihre Verarmung zu und führt Menschen dazu, sich in Bewegung zu setzen und neue, bessere Ort für sich zu suchen. Das ist verständlich. Wer will kein Zuhause, in dem es sich gut und gerne, aber vor allem sicher leben lässt? Diese Tatsachen sind nicht neu, aber immer wieder ist es eine ernüchternde Einsicht, dass unsere eigene, oft komfortable Lebensart das Resultat von Ausbeutung ist und im Westen die freie Entfaltung anderer Menschen in der Welt verschlechtert oder ganz untergräbt. Es wird Zeit, diese Zusammenhänge generationenübergreifend wahrzunehmen.

Globalisierung

Wie leben wir?

Weltweite Verflechtungen. Austausch zwischen Individuen, Institutionen und Staaten. Ereignisse in einem Teil der Welt, die die Gesellschaften in anderen Teilen berühren. Wachsende Verbindungen in allen Bereichen des Lebens. Politik, Wirtschaft, Kultur, Umwelt, Kommunikation. Natürliche Grenzen von Zeit und Raum, die eine immer kleinere Rolle spielen. Vermischung von Stilen, Formen und Traditionen. Digitale Knotenpunkte, Wettbewerb, Billiglöhne, Klimawandel, Migration und Artensterben. Wo lebe ich?

Kinder der Diaspora

Ich wäre nicht gerne anders, ich bin nicht gerne »anders«, aber vieles könnte gerne anders sein.

– Mahret Ifeoma Kupka

Mein Vater kam zu einer Zeit nach Deutschland, als es für Menschen aus Afrika leichter war als heute, einzureisen oder zu migrieren. Bevor er meine Mutter kennenlernte, sie zusammenzogen und heirateten, lebte er in der Dachwohnung des Einfamilienhauses einer älteren Dame. Er wohnte in der gleichen Straße, in der ich nach meinem Auszug von zu Hause mit zwanzig einmal leben sollte. Acht Jahre wohnte ich dort bis zu meinem Weggang nach Berlin, Tür an Tür mit einer bis heute engen Freundin. Ich lebte ruhig in diesem fast dörflichen Stadtteil Frankfurts, in dem ich nahe an und zwischen meinen Eltern wohnte, die sich getrennt hatten, als ich zehn Jahre alt war. Nähe und zwischen ist auch ein Bild, das meine Beziehung zu ihnen gut beschreibt.

Einmal, ich war Mitte zwanzig, erzählte mir mein Vater, dass er sich bewusst Deutschland als sein neues Zuhause für ein besseres Leben mit mehr Arbeitsmöglichkeiten ausgesucht hatte. Dass er nicht in den USA und ebenso wenig in England, im Land der einstigen Kolonisatoren, hatte leben wollen, wie es viele unserer Familienangehörigen und Bekannten entschieden hatten, die heute dort leben. Er und meine Mutter hatten sich

Ende der 70er Jahre beim Ausgehen kennengelernt. Sie lebte damals in einem Schwesternwohnheim im gleichen Stadtteil wie mein Vater.

Von meiner Mutter weiß ich, wie schwierig bestimmte Situationen des Alltags als sogenanntes biracial Paar für die beiden waren. Ich werde die Details hier nicht ausführen, weil es ihre Leben waren und weil ich vieles für mich im Stillen überlegt habe, was die beiden so vielleicht nie miteinander besprochen haben. Beide haben mir zu unterschiedlichen Zeiten aus ihren Leben erzählt. Ich erinnere mich noch schemenhaft an die Gespräche während meiner Selbstfindungsphase, als ich ihnen viele Fragen stellte, um mein Bild über sie und ihre Biografien zusammenzusetzen. Der Blick zurück war der Versuch, aufzuarbeiten, zu verarbeiten, zu finden, wer ich durch sie geworden war. Zu ihren 50. und 60. Geburtstagen verfasste ich eine Art Minibiografie mit Bildern und Text über sie, die ich beiden schenkte. Auf die gehefteten Tonpapierseiten schrieb ich, was ich von beiden wusste oder was mir der eine über den jeweils anderen erzählt hatte. Viele Jahre sind seitdem vergangen. Heute sitzen wir als große Patchworkfamilie zusammen bei den Geburtstagen meines Kindes oder meiner Nichte und anderen Familientreffen, und ich staune, wie die Zeit so vieles verändern kann. Ich glaube, dass es einen Grund gab, warum sich meine Eltern getroffen und einen großen Teil ihres Lebens einen gemeinsamen Weg gegangen sind. Ich weiß, dass einiges auf ihren Routen unbesprochen bleiben wird, weil Menschen die Themen ihres Lebens unterschiedlich bearbeiten. Sie tun es auf ihre Weise, so wie ich es auf meine tue. Ich habe viel Seelenarbeit betrieben, um die Puzzleteile unserer Familiengeschichte zusammenzusetzen. Noch immer komplementiere ich und weiß, spätestens seitdem ich selbst Mutter bin, dass Kinder nie gänzlich das Leben ihrer Eltern erfassen, sondern nur Teile davon erahnen werden. Vor allem dann, wenn diese viel erlebt haben. Damit habe ich meinen Frieden geschlossen und frage mich, wie es für mein Kind sein wird, wenn es diese Zeilen hier einmal liest, in denen es mir darum geht, Verbindungen herzustellen, von denen ich glaube, dass alle Menschen sie gut gebrauchen könnten, falls sie ihnen fehlen.

Welche Verbindung ich für meinen Vater zu Deutschland war, erklärte mir einmal meine zweite Mutter, die ich mit 13 Jahren bekam, als mein Vater sie heiratete. Es ist ein Land, in dem er nun seit über 40 Jahren lebt und zu dem er aus meiner Sicht ein ambivalentes Verhältnis pflegt. Seine Erfahrungen prägten auch mein Leben, und lange Zeit wusste ich nicht, was das genau heißt. »Kognitive Dissonanz« nennt sich ein Gefühlszustand, der entsteht, wenn ein Mensch mehrere gleichzeitige Wahrnehmungen hat, die nicht zueinander passen. Es lässt sich mit der Fabel »Der Fuchs und die Trauben« von Äsop erklären. Der Fuchs will die Trauben fressen, doch hängen diese zu hoch. Er spürt das Gefälle zwischen »wollen« und »nicht haben können« und redet sich ein, dass die Trauben sauer sind und er sie gar nicht mag.

Auf den Menschen übertragen heißt das, dass, wenn Fakten mit der eigenen Realität kollidieren, ein Mensch sie einfach umformulieren oder ausblenden kann. Und genauso fühlt es sich für mich heute an, wenn ich auf mein Gefühl zu meiner eigenen Migrationsgeschichte blicke, das ich in meinen Zwanzigern hatte. Mir fehlte die Verbindung dazu, und ich blendete sie einfach aus, spaltete die Tatsache von mir ab, das Kind eines eingewanderten Menschen zu sein. Vielleicht dachte ich, ich will die Trauben, diese Geschichte nicht, weil es bedeutet hätte, mir einzugestehen, was mir alles fehlt. Und dieses Gefühl verschwamm unter dem Wunsch nach Zugehörigkeit zu Deutschland, auf die ich als Schwarze Deutsche einen starken

Anspruch erhob. Schwarz und deutsch zu sein ist eben kein Widerspruch.

Das war mein Dissonanzzustand. Meine Wahrnehmungen in mir waren widersprüchlich, weil es hierzulande nicht möglich war, vieles zu sein, das ist es immer noch nicht. Und so ging ich erst in die Auseinandersetzung mit Deutschland, meinem »Haymatland«, wie Dunja Hayali es in ihrem Buch nennt, um dann die biografische Verbindung zur Geschichte meines Vaters herzustellen. Ich wollte nicht nur formelle Erfahrungen des Reisens oder Studierens über den Kontinent machen, ich wollte nicht nur Wissen anhäufen, sondern ich hatte den tief sitzenden Wunsch, ein Gefühl in mir wachsen zu lassen, das mich meine diasporische Zugehörigkeit spüren lässt. Denn wissen ist nicht fühlen. Es half mir nur lange über die Trauer einer Lücke hinweg, die ich in meinem Leben nie gänzlich schließen werde. Die Wehmut über die Trauben ganz oben am Stock, die ich nie bekommen werde. Diese Trauer war der Grund meines Antriebs, mir im Studium den Kontinent zu erschließen, über den es Mitte der Nullerjahre zu wenig Literatur gab, die mir meine Fragen als Kind der Diaspora beantwortet hätte. Die Diaspora ist als multidimensionaler Raum gedacht, in dem all diejenigen beschrieben sind, deren Geschichten, Erfahrungen oder Spiritualität über Grenzen der Herkunftsländer ihrer Vorfahren hinausgeht, die von der Dominanzgesellschaft nicht ge- oder übersehen werden. Ich bin damit weder allein noch eine Minderheit.

Die afrikanische Diaspora und ihr Kontinent waren kein Gegenstand prominenter Forschung, und die Datenlage in der Zeit, in der ich studierte, war lückenhaft. Bis heute ist es so, dass Afrikaner*innen praktisch mehr über Europa wissen als umgekehrt. Hierzulande geht es viel um die drei großen Ks: Krisen, Kriege und Konflikte, um Klischees wie Trommeln und Tanz, aber wenig um die Hunderte von Sprachen mit ihrer jeweils eigenen

Grammatik und Bedeutung, die Geschichte einstiger Großreiche und deren Handelsrouten, die Geografie, das gegenwärtige heterogene, superdiverse Leben, das es alleine in Ghana gibt. Dort leben Christ*innen, Muslim*innen und Gläubige afrikanischer Religionen, und neben der Amtssprache Englisch werden verschiedene sogenannte »Akansprachen« gesprochen, außerdem Ewe, Ga, Hausa und etwa 40 weitere Sprachen. Auch mein Vater spricht neben Hausa die Sprachen Twi und Asanti.

So verbinden sich in meinem Wissen und Gefühl empirische Erfahrungen und gesellschaftliche Analysen mit der Geschichte meines Vaters, der vielfältigen Community und ihrer Hunderte Jahre alten Migrationsbewegungen nach Deutschland. Menschen, die hier heute zum Teil in fünfter Generation leben. Es sind Geschichten wie die der Familie von Abenaa Adomako, deren Urgroßvater Mandenga Diek der erste Afrikaner war, der 1896 die deutsche Staatsbürgerschaft bekam. Als erfolgreicher Kaufmann setzte er sich mit dem »Afrikanischen Hilfsverein« für die Rechte Schwarzer Bürger*innen ein. Ihre Geschichte ist in *Farbe bekennen* nachzulesen. Darum ist es mir in meiner Arbeit ein Anliegen, die Geschichte afrikanischer Einwanderung bis 1945 und danach aufzuzeigen. Wie bis heute koloniale und postkoloniale Bindungen die heutige Migration prägen, genauso wie es das Ankommen und die Leben der eingewanderten Menschen vom Kontinent tun.

So lassen sich heute aus postkolonialer Perspektive drei Gruppen der Migrierten aus der Sahelzone unterscheiden: diejenigen, die über militärische Laufbahnen migrierten, die Intellektuellen und Studierenden, die ab den 60ern einwanderten, und die Arbeitsmigrant*innen, die ihre Familien verließen, um ihnen ein besseres Leben zu sichern. Die meisten gingen in die Länder der einstigen Kolonisatoren, um dort zu arbeiten. Viele hatten nicht vor, für immer zu bleiben, viel häufiger war der Plan: Geld überweisen, Geld ansparen, Geld in den Hausbau stecken und nach fünf bis zehn Jahren zurückkehren. Doch oft kam es anders. Um den Abfluss von Geld zu stoppen, verabschiedete beispielsweise Frankreich 1970 ein Gesetz, das es den Männern ermöglichte, ihre Familien nachzuholen. Bis 1973 gilt Westdeutschland als die große Zeit der Anwerbung ausländischer Arbeitskräfte. Und so kam eine neue Generation von in Europa geborenen Menschen afrikanischer und afrodiasporischer Herkunft zur Welt.

Eine anhaltende Dürre in der Sahelzone 1972 führte zur Krise in vielen afrikanischen Städten, was ebenfalls ein Grund für ein Weggehen wurde. Es kam zu weiteren Verschiebungen, Überlastungen der Systeme und Problemen gesellschaftlicher und wirtschaftlicher Art. In den 80er Jahren werden die ersten Entwicklungsprogramme Europas aufgelegt. »Strukturanpassung« wurde zum Zauberwort des Westens und deren Folgen zum Desaster unter anderem für die Länder auf dem afrikanischen Kontinent. Weitere Programme der Weltbank und des Internationalem Währungsfonds (IWF) mit komplizierten Namen wie Poverty Reduction Strategy Paper (PRSP) sollten folgen, über die ich 2006 meine Diplomarbeit unter dem Titel »Gender und Armutsbekämpfung« schrieb. Europa blieb stets Migrationsziel, ungeachtet der Sprachbarrieren oder Berichte über rassistische Übergriffe, die es ab Ende der 80er gab, schreibt die Literaturwissenschaftlerin Odile Tendeng-Weidler im Sammelband *Wurzeln in zwei Welten*.

Auch in Ghana sahen sich die Menschen aufgrund der wirtschaftlichen Situation ab den 70er Jahren gezwungen, ins Ausland zu gehen. Seither migrieren sie von dort, obwohl die Einwanderungsgesetze der westlichen Länder den Zuzug von Arbeitsmigrant*innen vom Kontinent nicht vorsehen, sondern sie im eigentlichen Sinne vom Arbeitsmarkt ausschließen, schreibt die Sprachwissenschaftlerin Erika Eichholzer beispielhaft über die Migrationsgeschichte westafrikanischer eingewanderter Menschen mit Blick auf die Stadt Hamburg. Ich erinnere mich noch, wie meine Eltern und ich dort Freunde meines Vaters besuchten und ich auch während meiner Praktikumszeit den Einfluss der Migration im Stadtbild erlebte. Diaspora hat in Hamburg Geschichte, und es finden sich viele Spuren aus vorkolonialen Zeiten des Handels, für die der Hafen eine große Rolle spielte.

2009 schrieb ich für den *Tagesspiegel* eine Reportage über das afrikanische Viertel in Berlin, weil ich der Geschichte dieses Ortes auf den Grund gehen wollte. Ich fragte mich, warum es auffällig viele afrikanische und afrodiasporische Menschen in dieses Viertel und den Sprengelkiez gezogen hatte, wo die Spuren deutscher Kolonialgeschichte so präsent waren. Insgesamt 25 Straßen wurden dort ab 1899 nach afrikanischen Ländern, Städten und Flüssen, Kolonialstützpunkten und Kolonialherren benannt. Im Viertel, das an die Jungfernheide anschließt, liegen beispielsweise die Senegalstraße, die Uganda- und die Tangastraße. Weiter im Norden finden sich die Namen Guinea und Togo, die parallelen Straßenzüge sind nach Kamerun und Sansibar benannt. Die Hauptader ist die gut zwei Kilometer lange Afrikanische Straße. In dieser Gegend reihte sich damals Afro-Shop an Afro-Shop. Die Community prägte mit ihrem Angebot an Kochbananen, Yamswurzeln oder Kosmetikprodukten für Schwarze Menschen das Stadtbild. Ich befragte die Besitzer*innen nach ihren Läden und Leben und erinnere mich an meinen Besuch bei Monsieur Ebeny aus dem Kamerun, der hinter dem Tresen seines schönen Lebensmittelgeschäfts in der Kameruner Straße stand, Erdnüsse in schmale, durchsichtige Beutel abfüllte und mir erklärte, dass es kein Zufall war, dass er seinen Laden ausgerechnet in der Kameruner Straße eröffnet habe. Es gibt den Laden noch heute.

Der Zuzug von Menschen aus Angola, Kamerun, Sierra Leone, Guinea, Ghana oder Nigeria in den Wedding hatte dort Ende der 90er wegen der günstigen Mieten begonnen. Die meisten von ihnen kamen als Studierende oder sie waren Kriegsgründen geflüchtet. Kaum in Berlin, wurden sie von Familie oder Bekannten direkt in den Wedding geschickt. So war das auch bei einigen, mit denen ich damals sprach, die zum Teil als Jugendliche nach Deutschland gekommen waren und zuerst in einem Wohnheim für Asylsuchende gelebt hatten, bevor ihr Weg sie in den Wedding führte. Andere waren zum Studium nach Deutschland gekommen, und es hatte sie dorthin gezogen, weil sie von anderen davon gehört hatten. Es war ein ähnlicher Effekt wie mit vielen der aus politischen Gründen geflüchteten Menschen aus Eritrea, die in den frühen 80er Jahren nach Hessen kamen. Frankfurt am Main nahm eine zentrale Rolle bei ihrer Ankunft ein, mit vielen Kindern der ersten Generation ihrer Nachkommen bin ich aufgewachsen. In Berlin widmeten die Zugewanderten das einstige koloniale Denkmal dann einfach um. Ich war damals so begeistert davon, diese doppelte Logik in meinem Text zu beschreiben. Dass Afrikaner*innen ganz logisch an die Orte ziehen, wo sie Unterstützung bekommen und nicht alleine sind, und dass sie damit gleichzeitig die einstigen Fantasien des Kaiserreichs konterkarieren. Es ist ein anderer Blick auf das, was gerne negativ mit »Parallelgesellschaft« assoziiert wird. Und gleichzeitig nahmen sie damit eine Dekolonisierung vor, die sich der einstige Zoodirektor Carl Hagenbeck Ende des 19. Jahrhunderts so sicherlich nicht vorgestellt hatte, als er im afrikanischen Viertel einen »Kolonialpark« entstehen lassen wollte, in dem afrikanische Menschen und Tiere ausgestellt werden sollten.

Vieles kommt anders, als man denkt, heißt es. Und so ist in Deutschland eine vielfaltige afrikanische Diaspora herangewachsen, die alles andere als eine homogene Gruppe ist. Gleichzeitig ist die Solidarität der Gewanderten zu ihren Herkunftsländern für viele oft unverändert. In meinem Umfeld kenne ich keine Person afrikanischer Herkunft, die nicht versucht oder versucht hat, sich um ihre Eltern oder Geschwister auf dem Kontinent zu kümmern. Ihre Devisenüberweisungen tragen zur Verbesserung der Leben ihrer Familien bei und waren auch in unserer Familie immer ein essentieller Bestandteil. Ich erinnere mich, wie früher Geld via Western Union Bank transferiert wurde oder wie meine Familie Telefonkarten kaufte, um günstiger als mit der Telekom nach Ghana zu telefonieren. Das waren Zeiten, als es noch kein Internet, Facebook oder WhatsApp gab, um so wie heute dauerhaften Kontakt möglich zu machen.

Ich kenne auch Menschen, die nach ihrer Migration zurückgekehrt sind. Eine Rückkehr ins alte Zuhause ist eng damit verbunden, was »geschafft« wurde, wie erfolgreich ein Mensch war. Sie ist stark mit der ökonomischen Situation verbunden, damit, dass ein Misserfolg für viele auch Niederlage bedeutete. Wurde genügend Geld angespart, um dort investieren zu können, kann die Familie auf Dauer unterstützt werden? Eine Unsicherheit oder Scham darüber, was erreicht wurde, kann das Leben in der Diaspora schwer machen oder eine Entscheidung bestimmen, überhaupt jemals wieder zurückzukehren. Darüber können Jahre, ein Leben vergehen. Manchmal ist es einfach zu spät.

2015 entschied ein Freund nach 20 Jahren in Deutschland genau das, dass er zurückwollte. Ich war traurig darüber, aber verstand ihn gut, als er mir erklärte, dass er es jetzt tun müsse, weil es sonst zu spät sei und er dann die Verbindung nicht mehr aufbauen könne, den Anschluss verliere. Wir sprachen darüber, dass er andere gesehen habe, bei denen die Eingliederung nicht geklappt hatte. Und dass, selbst wenn er nicht alles erreicht habe, was er sich vorgenommen hatte, das jetzt sein Weg sei. Weil er nicht erst mit 70 oder 80 Jahren im Rentenalter zurückkehren wollte, um dann in einem Dilemma zu stecken. Es gibt Afrikaner*innen, die manchmal Jahrzehnte ihr altes Zuhause wenig oder nie besucht haben und dann feststellen, dass das Land, das sie einst verlassen haben, nicht mehr das gleiche ist. Ihre Erinnerung ist verblasst. Es fehlt ihnen das Gefühl. Wenn ich darüber nachdenke, es nachzuempfinden versuche, schmerzt es mich. Denn ich sehe all die Menschen, die für ein besseres Leben so viel investiert, ihre Leben riskiert und Opfer gebracht haben. Ich kenne viele mir nahe Menschen, denen es so erging, ich kenne ihre Geschichten.

In einem alten Essay von Joseph McIntyre aus dem Jahr 2005 lese ich über das »kulturelle Gepäck« ghanaischer Hausa-Migrant*innen. Es ist die Sprache und die Kultur, die meine Familie väterlicherseits lebt, weil sie den Muslimen in Ghana angehören. Die Hausa sind eine Volksgruppe, die in weiten Teilen Nord,- West und Zentralafrikas und in großer Zahl in Nigeria leben. Sie sind als Händlervolk bekannt, das früher unter anderem Stoffe auf den Karawanen der Handelsrouten in Westafrika verkaufte. In seinem Text verbindet McIntyre die Hausa-Begriffe »ci rani«, also die saisonbedingte Migration (vom Dorf in die Stadt in der Trockenzeit), »fatauci«, den Fernhandel nach Nordafrika und ins Kongotal, durch den die Sprache Hausa zur sogenannten Verkehrssprache in Westafrika wurde, und »haji«, die Pilgerfahrt (früher zu Fuß), nach Mekka. Zusammen beschreiben sie die Fortbewegung der Hausa von einem Platz zum anderen als etwas Alltägliches. Wie für sie Bewegung, Sich-Niederlassen, Gastfreundschaft und ein Verständnis für die »Integration von anderen« eine gänzlich andere Bedeutung haben als für Europäer*innen. Westafrikaner*innen werden in einer multilingualen Umgebung groß. Die Hausa leben in den Städten in »Zongo«, ihren eigenen Ortsteilen, und wählen dort ihre eigenen Vertreter*innen, die vom König und der Königin der Aschanti, der größten Volksgruppe Ghanas, bestätigt werden, damit die Rechte und Pflichten im jeweiligen Stadtteil anerkannt werden. Auch meine Familie lebt in Ghana im Ortsteil New Zongo. Es gibt in afrikanischen Ländern viele unterschiedliche gesellschaftliche und politische Strukturen, die in Deutschland unbekannt sind.

Mein Vater hat die letzten 13 Jahre der englischen Kolonialzeit in Ghana erlebt, bevor es das erste Land wurde, das 1957 in die Unabhängigkeit ging. Er wanderte nach Europa aus, weil er jung war und besser bezahlte Arbeit suchte, und er pilgerte später zum heiligen Ort Mekka, Geburtsort des Propheten Mohammed und des Islam in einem Wüstental in Saudi-Arabien. Mein Vater wuchs in einem Land auf, in dem der Kolonialismus die ursprünglichen räumlichen Pole von *ci rani* zwar nicht verändert, aber eine neue Art der Stadt-Land-Migration gebracht hatte, in der Städte über die Zeit ein neues Gewicht und eine Anziehungskraft entwickelten. Die Dörfer verarmten und der Anbau sogenannter »Cash Crops«, also landwirtschaftlicher Produkte, die die Kolonisatoren zu Verkaufs- oder Exportzwecken eingeführt hatten, begann. Doch weil der Anbau von Monokulturen großer Mengen an Wasser bedurfte, hatten Dürreperioden drastische Folgen für die Anbauenden: Verschuldung und Hunger. Die Globalisierung tat später ihr Übriges und erweiterte die Dimension der Migration, die irgendwann nicht mehr zwischen Dorf und Stadt, sondern eben auch innerhalb Afrikas und später in den Westen, also auch nach Europa erfolgte. Diese Form der Migration wurde zur erweiterten Form von *ci rani*. Und das wichtigste Gut, das die Hausa mit nach Europa brachten, war ihre Religion, was übrigens für viele Volksgruppen gilt. So spricht mein Vater Hausa und ist Teil dieser

Kultur, aber seine Eltern zählen zur Volksgruppe der Kotokoli, die aus Togo stammen. Ihre Familien wanderten, als nationale Grenzziehungen noch nicht von den Ländern Europas bestimmt worden waren. So spiegelt sich in seiner Biografie, wie nationale Zugehörigkeiten zerfließen und dass es Länder gibt, deren Namen und Grenzen von den Kolonialmächten beschlossen wurden, obwohl sie mit dem Leben der Menschen dort nichts zu tun hatten. Deshalb hat auch das Verständnis von Nationalität auf dem Kontinent eine andere Bedeutungsgeschichte als hier. Kulturelle Prägungen und Bezüge zu den Herkunftsländern der eingewanderten Menschen sind unterschiedlich. Und es gilt zwischen der Erfahrung von Migration und Flucht zu unterscheiden. Es sind zwei verschiedene Erfahrungen, die Menschen machen und die in ihrer politischen Dimension und den realen Folgen zu wenig differenziert werden. Wie zum Beispiel wird der Zuzug afrikanischer Migrant*innen im Mittelmeerraum besprochen? Unter welchen Prämissen die Politik an den Außengrenzen der EU verhandelt? Und wie steht es wiederum um das Bild von Menschen, die seit Jahrzehnten im informellen Sektor in Europa arbeiten, weil sich einerseits die Lage in ihren Herkunftsländern sukzessive verschlechtert hat, andererseits der Bedarf an Arbeitskräften im Niedriglohnbereich hier gestiegen ist und sie deshalb zum Beispiel in der Land- und Bauwirtschaft in Spanien und Italien arbeiten. Diese Gemengelage ist einer der Gründe für die paradoxe Situation, dass eine nach europäischen Vorschriften geregelte Migration mit dem Ziel der Aufnahme einer Lohntätigkeit, also legalisierte Wege über den Arbeitsmarkt, durch eine restriktive Einwanderungspolitik erschwert wird und gleichzeitig die Wirtschaft massiv Arbeitskräfte aus südlichen Ländern anzieht. Die EU steht nicht ohne Grund in der Kritik, sich lediglich auf die Bekämpfung des »Schlepperwesens« zu konzentrieren und bestimmte afrikanische Länder wie den Sudan dabei zu unterstützen, gewaltvolle Türsteher für Europa zu sein. Auch das bestimmt unseren gesellschaftlichen Blick auf unser Miteinander und die Frage danach, wer dazugehört.

Wir sind hier, weil ihr da wart

Die Haltung zu Migration ist ein Seismograf dafür, wie demokratisch eine Gesellschaft ist.

– Manuela Bojadžijev

Ich erinnere mich noch, wie mein Vater mir 2019 begeistert ein Video der Grünen-Politikerin Aminata Touré schickte und mich fragte, ob ich sie kenne. Sie war gerade die jüngste und erste Schwarze Vizepräsidentin des Schleswig-Holsteinischen Landtages geworden. Beide waren wir beeindruckt von ihrem Auftreten und der Selbstverständlichkeit ihrer Worte. Noch im gleichen Jahr besuchte sie das Bundestreffen der ISD, um die Community dort kennenzulernen. Für viele ist sie heute ein nahbares Vorbild. Ich hätte mir einen Menschen wie sie in meiner Kindheit gewünscht.

Wir können mehr sein. Nur zwei Jahre, nachdem ich sie kennengelernt habe, lese ich gerührt ihre persönliche Geschichte in ihrem Buch. Touré ist für mich eine Frau und Politikerin, die zeigt, dass Politik zu machen machen alles andere als eine rein sachliche, sondern auch emotionale, menschliche und nachvollziehbare Angelegenheit ist. Sich einbringen, aber nie den eigenen Kopf verlieren, schreibt sie über sich. Und dass neue Menschen in Gruppen einen dazu zwingen, die eigene Position zu untersuchen. Es war ihre Entscheidung, als »Neue« an bestimmten Orten sein zu wollen und bestimmte Kämpfe durchzustehen. Es versinnbildlicht für mich das, was passiert, wenn Strukturen sich durch Türöffner*innen wie sie weiten. Ihr Weg und der anderer Politiker*innen mit einer Migrationsgeschichte zeigen, wie steinig ein solcher Weg sein kann, weil es herausfordert, an allen Orten immer »die Erste« zu sein. Es zeigt, dass mehr Abgeordnete ihr Privileg für die Ungehörten und mehrfachdiskriminierten Menschen nutzen müssen, damit sich der Blick vom Einzelnen ab- und den Strukturen zuwendet und dabei neue Perspektiven eingebracht werden wie im Fall von Touré zu den Themen Flucht und Migration.

Es ist eindrücklich, ehrlich und bestärkend, wie Touré über die Geschichte ihrer Eltern und die ihrer Familie schreibt, die einst aus Mali flüchtete. Wie sie darüber berichtet, als Kind der 90er in einer Unterkunft für Geflüchtete aufgewachsen zu sein und erfahren zu haben, welchen Unterschied es macht, ein Kind ohne festen Aufenthaltsstatus und ohne Duldung zu sein. Touré schreibt über Scham und Armut. Sie betont liebevoll die Mühen ihrer Mutter, spricht aber auch darüber, dass sie sich keine Romantisierung des Leids wünscht, weil das überdecke, dass es viele Menschen in unserer Gesellschaft gibt, die mit so vielen zusätzlichen Anstrengungen aufwachsen, mit denen andere sich nicht konfrontiert sehen. Tourés Buch ist privat und politisch. Erklärt, warum sie sich entschied, in einer deutschen Volkspartei Politik zu machen, und wie sie es tut. Wie sie sich 2017 für die Liste der Grünen zur Landtagswahl in Schleswig-Holstein aufstellen ließ und schon damals in ihrer Rede einen intersektionalen Feminismus vertrat, um zu kritisieren, dass die bisherigen Bemühungen ihrer Partei nicht ausreichten. Touré zeigt eine Überlebensstrategie, die auch Zeugnis einer Generation ist, die nicht mehr darum bitten möchte, als gleichberechtigt akzeptiert zu werden, sondern einfordert, was Deutschland diesen Kindern schon lange versprochen hat. Es ist eine politisch progressive Haltung. Es ist eine, die von einer jüngeren Generation von Menschen vertreten wird, die sich aktuell in politischen Räumen etablieren, wie man in Städten wie Frankfurt und Offenbach an Politiker*innen wie Bijan Kaffenberger, Hibba Kauser, Emre Telyakar, Armand Zorn, Awet Tesfaiesus oder Mirrianne Mahn sehen kann, die Inhalte zivilgesellschaftlichen Engagements mit einer intersektionalen Perspektive in die Parlamente tragen, weil sie sich eine Transformation wünschen. Umso trauriger spiegeln sich an ihrer Geschichte die Widerstände und die Tatsache wider, dass das Bekenntnis Deutschlands, ein Einwanderungsland zu sein, so fragil ist. Dieses unser Land hat weniger ein Problem mit Migration, sondern vielmehr damit, wie die Geschichten darüber erzählt werden. Zum Beispiel, dass die Erfahrungen der verschiedenen Menschen, die aus aller Welt nach Deutschland migriert sind, in der klassischen Erzählung deutscher Nachkriegsgeschichte als Perspektiven fehlen. Es fehlt so viel Wissen über die Lebensrealitäten von Migrant*innen, ihren Nachkommen oder beispielsweise Deutschen mit asiatischen/südostasiatischen Hintergründen, die in ihren Leben ebenso heterogen sind wie die Menschen mit Hintergründen des afrikanischen Kontinents. Wie Afrika ist auch Asien kein Land. Mit 47 Staaten und Hunderten von Volksgruppen und Sprachen lässt sich auch dort die gleiche Homogenisierung im westlichen Blick feststellen. Auch sie machen die Erfahrung, als *Andere* auf unterschiedliche Weise markiert zu werden, je nachdem, welche Hintergründe sie haben, ob sie Afghan*innen, Kasach*innen, Israeli*nnen oder Chinese*innen sind. Daher gilt immer die Frage, über wen wir sprechen, weil sich Erfahrungen unterscheiden. Menschen aus dem Iran werden in Deutschland eher als muslimisch gelesen, denn als asiatisch wahrgenommen, Menschen aus Zentralasien eher mit der ehemaligen Sowjetunion verknüpft. Sie alle bringen ihre Geschichten mit und erweitern damit die Perspektive. Doch oft wird in Deutschland über Asiat*innen gesprochen, und gemeint sind Menschen aus Südostasien.

Wissenschaftler*innen wie Kien Nghi Ha, Noa K. Ha, Kimiko Suda, Sabrina J. Mayer oder Christoph Nguyen zeigen den spezifischen Rassismus in Deutschland auf, der bis in die Kolonialzeit reicht, außerdem zeigen sie, dass die Differenzerfahrung dieses Bevölkerungsteils so aussieht, dass sie als die »Lieblinge« und »Ungewollte« zugleich gelten. Still, leise und angepasst, so das rassifizierende Klischee. Vorzeigemigrant*innen und Musterschüler*innen: freundlich und arbeitsam, unauffällig im Gegensatz zu anderen Gruppen, die als faul, aggressiv oder potentiell kriminell gelten. All das sind konstruierte und negative Stereotype. Sarrazin war ein prominenter Vertreter, der die unterschiedlichen migrantisierten Gruppen hierarchisierte. So spiegelte er in seinen antimuslimischen Ausführungen vermeintliche »Problem-Muslimen« an »guten Migranten« wie den Vietnames*innen, um sie gegeneinander auszuspielen. Es ist eine gefährliche Logik, wenn sich weitere Hierarchien auftun, nämlich die zwischen marginalisierten Menschen, die den Aufstieg geschafft haben, und denjenigen, die im Niedriglohnsektor nur wenig Möglichkeiten für einen ökonomischen Aufstieg haben. Es ist eine Situation, die nicht nur zu Wettbewerb, sondern auch zu gegenseitiger Ablehnung und Ausgrenzung führt. Kendi bezeichnet es als »ethnischen Rassismus«, wenn wir rassistische Vorstellungen über marginalisierte Gruppen unterstützen, die sich auf ihr Verhalten beziehen, statt die Ursachen für die Ungleichheiten zwischen ihnen in der Politik zu suchen. Zumal der Status, zu »den Guten« zu zählen, sowieso ein prekärer ist, da er jederzeit wieder entzogen werden kann, wie die Pandemie gezeigt hat: Bis Corona kam, war in der breiten Öffentlichkeit wenig über den sogenannten antiasiatischen Rassismus und die damit verbundenen Erfahrungen bekannt. Eine Anerkennung dieser spezifischen Form struktureller Diskriminierung erfolgte erst seitdem, weil insbesondere südostasiatisch gelesene Menschen erlebt haben, wie das Virus den Hass auf sie steigerte. Weltweit wurden rassistische Narrative bedient, indem in Berichterstattungen Menschen, die asiatisch gelesen wurden, als Titelbilder für Schlagzeilen instrumentalisiert wurden. Ex-US-Präsident Donald Trump sprach über ein »China-Virus« und befeuerte die Stimmung, die sich weltweit in rassistisch motivierten Angriffen kanalisierte. Auch in Deutschland häuften sich die verbalen und körperlichen Attacken, oder Geschäfte wurden gemieden. Die Gewalt bezog sich insbesondere auf Frauen. So verübte 2021 ein junger *weißer* Mann in Atlanta Attentate in drei Massagesalons und tötete acht Menschen, darunter sechs aus der südostasiatischen Diaspora: Hyun Jung Grant, Xiaojie Tan, Daoyou Feng, Suncha Kim, Soon Chung Park, Yong Ae Yue, Delaina Ashley Yaun. In den Motiven des Täters zeigte sich die verbreitete sexistisch-rassistische Sicht auf ostasiatische, weiblich gelesene Personen als vermeintlich willige »Liebesdienerinnen«.

»We are here, because you were there«, wir sind hier, weil ihr da wart: Mit diesem Satz betitelte Ambalavaner Sivanandan, der sri-lankisch-britische Direktor des Institute of Race Relations in London bereits in den 80er Jahren die globalen Zusammenhänge von Migrationsbewegungen. In Kontexten sozialer Bewegung ist dieser Satz immer wieder lesbar, weil er deutlich macht, dass die Ursachen für Flucht und Migration differenziert betrachtet werden müssen, dass die Jahrhunderte kolonialer Ausbeutung in Asien und Afrika zu unterschiedlichen Migrationsbewegungen geführt haben und die Gründe, warum Menschen wandern und ihr Zuhause verlassen, in einem historischen Raum stattfinden, in dem all das verbunden ist.

Viel zu selten lese ich darüber, dass die Perspektive auf Armut, Kriege und Diskriminierung als Fluchtursache nicht nur mit den nationalpolitischen Umständen der Herkunftsländer, sondern auch der neoliberalen Wirtschaftspolitik in den Zielländern verknüpft ist. Es sind Themen, die ich 2006 für meinen Abschluss am Länderbeispiel Ghana betrachtete und dabei das Thema Mikrokreditfinanzierung und die Entwicklungsprogramme der 80er und 90er Jahre zum Thema machte. Mein Schwerpunkt lag auf der ökonomischen Rolle von Frauen in der Entwicklungszusammenarbeit. Sie galten schon damals für große Player wie die Weltbank als unterschätzte Ressource, die nicht ungenutzt bleiben sollte. Marktinklusion durch weibliches Humankapital war das Ding. Die Philosophin Nancy Fraser erklärt, wie dieser marktzentrierte Ansatz der Entwicklungszusammenarbeit den Traum von Frauenbefreiung an die kapitalistische Akkumulation knüpfte. Es waren führende internationale Aktivistinnen und Wissenschaftlerinnen wie die Genderforscherin Chandra Talpade Mohanty oder die Literaturwissenschaftlerin Gayatri Chakravorty Spivak, die in den 80er Jahren Kritik am abwertenden Bild der sogenannten »Dritte-Welt-Frauen« als unselbstständige Opfer und Bittstellerinnen übte, um sie als Rechtssubjekte und Weltbürgerinnen darzustellen. Sie kritisierten ein vermeintliches Wissen darüber, was Frauen weltweit an Programmen und Maßnahmen bräuchten. In der Globalisierung sah Mohanty neue Chancen für gemeinsame Kämpfe und Solidarität jenseits veralteter Perspektiven. Es ist die Denkschule, die ich an der Uni nahegebracht bekam, die mich dabei unterstützte, Entwicklungszusammenarbeit als gute Sache für arme Menschen zu sehen, aber die Rede von Unterentwicklung und Fortschritt oder den Glauben an den modernen Westen und die Folgen der Migration infrage zu stellen.

»Der Westen« wird nicht von eingewanderten Menschen zerstört, sondern von der Angst vor Einwanderern, erklärt der

Schriftsteller Suketu Mehta in seinem Buch *This Land is Our Land,* in dem er Mythen über sie aufgreift und das Recht auf Auswanderung verteidigt. Warum kommen sie, warum werden sie gefürchtet und wann sind sie willkommen, deutet er anhand von persönlichen Geschichten einschließlich der Migrationsgeschichte seiner eigenen Familie von Indien nach England und in die USA. Außerdem erklärt er die Hinterlassenschaften des Kolonialismus, die globale Ungleichheit und warum eingewanderte Menschen von heute zu Recht auf die Frage »Warum bist du hier?« antworten könnten: »Weil du da warst.«

Migration ist ein altes, kein aktuelles Phänomen, und sie ist und bleibt eine ständige Geschichte, die weiterführt. Ohne Migration kein Deutschland. Seit dem 19. Jahrhundert wurde sie noch dazu ein globales Thema, das durch technologischen Fortschritt, wachsende Mobilität und die Industrielle Revolution beschleunigt wurde. Arbeitsmigration hat dabei schon immer eine Rolle für die deutsche Wirtschaft und Gesellschaft gespielt. Zwischen 1860 und 1910 wurden im Zuge der Industrialisierung gezielt Arbeitskräfte in Osteuropa angeworben, die ins Ruhrgebiet migrierten, um im Bergbau zu arbeiten. 2015 fühlten sich ältere Menschen durch die Bilder des Krieges und der flüchtenden Menschen aus Syrien an ihre Fluchterfahrungen Ende des Zweiten Weltkriegs erinnert. In den 60er Jahren dann veränderten die sogenannten Anwerbeverträge der sogenannten »Gastarbeiter*innen« aus der Türkei, Italien, Spanien, Griechenland, Portugal, dem damaligen Jugoslawien, Marokko und Tunesien mit anschließendem Familiennachzug die Migrationsverhältnisse in Europa und prägten die Migration der folgenden Jahrzehnte in Deutschland. Gleichzeitig wuchs die Idee einer homogenen ethnisch-kulturellen Gemeinschaft und Politiken der Ausgrenzung auf Basis der Vorstellung eines einst geteilten, ab 1989 vereinten Deutschlands einfach mit.

Wie unterschiedlich dabei die Interpretationen »unserer Gesellschaft« waren, zeigt uns die Deutung der Geschichten. So galt die Rückkehr der NS-Verfolgten nach dem Zweiten Weltkrieg vielen als Beweis für ein neues, demokratisches Deutschland. Und die Integration der deutschen Bevölkerung aus den ehemaligen deutschen Ostgebieten wiederum wurde als gelungener Beitrag der Gründungsgeschichte der Bundesrepublik gedeutet, während die Arbeitsmigrant*innen eigentlich nur eine vorübergehende Erscheinung darstellen sollten. Mit Letzteren wuchs das Bild vom Wir und den anderen. Mein Mann machte mich dahingehend auf ein Feature im Deutschlandfunk über das erfolgreiche »Lied von Manuel« der Kinderband Pony aufmerksam. Ein Schlagerhit aus dem Jahr 1979. Über ein Gastarbeiter*innenkind, mit dem keiner etwas zu tun haben will:

Da ist der Junge aus Kastilien und er wohnt
Im Neubaublock mit seinen Eltern
Wir kennen deine Stimme, wir kennen dein Gesicht
Manuel, aber mögen – mögen wir dich nicht

Nach dem Anwerbestopp 1973 spielte die Erwerbsmigration in Westdeutschland zwar eine eher untergeordnete Rolle, aber bis in die 80er Jahre galten neben Marokko und Tunesien auch Ägypten, Kamerun, Nigeria und Ghana als die wichtigsten Herkunftsländer aus Afrika eingewanderter Menschen. Gleichzeitig wurden in der ehemaligen DDR zwischen 1979 und 1989 Tausende Vertragsarbeiter*innen aus Mosambik angeworben und ab 1984 auch Arbeitskräfte aus Angola. Die DDR-Geschichte kann »zum Sonderfall neben dem westdeutschen Normalfall« gezählt werden, schreibt die Kulturanthropologin Urmila Goel. Zahlentechnisch gab es dort Ende der 80er Jahre einen sogenannten

Ausländeranteil von etwa 1,1 Prozent im Vergleich zu 7,7 Prozent zum gleichen Zeitpunkt in der BRD, also Menschen, die keinen deutschen Pass besaßen. Dazu zählten Angehörige der sowjetischen Armee und Vertragsarbeiter*innen, ein großer Teil von ihnen stammte aus Vietnam und viele aus afrikanischen Ländern. Es gab aber auch ausländische Studierende und politische Emigranten. Letztere hauptsächlich aus Griechenland, Spanien und Chile, die zu den Privilegierten zählten, während die Studierenden meist aus jungen Nationalstaaten vom afrikanischen Kontinent kamen, die sich aus der Kolonialherrschaft befreit hatten und aus sozialistischen Ländern stammten. Wie in Westdeutschland gründeten auch sie Familien, jedoch sollte der Bevölkerung der Eindruck vermittelt werden, dass die DDR ein homogener Staat sei, und die eingewanderten Menschen sollten nicht an der Gesellschaft teilhaben. Ihr ökonomischer Nutzen wurde nie offen debattiert, was zur Folge hatte, dass sie als Kostgänger der Aufnahmegesellschaft wahrgenommen wurden, erklärt der Historiker Patrice Poutrus. Nach der Wende verloren viele ihre Arbeit, wurden selbstständig oder nahmen Prämien der Regierung für eine freiwillige Rückkehr an.

Der Blick in die 90er zeigt auch den Krieg auf dem Balkan. Und dass es zwischen Äthiopien und Eritrea noch immer einen Grenzstreit gab, genau wie zwischen Mali und Burkina Faso. In Burundi ist Bürgerkrieg, genauso wie in der Republik Kongo, im Senegal und Simbabwe. Die Zahl der geflüchteten Menschen steigt in Deutschland in dieser Zeit. Der damalige Bundesinnenminister Rudolf Seiters von der CDU nutzt das Wording »Asylmissbrauch«, die Stimmung kippt. In Hoyerswerda greifen im September 1991 Neonazis und Bürger tagelang die Wohnheime von Vertragsarbeitskräften und ein Wohnheim für geflüchtete Menschen an. 32 Menschen werden verletzt, 82 Personen vorläufig festgenommen. Die geflüchteten Menschen werden mit

Bussen auf Unterkünfte im Umland verteilt oder flüchten auf Eigeninitiative nach Berlin und Niedersachsen. Neonazis bezeichnen Hoyerswerda als »erste ausländerfreie Stadt«, ein Begriff, der 1991 das erste Unwort des Jahres wird. Ein Jahr später kommt es zu tagelangen Unruhen anlässlich der Unterbringung von geflüchteten Menschen in der damaligen Gendarmeriekaserne Mannheim-Schönau, kurz darauf zu den Ausschreitungen in Rostock-Lichtenhagen, danach in Mölln. Die Asyldebatte und auch die Zahl gewaltsamer Übergriffe erreichen ihren Höhepunkt.

In diesen beiden Jahren stellen in Deutschland laut Bundesamt für Migration und Flüchtlinge rund 695 000 Menschen einen Antrag auf Asyl. Es ist die Zeit, in der Touré in Deutschland geboren wird und in einer Unterkunft für Geflüchtete in Neumünster aufwächst, während ich elf Jahre alt bin und gerade meinen Schulwechsel aufs Gymnasium in Frankfurt erlebe. Und Fragen wie »Hast du eine Duldung?« nicht kenne. Ich lerne fürs Abitur in der Schule, während Touré nicht in den Kindergarten darf. 2016, als die Lager für Geflüchtete in Deutschland wieder brennen, weil die Anschläge zunehmen, erinnern wir uns auf unterschiedliche Weise an die Zeit der 90er und stellen die gleichen Verbindungen zwischen damals und heute her. Wieder andere sehen da gar nichts, weil sie mit diesem Thema noch immer nichts verbindet. Und hier liegt ein weiterer Unterschied.

Touré und ich, wir sind die Kinder der Diaspora. Und die Erfahrungen von uns als Nachfahrinnen setzen sich peu à peu durch. Der afrikanische Kontinent ist inzwischen auch in Deutschland von einem Spezialthema ins Zentrum globaler und wirtschaftlicher Interessen gerückt. Es ist ein Irrtum, zu glauben, dass Schwarze Menschen hierzulande eine kleine »Minderheit« mit wenig Einfluss und Relevanz auf die Gesellschaft sind. Bereits Ende 2017 lebten laut Statistischem Bundesamt in Deutschland rund 540000 Menschen mit der Staatsangehörigkeit eines afrikanischen Staates. Schließt man die Eingebürgerten, die in Deutschland geboren wurden, oder Kinder wie mich ein, dann erhöht sich die Zahl für 2017 auf rund 856000. Neue Menschen kommen hinzu. 2018 kam Deutschland laut Eurostat erstmals nach Frankreich eine größere Bedeutung für erstmalige Asylanträge afrikanischer Staatsangehöriger zu, die hauptsächlich aus Nigeria, Somalia und Eritrea stammten. Viele von ihnen unbegleitete, minderjährige Schutzbedürftige. Bedeutend ist Deutschland aber auch als Zielland für sogenannte Bildungseinwander*innen aus Ländern wie Kamerun, Tunesien, Marokko, Ägypten und Nigeria. So sind wir heute laut Afrozensus über eine Million Menschen afrikanischer/afrodiasporischer Herkunft, die Deutschland in so vielen Bereichen mitprägen, und es gibt so viele, die von unseren Leben und unserer Existenz immer noch überrascht sind. Das könnte anders, könnte selbstverständlich sein.

Wie aufnahmefähig eine Gesellschaft ist, zeigt ihr verinnerlichtes Wissen über die Migrationsgeschichte ihrer Mitmenschen. Was für viele oft im Unsichtbaren und Unverstandenen bleibt, sind die transnationalen Netzwerke, die eingewanderte Menschen inzwischen über die Jahrzehnte aufgebaut haben. Ein Wissen darüber, wie sie sich in ihrem Alltag in Deutschland mit dem ihrer Verwandten und Bekannten im einstigen Zuhause verbinden. Warum hier gelebt wird, dort Häuser gebaut, Familien unterstützt, lokale Güter im- und exportiert werden und wie sich so über Jahrzehnte vernetzte Kulturen und Existenzweisen etabliert haben, die unsere Gesellschaft prägen und die Schönheit in diesem Land ausmachen: Vieles, was in Deutschland ganz selbstverständlich ist, ob Lebensmittel, Gastronomie oder Jugendkulturen, ist aus einer Hunderte Jahre alten, immerwährenden kulturellen und politischen Transformation gewachsen, die sowohl hier als auch dort stattfindet und weiter stattfinden wird. Deshalb sind wir eine Migrationsgesellschaft. Und Stuart Hall schrieb über den sogenannten Westen und »den Rest«, dass er sich keinen Gefallen tue, wenn er seine eigene Verschiedenheit oder Ungleichartigkeit untergrabe und die Vielfalt »des Rests« zu einer Einheit erkläre, die sich vom Westen unterscheide. Er erklärt es als eine auf Spaltung abzielende Konzeption von Differenz, die verschleiere, wie Gesellschaften auch stets miteinander verbunden waren. Er warnt vor eurozentristischen Retter-Gedanken und rät, sich darüber bewusst zu werden, wie das eigene Leben auf vielen Ebenen mit dem von anderen Menschen auf der Welt indirekt verbunden ist und welche Machtverhältnisse und Missverständnisse dahinterstehen.

Die Frage ist, wie wir ein Dazukommen, Dazugekommensein, ein Dazu- oder Nichtdazugehören in Zukunft bewerten. Migration als eine Konstante zu begreifen hilft dabei, den Fokus nicht auf Probleme, sondern auf das Gemeinsame zu lenken und unsere Differenzen als Möglichkeit für das zu sehen, was Touré mit »Wir sind mehr« betitelt hat. Es gibt so vieles, was voneinander gesehen und gelernt werden kann. Das soll nicht platt dahergesagt klingen. Nein, es beschreibt eine grundsätzliche Haltung, die vielen noch fehlt. Diese Haltung ist in erster Linie eine offene. Damit meine ich nicht die Neugier oder ein Bestaunen von »Anderen«, und ich meine damit auch kein interkulturelles Verständnis von hier meine und da deine Kultur. Nein. Mich treibt ein Gefühl an, das unsere Gesellschaft als zusammengewachsen versteht. Es gib darüber viel zu lernen, und die Migrations- und Rassismusforschung bietet hilfreiche Denkangebote, die in meinen Augen zu wenig Platz im gesellschaftlichen Diskurs haben. In diese Richtung zu denken habe ich meiner Arbeit als wissenschaftliche Mitarbeiterin nach dem Studium bei der Politikwissenschaftlerin Uta Ruppert im Bereich der politischen Soziologie und der Soziologin Ursula Apitzsch im Bereich transnationale Migrations- und Biografieforschung zu verdanken. Was ich dort lernte, beeinflusst, wie ich heute meinen journalistischen Fokus setze, zum Beispiel nach dem Truppenabzug des Westens aus Afghanistan nach 20 Jahren Einsatz im Jahr 2021 den Fokus auf die Perspektive der Nachkommen der Menschen zu legen, die einst von dort nach hier, also nach Deutschland geflüchtet waren.

Was wusste die breite Öffentlichkeit in Deutschland über Afghanistan und diejenigen, die dort lebten? Was war berichtet worden? Welches Bild war darüber entstanden? Wer hatte über die Arbeit der Ortskräfte, die jetzt unserer Rettung bedurften, gesprochen? Es waren Deutsche, in Deutschland sozialisierte Deutsch-Afghan*innen, Afghan*innen der Zweiten Generation in Deutschland, die mir als Journalisten und Journalistinnen die Geschichten ihrer Eltern der vergangenen 20 Jahre deutsch-afghanischer Beziehungen erzählten und die Politik hierzulande dafür kritisierten, die Realität dort verdrängt zu haben. Das Phänomen der kognitiven Dissonanz ist nicht nur auf die Kolonisierten, die Regierten oder Besetzten begrenzt, es erfasst auch die Regierenden, lese ich in einem Text. Das kann erklären, warum nicht gesehen werden wollte, dass die afghanische Armee das Land nicht halten und retten kann, weil die Konsequenz gewesen wäre, sich einzugestehen, dass der 20 Jahre während Einsatz wenig gebracht hat und dass sich zu wenig mit den Menschen, ihren Leben und ihren Vorstellungen auseinandergesetzt worden war.

So betrifft das Problem der kognitiven Dissonanz weite politische Felder. Und je mehr Einigkeit in einer politischen Klasse darüber herrscht, bestimmte Dinge auszublenden, desto stärker wird auch ihre kollektive Wahrnehmungsfähigkeit beschränkt.

Und so konnte es im Herbst 2021 zu diesem ohnmächtigen Entsetzen in der deutschen Gesellschaft kommen, die begriff, dass die eigene Regierung aus politischen Interessen einer Kosten-Nutzen-Rechnung und weniger aus menschenrechtlichen Gründen im Einsatz in Afghanistan gewesen war, wie es die Journalistin Waslat Hasrat-Nazimi erklärte, und dass es eine große Lüge gewesen sei, dass Demokratie und Frauenrechte hätten gefördert werden sollen – stattdessen muss die afghanische Bevölkerung ihre Probleme nun unter sich ausmachen.

Es sind die Nachkommen in Deutschland, die uns diese Tatsache schmerzlich bewusst machen und den Finger in die Wunde legen. Die dem Satz »We are here, because you were there« eine neue Bedeutung geben, weil sie eine problematische Asylpolitik angesichts einer desolaten Sicherheitslage in einem Land durch eine gescheiterte Intervention deutlich machen. Schließlich war Afghanistan bis wenige Wochen vor der Machtübernahme der Taliban für die deutsche Regierung noch sicher genug, um genau diesen Menschen den Aufenthaltsstatus zu entziehen. So viele Jahre waren Afghan*innen geflohen, lebten unter menschenunwürdigen Bedingungen in Griechenland, in der Türkei oder auf dem Balkan, viele geduldet, später anerkannt in Deutschland. 20 Jahre sind darüber vergangen. Deshalb ist es so wichtig, mit denjenigen zu sprechen, die während dieser Zeit den Blick darauf nicht verloren haben, die klar geblieben sind, weil sie miterleben, mitfühlen, weil es ihre Geschichten sind, die uns von der Kontinuität erzählen. Denn nur mit diesem Blick lässt sich die Geschichte verstehen, die ohne Frage auch eine deutsch-afghanische ist.

»We are here, because you were there.« Globale Verbundenheit löst nationale Grenzen in meiner Vorstellung transnationaler Lebensweisen auf. Ich fühle mich grenzenlos, obgleich ich weiß, dass ich einen deutschen Pass habe und die doppelte Staatsbürgerschaft. Welch ein Privileg. Ich blicke auf das Leben meiner Familie zwischen all diesen Welten und auf das meiner Freundinnen und Freunde. Ich empfinde die unterschiedlichen Menschen in ihrer Summe und Vielfalt als großartig, ohne verklärt zu sein. Und ich sehe, wie meine Familie und ich darin leben – als die Nachkommen einstiger Kolonisierter und Kolonisierer und damit Teil einer größeren Erzählung. Versuchen wir es deshalb im ersten Schritt mit einem Umdenken: Schreiben wir Menschen mit Migrationsgeschichte, Migrant*innen, Ausländer*innen, und wie sie benannt werden, endlich in die deutsche Geschichte ein. Verändern wir die schulischen Curricula, die Ausbildung der Lehrenden in allen Bereichen des öffentlichen Lebens. Weniger Hysterie, mehr Interesse für die Komplexität. Mehr Schönheit. Die kollektiven, heterogenen, fluiden Identitäten der Jugend und ihrer Teilhabebewegungen schreiten an so vielen Orten voran. Wir können sie mit Begeisterung beobachten, sie können uns bestärken. Es gibt immer und überall Möglichkeiten, sich auf die Erzählung von der Schönheit unserer Differenz einzulassen, wenn wir es wirklich wollen.

Denk ich an Hanau: Über Selbstbestärkung als Widerstand

> *Denk ich an Hanau, dann denke ich an all die Leben, die nicht gelebt wurden. An die Leere, die bei den Familien bleibt. Ich fühle so viele unterschiedliche Gefühle. Und ich sehe die Menschen, die sich dafür einsetzen, dass ihre Leben nicht vergessen werden. Dass es »kein Vergessen« gibt. Sie alle, wir alle haben Hoffnung. Wie sollte es sonst auch weitergehen…*

Ich blicke in die Kamera, sage diese Worte, die ich mir vorher überlegt habe. Es ist eine Voraufzeichnung für ein Video für das Festival »Wir sind hier« des Literaturhauses in Frankfurt. Wir schreiben ein Jahr nach dem rassistisch motivierten Anschlag von Hanau, und einige Autor*innen und ich erinnern uns an: Fatih, Ferhat, Gökhan, Hamza, Kaloyan, Mercedes, Said Nesar, Sedat und Vili.

Triggerwarnung, weil es im Folgenden um die Tatnacht geht, was möglicherweise verletzt.

Es ist der 19. Februar 2020. Gegen 22 Uhr erschießt der Täter in zwei Lokalen drei Männer. In der Bar »La Votre« den 33-jährigen Wirt Kaloyan Velkov, in der Shisha-Lounge »Midnight« den 30-jährigen Inhaber Sedat Gürbüz und auf der Straße den 34-jährigen Fatih Saraçoğlu. Anschließend fährt er in den Stadtteil Kesselstadt und tötet auf dem Parkplatz vor einem Hochhaus Vili Viorel Păun. Der 22-Jährige war ihm mit seinem Auto gefolgt und hatte vergeblich versucht, den Mörder zu stoppen und die Polizei um Hilfe zu rufen. Im Erdgeschoss des Hauses betritt der Mörder dann die »Arena Bar«, ein Lokal mit Kiosk. Dort tötet er den 37-jährigen Maurer Gökhan Gültekin, die 35-jährige alleinerziehende Mutter Mercedes Kierpacz und den 23-jährigen Installateur Ferhat Unvar. Den 21-jährigen Said Nesar Hashemi und den 22-jährigen Hamza Kurtović erschießt er an der Bar. Weitere Besucher werden zum Teil schwer verletzt. Nach der Tat fährt der Täter zum nahe gelegenen Haus seiner Eltern, wo er erst seine Mutter und dann sich selbst erschießt. #KeinVergessen.

Am Morgen nach ihrem Tod wird mein WhatsApp-Eingang von Nachrichten geflutet. Ich kann mich nicht mehr genau an meine Gefühle in diesem Moment erinnern. Vielleicht, weil ich mir mein Rüstzeug als Journalistin angezogen habe, das mich meistens schützt. Es war nicht die erste rassistisch oder antisemitisch motivierte Tat dieser Art, die mir naheging, aber noch nie eine geografisch so nah wie dieses Mal.

Wir blicken auf Jahre der politischen und sprachlichen Verrohung zurück. Dem Aufstieg der Rechtspopulisten und Rechtsextremen. Eine kontinuierliche Geschichte rechtsterroristischer Gewalt, die bis in die Anfänge der Extremismus- und Terrorismusforschung der 1970er Jahre zurückverfolgt werden kann. Es musste erst die Selbstenttarnung des NSU folgen, um ein Bewusstsein dafür zu schaffen, das in einer problematischen Aufarbeitung und einem enttäuschenden Urteil für viele mündet.

Spätestens der Mord am Kasseler Regierungspräsidenten Walter Lübcke 2019 hat einer breiten Masse deutlich gemacht: Inmitten der deutschen Gesellschaft haben sich rechtsextreme Gewalttäter radikalisiert, und ihre Netzwerke funktionieren schon lange ziemlich gut. Diese Gewalttat brachte auch die Geschichte des Nebenklägers Ahmed I. ans Licht, der 2016 vor einer Unterkunft für Geflüchtete im nordhessischen Lohfelden niedergestochen wurde und im Prozess davon berichtet, wie die Behörden ihm nicht glauben wollten, dass er von einem Neonazi angegriffen worden sei, genauer gesagt von Stephan E., dem Angeklagten. Recht bekam Ahmed I. nicht.

So offenbarte der Lübcke-Mord, dass es für eine Einsicht einen Mord an einem Politiker braucht. Es brauchte für diese Erkenntnis viele ungeklärte Polizeiskandale und unzählige dokumentierte Fälle Schwarzer Menschen, die in Polizeigewahrsam gestorben sind, und die gesamte Auflösung des Sondereinsatzkommandos in der westdeutschen Frankfurter Polizei aufgrund volksverhetzender Chats. Ein Eklat, der zuletzt die Tatsache bekannt machte, dass nach dem rassistisch motivierten Anschlag in Hanau 13 von ihnen dort im Einsatz waren und die Angehörigen und Überlebenden sich damals über den Umgang von Sicherheitskräften mit ihnen beschwert hatten. Bewaffnete SEK-Beamte, die das Auto umstellt hatten, in dem Mercedes Kierpaczs Vater darauf wartete, zu seiner ermordeten Tochter zu dürfen. Er hatte Angst vor ihnen.

Kein Vergessen. Kein Schlussstrich. Den NSU-Komplex auflösen und auch an die Ermordeten Enver Şimşek, Abdurrahim Özüdoğru, Süleyman Taşköprü, Habil Kılıç, Mehmet Turgut, İsmail Yaşar, Theodoros Boulgarides, Mehmet Kubaşık, Halit Yozgat, Michèle Kiesewetter denken. Nach fünf Jahren NSU-Prozess sollte es kein Abhaken geben, denn die gesellschaftlichen Bedingungen, die den NSU möglich machten, bestehen fort, die Zeit des Handelns bleibt. Seit den 90er Jahren beobachten wir die bedrückende Kontinuität rassistischer und rechter Gewalt. Auf zivilgesellschaftlichen Druck etablierte die Bundesregierung 2020 erstmals ein sogenanntes Rassismus-Kabinett.

Es sollte viele Dinge verändern, doch außer einem Maßnahmenplan mit 99 Punkten, der vage blieb und für die Zukunft wenig nutzte, weil er keine ganzheitliche und nachhaltige Strategie verfolgt, ist wenig passiert. Gleichzeitig glauben in Deutschland nicht wenige Menschen, wir hätten inzwischen genug über Rassismus gesprochen. Wieso fällt es vielen Menschen hierzulande so schwer, sich solidarisch mit den Betroffenen von rechter, rassistischer oder antisemitischer Gewalt zu zeigen? Wieso können so viele einfach zum Alltag zurückkehren, während die Hinterbliebenen auch Jahre danach immer noch kämpfen?

Was uns fehlt, ist ein Wissen oder Wissenwollen, durch welche Atmosphäre sich Menschen immer wieder zu Taten ermutigt fühlen. Dass das Sprechen über Menschen und ihre Leben, das Sagbare, die Stimmungslage sich nach rechts verschoben hat. Viel wurde schon über die Radikalisierung im Netz und den Einfluss von Sprache oder Rhetorik rechter Parteien wie der AfD geschrieben. Letztere werteten Shishabars auf Basis polizeilicher und innenpolitischer Zuschreibungen als Gefahrenorte krimineller Machenschaften ab, obwohl sie Treffpunkt für so viele junge Menschen sind, die in Clubs die alltägliche Erfahrung machen, wegen ihres Aussehens nicht hineingelassen zu werden. Alleine an diesem Beispiel lassen sich Mikroaggressionen beschreiben, die auch die Opfer von Hanau erlebten.

Nicht ohne Grund ist über die vergangenen Jahre ein kritischer Forschungszweig herangewachsen, der die Polizei und das sogenannte »Polizieren« in der multiethnischen Gesellschaft vermehrt in den Blick nimmt. Es geht um den historischen und strukturellen Aufbau der Polizeiorganisationen, ihre alltäglichen Interaktionen und das Herstellen »innerer Sicherheit«, den Zusammenhang verschiedener polizeilicher Praktiken, für die der Begriff entwickelt wurde. Unterschieden werden dabei die Polizei als Institution mit ihren Gesetzen und Praktiken und die gesellschaftliche Ebene, die so ausgestaltet sind, dass sie bestimmte Menschen benachteiligen können, weil sie in ihrer Entstehungsgeschichte und ihrem Aufbau nicht für marginalisierte Menschen geschaffen wurden. Es geht um die Arbeit privater Sicherheitsdienste sowie das Straf- und Justizsystem. Polizieren beschreibe auch das Agieren der beteiligten Akteure und Akteurinnen um die Rechtfertigung, Verankerung und Durchsetzung bestimmter Handlungen, erklärt der Polizeiwissenschaftler Thomas Feltes.

Ein Beispiel dieser Praxis ist das sogenannte »Racial Profiling«: also der Akt, von der Polizei aufgrund bestimmter Merkmale auf Grundlage von rassistischen und hetero-sexistischen Zuschreibungen, oft in Kombination mit Migrationsstatus oder sozialem Status, angehalten, befragt oder durchsucht zu werden. Es sind keine Einzelfälle. Beruflich habe ich mich damit das erste Mal 2012 beschäftigt, als ein junger Schwarzer Student aus Kassel wegen einer rechtswidrigen Kontrolle gegen die Bundespolizei geklagt hatte. Er war auf einer Zugfahrt von Kassel nach Frankfurt/Main von zwei Bundespolizisten angesprochen und aufgefordert worden, sich auszuweisen. Weil er das verweigerte, wurde er ruppig durchsucht, mit zur Dienststelle nach Kassel genommen und wegen Beleidigung angeklagt, weil er während der Kontrolle gegenüber Beamten von SS-Methoden gesprochen hatte. Im Strafverfahren in Frankfurt/Main erklärte der Bundespolizist, wie er bei Kontrollen vorgehe: dass er sich dabei nicht an ein bestimmtes Schema halte, sondern Leute anspreche, die ihm als Ausländer erschienen, und deshalb sei der Student aufgrund seiner Hautfarbe ins Raster gefallen. Diese rassifizierende Aussage bot die Grundlage für den Studenten und seinen Anwalt Sven Adam, beim Verwaltungsgericht Koblenz wegen Verstoßes gegen das Grundgesetz zu klagen. Doch das Gericht gab dem Polizisten recht. Basierend auf § 22 Abs. 1a Bundespolizeigesetz (Verdachtsunabhängige Kontrollen) sei die

Kontrolle rechtmäßig verlaufen, und damit wurden das Recht des Studenten auf Selbstbestimmung, Persönlichkeitsrecht und das Diskriminierungsverbot des Grundgesetzes für unwichtig erklärt. Ein Eklat.

Ich begleitete die mediale Berichterstattung darüber und die sich in Gang setzende politische und menschenrechtliche Bewegung. Ich war anwesend bei der mehrstündigen Berufungsverhandlung des Studenten vor Gericht, der in zweiter Instanz recht bekam. Im Gegensatz zur Vorinstanz erkannte das OVG Koblenz den Verstoß gegen das Diskriminierungsverbot und erklärte mit seinem Urteil Racial Profiling bei Kontrollen im Grenzgebiet erstmalig für rechtswidrig. Doch setzte dieser Präzedenzfall nicht den Anfang vom Ende einer ineffizienten Kontrolle in Gang und veränderte etwas in der Struktur. Was er veränderte, war jedoch die öffentliche Wahrnehmung, eine Kenntnisnahme des Problems. Der Begriff »Racial Profiling« wurde in Deutschland etabliert. Ein Problem, das aufzeigt, dass es sich auf mehreren Ebenen verstärkt, zum Beispiel auf der rechtlichen, da es Formen von Gesetzen gibt, die nicht explizit rassistisch sind, aber in diesem Sinne wirken können, wenn sie dafür benutzt oder ausgenutzt werden. Das gilt für die genannten verdachtsunabhängigen Kontrollen, aber auch für das, was unter Begriffe wie »Gefahrenorte« oder »Rasterfahndung« fällt. So gibt es auf der einen Seite Polizist*innen, die auf individueller Ebene rassistisch sein und handeln können, und es gibt strukturelle Bedingungen, die rassistisches Handeln überhaupt möglich machen. Das alles findet im Rahmen gesellschaftlicher Kräfteverhältnisse statt. Es ist ein Zusammenspiel von Strukturen, gesellschaftlichen Kontexten und unserem Alltag, und es ist ein heikles Thema, da es sich um Praktiken handelt, die vielen Menschen legitim erscheinen, weil sie von einer anerkannten Institution ausgeübt werden. Und weil das Problem, das ich hier beschreibe, nicht alle Menschen betrifft.

Darauf aufmerksam machen seit Jahrzehnten nicht nur in den USA, sondern auch in Deutschland eine Vielzahl von zivilgesellschaftlichen Institutionen, das Institut für Menschenrechte oder Wissenschaftlerinnen wie die Philosophin und Rassismusforscherin Vanessa E. Thompson, die die Praxis des Polizierens aus postkolonialer und intersektionaler Perspektive untersucht und nach Bedingungen für eine Welt sucht, »in der wir alle atmen können«. In ihren Texten schildert sie eindrücklich, was ein Atmen für Betroffene unmöglich und die genannten Praktiken so bedrohlich macht. Sie setzt es in Bezug zum Begriff des »Combat breathing«, der von Frantz Fanon 1959 geprägt wurde: also ein umkämpftes, widerständiges Atmen, das Ringen nach Atem, das Nach-Luft-Schnappen, die Kurzatmigkeit und Panikattacke durch die Erfahrung rassistischer Staatsgewalt. Der Begriff hilft auszudrücken, wie der Kolonialismus als Machtverhältnis von Menschen quasi einverleibt wird und auf den Körper und den Alltag der Betroffenen wirkt. Racial Profiling schafft ein Klima, in dem Menschen das Gefühl haben, nicht mehr atmen zu können: das hastige Atmen bei einer Kontrolle, das Aus-der-Puste-Kommen. Dazu zählen aber auch das Zusehen und fehlende Eingreifen von Außenstehenden sowie die Erfahrung, kriminalisiert zu werden, das bei Nichtbeteiligten den Eindruck hinterlässt, dass die Polizei sicher einen berechtigten Grund hat, »diese Menschen« zu kontrollieren. Dazu kommt die Erfahrung, dass Schwarze Menschen und People of Color für eine Anzeige der Polizei mit Sanktionen beziehungsweise einer Gegenanzeigen rechnen müssen. All das führt zu einem Zustand, in dem nicht geatmet werden kann.

Von den urbanen Zentren bis zu den Außengrenzen, dem Mittelmeerraum zwischen Afrika und Europa, sind die Geschichte versklavter Menschen und ihr Sterben verknüpft, verlaufen für Thompson die transnationalen Verflechtungen der Atemlosigkeit. Unter dem Begriff »Black Mediterranean« (Schwarzes Mittelmeer) wird darüber geforscht, wie Schwarzsein ans Mittelmeer gebunden ist. Es geht um die gegenwärtige Gewalt, aber auch die Erfahrungen, Kämpfe und Visionen, die damit verknüpft sind. Während die EU eine militärische und diskursive Fluchtabwehrpolitik betreibt, Seenotrettungen ausgesetzt und geflüchtete Menschen kriminalisiert werden, begreifen diese Theorien der Migration Fluchtbewegungen als ein politisches oder moralisches Problem und als Krise für etablierte Demokratien. Diese Ansätze stellen eine Normalisierung von Grenzen infrage und binden Themen wie Kolonialität oder die Vorstellungen von Race in ihre Fragestellungen mit ein. Sie beleuchten Grenzregime aus der Perspektive Schwarzer kritischer Theorie, und damit öffnen sie ihren Blick für die Menschen. Für Dimensionen einer Politik, die eine Solidarität mit geflüchteten Menschen thematisiert und Fluchtbewegungen als widerständige politische Praktiken begreift. Denn die Reisenden Richtung Norden zeigen, dass Versklavung und Kolonialismus nicht nur historische Fußnoten, sondern eine geerbte Realität sind. Und dass nach Thompson das Polizieren Schwarzer Körper auf den Meeren durch den Ertrinkungstod mit dem Aussetzen des Atmens verbunden ist.

Dass Menschen die Luft wegbleibt, dieses Bild lässt sich auch auf die Familien und Aktiven beziehen, die um die Aufklärung rassistisch motivierter Vorfälle kämpfen. Wenn sie versuchen, für Gerechtigkeit einzustehen und stattdessen gesellschaftliche Stille erfahren. Während politischer Proteste kann Atmen zu einem Werkzeug werden. Es braucht einen langen Atem für den Weg des Widerstandes, der Schmerzen minimiert, Umgang mit Stress ermöglicht – oder wenn Verfahren eingestellt werden oder belastende langjährige Prozesse das Leben begleiten, falls es überhaupt zu dieser Art Verhandlungen kommt. So muss es den Angehörigen der durch den NSU Ermordeten oder der Familie und den Freunden von Oury Jalloh gehen, der 2005 in einer Polizeizelle in Dessau aus immer noch ungeklärten Gründen auf einer schwer entflammbaren Matratze in einer gefliesten Arrestzelle verbrannte und wenig dafür spricht, dass der Gefesselte sich selbst angezündet hat, worin sich etliche Brandgutachter, Mediziner und Kriminologen inzwischen einig sind. Sie glauben, dass er angezündet und ermordet wurde, und der Fall wurde mehrmals ad acta gelegt, um wieder und wieder neu aufgerollt zu werden. Zuletzt in einem Gutachten von 2021, das zum gleichen Schluss wie das von 2017 kommt. Nämlich, dass der damals 36-Jährige mit hoher Wahrscheinlichkeit in seiner Zelle angezündet wurde. Dass der Fall nach 17 Jahren immer noch diskutiert wird, ist vor allem Menschen wie Jallohs Freund Mouctar Bah und der »Initiative in Gedenken an Oury Jalloh« zu verdanken. Es sind Unterstützer*innen oder Betroffene, die seit Jahren auf ihre Erfahrungen mit Behörden aufmerksam machen. Dass für sie unklar ist, ob ihnen geholfen wird, wenn sie um Hilfe rufen, wie es in Hanau geschah, um den Kreis dorthin wieder zu schließen. Als um 21.55 Uhr die ersten Notrufe bei der Polizei eintrafen, war die Leitung noch erreichbar, doch als Vili Viorel Păun es später während der Verfolgung des Täters versuchte, war kein Durchkommen mehr. Dass dieser Umstand noch aufgeklärt werden wird, ist den Angehörigen zu verdanken. Und gleichzeitig ist es ein Beispiel dafür, dass sich Betroffene nicht der eigenen Trauer widmen können, sondern sich um Aufklärung bemühen müssen. »I can't breathe« – es wirkt auf viele Weisen.

Für wen bedeutet Polizei Sicherheit und Schutz und für wen nicht oder weniger? In ihrer Forschung nimmt Thompson keine Trennung zwischen dem öffentlichen und dem privaten Raum vor. Sie erfasst Differenz auch als verschränkte Erfahrungen von

Gewalt durch das Polizieren. Für Wissenschaftlerinnen ihres Forschungszweiges ist die Entstehung der modernen Polizei in Europa nicht nur an koloniale, sondern auch an patriarchale und sozioökonomische Prozesse gebunden. Es geht um die Sicherstellung von Besitzverhältnissen und die Fragen, wer kriminalisiert wird und warum. Historisch gesehen wurden in den »kolonialen Laboratorien« der europäischen Kolonien Überwachungs- und Kontrolltechniken entwickelt, die als Vorläufer für polizeiliche Techniken in den damaligen Metropolen Europas verstanden werden können. Auch die Analyse nationalsozialistischer Praktiken, das polizeiliche Wissen aus den sogenannten »Landfahrerkarten« der NS-Zeit und neuere Polizeigesetze verweisen auf Verbindungen in die Gegenwart. So wird beispielsweise das negative Bild von Menschen, die nicht sesshaft sind, schon lange mit der Gruppe der Rom*nja und Sint*izze verknüpft, und polizeiliche Verordnungen und expliziter Rassismus gegen sie waren nicht erst im Nationalsozialismus die Basis für ihre Verfolgung. Der geschichtliche Blick zeigt also, wie weit Formen des Racial Profiling in der Zeit zurückreichen und sich auch durch die Geschichte des deutschen Nationalstaats ziehen.

Es gilt deshalb, die Arbeit der modernen Polizei vor diesem Hintergrund zu betrachten. Eine effektive Kritik verurteilt nicht einzelne Polizisten und Polizistinnen, sondern widmet sich der Institution Polizei als Teil der heutigen Migrationsgesellschaft. Denn Realität ist, dass das Thema und die Erfahrungen von rassifizierten und migrantisierten Menschen mit der Justiz in Deutschland zu wenig besprochen und konstruktiv, aber auch kritisch betrachtet werden.

Diese Tatsache anzuerkennen ist der Grund dafür, warum einige Polizeihochschulen in den vergangenen Jahren damit begonnen haben, ihre Ausbildung und sogenannte »Cop Culture«, also das Funktionieren ihrer Gefahrengemeinschaft, kritisch zu reflektieren. Weil eine unbedingte Solidarität innerhalb einer werterelativen Polizeikultur problematisch werden kann, wie es beispielsweise der Polizeisoziologe und Professor für Polizeiwissenschaften Rafael Behr von der Akademie der Polizei Hamburg erklärt. Zum Beispiel dann, wenn sich rassistisch gesinnte Gemeinschaften darüber finden und in WhatsApp-Gruppen zusammentun. Oder wenn der Corps-Geist Polizist*innen zum Schweigen (Code of Silence) verpflichtet, um keine Ausgrenzung zu erfahren, und unabhängige Ermittlungsstrukturen fehlen, die verantwortlich Handelnden die Sicherheit geben könnten, das Richtige zu tun, wenn sie Fälle melden. Die Polizei ist ein gesellschaftliches Beispiel, das uns viel darüber erzählen kann, was in homogenen Blasen, in Organisationen und ihrer Struktur in Deutschland passiert. Und es zeigt, dass sich nach all den Jahren wachsender Erkenntnis bisher wenig verändert hat.

Wenn es um rassistisch motivierte Taten geht, bin ich spätestens seit der Selbstenttarnung des NSU ernüchtert. Berichten hilft mir, dokumentieren, kommentieren und aufschreiben, Sendungen konzipieren, Beiträge senden. Das war auch am Morgen von Hanau so. Ticker lesen, analysieren und sehen, dass wieder etwas schiefläuft, weil wieder von »Fremdenfeindlichkeit« statt von Rassismus die Rede ist. Dabei richtet sich die ablehnende Haltung schon lange gegen Einheimische, in diesem Fall gegen die Bürger und Bürgerinnen von Hanau. In der breiten Öffentlichkeit die üblichen ersten Reaktionen: Fokus auf den Täter, Empathie mit Abstand für die Betroffenen. Für mich ist Hanau die Stadt nebenan. Nah dran an mir und meinem Freundeskreis, meinen Bekannten. Die Ermordeten hätten mein Bruder oder meine Schwester sein können. Geweint habe ich erst am Abend, nach der Arbeit.

Wie viel Zeit braucht es noch, um nach Jahren voller Hass im realen Leben und im Netz unwidersprochen deutlich zu machen, wie viel Unwissen über rassistische, rechte und rechtsextreme Netzwerke es gibt und wie wenig Wissen präsent ist über die Strömungen, die sich gleichzeitig rassistisch, antisemitisch, sexistisch, misogyn und queerfeindlich in einem Menschen zeigen können? Diese Form der Gewalt hat in Deutschland zugenommen, wird aber lieber verdrängt. Es ist ein Vergessen, das nicht nur ein gesellschaftliches Problem relativiert, sondern auch die Abwehr und Verweigerung gegenüber der eigenen Verantwortung zum Ausdruck bringt. Denn es ist, ich schrieb es bereits, unsere gesellschaftliche Mitte, die diese Täter*innen hervorbringt. Das zu erkennen hieße, sich auseinanderzusetzen und weniger leere Worthülsen von Toleranz, Mitgefühl und Solidarität von politischer Seite. Es hätte geheißen, während der Mahnwache in Hanau nach dem Anschlag nicht in mehreren deutschen Städten zu Tausenden Fasching zu feiern. Warum hatte die Tat keine Störung des öffentlichen Bewusstseins zur Folge? Warum passierte nichts? Ich hatte Begegnungen mit Menschen, die mir mit einem kurzen »Ja, schlimm« als Reaktion zeigten, dass sie nicht den Funken von dem fühlten, was ich fühlte. Es ist ein Privileg, nicht tagelang von der Realität rechten Terrors gebeutelt sein zu müssen und schnell wieder in die eigene Normalität verschwinden zu können.

Auch ein Jahr nach Hanau war die Distanz zu den Opfern und ihren Treffpunkten wie den Shishabars, noch zu spüren. Es war gut an der medialen Berichterstattung erkennbar. Wie unsensibel sich viele Medienschaffende vor Ort in Hanau verhielten und wie das Publikum reagierte. Es gab diejenigen, die trauerten, und andere, die Hanau gar nicht mehr auf dem Schirm hatten. Es fehlt das Wissen über die Biografien, die Leben, für welche die Ermordeten repräsentativ standen. Was es bedeutet, in diesem Land muslimisch zu sein oder muslimisch gelesen zu werden, oder dass unter den Opfern Angehörige der

Roma-Community waren. Es wurde nicht genug deutlich gemacht, dass die Toten insgesamt ein komplexes Bild unserer Gesellschaft zeichnen, weil sie aus unterschiedlichen Zusammenhängen stammen, ihre Biografien vielfältig sind. Sie waren kein geschlossener Kreis, keine homogene Gruppe, und deshalb waren auch die Folgen ihres Todes für die Angehörigen sehr unterschiedlich und deren Leben danach, das sind sie bis heute.

Für Menschen wie mich stellt der Anschlag eine Zäsur auf mehreren Ebenen dar. Denn neben all den Perspektiven, den Forderungen, aber auch der Wut, die von Seiten der Betroffenen und unzähliger zivilgesellschaftlicher Institutionen bereits formuliert wurden, geht es heute mehr denn je auch um ihr Empowerment. Schon immer haben betroffene Menschen für sich selbst gesorgt, aber insbesondere nach Hanau nutzten sie öffentlichkeitswirksame Strategien, die früher ohne die Errungenschaften sozialer Bewegung und das Vernetzen via Social Media nicht möglich gewesen sind. Es geht um Selbstbestärkung als politische Praxis, eine Art wachsende politische Selbstverteidigungsstrategie.

Ich schrieb bereits über »selbstermächtigte« Trainings und Methoden für Menschen, die von Ausgrenzung betroffen sind. Sie brauchen Strategien im Umgang mit körperlichen, emotionalen, psychischen und sozialen Folgen. Heute geht es dabei oft weniger darum, sich erklären zu können, sondern Selbstschutz und Eigeninitiative stehen im Vordergrund. Schon lange dokumentieren Betroffene ihre Ausschlüsse, sammeln Daten und Zahlen an ihren Orten wie beispielsweise die Kampagne für Opfer rassistischer Polizeigewalt (KOP) seit Anfang der 2000er Jahre in Berlin. Ich beobachte, dass mehr rassismuskritische und intersektionale Initiativen und Bündnisse sich formen. Es ist eine bestärkende Kontinuität, die ich beobachte und die für mich die Erfüllung dessen ist, was hooks sich als »widerständige Kultur« wünschte.

»Tot sind wir erst, wenn man uns vergisst«, schrieb Ferhat Unvar 2015 auf seiner Facebook-Seite. Heute steht dieser Satz auf Karten, Aufklebern, Plakaten und Schildern. In Entschlossenheit gegen das Vergessen, gegen das Verschweigen, gegen die Angst zeigen Aktive, wie ihr selbstorganisiertes Gedenken auch eine widerständige Praxis gegen einen Normalzustand des Ignorierens und Vergessens in Deutschland ist. Das Hanauer Attentat 2020 war schließlich der dritte Anschlag in Deutschland innerhalb von nur neun Monaten. 2011 hatte sich der NSU selbst enttarnt, und immer wieder klangen und klingen die Vorwürfe von Seiten der Hinterbliebenen ähnlich. Und so hat sich Deutschland trotz seiner Geschichte und seinem Willen zur Aufarbeitung derselben nicht von menschenfeindlichem Hass befreit. Er ist nie verschwunden aus Deutschland, er hat sich seit dem Zweiten Weltkrieg verändert, und uns fehlen die Worte dafür, ein Sprechen darüber. Stella Leder beschreibt in ihrem *Meine Mutter, der Mann im Garten und die Rechten* eindrücklich anhand der Geschichte ihrer deutsch-jüdischen Ostberliner Familie mit Stasi-Erbe ihr Aufwachsen in Ost- wie Westdeutschland in den 80er und 90er Jahren, als die Neonazis ihr Revier in Hessen ausbauten. »Es gibt nicht wieder Nazis, es gibt sie noch«, sagt Leders Mutter. Und Leder zeigt auf, dass der rechte Terror der 90er nicht allein in der durch die Wiedervereinigung verursachten Arbeits- und Perspektivlosigkeit zu suchen ist. Dass die Neonazis schon vor der Wende in Ost wie West da waren, was vertuscht und verdrängt wurde, weil sie nicht ins Selbstbild passten, und dass sie heute immer noch da sind und es in die Parlamente geschafft haben. Es geht ihr wie mir darum, mit gängigen Vorstellungen über die Vergangenheit zu brechen. Doch anstatt in einen vielleicht schmerzhaften, aber dafür ehrlichen Austausch darüber zu kommen, ersticken wir diesen in Debatten über Political Correctness und Identitätspolitik, verklären dabei die Gewalt, die daraus entsteht, und übersehen die Folgen.

Nur so lässt sich erklären, wie es passieren konnte, dass zeitgleich mit den BLM-Protesten im Sommer 2020 das Innenministerium in seiner Statistik über Hasskriminalität die Kategorie »deutschfeindlich« als neue statistische Kategorie einführen konnte, um einen Gegensatz zu Ausländer- und Fremdenfeindlichkeit zu schaffen. Das ist deshalb problematisch, weil sich eine Motivation, Taten aus Deutschenhass zu begehen, nicht feststellen lässt, wie es beispielsweise der Kriminologe Christian Pfeiffer erklärt. Denn gegen welche Deutschen richtet sich der Hass in diesem Verständnis? Gegen *weiße* Deutsche. Und was ist mit den anderen? Ein Machtgefälle wird deutlich, und dieser Ansatz stützt die Absicht, vom Problem des Rassismus abzulenken, und ignoriert damit, dass ein Kampfbegriff der extremen Rechten genutzt und etabliert wird. Weil »Deutschenfeindlichkeit« von ihnen genutzt wird, um darauf hinzuweisen, dass es angeblich einen Rassismus gegen *weiße* Menschen gibt. Diesen gibt es jedoch nicht, weil es keine Ideologie gibt, keine historische, institutionelle oder strukturelle Grundlage und Schwarzen Menschen die Macht fehlt, um *weiße* Menschen systemisch zu diskriminieren. Deshalb entlarvt dieser Begriff die Idee, wer als »deutsch« angesehen wird und wer nicht. Erstmals legt die Analyse des Anschlags von Hanau den Blick auf die unterschiedlichen Formen von Rassismus frei und emanzipiert sich von jeglichen Integrationsdiskussionen. Und deshalb gilt: Wir müssen endlich über migrantisierten Rassismus in diesem Land sprechen, der sich von einem rassifizierten Rassismus unterscheidet. Ich als Schwarze Frau bin von beidem betroffen, weil ich Anti-Schwarzen-Rassismus erfahre, aber auch die Abwertung kenne, die Menschen erfahren, die hierzulande markiert werden.

Um diesem Unwissen, Nicht-wissen-Wollen und der Ohnmacht etwas entgegenzusetzen, hat die Initiative 19. Februar mit dem Hashtag #KeinVergessen und mit dem stetigen Auflisten der Namen der Opfer von Hanau öffentlichkeitswirksame Strategien entwickelt. Bis heute wird diese Liste in Social-Media-Kanälen von den unterschiedlichsten Menschen geteilt, werden bei öffentlichen Veranstaltungen erst die Namen der Opfer verlesen, dann solidarische Praxen etabliert und Wissensbestände ausgebaut. Nach dem Anschlag schuf die Initiative einen unabhängigen, selbstorganisierten Ort, an dem sich Überlebende, Freunde und Angehörige treffen und kennenlernen konnten. 140 Quadratmeter, schräg gegenüber der Shishabar »Midnight«, einem der Tatorte, eine Anlaufstelle neben den wenigen Beratungsmöglichkeiten für Betroffene menschenfeindlicher Gewalt, weil es von denen in Deutschland nicht genügend gibt.

Viele der dort Aktiven sind in unterschiedlichen Feldern aktiv, weil sich die Themen in den Lebenswelten überschneiden. Sich für die Rechte von geflüchteten Menschen oder für Kinder einzusetzen ist für einige eng mit der eigenen Biografie und Familiengeschichte verknüpft. Sie wissen, was die psychischen und sozialen Auswirkungen eines Duldungsstatus, die Perspektivlosigkeit und eine drohende Abschiebung mitsamt der Schikanen durch die Ausländerbehörde bedeuten. Manche Unterstützer*innen waren selbst einmal geflüchtete Jugendliche, die sich in der Initiative Jugendliche ohne Grenzen (JOG) organisierten, über die ich in meinen journalistischen Anfängen schrieb. Heute sind sie erwachsen und in ihrer politischen Arbeit in mehrfacher Hinsicht ausgebildet: Früh waren sie Dolmetscher*innen zwischen Familie, Behörden und der Außenwelt, haben gelernt, wie es ist, in angespannten Situationen zu funktionieren, durchzukommen und im besten Fall erfolgreich zu sein. Viele von ihnen sind heute in transnationalen Bündnissen aktiv – mit Initiativen, die sich an den Außengrenzen Europas für die geflüchteten Menschen dort einsetzen. Ich erzähle das alles, um zu zeigen, dass ihre Bewegung auch eine globale Perspektive hat.

Gedenken stört das Vergessen, das Verdrängen und den Versuch, die Anschläge beiseitezuschieben, damit es wie bisher weitergehen kann. Gedenken ist wichtig, um politisch etwas zu verändern. Für migrantisierte Menschen, für Schwarze Menschen, für Juden und Jüd*innen, Sinti*zze und Rom*nja bedeutet Gedenken auch die Möglichkeit, kollektive Trauer und (Re-)Traumatisierung gemeinsam zu verarbeiten. Es erklärt, warum Tausende Menschen via Livestream in der Corona-Zeit die Reden der Hinterbliebenen von Hanau verfolgten und bundesweit kleinere Kundgebungen organisierten, um Solidarität zu zeigen – immer unter Einbeziehung der Überlebenden und Angehörigen. Einbezogen zu werden und einzubeziehen ist wichtig, weil es den gesellschaftlichen Ausschlüssen etwas entgegensetzt.

Was ich hier beschreibe, ist alles so unglaublich intensiv, deshalb schenke ich diesen Gedanken ihren Raum. Ich weiß von vielen Menschen, wie sehr sie sich ein Innehalten wünschen und mental auch bräuchten. Denn die Arbeit der Intervention bedeutet auch, einen Kampf um Gedenken und für Veränderung zu führen. Es soll doch kein Mensch umsonst gegangen sein. Es ist das, was viele antreibt, weil so viele Fragen offen geblieben sind. Fragen nach der Selbstenttarnung des NSU oder in Hanau, als bekannt wurde, dass der Vater des Mörders die Waffen seines Sohnes nach der Tat zurückgefordert und zahlreiche Anzeigen mit rassistischem Inhalt erstattet hatte, aber die Polizei darin keinen Grund sah, die Hinterbliebenen und Überlebenden darüber zu informieren, um sie zu schützen. Es waren wieder die betroffenen Familien und die Aktiven, die Kritik daran übten, nicht informiert worden zu sein. Daran, dass ihnen unterstellt wurde, deshalb vielleicht Rache am Vater üben zu wollen. Es ist eine bittere Erkenntnis. Wer wird hier geschützt? Wer gilt als Gefährder, wer als gefährdet in Deutschland? Das durchzustehen braucht Selbstbestärkung.

Die Opfer von Hanau dürfen nicht vergessen werden. Dieser Appell richtet sich an uns alle. Es bringt wenig, sich kurzzeitig zu erregen. Es braucht Kenntnis über die Ursachen, wenn wir uns ein Miteinander und keine weiteren Anschläge wie die von Hanau wünschen. Deshalb sollten wir nicht nur über leicht verdauliche Rassismus-Phänomene sprechen, sondern über die Gewalt, die sie auslösen, und wie sich diese in den Institutionen verfestigt. Es wird Zeit, in Schulen, in Unternehmen, in Behörden, in der Justiz und in den Medien dafür zu sensibilisieren, um die Gewalt gar nicht erst entstehen zu lassen. Es muss aufhören, dass Anschläge als Einzeltaten verstanden werden. Das ist gefährlich, weil das die wachsende Gefahr verkennt und die Erkenntnisse der Forschung und das Wissen jahrzehntelanger antirassistischer Kämpfe übersieht. Was wir brauchen, ist eine »wehrhafte« Gesellschaft mit nachhaltigen Projekten, die Prävention nicht den Überlebenden, Hinterbliebenen und ihren unterstützenden Kreisen überlässt. Wehrhaft zu sein bedeutet, dass jeder Mensch das Recht und die Freiheit hat, den Staat zu kritisieren – aber Parteien, Vereine oder Personen, die die Demokratie und ihre Grundgesetze abschaffen wollen, mit Verboten und Strafen rechnen müssen. So sollten die Feinde der Freiheit in Deutschland nie wieder eine Chance bekommen, Menschenrechte und Demokratie abzuschaffen. Die Demokratie ist darauf angewiesen, dass Menschen die Verletzlichsten einer Gesellschaft verteidigen.

Unentbehrlich. Solidarität mit Betroffenen rechter, rassistischer und antisemitischer Gewalt heißt der Sammelband der Soziologin Harpreet Kaur Cholia und der Sozialwissenschaftlerin Christin Jänicke, in dem sie nach dem Anschlag von Hanau jene Menschen zu Wort kommen lassen, die schon lange an der Seite von Marginalisierten stehen, »die beraten, unterstützen, intervenieren und gemeinsam kämpfen«. Es sind betroffene Communitys, migrantische (Selbst-)Organisationen, linke Initiativen und professionelle Opferberatungsstellen, die sich seit Jahren solidarisch mit den Angegriffenen zeigen. Es sind gesammelte Texte, die Perspektiven aus Aktivismus, Beratung, Kultur und Wissenschaft zusammenbringen und die gebündelte Kraft verschiedener Disziplinen aufzeigen, die in ihrer Zusammenarbeit unentbehrlich sind. Ihr Empowerment erklärt, wie diskriminierte Menschen aller Arten es schaffen, ihre Macht und Handlungsspielräume auszuweiten. Powersharing bedeutet, dass Menschen in Machtpositionen, die nicht von Diskriminierung betroffen sind, sich ihnen anschließen und Ressourcen umzuverteilen suchen. Vielerorts hat sich inzwischen der von hooks geprägte Begriff der »Alliierten« (Allies) eingeprägt, die im Gemeinsamen »für« eine machtkritische Gesellschaft eintreten. Es ist leicht, eine schwarze Kachel zu posten. Aber viel schwieriger ist es, dauerhaft dranzubleiben. Menschen, die nicht die Erfahrung machen, marginalisiert zu werden, müssen sich damit auseinandersetzen, was es heißt, als Einzige mit Personen in einem Raum zu sitzen, wenn über Personen, die nicht beteiligt sind, gesprochen und entschieden wird. Jeder Mensch sollte sich fragen, aus welcher Position heraus gesprochen wird. Es erfordert intensive und kritische Selbstarbeit, die nie aufhört, aber ein gemeinsames Ziel, ein Miteinander erleichtert diese Arbeit.

#EmpowerndeStimmen

Nach dem rassistisch motivierten Anschlag von Hanau gründete sich die **»Initiative 19. Februar«**. Bereits vor elf Jahren haben sich nach der Selbstenttarnung des NSU die **»Initiative Keupstraße«**, das **Projekt »Kein Schlussstrich/NSU Komplex auflösen«** und die **»Initiative 6. April«** in Kassel gegründet. Rassistisch motivierte Gewalt ist kein Einzelfall, nicht neu und betrifft viele Bereiche des alltäglichen Lebens rassifizierter und migrantisierter Menschen. So setzt sich die **»Initiative Oury Jalloh«** seit bald 17 Jahren für die Aufklärung seines Verbrennungstodes in Polizeigewahrsam ein. Zusammen mit anderen Organisationen wie der **»Kampagne für Opfer rassistischer Polizeigewalt«** (KOP) geht es immer wieder um Vorfälle, die unter den Begriff »institutioneller Rassismus« fallen. Beratungsstellen wie **»Response«** in Hessen oder der **»Verband der Beratungsstellen für Betroffene rechter, rassistischer und antisemitischer Gewalt«** (VBRG) sind Stellen, an die sich Betroffene wenden können, die es noch immer nicht flächendeckend und nachhaltig finanziert gibt. Auch deshalb lassen die Herausgeberinnen **Harpreet Kaur Cholia** und **Christin Jänicke** in ihrem Sammelband **»Unentbehrlich«** diejenigen zu Wort kommen, die Solidarität mit Betroffenen rechter, rassistischer und antisemitischer Gewalt zeigen.

In den letzten Jahrzehnten haben sich unzählige Organisationen gegründet, die sich für die Belange unterschiedlicher marginalisierter Menschen einsetzen. Seien es beispielsweise Zusammenschlüsse wie **»Women in Exile«**, die sich für die Belange geflüchteter Frauen und weiblich gelesener Personen

einsetzen, oder **»Berlin Postkolonial**«, die sich der Offenlegung kolonialrassistischer Denk- und Gesellschaftsstrukturen widmen. **»Die Neuen Deutschen Organisationen«** (ndo) sind ein bundesweites Netzwerk aus über 130 Vereinen, Organisationen und Projekten, deren Mitglieder Nachkommen von Arbeitsmigrant*innen und geflüchteten Menschen, Sinti*zze und Rom*nja, afrodiasporischen Menschen, jüdischen, muslimischen und anderen dialogsuchenden engagierten Menschen sind. Mit ihren unterschiedlichsten Selbstbezeichnungen stehen sie für ein inklusives Deutschland, bringen sich in Debatten ein, haben Expert*innenpools für Medien, Politik, Stiftungen und andere eingerichtet. Als Teil von ihnen sind die **»Neue Deutschen Medienmacher*innen«** (ndm) ein bundesweites Netzwerk von Medienschaffenden mit und ohne internationale Geschichte, die sich konkret für eine ausgewogene Berichterstattung und vielfältiges Medienpersonal vor und hinter den Kameras und Mikrofonen, in den Redaktionen und Führungsetagen einsetzen. Der **»Mediendienst Integration«** ist eine Informationsplattform für Journalist*innen zu den Themen Flucht, Migration und Diskriminierung, der seit 2018 Zahlen und Fakten, Hintergrundberichte und Recherchen veröffentlicht und Kontakte zu Expert*innen vermittelt. Ab 2022 bietet er die E-Learning-Plattform **»Medien Migration Integration«** an, auf der sich Journalist*innen und andere Interessierte in kostenlosen Online-Kursen weiterbilden können.
https://neuedeutsche.org/de
https://neuemedienmacher.de
https://mediendienst-integration.de

Konstruktion

Was wird aus uns gemacht?

Eigene Wirklichkeiten erschaffen, nicht abbilden. Sozial, radikal, operativ. Der Mensch denkt, erzählt, schreibt über sich und andere. Geschichte(n), Gebilde sich erinnernder Menschen. Identitäten zur Selbstorganisation und Möglichkeiten für Selbstreflexion. Zu wissen, wer man ist. Sich in Kollektiven verbunden fühlen und aneinander reiben. Keine Wahrnehmung ohne Kategorisierung, also die Fähigkeit, Gegenstände, Lebewesen oder Vorgänge intuitiv zu sortieren und einzuordnen. Als Ursache dafür, dass Stereotypen entstehen. In welchen Schubladen stecken wir? Wo passe ich rein, wo will ich raus?

Vom Deutschsein, vom *Weiß*sein und den *anderen*

Du willst den Beweis? Hier ist mein Ausweis
Gestatten Sie, mein Name ist Frederik Hahn
Ich wurde hier geboren, doch wahrscheinlich sieht
man es mir nicht an
Ich bin kein Ausländer, Aussiedler, Tourist, Immigrant
Sondern deutscher Staatsbürger und komme zufällig aus
diesem Land

– Advanced Chemistry

Immer wieder höre ich Menschen im Alltag von »anderer Hautfarbe« sprechen, wenn sie Schwarz meinen. Ich selbst sage das nie, weil *Weiß*sein nicht die Norm ist, von der aus ich spreche. Von mir aus betrachtet: Was wäre das, »die andere Hautfarbe«?

Es gibt viele dieser unterbewussten Kategorisierungen. Gedanken von »deiner Kultur« und »meiner Kultur«. Ein Islam, der für die einen zu Deutschland und für die anderen nicht zu Deutschland gehört. Es sind die Gegensätze, die formuliert werden. Als während der Fußball-Weltmeisterschaft 2006, einer Zeit der kollektiven Erleichterung, in Deutschland Fahnen geschwungen wurden und dies zu ganz unterschiedlichen Gefühlen bei den Menschen führte, lobte mich ein Professor im Vorgespräch zu meiner mündlichen Prüfung kurz vor Ende meines Studiums vor einem Deutschlandspiel für mein Flaggen-Tattoo, das mir eine meiner Freundinnen auf dem Oberarm verpasst hatte. »Das freut mich aber total, dass Sie mit uns fiebern«, sagte er. Und ich dachte, »mit uns«? Ich verstand, wie er mich von außen sah und was er mit meinem Schwarzsein verband. Es ist ein Beispiel von unzähligen, bei denen ich nicht dazugezählt werde zum Deutschsein oder als Neuzugang betrachtet werde.

Vier Jahre später saß ich 2010 mit Ghana-Trikot und Deutschlandflaggen-Stirnband beim »Spiel meiner Herzen« Deutschland gegen Ghana in Johannesburg in Südafrika im Stadion. Kurz zuvor hatte ich einen Artikel für den *Tagesspiegel* so betitelt, in dem ich darüber sinnierte, wie es für mich bei diesem Spiel »um alles geht, und zwar zweimal«. Ich schrieb, dass ich mit meinen Geschwistern im Geiste auf dem Feld, den Spielern Jérôme und Kevin-Prince Boateng, verbunden bin. Mit dem Anpfiff in Johannesburg waren wir uns nah. Ich als Fan auf dem Zuschauerrang, sie auf dem Feld. Einer für Deutschland, der andere für Ghana. Ich fühlte sie beide, weil ich glaubte, ihre Geschichten zu kennen. Die von Kevin-Prince, dem Rebellen, der seit jeher nach Anerkennung suchte, dabei Runden im Abseits drehte, als der Böse galt und dessen Probleme wenige verstanden. Und Jérôme, der damals Ruhige und Brave, den die Suche nach sich selbst nicht an den Rand gedrängt hatte. Und der nun zur Überraschung vieler wegen Körperverletzung verurteilt wurde, wogegen die Berufung gerade noch anhängig ist.

Im Berliner Stadtteil Wedding prangt an einer Straßenecke ein überlebensgroßes Bild an einer Hauswand von den beiden zusammen mit ihrem Bruder George, das ich immer sehe, wenn ich eine Freundin besuche. Es erinnert mich jedes Mal an diese persönliche Reportage, in der ich meine Suche nach mir selbst beschreibe und welche Antworten ich zu diesem Zeitpunkt für mich gefunden hatte. Schon damals hat Nationalität in meinem Kopf keine Grenzen gehabt, und ich plädierte für ein offenes

Konzept von Zugehörigkeit. Ich habe das alles damals nur aufgeschrieben, weil ich weit weg von zu Hause von der Debatte über die Brüder Boateng gestresst wurde. Sie handelte von der Frage, ob bei Kevin-Prince' Integration etwas schiefgelaufen sei, weil er sich dazu entschieden hatte, für Ghana zu spielen.

National und emotional ging noch einiges mehr durcheinander, weil Fußballspieler Michael Ballack sich durch ein Foul von Kevin-Prince bei einem Spiel der Premier League so sehr verletzt hatte, dass er die WM im deutschen Team verpasste. Die Gefühle und Argumente des Fußballvolks und vieler anderer in Deutschland überschlugen sich. In Facebook-Gruppen und Internetforen waren Dinge wie »Nehmt Boateng den deutschen Pass ab« oder »Am 23.6. treten wir Kevin-Prince Boateng kaputt« zu lesen. Wie froh war ich, nicht in Deutschland zu sein, und ich fragte mich aus der Distanz, was Revanchefouls eigentlich mit Zugehörigkeit zu tun haben.

Ich bin diese Art Fußballfan, die sich gerne die Weltmeisterschaften anschauen und ansonsten mit Fußball nicht viel am Hut haben. Das ist seit 1990 so, als mein Vater und ich mit dem Fußballer Roger Milla vor dem Fernseher Lambada tanzten und mit Kamerun ins Viertelfinale einzogen. Seitdem schlummert in mir der Wunsch, dass einmal ein afrikanisches Land den WM-Titel holt. Ke nako! Ja, es war an der Zeit, dass eine WM in Afrika stattfindet, und wer wie ich damals in Südafrika war, spürte den Einfluss und die gesellschaftliche Bedeutung für den Kontinent. Spürbar wurde auch, wie sich der westliche Blick für kurze Zeit mit mehr Interesse für ihn füllte, was danach schnell wieder verschwand. Es war schade, dass damals ein afrikanisches Team nach dem anderen ausschied. Gleichzeitig stand für Deutschland eine ganz besondere Mannschaft auf dem Feld. Noch nie gehörten ihr so viele Kinder an, die so waren wie die Boateng-Brüder und ich. Nachdem über Jahrzehnte die Walters, Seelers, Beckenbauers, Völlers, Klinsmanns und Kahns das Bild des deutschen Fußballs prägten, war eine neue Generation herangereift. Fußball für Deutschland spielten nun die Söhne von Aussiedlern und eingewanderten Familien, auch Kinder von Eltern, Kriegsgeflüchtete und Kinder aus Ehen mit einem *weißen* deutschen Elternteil. Und Cacau fand einen solchen Gefallen an seiner Wahlheimat, dass er sogar die deutsche Staatsbürgerschaft annahm. Diese Mannschaft gefiel mir, und das schrieb ich vor über zehn Jahren während meines zweiten längeren Aufenthalts in Südafrika auf. Ein Land, das auf meiner Selbstfindungsreise von großer Bedeutung ist, weil ich dort zum ersten Mal erlebte, mein Aussehen und Herkunft nicht erklären zu müssen, wo sich Lebensstile und Kulturweisen, die ich kannte, miteinander vereinen und ich doch an einem dritten Ort war, der nicht Deutschland und nicht Ghana hieß. Ich lebte dort in der Nähe eines damals lebendigen studentischen Zentrums. Beide Male in der gleichen WG in einem möblierten Zimmer bei einer liebevollen Bibliothekarin. Ich traf Menschen, mit denen ich Freundschaften knüpfte, und diese Aufenthalte eröffneten mir die Möglichkeit, ein neues Verständnis dafür zu entwickeln, wie sich ein Zuhause anfühlt, und dass dies ein Ort sein kann, an dem ein Mensch sich wohlfühlt.

»Fragen Sie nicht, woher ich komme, sondern welchen Orten ich mich verbunden fühle«, gab die Autorin Taiye Selasi in einem TED-Talk einmal als smarte Antwort auf die Frage: »Woher kommst du?« Es war ihr Appell dafür, einander auf Basis von Gemeinsamkeiten kennenzulernen. Weil es uns nicht zusammenbringt, die Identität eines Gegenübers durch die Idee eines geografischen Ortes definieren zu wollen. Nach Selasi habe ein Mensch sich nicht dafür entschieden, an einem Ort geboren zu werden, aber vielleicht dafür, an einem anderen zu leben. Es gibt also Leidenschaften, die sich teilen lassen. »Ändere die Art und

Weise, wie du diese einfache Frage stellst, und du wirst in der Lage sein, eine viel echtere Beziehung aufzubauen.« Wie recht sie hat.

Immer wieder versuchen Menschen mit Migrationsgeschichte, insbesondere die mit für die Dominanzgesellschaft vermeintlich sichtbarer Geschichte, auf diese Tatsache aufmerksam zu machen. #Vonhier titelte 2019 Ferda Ataman, die Journalistin und Autorin von *Hört auf zu fragen. Ich bin von hier*, einen viel geteilten Hashtag, nachdem Dieter Bohlen in seiner Castingshow einer Fünfjährigen ebendiese Frage immer wieder gestellt hatte, weil er sie asiatisch gelesen hatte, aber das Mädchen ihn nicht verstand und immer wieder mit »Herne« antwortete. Ataman twitterte, dass wir in Deutschland von Wurzeln »besessen« seien, und der Journalist Malcolm Ohanwe schrieb: »Dieter Bruder, sie hat dir dreimal gesagt, dass sie aus Herne ist, und du überforderst das Mädel mit der Einwanderungsgeschichte ihrer Großeltern.«

Mit ihnen twitterten viele andere marginalisierte Menschen über ihre Erfahrungen mit Fragenden, die damit oft simples Interesse oder Neugierde bekunden wollen, jedoch die Gefühle und Tragweite dieser Frage nicht verstehen. Terkessidis nennt es »Herkunftsdialog«, der in Bezug auf Kinder von Elternteilen unterschiedlicher Herkunft das Gefühl von Absurdität auslösen, weltfremd wirken oder auch für Verärgerung sorgen können, weil sie damit vom Platz verwiesen und ausgebürgert werden. Ähnliche Gefühle können Reaktionen auf den eigenen Namen auslösen. Wie oft wurde mir schon bescheinigt, dass meiner schwierig sei. Wie oft wurde er abgewandelt, falsch geschrieben oder sich nicht die Mühe gemacht, bei mir nachzufragen, wie er ausgesprochen wird. Es gibt da eine seltsame Ignoranz gegenüber »auffälligen Namen«, die nicht der Norm von »Sabine« oder »Thomas« entsprechen, mit denen implizit signalisiert wird, dass es nicht für nötig gehalten wird, sie lernen oder aussprechen zu wollen, obwohl sie ziemlich typisch für Deutschland sind. Es ist das, was die Distanz weiter ausbaue, schreibt Terkessidis. Und diese Distanz wäre nicht nötig.

Warum die Frage nach der Herkunft Menschen wie mich nicht nur nervt, sondern für einen ganzen politischen Gesellschaftsdiskurs steht, wurde in unzähligen Abhandlungen bereits formuliert. So erklärt die Bohlen-Geschichte, was die Wissenschaft als »Othering« beschreibt, also dass diejenigen, die so befragt werden, zu *Anderen* gemacht werden. Menschen definieren sich als Gruppe, indem sie sich von anderen abgrenzen. Denn selbst wenn Bohlen weiß, dass das Kind in Deutschland geboren sein könnte, funktioniert der Mechanismus des »zu einem *Anderen* machen« trotzdem. Vielleicht geisterte ihm ein Bild eines vermeintlich deutschen und damit *weißen* Mädchens durch den Kopf, und dieser innere Widerspruch ließ ihn die immer gleiche Frage stellen: Du siehst nicht so aus, wie ich mir Deutschsein vorstelle, also bist du nicht von hier. Aber wie sieht ein Mensch aus, der #vonhier kommt? Warum ist so vielen scheinbar nicht klar, dass wir in einer Migrationsgesellschaft leben, in der man aufgrund des Aussehens nicht auf die Staatsbürgerschaft einer Person schließen kann oder darauf, ob ein Mensch migriert ist? Ich brauche keine Migrant*innen, Jüdinnen*, Juden* oder Schwarze Personen, um mich selbst zu definieren. Oder wie es der Lyriker Max Czollek sagte: An der Frage, ob eine Person »neben oder gegen uns« leben möchte, entscheide sich nicht, ob eine Person deutsch sei oder in Deutschland leben dürfe, weil das Teil dessen sei, was Freiheitsrechte in einer Demokratie bedeuteten. Wer sich ein Deutschland ohne Muslim*innen wünscht, wünscht sich auch ein Deutschland ohne Juden* und Jüdinnen*.

Ich weiß heute, wer ich bin, und frage gerne an unterschiedlichen Orten, wer dieses Deutschsein eigentlich erfunden hat. Vielleicht begann die deutsche Familiengeschichte, wie Carl Zuckmayer sie in *Des Teufels General* erzählt: mit einem römischen Legionär, der einem blonden Mädchen Latein beibringt. Dann kommen ein Kelte dazu, ein Graubündener Landsknecht, ein Schiffer aus Holland, ein französischer Hauslehrer, ein böhmischer Musiker. Und ganz zum Schluss steht eine vermeintliche Mehrheit da und sagt: Wir sind Deutsche. Eingeborene in einem Landstrich, durch den seit Menschengedenken die Völker ziehen und Nachkommen hinterlassen.

Mit ähnlichen Worten moderierte einmal ein geschätzter Kollege eine gemeinsam geplante *Der-Tag*-Sendung im Hessischen Rundfunk an, die Deutschsein zum Thema hatte. Wir verhandelten darin, dass der Begriff »deutsch« ein flexibler ist. Während »englisch« von den Angeln und »französisch« von den Franken stammt, steht bei den Deutschen kein »Volk« dahinter, sondern der Begriff als eine Ableitung vom althochdeutschen theoda, Volk, um die deutsche Sprache vom Lateinischen und den romanischen Sprachen abzugrenzen. Das Reich der sogenannten deutschen Zunge wurde damals als etwas Weites verstanden. Die Diskussion über Identität im 18. Jahrhundert kommentierte Schiller so: »Zur Nation euch zu bilden, ihr hoffet es, Deutsche, vergebens: Bildet, ihr könnt es, dafür freier zu Menschen euch aus.« Deutschland war damals vom Nationalstaat noch weit entfernt. Wenn schon kein Staat, dann Weltoffenheit, dachten sich Goethe und Schiller vielleicht. »Deutsch sein« als ein Zeichen für Kosmopolitismus, wäre jetzt vielleicht etwas hoch gegriffen und vor allem nicht frei von den Überlegenheitsgefühlen dieser Zeit, aber es wäre eine mögliche Lesart, die mit stereotypen Vorstellungen bricht. Denn Fakt ist, erst seit 1871 behauptet ein Teil der Europäer, deutsch zu sein, und seitdem sind alle anderen Ausländer*innen, und wenn sie hierherkommen, dann sind sie Einwander*innen. Sie und ihre Nachkommen haben inzwischen viele Namen bekommen: Gastarbeiter*innen, Migrant*innen, Menschen mit »Migrationshintergrund«.

»Wir riefen Arbeitskräfte, und es kommen Menschen«, stellte der Schriftsteller Max Frisch 1965 fest. Doch zu lange interessierte sich die Politik nicht für die langfristigen Folgen und Leben der eingewanderten Menschen und ihrer Nachkommen. Vergreisen oder Multikulti? Dazwischen mochte sich Deutschland lange nicht entscheiden. Wie lange hat sich dieses Land dagegen gewehrt, eingewanderte Menschen, ihre Kinder und Kindeskinder zu akzeptieren. Es ist eines der großen Versprechen in Deutschland: Wer will, wer sich anstrengt, soll, unabhängig von seiner Herkunft, eine faire Chance bekommen, aufzusteigen. Kindern aus Einwandererfamilien kommt dabei eine besondere Rolle zu. Sie sind im echten Leben diejenigen, die auf der einen Seite angeblich versagen, weil sie »nicht integriert« und auf der anderen die Beispiele erfolgreicher Integration sind. Ihre Geschichten werden erzählt, manchmal mit Preisen bedacht, in manchen Ländern sogar mit Staatsbürgerschaften belohnt. Doch führt dieses Framing nur scheinbar zu mehr gesellschaftlicher Akzeptanz, weil es der Menschenwürde widerspricht. Diese muss nämlich nicht erst erworben werden. Apropos: Es gibt von den Menschen alle Arten überall auf der Welt – gute und schlechte. Aber in Deutschland werden migrantisierte Menschen gerne als diejenigen, die Leben retten, studieren und erfolgreich sind, die es »geschafft« haben, von denjenigen unterschieden, die versagt haben: die ökonomisch »Nutzlosen«, die »Kriminellen« oder welche, die »ausgestoßen« werden müssen wie der Fußballer Mesut Özil, weil sie ein Foto zusammen mit dem türkischen Präsidenten Recep Tayyip Erdoğan posten, statt für Deutschland Siegestore zu schießen. Erinnert sei daran, wie toxisch das Klima vor der Fußball-Weltmeisterschaft 2018 in diesem Land war, an die Debatten um angeblichen »Asyltourismus« und an den Streit zwischen Innenminister Horst Seehofer und Kanzlerin Angela Merkel. Nationale Krise bei der Mannschaftswahl und dem folgenden WM-Aus. Medien titelten mit Untergangsstimmung in Zeiten westlichen Wohlstands: Der *Spiegel* mit »Fußball, Politik, Wirtschaft – Es war einmal ein starkes Land«, dazu eine in den Farben verlaufende, sich also auflösende Deutschlandfahne auf dem Cover. Und beim *Stern* gab es ein Bild Merkels in blutrot getauchter Farbe, hinter ihr eine Karawane geflüchteter Menschen unter dem Titel »Das zerrissene Land«.

Fußball. Ein Beispiel, an dem sich gut erklären lässt, wie die Identitäten von Menschen mit Migrationshinter- oder -vordergrund (wie meinem) konstruiert werden und eng mit den Geschichten verwoben sind, die über sie erzählt werden, Geschichten von Integration, dem »Leben zwischen den Stühlen«, von Gewalt, Fundamentalismus oder angeblich rückständigen Wertesystemen. Nicht selten wird in liberaleren Kreisen der Versuch gewagt, die Beschreibung positiv aufzuladen. Dass Menschen wie sie ungeahnte Fähigkeiten und Potentiale hätten, viele Sprachen sprechen, kochen, musizieren und die Welt bereichern. Aber das alles ist am Ende auch egal, denn was bleibt, ist die Tatsache, dass »sie« eben nicht so wie »die Deutschen« sind. Ich erlebe das selbst, auch mir wurde schon oft lobend mitgeteilt, wie gut ich Deutsch spreche oder wie gut ich integriert sei, obwohl ich mich nicht zu integrieren brauche in einem Land, zu dem ich gehöre. Und wie trügerisch das mit der Integration ist, wurde spätestens nach dem Anschlag von Hanau deutlich, weil der Täter nicht zwischen integrierten und nicht integrierten, sondern zwischen *weißen* und nicht *weißen* Menschen unterschied.

Die Opfer repräsentieren den willkürlichen Blick auf sie. Das

Oszillieren zwischen verschiedenen Seiten sozialer Geografien. Sodass Hamza Kurtović, einer der neun Ermordeten laut Polizeibericht »orientalisch-südländisch« aussah und dabei blond und blauäugig war. Damit endete sein *Weiß*sein an der Stelle, ab der sich die rassifizierende Konstruktion über ihm auftat. Es ist eines von vielen Beispielen dafür, dass Menschen, je nachdem, wie sie gelesen werden und wo sie sich aufhalten, immer wieder neu kategorisiert werden. Die Hintergründe dieser Konstruktionen sind komplex, und es braucht den Willen, sie zu durchleuchten und aufzulösen – und zu zeigen, wie absurd es eigentlich ist, nach dem Anschlag von Hanau über Integrationsfragen zu sprechen und Integrationspreise für wichtige Unterstützerprojekte der Opfer und Hinterbliebenen zu vergeben, während nach der Tat die völkische Vorstellung von Blut und Boden nachhallt.

Nein. Integration war nicht das Problem der Toten von Hanau. Aber was ist diese Integration überhaupt? Erklärungen gibt es viele. Für die einen steht sie für einen mehrseitigen Prozess, für die chancengleiche Teilhabe von eingewanderten Menschen, Zugezogenen und nicht aus dem System Stammenden: auf dem Arbeitsmarkt, im Bildungs-, Gesundheits-, Rechts- oder Sozialsystem. In Bezug auf Zugezogene werden für den erfolgreichen Verlauf von Integration die rechtliche Gleichstellung, Wohnraum zum Leben, die lebensweltliche und berufliche und private Eingliederung mit der Ankunftsgesellschaft, basierend auf einem gemeinsamen Aushandeln der Beteiligten über diese Schritte, genannt. Es ist also ein Konzept, das Integration nicht als einseitigen Prozess weniger marginalisierter Menschen oder Gruppen versteht, die sich an eine Dominanzgesellschaft anpassen, oder Kultur, Religion und Werte als fixiert und als unbeweglich versteht.

Es entspricht auch meinem Verständnis von Integration, sie als Aufgabe für alle zu sehen, bei der alle mitmachen und von der alle etwas haben. Doch steht diesem Verständnis, das im Multikulturalismus einer postmigrantischen Gesellschaft die Zukunft sieht, eine andere Denkschule gegenüber. Nämlich die der sogenannten »Assimilation« als Weg zur Integration. Sie wurde Anfang des 20. Jahrhunderts von der Chicago-Schule entwickelt und beschreibt die Anpassung der Zugewanderten als Sequenzen von mehreren Generationen an die Aufnahmegesellschaft: Die erste Generation ist quasi im Kulturschock, die zweite »zwischen den Kulturen«, die dritte Generation frei von einer Bindung an die Herkunftskultur und gänzlich am Aufnahmeland orientiert. Und während die Verfechter dieses Ansatzes darauf drängen, dass Integration nur gelingen kann, wenn sich die Menschen an die Aufnahmegesellschaft hinsichtlich Sprache, Werte, Netzwerke und Beziehungen völlig anpassen, weisen Vertreter*innen des erstgenannten Ansatzes, dem ich folge, auf die Diskriminierungserfahrungen hin, die eingewanderte Menschen und ihre Nachkommen erleben können und die es ihnen erschweren, sich so zu integrieren, wie es vielleicht wünschenswert wäre.

Ich stelle den Assimilationsansatz infrage, und damit bin ich nicht alleine. Denn die Frage ist, wo sich Menschen eigentlich hineinintegrieren sollen, wenn die Vorstellung einer homogenen Nationalgesellschaft hinterfragt wird. Oft wurde schon über eine sogenannte »Leitkultur« diskutiert, aber Tatsache ist eben auch, dass unsere Migrationsgesellschaft schon lange von den transnationalen Leben ihrer Einheimischen geprägt ist, die Verbindungen über Staatsgrenzen hinweg in sich auflösen. Leitkultur könnte demnach vieles sein.

So belegen seit den 80er Jahren Studien aus aller Welt, dass eingewanderte Menschen und ihre Nachkommen nicht alle Brücken hinter sich abbrechen, wenn sie wandern, migrieren, flüchten, ein neues Zuhause finden, sondern vielfältige Beziehungen ökonomischer, sozialer und kultureller Art zu ihren Herkunftsländern aufrechterhalten. Virtuelle Netzwerke verbinden Gesellschaften und erleichtern in Zeiten der Globalisierung und Digitalisierung die Mobilität sowie die Kommunikation. Diese Räume der Verbindung werden als transnational bezeichnet. Sie stehen nicht im Widerspruch zur aktiven Teilhabe am Leben in Deutschland. Das heißt, Menschen mit Zuwanderungsgeschichte, egal in welcher Form, fühlen sich nicht weniger zugehörig zu diesem Land, auch wenn sie ihren Kindern die Sprache ihrer Vorfahren beibringen. Es lässt sich mit mehreren Zuhause im Herzen am gleichen Ort leben, und das hat weder mit Identitätsverlust noch Loyalitätskonflikten zu tun. Es ist auch kein Zeichen mangelnder Integration. Die kosmopolitische Fähigkeit zu einem grenzüberschreitenden Leben ist bedeutsam für ein gesellschaftliches Verständnis und wird in Zukunft noch bedeutsamer werden, das ist sicher. Doch genau diese Tatsache beschreibt das Spannungsfeld, das im privaten und politischen Leben, in den Medien, aber auch an Universitäten und in der Wissenschaft aufgemacht und um das gefochten wird. Es geht dabei um konkrete lebensweltliche Fragen, die zum Beispiel den Umgang mit Religionen betreffen, wenn gefragt wird, ob das Muslimischsein von eingewanderten Menschen als Integrationsbremse wirke, welche Rolle traditionell-konservative Einstellungen für ein gemeinsames Miteinander spielen, oder wenn die Frage gestellt wird, wer sich vermeintlich leichter oder schwerer tut mit interethnischen Kontakten oder der Akzeptanz gesellschaftlicher Routinen und Gleichberechtigung.

Wo liegt in Fragen wie diesen die Grenze zwischen Analyse und Diskriminierung? Das Vermengen von methodischer Kritik, politischer Positionierung und persönlicher Diffamierung findet ständig und überall statt. Nicht selten verdeckt das die sozialen und institutionellen Barrieren, die es vielen Menschen erschwert, sich einzugliedern, sie ausgrenzt oder Einfluss auf ihren Rückzug hat. Ein Beispiel ist die Stadtplanung der vergangenen Jahrzehnte mancherorts, die den Zuzug von Menschen so gelenkt hat, dass wenig soziale Durchmischung stattfinden konnte. Daraus sind Lebenswirklichkeiten und Orte entstanden, die polemisch mit Schlagworten wie »Parallelgesellschaft« und »Brennpunktstadtteil« bezeichnet werden. Es gibt Exklusionsmechanismen, die sich auf unser Aufwachsen und die gemeinsame Sozialisation auswirken können.

Diese »Integration« ist ein Problem, solange wir sie als statisch und in ihrer Entwicklung abgeschlossen begreifen, denn dann können eingewanderte Menschen und ihre Nachkommen nur bedrohlich bleiben. Auch diese Vorstellungen sind gesellschaftlich aktiv. Dann sind »sie« die Sündenböcke, die immer dann aus der Tasche gezogen werden, wenn eine gesellschaftliche Situation brenzlig wird. Und manche Menschen glauben so fest an diese Erzählung, dass sie die Grenzen unseres Miteinanders gewaltvoll überschreiten. Es ist die Verbindung menschenfeindlicher Konstruktionen, die wir im Attentat auf die Synagoge in Halle und den darauffolgenden Anschlag auf den Kiez-Döner 2019 feststellen können. Die Gedankenwelt des Täters gibt Einblick, wie sich rassistisch-antisemitische und frauenfeindliche Gedanken in einem Menschen verbinden können. Es gibt wissenschaftliche Forschung, die versucht, diese Verschränkungen und Verflechtungen auszuloten, die deshalb von einer postnationalsozialistische Migrationsgesellschaft spricht, die auch eine postkoloniale ist.

Wo das deutsche »Wir« als eine homogene Gesellschaft gedacht wird, können Migrant*innen, Juden und Jüd*innen, Muslim*innen, Sinti*zze und Rom*nja, Schwarze und asiatisch gelesene Menschen nicht gleichberechtigt vorkommen. Und genau sie waren die Opfer von Halle wenige Monate vor Hanau.

So schreiben wir also das Jahr 2022 und sind noch immer weit entfernt vom Aufbau einer Einheit, die sich mit ihrer Zuwanderungsgeschichte und Vielfalt arrangiert hat; so wie es auch mit der Einheit zwischen Ost und West nach über 30 Jahren Mauerfall mau aussieht, wo es auch eine Geschichte der Migration gab, die fast nie Thema ist. »Der Tag der deutschen Einheit wird erst dann ein Tag der deutschen Einheit, wenn er mehrere Erzählungen zusammenwebt: die von Ost und West und die der Gastarbeiterabkommen und Flüchtlinge«, schrieb 2019 die Autorin Jagoda Marinic anlässlich des 30-jährigen Mauerfalljubiläums in einem Kommentar. Bereits sieben Jahre zuvor hatte die Kulturanthropologin Goel in ihrem Essay »Ungehörte Stimmen. Überlegungen zur Ausblendung von Migration in die DDR in der Migrationsforschung« diskutiert, welche Konsequenzen das Abschieben von aus der ehemaligen DDR eingewanderten Menschen in der Wendephase, das Unsichtbarmachen dieser Geschichte, das Verschieben von Problemen aus dem Westen in den Osten und neuere Entwicklungen des (antimuslimischen) Rassismus haben. Und welche Folgen die Vorstellung hat, dass es Rassismus angeblich nur im Osten und nicht im Westen gebe, weil Ersterer keine eingewanderten Menschen kenne.

Dabei leben migrantisierte Menschen schon lange dort, haben sich ein Zuhause gebaut, engagieren sich und zeigen, dass ebendieses Bild keine Grundlage hat. Die Frage, was ostdeutsch ist, stellt sich dadurch mit einer ganz anderen Perspektive. Der Historiker Patrice Potrous erklärt, wie sich zwangsläufig Fragen nach Abstammung und Herkunft verbinden und dass eben auch Ostdeutsche nicht alle *weiß* sind. Es geht also auch in diesem Teil unserer Geschichte um eine Vielzahl von Erzählungen, auch die Schwarzer deutscher Geschichte. Es gibt viele Geschichten der *Anderen*, die noch erzählt werden müssen: die der vietnamesischen und mosambikanischen und der vielen anderen Leben in der ehemaligen DDR, die Vorstellungen über überschaubare, isolierte und homogene Gemeinschaft aufbrechen. Es sind Geschichten des Aufbruchs und der Verluste. 2006 hat Sabine Mannitz in ihrer Analyse *Die verkannte Integration* aufgeschrieben, was ihr im Westen Berlins aufgewachsene, migrantisierte Jugendliche über die Wendezeit erzählten. Wie sie sich als Westberliner*innen identifizierten und »die Ostler« als »andere« konstruierten, die weniger angepasst wären an Deutschland als sie. 2020 machte die Soziologin und Migrationsforscherin Naika Foroutan in einer Studie einen vieldiskutierten Vergleich zwischen Ostdeutschen, Muslim*innen und muslimisch gelesenen Menschen. Das Bild von West- und Ostdeutschen damit aufzubrechen war ein Versuch, den sie zusammen mit der Journalistin Jana Hensel in *Die Gesellschaft der Anderen* wagte.

So bleibt die Frage, »was deutsch ist«, auch aus einer gewachsenen ost- und westdeutschen Perspektive relevant. Es gibt viele Forschungsbeiträge darüber, wie die Menschen auf eine Entsolidarisierung nach der Wende und auf rechtliche und soziale Ungleichheit reagierten. Wer den Erfolg des Rechtspopulismus unter den heute 40- bis 55-Jährigen verstehen will, muss sich auch das gesellschaftliche Klima vergegenwärtigen, unter dem diese Generation in den Jahren 1989 bis 1994 politisch sozialisiert wurde. Denn aus dieser sogenannten »Wendejugend« entstammen die Wortführer von PEGIDA und auch die Mitglieder und das Umfeld des Nationalsozialistischen Untergrundes (NSU). Bis heute bleibt die Frage immanent, wie es ist, sich »fremd im eigenen Land« zu fühlen, wie bereits 1992 die Heidelberger Band Advanced Chemistry textete, als Neonazis in Rostock-Lichtenhagen die Zentrale Aufnahmestelle für Asylbewerber*innen angriffen. Heute gelten die Rapper als Pioniere des deutschen Hip-Hop und ihr Lied als erstes einer

Vielzahl, die politische Stellungnahmen mit Persönlichem vermischten. Straßenpoesie. Widerständige Protestmusik, die von den Leben erzählte, die die Dominanzgesellschaft nicht sehen wollte. Rap, der empowerte, wenn es wieder zur Gewalt kam – wie »Letzte Warnung« von Brothers Keepers 2001 mit Afrob, Samy Deluxe, Chima und D-Flame. Auf dem in Beige gehaltenen Cover der Single ihres Albums *Lightkultur* ist das Gesicht von Alberto Adriano zu sehen, der 1988 als Vertragsarbeiter in die damalige DDR gekommen war. Adriano hatte eine Frau und drei Kinder im Alter von fünf Monaten bis acht Jahren, wurde im Jahr 2000 von drei Neonazis im Dessauer Stadtpark zusammengeschlagen und starb an seinen Verletzungen. 20 Jahre später vertonten 18 Rapper*innen und Sänger*innen, darunter Azzi Memo, Kool Savas, Celo & Abdy und Rola, in »Bist du wach« ihre kritischen Gedanken nach dem Anschlag von Hanau in Westdeutschland.

Wer gehört dazu, wer nicht und wer vielleicht ein bisschen oder erst später? Wie viele andere sind in einem oder einer Deutschen, und wer bestimmt das alles? Vor dieser Kulisse formulierte Deutschland sein Abstammungsrecht. Deutschsein als Schicksal, das unter dem Abstammungsprinzip Jus sanguinis definiert wurde. Ein Gegensatz zu anderen westlichen Staaten, die ein Jus soli formulierten, damit entscheidet der Geburtsort über die Herkunft. Erst seit 1975 erhalten in Deutschland gleichberechtigt auch die ehelich geborenen Kinder deutscher Mütter und ausländischer Väter den deutschen Pass. Vorher waren es nur die Kinder deutscher Väter. Und für hier seit 1999 geborene Kinder ausländischer Eltern galt jahrelang die Optionspflicht, also die doppelte Staatsbürgerschaft auf Zeit: Mit 18 sollten sie sich für einen Pass entscheiden. 2007 wurde die doppelte Staatsbürgerschaft eingeführt, aber nur für EU-Kinder. Seit 2014 gilt sie für alle Kinder, die hier leben und zur Schule gehen.

Weitere Details führe ich an dieser Stelle nicht aus. Denn dass unser Staatsbürgerschaftsrecht kompliziert ist, ist sicher deutlich geworden, und dass das Folgen hat, was die Zugehörigkeitsgefühle und die Ausgrenzungserfahrung der davon Betroffenen angeht, hoffentlich auch.

Wer und was ist also nun deutsch? Eine Frage, die ich in meinem Leben auf unterschiedliche Weise wieder und wieder durchgekaut habe. Persönlich, biografisch und beruflich. Einmal sagte eine Kollegin (mit Migrationsgeschichte) zu mir, dass wir aufhören sollten, Sendungen darüber zu machen. Sie habe keinen Bock mehr. Wir müssten längst woanders sein. Sind wir aber nicht. Bis heute heißt der Begriff »Deutsche*r mit Migrationshintergrund« politisch ausgedrückt: nicht-deutsche Person mit deutschem Pass. Eben nicht richtig deutsch. Ich habe diese Zuschreibungen eines statistischen Merkmals meinem Kind weitervererbt. Wie wird ihm die Gesellschaft später als Erwachsenem begegnen? Ihm als drei-Viertel-deutschem-ein-Viertel-afrikanischem Menschen? Mein Mann und ich werden es empowern, damit es sich ganz und nicht kategorisiert fühlt. Denn das wird unsere Aufgabe bleiben in einem Land, das sich mit seinem ersten Integrationsgipfel 2006 im Kanzleramt zwar offiziell zum Einwanderungsland erklärte und über die Jahre Integrationspläne mit verschiedenen Namen formulierte, aber dafür nie verbindliche Maßnahmen beschloss.

»Wir« sind noch immer nicht zusammengewachsen, und das zeigte sich sowohl 2010 in der Jérôme-Boateng- als auch 2018 in der Mesut-Özil-Debatte um ein Bild mit dem türkischen Autokraten. Der Eklat wurde zum Auslöser der Hashtagkampagne #MeTwo, in der es um migrantische Zugehörigkeiten und Diskriminierung ging. Erinnert sei in diesem Zusammenhang auch an den rassistischen Mob in Chemnitz im gleichen Jahr nach einer Auseinandersetzung am Rande eines Stadtfestes, während derer ein Mann durch Messerstiche tödlich verletzt wurde. Rechte und Rechtsextreme hatten wegen der vermuteten Migrationsgeschichte des Täters dazu aufgerufen. In der Folge wurden Menschen angegriffen, die nicht in das *weiße* Bild der Rechten passten. Die Ereignisse und deren Bewertung führten zu einer wochenlangen Debatte, die nachträglich die Versetzung des damaligen Präsidenten des Verfassungsschutzes Hans-Georg Maaßen in den einstweiligen Ruhestand zur Folge hatte, weil er wegen umstrittener Äußerungen zu den Vorfällen in die Kritik geraten war und bis heute behauptet, dass es nie eine rassistische Hetzjagd von extremen Rechten gegeben habe.

Abgesehen davon, dass wir an diesem Beispiel über das Versagen des Rechtsstaates, das Vernetzen der rechten Szene im Sammelbecken der AfD, die Legitimierung rassistischer Tatsachen durch Politiker*innen und den Verfassungsschutz sprechen könnten, ist auch ein Blick auf das mediale Framing relevant: »Deutscher von Ausländern erstochen«, hieß es in vielen Medien, und damit schien die Vorstellung des Opfers Daniel H. für die meisten klar. Nur in wenigen Medien finden sich Hinweise darauf, dass er eine Person of Color und deutsch war, dass er also einer war, den der rassistisch motivierte Mob an diesem Abend gejagt hatte in Chemnitz, weil er sonst nicht als deutsch gelesen wird. Finde den Fehler: deutsch sein, wenn es reinpasst.

Deshalb spiele ich manchmal in Vorträgen oder Workshops provozierend damit, dass auch in mir deutsches Blut fließt. Schwarz und deutsch – kein Widerspruch. Hadija Haruna ist mein Geburtsname: Für viele passt das, passe ich nicht zusammen – Bilder im Kopf. Die Irritation mancher Menschen über mich zeigt, welche Rolle eine bestimmte Art der Abstammungsfragen in Deutschland immer noch spielt und wie viele Menschen fälschlicherweise glauben, dass wir in Deutschland unsere Vorstellung von vermeintlichen »Rassen« mit der Aufarbeitung des Holocaust, der Shoah (hebräisch) oder Porajmos (romanes) bereits überwunden haben. Aber er ist immer noch da: der Antisemitismus in seinen vielfältigen Formen und seinem deutschen Spezifikum. Und damit verbunden ist auch die verdrehte Tatsache, »dass die Deutschen den Juden Auschwitz nie verzeihen werden«, wie es der israelische Psychoanalytiker Zvi Rix einmal ausdrückte. Er beschrieb das gesellschaftliche Problem vieler Menschen in Deutschland, die Shoah nicht als Bestandteil eines nationalen Selbstverständnisses anerkennen zu können. Antisemitismus gibt es quasi nicht trotz, sondern wegen Auschwitz. Das Stichwort ist Schuldabwehr. In dieser Argumentation werden der Jude und die Jüdin zu Moralaposteln stilisiert, weil wir ihretwegen immer wieder über die Verbrechen der NS-Vergangenheit reden müssen. Manchen fällt es leichter, den Antisemitismus auf *Andere*, »die Muslime« oder »die Rechten«, abzuwälzen. Es hilft dabei, sich nicht mit dem Antisemitismus der Mitte beschäftigen zu müssen oder sich damit auseinanderzusetzen, dass Rassismus und Antisemitismus heute gemeinsam gedacht und aufeinander bezogen werden müssen, um beispielsweise die Hintergründe für das Attentat von Halle 2019 besser zu verstehen.

Es gilt, die Formen von Menschenhass zu verbinden, wenn wir in Deutschland an einem Miteinander bauen möchten, in dem alle einen Platz bekommen. Anzuerkennen, dass die Vielfalt nicht deutsch werden kann, wenn deutsch zu sein weiterhin bedeutet, *weiß* zu sein. Das Problem nennt sich »White Supremacy« beziehungsweise die Ideologie der *weißen* Suprematie (Überlegenheit) und dem ihr zugrunde liegenden jahrhundertealten Gedanken einer Überlegenheitskultur, die sich mit rassistischer und antisemitischer Geschichte paart. Sie findet sich in den Schriften der Täter von Hanau, Halle, Utøya oder Neuseeland wieder. Es ist die Angst vor einem vermeintlichen Völkeraustausch und dem eigenen Aussterben, in der auch weiblich gelesene Personen und queere Menschen eine Bedrohung darstellen, weil sie die konservative Vorstellung einer *weißen* Familie gefährden. Es ist ein auf dieser Ideologie basierender Hass auf »Gendergaga«, auf emanzipierte Frauen und Menschen of Color, die als Grund für das Übel gelten, der nicht nur in den USA, sondern auch hierzulande prominent in der Szene der rechten »Identitären« zu finden ist. Die Szenen der White Supremacy sind weltweit vernetzt, kommunizieren und radikalisieren sich über Social Media und anonyme Kanäle via Telegram oder 4Chan, und sie haben eine lange Geschichte: Schon in ihrem 1989 erschienenen Buch *Talking Back* erklärt bell hooks, dass sich der Begriff »*Weiße* Suprematie« besser als Rassismus als Ausdruck einer globalen Struktur der Ausbeutung und Unterdrückung eigne. Weil er erkläre, wie Menschen zwar links und antirassistisch denken wollen, aber trotzdem vom Wunsch angetrieben werden können, Macht, Herrschaft oder Kontrolle über Schwarze Menschen und ihr Wissen auszuüben. Dadurch lässt sich erklären, warum rassistische Strukturen bis heute bestehen, obwohl viele Menschen Rassismus ablehnen oder in ihrem Wirken vielleicht gedacht haben, »Gutes« oder »das Richtige« zu tun, rassistische Systeme aber weiterhin aufrechterhalten. Mit White Supremacy lässt sich erklären, inwiefern auch Schwarze Menschen in dieses System involviert sind. Sie sind nicht nur wie *weiße* Menschen mit diesem Rassismus sozialisiert und haben deshalb abwertende Bilder, Gefühle und Vorstellungen von sich selbst und anderen verinnerlicht, sondern sie übernehmen im schlimmsten Fall das Konzept selbst, handeln danach, bestimmen über andere Schwarze Menschen, um sich dem machtvollen System anzuschließen. Immer wieder zeigt sich, dass Rassismus eine Beschreibung von Machtverhältnissen ist, was erklärt, warum nicht nur *weiße* Menschen rassistisch sein können.

Und noch ein weiterer Punkt: In seinem Essay »Rassismus und Nationalismus« stellt Étienne Balibar 1990 die Frage, wie Rassismus und Nationalismus zusammenhängen, sich beeinflussen und gegenseitig bedingen. Die Nation ist für ihn etwas Abstraktes, die es weltweit in vielfachen und konkurrierenden Erscheinungsformen gebe. Eine konstruierte Einheit, die nicht mit einer homogenen ethnischen Bevölkerung zu erklären sei. »Das nationale Volk« bestehe vielmehr aus einer »fiktiven Ethnizität«, die durch den Nationalismus geschaffen werde. Nationalismus ist für Balibar deshalb eine Ideologie, eine, die dazu führen kann, dass die Gefühle von Sarrazin über ein »Deutschland, das sich abschafft« weiter fortwirken und den Neorassismus wachsen lassen könne.

Die Vorstellung einer nationalen Identität zeichnet sich bei Balibar durch eine nationalistische Ideologie aus, die die Nation als eine Gemeinschaft versteht, die sich von unterschiedlichen (Bevölkerungs-)Gruppen abgrenzt und sie in »Mehr- und Minderheiten« einteilt. Regeln, Abläufe und Gesetze, also die Struktur dieser homogenen Nation stabilisieren ihren Zustand, in dem es Grenzpolitiken, Einteilungskategorien und Ausgrenzungen gibt, die zwischen »echten« und »falschen« Staatsangehörigen unterscheiden. Der Erfolg der gegenwärtigen internationalen Weltordnung ist für Balibar dadurch entstanden, dass Herrschende die Welt und ihre Länder in eine Hierarchie eingeteilt haben, dass darüber bestimmt wurde, welche Kulturen als ungleichwertig gelten, um damit Verteilungsfragen zu regeln. So lässt sich die Idee *weißer* Überlegenheit nicht nur auf Nationen, sondern auf eine internationale Ebene beziehen. Dieses Denkmodell erklärt den europäischen Antisemitismus, der heute weltweit Juden und Jüd*innen zu Feinden und Feind*innen macht, und es erklärt ebenfalls, warum Schwarze Menschen weltweit ähnliche Ausgrenzungserfahrungen machen und warum es heute zwar formal gleichwertige Nationalstaaten gibt, diese aber entlang der Trennlinie von Unterentwicklung und Überentwicklung unterschieden werden. Wer sind die reichen und wer die armen Länder, und warum leben die Menschen dort, wie sie leben: die einen im Elend, die anderen konsumierend?

Auf diese Weise verbindet Balibar seine Thesen des Neorassismus mit dem Phänomen der Migration in Europa, und für ihn stellt sich die Frage, wie wir wegkommen von einer veralteten Vorstellung einer nationalen Identität. Wie können wir die Idee eines sich selbst höher bewertenden Volkes überwinden? Eine Antwort auf die Frage, ob wir in einer globalisierten Welt die klassische Nation überhaupt noch brauchen, sucht die transnationale Forschung. Auch die Suche nach einer europäischen Identität und Politik geht in diese Richtung. Kürzlich rief die Friedenspreisträgerin des Deutschen Buchhandels Aleida Assmann dazu auf, die Nation demokratisch und divers neu zu erfinden, um sie auf solidarische Weise nicht den rechten Kräften zu überlassen. Bedingung dafür sei, dass die Geschichten und Vergangenheiten aller Mitglieder einer Gesellschaft im öffentlichen Raum und ihren Institutionen erzählt werden, dass alle Sichtweisen wahrgenommen werden. Das ist die Richtung, in die ich weiterdenken möchte.

Sie zeigt, wie wichtig es ist, immer den größeren Kontext einzubeziehen, Differenzierung first! Im Zuge der Debatte um die Streichung des »Rasse«-Begriffs aus dem Grundgesetz wurde beispielsweise deutlich, wie sehr ein Begriff wie »race« im Deutschen fehlt, um die unterschiedlichen Rassismus- und Antisemitismuserfahrungen in diesem Land zu beschreiben. Den Begriff einfach zu streichen, ohne eine adäquate Übersetzung zu finden, hieße, die Grundlage dafür zu streichen, gegen Rassismus vorzugehen. Wir brauchen einen Begriff, der im Verständnis nicht in eine biologistische Deutung abrutschen kann, aber aufzeigt, dass genetische und äußerliche Vorstellungen von vermeintlichen »Rassen« nach dem Kolonialismus und dem Nationalsozialismus noch immer in den Köpfen existieren, sich verändert und neue Zuspitzungen erfahren haben. Ein Begriff, der erklärt, dass die Vorstellung einer »semitischen und jüdischen Rasse« zwar in der Vernichtungspolitik der Nazis gegipfelt hat, aber in Deutschland auch zu einer Verflechtung von Rassismus und Antisemitismus im Heute geführt hat.

So bereiteten antisemitische und rassistische Ressentiments um 1900 den Nährboden für das, was im 20. Jahrhundert folgte. Sie wurden in Museen und Forschungseinrichtungen untermauert. Es ist eine Ideologie, die nicht genügend aufgearbeitet wurde und deshalb weiterwächst, und es entbehrt nicht einer gewissen Ironie, dass vor allem die Stimmen jüdischer, nicht *weißer*, queerer Expert*innen oder jener mit Behinderung oft in aktuellen Debatten darüber fehlen, obwohl sie im Gespräch über den Holocaust, Shoah, Porajmos und die Kolonialgeschichte besonders wichtig wären. Auch hier stellt sich die Frage, wer in den homogenen deutschen Wissenschaftsbetrieb Zugang erhält und Geschichte schreibt. »Wer ist Teil dieser Länder, aber nicht ihrer Erzählungen? Wen bestärken und wen verdrängen sie?«, fragt die Schriftstellerin Asal Dardan in *Betrachtungen einer Barbarin*. Es ist längst Zeit, diesen erweiterten Blick in unsere (Schul-)Bücher aufzunehmen. Es gibt einiges aufzuholen. Wie auch immer also sich das Konzept für unsere Gemeinschaft der Zukunft nennt, nur gemeinsam werden wir eine Antwort darauf finden, was uns zusammenhalten kann. Deshalb muss eine Gesellschaft bereit sein, sich mit ihren Menschen zu verändern, wenn sie sie integrieren oder inklusiv sein will. Alles andere ist unrealistisch, ebenso wie die Erwartung, dass alle gleich auf »Willkommen« schalten, wenn neue Menschen dazukommen. Menschen brauchen Zeit, um sich kennenzulernen, wenn sie nie in Kontakt standen. Wichtig ist dabei die Augenhöhe, die Blickhöhe auf die anderen. Erst wenn alle Seiten sich bewegen, funktioniert die sogenannte Akkomodation, also die gesellschaftliche Gewöhnung an eine größere soziale Heterogenität. Es ist der Weg in eine akzeptierende Migrationsgesellschaft.

Muslimisch, jüdisch, romani – Zur Konstruktion von Gruppen

> *Wer ist fremder, ihr oder ich? Der hasst, ist fremder als der gehasst wird, und die Fremdesten sind, die sich am meisten zu Hause fühlen.*
>
> – Ilse Aichinger

Ich bin von vielen Menschen umgeben, die mir erzählt haben und erzählen, was und wie sie (er-)leben. Die versuchen, innerhalb ihrer Strukturen etwas aus ihrer marginalisierten Position heraus zu verändern. Mich hat dieser Austausch bestärkt, und ich habe viel gelernt; habe dazugelernt, als einige von ihnen Seiten dieses Buches sensitiv gelesen haben. Die es also gegengelesen haben, weil diese sensible Arbeitsweise zu einer Textredaktion dazugehört. Insbesondere, wenn über Dinge geschrieben wird, die diskriminierende oder stigmatisierende Punkte aufzeigen sollen, und ich weiß, dass ich Dinge aus meiner Perspektive übersehe, obwohl ich achtsam sein will, aber einfach bestimmte Punkte (noch) nicht kenne, weil nicht alles mein Leben direkt betrifft. Und so gehe ich davon aus, dass ich noch viel Neues erfahren werde, wenn mehr Menschen dieses Buch lesen werden, und darüber möchte ich gerne in den Austausch kommen.

Ich habe gesehen, dass es oft einsame Kämpfe für Menschen wie mich waren, wenn wir unsere Perspektiven öffentlich machten, weil wir mit unseren Erfahrungen und Blicken auf die Gesellschaft nicht selten allein sind an unseren jeweiligen Orten, an denen wir arbeiten oder wirken. Aber zusammen sind wir nicht allein. So fühle ich mich, während ich das hier schreibe, umgeben. Da ist eine Verbindung zu anderen, die ich auf gewisse Weise spirituell verstehe: weil ich mir vorstelle, dass diejenigen, die das hier lesen, mit denen ich mein Leben und meine Ansichten teile, hoffentlich etwas davon mitnehmen für sich und es auf ihre Weise weitertragen. So wie ich Texte von anderen gelesen habe, unter anderem die von bell hooks, die gestorben ist, als dieses Buch fertig wurde. Dieses Gefühl der Verbundenheit überkommt mich immer wieder zwischen all dem rationalen Aufschreiben und Nachdenken, dem Recherchieren und Lesen analytischer Texte und dem Versuch, sie zu übersetzen, damit sie Lust machen, weiterzulesen und sich mit ihnen auseinanderzusetzen, auch wenn es hier und da komplizierter wird. Ich stelle mir meine Familie, meine Freunde und Freundinnen als Lesende dieser Zeilen vor. Menschen, die ich schätze, und andere, die ich viel zu wenig gehört und gesehen habe während der letzten Jahre. Es sind Menschen, die mich von früher kennen und Erinnerungen an mich haben, und es sind diejenigen, die den Kopf schütteln, wenn sie mich hören, und nun vielleicht ein wenig besser verstehen, wie ein Persönliches eben auch ein Politisches ist.

Ich bin über die Erfahrungen der Kapitel meines Lebens 41 Jahre alt geworden. Wie viel Leben das ist, wird mir jetzt erst klar. Ich muss fast darüber lachen, aber es ist tatsächlich eine Art der Abnabelung, die ich hier in dieses Buch hineinformuliere. Ich stehe an einem Punkt, an dem ich viele der alten (Kindheits-)Geschichten hinter mir gelassen habe und ein neues Selbstverständnis sehe. Ich analysiere inzwischen auf professionalisierte Weise den journalistischen Output meines Berufszweigs, beobachte mediale Wellen, ihre Debatten und stelle die Ähnlichkeiten fest. Ich biete Workshopkonzepte und Formen diversitätssensibler Redaktionsarbeit an, um mit interessierten Medienschaffenden in den Austausch zu gehen. Sprache ist für mich ein Handwerkszeug, das es verantwortungsvoll zu benutzen gilt. Darüber hat sich in den vergangenen Jahren mein Beobachtungsraum geweitet, und ich bin der Autorin Kübra Gümüşay dankbar, dass sie über die Rolle, Funktion und einen mehrperspektivischen Umgang mit unserer Sprache das Buch *Sprache und Sein* geschrieben hat. Darin plädiert sie für ein Sprechen, in dem Menschen ihre individuelle Differenz zugestanden wird und sie nicht auf bestimmte Merkmale reduziert. Ihr Ausgangspunkt ist die Mehrsprachigkeit, die oft nicht als Vorteil verstanden wird, weil es für manche einen Unterschied macht, ob eine Person beispielsweise Deutsch und Türkisch oder Deutsch und Französisch spricht. Als ob es bessere und schlechtere Sprachen gäbe.

Meine Jugend wurde von türkischer Sprache und Musik begleitet. Ich war 16 Jahre alt, als eine meiner bis heute engsten Freundinnen mir Lieder übersetzte und zeigte, welche Emotionalität in der Sprache ihrer Eltern liegt. Immer wieder hat sie gesagt, dass sich dieses und jenes Wort nicht gut ins Deutsche übertragen lasse, und sich um eine Übersetzung und Beschreibung dieser Worte bemüht. Wir saßen beim Musikhören in ihrem Zimmer, tranken süßen türkischen Tee und rauchten heimlich. Ich konnte manche Lieder mitsingen, deren Texte ich nicht verstand, aber deren Klang ich liebte. Bis heute kenne ich die Worte des schnulzigen »Seni seviyorum« (Ich liebe dich) von Rafet el Roman. Wir Freundinnen sangen es im Chor bei ihrer Hochzeit. Ich bewege mich noch immer gerne zum Rhythmus und den Klängen türkischer Musik, bei der ich das Glück in den Augen meiner Freundin sehe.

Ich finde es schön, wenn Eltern ihre Kinder zweisprachig erziehen. Es ist ein Geschenk und die Wissenschaft weiß, dass es keine Nachteile hat, wie es lange fälschlicherweise hieß und als Gerücht noch immer kursiert. In ihrem Buch beschreibt Gümüşay das Geschenk von Sprach- und Gefühlsvielfalt derjenigen, die viele Sprachen sprechen. Sie kreiert ein »Museum der Sprachen« als einen Raum des Lernens und Wissens, in dem sich die Erfahrungen und Vorstellungen aus aller Welt befinden. Aber es ist auch ein Ort, an dem sich nur bestimmte Gruppen frei und selbstverständlich bewegen können, nämlich die, die mit der Macht ausgestattet sind, die *Anderen*, die von ihnen abweichen, auseinanderzunehmen. Sie sind die »Benannten«, die als ungewohnt und unvertraut markiert werden, die angeblich Irritation erzeugen und nicht selbstverständlich sind. Es ist die Erfahrung, die Menschen wie Gümüşay im Alltag machen, wenn sie auf Konferenzen oder Interviews verwundert gefragt werden, wie das denn gehe: Islam und Feminismus, Kopftuch und Emanzipation, weil sie mit ihren Lebensweisen nicht in die starren Konstruktionen passen, die nicht auf sie zutreffen. Damit zeigt sich, wie einseitig die Vorstellungen sind, die alles auslöschen, was einzigartig, vielschichtig, besonders und damit schön an Menschen ist.

Ich verstehe Gümüşays Buch als Aufruf zur Selbstbefreiung der Benannten, die aus der Falle des zermürbenden Beschriebenwerdens heraustreten, sich verteidigen und für ein anerkennendes Sprechen plädieren wollen, zu dem alle eingeladen sind. Ich nehme ihren Aufruf auf, um mich in diesem Kapitel den Konstruktionen der Benannten zu widmen, die in unserer Gesellschaftsgeschichte entwickelt wurden. Wenn ich mich in die 80er Jahre, in denen ich geboren wurde und Kind war, versetze, sehe ich zum Beispiel eine Zeit, in der viele *weiße* Mütter Angst davor hatten, dass die ausländischen Väter, insbesondere muslimische Männer, wie in dem Bestseller von Betty Mahmoody

Nicht ohne meine Tochter, bei einer Trennung die gemeinsamen Kinder entführen könnten. Mahmoody war 1984 mit ihrer kleinen Tochter und ihrem persischen Ehemann in den Iran gereist, der sie dann nicht mehr ausreisen lassen wollte: Er verändert sich, wird gewalttätig, die Situation eskaliert. Rechtlich gesehen darf die Mutter das Land nur ohne ihre Tochter verlassen, am Ende gelingt beiden die Flucht.

Der Ankündigungstext des 1987 erschienenen Buches liest sich grausam, und das, was Mahmoody darin beschreibt, ist schlimm, keine Frage. Doch versinnbildlicht dieses Buch für mich auch, wie aus einer persönlichen Geschichte eine rassifizierende Angst vor muslimischen Männern oder die als solche gelesen werden, generiert wurde, die sich inzwischen bei vielen Menschen mit dem Argument »wie ihre Kultur eben so ist« verinnerlicht hat. So unterstreicht dieses Buch in dieser Zeit auch einen politisierenden Moment, der bei vielen Frauen Einfluss darauf nahm, wie sie sich sogenannte interkulturelle und -religiöse Beziehungen bis heute stereotypisch vorstellen. Es sind negative Konstruktionen, die von sogenannten femonationalistischen Strömungen vereinnahmt werden, die strategisch feministische Ideale für eine antimuslimische Politik vereinnahmen, indem sie ein vermeintlich rückständiges muslimisches Frauenbild kreieren.

Das Buch von Mahmoody, ein Bestseller, lag auch bei uns zu Hause. Der Film über die Familie erschien kurz nach der Trennung meiner Eltern 1991. Ich habe ihn später im Fernsehen gesehen und weiß, dass er mich negativ geprägt hat, obwohl es meinen Vater gab. Ich erinnere mich außerdem an viele rassifizierende Stereotype, die auch ich im Zusammenhang mit Schwarzen Männern internalisiert hatte. Es hat mich Aufarbeitung und Reflexion gekostet, zu erkennen, was mich dazu gebracht hat, und auch die damit verbundene Selbstablehnung zu verstehen. Heute weiß ich, dass sich diese Bilder früh in mir verfestigt haben müssen und ich sie erst durch einen partnerschaftlichen Realitätscheck verlernt habe. Es ist nicht leicht, diese Wahrheit hier zu thematisieren; genauer gesagt, dass ein internalisierter Rassismus von Schwarzen gegen Schwarze Menschen das wahre Verbrechen ist, das Schwarze Menschen an sich selbst begehen, wie es Kendi treffend analysiert. Frantz Fanon beschreibt es als ein verdrehtes Selbstverständnis, wenn Schwarze Menschen allem misstrauen, was Schwarz ist. Was wiederum Stuart Hall als selbstausgrenzende »Internalisierung des Selbst« erklärt. Dieses Denken interagiert unterbewusst mit der psychischen Struktur eines Menschen, was dazu führen kann, dass die Person sich selbst als minderwertig versteht.

Heute sind diese Muster in mir aufgelöst, und es fröstelt mich, wenn ich mich erinnere. Ich denke, was für ein Glück. Vielleicht ist es deshalb auch vorstellbar, dass es mich verletzt, wenn eine Frau in meinem Beisein generalisierend sagt, dass sie sich eine Beziehung zu einem Muslim nicht vorstellen kann oder Angst vor Schwarzen Männern hat. Das ist schon öfter passiert. Es ist traurig und bitter zu wissen, woher das kommt, und umgekehrt aus der eigenen, schmerzvollen Erfahrung zu wissen, was andere alles auf mich als Schwarze Frau projizieren. Wie ich kategorisiert, exotisiert und instrumentalisiert werde mit Vorstellungen, die mir über mich selbst nicht im Traum einfallen würden. So konnte ich beispielsweise 2014 auf dem rechten Blog »Politically Incorrect«, der sich laut Selbstbeschreibung gegen eine vermeintliche »Islamisierung Europas« richtet, Überraschendes über mich lesen: dass ich eine »moslemische Halb-Ghanaerin« bin, »die sich für Säuberungsaktionen starkmacht und unsere Kultur schlechtredet«. Absurderweise kamen die Verfasser auf diese Konstruktion, obwohl es in der Debatte, durch die sie auf mich aufmerksam geworden sein müssen, um diskriminierungssensiblen Sprachgebrauch ging, also ein ganz anderes Thema. Aber es war mein Name und mein Aussehen, das mich zu dem Feindbild »gefährliche Muslimin« machte. Alles Konstruktion also, und mit ihr stellt sich die Frage, was aus Menschen wie mir gemacht werden soll.

Davon handelt dieses Kapitel, in dem ich auf unterschiedliche Vorstellungen über Menschen aufmerksam machen will. Ich kann in dieses Thema nur einführen, es nicht ausführen, weil das dieses Buch sprengen würde, dennoch möchte ich die Gelegenheit nutzen, ein paar dieser Schubladen zu öffnen, um einen Blick hineinzuwerfen. Es ist eine Einladung, die eigenen Bilder und Zuschreibungen im Kopf dann selbst zu sortieren, so wie ich es mit meinen getan habe. Dabei sollte eines klar sein: Wir brauchen für ein Verständnis darüber Kategorien, um die jeweiligen Differenzerfahrungen von Menschen sichtbar zu machen, was wiederum das Problem mit sich bringt, dass sich diskriminierende Vorstellungen über sie dann schwerer wieder auflösen lassen. Aber genau das ist im Sinne eines politischen Verständnisses von Intersektionalität das Ziel. Deshalb versuche ich mich in einem Anreißen von Merkmalen und damit verbundenen Erfahrungen, markiere sie beim Durchlaufen, um genau an diesem Ziel anzukommen. Es ist ein Versuch, den dieses Buch wagt. Einmal alles anspielen, um die Menschen in ihrer Differenz auf die Bühne zu holen, und wenn sie alle auf ihr stehen, zu zeigen, wie viel uneindeutiger wir eigentlich sind.

Mir zum Beispiel hat meine interreligiöse Sozialisierung zwischen einem muslimischen Vater und einer katholischen Großmutter, mein damit verbundenes Wissen über Menschen, die sich im Glauben wiederfinden, viel Erfahrung geschenkt. Es hat dazu geführt, dass mir Glaube nicht fremd ist, egal, wohin ich gehe. Ich verstehe, warum Menschen glauben und wie im säkularen Deutschland Religiosität eigentlich keine und doch eine so große Rolle spielt und welchen Unterschied Religion im Privaten, auf institutioneller Ebene und auf politischer Ebene macht. Als Reporterin für die ARD war ich auf mehreren Evangelischen Kirchentagen und dem Katholikentag unterwegs, habe viele Gespräche mit Gläubigen aller Religionen geführt, ihnen zugehört. Ich sehe, dass manch eine Religion einen schlechten Ruf hat, wie beispielsweise Muslim*innen mit rassistischen Vorurteilen belegt werden und was diese Erfahrung in ihnen auslöst. Antimuslimischer Rassismus ist eine wachsende Größe in Deutschland und ein Wissen über muslimische Glaubensgemeinschaften und ihre Lebenswelten eher klein. Es wird wenig differenziert zwischen Richtungen, zwischen Sunniten, Schiiten, der Ahmadiyya-Gemeinde oder Aleviten, zwischen den theologischen Schulen oder sufischen Strömungen und vielen anderen. Stattdessen wird einseitig bewertet, während das Christentum, das ebenso heterogen ist, wenig hinterfragt wird – als sei hier alles klar.

Kontakt ändert vieles. Es ist das eine, Glauben und Religion zu verstehen (oder selbst zu glauben), und das andere, sich auf die unterschiedlichen Konfessionen und die Leben dahinter einzulassen. Umso dankbarer bin ich, dass ich genau das tun kann. Dass ich keine Berührungsängste habe, dass ich private Glaubenspraxen von politischer Instrumentalisierung unterscheiden kann und dass ich nicht nur muslimisches und christliches Leben, sondern auch Juden und Jüd*innen kennengelernt habe und bis heute mehr über jüdisches Leben und jüdische Gegenwarten lerne. Ich lerne darüber, was Antisemitismus in seiner Komplexität ist und wie er sich bis heute fortschreibt, unter anderem, weil unsere Erinnerungskultur eine fragwürdige ist. 2017 stellten die Herausgeber*innen Astrid Messerschmidt und Meron Mendel im Sammelband *Fragiler Konsens – Antisemitismuskritische Bildung in der Migrationsgesellschaft* fest, dass die

Aufarbeitung der Geschichte der Shoah nur eine einseitige Erfolgsgeschichte ist, weil im deutschen Selbstbild kein Platz für Antisemitismus ist. Matthias Heyl benennt die Sehnsucht nach einem Ende der Geschichtsaufarbeitung, den Wunsch nach einem Schlussstrich.

Und so ging es mir beim inneren Aufräumen in den vergangenen Jahren auch darum, meine eigenen internalisierten und unreflektierten Bilder über jüdische Geschichte in Deutschland zu klären. Denn zu klären gibt es gesellschaftlich einiges. Die Einstellungsforschung zeigt, wie schwer sich der Antisemitismus fassen lässt, obwohl er überall präsent ist und sich in unterschiedliche Erscheinungsformen einteilen lässt: in ein nationalistisches Weltbild, den israelfeindlichen und islamistischen Antisemitismus und eine Schuldabwehr, die zusammengedacht werden muss mit Geschichtsvergessen. In Deutschland speist sich der Antisemitismus aus historischen, kulturellen und religiösen Narrativen. Er ist in Form von Stereotypen, generellen Abwertungen, offenen und subtilen antisemitischen Vorurteilen und medialen Bildern zu finden. Er kommt als Beleidigung und Beschimpfung in analoger und digitaler Form vor. Aus empirischen Studien geht hervor, dass 90 Prozent der Jüd*innen und Juden in Deutschland Antisemitismus als sehr großes Problem ansehen, viele von ihnen haben bereits über eine Auswanderung nachgedacht, und eine Mehrheit meidet es aus Angst vor verbalen oder physischen Angriffen, in der Öffentlichkeit jüdische Symbole zu tragen.

»Antisemitismus erzeugt etwas; er richtet etwas an. Er hat historische, gesellschaftliche und psychologische Folgen«, erklärt Julia Bernstein in einer Studie, die sie zusammen mit Andreas Zick, Andreas Hövermann, Silke Jensen veröffentlich hat. Sie ist erstmals aus jüdischer Perspektive formuliert, was wichtig ist, »weil eine Gesellschaft, die an der Lebensperspektive ihrer Mitglieder interessiert ist, diese schützen und verbessern will, auch mehr über ihr (Er-)Leben wissen muss«, heißt es dort. Zum Beispiel darüber, dass eine Gegenwart der Juden und Jüd*innen von heute ist, dass sie zu einem Großteil aus eingewanderten Menschen und ihren Nachkommen bestehen, die in Deutschland nicht nur Antisemitismus, sondern auch Rassismuserfahrungen machen.

Gibt es ein Jüdischsein jenseits der Shoah? Was bedeutet Muslimischsein in der postmigrantischen Gesellschaft in Deutschland? Was haben wir aus der Geschichte gelernt, und was wird von außen an uns herangetragen? Welche Rolle spielt Israel, und wie verhandeln wir das Thema im deutschen Mainstream? Wie sprechfähig sind wir aus einer deutsch-deutschen Perspektive über jüdisches Leben? Es gibt viel zu verstehen, wenn man damit beginnt, sich auseinanderzusetzen, auch mit dem, was im Verborgenen wirkt. In diesem Sinne erinnert die Philosophin Hannah Peaceman im Sammelband *Erinnern stören* auch an den Völkermord an etwa 500 000 Sinti*zze und Rom*nja während des Nationalsozialismus und den Wunsch nach einer zeitgemäßen Aufarbeitung von Porajmos, dem »Verschlingen«. Denn auch sie wurden von den Nationalsozialisten entrechtet, ihrer Lebensgrundlage beraubt, in Vernichtungslager deportiert, pseudowissenschaftlich untersucht und getötet. Falsche Gutachten begründeten den Mord an einer seit 600 Jahren in Deutschland lebenden marginalisierten Gruppe. Und während »den Juden« vorgeworfen wurde, dass sie die Gesellschaft als heimliche Herrscher schrittweise von oben zersetzen, wurde Sinti*zze und Romn*ja unterstellt, sie täten dies von unten. Wissenschaftlerinnen wie Jane Weiß oder Isidora Randjelovic erforschen unter anderem den Unterschied zwischen antisemitischer und rassistischer Gewalt an Sint*izze und Rom*nja in seiner spezifischen Form. Wie kann es sein, dass so viele Menschen hierzulande nichts oder nur wenig über dieses Kapitel des Zweiten Weltkriegs wissen? Darüber, dass Erwachsenen ein Z mit Nummer auf den Arm und den kleinen Kindern auf den Oberschenkel tätowiert wurde. Dass sie trotz der Vernichtung nicht bei den Nürnberger Kriegsverbrecherprozessen als Zeug*innen vertreten waren und 1956 eine Wiedergutmachung höchstrichterlich mit der Erklärung abgelehnt wurde, dass sie nicht »rassistisch« verfolgt worden seien, sondern wegen ihrer angeblich verwerflichen Lebensweise. Wie können Menschen diesen Rassismus bis heute übersehen?

Es ist der Arbeit ihrer sozialen Bewegung zu verdanken, dass 1982 der ehemalige Bundeskanzler Helmut Schmidt eine Delegation des frisch gegründeten Zentralrats der Sinti und Roma empfing und die Verbrechen offiziell als Genozid benannte. Erst 2012 wurde den Ermordeten in Berlin ein Denkmal gesetzt. Das ist gerade einmal zehn Jahre her. Und so hat es bis heute keine wirkliche Befreiung gegeben. Die Forschung zeigt, wie Sint*izze und Rom*nja auf behördlicher Ebene, im Bildungswesen oder bei der Polizei unter Generalverdacht gestellt werden und gewohnheitsmäßig als kriminell gelabelt werden. Es sind ähnliche Erfahrungen, wie sie auch Schwarze Menschen oder muslimisch gelesene Menschen machen. Die Vorstellungen eines biologistischen Rassismus überträgt sich auf die Vorstellungen über sie, was zeigt, dass nicht nur der Genozid an den Sint*izze und Rom*nja, sondern auch die Folgen nicht ausreichend erforscht sind. Sie seien in den gängigen Erinnerungskulturen unterrepräsentiert und der Rassismus noch immer zu wenig beachtet, erklärt es die Heidelberger Historikerin Karola Fings. Nicht verwunderlich, dass der Rassismus gegen Sint*izze und Rom*nja bis heute gleichbleibend stark ist wie die »Unabhängige Kommission Antiziganismus« 2021 in ihrem Bericht feststellt und von einem Versagen deutscher Politik, der Gesetzgebung und deren Rechtsanwendung spricht und eine nachholende Gerechtigkeit fordert. Sich zu entschuldigen und ein Denkmal zu setzen genügt nicht. Wir brauchen mehr Wissen, mehr Empathie für unsere Vergangenheiten.

Ich habe es meiner Begegnung und Freundinnenschaft mit der Sängerin und Aktivistin Tayo Awosusi-Onutor von RomaniPhen zu verdanken, dass ich mich tiefergehend mit dem Leben von Sinti*zze und Rom*nja beschäftigt habe. Dieses Thema wurde zeitgleich mit vielen anderen, die ich in diesem Buch beschreibe, für mich ein persönliches, weil wir familiär durch die Freundschaft unserer Ehemänner und später durch die Erfahrungen mit unseren Kindern verbunden sind. Und weil ich vor Jahren ein Training über Rassismus gegen Sint*izze und Rom*nja (Gadjé-Rassismus[3]) bei ihr gemacht habe, um Gelerntes zu verlernen und eine Verbündete zu werden.

Tayos Großeltern sind Porajmos-Überlebende und ihre Mutter Anita Awosusi ist eine der Frauen, die seit den 80er Jahren zu den Bürgerrechtlerinnen zählen, die für mehr Sichtbarkeit ihrer Belange in Deutschland kämpfen. Zum Beispiel dafür, welche Diskriminierungen denjenigen begegnen, die sich offen zu ihrem Ursprung bekennen. Tayo ließ mich hineinfühlen, was es heißt, als Kind mit Angst groß zu werden, weil das Trauma tief in deiner Familie steckt. Die Angst davor, dass so etwas wieder geschieht, weil dein Leid so viele Jahre nicht anerkannt wurde, deine Gesellschaft nicht darüber spricht, was geschehen ist, weil privat nicht ehrlich darüber gesprochen wird und damit Vertrauen fehlt und es keine Heilung geben kann. Es ist der Grund,

3 Ist ein Wort auf Romanes und bezeichnet die Gruppe, von der der Rassismus ausgeht. Es ist ein kollektiver Begriff zur Bezeichnung von Nicht-Romani-Personen. Gadjé-Rassismus ist also Rassismus, der von Gadjé gegen Rom*nja und Sinti*zze ausgeübt wird.

warum du deine Kinder, deine Familie am liebsten immer überall zusammen sehen und halten willst. Damit ihr im Ernstfall zusammen seid und nicht getrennt werden könnt. Weil da die Sorge ist, plötzlich wieder einfach weg zu sein. Und was es für Tayo bedeutet, eine Schwarze Sintezza in Deutschland zu sein, die sowohl Anti-Schwarzen- als auch Gadjé-Rassismus gleichzeitig erfährt. Mit Blick auf sie verschwimmen die Grenzen jeglicher Konstruktion.

Tayo nahm mich mit auf die Reise in ihre Familie. Sie tat es in Momenten, zaghaft, manchmal sehr persönlich, meist politisch mit rationalem Abstand in ihrer Art zu erzählen, so wie ich es auch tue. Immer wieder mache ich die Erfahrung, dass von Unterdrückungssystemen betroffene Menschen in politischen Räumen eine gewisse Art haben, um ihre Erfahrungen zu versachlichen. Vielleicht weil viele von uns sich so davor schützen, dass andere sie deuten. Sie haben gelernt, dass gesellschaftlich eher ernst genommen wird, wer sich von der eigenen Erfahrung distanziert. So baut sich ein Schutzmechanismus vor Trauer, Wut und Ohnmachtsgefühlen auf, die aber dann wieder hochkommen können, wenn sie durch Mikroaggressionen getriggert werden. Es ist ein energieraubender Kreislauf zwischen Schutz und dem Wunsch nach Sorglosigkeit, ohne den sich manches kaum aushalten lässt, aber eben auch vieles im Innen verloren gehen kann. Es erklärt, warum viele von Diskriminierung und Unterdrückung betroffene Menschen nach einer Strategie, nach Räumen suchen, um weich sein zu können. Für manche heißt dieser Ort Community, für andere sind es Peer Groups, wieder andere finden sie in religiösen Gemeinschaften. Auch ich kenne dieses Gefühl, habe gesucht und selbst erlebt, was es heißt, an sicheren Orten zu sein, wo eine bestimmte Sprache oder ein gefühlloser Umgang miteinander keinen Platz hat.

Das erklärt, warum ich es schlicht pietätlos finde, immer

wieder über Bezeichnungen von Lebensmitteln mit rassistischen Begriffen egal für welche vermeintliche Gruppe diskutieren zu müssen. Ich bin nur noch erstaunt darüber, wie beharrlich es manche argumentativ schaffen, das N-Wort nach Jahren der Diskussion als rassistisch zu begreifen, aber sich die rassistische Bezeichnung für Sinti*zze und Rom*nja nicht nehmen lassen wollen. Es sind nicht »nur Worte«. Nur Worte sind es für diejenigen, die das Privileg haben, das Trauma übersehen zu können. Sie können es als sprachliche Empfindlichkeiten abtun, statt sich mit der Geschichte und den gesellschaftspolitischen Folgen auseinandersetzen zu müssen. Was erinnern wir wie und was nicht? Was bleibt unsichtbar, wird im Unsichtbaren gehalten? Die Debatte über das Verhalten der Gäste in der Talkshow *Die letzte Instanz* im WDR brachte 2021 den spezifischen Rassismus gegen Sinti*zze und Rom*nja erstmals prominent in den Mainstream. Nie zuvor hatte ich in der Berichterstattung so viele Stimmen von Repräsentant*innen ihrer Organisationen gehört. Auch Tayo war unter ihnen.

»Repräsentation matters«, heißt es. Und ja, Repräsentation ist wichtig vor allem in Zeiten, in denen sich viele noch nicht kennen und erst einmal gegenseitig zuhören und erfassen müssen. Deshalb ist es so wichtig, sich gegen diskursive Versuche zu wehren, die das verhindern wollen, indem sie beispielsweise die Perspektiven von Menschen, die Rassismus erfahren, gegen die, die Antisemitismus erleben, ausspielen wollen. Zumal es auch hier zu Überschneidungen kommt, wie Emilia Roig in ihrem Buch *Why We Matter* eindrücklich belegt. Im intersektionalen Verständnis gilt es, Argumente einer sogenannten »Opferkonkurrenz« in unserer Migrationsgesellschaft etwas entgegenzusetzen, weil es um fehlende Anerkennung durch die Dominanzgesellschaft geht. Was all die Verfolgten und Ermordeten der Geschichte auf der Linie der Differenzerfahrung eint, ist, dass sie keine ethnisch-homogene Gruppe darstellen, dass alle in sich verschieden und heterogen mit unterschiedlichen Bezugsgeschichten in Deutschland leben. Darüber bräuchten wir mehr echten und ehrlichen Austausch. Darüber, dass es schlecht steht um Deutschlands Aufarbeitung der Shoah, Porajmos und den Versuchen, Schwarze, queere und behinderte Menschen auszurotten.

In unzähligen Gesprächen, Interviews auf Veranstaltungen und Fachkonferenzen, die ich moderiert oder begleitet habe, haben mir Menschen, die davon betroffen sind, auf unterschiedliche Weise davon erzählt, wie beispielsweise ihr jüdisches Leben der Gegenwart unsichtbar gemacht wird. Und ich sehe, lese und höre, wie bei Ereignissen immer wieder darüber gestritten wird, ob das jetzt Antisemitismus war oder nicht oder wie er zu interpretieren wäre. Wer ist antisemitisch und »welche Gruppe« am meisten? Debatten auf diese, oft oberflächliche Weise zu führen ist gefährlich, weil darüber Machtverhältnisse ausgespielt werden. Deshalb ist es unsere gesellschaftliche Aufgabe, zu verstehen, warum sich Antisemitismus in allen gesellschaftlichen Gruppen wiederfindet, wie sich seine Ausdrucksformen seit der Shoah gewandelt haben und was er mit unserer Migrationsgesellschaft in Deutschland zu tun hat. Denn genau hier liegt die Verbindung zu christlichem und muslimischem Leben hierzulande.

Rassismus ist eine »flexible Ressource«, wie Karin Scherschel es beschreibt. Genau wie es der Antisemitismus ist. Es gibt ein Reservoir an Möglichkeiten, die die Welt erklären, weshalb es oft so schwierig ist, zu sagen, mit welcher Form des Antisemitismus wir es zu tun haben. Fest steht, dass er nie weg war, dass es Stimmungen gibt, die ihn größer und kleiner werden lassen. Dass der Jude und die Jüd*innen in seinem abwertenden Stereotyp dabei nicht als deutsch, aber auch nicht als migrantisch gelesen wird, sondern in der imaginären Aufteilung zwischen Nation und Kultur nach Antisemitismusforscher Klaus Holz als etwas »Drittes« verstanden wird. Als der vermeintlich unsichtbare Feind, die Elite, die hinter den Kulissen Einfluss nimmt und sich in dieser Konstruktion auf *weiße* Juden und Jüd*innen bezieht. Anders als bei rassistisch handelnden Menschen, die Menschen aufgrund bestimmter Merkmale niedriger stellen, überhöhen Antisemit*innen Juden und Jüd*innen, was sie zur Gefahr erklärt. Damit werden sie für viele unterschiedliche Gruppen zu einem Feindbild, das bekämpft werden muss. Die »Querdenker-Demos« während der Corona-Pandemie haben immer wieder gezeigt, dass Menschen mit unterschiedlichen politischen Ansichten gemeinsam gegen das verschwörungsideologische »Feindbild Jude« stimmen. Die Journalistin Debora Antmann beschreibt die Dichotomie beider Räume und erklärt, dass sie sich aus Solidarität als *weiße* Jüdin bezeichne, um ihre jüdischen Geschwister of Color so nicht unsichtbar zu machen. Es ist für Antmann eine intersektionale Lesart, die erklären könnte, wie Juden und Jüd*innen in ihrer Vielfalt marginalisiert werden. Doch stellen der Antisemitismus und jüdische Perspektiven in diesen Debatten und Denken oft eine Leerstelle dar. Daraus ergeben sich neue Fragen für die Auseinandersetzung, zum Beispiel, wie eine Antisemitismuskritik funktioniert, die Hand in Hand mit einer Rassismuskritik gehen kann. Die sogenannte »Gojnormativität« fordert genau das: ein konsequentes und bedingungsloses Einbeziehen von jüdischen Menschen in diese Diskurse. Sie lotet das Verhältnis von Jüdischsein und *Weiß*sein aus und schaut sich Gedenkpolitiken mit einem spezifischen Fokus an, erklären es Judith Coffey und Vivien Laumann in ihrem Buch *Gojnormativität. Warum wir anders über Antisemitismus sprechen müssen.* Diese Perspektive sei wichtig, weil damit nicht nur das gesellschaftliche Bild vervollständigt würde. Es würde auch Politiken entgegenwirken, die das Gewissen von nicht betroffenen Menschen bereinigen oder Schuldige in den sogenannten *Anderen* suchen wollen. Es würde auch der statischen Konstruktion von Gruppen etwas entgegensetzen. Schließlich gibt es sie nicht in homogen: »die Christen«, »die Muslime« oder »die Juden«.

In ihrem Selbstverständnis unterscheiden sich alle, weil Menschen sich darin unterscheiden, wie sie glauben. Und weil sich Christen, Muslime und Juden zum Beispiel darin unterscheiden, ob sie sich als Glaubens- oder als Religionsgemeinschaft verstehen. Das Konzept des Glaubens ist eher ein christlich-muslimisches, während es im Judentum in Deutschland mehr um die Praxis geht, und ein Großteil jüdischer Menschen säkular lebt. Auch gibt es bei allen innerreligiöse Auseinandersetzungen, die die Differenz in den eigenen Reihen verhandelt. Dass sich zum Beispiel jüdische Menschen mit einem jüdischen Feminismus und queeren Zugängen zum Judentum beschäftigen, wie es meine Studiumsfreundin Michal Schwartze als Lehrerin, Bildungsreferentin und politische Jüdin tut und aufzeigt, wie durch die Shoah oder die Teilung in Ost- und Westdeutschland die Spuren queeren, jüdischen Lebens verwischt wurden. Oder die Tatsache, dass es auch hier die Ausgrenzung der vermeintlich *Anderen* gibt. Also, dass es Juden und Jüd*innen gibt, die so rassistisch gegenüber Schwarzen Menschen sind, wie diese antisemitisch sein können. Damit zeigt sich, dass eine universelle Emanzipation so viel komplexer ist. Weshalb wir uns gegen Vereinfachungen und simple Kategorisierungen stellen sollten.

Halten wir fest: Keine Gruppe ist homogen. Es gibt unter ihnen kulturelle, soziale, sprachliche, historische und regionale Unterschiede, aber es gibt kein Ranking. Es gibt so viel Trauma, das sich intergenerational fortschreibt, internalisiertes, in Körper eingeschriebenes Wissen, das sich bis heute transportiert. Deshalb kann es keine »Hierarchisierung des Leids«, nur ein Nebeneinander geben, dem wir uns widmen sollten, um gemeinsam an einer Heilung zu arbeiten. Sie beginnt damit, dass wir all diese Geschichten und ihre Menschen darin anerkennen. Ich wünschte mir deshalb auch ein Ende der Debatten unter »Historikern«, die immer wieder über Vergleiche der Shoah und andere Genozide und die Singularität der Shoah diskutieren. An der Singularität ist nicht zu rütteln. Nichts ist deckungsgleich mit der Shoah. Auch die Sklaverei war ein gesondertes Ereignis. Aber der Blick in die Geschichte und die Aufarbeitung ist nur dann von Nutzen, wenn durch das Herausarbeiten der Gemeinsamkeiten und Unterschiede das Spezifische, was sich in der Abwertung von Differenz zeigt, uns heutige Unterdrückungssysteme besser verstehen lässt. Das Ziel: aus der Geschichte lernen, um weitere Gewalt, weitere Genozide zu verhindern.

»Ohne Angst verschieden sein« lautet ein viel zitiertes Postulat des Philosophen Theodor W. Adorno, das die Voraussetzung für ein gleichberechtigtes Miteinander von Menschen benennt. Es geht um die Frage von Machbarkeit und darum, wie Gesellschaften mit der Gleichheit und der Unterschiedlichkeit ihrer Menschen systemisch umgehen. Adorno warnte davor, die Gleichheit der Menschen als gegeben oder Ideal anzusehen, und plädierte dafür, die Ungleichheit anzuerkennen, weil die Rede von der Gleichheit immer in Gefahr sei, instrumentalisiert zu werden. Wer gehört zu den Gleichen und wer nicht? Wer gilt als Gleicher unter Gleichen, und wer gehört ausgerottet? Die Geschichte ist wie sich zeigt, voll von menschenfeindlichen Antworten auf diese Fragen. Deshalb gilt es aus menschenrechtlicher Sicht, unsere Differenz zu verteidigen. Es braucht eine Bildung und Erinnerungsarbeit, die auch ein Gefühl für Verantwortung vermittelt. Und das sind unsere gesellschaftlichen Aufgaben. Es würde den Weg für ein neues Erinnern frei machen, um in einer inklusiven Gesellschaft die Geschichte samt ihrer Verbindungen und Intersektionen zu erzählen, denn diese Erzählung kommt in der Aufarbeitung bisher zu kurz, auch wenn es die Forschung darüber schon lange gibt.

So ist beispielsweise das Ziel einer »Pädagogik der Vielfalt« oder »inklusiven Pädagogik« eine Chancengleichheit, der es um die Anerkennung von Differenz und nicht um Gleichmacherei geht. Die Erziehungswissenschaftlerin Annedore Prengel prägte dazu den Begriff der »egalitären Differenz«. Für sie sind die Prinzipien von Gleichheit und Verschiedenheit miteinander verbunden, und sie bedingen einander. Gleichheit ohne Differenz wäre Gleichschaltung und Angleichung an eine Norm, die wir nicht brauchen. Und Differenz ohne Gleichheit wäre Hierarchie. Das heißt: Wir dürfen ohne negative Konsequenzen verschieden sein.

Aber menschliche Differenz nicht zu bewerten ist nicht üblich in unserer Gesellschaft, und noch unüblicher ist es, die Stränge unserer Erfahrung zusammen und nicht in Kategorien zu denken. Das Unvereinbare und Heterogene zuzulassen erfordere komplexe Denkanstrengungen, schrieb Prengel 2010 in ihrem Aufsatz »Wie viel Unterschiedlichkeit passt in eine Kita?«. Sie macht mit ihrem Wortspiel auf nichts anderes als den Kern der Menschenrechtsidee aufmerksam, nämlich darauf, dass allen Menschen die gleiche Freiheit zukommt und dass das Wertschätzen von Vielfalt nichts anderes als das Wertschätzen von Freiheit sei. Prengel findet, dass sich unsere Vielfalt dadurch auszeichne, dass sie auch unbestimmbar sei, dass es nicht darum gehe, jeden Menschen auf eine Identität festzulegen. Es geht also nicht darum, fest und fix zu sagen, so bist du, und so bin ich. Zumal wir uns sowieso im Laufe eines Lebens verändern. Deshalb geht es beispielsweise im Umgang mit Kindern auch darum, dass jedem

Einzelnen die Möglichkeit zugestanden wird, zu werden, was er ist und sein will, darum, dass Kinder lernen, ihren eigenen Lernweg zu gehen sowie einen eigenen Lebensentwurf zu suchen.

Um diese Befreiung von gesellschaftlichen Kategorien denken zu können, habe ich mehr gebraucht als einen einseitigen Geschichtsunterricht in der Schule, eine Seminarreise nach Buchenwald während des Studiums mit meiner Mutter, das Lesen von Büchern über Shoahüberlebende oder Museumsbesuche. Ich musste mich damit bewusst auseinandersetzen, damit ich mich all den Leben der Menschen nähern kann, die ihrer Leben beraubt wurden. Es war wichtig für mich, den Unterschied zu verstehen, wie Rassismus im Vergleich zu Antisemitismus etwas ist, von dem ich direkt betroffen bin, also auch zu verstehen, warum es mir leichter fallen konnte, Antisemitismus auszublenden, weil dahingehend keine Wunde, kein intergenerationales Trauma in mir nachwirkt, wie es die Geschichte des Kolonialismus und der damit verbundene Anti-Schwarze-Rassismus tut. Ich musste mich mit der Frage beschäftigen, die mir meine Freundin Michal nach dem Lesen dieses Kapitels stellte, aus dem ein neues, das folgende, entstand, und die ich weitergeben möchte: Nämlich, ob das Ausblenden dieses Teils der Geschichte »nur« das Nichtbetroffensein von Antisemitismus oder auch eine unbewusste Abwehr eigener und/oder familiärer Verstrickungen sei, die dazu geführt haben. Meine Antwort darauf folgt im nächsten Kapitel. Mich auf diese Weise auseinandergesetzt zu haben bedeutet für mich auch, den Schmerz des Antisemitismus heute auf einer anderen Ebene zu fühlen, ich bin anders betroffen und interveniere, wenn Grenzen überschritten werden. Nicht nur, weil das richtig und wichtig ist oder man das eben so tut in Deutschland, sondern weil ich es sonst in einem Raum nicht aushalten würde.

Ich spüre, wie gesellschaftliche Ein- und Ausschlüsse von

Menschen funktionieren, weil ich auf emotionaler Ebene fühle, und die wissenschaftliche Ebene hat mir geholfen, dieses Gefühl in seiner Komplexität auch rational zu erfassen. Theoretische Denkansätze helfen mir, konkrete Situationen besser einschätzen zu können und einzuordnen, was ich beobachte. Wie wir als Gesellschaften beziehungsweise hier in Deutschland funktionieren. Der Soziologe Niklas Luhmann betrachtete sie beispielsweise aus systemtheoretischer Sicht, die neben den Postkolonialen Studien oder den Gender Studies als eine der Metatheorien der Differenz gilt. Sie alle gehen davon aus, dass unsere menschlichen Identitäten das Ergebnis von Gesellschaften sind, die die Menschen darin auf eine bestimmte Art und Weise unterscheiden. Doch während die postkoloniale Theorie diese Umstände zerlegt und »dekonstruiert«, denken Systemtheoretiker darüber nach, wie sie wirken.

So betrachtete Luhmann die Gesellschaft als eine »funktional differenzierte«, die sich durch »Funktionssysteme« wie Politik, Gesundheit, Recht, Wirtschaft, Wissenschaft, Erziehung, Kunst oder Religion definiert. An diesen Systemen müssen Menschen teilnehmen, um inkludiert zu sein. Exkludiert ist, wer nicht teilnimmt. Damit sind für ihn Inklusion und Exklusion ein zusammengehöriges Gegensatzpaar. Das heißt übersetzt: Ich kann nur wissen, was ich bin, indem ich bestimme, was ich nicht bin. Das erklärt für Luhmann, warum sich Gesellschaften immer durch Abgrenzung von anderen bilden. Wer an welcher Stelle drinnen und wer draußen ist, wird in unserer Gesellschaft von ihren Funktionssystemen bestimmt. Also zum Beispiel der Schule, Behörden, dem Arbeitsmarkt und dessen Regeln und Gesetzen. Es sind unsere Institutionen, die uns Abläufe und Routinen vorgeben. Sie schaffen die sogenannte Struktur, über die immer wieder gesprochen und die kritisiert wird, weil sie bestimmte Menschen ausschließt. Diskriminierung erklärt Exklusion und ihre

Mechanismen, weil über Merkmale wie Arbeitsfähigkeit, Begabung oder Herkunft entschieden wird: Es wird also bestimmt, wer als relevant für unsere Funktionssysteme gilt, wer abgewertet und ausgegliedert wird – wer »die Überflüssigen« sind, wie es der Soziologe Heinz Bude ausdrückt.

Unsere Gesellschaft in der Form, in der wir sie strukturiert haben und weiterhin strukturieren, schafft also das System und die Kategorien, denen Menschen zugeordnet werden. Und es sind diejenigen Menschen in machtvollen, also privilegierten Positionen, die darüber entscheiden, ob diese Kategorien sich auflösen oder verändern. Aktuell beobachten wir einen wachsenden Druck von unten, der sie zum Handeln auffordert. Und es gibt unter den Privilegierten auch die Einsicht darüber, Dinge verändern zu wollen. Hier sind Bündnisse zwischen oben und unten, zwischen privilegierten und marginalisierten Menschen möglich. Und damit wird klar: Wir können einen Weg in ein inklusives System finden, das unsere Gleichheit und Verschiedenheit gemeinsam denkt. Aber diesen müssen schlussendlich alle gemeinsam gehen, um die Funktionssysteme für die Zukunft dahingehend zu verändern, dass sie nicht exkludieren.

Von Familienverstrickungen und Mit-Gefühl

Es ist komplex und es gibt viel auseinanderzunehmen, wenn es um die Konstruktion von Konfessionen, Gruppen und Gemeinschaften in Deutschland geht. Für mich geht es dabei im Kern um die Frage, wie eine zeitgemäße Erinnerungskultur in Deutschland aussehen kann, die unserer gesellschaftlichen Diversität Rechnung trägt und menschenfeindlichen Tendenzen etwas entgegensetzt. Denn ein Umdenken in diese Richtung ist dringend nötig.

Um sich mit den Rassismen und einem Antisemitismus unserer Zeit auseinanderzusetzen, muss ein Mensch keine Schwarzen oder Juden und Jüd*innen kennen. Es genügen in Deutschland der Blick in die eigene Familie und eine biografische Auseinandersetzung. So erwächst aus der NS-Geschichte auch für mich eine Verantwortung, weil es auch auf der mütterlichen Seite meiner Familie den Bruder meines Großvaters gab, der als Soldat der SS angehörte. Seine Zugehörigkeit hat später in der Familie keine Rolle gespielt, weil er »nur« ein einfacher Soldat gewesen sei, erzählte mir meine Mutter, von der ich alle meine Informationen habe. Sie hat nie erfahren, wo er im Einsatz war, nur dass er kurz nach dem Krieg von den amerikanischen Behörden mit anderen Soldaten überprüft und dann nach Hause entlassen wurde. Ich selbst habe ihn nie kennengelernt. Er starb als Alkoholiker. Ich kannte nur seine verstorbene Frau von wenigen Treffen bei Familienfesten, also nicht wirklich gut. Ich weiß nicht, was all das für meinen Großvater bedeutete. Ich wusste nur, dass er mit 18 Jahren als Soldat in den Krieg ziehen musste, verletzt gefangen genommen wurde, flüchten konnte und von Franzosen dabei unterstützt wurde, wieder nach Hause zu kommen. Dass er ihnen dankbar war und mir als Kind die Stelle an seinem Bein zeigte, in die ihn während eines Fliegerangriffs eine Kugel traf, und ich das alles nicht wirklich verstand. Ich weiß auch noch, dass ich später stolz auf meinen Urgroßvater mütterlicherseits war, weil dieser beim sonntäglichen Frühschoppen mit Freunden etwas gegen Hitler gesagt hatte. Dafür kam er mehrere Wochen ins Arbeitslager, doch gesprochen hat er nie darüber. Über all das habe ich mir erst viel später wirklich Gedanken gemacht: über die Verantwortung deutscher Familien wie meiner. Und als ich darüber gerne mit meinen Großeltern gesprochen hätte, waren diese nicht mehr am Leben. Dann hätte ich gerne gefragt, wie es damals für sie war, was sie getan und gefühlt und wozu sie geschwiegen haben.

Um Auschwitz zu begreifen, sollten die Täter*innen in den Mittelpunkt gestellt werden und die Frage, warum Menschen damals geschwiegen haben, sagt Michel Friedman, als ich zu Gast in seiner Talk-Sendung *Open End* bin und wir über Identitäten in Deutschland nachdenken. In einem Interview erklärte er außerdem, dass es ein Missverständnis gebe, wenn Erinnerungsarbeit auf Gutwerdung abziele, weil für die jüdische Seite nie wieder alles gut werden könne und diejenigen, die hätten versöhnen können, heute tot seien, woran auch die Lebenden nichts mehr ändern könnten. Er resümierte, dass das staatliche Versprechen der Integration durch Anpassung (Assimilation) gebrochen worden sei, was seinen Blick auf die Gesellschaft und ihre Ansprüche an marginalisierte Menschen im Heute verändert habe. Er spricht von einer Solidarität, für die es schlussendlich egal sei, um wen es geht: Wenn am Tisch einer etwas sage, das die Würde einer Gruppe verletze, dann sei das Versprechen, auf das wir uns rechtlich, moralisch, philosophisch verlassen hätten, verletzt. Friedman hat recht, wenn er sagt, dass, wer keinen Einspruch übt, wer nichts tut, die Hände nicht in Unschuld waschen kann. Weil dann die Enthemmung wächst.

Betrachten wir also unsere Gegenwart aus der Zukunft, wie es der Publizist Roger Willemsen schon 2016 in *Wer wir waren* tat. In seinem Essay beschrieb er eine Gesellschaft der Ruhelosen, die sich im Kampf um Aufmerksamkeit befindet. Er sah die Menschen mit der Frage konfrontiert, wie eine Person sich nicht von der Flüchtigkeit der Nachrichten, dem beschleunigten Leben und dem Rasanten unseres Alltags verunsichern lässt. Darüber, wie in der Gesellschaft alles in Großaufnahme und aus äußersten Steigerungsformen besteht und Menschen, die ein schlechtes Gewissen horten, weil sie so vieles wissen müssten, was sie nicht wissen, und dabei Disziplin und Leistungsfähigkeit auf allen Feldern viele unangenehme Grenzgänger*innen hervorbringt, sodass sich die Frage stellt: Was können wir dagegen tun?

Gutes Leben, Resilienz, Achtsamkeit, das sind alles Dinge, über die Menschen Ratgeber kaufen, um Antworten auf diese Fragen zu finden. Für mich persönlich heißt die Antwort, bei bestimmten Kreisläufen, Abläufen, Debatten nicht mitzumachen, sondern im eigenen Tempo ein Mit-Fühlen für andere in sich wachsen zu lassen, ohne Druck, ganz organisch. Ich lese Willemsens Text so, als würde er unser Heute beschreiben, und folge seinem Appell an die nächste Generation, mich nicht einverstanden zu erklären mit dem, was jetzt passiert.

Und so machen es mir meine gewonnene Selbstwahrnehmung und mein Selbstverständnis in manchen Räumen möglich, mich heute mit meiner Haltung und Einstellung freier zu bewegen als früher. Dabei Geduld mit mir und mit anderen zu haben, das übe ich. Ich weiß, dass ich nicht alles wissen kann, weil ich manche Erfahrungen nie machen werde, aber ich bin offen für ein Verlernen. Diese Haltung gibt mir Mitte und Balance, und damit beruhige ich mich, wenn ich den Druck verspüre, es gerne allen recht machen zu wollen und zu sehen, dass es nicht immer geht. Deshalb zählt für mich selbst und bei anderen der Wille dazu, sich nicht mit Nicht-Wissen zu begnügen oder andere dafür verantwortlich zu machen für das, was ich nicht wusste. Es heißt für mich, immer wieder Informationen in mir aufzunehmen, was anstrengend sein kann, darum sollte es freiwillig passieren. Es ist ein selbstbestimmter Prozess, den ich als gesellschaftliche Aufgabe für unsere gemeinsame Zukunft sehe. Veränderung entwickelt sich aus einer Entscheidung heraus, und sie kann nur passieren, wenn ich den Fokus darauf halte. Dann kann Neues passieren – in uns selbst und deshalb auch in unserer Gesellschaft.

Aus dieser Perspektive des Zuhörens, Lernens und vielleicht Umdenkens finde ich Nachdenken über gesellschaftliche Konstruktionen, um die es in diesen Kapiteln geht. Als konkretes Beispiel markiert die vieldiskutierte Bezeichnung »Menschen mit Nazihintergrund« einen wichtigen Punkt. Die Künstlerin Moshtari Hilal und der Autor und Geograf Sinthujan Varatharajah formulierten ihn in einem Instagram-Livegespräch 2021, um über vererbtes Kapital aus der NS-Zeit zu sprechen. Konkret ging es um heute reiche deutsche Industrieerbinnen, die durch ihr belastetes Erbe quasi indirekt von der Shoah profitierten, und die Frage, wie eine zeitgemäße Aufarbeitung damit verbunden ist. Neben großen Konzernen wie Bahlsen sprachen sie beispielhaft über eine Kunstsammlerin, deren Urgroßvater Wehrwirtschaftsführer in der NS-Zeit war, oder die Buchhändlerin eines queerfeministischen Ladens, deren Urgroßvater am Angriffskrieg gegen Polen beteiligt und später hochrangiger General der Wehrmacht war. Sie alle hatten auch dadurch viel Geld ansparen können.

Mit ihrem Gespräch darüber entfachten Hilal und Varatharajah eine Debatte, die sich im Feuilleton und in den sozialen Medien abspielte. Über die Frage, welche Verantwortung die Nachkommen in ihrer materiellen Selbstverortung tragen, weil beispielsweise kritisiert wurde, dass die Besitzerin des neuen Buchladens das finanzielle Erbe durch ihren familiären Hintergrund vor der Eröffnung nicht thematisiert hatte. Sie trafen damit einen wunden Punkt, über den ich nachdenken musste. Über Form und Inhalt der Kritik, wer mit der Begrifflichkeit »Nazihintergrund« abgeholt wird oder sich ausgeschlossen fühlt und ihn deshalb abwehrt. Was der Medienbetrieb aus der Debatte gemacht hat und wie sich in diesem deutlichen Aussprechen einer Kritik auch ein Generationenwandel formuliert.

Über all das – und über eine damit verbundene Kapitalismuskritik, weil es im Kern auch um materielle Fragen geht – hätte ich mich gerne im öffentlichen Raum mehr auseinandergesetzt. Ich hätte gerne über die sogenannte »Sachherrschaft« gesprochen, wie es die Philosophin Eva von Redecker beschreibt, also etwas, das mit Eigentum und Weltverhältnissen zu tun hat, was sich sowohl auf Güter, aber auch auf soziale Beziehungen und Genderverhältnisse bezieht. Weil Kapital eben nicht nur Fortschritt bringt oder modernisiert, sondern Menschen auch spaltet. Redecker erklärt, wie aus Weltverhältnissen und Besitztümern Ungleichgewichte gewachsen sind. Auf Hilals und Varatharajahs Kritik bezogen hätte es bedeutet, dass wir als Gesellschaft die Geschichte der Nazis nicht verarbeiten, wenn wir nicht auch die Gewalt und Macht des Kapitals thematisieren. Denn es existiert bis heute und schafft ein Ungleichgewicht unter denen, die heute leben. Es bedeutet, dass Verantwortung zu tragen nicht gleich Schuld haben heißt, aber trotzdem mehr ist als ein Statement auf Instagram. Es bedeutet beispielsweise aus der besitzenden und damit privilegierten Position, den Raum zu nutzen, um Aufklärung oder Powersharing zu betreiben. Denn es geht bei dem, was Hilal und Varatharajah beschreiben, nicht um Einzelfälle, nicht um die eine Buchhändlerin, sondern um einen systemischen Aspekt. Es geht um die Struktur dahinter, die Funktionssysteme, wie sie Luhmann beschreibt. Die Frage ist also, was wäre, wenn sichtbar würde, wie viele Menschen in Deutschland (Europa) ihre Wohnungen, Unternehmen und einen Großteil ihres Vermögens nicht von der Geschichte der Versklavung und Vernichtung von Menschen trennen könnten. Und worüber wir dann alles sprechen könnten und müssten.

Auf diese Weise hätte die Kritik der beiden auch als Einladung verstanden werden können, um sich als Migrationsgesellschaft, die wir sind, gemeinsam dieser Verantwortung zu stellen und uns mit dem Erbe des Nationalsozialismus und des Kolonialismus gemeinsam auseinanderzusetzen. Es ist wichtig, weil die Menschen hierzulande unterschiedlich von dieser Geschichte betroffen, aber auch auf immer damit verbunden sind. Und weil damit insbesondere auch das Engagement von jüdischen Menschen Aufmerksamkeit bekommt, das seit Jahrzehnten dahingehend vorangetrieben wird und wenig Beachtung bekommt. Jede Person fasse sich also an der eigenen Nase und reflektiere die eigene Familiengeschichte. Ich fasse an meine und fühle meinen »Nazi- und Migrationshintergrund«. Ich lebe in Deutschland und bin mit meiner Familiengeschichte Teil bestimmter Ungleichheitsverhältnisse, ob ich das nun will oder nicht.

»Transnationale Bildung« nennt Spivak den Ansatz, bei dem es nicht nur darum geht, die Verhältnisse zu verändern, sondern sich auf das Lernen über die spezifischen Logiken der jeweils Ausgegrenzten zu fokussieren. Es ist der Blick von den Rändern, damit eine Geschichte, die wir in Zukunft erzählen, entsteht, in die »wir« alle hineinpassen. Es ist eine Geschichte, die auch Schmerz zulässt und Empowerment, weil es eben auch ein mehrschichtiger Hass war, der sich gegen unterschiedliche Menschen auf verschiedene Weisen richtete. Und so habe ich auf meinen Reisen durch Südafrika oder die USA erlebt, dass der Rassismus dort kein besserer ist, aber dass es ein anderes Gefühl ist, wenn darüber gesprochen wird, eine öffentliche, tiefergehende Auseinandersetzung, und es viele Menschen gibt, die eine Sprache dafür finden wollen. Ich habe gesehen, wie es geht, wenn Menschen keine Scham, keine Reue, keinen Zweifel haben, wenn sie die Dinge benennen können, die passiert sind. Auch ich versuche mich darin, und manchmal holpert es, wenn ich unsicher bin. Aber sei es drum. Das ist für mich eher ein Hinweis, dann frage ich nach, recherchiere, lese Texte und versuche, offen für Kritik zu sein. Und ich verzeihe mir Fehler, um weiterzugehen, weil ich weiß, dass ich Lernende und Lehrende im Sinne von Spivak bin. Das bedeutet für mich, Verunsicherung oder Fehltritte als Chance zu verstehen, und nicht nur Informationen, Überraschendes, Ungewohntes in mir aufzunehmen, sondern auch abzuwarten, was sich in mir rührt. Es ist ein Verstehen und Fühlen, das nicht vergleicht, sondern abgleicht und bestimmte Vorstellungen von Konstruktionen im Kopf aufzulösen versucht.

Wer wollen wir in Zukunft sein? Es ist eine Frage, die wir früher, die wir immer wieder, die wir heute anders verhandeln. Halten wir also an dieser Stelle fest, dass es eine andere Wirklichkeit gibt, die die breite Öffentlichkeit bisher nicht zugelassen hat. Wir leben Leben in Differenz in Deutschland, und diese wird weiter wachsen. Die Differenz war immer da, sollte einst ausgelöscht werden und ist trotzdem nicht aufzuhalten. Seht ihr uns? Wir wären dann so weit, haben marginalisierte Menschen lange gerufen. Jetzt warten sie nicht mehr und verschaffen sich ihre eigene Sichtbarkeit auf eigenen Bühnen. Sie haben ihre eigenen Methoden der Aufarbeitung geschaffen. Sie sind bereit, diese zu teilen. Es ist der Wunsch von vielen Menschen.

Ich nenne es, ein »Mit-Gefühl« füreinander zu entwickeln, und meine damit ein Verständnis von »ich fühle mit dir«. Ich meine damit keine Nächstenliebe oder vom Leid anderer bewegt zu sein. Mitleid zu fühlen oder durch Hilfsangebote Betroffene von Katastrophen zu unterstützen oder geflüchtete Menschen »willkommen« zu heißen. Ich meine ein Mit-Gefühl, das auf eine Verbindung zu meinem Gegenüber in Beziehung zu mir selbst setzt. Es bedeutet, miteinander füreinander zu fühlen. Das eigene Schicksal und die Perspektive des anderen in sich erkennen, ein Gleichgewicht herstellen und einen Schulterschluss. Eine inklusive Migrationsgesellschaft zu werden hängt für mich davon ab, inwiefern wir als Gesellschaft bereit sind, unsere Unterschiede zu akzeptieren, als Selbstverständnis zu begreifen und die Menschen dieser Gesellschaft nicht aus einer Kosten-Nutzen-Perspektive zu betrachten. Es ist ein langfristiger Prozess, der oft erst im Wechsel der Generationen gelingt, und in genau diesem Wandel stecken wir jetzt gerade. Wir haben jetzt die Chance, unsere Gesellschaft durch neue Selbstverständnisse zu formen.

»Undeutsch: Die Konstruktion des Anderen in der postmigrantischen Gesellschaft«, 2016. In ihrem Buch zeigt Fatima El-Tayeb, Professor*in für Afroamerikanische Literatur und Kultur, die Folgen einer einseitigen Geschichtsaufarbeitung nach dem Mauerfall mit Fokus auf Schwarze Menschen, Sinti*zze und Rom*nja und Muslim*innen (und die als solche gelesen werden). El-Tayeb plädiert für ein postmigrantisches Deutschland, das neue Zukunftsvisionen und neue Vergangenheitsnarrative braucht. Sie ist zudem Autorin von **»Anders Europäisch: Rassismus, Identität und Widerstand im vereinten Europa«**, 2015. Der Band **»Migrantischer Feminismus«**, 2021 von **Encarnación Gutiérrez Rodríguez** und **Pinar Tuzcu** versteht sich als Neuschreibung feministischer Bewegungen in Deutschland. Mithilfe von Zeitzeug*innen, Erzählungen und Archivmaterial wird die Leerstelle migrantisch-feministischer Geschichte gefüllt.

In **»…weil ihre Kultur so ist. Narrative des antimuslimischen Rassismus«**, 2014, geht die Historikerin **Yasemin Shooman** anhand von Buchpublikationen, Zeitungsartikeln, Webseiten und Zuschriften an muslimische Verbände antimuslimischen Narrativen und ihren Funktionen nach. **»Claim – Allianz gegen Islam- und Muslimfeindlichkeit«** ist eine Initiative von etwa 35 Organisationen, die sich gegen einen einseitigen Diskurs, Hass und Hetze einsetzen. **»JUMA – jung, muslimisch, aktiv«** ist ein Verein von und für junge Muslim*innen, die mitreden wollen. Dabei ist es nicht relevant, wie sie ihren Glauben leben, weil die Vielfalt der Lebensentwürfe und des

Religionsverständnisses im Verein dazugehören. Als eine Austauschplattform und Empowerment-Raum zu islambezogenen Fragen und damit verbundenen Themen des Zusammenlebens im postmigrantischen Deutschland versteht sich die **»Junge Islam Konferenz«** (JIK). Sie wendet sich an junge Erwachsene zwischen 17 und 27 Jahren, und die Arbeit mit von Rassismus Betroffenen und Verbündeten steht im Fokus eines diversitätssensiblen Dialogs und Umgangs.
https://www.claim-allianz.de https://www.juma-ev.de https://www.junge-islam-konferenz.de

»Asian Germany – Asiatische Diaspora in Deutschland«, 2014. Das Dossier, herausgegeben von **Kien Nghi Ha**, gibt Einblick in die Vielschichtigkeit asiatisch-deutscher Lebenswelten. Mittels literarischer Verdichtungen, Gesprächen und Oral-History-Narrationen und analytischen Essays werden vielseitige Perspektiven reflektiert. Die Initiative **»Korientation«** ist ein Netzwerk für asiatisch-deutsche Perspektiven mit einem gesellschaftskritischen Blick auf Kultur, Medien und Politik. Ziel ist es, vielfältige Lebenswirklichkeiten in Deutschland bewusst und sichtbar zu machen. Unter dem Hashtag **#IchbinkeinVirus** finden sich Berichte über persönliche Erfahrungen mit diskriminierenden Übergriffen und Beispiele für anti-asiatischen Rassismus in Medienberichten seit Beginn der Corona-Pandemie.
https://heimatkunde.boell.de/sites/default/files/dossier_asian_germany_final_ch.pdf https://www.korientation.de https://www.ichbinkeinvirus.org

Es gibt in Deutschland einige Sint*izze- und Rom*nja-Vereinigungen, organisiert über den Dachverband, Mitglieds- oder Selbstorganisationen wie den Zentralrat oder den Verband Deutscher Sinti und Roma oder kleinere Vereine wie **Rom e.V.,**

Romatrial oder **Amaro Drom** oder **RomaniPhen**. Letzterer arbeitet feministisch, rassismuskritisch und empowernd im Bildungsbereich, der Wissens- und Kulturproduktion und der außerschulischen, historischen und politischen Bildung und entstand Ende 2018 aus der bereits seit 2009 existierenden Frauengruppe* **IniRomnja**. **»Phral mende – Wir über uns«** ist eine Dokumentation, die Perspektiven von Sinti* und Roma* in Deutschland aufzeigt. Kein Film ÜBER Sinti* und Roma*, sondern von ihnen. Bürgerrechtsbewegung, Erinnerungskultur und Alltagsrassismus. **Das Romani Archive and Documentation Center** (RADOC) ist eine Bibliothek mit der größten Ansammlung von Texten aus eigener Perspektive. **Anita Awosusi** ist Autorin, Herausgeberin und Bürgerrechtlerin. Als Tochter von Porajmos-Überlebenden beteiligte sie sich am Aufbau und leitete viele Jahre das **»Dokumentations- und Kulturzentrum Deutscher Sinti und Roma«** in Heidelberg. Awosusis Tochter ist **Tayo Awosusi-Onutor**, die dieses Kapitel sensitiv gelesen hat.
https://zentralrat.sintiundroma.de/zentralrat/dokumentationszentrum/ https://www.romarchive.eu/en/collection/p/romani-archive-and-documentation-center/

»Meine Mutter, der Mann im Garten und die Rechten«, 2021. In ihrem biografischen Buch erzählt **Stella Leder**, wie es ist, auf der einen Seite die Verfolgung der jüdischen Familienmitglieder und auf der anderen Seite eine Stasi-Geschichte im Leben mitverarbeiten zu müssen. Ihre Erfahrungen stehen in Verbindung und verändern den Blick auf Erinnerungskulturen in Ost und West. ***Jalta*** versammelt als Zeitschriftenreihe neue Positionen zur jüdischen Gegenwart, die sich aus der Vielfalt ihrer Gemeinschaft in Deutschland heute ergeben. Diese schöpft sich nicht nur aus der Existenz von Juden und Jüd*innen aus der ehemaligen Sowjetunion, Israel, der BRD und der ehemaligen DDR. Wissenschaftliche, essayistische und literarische Texte sowie Arbeiten aus der bildenden Kunst stehen nebeneinander. Herausgegeben wird *Jalta* von **Micha Brumlik, Marina Chernivsky, Max Czollek, Hannah Peaceman, Anna Schapiro** und **Lea Wohl von Haselberg**. Das von **Marina Chernivsky** geleitete **»Kompetenzzentrum für Prävention und Empowerment«** ist ein Zusammenschluss mehrerer Institutionen, die im Bereich der Antisemitismusprävention, antisemitismuskritischen Bildungsarbeit, Beratung, Dokumentation und Analyse antisemitischer Vorfälle arbeiten. **TaMaR Germany** ist eine Initiative, die sich für eine starke, offene, warmherzige, inspirierende, moderne jüdische Gemeinschaft einsetzt und als progressive junge jüdische Stimme in Deutschland gilt. **Keshet** will als Verein die Sichtbarkeit von queer-jüdischen Menschen stärken und kämpft gegen LGBTQIA+-Feindlichkeit und Antisemitismus. **Michal Schwartze** ist Gymnasiallehrerin für Politik, Wirtschaft und Geschichte, Bildungsreferentin für genderreflexive, rassismus- und antisemitismuskritische schulische Bildung und Teil des Organisationsteams **»Keshet Rhein Main – queere Juden Deutschland«**. Schwartze hat dieses Kapitel sensitiv gelesen.

https://neofelis-verlag.de/verlagsprogramm/zeitschriften/jalta
https://zwst-kompetenzzentrum.de
http://keshetdeutschland.de
https://www.tamargermany.de

Identitäten und die (Ohn-)Macht der Differenz

> *Es hat sich die Erkenntnis durchgesetzt, dass unsere Gemeinschaft aus Menschen mit unterschiedlichen Erfahrungen und Lebenswelten besteht. Menschen, die reich sind oder arm, ohne Schulabschluss oder mit Hochschulbildung, sich als Deutsche identifizieren oder nicht, körperlich und geistig der gesellschaftlichen Norm entsprechen oder nicht, gegengeschlechtlich lieben oder gleichgeschlechtlich, (…) sich innerhalb der Zweigeschlechtlichkeit identifizieren oder nicht. Und eine Aufgabe ist es, Räume für uns zu schaffen.*
>
> – Tsepo Bollwinkel

Meine Mutter hat einmal zu mir gesagt, dass ich einen unglaublichen Gerechtigkeitssinn hätte, und ich weiß, dass ich ihn von ihr habe, weil der Wunsch nach Selbstreflexion und innerer wie äußerer Veränderung unser beider Leben bestimmt. Und so versuche ich mich nach einem Kapitel, in dem es um Konstruktionen von Menschengruppen ging, nun an einer Vogelperspektive auf die Diskussionen, die diese Gruppen mit anderen über ihre Erfahrungen führen, auf prominente sogenannte Identitätsdebatten, die ich einzuordnen versuche, weil ich mir wünsche, dass sie weniger auf Mikroebenen oder in der Argumentation von Befindlichkeiten geführt werden, sondern dass stattdessen die

Anliegen und Probleme, die sich dahinter verbergen, verhandelt werden. Ich möchte zeigen, dass wir es nicht mit theoretischen Diskursen zu tun haben, sondern mit den realen Erfahrungen von echten Menschen, und denen geht es um etwas. Wie schön wäre es, wenn mehr Menschen verstehen würden, dass die Bedürfnisse anderer das eigene Dasein nicht in Gefahr bringen. Wenn wir eine Sprache hätten, um über das, was viele »Identitäten« nennen und als ihre Politik verstehen, zugewandter sprechen zu können. Schließlich sind diese Identitäten Teil unserer Gesellschaftsgeschichte.

Für den Sozialpsychologen Erik Erikson steht »Identität« für die subjektive Selbstdefinition und individuelle Weiterentwicklung eines Menschen. Im Amerika des Kalten Krieges wurde sie zur Formel für persönliche Erfüllung und gleichzeitig zu dem, was eine*n mit der eigenen, sozialen Gruppe verband. In den 80er Jahren entwickelte sie sich zum Versprechen neuer Formen politischer Teilhabe, zu einer kämpferischen Ressource, um ein politisch-strategisches Handeln zu etablieren. Es war die Zeit, als in den unterschiedlichen Strömungen der Neuen Sozialen Bewegungen aus Protest Politik wurde und es nicht mehr nur noch darum ging, die »soziale Frage«, also die sozialen Missstände zu überwinden, sondern auch Umweltthemen und die Anliegen marginalisierter Menschen in den Blick zu nehmen.

In den USA wurde der Begriff der Identitätspolitik 1977 vom Combahee River, einem Kollektiv Schwarzer lesbischer Feminist*innen, geprägt, die daran glaubten, dass sich die tiefgreifendste Politik aus der eigenen Identität entwickelt. Dem Gedanken folgend, gemeinsam an der eigenen Befreiung zu arbeiten, schlossen sich auch in Deutschland viele Aktive an. Sie verstanden Identität nicht als einen abgeschlossenen Prozess des Werdens: keine einzelne, absolute, vollständige, fertige Daseinsform. Der postkoloniale Theoretiker Homi K. Bhabha formulierte das Konzept der Hybridität, nach dem Identitäten davon leben, sich dynamisch zu verändern, an verschiedenen Orten gleichzeitig und auch in Widersprüchen zu existieren. Wann merkt ein Mensch, dass er nicht dazugehört und aufgefordert ist, sich seinen eigenen Weg in seiner Gesellschaft zu suchen? Mit Antworten auf diese Fragen wird das Kulturelle nicht als die Quelle des Konflikts verstanden, sondern als Ergebnis diskriminierender Praktiken. Es geht also um einen inneren Prozess der Differenzierung der eigenen Person, darum, sich selbst und die eigenen Merkmale anders und positiv zu definieren, egal, was andere sagen. So führt zum Beispiel die Begegnung von unterschiedlichen Lebenswelten und Milieus dazu, dass etwas Neues dazwischen in Menschen erwächst: Man spricht von hybriden Identitäten.

Es ist eine Bezeichnung, die ich während meines Studiums als treffend für mich selbst empfand, weil ich mich nicht entscheiden wollte zwischen meiner Mutter und meinem Vater, zwischen hier und dort. Weil ich mich damals noch als Schwarze Deutsche betitelte, muslimisch und christlich sozialisiert bin und mich nicht als zwischen den Stühlen sitzend oder als widersprüchlich verstehe, was ich vielleicht für andere bin. Ich folge May Ayims »Grenzenlosigkeit« und war so etwas wie eine hybride Identität, die auf der Suche ist.

Terkessidis schlägt vor, die hybride Erfahrung, die Menschen wie ich machen, unter den Begriff »strukturelle Bedingungen« zu fassen, also als etwas zu verstehen, das veränderbar ist. Auch bestimmte Milieus unserer Gesellschaft sind so denkbar, denn für manche braucht es Identitätspolitik, um auf Themen und Bedürfnisse marginalisierter Menschen aufmerksam zu machen. Was durchlebt ein Mensch, was sind kollektive Erfahrungen, die das Leben schwieriger machen? Feminismus ist Identitätspolitik, sich Gedanken über die eigene soziale Klasse zu machen, ebenso. Wie wir uns anziehen, was wir essen, wie wir uns verhalten: All das ist geprägt von gesellschaftlichen Vorstellungen über Kollektive, die auf Einzelne projiziert werden und in denen wir uns unterscheiden können.

Sich Gedanken über Verbesserungen für diejenigen mit weniger Zugängen zu bestimmten Ressourcen zu machen ist deshalb kein Egoismus, sondern Gemeinsinn. Identitätspolitik ist nichts, was anderen schadet, sondern Gleichberechtigung möchte. In diesem Verständnis basiere sie auf den Errungenschaften von Vorgenerationen, und es sei ein wichtiger Schritt, um Unterdrückungssysteme zu zerschlagen, wenn eine Mehrheit ihre Privilegien nicht aufgeben will, wie es Emilia Roig erklärt. Schon immer sollte die Berufung auf Identität etwas reparieren, schrieb der Historiker Valentin Groebner und bezieht sich in einem Text auf das Jahr 1976, als der Politiker Daniel Cohn-Bendit in der ersten Ausgabe der Zeitschrift *Pflasterstrand* auf die angeknackste »Identität« der Linken verwiesen habe. Und erklärte, wie sich ab den späten 1990er Jahren die politische Strömung von ganz rechts durch den Begriff der »Identitären« erhoffte, sich auf völkische Werte zu beziehen. Es zeigt sich, dass auch rechte Kräfte mit dem Begriff der Identität spielen, wobei ich vor einer Menschen-, Menschenrechts- und unsere Grundrechte verachtenden Haltung und dem Verteidigen einer homogen-völkischen Identität eine Grenze ziehe, weil es keine akzeptable Politik in einer Gesellschaft sein kann, die zerstörend und gegen ein vielfältiges Miteinander ist.

Schlussendlich ist Identität wie ein Prisma. Da wir als Mensch viele Identitäten in uns tragen, können wir auch politischen Lagern zugeordnet werden, innerhalb derer wir uns wieder voneinander unterscheiden. Es gibt das Kollektiv, und gleichzeitig ist dieses eine Illusion. Und damit ist Identitätspolitik auch etwas, das auf unterschiedliche Art und Weise von Menschen praktiziert wird – übrigens auch von denjenigen, die das bisher Gängige zu schützen versuchen und wollen, dass alles so bleibt, wie es ist. Auch die Norm und ein »was normal ist« erhalten zu wollen beschreiben einen identitätspolitischen Zustand.

Wie also miteinander umgehen, übereinander sprechen und miteinander sein? Am Ende geht es ganz simpel um diese Fragen. Ich plädiere dafür, nicht gleich eine »Kampfzone« daraus machen. Die erste Prämisse wäre: nicht davon ausgehen, dass es primär um Erlaubnisse oder Verbote geht, ob wir etwas dürfen oder nicht (mehr) dürfen, sondern, dass es meistens um Aufarbeitung, Anerkennung und Fragen der Verantwortung für eine gute Gemeinschaft geht. Identitätsfragen sind genau das Gegenteil von einfach. Ein Beispiel: Einmal fragte mich eine *weiße*, blonde Kollegin, wie ich zum Thema »*weiße* Menschen, die Braids tragen«, stünde. Braids sind afrikanische Flechtfrisuren, die mit einer speziellen Technik geflochten werden. Ich war überrascht von ihrer Frage und ihrem Wunsch aus Kindertagen, ihr Haar so zu tragen. Sie erklärte mir, dass sie als Erwachsene immer das Gefühl gehabt habe, das nicht machen zu dürfen. Dass sie recherchiert habe und die Meinungen Schwarzer Menschen im Netz das Gegenteil von dem sagten, was ihre PoC-Freundinnen ihr geraten hätten, dass sie durcheinander sei und deshalb ins Gespräch mit mir kommen wollte.

Ich wollte sie nach dieser Vorarbeit nicht vor den Kopf stoßen, wusste um die potentielle Verletzungsgefahr für uns beide. Weil sich hinter ihrer simplen Frage ein größerer Kontext auftut und eine Antwort nicht in zwei Sätzen erledigt ist. Es hieß also, Zeit zu investieren und die richtigen Worte zu finden, mit dem Risiko, bei meiner Kollegin ein unangenehmes Gefühl zu hinterlassen, mit dem wir dann beide hätten umgehen müssen.

Worum aber ging es im Kontext dieser Frage? Das Stichwort heißt »kulturelle Aneignung«. Ein Begriff, der sich in den

1980er Jahren als postkoloniale Kritik etabliert hat, um zu beschreiben, dass Menschen aus privilegierten Gesellschaften kulturell bedingte Kleidungsstücke, religiöse Accessoires wie Bindis, Federschmuck oder andere Traditionen von benachteiligten Gruppen übernehmen, dabei aber ihre Geschichte und den kulturellen Wert außer Acht lassen und womöglich in der Herstellung sogar davon profitieren. Inzwischen gibt es einiges, was unter diesem Stichwort diskutiert wird – wie das Tragen von Afro-Looks, deren Erfahrungswelten dahinter vielen unbekannt sind oder ignoriert werden. Zum Beispiel, dass die am Kopf entlang geflochtenen Zöpfe »Cornrows« einst Versklavten bei der Flucht von den Plantagen als Landkarten dienten. Oder die Tatsache, dass Schwarze Menschen mit ihren Haarfrisuren vielerorts als ungepflegt gelten und diskriminiert werden. Dass diese Frisuren aber, sobald sie von prominenten *weißen* Menschen getragen werden, zum Trend erklärt und wie ein Modeaccessoire an- und ausgezogen werden können. Für privilegierte Menschen ist es also ein Leichtes, sich bestimmte Ausdrucksformen anzueignen und ihre politische Dimension damit unsichtbar zu machen, weil sie die Geschichte der Unterdrückung nicht durchleben und auch die Folgen davon nicht spüren müssen.

Über all diese Punkte wusste meine Kollegin bereits Bescheid. Ihre Frage war weiterführend, nämlich, ob es sich mit dieser Erkenntnis bei ihrem individuellen Wunsch nun nicht vielmehr um kulturelle Anerkennung handele, weil sie davon wüsste? So nämlich hatten es ihr ihre Freundinnen of Color erklärt und sie darin bestärkt, die Frisur zu tragen. Also warum ihr Unbehagen?

Ich versuchte, ihre Verwirrung zu klären, indem wir weiter dekonstruierten. Zuallererst die Tatsache, warum die Antwort ihrer PoC-Freund*innen sich von den Texten der Schwarzer Personen im Netz unterschied, obwohl sie alle von Rassismus betroffen waren. Es ist das perfekte Beispiel dafür, dass Schwarze Perspektiven in migrantisierten Communitys nicht immer aufgehen. Eine Migrationsgeschichte zu haben heißt eben nicht automatisch, auch über Anti-Schwarzen-Rassismus Bescheid zu wissen. So wie eine Schwarze Frau auch nicht unbedingt weiß, was es bedeutet, anti-asiatischen Rassismus zu erfahren, und ihn selbst nicht verinnerlicht haben kann. Es macht deutlich, dass wir alle viel über die Differenzerfahrung der *Anderen* zu lernen haben. Es gibt nicht die einen gegen die anderen, aber auch nicht automatisch die einen für alle. Es ist wichtig, die Einzelerfahrungen zu kennen, um später gemeinsam mit ihnen arbeiten zu können.

Nicht ohne Grund macht das B für black in der Selbstbeschreibung BPoC (Person of Color) deutlich, dass Schwarze Menschen in der Gruppe der Menschen mit Rassismuserfahrung unterschiedliche Erfahrungen machen, zum Beispiel was ihre Haare betrifft. Und so war das erste Dilemma meiner Kollegin, dass die Antworten auf vertraulicherer Ebene von ihren Freundinnen nicht mit denen ihrer Recherche im Netz übereinstimmten. Wem aber sollte und wollte sie mit dieser Information vertrauen, wie entscheiden? Sich die bequemste Antwort heraussuchen? Darauf hören, was ich sage?

Ich habe meiner Kollegin keine Antwort darauf gegeben, was sie tun soll, sondern versucht, Denkanreize zu setzen. Denn ich glaube, dass es bei Entscheidungen, die sich auf das eigene Handeln oder Sprechen beziehen, immer darauf ankommt, wie sehr ich mich selbst mit einem Kontext, gesellschaftlichen Strukturen und Botschaften dahinter auseinandergesetzt habe und im Anschluss dazu stehe. Entscheidungen sind persönliche Schritte.

Meine Kollegin wusste aber spätestens jetzt aus einer ihr vertrauten Quelle, was die Frisur über ihre jeweiligen Trägerinnen vermittelt und dass damit verbundene unaufgelöste Machtstrukturen kommuniziert werden. Ob sie mit diesem Wissen die Frisur trotzdem tragen will, muss sie schlussendlich selbst entscheiden. Und falls sie sich dafür entscheidet, muss sie mit der Konsequenz leben, dass sie Menschen begegnen könnte, die sie dafür verurteilen, weil ihr von außen betrachtet nicht angesehen werden kann, dass sie sich mit dem Thema auseinandergesetzt hat. Doch könnte dieses Wissen zumindest eine Grundlage sein, um nach der möglichen Reaktion anderer nicht das Gefühl von Zensur oder einem Handlungsverbot zu verspüren, sondern mögliche Erfahrungen damit als »die Konsequenzen ihrer Entscheidung« zu akzeptieren. Daran zeigt sich, dass wir in einer demokratischen Gesellschaft fast alles machen, sagen und tun können, aber mit der Kritik daran leben müssen. Kritik an bestimmten Entscheidungen ist also das Gegenteil von Cancel Culture. Es ist Consequence Culture, wenn zum Beispiel eine prominente Person einen Shitstorm erlebt, weil in einer von Rassismus und anderen Unterdrückungssystemen geprägten Welt individuelle Entscheidungen eben auch schmerzliche Erfahrungen für andere, ein ganzes Kollektiv bedeuten können. Es ist nicht egal, wenn hinter einem Sachverhalt eine jahrhundertealte Geschichte der Unterdrückung steckt. Unfair, aber wahr ist, dass ein so simples Beispiel wie Braids tragen mit der Erkenntnis verbunden ist, dass es erst in einer Welt, in der alle über dieses Wissen verfügen, keinen Unterschied mehr macht, wer welche Frisur trägt. Erst dann können wir auch über Aneignung und Austausch neu verhandeln.

Braids. So einfach wie kompliziert. Ich bin meiner Kollegin dankbar, dass sie mir mit ihrer Frage unabsichtlich ein Beispiel für dieses Buch formuliert hat. Eines, das zeigt, wie klein die Themen sind, die auf einmal ein größeres, nicht gleich zu überschauendes Problem darstellen, das sich nicht alleine auf individueller Ebene lösen lässt, und dass sich aus vielen Alltagsgeschichten wie diesen ein gesamtgesellschaftliches Netz spinnt, weshalb es aus einer privilegierten Position, also einer Nicht-

Betroffenen-Position heraus durchaus Sinn macht zu fragen, ob ich den Kontext einer Geschichte wirklich erfasst habe, und falls nicht, ob ich etwas gegen das Ungleichgewicht tun möchte.

Beispiele dieser Art gibt es viele, die sich auf das journalistische Arbeiten übertragen lassen, wo diese Themen gerne diskutiert werden. Wie differenziert das passiert, lässt sich daran bemessen, wie bestimmte Themen gesetzt und unter welchen Fragestellungen sie behandelt werden: Wen ich mit welcher Expertise in einer Debatte zu Wort kommen lasse; ob ich mir die Mühe mache, möglichst vielperspektivische Stimmen zu Wort kommen zu lassen, und auch diejenigen gehört werden, deren Haltung mir nicht behagt. Ich muss mich fragen, ob ich versuche, dem Publikum zu vermitteln, worin der Konflikt liegt, oder lieber auf zugespitzte oder im schlimmsten Fall polemische Framings setze, die Klicks generieren. Für eine differenzierte Auseinandersetzung taugen aufgeheizte Pro-und-contra-Fragen, die sich mit scheinbar einfachen Verboten beschäftigen, in den wenigsten Fällen, sind aber sehr beliebt.

Wie wenig sie taugen, durfte ich am eigenen Leib erfahren, als es um die Übersetzung von Amanda Gormans Gedicht »The Hill We Climb« ging, das sie bei der Inauguration des US-Präsidenten Joe Biden im Januar 2021 vorgetragen hatte. Europaweit wurden Menschen für die Übersetzung angefragt, zu denen auch die Übersetzerin Uda Strätling, die Autorin Kübra Gümüşay und ich zählten. Wir waren als vielperspektivisches Team mit unterschiedlichen Blickwinkeln und Expertisen angefragt worden und hatten deshalb zugesagt. Wir hatten unseren Job längst erledigt, und ich befand mich auf Kur mit meinem Kind, als eine mediale Debatte über die Vergabepraktiken dieser Übersetzung entbrannte. Grund dafür war, dass die niederländische Journalistin Janice Deul in einem Artikel auf eine vertane Chance durch die dortige Wahl von Marieke Lucas Rijneveld als übersetzende Person hingewiesen hatte. »Ein *weißer* Übersetzer für das Gedicht von Amanda Gorman: unbegreiflich«, titelte die niederländische Zeitung *Volkskrant* das Meinungsstück, das Deul eigentlich nicht als Affront gegen die non-binäre Person Rijneveld, sondern als Kritik an der Literaturwelt verstand. Weil es eine Menge junger Schwarzer Spoken-Word-Talente in den Niederlanden gebe, aber die Verlage diese nicht als solche anerkennen würden, weil *Weiß*sein im Literaturbetrieb auch als Zeichen für Qualität gelte. Ihre Behauptung belegte sie damit, dass Rijneveld genau wie die Spoken-Word-Künstler*innen keine professionellen Übersetzungsfertigkeiten habe, was aber keinen Menschen interessierte, bis die von ihr vorgeschlagenen Menschen genau dafür kritisiert wurden.

Die Debatte aus Holland wurde in Deutschland aufgegriffen, allerdings mündete sie in der verkürzten und vereinfachten Frage, ob *weiße* Menschen jetzt keine Schwarzen Menschen mehr übersetzen dürften. Die Arena für eine wochenlange Kampfzone der Causa Gorman war eröffnet über eine Frage, die kein Mensch außer dem Feuilleton selbst gestellt hatte. Wer nachrecherchiert, kann heute Artikel über einen vermeintlich vorauseilenden Gehorsam des Verlags oder Thesen über Entmündigung und »Identitätspolizei« in unserem Team nachlesen, als ob wir keine Wahl gehabt hätten, über unsere Zusammenarbeit zu entscheiden. Insgesamt war es eine intensive und lehrreiche Erfahrung, mittendrin und unfreiwillig Zeugin von der Dynamik eines medial geschürten Protests und seiner Gegenrede zu sein. Wie es ist, namentlich, nur äußerlich, kaum fachlich diskutiert zu werden. Ich lernte, wie die Strategie des Derailing funktioniert. Eine Technik, öffentliche Debatten umzulenken, weg vom eigentlichen Thema. Treffend formulierte es die Autorin und Ingeborg-Bachmann-Preisträgerin Sharon Dodua Otoo in ihrer Keynote zur Eröffnung der Internationalen Wochen gegen Rassismus im gleichen Jahr, als sie sagte, dass die mangelnde Anerkennung für rassismuskritische Sprachkenntnisse und Schwarzes Leben als Fachgebiete die Gefahr erhöhe, dass Übersetzungen der Werke Schwarzer Autor*innen ins Deutsche nicht nur ungenau, sondern falsch würden oder missverständliche Bilder transportierten. Ein weiterer Punkt wäre die Frage nach dem homogen besetzten Literaturbetrieb. Es hätte also darum gehen sollen, dass Schwarze Übersetzer*innen seltener Aufträge bekommen, egal, um welche Themen und Übersetzungen es geht. So wie Schwarze Schauspielende auf Theaterbühnen selten Hamlet, sondern wenn überhaupt Othello spielen dürfen, dieser aber wiederum oft von *weißen*, geblackfaceden Menschen gespielt wurde, weil es angeblich zu wenig Schwarze Schauspieler*innen gibt. Das wiederum ist der Fall, weil Schwarze Darsteller*innen selten feste Engagements an den Häusern bekommen, weil es angeblich zu wenige Rollen für sie gebe. Dabei wird außer Acht gelassen, dass auch sie alle Rollen spielen könnten. Finde auch hier den Fehler: Es ist die Struktur, das System, das Exklusion und Ungleichgewicht herstellt. Es geht also darum, diese aufzulösen, damit alle alles spielen und übersetzen können. Deshalb stellte die Literaturwissenschaftlerin Marion Kraft in der Gorman-Debatte auch zu Recht die Gegenfrage: Ob man *weiß* sein müsse, um im Mainstream-Literaturbetrieb zur Kenntnis genommen zu werden.

Zur Kenntnis genommen zu werden war in diesem Fall nicht unser Problem. Nur waren es weniger die Arbeit oder unser Team, für das sich die mediale Öffentlichkeit interessierte, weniger, dass wir versuchten, mit Sprachgewohnheiten zu spielen und alternative Ausdrucksweisen zu finden, mit einem Wissen, dass sich in Deutschland viele schwer damit tun, wenn es um zeitgemäße Anpassungen von Sprache geht, die alle mit einschließt.

»Die Werkzeuge der Herrschenden werden das Haus der Herrschenden niemals einreißen«, schrieb Audre Lorde und appellierte, machtvolle Systeme mit alternativen und nicht den gleichen Mitteln der Unterdrückenden aufzulösen. An Frauen und Personen, die als solche gelesen werden, richtete sie ihren Appell, ihre Differenzen nicht zu ignorieren oder als etwas Trennendes zu begreifen, sondern sie anzuerkennen und aus ihnen eine Stärke zu formen. Es ist das, was wir als Team versuchten, weil wir unsere Zusammenarbeit als besonderen Erfahrungs- und Denkraum verstanden. Für uns war es eine Begegnung zwischen unterschiedlichen Menschen und ihren Sprachen, nach Entscheidungen waren wir mal mehr, mal weniger zufrieden, doch wir stellten uns und unser jeweiliges mitgebrachtes Wissen nie infrage oder in Konkurrenz, sondern verstanden unsere gemeinsame Arbeit als Chance. Jede von uns hatte eigene Vorstellungen und Sichtweisen. Es galt also auch, ein Verständnis für die jeweils andere aufzubringen, was ihre Meinung, ihr Wissen und den Anspruch an das Werk betraf. Es war nicht immer leicht, aber es gelang uns dreien, einen Text zu erarbeiten, der, hätten wir ihn jeweils einzeln übersetzt, anders geklungen hätte, aber so zu einer gemeinsamen, zu unserer Stimme wurde. Und so wurde unser »Den Hügel hinauf« ein kleines Lernlabor und ein Praxistest für das, wovon dieses Buch handelt. Dafür, dass es sich lohnt, nach neuen Wegen zu suchen. Es ist schön, dass wir ohne Versteifen unsere Ansprüche in Einklang bringen konnten und dass wir versucht haben, miteinander anders zu denken.

Und ja, dieser Weg ist ein mühevoller. Es kostet Einsatz, sich mit den Grautönen zwischen polarisierenden Polen zu beschäftigen, wenn man an dieser Gesellschaft feilen und in meinem Fall journalistisch arbeiten will. Nach dem echten Kern des Problems zu fragen, Perspektiven und die eigene Position zu wechseln und zu hinterfragen, worin die Gründe für Unverständnis und Unvereinbarkeit einer Debatte liegen, ist nicht leicht. Die Antworten auch mal sacken und nachwirken zu lassen und nicht gleich gegenzuhalten, das erfordert Ausdauer. Ich bin ehrlich: Es nervt mich, dass die Stimmung in verschiedenen Blasen derart politisiert und emotionalisiert ist, dass Auseinandersetzung meistens ins Leere führt. Oft versuche ich mich rauszuhalten, mich davon fernzuhalten. Ich lese beispielsweise auf Twitter nur mit, poste nicht selbst, weil ich gefühlt zu wenig Zeit und Zeichen habe, um mich dort wirklich auszudrücken, und für einen echten Austausch müssten meiner Meinung nach alle Seiten eines Konflikts nicht nur auf ihren Ton achten, sondern auch darauf, ihr jeweiliges Gegenüber abzuholen. Ja, es stimmt schon, dass das eine idealistische Vorstellung ist und dass es selten vorkommt, dass sich bei Auseinandersetzungen dieser Art kein Mensch schlecht, abgehängt, belehrt oder übergangen fühlt. Deshalb hagelt es ja auch regelmäßig Artikel, Beiträge und Diskussionen, die von eingeschränkter Meinungs- und Denkfreiheit, Sprechverboten, kollidierenden Weltbildern, dem Verlust der Freiheit des Sagbaren und Warnungen vor einer Cancel Culture handeln, also dem vermeintlich systematischen Diffamieren unliebsamer Personen und Positionen, das vor allem das rechte und konservative Lager einem linken Kontext unterstellt. Ich musste lachen, als ich auf Twitter mit einem Artikel vertagged wurde, in dem ich erfahren habe, dass sich in Deutschland eine Kultur des politischen Petzens etabliere. Ich wurde vertagged, damit ich darüber nachdenke. Das habe ich getan, und ich glaube, auch dieses Argument ist eine Form der Ablenkung, um nicht reflektieren zu müssen.

Warum manche sich nicht auseinandersetzen wollen, darüber grübele ich und sehe neben vielen klaren Ansprüchen und Argumenten auch teilweise rigorose und autoritär wirkende Positionen in den Debatten um Identitätspolitik, und das auf allen Seiten. Und ich sehe, wie zwischen den Filterblasen Sozialer Netzwerke oder im Feuilleton oft wenig Verständnis und Kenntnis von- und füreinander herrscht. Und nicht nur mir erscheint es so, dass vieles davon mit der Sorge um den Verlust der Deutungshoheit gepaart ist und vom Verdruss fehlender Differenzierung handelt. Dass sich die einen zu Unrecht als »Schuldige« angeprangert fühlen und die anderen darauf verweisen, sich nicht ernst genommen zu fühlen. In Stellvertreterkriegen inzwischen vieler ratloser Beteiligter wird wieder und wieder an der Oberfläche um die gleichen Themen gerungen: Es geht um rassismusfreie, gendergerechte und achtsame Sprache, und in Aushandlungen darüber wird aneinander vorbeigeschrieben und -geschrien und medial ein vermeintlicher Kulturkampf inszeniert, bei dem das Publikum aufgefordert ist, sich auf die eine oder andere Seite zu schlagen. Und es gibt diejenigen, die nichts mehr dazu sagen können oder wollen, die sich nur noch wundern können. Oder diejenigen, die nicht mehr mitkommen, weil ihnen diese Debatten zu viel und gleichzeitig zu einfach geworden sind. Unreflektiert oder überempfindlich, das scheint die Wahl. Ein Dazwischen scheint es in den meisten Settings fast nichts mehr zu geben, und das ist so schade.

Ja, wir leben in Zeiten, in denen Soziale Netzwerke ein Ort für viel unreflektierten Mist, schlecht Informierte, Selbstdarstellung, Wut und Hass ist, aber es ist eben auch der Ort eines neuen Gewissens, das uns daran erinnert, dass es die Interessen, das Engagement und eine Achtsamkeit für die Belange von Menschen gibt, die früher nicht gehört wurden. Es ist ein Ort, dem Medien heute vermehrt Gehör schenken und der deshalb in den Mainstream, das breite Publikum, also in die Mitte gewandert ist. Und auch wenn sich manche in Kämpfen verlieren, hat auch diese Art der Auseinandersetzung ihre Berechtigung, denn solange eine Anerkennung der Anliegen bestimmter Gruppen nicht selbstverständlich ist, wird es Identitätspolitik geben. Diese führt nicht zum Zerfall der Gesellschaft in Partikularinteressen und Kleingruppen, sondern zeigt auf, dass es für die Unsichtbaren und Unrepräsentierten keine Alternativen gibt.

Die Geschichte zeigt, dass die Emanzipierten ein langer Atem antreibt. Sie solidarisieren sich, wie ich es beschrieb, in wachsenden Bündnissen. Sie wollen nicht eine ganz andere, sondern eine bessere Gesellschaft. Dabei sprengen ihre Forderungen nicht den Rahmen liberaldemokratischer Gesellschaftsordnungen, sondern sie nehmen lediglich deren Versprechen ernst. Wäre es heute bereits selbstverständlich, dass eine lesbische Schauspielerin jede Rolle, also auch die heterosexueller Frau, spielen kann, und gäbe es gleichzeitig mehr und vielfältigere lesbische Charaktere in Film und Fernsehen, dann wäre das eigene Begehren kein berufliches Hindernis. Es gäbe keine Initiative ActOut, wenn der Weg in eine Gesellschaft, in der Heterosexualität nicht mehr die unhinterfragte Norm, sondern eine gleichberechtigte Orientierung unter anderen bildet, bereits gegangen worden wäre. Es ist der Gedanke, mit dem viele Kollektiv-Kampagnen arbeiten, weil sie sich alle die gleiche Veränderung wünschen.

Es geht ihnen nicht darum, dass die Mehrheit den marginalisierten Menschen gütige Rechte gewährt, sondern dass sie sie als gleichrangig ansieht. Es geht also um Menschenrechte. Damit steht Identitätspolitik auf der gleichen Linie mit den Forderungen nach sozialer Gerechtigkeit (Aufstieg durch Arbeit), und in einer Demokratie muss eine Gesellschaft lernen, mit den Konflikten gleichwertiger Partner*innen umzugehen und die Rechte von marginalisierten Menschen zu stärken. Mehrheiten haben auch in einer Demokratie nicht immer recht, und ihre Demokratiefähigkeit bemisst sich genau darin, wie sie mit marginalisierten Menschen umgehen. Wie sie sich gleichberechtigt und wehrhaft zeigt, wie ich bereits schrieb. Es sind die dringlichsten

Fragen unserer Zeit, an denen sich eine historische Parallele ziehen lässt. Nämlich dass Zeiten des Wandels schon immer Konflikte mit sich brachten. Die Geschichte zeigt, dass ein freundliches Nachfragen nach mehr Teilhabe in einer Gesellschaft nicht reicht und dass einer Veränderung oft ein großer »Knall« vorausging. Dass es das Private wie das Politische braucht, um sich danach für ein ruhiges Gespräch an einen Tisch setzen zu können. Die Frage ist, wie laut der Knall sein muss, damit der Stein weiter, aber vor allem in eine gute Richtung rollt.

Mein persönlicher Knall war 2021 sicherlich die Debatte um die Amanda-Gorman-Übersetzung, aber auch andere identitätspolitische Diskussionen, die ich mit verarbeiten durfte. Sie haben mich schlussendlich im Verstehen ein Stück weitergebracht, auch weil ich mich in einen gezielten Austausch darüber begab, weil mit sich alleine oder in der eigenen Bubble nachzudenken irgendwann sein Ende hat. Und so diskutierte ich beispielsweise »Open End« darüber in der gleichnamigen Talk-Sendung von und mit Michel Friedman in einer Runde mit der Autorin Jagoda Marinic und dem Expräsidenten des Deutschen Bundestages Wolfgang Thierse. Ich hatte meine Teilnahme zugesagt, weil ich mehr über die Argumentationsmuster von unterschiedlich beteiligten Personen und Positionen lernen wollte, die ich nicht kannte, und es positiv fand, dass unser Gespräch nicht nur ein paar wenige Minuten dauern sollte. Dadurch bekam »Open End« auch seinen zweideutigen Sinn. Weil das offene Ende auch stellvertretend für eine Zeit steht, die es für Aushandlungen in den gegenwärtigen Debatten meistens nicht gibt, obwohl wir sie so dringend bräuchten. Außerdem wollte ich Thierse begegnen, um zu erfahren, was ihn bewegt. Der mit seiner Frage, wie viel Identität eine Gesellschaft verkrafte, in einem Gastbeitrag der *Frankfurter Allgemeinen Zeitung* die Vorstellung vom vermeintlich »Normalen« aus dem Feuilleton aufs politische Parkett gehoben und eine Debatte darüber ausgelöst hatte. Ich wollte wissen: Wer sind für ihn die normalen Leute, von denen er geschrieben hatte, und vor allem, wer sind sie nicht? Mir schien, dass mein Normal ein anderes Normal als das von Thierse sein könnte und er stellvertretend für andere Menschen steht, die mein Normal nicht normal finden, und deshalb wollte ich darüber sprechen.

Es war für mich ergiebig, Teil dieser Talk-Runde gewesen zu sein, weil wir Zeit hatten, um doch zu keinem Ende zu finden, aber wir näherten uns in unseren Positionen den großen Debattenfeldern an, die ich in diesem Buch bespreche. Ich hatte Zeit herauszufinden, ob Thierse das politische Verständnis von *Weiß*sein verstanden oder ihn nur die Bezeichnung gekränkt hatte, mit der nach Erscheinen seines Artikels seine Position betitelt wurde. Denn das war es, was ich vor der Sendung geglaubt hatte, aber nicht wissen konnte. Deshalb habe ich ihn in der Sendung gefragt. Ich tat es, weil ich glaube, dass er damit nicht alleine ist. Ich erlebe so oft, wie *weißen* Menschen ihr *Weiß*sein zu nahegeht und sich daraus unterschiedliche Verhaltensweisen ableiten. Ich habe dann immer meine Mutter, meinen Mann, meine *weißen* Freunde und Freundinnen vor Augen, von denen ich weiß, dass sie ihr *Weiß*sein nicht als Makel verstehen, aber die politische Bedeutung und damit ihr Privileg kennen. Es ist also machbar, diese Ebenen zu verstehen und voneinander zu trennen. Ich sehe, wie sie ihren Weg damit gegangen sind und Prozesse durchlaufen mussten, mit denen ich nicht zu kämpfen hatte. Sie haben mir auch viel von ihren Erfahrungen als *weiße* Menschen gezeigt, und ich konnte sehen, was es für sie über die Jahre hieß, sich auf das Sehen und Verstehen einzulassen, sich Zeit zu nehmen, zu geben und Zeit dafür zu lassen.

So wurde diese Fernsehrunde überraschenderweise eine, die mir einmal mehr bestätigte, wie sehr wir im Job, der Familie, im Sportverein, der Schule oder an der Uni Orte bräuchten, um Dinge auszuhandeln, einander zuzuhören, uns gemeinsam auf den Weg zu bringen. Und wie viel Übung und Zeit es braucht, genau das bei mir Unbekannten anzustoßen. Diese Erfahrung in der Talk-Runde war ein Gegensatz zu vielen oberflächlichen Panels und Sendungen, bei denen das Publikum nicht schlauer, sondern eingefahrener in seiner Position wird und sich Framings verfestigen, jede Person also vermeintlich weiß, was gemeint ist, wenn gesprochen wird. »Die Grenzen meiner Sprache bedeuten die Grenzen meiner Welt«, sagte der österreichisch-britische Philosoph Ludwig Wittgenstein und erklärte damit, wie unsere Sprache und unser Bewusstsein zusammenhängen. Unsere Wahrnehmung erweitert sich, wenn wir unsere Sprache erweitern, zum Beispiel indem wir in Diskussionen nicht auf reduzierende Schlagworte zurückgreifen, sondern uns die Mühe machen, auszuformulieren, um eine mögliche Enge des Denkens aufzulösen. Ausdifferenzieren macht mehr Argumente sichtbar, manchmal auch andere Menschen, die sich außerhalb der Grenzen der eigenen Wahrnehmung bewegen.

Reflexion hilft. Was will ich damit erreichen, wenn ich einem Menschen meine Meinung sage? Mir Luft machen, dem anderen eins vor den Latz knallen, ihn zum Nachdenken anregen oder zur Aufklärung beitragen, damit mein Gegenüber seine Position und Gründe überprüft? Bin ich im Gegenzug bereit, in einer Diskussion meine eigenen Meinungen und Gründe zu überprüfen, oder geht es mir nur darum, meine Position zu behaupten. Lade ich bestimmte Menschen deshalb vielleicht erst gar nicht in meinen Kreis ein, um eine andere Meinung gar nicht erst hören zu müssen (und damit meine ich keine Menschenfeinde)? Und wenn ich sie einlade, sind und bleiben meine Argumente im Austausch wirklich gut, und falls nicht, bin ich fähig, meine Richtung zu ändern?

In Talkshows über Diskriminierung zu sprechen ohne Diskriminierte einzuladen, ist ein simples und oft genanntes Beispiel dafür, wie es nicht gehen kann. Es passiert andauernd. Immer wieder fällt das Stichwort der Repräsentation, also dass von etwas Betroffene zu Wort kommen sollen, ohne die Opferrolle zugewiesen zu bekommen. Es ist ein Begriff, der nicht nur auf Darstellung verweist, sondern auch auf die politische Vertretung. Es geht nicht alleine um diversitätsbewusste Werbebilder, sondern welche Menschen über die Aussagen entscheiden. Wenn es um die Frage von Zugängen geht, genügt es nicht mehr, das Thema als nice to have auszulagern, sondern es geht darum, daraus ein Querschnittsthema zu machen. Es ist die Frage von Perspektiven, Interessen, von Routinen und Abläufen, von Werten, die verändert werden, um am Normal zu rütteln. Veränderung ist möglich, und an den Orten, wo sie bereits stattfindet, sorgt sie für Irritation, weil alles noch neu scheint.

Dabei ist die Frage nach Repräsentation keine neue. Sie wurde bereits in den 90er Jahren unter dem Begriff »Repräsentationskritik« verhandelt, als die Frauenbewegung aufzeigte, dass weiblich gelesene Personen die vom Patriarchat gesetzten Grenzen überschreiten und an allen Orten teilhaben wollen. Wie mit Differenz umgehen, war damals wie heute die Frage, weil es jetzt nicht nur darum geht, mehr Frauen in die Reihen mit aufzunehmen (was zwar inzwischen verstanden, aber schlecht umgesetzt wird), sondern auch Schwarze, non-binäre, transgender und behinderte Menschen mitzudenken, anzuhören und einzuladen. Es geht darum, anzuerkennen, dass, wer über diese Tatsachen und über damit verbundene Macht und Strukturen nicht reden möchte, fest im Sitz und Besitz bleibt. Wer im Beharren auf Authentizität Einzelnen pauschal abspricht, neutral sein zu können, weil sie von etwas betroffen sind, reklamiert für sich selbst eine machtvolle Position.

Puh!, denken manche vielleicht jetzt und würden diese Argumentation gerne mit der Erklärung abwehren, dass so neue Diskriminierung geschaffen würde. Aber nein, so ist es nicht. Gleichgewicht herzustellen ist nicht abwertend, sondern wertet auf. Wir müssen den Versuch vollständiger Repräsentation unternehmen. Es ist nicht zwingend notwendig, »betroffen« zu sein, um ein Gefühl für Differenzerfahrungen zu entwickeln. Auch nicht von etwas betroffene Menschen können ein Wissen, Empathie und Sensibilität für etwas entwickeln. Sie können Themen besprechen, nur eben nicht für die anderen sprechen. Die Genderforscherin Paula-Irene Villa Braslavsky warnt vor einem »positionalen Fundamentalismus«, wenn von der sozialen Position in der Gesellschaft auf inhaltliche Positionen geschlossen wird. Also wenn beispielsweise ihr als *weißer*, privilegierter Cis-Professorin unterstellt wird, diese Vorteile nicht auf dem Schirm zu haben. Darum sei es wichtig, aus der privilegierten Position heraus kenntlich zu machen, über die eigene Position Bescheid zu wissen. Deshalb positioniere ich mich in öffentlichen Räumen mit meinen Privilegien, unter anderem damit, dass ich normschlank, nicht behindert oder cis bin. Damit mache ich kenntlich, dass ich weiß, für wen ich sprechen und für wen ich nur als Verbündete sprechen kann. Es geht darum, zu zeigen, dass ich bestimmte Erfahrungen nicht mache, um die Leerstelle zu benennen. In diesem verbündeten Sinne geht es nicht alleine um die Zugehörigkeit zu einer Gruppe, die geschlossen »nach außen« gegen die Ungleichheit gegen sie kämpft, sondern darum, auch innerhalb der eigenen Reihen für mehr Gerechtigkeit zu sorgen. Die Aufgabe besteht darin, mit Menschen in solidarische Beziehung zu treten, mit denen ich gerade nicht die Fabrik, das Milieu, die soziale Orientierung, das Geschlecht oder die ethnische Zuschreibung teile. Es ist der Grund, warum wir über Quoten sprechen, weil nur die Formulierung positiver Bekundungen bisher wenig genutzt hat.

Der Wunsch nach Veränderung alleine genügt nicht. Es braucht ein dauerhaftes, beharrliches und konsequentes Einfordern. Es geht darum, den Finger in die Wunde zu legen und innerhalb der eigenen Strukturen an Orten wie der Schule, Medien, Behörden etwas an der eigenen Position zu verändern. Es ist der Versuch, den anderen einen Platz zu schaffen, damit sie dabei sind. Es ist ein Appell an uns alle. Es gibt noch viel zu tun. Deshalb halte ich mich an diejenigen, die sich diese Gesellschaft wünschen, die Interesse und Offenheit zeigen, dass wir uns Raum für unsere unterschiedlichen Perspektiven geben. Die zu verstehen versuchen, dass der Verlust bestimmter Privilegien kein Nebeneffekt, sondern der Kern emanzipativer Politik ist. Wenn in Zukunft mehr Frauen, queere Menschen oder nicht *weiße* Menschen in Vorstände einziehen, auf Professuren berufen oder Chefredakteurinnen werden, wird das die gesellschaftlichen Realitäten besser widerspiegeln, aber für andere auch erst einmal Einbußen bedeuten. Diese Tatsache müssen wir gemeinsam besprechen, damit sich kein Mensch schlecht fühlt und alle diese Gesellschaft wollen können. Es muss klar werden, was es heißt, nicht mehr selbstverständlich aufzusteigen oder unter seinesgleichen zu sein, sondern abgeben und teilen zu müssen. Der Pool an Vielfalt wächst allerorts, und für ein neues Gleichgewicht müssen jetzt erst einmal diejenigen drankommen, die vorher nicht aufgerufen worden sind. In diesem Sinne ist es zwar fair, aber es gibt mit dem Wunsch nach mehr Gleichberechtigung auch Menschen, die in dieser Spielrunde erst einmal das Nachsehen haben werden. Und wenn wir ehrlich sind, ist das auch der Grund, warum es vielen so schwerfällt, sich auf bestimmte Ideen einzulassen. Sich hinten anzustellen, löst eben Gefühle in jedem Menschen aus. Hilfreich wäre es also, wenn wir einen gemeinsamen Weg finden würden, auf dem alle ihr Gesicht wahren und auf dem wir uns dabei unterstützen könnten, dass sich alle als Gewinner im Sinne der gemeinsamen Sache fühlen. Eben weil Veränderungen im Sinne der Menschenrechte geschehen.

Es führt uns nirgendwohin, »Identitätspolitik« abzulehnen oder »linke« und »rechte Identitätspolitik« in einem Atemzug zu kritisieren. Solange die Erfahrungen von Ausgrenzung und Gewalt Realität für marginalisierte Menschen sind, machen sie Identitätspolitik nötig, und zwar in einem dialektischen Sinn: Wer nicht dauerhaft auf eine bestimmte Identität reduziert werden will, muss genau diese Identität zumindest temporär verstärken. Wenn ein Afroamerikaner in den Augen mancher US-Polizisten in erster Linie ein Schwarzer ist und als solcher getötet werden kann, dann sind eben nicht alle gleich, sondern insbesondere Schwarze Leben gefährdet, weshalb es auch »Black Lives Matter« heißt und die Selbstorganisation und das Empowerment Schwarzer Menschen weltweit wichtig macht. Es ist der falsche Gedanke, »kollektive Identitäten« pauschal als selbstgewählte Abschottung gegenüber *weißen* Menschen zu deuten, denn es ist genau umgekehrt: Die alltägliche und oft strukturelle Diskriminierung verhindert, dass diese Menschen und ihre Erfahrungen gesehen werden. Stattdessen wird ihnen ein kollektives Etikett angeheftet: Muslima, Schwuler, Migrantin. Oder wie die Autorin Kübra Gümüşay es einmal beispielhaft beschrieb: »Wenn ich bei Rot über die Ampel gehe, breche nicht nur ich die Verkehrsregeln, sondern alle Musliminnen in Deutschland.«

Eine kollektive Erfahrung ist also, dass die Identitäten von marginalisierten Menschen in öffentlichen Debatten gerne ihrer Individualität beraubt werden. Sie denken und handeln vermeintlich alle gleich, werden als unsere Mit-Bürger, aber nicht als Bürgerinnen bezeichnet, und müssen ihre Repräsentation und ihre Rechte strategisch einfordern. Sie tragen die Sorge dafür, nicht als unmündige Opfer gesehen zu werden, sondern als Menschen, die ihre privaten Erfahrungen politisch machen. Es sind keine Auswüchse ihrer Identitätspolitik, sondern Verhandlungen ihrer Cancel-Culture-Erfahrungen, weil sie seit Jahren nicht eingeladen wurden zu sprechen.

Kritisch, woke oder aware zu sein ist deshalb keine neue Modeerscheinung, sondern ein Ausdruck von einem sensiblen Umgang mit Differenz. In den Appellen, eine anerkennende Sprache zu nutzen, auf Selbstbezeichnungen zu achten oder diskriminierungssensibel zu berichten, zeigt sich, dass es in Emanzipationsbewegungen immer auch darum geht, verbale Kniffe zu enttarnen, weil mit ihnen oft die Grenze zu rechter Rhetorik verschwimmt. Es kommt also auf die Lesart an.

Wie schaffen wir es, den Blick nicht zu verengen? Uns mit dem Kontext einer Gerechtigkeit für alle und einer gut situierten Mitte zu beschäftigen, die die Ressourcen hat, für die »Befreiung der Unterdrückten«, wie sie Roig nennt, einzustehen. Der Konflikt bleibt, wenn das Erreichen des einen Zieles das Erreichen des anderen ausschließt, erklärt es Friedensforscher Johan Galtung in seinen Theorien zum Frieden. Demnach müssten wir uns also mit unseren unterschiedlichen Vorstellungen und Interessen irgendwo in der Mitte treffen, gemeinsam miteinander Ziele formulieren und Wege finden, sie umzusetzen. Und das lässt sich nicht verordnen. Ein Wandel muss freiwillig geschehen. Und er ist bereits da, wir stecken mittendrin. Ich sehe ihn, wenn in der Paulskirche die Vergabe des Friedenspreises des Deutschen Buchhandels erstmals an eine afrikanische Autorin geschieht, der Oberbürgermeister Peter Feldmann kurz das Thema rechte Verlage auf der Buchmesse anspricht und ihm die Stadtverordnete Mirrianne Mahn überraschend zur Seite springt und im Namen Schwarzer Frauen spricht, worauf die

Preisträgerin Tsitsi Dangarembga selbst klare Worte findet, wie wir unser Miteinander anders denken können. Mir kommen die Tränen, als ich sie in der Paulskirche über unsere koloniale Vergangenheit, die Gewalt präkolonialer Gesellschaften, die Verharmlosung des »N-Worts« in der deutschen Gesellschaft und heutigen Widerstand in einem Atemzug sprechen höre. Ausgerechnet dort, in diesem etablierten *weißen* Raum. Sie spricht darüber, dass sie nie erwartet hätte, einmal auf diesem Podium zu stehen, in einem Land, das einmal ein imperialer Akteur war. Dass Rassismus, Sexismus, Ausbeutung und das Primat des Profits überall weiterhin Gewalt hervorbrächten, die in jahrhundertealten hierarchischen Strukturen wurzle. Sie spricht darüber, wie die Gewalt des Westens in alle Welt »exportiert« worden sei, und fordert deshalb dazu auf, die Ich-Perspektive abzulegen, um zu einem »Wir« zu gelangen: »Wir denken, daher sind wir«, oder besser: »Wir sind, daher denken wir.«

Vom Lernen und Verlernen

> *Wir waren jene, die wussten, aber nicht verstanden, voller Informationen, aber ohne Erkenntnis, randvoll mit Wissen, aber mager an Erfahrung. So gingen wir, von uns selbst nicht aufgehalten.*
>
> – Roger Willemsen

Ich erzähle als Journalistin gerne die Geschichten von Menschen, die zu wenig gehört werden. Ich möchte Begegnungen mit Personen schaffen, deren Leben das breite Publikum vielleicht nicht kennt. Auch privat bin ich so. Wenn ich in neue Kreise komme, dann versuche ich nicht gleich, alle einzuordnen, sondern meinem Bauchgefühl, also meiner Intuition zu folgen. Es ist schön, wenn ich in anderen Verbindendes zu mir finde. Das ist natürlich nicht immer so. Es gibt bei aller Offenheit böse Überraschungen, ich mache Mikroaggressionserfahrungen, wenn eine Person etwas Verletzendes formuliert, spüre, wenn mich und einen anderen Menschen Meilen trennen, was unsere Perspektiven oder Meinungen angeht. Subtile Sticheleien können schmerzen. Aber nicht selten gibt es auch diese Überraschungen, dass ich mich genau mit denjenigen verstehe, von denen ich es am wenigsten gedacht hätte. Und weil ich das weiß, halte ich mir die Zukunft mit meinem Gegenüber offen. Ich entscheide in der Langfrist, ob es die Möglichkeit gibt, sich über ein gemeinsames Lernen und den Umgang miteinander anzunähern. Diese Möglichkeit ist befreiend, weil wir verlernen können, was uns gesellschaftlich von klein auf vermittelt wurde und womit wir alle sozialisiert wurden. Denn schließlich stimmt nicht alles, was wir glauben schon lange zu wissen.

Ich habe nun viel über Konstruktionen und Vorstellungen von Menschen in Kategorien sinniert. Ich habe versucht zu beschreiben, wie diese in meinem Kopf verschwimmen, weil kein Mensch eindeutig ist. Warum ich Menschen so begegne und wie ich es tue, wurde mir erst klar, als die Idee zu diesem Buch konkreter wurde. Weil ich meine Freund*innen, Bekannte, mein Umfeld schließlich nicht in Kategorien clustere, und weil all die Schwarzen, queeren, behinderten, dick_fetten, neurodiversen und unterschiedlich religiösen oder nicht religiösen Menschen, die mich umgeben, sich wie ich nicht gerne in Kategorien oder ein soziokulturelles Milieu pressen lassen möchten. Ich möchte von anderen nicht einsortiert werden, und doch weiß ich, dass das oft passiert, weil Menschen das mit anderen tun. Weil wir alle ein manchmal vermeintliches Wissen über andere in uns tragen, und wenn wir diesen Menschen dann »in echt« begegnen, die unterschiedlichsten Gefühle in uns aufkommen. Unsicherheit, Neugierde, Abneigung oder Vorstellungen davon, wie das Gegenüber ist, sein wird oder zu sein hat. Wir funktionieren nach Mechanismen, die anderen nach Gelerntem zu- und einordnen, weil uns das eine gewisse Sicherheit und Orientierung gibt. Aber was, wenn der Mensch mir gegenüber ganz anders ist, anders spricht, denkt, sich kleidet, als ich dachte? Was tun mit der Irritation? Schon oft habe ich erlebt, wie jemand mich für eine freundliche Art beim Sprechen über Rassismus gelobt hat, als ob das etwas Großartiges sei. Ich höre dann, dass ich so »neutral« über Ausgrenzung sprechen könne. Abgesehen davon, dass ich kein Lob dafür haben möchte, dass ich es Menschen

»angenehm« mache, über schlimme Tatsachen nachzudenken, zeigt es mir auch, dass sie wohl gedacht haben, wenn wir diese Schwarze Frau einladen, dann müssen wir uns warm anziehen. Übrigens noch so ein gängiges Stereotyp, Schwarze Frauen und weiblich gelesene Personen als wütend einzusortieren, aber dazu später mehr.

Sich auf das Unerwartete einstellen. Das tue ich. Deshalb ist meine Devise, abzuwarten, zu beobachten und zuzuhören, weil das Verborgene in einem Menschen sich oft erst später zeigt. Mir hilft, dass ich die negativen Zuschreibungen unserer Differenzerfahrung immer mehr auf dem Schirm habe und mich nicht mehr von ihnen ablenken lasse. Ich will erfahren, wie und wer mein Gegenüber ist. Wie bist du wirklich im Rahmen deiner Erfahrungen, »deiner Gruppe« oder der Identität, die die Gesellschaft dir zuweist? Sehe ich dich, wie du sein willst und du dich selber siehst? Und wie lernen wir, über unsere Differenzen, die wir feststellen, zu sprechen? Unsere Geschichte ist voll von Ausschlüssen von anderen. Darum kommen wir nicht umhin, uns immer wieder Fragen zu stellen, auf privater Ebene oder im Job. Es hilft, sich einzugestehen, dass in vielen ungelösten Situationen Ignoranz das größte Hindernis für Klärung ist. Ignoranz ist für Spivak die Rolle, die bestimmte Positionen der Macht stabilisiert.

Deshalb sollten wir lernen, anders über sie zu denken. Die Annahme zur Basis nehmen, dass Rassismus, Ableismus und all die anderen Unterdrückungssysteme, auf die ich in den folgenden Kapiteln noch eingehen werde, nicht nur individuelle Erfahrungen einzelner Personen sind, sondern ein historisch gewachsenes Wissen, das immer auch mit uns selbst zu tun hat, alleine weil wir damit umgehen und uns den Menschen gegenüber verhalten. Mich selbst zu fragen, wie selbstverständlich es beispielsweise für mich ist, über Schwarzsein, Behinderung, Transidentität und Nicht-Binarität zu sprechen, weil das viel von einer Alltäglich- und Selbstverständlichkeit zeigt, die ein Mensch zu diesen Themen hat oder eben (noch) nicht. So ist das Ansprechen von Differenz und Diskriminierung vielen Menschen unangenehm, obwohl es das Sprechen so viel einfacher machen würde, weil sich im Dialog die Distanz zu einer Sache verliert. Auch ich musste als cis-hetero Frau lernen, LGBTQIA+ flüssig und leicht aussprechen zu können, ohne mich zu verhaspeln. Heute spreche ich den Gendergap und versuche meine binäre Sprache in Er- und Sie-Kategorien abzulegen, wenn es mein Gegenüber sich wünscht. Ich erinnere mich an die innere Anspannung während der Vorbereitung auf meine erste Moderation mit einer nicht-binären Person, mit der ich im Vorfeld darüber sprach, dass ich sie*ihn gerne mit den Pronomen »er« und »sie« benennen kann, dass ich bewusst variieren darf. Es war die Selbstpositionierung dieser einen Person, die sich nicht auf andere übertragen lässt. Deshalb waren Fragen und das gemeinsame Gespräch für mich der beste Weg, um zu erfahren, wie ich respektvoll sprechen kann, und zu zeigen, dass ich Interesse daran habe und anerkenne, wie sich diese Person positioniert. Und auf meiner Seite fiel dadurch die Anspannung ab. Es ist ein einfaches Beispiel, das zeigen soll, wie viel leichter es wird, wenn wir zugewandt miteinander sprechen, und wie wichtig es ist, zu sehen, aus welcher Position ich selbst agiere. Klar zu haben, dass ich in dieser Situation die Privilegien habe, weil ich eine cis-hetero Frau bin und damit in etablierten Räumen als die Norm gelte. Es bedeutete, mir bewusst zu machen, dass meine Position es ist, die meistens bestimmt, wie und ob über Genderdifferenz gesprochen wird. Was in meinem Fall eine doppelte Bedeutung hat, nämlich, weil ich mich nicht nur mit mir selbst auseinandersetzen will, sondern auch mit meiner Arbeit als Moderatorin und Journalistin.

So versuche ich, andere in ihrer Differenz wahrzunehmen, ohne diese zu bewerten. Ich versuche, die Stereotypen in meinem Kopf anzunehmen und mein Gegenüber in einem automatischen Einsortieren, das passiert, nicht aus dem Blick zu verlieren. Das heißt, dass auch ich mir immer wieder klarmachen muss, dass wir nicht gleich sind und dass wir uns unterschiedlich verhalten, weil wir aus so vielen Teilen bestehen, die uns in so vielen Hinsichten unterscheiden. Nicht von sich selbst auszugehen ist gar nicht immer so einfach. Und manchmal brauche ich Zeit, um mich von etwas überzeugen zu lassen, was ich anders denke (als mein Gegenüber). Ich brauche Zeit, um mich darauf einzulassen, umzudenken. Meine Familie und Freund*innen werden das bestätigen. Ich weiß um das Gefühl innerer Stabilität, sich an geglaubtem Wissen festzuhalten. Aber es gibt eine Möglichkeit, das aufzulösen.

Ich glaube, wer sich von alten Gedanken abnabelt, kann sich die daran gekoppelten positiven Erinnerungen und die Unschuld der Unwissenheit bewahren. Kein Mensch ist gleich ein schlechter Mensch, weil manche Dinge nicht bekannt waren, weil wir sie als Kinder so gedacht, gesagt oder gemacht haben. Aber wir können heute lernen und Dinge anders machen. Wir haben die Fehler von Vorgenerationen im Rücken, aber es liegt in der eigenen Verantwortung, wie ich handele, um es morgen oder in Zukunft besser zu machen. Statt innerer Abwehrhaltung überkommen einen Menschen im besten Fall sich selbst zugewandte Fragen, mit denen sich peu à peu Berührungsängste verlieren. Aus dieser Position heraus ist es einfacher zu überlegen, was im eigenen Leben an Haltung oder Einstellung konkret geändert werden könnte.

Dieser Prozess nennt sich Verlernen. Auf die Gesellschaft übertragen beschreibt Spivak diese Form des Umdenkens als eine Art unsichtbares Ausbessern. Beim Einweben unsichtbarer Fäden entstehen neue Muster, und eigentlich kommt es nie zu einem Ende dieses Webens, weil es einen stets zu bearbeitenden Stoff gibt. Weil die Welt nun einmal ist, wie sie jetzt ist, und wir nur mit und in unserem Jetzt arbeiten können. In seiner bereits genannten Rede »Wer wir waren« versuchte sich Roger Willemsen daran, im »Vorauslaufen zurückzublicken«, um sich besser in den Blicken derer erkennen zu können, die er vielleicht enttäuscht haben wird. »Wir wussten viel und fühlten wenig«, schrieb er. Weil wir glaubten, dass das Gefühl ein schlechter Ratgeber sei, und wir quasi abgestumpft von den Bildern von Menschen in Not einer echten Auseinandersetzung aus dem Weg gehen und sie in keine Erzählung bringen, nicht weiterdenken, nicht weiterführen wollten.

Aber ich möchte Verbindungen aufzeigen, meinen Blick vor den Veränderungen unserer Gesellschaft nicht verschließen und mich im »vorauslaufend Zurückschauen« versuchen. Weil wir immer auf Basis dessen agieren, was wir als Gesellschaften zugelassen haben und weiterhin zulassen. Die Frage ist also, was jeder Mensch für sich in Zukunft verändern möchte. Wie wollen wir sein? Den Weg dorthin beschreibt für mich einen Lernwillen als eine persönliche Grundhaltung. Dieser hilft mir zu akzeptieren, dass nicht alles gleich funktioniert und es auf dem Weg in die Zukunft immer wieder Neues gibt, mit dem umgegangen werden muss. Für Willemsen war es unser Bewusstsein, das neue Dinge erschafft. Und er merkte kritisch an, dass Menschen immer da am altmodischsten seien, wo sie sich selbst überschreiten sollten. Sich verändern zu wollen ist also ein ganz bewusster Schritt.

Wie aber nun Gelerntes verlernen lernen? Spivaks Bildungsverständnis basiert auf einem dialektischen Prozess zwischen Lernen und Verlernen. Das Verlernen steht für eine Reflexionsstrategie und Selbstüberprüfung, die ein Mensch sich und seinem Denken und Handeln aneignet. Eine Art kontinuierliche (Weiter-)Bildung. Spivak beschreibt sie als eine Strategie der Neuordnung, die ohne Druck und Zwang operiert, das heißt also, dass sich alle Beteiligten als Teil des Gesamtproblems begreifen und alle sich immer zugleich als Lernende und Lehrende verstehen. »To be humble« ist ein Ausdruck, der mir dazu noch einfällt. Das deutsche »demütig sein« trifft es vielleicht nicht ganz, doch zeigt ein Selbstverständnis als Lehrende und Lernende genau in diese Richtung. Es fordert mich heraus, in neuen Situationen mit anderen immer wieder meine Gedanken zu prüfen. Ich ertappe mich bei sozialisierten Mustern, aber erschrecke nicht mehr darüber, weil ich weiß, dass ich herausfinden kann, woher sie kommen, und dass es gut ist, mit mir selbst darüber ins Gespräch zu gehen. Das kann im Stillen passieren, das bekommt kein Mensch mit. Ein gewisses Maß an Demut kann also im Prozess des Verlernens hilfreich sein. Wenn ich mir zum Beispiel darüber klar werde, wie machtvoll meine Position unter Umständen ist, wenn ich in meiner beruflichen Situation (mit-)entscheide, was gelehrt und wie etwas gelernt wird, was veröffentlicht oder nicht veröffentlicht wird, wer einen Job bekommt und wer nicht. Für mich bedeutet es beispielsweise auch, Konflikte in Gruppen oder medialen Diskussionen über diese Themen auch aus einer Vogelperspektive zu betrachten. Wie ist der Ort der Aushandlung gestaltet? Dissensfreundlich oder gelten bestimmte Meinungen per se als unbeliebt? Wem gelingt es, einen Perspektivwechsel auf die andere Seite vorzunehmen, und wem nicht? Mich selbst zu fragen, warum habe ich die Meinung, die ich habe. Und woher weiß ich, dass das stimmt, was ich gerade sage? Habe ich die Argumente der anderen Seite wirklich angehört und mir darüber Gedanken gemacht? Kann in beiden Meinungen eine Berechtigung liegen, und wer entscheidet, welche gilt? Schaffe ich es, Rationales und Emotionales darin zu verknüpfen, weil auch Gefühle ein Argument sind? Recht haben wollen und recht behalten ist ein Unterschied. Vielleicht wünschen wir uns Ersteres, aber um Zweiteres geht es.

Spivak nennt es, den Geist trainieren, und beschreibt, wie das »Verlernen« auch eine Kunst ist, die Regeln zu brechen, was sicher nicht für alle attraktiv ist, was Mut und Zeit bedarf. Denn wer plötzlich Erkenntnisse hat, im eigenen Umfeld Dinge neu und anders machen möchte, sollte sich darüber im Klaren sein, dass es wichtig ist, das Gegenüber damit abzuholen. Ich nenne dazu gerne das Beispiel der Einführung gendergerechter Sprache in Unternehmen, die passiert, ohne dass diejenigen, die ihre Schreibweise ändern sollen, dabei wirklich mitgenommen werden. Ein »Wir machen das jetzt so, weil es richtig ist« oder ein erklärender Newsletter ohne organisierte und klärende Orte des Austauschs wird auf Trotz stoßen. Es sind Reaktionen, die zu starren Positionen von Menschen führen können, die kein Interesse haben, »verlernen« zu wollen, und beispielsweise Gründe außerhalb des Moralischen suchen. Diese Reaktion können wir ständig beobachten, auch in anderen Kontexten: wie sich Widerstand aufbaut und das Bedürfnis, alles beim Alten zu belassen. Es kommen dann viele der »altmodischen« Haltungen zutage, von denen Willemsen schrieb. Und ist die Abwehr erst einmal da, ist es schwer, dagegen anzukommen, mitunter bauen sich Fronten auf, die in immer neuen Anlässen ihre Bestätigung suchen. Und wir sehen ja, wie es gerade läuft – die nächste Identitätsdebatte und ein Pro und Contra über irgendetwas kommen bestimmt. Inzwischen hilft ein rationales Sprechen über Privilegien vielerorts nur noch wenig, im Gegenteil entsteht ein Klima, in dem Druck ausgeübt wird und Menschen sich gezwungen sehen, für das eine oder andere zu sein, weil wenig Raum für Zwischentöne bleibt und in den Hintergrund gerät, dass Wahrheit auch relativ sein kann – und dass es vor allem um Menschen geht.

Und so zeigt sich in vielen Fällen, dass es keine gute Idee ist, andere mit Veränderungen zu überrollen, egal wie gut sie sind, weil Menschen sich dann sperren. Aus machtkritischer Sicht ist es eine große Kunst, einander nicht aus den Augen zu verlieren. Gleichzeitig ist es nicht die Aufgabe jeder marginalisierten Person, diese Kunst zu beherrschen, denn nicht jede*r möchte oder ist in der Lage, mit anderen, die noch nicht oder wenig wissen, immer wieder von vorne anzufangen und sich zu erklären, weil das schlaucht. So fällt es auch mir nicht immer leicht, nach so vielen Jahren wieder und wieder das Gleiche zu erzählen. Ich mache es auch nicht immer, aber ich kann zwischen denen unterscheiden, die willens sind zu »verlernen« und denjenigen, die keine Veränderung wollen. Das macht für mich den Unterschied.

Auf dem Weg des Verlernens sind also einige Hürden zu nehmen, wie überwinden wir sie? Praktische Experimente und Lernlabore sind gut, um sich darin zu üben. In gemeinsamen Arbeitsprojekten etwas auszuprobieren, um zu erleben, wie Räume gewaltfreien Vermittelns und ein Austausch über Differenz, Diskriminierung und Dissens konstruktiv ablaufen können, um nicht nur gemeinsam bessere Ergebnisse zu erzielen, sondern den Weg auch als etwas Heilsames für sich und die anderen zu gestalten. Eine gemeinsame Arbeit an Veränderung funktioniert. Es gibt Möglichkeiten für marginalisierte Menschen, aus ihren »sichereren« Orten zu treten, weil es sowieso keine machtfreien Orte gibt. Es wird dann möglich, wenn die Tatsache potentieller Verletzungen im gemeinsamen Aushandeln eine Rolle spielt, wenn darüber gesprochen werden kann und keine Abwehr von den Menschen ausgeht, die »verlernen« müssen. Was aus intersektionaler Perspektive meistens alle in einer Gruppe sind. Das verbindet und kann innerlich besänftigend wirken.

Heute habe ich Zugang zu vielen etablierten Räumen und merke, wie alleine ich mich oft fühle, wenn ich spüre, dass ich als die *Andere* gelesen werde. Doch bin ich in diesen Räumen auch Menschen begegnet, denen es aus ähnlichen Gründen genauso ging wie mir, somit war ich doch nicht immer alleine. Ich habe die Erfahrung gemacht, dass sich die Räume durch mein Sein ins Positive, aber auch Negative wandeln können, und ich am Ende mal mit gutem Gefühl, mal verletzt herausgehe – und genauso geht es anderen sicher auch. Es ist ein Risikospiel, es miteinander zu versuchen, nur, dass für mich der Unterschied zu früher ist, dass ich inzwischen überhaupt mitspielen darf. Und so übe ich das, was ich hier beschreibe, und suche dafür heute Räume mit Menschen, die »für« etwas arbeiten wollen, und ich mich nicht an etwas abarbeiten oder gegen etwas anarbeiten muss.

Ich tue es zum Beispiel im Hessischen Rundfunk, wo ich ein auf lange Frist angelegtes Projekt begleite, das zu einer diskriminierungssensiblen und diversitätsbewussten Veränderung der Redaktionsarbeit und -entwicklung in den Teams beitragen soll. Es ist ein Novum und das Ergebnis offen, weil wir versuchen, durch Pionier*innenarbeit alteingesessene Strukturen zu verändern, in denen sich Machtverhältnisse eingespeist haben. Das wird dauern, und mein Wissen wächst mit der Praxis. Dabei ist das Ziel für mich klar, aber der Weg steinig, weil diese Art der Organisationsentwicklung bedeutet, dass jeder Mensch viel Persönliches und Zeit einbringen muss. Strukturen zu verändern ist eine emotionale Angelegenheit, nicht nur eine sachliche und fachliche. Es hat mit ebendiesem »Verlernen« zu tun. Was bedeutet es für unsere Arbeit, dass wir privat, gesellschaftlich und im Team *weiße* Cis-Männer und Cis-Frauen, darunter eine Schwarze Mutter eines behinderten Kindes, eine migrantisierte und fette Frau, eine Schwester von Frauen mit Down-

Syndrom und eine lesbische Frau sind? Der Austausch darüber führt zu einer unüblichen Ebene des Teambuildings unter Kolleg*innen, um uns dann an die Analyse der Arbeitssituation zu machen. Dieser Ansatz schafft Nähe und Klarheit darüber, in welchem (Arbeits-)Kontext wir uns in einer privilegierten oder diskriminierten Position befinden und wie es andere tun und sich Prozesse gestalten. All das will dokumentiert werden, um strategisch verändert werden zu können. Es ist auch ein Weg, Unternehmen ins digitale Zeitalter zu führen. Es geht darum, gemeinsam zu verstehen, dass es für keinen von uns Distanz zu einem der Themen geben kann, weil wir miteinander verbunden und verstrickt sind und es für alle um etwas geht, das immer zwischen Persönlichem und Privatem wechselt.

Es ist wichtig, mit unseren Differenzen zu arbeiten. Das tue ich, weil ich glaube, dass sich Dinge verändern können. Wie oft wurde ich in Interviews oder Workshops gefragt: »Was kann ich tun?« Und dann versuche ich zu beschreiben, wie gemeinsames »Verlernen« funktioniert, dass es auch abstrakt im Denken und Fühlen ist. Diese mir selbst gegenüber offene und doch kritische Haltung auf meine Lebens- und Arbeitskontexte zu übertragen ist mein Weg, von dem ich mir Ruhe erhoffe, weil es mir dann gut geht. Und ich glaube, dass sich unsere Gegenwart und Zukunft durch diese Arten der Veränderungs- und Ablösungsprozesse in allen Bereichen des Lebens gestalten lassen. Die Erkenntnis, dass wir uns für andere bemühen und uns selbst zugewandt bleiben, ist für mich Basis und Unterbau für eine machtkritische Position, die sich daraus entwickeln lässt und verfestigen muss, bevor überhaupt begonnen werden kann, über praktische Maßnahmen, Strategien und Arbeitsprozesse von Strukturveränderung oder Organisationsentwicklung an den vielen institutionalisierten Orten unserer Gesellschaft nachzudenken. In Parteien, Schulen und Behörden. Es gilt im

»Verlernen« Abläufe, etablierte Strukturen, Denkweisen in unseren Arbeitskontexten infrage zu stellen. Veränderungen, die dieser Dimension folgen, brauchen Zeit, einen Plan, Geduld, Geld und den Willen, sie umzusetzen. Ich kenne Menschen, die sich diese Arbeit zur Aufgabe gemacht haben. Die Prozesse an all diesen Orten zu begleiten. Sie sind oft die Marginalisierten, die ihre Erfahrungen professionalisiert haben. Ihre Expertise hat sich über Jahrzehnte entwickelt, in der Forschung ist sie lange bekannt. Jetzt gilt es, sie vermehrt in die Praxis unserer Mitte zu holen, an all die etablierten Orte, an denen die Macht noch deutlich ungleich verteilt ist. Die Menschen, die dort das Sagen haben und »verlernen« wollen, können gemeinsam mit ihnen Wege finden, wenn sie sich dafür öffnen. Es ist das Weben, das Spivak beschreibt, und der Wunsch nach Neuordnung in einem unendlichen gesellschaftlichen Aushandlungsprozess.

Emotion

Wie fühlen wir?

Subjektives Erleben, körperliche Reaktionen, zentraler Bestandteil und Bewertungssystem unseres Seelenlebens. Das, was unsere Aufmerksamkeit, Denkvermögen und Selbsteinschätzung beeinflusst. Freude, Angst, Kummer oder Überraschung im Ausdruck unserer Mimik, Gestik, in Klang und Verhalten. Ein komplexes Muster aus physiologischen Reaktionen, Gefühlen, kognitiven Prozessen und Verhalten. Herzfrequenz, Nervensystem, hormonelle Steuerung. Für die Forschung in ihrer Komplexität und Vielgestalt ist das alles schwer zu fassen. Weil nicht jeder Mensch gleich ist und gleich reagiert. Wie erlebe ich?

Emotion

Wie fühlen wir?

Vom Fühlen

Kann jetzt auf einmal
fast alles
wieder
fast alles bedeuten
nicht nur Hartnäckigkeit
und Mut
sondern auch fast wieder
noch Hoffnung?

Und kann das wirklich
fast durch Zufall
und wirklich noch
zur rechten Zeit
so gekommen sein?

– Erich Fried

2020 war für mich das Jahr der Anspannung. Nicht nur aufgrund von Corona, sondern auch, weil so viel anderes passiert ist. Im Februar der rassistisch motivierte Anschlag von Hanau, dann im März der Lockdown, im Mai der gewaltvolle Mord an George Floyd. Dann waren da viele private Dinge, wie sie im Leben eines Menschen geschehen. 2020 habe ich in der Rückschau viel geweint. Aus Angst, Wut, Überforderung und Kontrollverlust.

Es gibt ein Bild von mir auf meinem Instagram-Account, das mich im Juni in der Fußgängerzone Frankfurts bei einer Black Lives Matter-Kundgebung zeigt, die von der Lokalgruppe der ISD initiiert wurde. Mit dabei meine Mutter, Freund*innen und mein Kind. Während ich ins Mikrofon spreche, stellt sich das vierjährige Kind in Latzhose neben mich und schaut ganz still zu mir hoch. Mein Mund spricht weiter. Meine Gedanken schwirren. Nicht, weil es dort nicht stehen soll oder stört. Das dort war kein Job, kein Vortrag – und selbst wenn. Dieser Moment vor all den Menschen versinnbildlichte das Paradoxon, in dem ich mich stetig bewege: diese Verbindung zwischen Privatem und Politischem, als es mir schüchtern ein »Hallo, Mama« zuflüstert, und ich wusste: Deinetwegen und weil ich einmal Kind war und wegen all der anderen Kinder, darum ist das alles hier wichtig.

Nach der Geburt meines Kindes waren einige Jahre ins Land gegangen, in denen ich eher im Hintergrund und im Privaten aktiv war, im Stillen über das, was da draußen passierte, nachdachte, arbeitete und schrieb. Ich hatte meine Vorstandsarbeit in der ISD nach sechs Jahren kurz vor der Geburt meines Kindes aufgegeben und meine letzte Energie hochschwanger mit großem Bauch in die Planung des Festes zum 30-jährigen Jubiläum und in den damals entstandenen Sammelband *Spiegelblicke – Perspektiven Schwarzer Bewegung in Deutschland* gesteckt. Zu sechst hatten wir ihn herausgegeben. Denise Bergold-Caldwell, Laura Digoh-Ersoy, Christelle Nkwendja-Ngnoubamdjum, Camilla Ridha, Eleonore Wiedenroth-Coulibaly und ich. 30 Jahre nach den allerersten organisierten Treffen Schwarzer Menschen der zweiten Bewegung in Deutschland knüpften wir damit auch an *Farbe bekennen* an und versammelten darin Essays, Porträts, analytische Texte, Storytelling und Fotoreportagen von über 50 Autor*innen, Zeitzeug*innen und Porträtierten, die in unterschiedlichen Zusammenhängen mit der Schwarzen Bewegung verbunden waren. Es war für uns die ideale Gelegenheit, die Perspektivwechsel innerhalb der politisch aktiven Schwarzen Diaspora in Deutschland aufzuzeigen.

Als ich nach knapp einem Jahr Elternzeit wieder arbeiten ging, war für mich vieles nicht mehr wie vorher. Ich hatte mich verändert. Andere Dinge waren mir wichtiger geworden. Für vieles hatte ich keine Ressourcen mehr. Vieles Unwichtige ließ ich weg, stattdessen waren Momente der Zufriedenheit und des Glücks viel wesentlicher für mich geworden. Ich arrangierte mich in einem neuen Leben, war froh, beruflich angekommen zu sein, an das anknüpfen zu können, was ich mir erarbeitet hatte und was mir Spaß machte. Ich ließ die Höhen und Tiefen vermeintlicher Karriereleitern beiseite und blieb in Sachen rassismuskritischer Arbeit in kleinen Community-Projekten, im journalistischen Redaktionsalltag und freier Arbeit als Moderatorin aktiv. Ansonsten blieb ich unauffällig. Ich fühlte mich gut aufgehoben in meinem »Wohnzimmer«, in dem ich es mir über das vergangene Jahrzehnt schön eingerichtet habe und mich sicher fühle. Zu diesem Zuhause zählen Menschen unterschiedlichster Art, Biografien und Lebensweisen. Menschen, die wissen, wer ich bin, wie ich ticke und wissen, wie ein wohlwollender und achtsamer Umgang bei aller Differenz funktioniert. Das gab und gibt mir Stärke. Dass ausgerechnet 2020 das Jahr werden würde, in dem ich völlig ungeplant und ohne eine Ahnung, wohin es mich treiben wird, wieder nach draußen vor diese Tür treten sollte, meine Gedanken hier und heute öffentlich mache, das hätte ich nicht gedacht.

So hatte ich nach der Meldung über den Tod von Floyd eine Woche lang jegliche Nachricht darüber weggeklickt. Bis heute habe ich mir das Video seines Sterbens nicht angeschaut. Ich habe Schutzmechanismen in mir, die mich manchmal davon abhalten, mir zu viel zuzumuten. Den Ausdruck »Triggerwarnung« gibt es nicht ohne Grund, um Menschen auf mögliche Verletzungen hinzuweisen. Ich muss mich davor schützen, mich nicht kopfüber in Gefühle und Debatten zu stürzen, weil ich dazu neige, mich darin zu versachlichen, und dann mein Emotionales oft auf der Strecke bleibt. 2020 aber war anders. Nach der zweimonatigen Isoliertheit des ersten Lockdowns waren wir als Familie gut klargekommen, und als nach Floyds Tod der Wunsch an mich herangetragen wurde, bei der Kundgebung als Journalistin zu sprechen, sagte ich ja, weil mir die Vorstellung, mich umgeben von der Community dem kollektiven Schmerz zu öffnen, ein gutes Gefühl gab und ich mich stark genug fühlte. Nach dem Attentat von Hanau war im öffentlichen und medialen Diskurs verdrängt worden, über Rassismus zu sprechen, und endlich passiert es jetzt. Dass ein *weißer* Polizist George Floyd nicht mehr atmen ließ, hat in der Rückschau viele Menschen und Dinge in Bewegung gebracht. Heute sehe ich dieses Aufbäumen als Teil eines größeren Ganzen, weil die Schwarze Bewegung über so viele Jahre darauf hingearbeitet hat. Nur deshalb konnte sich diese Kraft innerhalb eines Protests entfalten, dem sich viele Zehntausende Menschen in Deutschland angeschlossen haben. Die Zeit war einfach reif. Und sie war körperlich und geistig sehr intensiv für viele von Rassismus betroffene Menschen wie mich. Dazu die Pandemie samt aller Unsicherheiten. Ich war konfrontiert mit unzähligen Anfragen, Diskussionen und Gesprächen zum Thema Rassismus – beruflich, aber auch privat. Ich musste mich auseinandersetzen, ob ich wollte oder nicht. Aber ich war es nicht gewohnt, so viel, so häufig und an so vielen unterschiedlichen Orten darüber zu sprechen. Plötzlich hatte ich keinen Schutzraum mehr, und gleichzeitig wollte ich noch über so viel mehr sprechen, weil es so viel zu sagen gab. Also stürzte ich mich hinein, redete und redete manchmal bis zur Erschöpfung, auch weil ich dachte, dass jetzt, in diesem

Moment die große Chance besteht, die Dinge auszusprechen, das Wissen überall hinzutragen, also bloß nicht müde werden. Ich dachte, wer weiß, wann das Interesse wieder weniger wird, vielleicht ganz verschwindet und die Menschen nichts mehr darüber hören wollen. Denn aus medialer Sicht funktionieren die Wellen immer gleich, und weil ich selbst Teil dieses Apparates bin, ging ich auch in diesem Fall wieder davon aus, dass das Thema verebben wird. Umso irritierter war ich, dass das Thema ungewohnt präsent blieb, dass monatelang so viel über Rassismus gesprochen wurde, dass selbst die Dekolonisierungsbewegung einen Schub erhielt, bei der es um Verantwortung für den Völkermord an den Herero und Nama, die Rückgabe afrikanischer Kulturgüter, die Umbenennung von Straßennamen, aber auch eine Dekolonisierung des Denkens geht. Wie der Zufall es wollte, hatte ich bereits im Januar, also lange vor der »neuen Rassismusdebatte«, wie ich sie nenne, mit meinem Kollegen Lorenz Rollhäuser ein Feature für den Deutschlandfunk zugesagt, bei dem es um das Thema Vielfalt und Diversitätsbewusstsein in den Öffentlich Rechtlichen Sendeanstalten gehen sollte. Ein Thema, das ich seit Jahren als Teil des Vereins der »Neuen Deutschen Medienmacher*innen« beackere, weil die Welt von heute sich nicht mit einem Journalismus von gestern erklären lässt. »Dekolonisiert euch – die Öffentlich Rechtlichen und die Migrationsgesellschaft« hatten wir unser Feature genannt. Jetzt passte es wie die bildliche Faust aufs Auge. Und während wir im Sommer recherchierend durch die Bundesrepublik zu den Sendeanstalten reisten, ich getrieben davon, die Welle der Rassismusdebatte zu reiten, wurde diese Zeit auch eine Reise zurück zu meinen Anfängen als Journalistin und Instagram zu meinem emotionalen Reflexionskanal. Also eine Art Tagebuch, an dem ich emotionale Supervision und öffentliche Aussprache betrieb und Verbindung zu dem herstellte, was ich tat.

Bis dato hatte ich diese Plattform wenig und nach einem Crashkurs bei meiner Influencerinnen-Schwester und Hijab-Bloggerin Amira (@ami.coco) eher für private Zwecke genutzt. Plötzlich öffnete ich mich dort in nie gekannter Weise, weil ich mich im Strudel der Ereignisse oft überwältigt fühlte: von schmerzhaften und beflügelnden Gefühlen zugleich. Dort erlebte ich, was die anonyme Intimität mit einem Menschen machen kann. Seitdem verstehe ich mehr über den Austausch, die Kommunikation mit anderen und die Lernräume dieses Mediums und nutze es wie viele andere auch für diese Zwecke. Wenn ich durch meine Timeline scrolle, lese ich von einer Zeit des Wachsens, und ich kann die Initialzündung nachlesen, die dazu führte, dieses Buch zu schreiben.

Mit Gänsehaut blicke ich deshalb heute auf das am 3. Juni 2020 gepostete Foto von meinem Kind und mir bei der Kundgebung in meinem Insta-Account. Der Post dazu eröffnete ein neues Kapitel in meinem Leben, ohne dass ich es damals wusste. Unter das Bild hatte ich geschrieben, wie groß mein Wunsch nach einer rassismuskritischen und diversitätsbewussten Gesellschaft ist und dass ich nach einer Zeit des inneren Rückzugs die Episode der nächsten Tage mit einem besonderen Bild starten möchte. Es wurden keine Tage, sondern diese Phase hält bis heute an; unser Bild steht inzwischen gerahmt in unserem Flur. Zwei Freundinnen haben es mir zu meinem 40. Geburtstag geschenkt. Im Rahmen klemmt die Geburtstagskarte einer anderen Freundin mit den Worten: »In einem Jahr wirst du dir vielleicht wünschen, dass du heute angefangen hättest.«

Sinnsuche, ein persönlicher Exkurs. So hätte ich dieses Kapitel auch überschreiben können. Aber so ist es. Ich teile in diesem Buch immer wieder diese persönlichen Einblicke, weil ich glaube, dass genau sie es sind, die uns ausmachen und unserem Handeln Tiefe geben. Nicht alle durchlaufen sie, wie ich es tat.

Alle Menschen erleben sie anders. Wir stehen an unterschiedlichen Punkten, und das ist ja auch, was die Sache so kompliziert macht, wenn es darum geht, über ein gleichberechtigtes, gerechteres Zusammenleben nachzudenken. Aber dieses Thema nur mit dem Verstand anzugehen und es nicht in seiner emotionalen und körperlichen Verbundenheit zu begreifen wird der Sache nicht gerecht. In jedem Streit, jedem Konflikt und jeder politischen Eskalation geht es um Emotionen, um Reize, um Nerven, die bildlich gesprochen auch mit uns durchgehen können – zum Beispiel mir, wenn ich in Stress gerate. Diskriminierungserfahrungen bedeuten Stress. Ich arbeite daran, dass es mir besser gelingt, diese Zustände wahrzunehmen und Techniken zu lernen, die mich mit diesem Stress umgehen lassen, aber es gelingt mir nicht immer gleich gut. Emotionale Kompetenz ist Übung für jeden von uns.

Es sind die psychischen, emotionalen und mentalen Erfahrungen, die unsere Bewegungsmuster formen und in unserem Körper verankern. »Choosing wellness is an act of political resistance.« Damit riet bell hooks Schwarzen Frauen, weiblich gelesenen Personen und Menschen, die Teil ihrer Befreiungsbewegung waren, immer wieder, einen Prozess der Ruhe zu durchlaufen, um die Wunden zu heilen, die sich auf dem Weg zu mehr Freiheit ergeben und die einen daran hindern können, weiter aktiv zu sein. Auch ich musste mich in meiner Vergangenheit immer wieder daran erinnern, insbesondere in dieser Zeit 2020. In diesem Sommer habe ich zum ersten Mal verstanden, dass ich meinen Körper deutlich später wahrnehme als meine Gedanken. Ich habe begriffen, wie ich, der superverkopfte Mensch, total funktional und effektiv unterwegs bin. Bei mir geht vieles schnell, oft so schnell, dass ich mich selbst überhole. Innehalten braucht für mich Übung. Ich versuche heute, die emotionalen Signale meines Körpers besser wahrzunehmen und in meinen

Alltag miteinzubeziehen. Nachdem ich über die vergangenen Jahre also gelernt hatte, meine Ratio, meine Kognition mit meinen Emotionen zu verbinden, war die nächste Etappe also die Verbindung zu meinem Körper, den ich so oft überhöre, obwohl er so viel über mich weiß.

Unser ganzes Dasein sitzt uns bildlich gesprochen in den Knochen, und wer sich selbst reflektieren und weiterentwickeln will, wird nicht umhinkommen, den eigenen Körper miteinzubeziehen. Wissenschaftlich wird die Wechselwirkung von Körper und Psyche längst nicht mehr infrage gestellt: Es ist neurobiologisch erwiesen, dass sogar unsere Körperhaltung Auswirkungen auf unser Befinden, unser Denken und Verhalten hat. Unser Körper ist Zugang und Brennglas verdeckter innerer Muster und zugleich der Schlüssel für Lösungen, wenn wir in Krisen stecken.

Gefühle sind überall. Nicht ohne Grund wird in der Werbung auf den Dreiklang gesetzt: über Emotionen die Neugier wecken und über die Neugier die Kenntnis. Damit wird die Brücke zwischen Emotion und Kognition geschlagen. Emotion ist ein Begriff, bei dem die meisten sicher an Gefühle wie Angst, Wut, Freude, Trauer und Liebe denken. In der Wissenschaft gibt es aber mehrere Erklärungen dafür: zum Beispiel, dass Gefühle Wahrnehmungen von Emotionen beziehungsweise von Körperzustandsveränderungen sind. Gefühle sind also das Endprodukt, und Emotionen sind die körperlichen Vorläufer. Mir wird warm, mein Herz schlägt schneller, meine Stimme wird lauter, oder ich spreche plötzlich mit mehr Druck in der Stimme – all das sind Emotionen.

Ich versuche, meine Emotionen verstehen zu lernen, seitdem mein Kind das tut. Schließlich wissen Kinder erst einmal nicht, wie das geht. Wenn sie Emotionen irgendwann entwickeln, brauchen sie ihre Eltern oder Bezugspersonen als Spiegel, um zu verstehen, in welchem Zustand sie sich befinden. Zu sehen, wie mein Kind einmal plötzlich Angst verspürte, dieser Moment wird mir im Gedächtnis bleiben. Ich konnte die Angst in seinem Gesicht lesen und war aufgefordert, diesem Gefühl einen Namen zu geben.

Vielen Menschen fällt es schwer, über ihre Gefühle zu sprechen, obwohl das heilsam und gerade in gesellschaftlichen Zusammenhängen hilfreich wäre. Ich habe mir deshalb angewöhnt, meine Gefühle auf meine Art auch in öffentlichen Runden auszudrücken. Ich glaube, wir täten gut daran, Emotionen mit mehr Selbstverständlichkeit nach außen zu tragen und zu zeigen, dass das nichts mit Schwäche zu tun hat oder damit, dass wir machtlos werden. Die Stärke zu entwickeln, Emotionen für andere sichtbar zu machen, zeigt, dass wir alle menschlich sind. Ich bin der festen Überzeugung, dass wir nicht darum herumkommen, das Thema Differenz auch spirituell zu begreifen, wenn wir gute Beziehungen zueinander haben wollen. Was für mich heißt, einen Zustand zu erlangen, in dem ich wach und bewusst mich selbst und meine Umgebung spüre, ohne von Gedanken, Erinnerungen, Fantasien oder anderen Gefühlen abgelenkt zu sein. Bist du da, bist du bei dir? Warum passiert das alles gerade? Simple, einfache Fragen, die ich mir stelle, um die Füße wieder auf den Boden zu bekommen, um mich nicht im Stress oder in Konflikten zu verlieren, wenn ich mich in einer fordernden Situation befinde. Spiritualität im Sinne der afrikanischen Philosophie des Ubuntu ist für mich eine Art Denkraum, eine Lebensweise, die mit einem tiefen und freundlichen Selbstverständnis allen und allem gegenüber beginnt und den Anspruch hat, andere Menschen in der Begegnung nicht sofort einzuordnen, sondern sie erst einmal zu ergründen, zu erfahren, wie sie emotional, körperlich, seelisch, geistig, aber auch sozial ausgestattet sind. Wie bist du? Aus welcher Situation heraus handelt ein Mensch, wie trifft eine Person Entscheidungen, und wie verhalten wir uns in Kontakt zu anderen und warum? Emotionale Empathie ist eine Möglichkeit, mich zu verbinden, weil sie mich nicht zwingt, alles gleich wissen und richtig machen zu müssen, was ja gar nicht möglich ist. Es ist die Sensibilität, Nonkonformität, Ausgeglichenheit und soziale Selbstsicherheit, die es braucht, wie Leslie Jamison in ihrer Essay-Sammlung *Die Empathie-Tests* beschreibt. Weil es auf dieser Basis besser gelinge, sich in die Herzen und Köpfe anderer hineinzuversetzen. Empathie ist für sie eine Art Reise, bei der du so tust, als würdest du dich in den Schmerz einer anderen Person hineinbegeben wie in ein unbekanntes Land, als durchliefst du es mit den Fragen, was wächst da? Welche Gesetze gelten hier?

Für mich ist es nicht widersprüchlich, mich zu meiner rationalen Art auch als spirituell zu begreifen, weil die komplexen Fragen, die wir uns gesellschaftlich stellen, eben nicht nur mit dem Verstand beantwortet werden können, sondern auch mit dem Gefühl. Bei mir herrscht nicht die Gefahr, mich darin zu verlieren oder mich von Fakten und Wissenschaft zu entkoppeln, dazu bin ich viel zu verkopft. Aber ich bin auch eine Person, die die Dinge nicht nur verstehen, sondern auch fühlen und mit Körper und Geist erfassen möchte. Ich versuche, Menschen, denen ich begegne, in ihrem Wesen wahrzunehmen, und hoffe, dass sie das Gleiche mit mir tun. Und manchmal entscheide ich mich, mich von gewissen Menschen fernzuhalten (zumindest innerlich), wenn ich spüre, dass sie mir nicht guttun. Es gibt eine Vielzahl empirischer Studien, die belegen, dass eine spirituelle Lebenshaltung Menschen resilienter, also widerstandsfähiger macht und sie über bessere Bewältigungsstrategien verfügen. Eine wichtige Säule dafür ist Empathie, weil sich durch das Einfühlen in ein Gegenüber auch die Verbindung zu einem selbst stärkt.

Ich schaffe es nicht immer, aber doch meistens mit dem nötigen Abstand bei gleichzeitiger Nähe öffentlich über Themen wie mein Schwarzes Leben zu sprechen, also äußerst private Themen, die mich selbst seit meiner Kindheit betreffen. Ich glaube, dass ein echtes Verständnis füreinander nicht nur darauf basiert, anderen aktiv zuzuhören, sondern dass dieses Zuhören auch emotional und empathisch sein muss. Eine zentrale These emotionaler Kommunikation basiert auf der Annahme, dass sich in einem Gespräch oder einer Debatte unsere Gefühle gegenseitig beeinflussen. Ob wir es wollen oder nicht, wir werden von den Stimmungen anderer Menschen verändert. Wir nehmen Anteil an den Gefühlen unseres Gegenübers, indem wir versuchen, dessen Sicht zu verstehen. Wir suchen gemeinsam nach dem tieferen Sinn, indem wir Geschichten über uns erzählen, moralische Berechtigung diskutieren und soziale Kompromisse aushandeln.

»Ich fühle, was du fühlst« beschreibt vereinfacht die Form emotionalen Verstehens. »Ich sehe, was du fühlst« die des kognitiven. Einem emotionalen Verstehen folgt, wer die Gefühle des Gegenübers nachzufühlen versucht. Kognitiv wäre die Fähigkeit, Handlungsmuster, Motive oder die Sicht einer anderen Person und die Folgen auf rationaler Ebene zu sehen und zu verstehen. Offen dafür zu sein, dass dabei auch die Angst vor Verletzungen und vielleicht Schmerz auf beiden Seiten mit verarbeitet wird. Menschen können gegenseitig etwas bei anderen auslösen, sich »triggern« und das nicht einmal bemerken.

In der Konsumforschung sind kognitive Urteile und emotionale Vorgänge zentrale, verhaltensbestimmende Größen. Erforscht wird die Beziehung zueinander und welchen Einfluss sie auf das Verhalten von Menschen haben und auch, wie Emotionen unser logisches Denken beeinflussen. Es heißt, dass emotionale Empathie, also die Fähigkeit, mit anderen zu fühlen, deutlich schwerer zu erlernen sei, als kognitive Empathie zu zeigen. Gleichzeitig gilt emotional zu sein vielerorts als verpönt und wird gerne mit einem »Opferstatus« assoziiert. Diese Einstellung erklärt auch, dass in der Berichterstattung über Gewalt, Misshandlungs- oder Fällen von sexualisierter Gewalt oft auf die Täter*innen fokussiert wird, anstatt die Belange der Betroffenen in den Blick zu nehmen.

Für mich gibt es kein Zuviel an emotionaler Empathie, sondern nur einen zu großen Mangel daran. Es klingt abgedroschen, ist aber wahr: Wir können andere nicht fühlen, wenn wir uns selbst nicht fühlen. Der Philosoph Immanuel Kant, der 1724 geboren und Schwarzen Menschen in seinen Vorlesungen ihre Menschlichkeit absprach und sie rassistisch kategorisierte, beschrieb einmal die Haltung seiner Zeit mit den Worten: »Wir sind nicht auf der Welt, um glücklich zu werden, sondern um unsere Pflichten zu erfüllen.« Es ist ein Beispielsatz dafür, wie lange in der Menschheitsgeschichte der westlichen Welt Gefühle schon geringgeschätzt werden und eine Trennung zwischen Ratio als dem objektiven Verstand und subjektiven Emotionen aufrechterhalten wird. In diesem Zusammenhang ist es kein Zufall, dass Frauen und Menschen, die als Frau gelesen werden, Emotionalität als negatives und vermeintlich rückständigeres Verhalten zugeschrieben wird. Bis heute gilt in westlichen Gesellschaften rationales Verhalten als neutral. Doch wir sind in Diskussionen nicht losgelöst von unseren Emotionen. Wir haben immer ein Gefühl zu etwas, auch wenn wir es vielleicht nicht erklären können oder uns die Worte dafür fehlen. Gefühle verankern uns in uns selbst, sind lebensnotwendig, treiben uns voran und vertiefen unser Leben, wenn wir sie kennen(-lernen). Und sie sind historisch mit den Politiken einer Gemeinschaft oder eines Staates verbunden. Hass und Angst haben schon immer eine Rolle gespielt, wie die Emotionsgeschichte zeigt. Basierend auf der Annahme, dass Menschen Gefühle lernen, prägen sie auch Kulturen, deren Geschichte und Ausdrucksweisen, und damit sind unsere Emotionen auch Ausdruck unserer Vergangenheit und Gegenwart und werden in der Forschung ebenso wie die Kategorie Gender oder Klasse betrachtet. Die Geschichte der Gefühle wird von unterschiedlichen Disziplinen betrachtet und untersucht, welche Gefühlssysteme für eine »emotionale Gemeinschaft« wertvoll oder schädlich sind.

Im Gegensatz zu früher reden wir heute zwar offener über Gefühle, aber die genannten negativen Assoziationen bestehen fort. Bei vielen gilt, Gefühle sind nichts, was in die Öffentlichkeit gehört. Doch ist eine Voraussetzung dafür, emotional empathisch mit anderen umgehen zu können, mit den eigenen Gefühlen in Kontakt zu gehen. Das wiederum kann erschütternd, schmerzhaft und beängstigend sein. Es erklärt den Erfolg von populärwissenschaftlichen Büchern wie *Das Kind in dir muss Heimat finden* der Psychologin Stefanie Stahl oder *Fühlen lernen* von Emotionsforscherin Carlotta Welding, die einem breiten Publikum verständlich etwas über unterbewusste Konflikte und verdrängte, vergessene, übersprungene oder nicht gelebte Gefühle vermitteln wollen.

Viele Menschen lesen Romane, weil sie durch die Protagonist*innen besseren Zugang zu sich oder zu anderen Menschen und deren Leben finden. Wer andere mitfühlt, braucht weniger Worte für sich selbst, entwickelt einfacher Zuneigung und Verständnis für Themen und Menschen. Gefühle ausdrücken zu können beeinflusst, wie gut wir Beziehungen eingehen und mit anderen kommunizieren können. Dazu zählt auch, anderen offen und klar zeigen zu können, was in uns los ist, wenn wir zum Beispiel Unsicherheit fühlen, Widerwillen, Unverständnis oder die Angst, missverstanden zu werden, die Kontrolle zu verlieren oder für die eigene Ehrlichkeit verletzt zu werden.

Es gibt auch Menschen, denen es schwerfällt, eine Verbindung zu ihrem Inneren herzustellen. Alexithymie gilt als äußerste Form, keinen Zugang zu den eigenen Gefühlen zu haben. Ebenso gibt es Menschen, die von ihren Gefühlen schier überrollt werden. Und es gibt wieder andere, die das, was ich hier zu beschreiben versuche, nicht fühlen, nicht formulieren oder öffentlich aussprechen können. Manche haben nicht gelernt, Gefühle zu fühlen, oder sind in ihren Befähigungen anders ausgestattet. Menschen sind neurodivers. Es gibt unsichtbare Unterschiede zwischen uns, die mit dem Begriff »Diversity of Minds« gefasst werden. Und weil wir damit auch auf unterschiedliche emotionale und kognitive Weise reagieren, kann das zu Missverständnissen führen. Sich selbst zu kennen und zu wissen, dass andere innerlich anders aufgestellt sein können als ich selbst, kann helfen, Ruhe zu bewahren, wenn wir nicht der gleichen Meinung sind. Es geht darum, achtsamer mit den eigenen Gefühlen und denen meines Gegenübers umzugehen, um unsere (nonverbale) Kommunikation zu verbessern und (körperlichen) Stress zu verhindern.

Würde es etwas ändern, wenn wir diese Dinge in unserem alltäglichen Miteinander öfter bedenken würden? Wenn wir über Identitäten, Merkmale und die damit verbundenen Erfahrungen, Bedürfnisse und Wünsche streiten? Ich denke schon. Es würde etwas in unseren Gesprächen verändern, wenn wir kurz abwarten und uns fragen könnten, wer steht da eigentlich vor mir, kann ich dessen Geschichte wirklich so schnell erfassen und bewerten, wie ich es gerade tue, oder sollte ich nicht erst einmal zuhören, mich vergewissern – mit mir abgleichen? Gibt es vielleicht Dinge, die ich in Gänze noch erkennen muss? Das ist es, was ich versuche. Das ist mein Lernfeld in Begegnungen auch mit Menschen, die ich schon lange kenne; mit meiner Familie, Freund*innen und denjenigen, die mir auf ganz unterschiedliche Art dabei geholfen oder mich begleitet haben, mehr zu fühlen, als meine Ratio erklären kann. Zum Beispiel Austen P. Brandt, der Gründer des Vereins Phoenix, bei dem ich meinen ersten Empowerment-Kurs absolvierte. Er war bis zu seiner Rente Pfarrer einer Kirchengemeinde in Duisburg-Walsum und erhielt 2010 für sein Engagement den Aachener Friedenspreis und 2011 das Bundesverdienstkreuz. Brandt stellt in meinem Leben und innerhalb der Community eine tragende Säule dar. Er wurde 1952 in Deutschland als Kind einer *weißen* deutschen Mutter und eines nigerianischen Vaters geboren. Die Erfahrung, dass Rassismus nicht als Problem in Deutschland, aber auch nicht in der christlichen Szene anerkannt wurde, führte ihn nach England zu Sybil Phoenix, die ihn in den 70er Jahren zum Antirassismus-Pädagogen ausbildete. Er gründete später den Verein Phoenix in Deutschland und arbeitet seitdem nach dem Prinzip des Ubuntu, also einer Philosophie der Mitmenschlichkeit verbunden.

Von ihm erfahre ich immer wieder, wie es geht, sich in diesem Sinne mit anderen zu verbinden und gegenseitig zu bestärken. Während der französische Philosoph Descartes sagte: »Ich denke, also bin ich«, sagt Ubuntu: »Ich fühle, also bin ich.« Und: »Ich bin, weil wir sind.« Ubuntu entspringt als Wort den südafrikanischen Bantusprachen der Zulu und der Xhosa, klingt in vielen anderen afrikanischen Ländern aber ähnlich und bedeutet etwa »Gemeinsinn«. Es steht für das Bewusstsein, Teil eines größeren Ganzen zu sein. Als Philosophie wurde Ubuntu über Jahrhunderte in Form von Geschichten, Sprichwörtern und Liedern überliefert. Als Weisheit regelte es über Jahrhunderte das Zusammenleben von Menschen. Als Kolonialisten den Kontinent durchstreiften und der Kolonialismus begann, wurden die geistigen Praxen aus dem öffentlichen Raum verbannt und von den Unterdrückten im Verborgenen gehalten. Als die Apartheid in Südafrika Schwarze Menschen massiver Gewalt aussetzte, sie entwürdigte und ihren Zusammenhalt zerstörte, wurde Ubuntu zur spirituellen Kraftquelle ihres Überlebens, zum Ursprung des Widerstands und Trost beispielsweise für die politisch Inhaftierten auf der Gefangeneninsel Robben Island, wo Nelson Mandela 18 seiner 27 Gefängnisjahre verbrachte.

Ich habe die Gefängnisstätten besucht und unter Tränen den Worten eines ehemaligen Inhaftierten gelauscht, der uns über das Gelände führte und uns zeigte, wo sie dort studiert und ein neues Südafrika erfunden hatten. Noch immer versuche ich zu begreifen, wie es geht, aus der größten Erniedrigung, Folter, Mord und Rechtlosigkeit eine solche Kraft entstehen zu lassen. In diesem Fall eine, die sich 1994 entfaltete, als mit der Abschaffung der Apartheid viele Menschen auf der Welt die Rache der einst Unterdrückten fürchteten, aber die Mehrheit von ihnen in die Aufarbeitung mit den Unterdrückern ging und dieser Akt zum »Wunder Südafrikas« erklärt wurde. Seitdem analysieren Historiker*innen die Philosophie des Ubuntu und sehen das Thema Vergebung als Grundlage einer friedlichen Transformation. Denker*innen formulieren kritische Gegenentwürfe zu dem, was die Welt regiert, suchen nach Denkmodellen, um Lösungen im Umgang mit religiösen Konflikten, dem Rassismus Europas oder den Drohszenarien sich spaltender Gesellschaften zu finden.

Wie wäre es, in einer emanzipatorischen Gesellschaft zu leben, in der alle Menschen selbstbestimmt leben könnten? Als die Menschen, die sie wirklich sind. All das ginge nur im Dialog unter Gleichgestellten, der die Individualität des Einzelnen und seine Geschichte respektierte und jedem Menschen Raum gäbe er selbst zu sein, erklärt es der südafrikanische Philosophieprofessor Dirk Louw. In einer Gesellschaft im Sinne des Ubuntu kann jeder Mensch sich entfalten. Und deshalb gilt Mandelas Politik als Paradebeispiel für Ubuntu, weil die Lösung von Konflikten in seinem politischen Handeln nicht auf Kompromiss, sondern auf Konsens abzielte. Streitschlichtungsverfahren enden in seinem Sinne in Einstimmigkeit, und deshalb ist es wichtig, mit dem Gegenüber zusammenzuarbeiten und Lösungen zu finden. Im Dialog kann es zwar eine Hierarchie im Sinne der Reihenfolge der Sprecher*innen geben, aber schlussendlich bekommt jeder Mensch die gleiche Chance zu sprechen, bis eine Art der Einigung und ein Gruppenzusammenhalt erreicht sind. Simunye – »Wir sind alle eins«, bedeutet »Einheit ist Stärke« und Aussprüche wie »eine Verletzung eines Menschen ist eine Verletzung aller« markieren das Einigungsziel zum Wohle aller. Es geht um das Streben nach Übereinstimmung, darum, einen Weg für alle zu finden. Diesen auszuhandeln kann dauern, und auch wenn der Wunsch nach Zustimmung, zumindest theoretisch die Rechte und Meinungen von Einzelpersonen und marginalisierten Personen schützen soll, birgt er auch die Gefahr, dass er zur Durchsetzung der Gruppensolidarität ausgenutzt wird (was jedoch den Gemeinsinn verfehlen würde). Doch offenbart sich darin ein Verhandlungsraum, der auch hierzulande interessant werden könnte. Es gibt bereits Führungskräfte-Seminare, die auf dem Prinzip des Ubuntu aufbauen, und funktionierende Verhandlungsprozesse in vielen Gruppen sozialer Bewegungen zeugen ebenfalls von dieser Art des Miteinanders.

Diese Art des Zusammenseins ist von einer Haltung bestimmt, bei der Menschen aufeinander zugehen, Abstriche und Zugeständnisse machen und sanft zu sich selbst und den anderen sind. Dieser Umgang wird getragen von Menschen, die mit dem Glauben in eine Diskussion gehen, dass Konsens möglich ist, auch wenn das vielleicht heißt, dass ein Kompromiss gefunden oder ein Eingeständnis akzeptiert werden wird, wenn die Argumente offen ausgefochten wurden. Es gehe nicht darum, Probleme oder Unterschiede zu überwinden, sondern darum, sie zu akzeptieren, ohne die zugrunde liegenden Gegensätze aufzuheben, erklärt es die Politologin Chantal Mouffe. Konflikte im Zusammenleben seien so unabdingbar für dessen Funktionieren, wenn wir sie als Katalysatoren gesellschaftlicher Emanzipation verstehen, wie es auch die Erfolge verschiedener Proteste und sozialer Bewegungen in der Vergangenheit zeigen. In jedem Beziehungsratgeber können wir lesen, dass zu einer guten Beziehung Konflikte dazugehören. Sehen wir es also positiv: Streit verhindert Stagnation, und Weiterentwicklung ist ohne Konflikte undenkbar. Die Frage ist jedoch, wie diese verhandelt werden. Und dass alle Beteiligten verstehen, dass es auf dem Weg zu mehr Gleichberechtigung für die marginalisierten Menschen auch sogenannte *saver spaces*, also geschützte Räume braucht, weil sie vor anderen Herausforderungen in den Aushandlungsprozessen mit den dominanten, also privilegierten Positionen stehen. Wer die Erfahrungen und Gefühle diskriminierter Menschen im System wahrnimmt, der wird verstehen, warum sie Orte der Erholung von diesen Erfahrungen brauchen, in denen sie bestimmte Dinge nicht erklären müssen. Der wird verstehen, dass, wenn sie bereit sind, in die gemeinsame Verhandlung zu gehen, sie stets der Gefahr ausgesetzt sind, verletzt zu werden, weil Diskriminierung schließlich schnell und auch unbeabsichtigt passieren kann. Das erklärt, warum es aus intersektionaler Perspektive auch keinen absolut sicheren Ort geben kann, weil wir *andere* überall verletzen können, aber in geschützten Räumen es zumindest den Willen vieler Menschen gibt, sie sicher zu gestalten. Damit sind sie Vorbilder dafür, wie unsere Gesellschaft und öffentliche Räume gestaltet sein müssten. Nämlich so, dass alle das Gefühl hätten, dass der Wunsch nach einem Schutz aller gesetzt wäre. Und daran können wir alle mitwirken. Aber weil es Zeit braucht, bis ein gegenseitiges Vertrauen wächst und wir in dieser neuen Gesellschaft angekommen sind, wird es weiterhin geschützte Räume für die marginalisierten Menschen geben und brauchen. Aber sie grenzen andere nicht aus, sondern bieten ihnen Schutz und geben Energie.

Es ist ein intensiver Weg, offen in der Argumentation zu bleiben und nicht mit unterdrückenden Mitteln zu arbeiten. Es ist hoffentlich klar geworden, dass ein persönlicher und gesellschaftlicher Einsatz dafür unabdingbar ist. Wie das gehen und geübt werden kann, zeigt auch die jüdische Tradition des »Mahloquet«, ein »dialogisches Streitgespräch«, das im arabischen Raum angesiedelt ist und in Deutschland durch die Vertreibung jüdischer Menschen bisher wenig rezipiert wird. Diese Art Streitgespräch hat zum Ziel, eine Vielzahl von Perspektiven zu hören. In themenbezogenen Gesprächen gilt beispielsweise, dass jede Rede das gleiche Gewicht hat, dass die Gefühle der anderen beteiligten Menschen wahr- und ernst genommen und historische und gegenwärtige Sichtweisen in das Gespräch einbezogen werden sollten. Es werden die Hintergründe von Fragen kommuniziert und anerkennendes Sprechen ermöglicht, auszudrücken, was ich sagen möchte, ohne die andere Person zu verletzen. Die Offenheit dieser Gesprächsform setzt gleichzeitig normative Grenzen, weil es nicht darum geht, dass wir »alles sagen können«, sondern, dass ein reflektiertes Sprechen dahingehend vertieft und geübt wird, dass es zum Nachdenken und Überdenken anregt. Es ist eine ethisch-dialogische Haltung, die dieser Art und Weise des Gesprächs und Umgangs miteinander zugrunde liegt. Sie ist im Kern darauf ausgerichtet, dass Menschen im Gespräch nicht das Eigene suchen, sondern das *Andere* im Gegenüber wahrnehmen, also das, was ihnen neu ist. Fragen und Zuhören hilft dabei, sich von den eigenen Sichtweisen, Erfahrungen und Interpretationen zu lösen, heißt es im *Praxishandbuch Social Justice und Diversity* von Leah Carola Czollek, Gudrun Perko, Corinne Kaszner und Max Czollek. Die Sozialwissenschaftlerin Perko und die Mediatorin Czollek bieten Trainings mit dieser Idee in ihrem Institut an. Im Fokus der Methode stehen sowohl die Auseinandersetzung mit struktureller, individueller und kultureller Diskriminierung als auch die Entwicklung und Erweiterung von individuellen und kollektiven Handlungsoptionen, die sie auf Basis des Ende der 1990er Jahre im US-amerikanischen Kontext entwickelten Konzepts »Diversity and Social Justice Education« aufgegriffen haben.

Es geht nicht um Konsens, sondern darum, Auffassungen nebeneinander bestehen zu lassen und dadurch auch vermeintliche Selbstverständlichkeiten und verfestigte Denkmuster zu erschüttern. Kein Dogma also. Alle werden nach bestimmten Regeln gehört. Gespräche und verstehende (Nach-)Fragen dienen dem Erkenntnisgewinn, der Horizonterweiterung und einem besseren Verständnis des Gegenübers. Die Mahloquet fokussiert auf das, was noch nicht gewusst ist, die Einsicht in etwas Neues. Das Gegenüber ist nicht Spiegel der eigenen Erfahrungen und wendet sich gegen Gedanken über die »einzig richtige Haltung«. Dieser Ansatz ermögliche es, Abstand zum eigenen (vermeintlich einzig richtigen) Denken zu gewinnen und das der anderen wahrzunehmen. Er verlangsamt den Dialog, um Denk- und Lernräume zu öffnen, die ein Reflektieren über strukturelle Diskriminierung, Differenzerfahrung und Irritationen über Erkanntes möglich machen. Weil kontext- und perspektivenbezogen gearbeitet wird, lassen sich Generalisierungen verhindern.

Ich führe dieses Beispiel für Verhandlungs- und Trainingsmöglichkeiten des Denkens und Handelns auf, weil es für mich im Kern eine Grundhaltung widerspiegelt, die sich auf gegenseitigen Respekt und Anerkennung sowie das Bestreben nach einem guten gemeinschaftlichen Leben stützt. Es hilft, eine Einstellung dafür zu entwickeln, Ereignisse immer wieder zu hinterfragen, offen und in Kommunikation mit anderen zu bleiben.

In diesem Sinne bedeutet es für mich auch, aufrichtig zu sein. Ich denke, das ist nötig, wenn ein Mensch mutig neue Räume betreten will. Es bedarf dafür auch Selbstvertrauen, Frustrationstoleranz und Konfliktkompetenz, der Fähigkeit, fair zu argumentieren, also den eigenen Standpunkt zu begründen und die Argumente des Gegenübers wohlwollend zu interpretieren. Es braucht Strategien, wie wir deeskalieren, wenn es heiß hergeht, sich wieder auf sich zu besinnen, um wieder eine gemeinsame Richtung zu finden. All das ist Übung, eine, die bei Jugendlichen als Teil der politischen Bildung verstanden wird, die in Bildungsstätten wie der Bildungsstätte Anne Frank in Frankfurt trainiert wird. Aber warum nur für Heranwachsende? Auch Erwachsene, auch ältere Menschen haben sie nötig. Für uns als Gesellschaft sollte ein dauerhafter Prozess für jeden von uns sein, ein kritisches Denken ohne Selbstgeißelung zu entwickeln. Das kann man lernen durch Reflexion, die aus einer Emotion kommt, im Verhältnis zu einem demokratischen Verständnis steht und zulässt, Fehler machen zu dürfen, weil das menschlich ist. Wie viel Emotion also braucht eine Demokratie, wie viel verträgt sie? Mit welcher emotionalen Erzählung lässt sich antidemokratischen Strömungen entgegentreten? Am Ende geht es für alle um die Frage, was uns am meisten bewegt.

#Lernorte

Das **»Center for Intersectional Justice«** wurde 2017 von der Politolog*in **Emilia Roig** gegründet. Es engagiert sich im Bereich politikorientierter Forschung, um die Antidiskriminierungs- und Gleichstellungspolitik mit Blick auf Europa inklusiver zu gestalten. Ehrenpräsidentin ist **Kimberlé Crenshaw,** die ihre Sichtweise der »Intersektionalität« als eine zentrale analytische Kategorie in den Gender Studies und der sogenannten Critical Race Theory (CRT) im Bereich der Rechtswissenschaft etablierte. Crenshaw ist Mitgründerin und Geschäftsführerin des **The African American Policy Forum** (AAPF) und Gründerin des **Center for Intersectionality and Social Policy Studies** an der Columbia Law School. https://www.intersectional-justice.org

»Coalition for Pluralistic Public Discourse« (CPPD) ist eine Initiative der Leo Baeck Stiftung, die Erinnerungskulturen neu denkt und Strategien und Visionen für pluralistische Erinnerung entwickeln will. Dazu bringt das Programm Intellektuelle, Künstler*innen und Akademiker*innen unter der Schirmherrschaft zusammen. Unter der Leitung von **Max Czollek, Jo Frank** und **Johanna Korneli** arbeiten die Mitwirkenden an künstlerischen, zivilgesellschaftlichen, bildungspolitischen und didaktischen Konzepten und Ideen zur Pluralisierung europäischer Erinnerungskulturen. Ansatz ist der der radikalen Vielfalt. Czollek ist Autor von **»Desintegriert euch«** (2018) und **»Gegenwartsbewältigung«** (2020).
https://www.dialogueperspectives.org/coalition-for-pluralistic-public-discourse/

Das **»Institut für Social Justice & Radical Diversity«** vermittelt seit 2005 im Rahmen von Weiterbildungen, Seminaren und Vorträgen ein Verständnis von der Gleichzeitigkeit und Verwobenheit unterschiedlicher Diskriminierungsformen. Gründerinnen des Instituts sind die Sozialpädagogin **Leah Carola Czollek** und die Sozialwissenschaftlerin und Philosophin **Gudrun Perko.** Ziel ist die Realisierung einer Gesellschaft, in der alle Menschen in ihrer radikalen Verschiedenheit und Gleichheit leben können. https://institut-social-justice.org

Im **»Diversity Guide«** hat erstmals ein Bündnis medienkritischer Zusammenschlüsse gemeinsam Anleitungen, Fakten und Checklisten für eine Handreichung zur Förderung einer intersektionalen Diversität in den Medien veröffentlicht. Weil viele marginalisierte Menschen dort vernachlässigt oder ausgegrenzt werden oder in den Redaktionen und Führungspositionen unterrepräsentiert sind, setzt diese Arbeit auf eine gemeinsame Veränderung journalistischer Praxen. Da es um Diskriminierung und strukturelle Benachteiligung in den Medien geht, aber vor allem, weil Betroffene nicht selten mehrere dieser Zugehörigkeiten haben, finden sich darin Strategien und Schritte für mehr Diversität. Beteiligt sind: **Neue deutsche Medienmacher*innen (NDM), Leidmedien, Lesben- und Schwulenverband in Deutschland,** die **MaLisa Stiftung, ProQuote Medien** und **Queer Media Society.** Online abrufbar unter: mediendiversitaet.de

»Intersektional, prozessorientiert und praxisnah.« Als Team begleiten und beraten die Trainerinnen und Organisationsberaterinnen **Verena Meyer** und **Kim Annakathrin Ronacher** Führungskräfte, Teams und Organisationen in diversitätsorientierten Lern- und Veränderungsprozessen. Ihr Angebot reicht von einzelnen Workshops bis hin zu längerfristig angelegten Organisationsentwicklungen. Dabei stellt ihre Multiperspektivität (auch in Bezug auf Diskriminierungs- und Privilegierungserfahrungen) eine wesentliche Grundlage ihrer Arbeit dar. Schwerpunkte sind Rassismuskritik, Intersektionalität, Diversität und (Anti-)Diskriminierung. Sie bieten zudem unterschiedliche Lernräume zur Reflexion von *Weiß*sein und Empowerment. Haltung und Methode: selbstreflexiv, wertschätzend, ressourcen- und zielorientiert. Kontakt: mail@kim-ronacher.ne, verenameyer@hotmail.com

»On Being Included: Racism and Diversity in Institutional Life«, 2012. Die Perspektive von **Sarah Ahmed** liegt auf den Schnittmengen von feministischer Theorie, Queer-Theorie, Critical Race Theory und Postkolonialismus. In ihrem Buch (englisch), das auf Interviews basiert, versucht sie die Kluft zwischen symbolischem Engagement für Differenz und der Erfahrung derer, die sie verkörpern, zu schließen. Ahmed zeigt auf, wie beim Versuch, Teilhabe für alle zu schaffen, sich die Systeme gerne als widerstandsfähig erweisen. Daraus formuliert sie eine Kritik an Diversity-Konzepten und gibt Hinweise, wie diese sinnvoller genutzt werden können.

Von der Wut

> *You should be angry. You must not be bitter. Bitterness is like cancer. It eats upon the host. It doesn't do anything to the object of its displeasure. So use that anger, yes. You write it. You paint it. You dance it. You march it. You vote it. You do everything about it. You talk it. Never stop talking it.*
>
> – Maya Angelou

Ich habe mein erstes Empowerment-Training 2008 beim Verein Phoenix absolviert. Ich weiß, was es heißt, Diskriminierungserfahrungen mit anderen zu teilen und mir über die physischen und psychischen Auswirkungen Gedanken zu machen. Ich weiß, wie wichtig es für mich war, mich an frühere Momente zu erinnern, eine innere Dokumentation von ausgeblendeten, verdrängten oder verschwiegenen Erfahrungen anzulegen. Dass es wichtig ist, die eigenen Grenzen und Gefühle wie Wut formulieren zu können.

Wut gilt als *weißes*, männliches Privileg. Die Forschung zeigt, wie viele Frauen und Personen, die als solche gelesen werden, deshalb verinnerlicht haben, dass sie ihre jeweiligen Anliegen öffentlich »freundlich« und »rational« vortragen, weil sie sonst als zu emotional gelten. Wie sie darum bitten, dass ihre Erfahrungen ernst genommen und in Fällen von Gewalt, von Mord oder Totschlag in den Medien bitte nicht mit verharmlosenden

Worten wie »Beziehungsdrama« gelabelt werden. Es gibt für sie so viele Situationen, denen die gemeinsame Wut gelten sollte, zum Beispiel, was die hässliche Erfahrung patriarchaler, misogyner und rassistischer Gewalt angeht, der sie aus intersektionaler Perspektive auf unterschiedliche Weise ausgesetzt sind. »Der einzige Grund, warum die Welt noch nicht in Flammen steht, basiert auf ihrer Fähigkeit, ihre Gefühle im Griff zu behalten«, lese ich in einem Text der Autorin Alena Schröder. Aber sich die Wut nicht anmerken zu lassen kostet Kraft, und sie unreguliert zu erfahren zieht ebenso viel Energie.

Es ist wahr. Frauen und Personen, die als solche gelesen werden, zeigen sich seltener wütend, weil sie wissen, dass sie dann noch weniger ernst genommen werden. Ihre Wut wird gesellschaftlich nicht anerkannt, insbesondere nicht die Wut Schwarzer Frauen. Die sogenannte »angry black woman« wird negativ als aggressiv, launisch und feindselig charakterisiert. Dabei resultieren ihre Gefühle aus einer Reaktion auf externe Stressoren und historische Faktoren. Schwarze Menschen, die als Frau gelesen werden, haben eine besondere Erfahrung mit Wut, für die sie bewertet und bestraft werden. Es ist die Wut über einen Schmerz, der auch aus einem verzerrten Selbstbild rührt. In ihrem Essay »Auge in Auge. Schwarze Frauen, Hass und Wut« beschreibt Lorde in einer Szene in der U-Bahn, wie sie als Kind die Abneigung *weißer* Menschen gegen Menschen wie sie internalisiert hat. Sie nennt es die »verinnerlichte Beurteilung der *weißen* Welt«. Diese zeigt sich in Erfahrungen, die eine Schwarze Frau wie ich macht, wenn sie nie mit anderen Schwarzen Personen in Kontakt kommt. Diesen Kontakt herzustellen, kann irgendwann sehr schwer werden, weil die Beziehung in einer emotionalen Sackgasse enden kann, wenn die Gespräche so tief werden, dass sie beide Seiten zu sehr schmerzen. Es ist eine unterdrückte Wut, die so viel älter ist als wir. Ich kenne

Schwarze Menschen, mich eingeschlossen, die manchmal Angst vor der eigenen Wut haben. Sie ist damit auch die Folge rassistischer Vorgeschichte, die schon in unzähligen therapeutischen Sitzungen bearbeitet wurde. Denn es ist leichter, wütend zu sein als verletzt. Es ist leichter zu schweigen, als darüber sprechen zu lernen.

Ich habe mir lange nicht erlaubt, wütend zu sein, um nicht aufzufallen. Ich habe wie viele junge Menschen, die als Frau sozialisiert werden, autoaggressive Züge entwickelt und mich eine Zeit lang mit für andere unauffälligen Wunden selbst verletzt, wenn ich das mit der Wut nicht mehr aushielt. Ich weiß heute, welche Gründe das hatte, die nicht nur in meiner Kindheit zu suchen sind, sondern auch mit dem gesellschaftlichen Außen zu tun haben, mit dem ich keine Einigung gefunden hatte. Irgendwann war ich mit alldem nicht mehr alleine und habe gelernt, dass ich mir nichts einbilde, sondern dass andere Menschen Ähnliches erfahren. Was die Reflexion meiner eigenen Wut angeht, musste erst mein kleines, jetzt heranwachsendes Kind in mein Leben treten, um dieses Kapitel aufzuschlagen. Mein Sohn forderte mich heraus und gab meinem unaufgearbeiteten Zorn und meinem fehlenden Umgang damit ein Bild. Ich konnte beobachten, wie seine Wut nie nur im Innen stattfand, sondern er sie sichtbar im Außen äußerte: sein Stampfen auf den Boden, das Werfen von Spielzeug, Schreien. Und auch das Gegenteil ist der Fall, auch seine Freude mündet in emotionalen Aktionen: hüpfen, johlen, in die Hände klatschen. Wenn mein Kind etwas nicht will, dann will es nicht. Dann ist oft nichts dagegen zu unternehmen, dann ist der Wille stark, und es heißt, Kompromisse finden, aushandeln, diskutieren und für das, was gewünscht ist, gute Argumente finden, die dann doch nicht helfen. Kinder lehren einen viel über Gemeinschaft, was man im Alter vergessen wird. Zum Beispiel, dass wir immer wieder Dinge tun, die wir eigentlich nicht wollen.

So wurde die natürliche Wut meines Kindes auch zu meiner Initialzündung, offener mit meinen Gefühlen umgehen zu lernen. Mit meinem Kind habe ich einen guten Umgang mit der Wut, einer Emotion, gelernt, die gesellschaftlich wenig Anerkennung erfährt. Wie lernen wir auf gesunde Art und Weise, nicht mehr um uns zu schlagen, wenn wir wütend sind, aber unserer Wut trotzdem angemessen Ausdruck zu verleihen, und wie lernen wir, dass es in Ordnung ist, wenn wir auch mal die Contenance verlieren? Wenn uns in der Kindheit kein Mensch beigebracht hat, wie wir Einfluss nehmen können, dann wird es schwieriger, weil die Wut sich unkontrolliert Bahn brechen kann. Der Prozess nennt sich Emotionsregulation, die auch Verdrängung bedeuten kann, wenn Menschen glauben, Gefühle nicht zeigen zu dürfen. Es ist ein komplexer Prozess, und er bestimmt unser Miteinander. Ich nenne es »Watzlawick-Situation«, wenn sich durch unbesprochene Erwartungen die Wut anstaut, dein Gegenüber platzt, und du gar nicht weißt, was los ist. In Paul Watzlawicks »Geschichte mit dem Hammer« geht es um einen Mann, der ein Bild aufhängen möchte und dem ein Hammer fehlt. Er möchte sich beim Nachbarn einen leihen, ihm kommen jedoch Zweifel, ob der Nachbar ihn überhaupt leiden kann und bereit wäre, ihm den Hammer zu borgen. Das Ganze gipfelt darin, dass der Mann sich seinem Gedankenkarussell hingibt und schließlich an der Wohnung des Nachbarn klingelt, um zu schreien: »Sie können Ihren Hammer behalten!«

Heute habe ich gelernt, Strategien für meinen Alltag zu finden und besser auf mich aufzupassen, Selbstfürsorge zu entwickeln. Ich habe auch gelernt, für mich zu klären, wo und wann ich wie widerständig bleiben möchte und wie es ist, gemeinsam mit anderen nach neuen Perspektiven und Handlungsmöglichkeiten zu suchen. Es braucht mehr Orte für marginalisierte Menschen, damit sie auf selbst-bewusste Weise wachsen können. Sie sollten in unsere gesellschaftlichen Strukturen eingebettet sein und selbstverständlich werden.

Ohne Gemeinschaft keine Befreiung. Das schrieb Audre Lorde. Sich zusammenzufinden und zu bestärken sollte aber nicht heißen, sich einen Schutzanzug anzulegen, um nichts mehr zu spüren. Empowerment-Trainings sind hilfreich, aber sie haben auch ihre Grenzen in einem diskriminierenden Umfeld. Ich weiß aus eigener Erfahrung, dass mein heute selbstbestärktes Ich immer noch in Situationen absoluter Ohnmacht geraten kann. In diskriminierende Situationen, die mich noch lange danach enttäuschen. Dennoch ist es hilfreich, dass ich Strategien und Räume geschwisterlichen Austauschs habe, um Situationen zu analysieren, zu erkennen und verarbeiten zu können. Nur so geht es, dass ich mich nach draußen wage und darüber spreche, den Dialog suche und freundlich bleiben kann – oder manchmal auch wütend werde, ohne mich in diesem Gefühl zu verlieren.

Ich möchte Räume mit vielen anderen marginalisiert-bestärkten Menschen mitbestimmen und gestalten. Ich will aktiv darin sein und nicht reaktiv. Ich will nicht fragen, was ich darf, sondern sagen, was ich möchte. Ich fordere heute ein verantwortungsvolles Handeln und Sprechen an allen Orten, an denen ich bin. Powersharing rückt ein Teilen aller in den Fokus, und Empowerment steht für eine unermüdliche, emanzipative und mutige Praxis. Sie schützt und verteidigt die Menschenwürde, was nicht ohne die Offenheit von Verbündeten funktioniert, die bereit sind, Dinge zu verändern.

Meine Verbindung zu Schwarzen Frauen und Personen, die als solche gelesen werden, ist deshalb eine besondere, weil sie mir den Zugang zum Feminismus geebnet haben und ich mit einigen von ihnen intensiv von den Geschichten unserer Vorfahr*innen gelernt habe. Mit meinen Schwarzen Geschwistern teile ich ähnliche Erfahrungen. Ich weiß, dass auf dem Weg und in dem Wunsch nach gemeinsamen Zielen auch Zerstörung liegt: Es wird gestritten, und es gibt Unverständnis untereinander. Es gibt die Begegnungen in überschwänglicher Freude und Interesse, und es gibt die, die von absoluter Strenge gezeichnet sind. Wie wir uns manchmal beäugen: unser Aussehen, unser Handeln und welchen Eindruck wir nach außen vermitteln. Ich habe die Härte in Schwarzen Kontexten erlebt, wie Frauen einander verurteilten für das, was sie noch nicht waren und noch zu lernen hatten in ihrem Engagement. Es gibt einige Schwarze Personen, mit denen ich heute keinen Kontakt mehr habe, weil unausgesprochene Konflikte nie gelöst wurden, und ich in manchen Fällen heute nur erahnen kann, woran es gelegen haben könnte, dass wir einander nicht wiedergefunden haben. Ich reflektiere mich selbst in meinen Anfängen und Jahren des Werdens und sehe mich von außen mit einer toughen Fassade, als sei ich unkaputtbar. Das macht etwas mit anderen. Ich war und bin nicht die Einzige, die sich so verhalten hat. Damals war meine Kapazität für vieles begrenzter, mein Wissen über uns war es auch, ich hatte den Druck, alles richtig machen zu wollen und mich mit Kritik nicht zurückzuhalten, die nicht immer mit den richtigen Worten und Feingefühl formuliert war. Insbesondere als Teil des Vorstands der ISD war da ein großer Verantwortungsdruck in mir, den ich nicht immer auflösen konnte. Deshalb habe ich Menschen und ihre Situationen nicht immer gesehen, auch wenn mir das ein Anliegen war. Die schmerzvollen Erfahrungen und Abschiede in der Vergangenheit haben mich gelehrt, sensibler zu werden, obwohl ich damals dachte, dass ich es bereits sei. Ich erinnere mich an viele Gespräche mit Geschwistern darüber, wie sehr wir uns wünschen, mit den Schwarzen Personen zusammen zu sein, die sich zwar von uns unterscheiden, andere Leben leben und nicht immer unserer Meinung sind, aber wir einander zugewandt und in Verbundenheit wachsen können.

Ich bin dankbar, heute Geschwister um mich herum zu haben, mit denen ich mich sicher fühle und diese Bande spüre. Ich bin dankbar, dass sie funktionieren, auch weil wir bereit sind, uns offen und ehrlich solidarisch ohne Zwänge und Erwartungen zu begegnen. Ich habe enge Freund*innenschaften, herzliche und verbündete Verbindungen. Ich habe aus meinen Erfahrungen gelernt, und so mancher Schwarzen Person aus meiner Vergangenheit, mit der ich gebrochen habe, möchte ich zurufen, dass ich meinerseits sehe, was zwischen uns stand. Unsere Wut aufeinander war nie nur ein privater, sie war auch ein politischer Akt.

Darüber und über die Erwartungshaltung der Gesellschaft, dass Schwarze Menschen ihre Emotionen unter Kontrolle behalten sollen, hat die Journalistin Ciani-Sophia Hoeder das Buch *Wut und Böse* geschrieben, in dem sie davon erzählt, wie die weibliche, feminisierte Wut schon immer ignoriert oder verschwiegen wurde und trotzdem Treiber für politische Veränderung war. Denn Wut kann auch produktiv sein, nämlich dann, wenn sich Menschen miteinander verbünden. Oder wie Lorde es beschreibt: Sie kann unter Gleichgesinnten auch Antrieb zum Wandel und nicht zum Zerwürfnis sein. Es sind auch Gefühle wie Angst und Unbehagen, durch die wir uns weiterentwickeln. Was für mich erklärt, warum es Frauen oder Personen, die als solche gelesen werden, aller Merkmale gibt, die untereinander sowohl solidarisch agieren, als auch Kämpfe gegeneinander führen. Es sind Kämpfe, die wegen Intersektionalität entstehen, wenn die Ungerechtigkeiten nicht als ein Gemeinsames gesehen werden, und sich die Auseinandersetzungen nach innen richten. Dann kommt es vor, dass Feminist*innen in ihrer Differenz und mit ihren Perspektiven Lager bilden und verschiedene politische Generationen und Verständnisse repräsentieren. Dass sie sich gegenseitig ausspielen, dabei sollten sich alle FLINTA* (Frauen, Lesben, Inter, Nichtbinäre, Trans, Agender) zu einem wirksamen politischen Handeln zusammenschließen und nicht aufgrund bestimmter Identitätsanteile spalten lassen, rät Lorde. Wir haben die Wahl. Ein intersektionales Denken über unsere Beziehungen unterstützt uns dabei, unseren Weg nicht aus den Augen zu verlieren. Das heißt, wir müssen immer wieder versuchen, Menschen aus ihrer Position heraus zu verstehen und die Stimmen derjenigen zu erkennen und hörbar zu machen, die am verletzlichsten sind. Es bedeutet, sich nicht abzuwenden oder abzuwehren, wenn es unangenehm wird. Stattdessen soll der Versuch unternommen werden, die Wut oder Enttäuschung meines Gegenübers in Verbindung zu mir und dem Wissen zu setzen, dass wir mit unserem Handeln immer etwas im anderen auslösen können, auch etwas, das wir nicht wollten. Und so lässt mich mein Wunsch nach einer Gemeinschaft der Verschiedenen, die funktioniert, dafür eintreten, es immer wieder zu versuchen. Ins Gespräch zu kommen und in Kauf zu nehmen, dass wir scheitern. Aber ich wünsche mir solidarische Bündnisse – von ganzem Herzen und unbedingt. Ich möchte andere sehen, dazuholen, und ich bin umgeben von Menschen, die das Gleiche versuchen. Zusammen sind wir viele.

Klassifikation

Wie werden wir eingeteilt?

Klasse. Gruppen, Mengen oder Kategorien bilden sie gemeinsam. Einteilen, einordnen, abgrenzen. Klassifizierung steht für die bewusst geplante Ordnung von Wissen nach einheitlichen Kriterien. In der Psychologie ist sie der Versuch, bestimmte Typen und Sachverhalte zu identifizieren und in eine Beziehung beziehungsweise Hierarchie zueinander zu setzen. Welche Klasse bin ich, und was ist Klassismus?

Haste Arbeit, haste Geld, haste ...

Die Solidarität mit den Armen ist der einzige Weg, der unsere Nation zurück zur Vision einer Gemeinschaft führen kann, die Gewalt und Ausbeutung effektiv herausfordert und eliminiert. Sie lädt uns zu einer Ethik des Mitgefühls und des Teilens, die den Geist von liebevoller Fürsorge und Gemeinschaft erneuert.

– bell hooks

Ich bin das Kind eines Lastwagenfahrers und einer Krankenpflegerin, beide sind jetzt in Rente. Ich stamme aus einer Familie, in der meine Großmütter Seife verkauft und in der Produktion von Trockenblumen gearbeitet haben. In der der eine Großvater Kranführer, der andere Automechaniker war. In der Familie meiner Mutter durfte erst ihre um einiges jüngere Schwester studieren, als die Zeiten sich geändert hatten. Die eine war zwischen 1981 und 2000, in der es im öffentlichen Diskurs in Deutschland selten um Klassenunterschiede ging. Es war die Zeit, in der ich aufgewachsen bin, als aus dem Begriff der Klasse der der Schicht wurde. Das Motto »Aufstieg durch Bildung« galt als das große Versprechen für alle, und der Traum vom Eigenheim und einem schönen Auto sollte in Erfüllung gehen.

Mir war lange nicht bewusst, wer wir als Familie waren, was wir hatten oder was wir im Vergleich zu anderen nicht hatten.

Mein Vater fuhr in Frankfurt am Main und Umgebung mit dem Laster Waren aus, und meine Mutter arbeitete als Dauernachtwache in der Klinik, weil die beiden so meine Betreuung sichern konnten. Wir waren weder kleinbürgerlich noch bürgerlich, nicht konservativ, ein SPD-Wählerkreis. Meine Mutter las unglaublich viele Bücher, interessierte sich für Geschichte. Mein Vater interessierte sich für Politik, er schaute täglich Nachrichten auf CNN und BBC, gerne den Weltspiegel und Aktenzeichen XY ungelöst. Eine Zeitung gab es nicht bei uns zu Hause, aber diskutiert wurde über die Lage in der Welt. Meine Eltern waren privat politisch, und meine Mutter trug ihren Kampfgeist als Gewerkschafterin nach außen. Als ich klein war, kam sie morgens nach sechs Uhr nach Hause. Ich sah sie, wenn ich mich für die Schule fertig machte und nach der Schule, wenn sie nach wenigen Stunden Schlaf aufstand, damit wir gemeinsam essen konnten. Eine Woche Nachtwache, eine Woche frei – so arbeitete meine Mutter fast zehn Jahre lang, bis sie mich mit 14 Jahren für alt genug befand, dass ich mich am Nachmittag selbst versorgen konnte. Von da an arbeitete sie im Schichtdienst, mal ab frühmorgens, mal ab nachmittags, seltener nachts.

Ich glaube, dass wir Teil eines sozialen Milieus ohne Bewusstsein über uns selbst waren. Wir waren Mittelklasse von unten, die seit der Wiedervereinigung mal etwas mehr, mal etwas weniger als die Hälfte der Menschen in Deutschland ausmacht. Eine Gruppe, für die eine offizielle Definition zwar fehlt, der die Sozialwissenschaft aber einen Rahmen vorgibt, der vor allem von den Parametern Bildung und Erwerbstätigkeit bestimmt wird. Karl Marx befand sie einmal als unbedeutenden »buntscheckigen Haufen der Arbeiter von allen Professionen, Altern, Geschlechtern«. Ja, die Mittelklasse ist heterogen, was ihren Besitz, ihr Kapital, ihr Einkommen, ihre Bildung und auch ihre Jobs angeht. Auf offizieller Seite wird ihr ein Einkommen zwischen 80 und 150 Prozent des Medianeinkommens zugeordnet. Das bedeutet für Alleinstehende, dass sie pro Person zwischen 1.560 und 2.920 Euro netto verdienen, und für eine vierköpfige Familie liegt die Einkommensgrenze zwischen 2.950 und 5.540 Euro. In der Studie »Vielschichtig und stabil. Die Mittelschicht in Deutschland« von 2017 heißt es, dass, wer von ihnen absteigt, meist schnell den Wiederaufstieg schafft, auch wenn ein kleiner Teil dieser Gruppe in die Armut gedrängt wird.

Zurück zu uns: Ich war zehn Jahre alt, als meine Eltern sich trennten. Bis zu diesem Zeitpunkt hatte ich gefühlt alles, was ich brauchte. Zu Geburtstagen wurde ich beschenkt, und bis heute bekomme ich immer auch Bücher geschenkt, weil es meiner Mutter immer wichtig war, dass ich lese, weil sie das als Kind nicht sollte. Ich bekam von meinen Eltern ein kleines Taschengeld, und sie sparten ihr Geld zusammen, um mir ein Klavier zu kaufen. Meine Mutter wünschte sich, dass ich ein Instrument spiele, was ihr nicht vergönnt war. Zu Ferienbeginn stand sie morgens um sechs immer mit als Erste in der Schlange, um mir Eintrittskarten für die Teilnahme an Ausflügen des städtischen Ferienprogramms zu sichern, weil mein Vater und sie arbeiten mussten. Fast jede Ferien verbrachte ich deshalb auch bei meinen Großeltern, hatte dort wunderbare Tage mit meiner Cousine und den Freundinnen an der Erf, einem Bach in Eichenbühl. Dort erlebte ich, was es heißt, in einem großen Haus zu wohnen, das meine Großeltern, aber auch meine Tante und mein Onkel besaßen. Sie hatten mehr Geld als wir, und ich genoss die Zeit mit vielen Badezimmern, Holztreppen in erste Stockwerke und dem Gefühl, im Schlaraffenland zu sein, weil meine Großeltern mir fast alle Wünsche erfüllten und meine Oma kochte, was mir schmeckte. Oft wollte ich nach den Ferien nicht mehr nach Hause, weil diese Zeit der Verwöhnung einfach mit die beste meiner Kindheit war.

Ich weiß nicht mehr, wer mich irgendwann als Schlüsselkind bezeichnete. Irgendwer gab mir dieses Label mit auf den Weg. Heute weiß ich, dass es ein negativ besetzter Begriff war, der darauf anspielte, dass die Kinder ihre Wohnungsschlüssel um den Hals trugen, um sie nicht zu verlieren. Kinder, die zu Hause auf ihre Eltern warten, bis die von der Arbeit kommen. Die Familien dieser Kinder widersprachen dem klassischen Ideal familiärer Rollenaufteilung, in der der Vater für Unterhalt sorgt und die Mutter den Haushalt und die Fürsorgearbeit übernimmt. Schlüsselkinder werden mit schwierigen Verhältnissen assoziiert, zu geringem Verdienst der Väter, der die Mitarbeit der Mütter nötig macht, oder geschiedenen Eltern. Sie galten als bedauernswert, weil ihnen unterstellt wurde, dass ihre Entwicklung ungünstig verläuft. Das aber war tatsächlich nicht mein Problem.

Meine schulische Betreuung und Erziehung haben nicht darunter gelitten, dass meine Eltern beide gearbeitet haben, weil für die Entwicklung eines Kindes entscheidend ist, wie sich gekümmert wird und wie die Bindung zu den Bezugspersonen ist. Es geht nicht darum, ob die Eltern arbeiten oder mittags immer eine Person zu Hause ist. Es geht um eine gesicherte und gute Betreuung durch liebevolle und einem Kind zugewandte Menschen. Das müssen nicht nur die Eltern sein, sondern dazu zählen auch Großeltern, Freund*innen, Erzieher*innen oder Babysitter. Ich hatte ein Netz um mich herum und bin sicher, dass es gut war, dass es viele unterschiedliche Menschen waren, die mich in meinem Aufwachsen geprägt haben, weil mir das viele Perspektiven aufgezeigt hat.

Ich hatte viel Schönes um mich herum, aber auch vieles, das ich mir später anders gewünscht hätte, weil leider auch nicht alles rundlief in meiner Kindheit. Weil die ersten Jahre als Alleinerziehende für meine Mutter nicht einfach waren, ich den Abstand zu meinem Vater als Zehnjährige schwer aushielt und mir nach der Trennung meiner Eltern lange gewünscht habe, dass sie wieder zueinanderfinden würden, was nicht geschah. Ich besuchte meinen Vater und lernte später ein neues Familienleben als Patchworkfamilie kennen, mit neuen Geschwistern, die kamen, die ich mir als kleines Kind immer gewünscht hatte. Ich lernte ein Leben in verschiedenen Welten und mit verschiedenen Codes kennen, was mein Bild von der eigenen Selbstständigkeit massiv geprägt hat. Didier Eribon beschreibt in *Rückkehr nach Reims*, wie die Spuren dessen, was in der Kindheit gewesen ist, fortwirken, selbst wenn die Lebensumstände später ganz andere sind. Im Gegensatz zu dem, was er schreibt, spüre ich aber heute kein Unbehagen. Ich fühle mich verbunden in meinen, für andere von außen betrachtet vielleicht schwer vereinbaren Welten. Aber bis es so sein konnte, musste Zeit vergehen. Es war mit Arbeit verbunden und von meinem Wunsch getragen, das Schöne in meinem Leben zu erkennen und die Schwere abzulegen, die immer auch von einem gesellschaftlichen Außen bestimmt war.

Es ist vielleicht das positive Denken, das mein Vater und meine Familie väterlicherseits in mir säten, weil Geduld und Nachsicht wichtige Bestandteile der Hausa-Kultur sind, die sich auch in einzelnen Wortzusammenhängen und Sätzen widerspiegeln. Das Wort Geduld, Hak'uri, ist festes Element in schwierigen Situationen und wird in Begrüßungen genutzt: Yaya hak'uri, wie ist es mit der Geduld? Ein Sprichwort bezeichnet Geduld als Heilmittel für das Leben dieser Welt: Hak'uri maganin zaman duniya. Sai hak'uri. Du musst nur Geduld haben. So waren die Religion und seine positive Einstellung zum Leben immer stabilisierende Faktoren im Leben meines Vaters. Bis heute bespricht er mit mir die Widrigkeiten des Lebens in religiöser Sprache, versucht, mich in persönlichen Krisensituationen mit den Worten Geduld, Vertrauen und Akzeptanz zu beruhigen. »Patience pays«, Geduld zahlt sich aus. So stand es 2009 auch in Swahili auf einem Kanga, einem farbenprächtig mit Weisheiten bedruckten Stoff aus Kenia, den ich auf einem Markt in Nairobi kaufte, um mir daraus einen Rock nähen zu lassen. Mir gefielen die Farben, Grau und Pink, und ich wusste erst, was der Aufdruck bedeutet, als er mir nach dem Schneidern übersetzt wurde. Er wurde zu meinem inneren Mantra, weil es keine in mir angelegte Eigenschaft ist, geduldig zu sein.

Meinen Antrieb, aktiv zu sein, habe ich wahrscheinlich auch von meinen Eltern. Ich habe sie immer hart arbeiten sehen, mein Vater tut es noch heute, weil er eine kleine Rente hat, aber auch weil arbeiten seinem Sein und Wirken einen Sinn verleiht. Wie viele arbeiteten meine Eltern in Jobs, für die Menschen in Deutschland wenig Anerkennung erfahren. Es gibt viele Familien, die in prekären Verhältnissen leben, deren Kinder wenig Ressourcen haben, weil ihre Eltern wenig Geld für ihre Arbeit bekommen, um sie so zu unterstützen, wie sie es vielleicht gerne tun würden. Die Corona-Pandemie lenkte kurzzeitig den Blick auf sie, auf die Lohn- und Arbeitsverhältnisse der als »systemrelevant« bezeichneten Kassierer*innen, Erntehelfer*innen oder Pflegekräfte. Auf die armen Menschen, die am härtesten getroffen wurden in der Krise, sowohl gesundheitlich als auch ökonomisch. Die Anerkennungsdefizite im Niedriglohnsektor sind für alle sichtbar und spiegeln sich in der Frage, ob systemrelevante Berufe nicht aufgewertet werden müssten. (Fehlende) Anerkennung macht ein hohes Maß an sozialer Ungleichheit und Ungerechtigkeit aus. Es lässt sich auf öffentliche Infrastrukturen wie das Gesundheits- und Bildungssystem oder den sozialen Wohnungsbau übertragen. Wer und was wird vernachlässigt, übersehen oder unterfinanziert?

Arbeit ist, was unsere Gesellschaft bestimmt, unsere Identität, unser Leben, unseren Freundeskreis und Wohnort. Unsere

Arbeitskraft unterscheidet sich dabei nicht nur aufgrund unserer Ausbildung, sondern auch aufgrund unserer Gruppenzugehörigkeit in ihrem Wert. Wer darf arbeiten und wer nur unter Vorbehalt oder nur für eine bestimmte Summe? So dürfen Frauen oder Personen, die als solche gelesen werden, in Deutschland erst seit 1977 ohne Zustimmung ihrer Ehegatten arbeiten, und Asylsuchende im Verfahren dürfen das nur nach einer gewissen Zeit und unter bestimmten Vorgaben. Dazu kommt, dass unsere Arbeitskraft, die wir für Lohn anbieten, nicht nur von unserem Körper und Geist abhängig ist, sondern auch von der Zeit, die wir mit ihr verbringen. Das »wie wir arbeiten« spielt eine immense Rolle. Jahrzehntelang hat mein Vater in Deutschland als Fahrer für ein und dieselbe Firma gearbeitet, bis diese insolvent ging. Ich erinnere mich daran, wie er mit Mitte 50 als Arbeitsuchender auf dem Arbeitsmarkt landete, die Bezahlung in seiner Branche sowieso schlecht war und in Zukunft noch schlechter werden sollte. Und daran, dass die Branche für ihn als eingewanderten Menschen, als Schwarzen Mann noch weitere unschöne Erfahrungen mit sich brachte. Ich habe gesehen, wie ihn die Zeit der Arbeitslosigkeit älter gemacht hat, wie er mir erklärte, dass er doch arbeiten müsse. Ich habe verstanden, wie sehr sich Menschen über ihre Arbeit definieren, vor allem dann, wenn sie deshalb nach Deutschland migriert sind. Diese Tatsache ist mit Stress und Verantwortung verbunden, die ein Mensch für sich und andere übernommen hat, sowie mit dem Wunsch, dass es die eigenen Kinder einmal besser haben sollen. Es geht um die Unterstützung der Familie im alten Zuhause. Die Hoffnung auf ein Besser, im besten Fall auf mehr. Ich weiß noch, wie mein Vater wieder anfing, beherzter zu lachen, als er Arbeit fand und die Sorge, keine mehr zu bekommen, nicht mehr an ihm nagte.

In ihrem Buch *Die Elenden* erklärt Anna Mayr, warum unsere Gesellschaft arbeitslose Menschen verachtet und sie dennoch braucht, weil wir uns durch sie erst als gute, fleißig arbeitende Menschen fühlen. Mit einem Blick zurück in die Anfänge der Entstehung der wohlhabenden Klasse im 16. Jahrhundert in Deutschlands Städten, als das Bürgertum an Selbstbewusstsein gegenüber dem ländlichen Adel gewann und Lohnarbeit bedeutender wurde, nimmt Mayr in ihrem Buch eine unübliche und aufklärende gesellschaftliche Perspektive ein. Diese beschreibt, wie der Reformator Martin Luther in seiner Bibelübersetzung den Begriff der »Aussätzigen« einführte, und damit die kranken und armen Menschen meinte, die zum Wohle der Gesellschaft isoliert wurden, und wie Müßiggang nach dem Dreißigjährigen Krieg ab 1648 zur Leitsünde erklärt wurde, weshalb sie erneut außer Sichtweite gebracht wurden. Diese Tatsache verbindet Mayr damit, wie es sich heute anfühlt, wenn behinderte Menschen im ersten Arbeitsmarkt keinen Zugang finden und systematisch in die Sondereinrichtungssysteme der Werkstätten verbannt und für ihre Arbeit mit im Schnitt einem Euro und 35 Cent pro Stunde unterbezahlt werden.

Mayrs Ausführungen und historische Verbindungen helfen, unsere heutigen Bilder von Menschen ohne Arbeit zu begreifen. Wie sich unser ambivalentes Verhältnis zu arbeitslosen Menschen zwischen Gnade, Abgrenzung, Verachtung und Mitleid entwickelt hat, und warum arme den nichtarmen Menschen unheimlich sind, ihnen ausgewichen, ihre Existenz bis heute mit Scham belegt wird und sie gewaltvoll aus der Öffentlichkeit beziehungsweise Gesellschaft verdrängt werden. Über ihre Leben werden abwertende, feindliche Bilder etabliert, viele arbeitslose Menschen verstehen ihre eigene Existenz selbst als ausgeschlossen: als Schande des Scheiterns, mit dem Gefühl, ganz unten zu stehen und daran selbst Schuld zu tragen. Arbeitslose Menschen könnten keine Identität herbeisummieren, schreibt Mayr, die aus eigener Erfahrung als Kind langzeitarbeitsloser Eltern heraus schreibt. Eindrücklich zeichnet sie ihren Weg zwischen Kindheit und ihrem Leben als Journalistin heute, wie sie von der einen in die andere Welt wechselte. Ich kann mich in vielem, das sie erzählt, wiederfinden. Ich weiß aus meiner eigenen Familie, dass es eine Normalität in der Armut gibt, weil ich nicht nur auf meine Familie hier, sondern auch auf die in Ghana blicke. Ich kann nachspüren, wie ihre Familie manchen als erschreckendes Beispiel dient und will wie sie rufen, dass alles wie überall ist. Denn Armut hat nichts mit Einfachheit zu tun, sondern sie bedeutet, einen kleineren Handlungsspielraum als Wohlhabende zu haben. Ich denke an die vielen Leben alleinerziehender Mütter, wie meine Mutter eine war, und wie sehr, wenig zu haben, auch Ausdruck von struktureller Diskriminierung ist, weil eine flächen- und den Tag abdeckende Kinderbetreuung fehlt und Arbeitszeiten oft unflexibel sind. Weil es alleine einfach oft nicht zu schaffen ist, sich mit einem Kind gut durchzubringen. Wir sollten deshalb generell mehr über Geld sprechen und wie es verteilt ist, über unbezahlte Fürsorgearbeit und fehlende Betreuungssysteme für Kinder. Wer die Gewinner*innen und wer die Verlierer*innen unserer gesellschaftlichen Strukturen und Entscheidungen sind und was in unserem sozialen Wertesystem als »normal« und erstrebenswert gilt. Es ist der Grund, warum ich mit vertrauten Kolleginnen darüber spreche, wie viel wir für einen Auftrag verlangen, weil wir nur mit geteiltem Wissen Ungleichheiten sichtbar machen können.

Ich mag es, dass Mayr in ihrem Buch das Bild einer Unter- und Oberschicht als natürliche Ordnung auflöst, indem sie auf den Ausdruck »sozial schwach« verzichtet, weil er ein fehlgeleitetes Synonym für von Armut betroffene Menschen ist und ein Problem auf arme Menschen überträgt, was nicht ihres ist. Es gibt kein Gegenteil von sozial schwach, weshalb der Begriff impliziert, dass damit Bezeichnete nicht genug Kraft haben, um sich selbst zu helfen. Der Begriff stellt eine finanziell prekäre Lage in direkten Zusammenhang mit einer sozialen. Auf welcher Grundlage? Und arm zu sein ist noch mehr. Armut ist das Elend und die Bereicherung derer, die viel von der Armut der Elenden haben. Und Armut ist die Angst, die sie vielen reichen Menschen macht. Empathie mit den Arbeitslosen zu haben würde bedeuten, es mit der schrecklichsten Version von sich selbst zu tun zu haben. Weshalb die Angst vor dem eigenen Abstieg viele zur Verachtung von Arbeitslosen führt und sich der Groll gegen diejenigen richtet, die vermeintlich alles vom Staat bekommen. Die Wut richtet sich auch gegen diejenigen, die nicht arbeiten (dürfen), zum Beispiel geflüchtete Menschen.

Am Beispiel von Fördermaßnahmen macht Mayr deutlich, wie diese das Leben der Ärmeren lebenswerter machen sollen, sich aber an bürgerlichen Ideen orientieren. Ohne diese Perspektiven zu sehen, wird in Jobcentern darüber entschieden, welche Vereine oder Nachhilfeangebote arme Kinder besuchen dürfen, wie Bildungs- und Teilhabepakete festgelegt werden, wie viel Geld Eltern bekommen, damit Kinder einen Sportverein besuchen oder auf Klassenfahrt gehen können. Es gibt quasi eine Verwaltung, die entscheidet, wie sehr Menschen leiden können oder was sie bekommen dürfen. So kommt es, dass Kinder, die mit 15 Euro im Monat vielleicht Fußball spielen, sich aber kein Trikot oder die Pizza am Wochenende mit anderen Kindern nach dem Spiel leisten können. Es ist die Form begrenzter Teilhabe, die trennend wirkt, die so oft nicht mitgedacht wird. Gepaart mit einem Gefühl der Güte als notwendigem Akt, damit das Elend der Armen nicht zu belastend für die Menschen wird, die mehr haben, so Mayr.

Die Abwertung der Armen hat politische Folgen für uns alle im Wohlfahrtssystem, das stetig weiter abgebaut wird, ohne große wirtschaftliche Alternativen zu bieten. bell hooks hat in der persönlich-biografischen Klassenanalyse *Die Bedeutung von Klasse* bereits im Jahr 2000 darüber geschrieben, was fehlt: organisierte Klassenkämpfe und nachhaltige Kritik, die zum Handeln, zu Reform und Revolution anregen würden. Scharfzüngig erklärt sie, wie die meisten Menschen in ihrer überwiegend *weißen* Nachbarschaft sich selbst als aufgeschlossen, an Gerechtigkeit glaubend wahrnehmen würden und in sozialen Fragen als liberal, aber in finanziellen Fragen eher konservativ eingestellt seien. Wie sie an Multikulturalismus glauben und Diversität mit einem Schwarzen und einem Schwulen in der Nachbarschaft feierten, doch wenn es um Geld und Klasse gehe, beschützen wollten, was sie hätten, um es zu erhalten, zu vervielfältigen und mehr zu bekommen. Für hooks hat die Gier eine Situation geschaffen, für die es stabilisierend ist, die Vorstellung der armen Menschen als Schmarotzer*innen und die Annahme, dass der einzelne Mensch für die Umstände materiellen Mangels selbst verantwortlich sei, aufrechtzuerhalten. Die Analyse bleibt aktuell. Sie lässt mich verstehen, warum meine Mutter früher Angst hatte, dass ich es einmal nicht schaffen könnte mit dem Aufstieg, dass ich abrutschen könnte. Warum es bei uns zu Hause einen subtilen Druck gab, dass ich die sehr gute Schülerin sein und bleiben musste, die ich dann auch immer war, sodass ich es mir irgendwann selbst nicht mehr erlaubte, eine schlechtere Note als eine Drei zu schreiben. Meine Mutter hatte Sorge, dass es mich doppelt treffen könnte, als Frau und Schwarzer Mensch dazu. Und so kam es, dass der Perfektionismus zu meinem stillen Begleiter wurde, ich in Schule und Studium ablieferte, ebenso im Volontariat und auf meinen weiteren beruflichen Stationen. Ich hatte keine Zeit zu verlieren, hatte lange das Gefühl, aufholen zu müssen, weil andere sowieso einen Vorsprung auch durch ihre Privilegien hatten. Und wenn eine weitere Etappe erreicht war, zählte das in meinen Augen schon nicht mehr. Ich wurde schneller und schneller und hatte lange das Gefühl, nicht genug zu sein und Dinge tun und schaffen zu müssen, um geliebt zu sein. Das war ein Mangel, der sich eingenistet hatte und der durch den Milieuwechsel noch verstärkt wurde. Denn wer die eigene Blase verlässt, um woanders anerkannt zu werden, muss sich beweisen. Im Rückblick hatte mein Leben in großen Teilen etwas Exzessives, und es hat lange gedauert, bis ich den Wert des Erreichten fühlen konnte. Heute kann ich das glücklicherweise.

Und so sehe ich heute, wie die Last der Widersprüche auf unterschiedliche Weise wiegt und wirkt, wie die unterschiedlichen Erfahrungen, die mein Vater als Schwarzer Arbeiter gemacht hat, sich von meinen als Schwarze Journalistin unterscheiden. Welchen Unterschied es macht, wenn wir zur Behörde oder in ein Krankenhaus gehen, eine Wohnung suchen und dass ich bestimmte Erfahrungen weniger mache, seitdem ich mich in etablierten Räumen bewege, weil ich anders wahrgenommen werde. Gleichzeitig zeigt sich, dass es einen Unterschied zwischen mir und anderen Schwarzen Menschen gibt, die den Aufstieg wie ich nicht »schaffen mussten«, sondern aus Haushalten von Akademiker*innen stammen und damit andere Zugänge haben als ich sie hatte. Ich sehe, wie ihr Weg anders verlaufen ist, und stelle Differenzen zwischen uns fest, weil wir eine bestimmte Sozialisierung nicht teilen und nicht in das stereotype Bild von armen Schwarzen Menschen passen. Unsere Erfahrungen unterscheiden sich, auch wenn sich die rassistischen vielleicht ähneln. Und so ist es mir passiert, dass ich mich in bestimmten Kreisen mit Schwarzen Kindern aus akademischen Haushalten, die ihre Privilegien nicht wahrnahmen, weniger verbunden fühlte als mit *weißen* Kolleg*innen aus dem gleichen sozialen Milieu, die wie ich um die Herausforderungen des Milieu-Hoppings wussten, und mit denen ich mich austauschen konnte. Ich will damit sagen, dass Verbundenheit auf unterschiedlichen Wegen im Erkennen und einander Begreifen entsteht und dass dabei auch der Habitus, die Klasse und eine Reflexion darüber eine Rolle spielen.

Wenn Habitus zählt

Den besseren Zustand aber denken als den,
in dem man ohne Angst verschieden sein kann.

– Theodor W. Adorno

Ich sehe mich auf Fotos. Als Fünftklässlerin mit den lila Leggings und zwei geflochtenen Zöpfen. Später als Jugendliche mit chemisch geglättetem und mit Henna aufgehelltem Haar. Zwei Strähnen rechts und links auf dem Klassenfoto an der Tischtennisplatte. Ich war ab der neunten Klasse im Gymnasium mit einem Unterricht konfrontiert, mit dem keiner in meiner Familie vertraut war, weil meine Mutter nach ihrem Realschulabschluss eine Ausbildung gemacht hatte und mein Vater das deutsche Schulsystem nicht kannte. Sprachlich wechselte ich zwischen gruppenspezifischen Dialekten sogenannter Jugendsprachen und (Hoch-)Deutsch, je nachdem, ob wir uns in der Schule, im Turnverein oder im Jugendclub trafen. Darüber schrieb ich später einen Artikel, »Weissu ist krasse Sprache«, der es in Schulbücher schaffte, weil ich darin Einblicke in die marginalisierte Jugend und ihre Sprachen gab, die rar waren, obwohl Jugendliche diese schon seit Jahrzehnten kreieren und darüber geforscht wird. Das sogenannte »Kiezdeutsch« gilt als kreative Entwicklung der deutschen Sprache und ihrer unterschiedlichen Sprecher*innen über die Zeit. Es geht vereinfacht formuliert um

Satzkonstruktionen, gebildet aus Subjekt, Prädikat, Objekt und Lehnwörtern nicht-deutscher Sprachen. Eine spezielle Stakkato-Intonation, manchmal auch die Koronalisierung des Ich-Lauts: isch, misch, disch. Das Weglassen von Artikeln und Präpositionen wie »Isch geh gleisch Disko«. Begrüßungen, Verabschiedungen, Schimpfwörter.

Ethnolekt ist vielfältig, unterscheidet sich regional. Es ist kein falsches Deutsch, keine »Ausländersprache«, sondern eine Art Dialekt, der nicht dem offiziellen Standard, also Hochdeutsch, entspricht und deshalb manchen aufstößt. Er findet sich im Deutschrap wieder und ist ein Zeichen von Zugehörigkeit. »Kanak Sprak« hat der Schriftsteller Feridun Zaimoglu den Sprech bereits Ende der 90er genannt und beschrieben, wie Kinder von eingewanderten Menschen damit die Abwertung ihrer Person ins Positive umkehren, indem »Kanake« zum Kennzeichen ihrer Peer-Group wurde. »Wie lebt es sich als Kanake in Deutschland?«, fragte Zaimoglu in halbfiktiven und kritischen Interviews und Porträts mit Titeln wie »Den Fremdländer kannst du nimmer aus der Fresse wischen« und »Deutsches Land is ne salzige Puffmutti«. Aus seinem Buch entstand das Netzwerk »Kanak Attak«, zu dem ein sehr guter Freund von mir sich früher zählte.

(Aus-)Sprache, Klamotten und Aussehen sagen vermeintlich viel über einen Menschen aus. Ich habe mir mit 30 Jahren voller Stolz meine erste grüne Bomberjacke zugelegt, weil ich die mit 15 Jahren nicht tragen wollte, um nicht abgestempelt und mit den Heranwachsenden von der Hauptschule verwechselt zu werden, weil das bei mir schnell passiert wäre. Damals zählte die Bomberjacke in Westdeutschland als Zeichen der Zugehörigkeit zu einer Arbeiter*innen Peer-Group, während sich in Ostdeutschland Neonazis ebenfalls an dieser Ästhetik bedienten. Heute finde ich es schade, dass ich mir die Abgrenzung gewünscht habe, auch wenn ich nachempfinden kann, dass ich mich vor Stigmatisierung schützen wollte. Dieses innere Hin und Her erklärt, warum es gedauert hat, meinen eigenen äußeren (wie inneren) Stil zu finden, warum ich in meiner Jugend je nach Ort mein Outfit, die Looks wechselte und mich mit Anfang 20 im Hip-Hop-Style wiederfand. Ich blicke gerne zurück in diese Zeit, als mein jüngeres Ich an den unterschiedlichen Orten mit einem vielfältigen Publikum unterwegs war. Ich bin ein echtes »Frankfurter Mädche« in einer Stadt gewesen, die mir ein gutes Angebot gemacht und einen Platz für Kinder wie mich hatte. Ich habe Erfahrungen in vielen Milieus gesammelt und soziale und gesellschaftliche Vielfalt auf meinem Gymnasium in einem gut situierten Teil von Frankfurt erlebt. Dort kamen wir aus unterschiedlichen Stadtteilen, waren Kinder aller ökonomischen Schichten, die eine Schulpolitik der 90er Jahre dort zusammenbrachte.

Kinder brauchen Zeit, um sich zu entfalten, nicht nur, was ihre Leistung in der Schule betrifft, sondern auch sozial. Ich habe viel von meinen Freundinnen gelernt: von denen, die es finanziell so viel besser hatten, und denen, die schlechter gestellt waren als meine Familie. Ich war in den unterschiedlichsten Familien zu Gast und meine Freundinnen bei mir zu Hause. Geredet haben wir damals nicht darüber, aber gesehen habe ich sie – die Unterschiede. Es war für uns alle wichtig, sie auf diese Art kennenzulernen, um selbstverständlich werden zu lassen, was Realität ist. Uns Kindern waren die Folgen davon damals nicht bewusst, aber meine Freundinnen und ich profitieren heute alle von der Diversität unserer sozialen Herkünfte, weil sie uns für die Welt der anderen geöffnet hat. Für mich war es dabei sicher ein Vorteil, eine gute Schülerin mit einer *weißen* deutschen Mutter gewesen zu sein, die das deutsche Schulsystem kannte, um nicht aussortiert zu werden. So erinnere ich mich auch an andere, die den sozialen Aufstieg nur geschafft haben, weil es in den unteren Stufen Probejahre gab, um zu schauen, wie sie sich schulisch entwickelten. Wir alle hatten das Glück, keine frühe Segregation zu erleben, die zu einem Problem für viele andere wurde. Und weil die Zusammensetzung unserer Schulklasse so divers war, wuchsen wir anders als an anderen Orten in Deutschland auf. Wir entwickelten uns selbst-bewusster, also unserer selbst bewusst, und das ist heute in Frankfurt an vielen Orten spürbar.

Bildung ist der Schlüssel für den späteren Aufstieg und die Chance, einen guten Job zu finden. Und in Deutschland gilt, wer mehr kann und schafft, dem steht auch mehr zu. Wer studiert hat, der verdient auch mehr Geld. So ist ein bestimmtes Maß an Ungleichheit sicher verständlich, nur leider haben nicht alle die gleichen Startbedingungen. Um die Chancengleichheit ist es schlecht bestellt, wie unzählige Studien zeigen. Deshalb hat Aladin El-Mafaalani über den »Mythos Bildung« ein gleichnamiges Buch geschrieben. Darin erklärt er, dass nicht unbedingt nur die Migrationsgeschichte, sondern insbesondere auch die soziale Herkunft entscheidend für den schulischen Erfolg eines Kindes ist. Von 100 Kindern von Akademiker*innen gehen mehr als drei Viertel an eine Uni, von 100 aus nicht-akademischen Haushalten nur ungefähr ein Viertel. Wie ein Mensch die Welt wahrnimmt, sich selbst sieht und sich darin bewegt, all das ist vom Milieu geprägt, in dem die Person aufwächst. Es nennt sich Habitus.

In meiner Sprache und meinem Habitus bin ich von der sozialen und kulturellen Herkunft meiner Eltern, aber auch von meinem Umfeld geprägt. Er ergibt sich daraus, wie arm oder reich, gebildet oder ungebildet die Eltern sind und wie ermutigt oder entmutigt ein Kind in seiner Umgebung wird. Aufsteiger*in zu sein, das System zu wechseln heißt verstehen, nachempfinden und adaptieren lernen, wie Menschen denken und fühlen, die im Vergleich mehr oder andere Zugänge haben. Je nachdem, in welcher sozialen Klasse ein Mensch sozialisiert wurde, entwickelt er ein bestimmtes Denken und Handeln.

Max Weber unterschied zwischen der Klassen- und der ständischen Lage. Erstere wird durch finanzielle Komponenten bestimmt, Zweitere ergibt sich aus der Erziehung, den sozialen Codes, die einem das Umfeld vermittelt. Doch ist es ohne soziales Kapital heute fast nicht mehr möglich, es zu etwas zu bringen, wie das akademische Prekariat zeigt. Der Soziologe Pierre Bourdieu nennt drei Ressourcen, die es heranwachsenden Menschen quasi ermöglichen, in diesem Sinne erfolgreich zu sein: das ökonomische, soziale und kulturelle Kapital. Das soziale hilft dir zum Beispiel, ein Netzwerk und Beziehungen zu Menschen aufzubauen, die wichtig sein könnten. Das kulturelle und soziale unterstützen dich dabei, zwischen den Habituswelten zu navigieren, was wiederum den Zugang zu ökonomischem Kapital erleichtert, also einen Job zu bekommen, in dem man besser verdient.

El-Mafaalani bricht den Habitusbegriff von Bourdieu auf eine dauerhafte Grundhaltung herunter, die die Art und Weise prägt, wie Menschen die Welt, ihr Umfeld und sich selbst wahrnehmen, wie sie fühlen, denken und handeln. Und dass dieser Habitus schwer wieder loszuwerden ist, weil er einem Menschen »Leitplanken«, also Sicherheiten gibt, deren Grenzen nicht so einfach verschiebbar sind. Weshalb prekär lebende Menschen gelernt hätten, kurzfristig zu denken, weil sie jeden Tag Herausforderungen zu bewältigen haben, die schnell geregelt werden müssten. Sich langfristige Gedanken machen zu können ist also Luxus. Lebensplanung muss funktional und nutzenorientiert organisiert sein, wenn jemand über wenige Ressourcen verfügt. Risiken gilt es zu vermeiden, und zu diesen zählen auch lange Ausbildungswege, die vom Geldverdienen abhalten.

Und so habe ich an mir selbst erfahren, dass Bildungserfolg nicht nur eine Frage der Leistung ist, sondern auch eine des sozioökonomischen und kulturellen Hintergrunds und der Kontakte und Netzwerke, die ein Mensch hat. Und dass manche schon Bildungsverlierer*innen sind, bevor sie das erste Mal ein Schulbuch aufschlagen. Was im Umkehrschluss heißt, dass arme Kinder so lange arm sind, bis sie den Aufstieg schaffen, sofern sie ihn schaffen. Das ist auch der Grund, warum kritische Stimmen einen Umbau des Bildungssystems fordern und sich an einigen Universitäten Referate finden, die sich für die Interessen von Kindern aus Arbeiter*innenfamilien einsetzen.

Wenn ich zurückblicke, weiß ich, wie sich der Weg von der einen Welt in die andere anfühlt, und dass es dafür auch Menschen im System braucht, die einem die Schranken öffnen. Heute versuche ich, für andere eine Stütze zu sein. Ich war Mentorin für junge Journalistinnen, weil ich weiß, dass der Weg kein einfacher ist und sich im beruflichen Umfeld die Differenz der Klasse mit anderen Erfahrungen überschneidet. Es ist wichtig, in etablierten Räumen mitzudenken, dass nicht alle soziales, kulturelles oder ökonomisches Kapital schon in die Wiege gelegt bekommen haben. Und dass Aufstieg noch immer etwas ist, das die Ausnahme von der Regel darstellt. Nur zu gut erinnere ich mich daran, wie ich 2007 ein Praktikum in einem der großen, renommierten Zeitungshäuser Deutschlands absolvierte und in einer Redaktionssitzung in der zweiten Reihe saß, als über Sonderseiten zum Thema »Migranten in den Medien« diskutiert wurde: an die Distanz, das fehlende Wissen und die abfällige Weise, wie über Bildungsin- und Ausländer*innen gesprochen wurde. Zunächst dachte ich, du bist hier falsch. Ich weinte, als ich mit meinem damaligen Freund am Telefon sprach. Ich haderte mit mir: Du redest nicht wie sie, du siehst nicht aus wie sie, und deine Welt besteht aus so grundsätzlich anderen

Themen als die, die hier verhandelt werden. Ich hinterfragte, ob der Job der Journalistin wirklich etwas für mich ist. Es war ein verstörender Initialmoment. Heute weiß ich, dass mein damaliger Freund und seine Eltern einen Anteil an meinem Weg haben, weil sie mich motivierten und mir durch ihre Leben und Gespräche Möglichkeiten aufzeigten, mir damit Türen öffneten, weil sie diese Welt kannten und sie für mich damit weniger anders machten. In meiner Familie gab es diese Form des kulturellen und sozialen Kapitals nicht. Ich erhielt dort ein anderes, nicht weniger wichtiges, wie ich heute weiß. Doch damals hatte ich für die »feinen Unterschiede« zwischen meinen Eltern und denen meines Ex-Freundes noch keine Worte. Diese Familie war meine bildungsbürgerliche Brücke in das berufliche Milieu, in dem ich heute arbeite. Ich fasste den Mut, darüberzulaufen, um mein Potential zu zeigen. Den Weg, den ich danach ging, ging ich alleine.

Und so springe ich bis heute zwischen den Welten, in denen ich mich bewege, hin und her. Ich lernte, Bourdieus symbolisches Kapital zu nutzen, um zu wissen, was an bestimmten Orten passt, was gesagt werden sollte und was nicht. Dröscher schreibt, wer einen Milieuwechsel gut gemeistert hat, hat auch eine Begabung für soziales Miteinander und verfügt über eine soziale Beweglichkeit. Ja, vielleicht ist das so. Vielleicht sehe ich deshalb, welche Mechanismen es gibt, die die Ungleichheit verstärken, durch die nicht alle werden können, was sie vielleicht wollten und von ihren Befähigungen her könnten. El-Mafaalani nennt es den »Fahrstuhleffekt« und beschreibt damit das Phänomen, dass sich die Chancen zwar für alle verbessert haben und viele aufgestiegen sind, die Ungleichheit sich aber verschärft habe: Es gibt Menschen, die im Aufzug mitgefahren sind, aber diejenigen, die das nicht konnten, haben es schlechter als je zuvor. Das Hamburger Institut für Sozialforschung nennt sie das

Dienstleistungsproletariat, zu dem auch Menschen ohne Arbeit zählen, die sich irgendwie durchbringen, während die Selbstverwirklichung der neuen Mittelklasse unerreichbar scheint. Reckwitz beobachtet die Differenz zwischen diesen Klassen und Milieus und stellt Gefühle der Entwertung bei den zurückgelassenen Menschen fest. Und noch etwas hat sich verschärft: Heute bedeutet »unten« zu sein, also zu denjenigen zu gehören, die nach El-Mafaalanis Bild unten auf dem Boden sitzen, es noch trostloser als früher zu haben und weniger gehört zu werden, weil diejenigen, die inzwischen aufgestiegen sind und am Tisch sitzen, mit denen, die schon immer »oben« waren, nun die Geschichte der Durchlässigkeit erzählen. Sie haben es geschafft, also können es vermeintlich alle schaffen, heißt es. So entsteht der Glaube, dass eine Person selbst schuld ist, wenn dem nicht so ist. Aus dem kollektiven Schicksal, »unten« zu sein, wird ein individuelles Versagen. Das erklärt, warum heute arbeitslose Menschen keine Arbeiterklasse mehr sind und eine soziale Schicht im Gegensatz zur Klasse kein »Wirgefühl« mehr kennt. Heute sind wissenschaftliche Mitarbeitende an Unis das neue Prekariat, die unter dem Hashtag #IchBinHanna 2021 öffentlich auf ihre Lage aufmerksam gemacht haben und zusammen mit Menschen im Niedriglohnsektor, geflüchteten Menschen, Minijobber*innen und Hartz-IV-Empfängern*innen in unterschiedliche Kategorien gepresst werden. Gleichzeitig gibt es Menschen, die wissen, was sie wollen, und das Gefühl haben, »berechtigt« zu sein. Und es gibt nach Mayr diejenigen mit dem »Assimilation Blues«, also der Traurigkeit darüber, sich in einer Welt zu bewegen, in der sie es trotz eigener Leistungen nicht ohne die Güte anderer Menschen geschafft hätten. Zudem gibt es unter den Aufsteiger*innen auch nicht wenige, die nach dem Aufstieg die Welt negieren, aus der sie gekommen sind, um ein Teil der neuen zu werden. Für sie lässt es sich besser leben, wenn sie sich von dem distanzieren, was war. Manchmal geht ihr Verständnis von Gerechtigkeit, der Blick »von unten«, dabei verloren. Ich habe ihn noch, und doch gibt es einen Unterschied zwischen mir und der Welt, aus der ich komme: die Distanz.

Ich schreibe heute aus Distanz zu diesem Thema, weil das Leben in dem sozialen Milieu, aus dem ich stamme, eher zu meinem Leben in der Vergangenheit zählt. Das macht einen Unterschied, nicht nur für mich, sondern auch für andere. Mayr beschreibt es anhand einer armen oder arbeitslosen Person, die in einer Analyse der sozialen Lage unserer Gesellschaft weniger ernst genommen worden wäre als sie, die sie ihr Buch *Die Elenden* als Aufsteigerin und Journalistin geschrieben habe. Sie weist darauf hin, dass, wenn Hartz-IV-Empfänger*innen die gleichen Sätze wie sie schreiben würden, diese als politische Position und Betroffenheit gedeutet werden würden, während ihre als eine Auseinandersetzung mit dem Thema Gerechtigkeit gelesen werden. Mayr legt damit den Finger in die Wunde, weil sie infrage stellt, wen unsere Gesellschaft ernst nimmt und wer an den Tisch geholt wird, um mitzudiskutieren. Die Kritik gilt einem Selbstverständnis, das Neutralität nur nicht-betroffenen Menschen zuschreibt. Und das erklärt mir, warum ich erst heute, nachdem ich mich als Journalistin etabliert habe, aus dem zeitlichen und finanziellen Abstand heraus ohne Scham über meine soziale Herkunft schreiben kann, und warum meine jetzige Position der Grund ist, aus dem ich heute ernst genommen werde, wenn ich über das Thema Rassismus spreche.

Klasse und Chance

Es gab dort genug für alle
Und alle waren sich genug
Keine Depressionen und kein Selbstbetrug
Niemand musste dort im Mittelmeer ersaufen
Niemand schlief im Winter auf Asphalt
Ich sah nicht einen Patriarchen, der Scheiß war vorbei
Kein Bodyshaming, noch Hetze und Gewalt
Keine Schubladen, alle Chancen waren gleich
Die Leute dort waren glücklich und nice (…)

Ich sah LGBTQs
Rabbi und Imam
Priester und Freaks
Zusammen grillen aufm Rasen
Kein arm, kein reich
Mann, Frau, Geld gleich
Auf dem Planet, der einsam um die Sonne kreist

Niemand war fertig
Da war null Frust
Keine aufgestaute Wut
Die jemand abbekommen muss
Dort zählte nicht, wo man herkam oder wie man aussah
Sondern was man tat

Am Eingangstor stand Peace
Komm rein und genieß
Und lieb, wen du liebst
Das war das Paradies, Paradies, Paradies

– Bosse

Ich spreche noch nicht lange über meine soziale Herkunft und habe erst begonnen, diese unsichtbare Differenz zu anderen sichtbar zu machen, als ich mich sicher fühlte. Es ist mir heute nicht mehr peinlich, dass ich als jugendlicher Mensch die Etiketten der Röhrenjeans von Aldi an der Po-Tasche herausgeschnitten habe, damit nicht zu erkennen ist, dass es keine Levis ist, die zu dieser Zeit alle getragen haben – oder dass ich statt der angesagten weißen LA-Gear-Sneaker in bunten 90er-Farben im Outlet von meiner Mutter die einer anderen, weniger angesagten Marke gekauft bekommen habe. Immerhin waren sie lila.

Sprechen wir also über Klasse. Das tun wir heute mehr als noch vor einigen Jahren. Sicherlich auch, weil wir mehr über Diskriminierung sprechen und sich diese Erfahrung auf so vielen Ebenen mit dem Leben von Menschen verknüpft. Soziale Klassen sind keine einheitlichen Milieus. Ich spreche darüber, weil ich die häufig genannte These beleuchten will, warum sich Rassismus nur dann effektiv bekämpfen lässt, wenn auch über die Bedeutung von Klasse und Klassismus gesprochen wird. Weil wenig zu haben kein Versagen ist.

Neu ist das Thema Klasse nicht. Schon in den 70er Jahren etablierte es sich zusammen mit der Diskriminierungsform Klassismus in intersektionalen Emanzipationsdiskursen. Im angelsächsischen Raum waren bereits Mitte des 18. Jahrhunderts und in Frankreich Mitte des 19. Jahrhunderts klassenbezogene Ungerechtigkeiten Thema. Der Duden erklärt Klassismus als »Diskriminierung oder Vorurteile gegenüber einer Person oder Personen aufgrund einer Zugehörigkeit zu oder Herkunft aus einer bestimmten (niedrigeren) sozialen Klasse«. Darüber, wie Rassismus und Feminismus verschiedene Formen der Unterdrückung wie Ausbeutung, Machtlosigkeit, Ausgrenzung, Marginalisierung und Gewalt auf struktureller und alltäglicher Ebene kennen, haben der Soziologe Andreas Kemper und die Philosophin und Social Justice Trainerin Heike Weinbach die Einführung *Klassismus* geschrieben. In Deutschland ist der Begriff noch wenig genutzt, obgleich die soziale Herkunft als Differenzerfahrung eine große Rolle spielt. Kemper erklärt Klassismus als »Begriff, der zwischen den Lehrstühlen sitzt«, weil das Diskriminierungsmerkmal mit Blick auf europäische Antidiskriminierungsrichtlinien, das Allgemeine Gleichbehandlungsgesetz (AGG), noch wenig Anerkennung erfahre.

Knapp zehn Jahre Konzerte und Theorieunterricht bei der verstorbenen Konzertpianistin Elisabeth Eiche als fast einziges Krankenpflegerinnenkind neben vielen Kindern von Ärzt*innen haben mir als heranwachsender Mensch gezeigt, was es für andere bedeutet, mit mehr Kapital zu einer anderen Klasse zu zählen. Heute denke ich, dass es einfach unglaublich ist, wie es meine Mutter geschafft hat, mir Zugang zu einem bestimmten kulturellen Kapital zu verschaffen, und bin beeindruckt davon, wie sie seit meinem 8. Lebensjahr dafür monatlich knapp 100 DM bis zu meinem 19. Lebensjahr zusammensparte, damit ich unterrichtet werde. Es war viel Geld für uns. Und viel Geld war es auch, das ich vor Antritt meines Volontariats mit Ende 20 gebraucht habe, weil es für diese Ausbildung keine Entlohnung an der Journalist*innenschule gab. Ich bat meine Mutter, einen Kredit für mich aufzunehmen, falls es mit dem Stipendium nicht klappen sollte. Ich bekam das Stipendium glücklicherweise. Bis heute ist es die Sparsamkeit und Genügsamkeit meiner Mutter, die meinen Umgang mit Geld prägen. Ich halte mich an vieles, was sie mir durch ihr Verhalten vermittelt hat – immer Geld auf der Seite zu haben, weil sie nicht wusste, was kommt. Und noch heute muss ich mir erlauben, mir bestimmte Dinge jetzt leisten zu dürfen. Dass es in Ordnung ist.

Ich bin mit dieser Erfahrung nicht alleine. Für die einen ist, was ich erzähle, »ganz normal«, aber in manchen Kreisen bin ich damit ein Novum. Dort bin ich mit meinen Geschichten spannend, kurios, heute vielleicht angesagt. Aber diese Reaktionen erklären, warum der Weg in den Journalismus für Menschen wie mich noch einmal komplizierter ist. Nämlich nicht nur, weil Schwarze Menschen dort noch immer selten sind, sondern auch, weil ich die Regeln und Umgangsformen dieses Milieus erst (kennen-)lernen musste. Vier Generationen braucht es, bis ein Wechsel vollzogen ist, also zum Beispiel Wohlstand und Bildung selbstverständlich geworden sind, schreibt Daniela Dröscher in *Zeige deine Klasse*. Wie sie und viele andere habe auch ich mit dieser Linearität gebrochen und bin meinen Weg gegangen. Dabei habe ich während meines Politikwissenschaftsstudiums in unzähligen schlecht bis nicht bezahlten Praktika im Medienbereich Menschen getroffen, die mir erklärt haben, wie ich es machen muss, um reinzukommen. Um mich zu finanzieren, habe ich nachts in Bars und tagsüber als Verkäuferin gejobbt. Meinen ersten Nebenjob hatte ich mit 15 Jahren in einer Bonbonfabrik. Ich verlor ihn nach ein paar Monaten, weil mir die Chefin sagte, dass ich keine Freude bei der Arbeit zeige. Aber wie auch, mit aufgerissenen Händen und zehn Minuten Pause in vier Stunden. Heute denke ich, dass sie von mir eine positivere Einstellung erwartet hatte, weil sie wollte, dass ich die Arbeit, die sie mir gab, schätzte. Anders als andere dort konnte ich mir aussuchen, diese Nebentätigkeit zu haben oder nicht. Für andere war das ihre tägliche Arbeit. Heute sehe ich darin mehrere Botschaften. Ich deute sie als gewisse Form der Überheblichkeit einer Gymnasiumsschülerin, die zwar arbeiten wollte und musste, aber mit dem Anspruch, dass es dann doch bitte so angenehm wie möglich sein sollte. Und andererseits die Wahrnehmung, dass in Arbeitsstrukturen Grenzen zu setzen und ein würdevolles Arbeiten einzufordern eine berechtigte Kritik war. Weil genau das viele Menschen in bestimmten Berufen nicht erfahren.

So hat diese Geschichte mehrere Seiten, und ich erinnere mich genau daran, dass ich in meiner privilegierten Position nach dieser Fabrikerfahrung beschloss, mir zukünftig einen Job mit weniger körperlichen Schmerzen zu suchen. Und so arbeitete ich zunächst als Aushilfsverkäuferin und mit 17 Jahren am Telefon für ein Marktforschungsinstitut. Meine Jobs wurden im Laufe meines Studiums immer besser bezahlt und waren immer weniger körperlich anstrengend. Aber um Journalistin zu werden bedurfte es eines wirklich großen Sprungs, der nicht nur mit Leistung oder Potential zu tun hatte, sondern auch mit Zugängen. Dass ich bis hierher gekommen bin, hat mich Kraft gekostet und ist nun zu meinem Privileg geworden. Ich sehe die Vorteile, die ich durch meinen Werdegang erfahren habe, von denen mein Kind jetzt profitiert, weil er heute andere Zugänge hat als ich. All das sehe ich, und ich habe nicht vergessen, woher ich komme und dass wir in meiner Kindheit einmal weniger hatten.

Ich gehöre heute zu einer neuen Mittelklasse, die der Soziologe Reckwitz als eine urban lebende, akademische und dem Selbstverständnis nach progressive definiert. Er beschreibt sie als Schlüsselmilieu mit einem Lebensgefühl, das Konsumpräferenzen oder mediale Darstellungen prägt, aber auch politische Einstellungen. Kosmopolitisch, international, liberal sind Stichworte, die fallen. Sie hat sich aus der alten Mittelklasse heraus entwickelt, die aus Menschen in kleinstädtisch-ländlichen Regionen mit mittlerer Bildung besteht. Es ist die »gespaltene Mitte«, die die Mitte-Studie beschreibt, in der sich die politischen Differenzen unserer Zeit erkennen lassen, weil sie sich stark über Statusinteresse und Selbstdisziplin definierte. Diese Differenzlinie unterscheidet die beiden Mittelklassen. Dazu kommen neue Möglichkeiten der Selbstentfaltung und Individualität der neuen Mittelklasse, die als Milieu in ihren Ausprägungen schon länger europaweit diskutiert wird, und das nicht nur im Guten. Zum Beispiel tut das in Frankreich Caroline Fourest, die in *Generation Beleidigt – von der Sprachpolizei zur Gedankenpolizei* eine Diktatur vermeintlich Hypersensibler kritisiert, während in Deutschland die Linken-Politikerin Sahra Wagenknecht in *Die Selbstgerechten* ihre seit Jahren vertretene und ihre Partei spaltende These einer abgehängten Arbeiterklasse und einer »Lifestyle-Linken« propagiert, die sich angeblich nur noch mit Diskussionen über Gendersternchen beschäftigen kann, statt sich auf Chancengerechtigkeit zu konzentrieren.

Schon vor Jahren propagierte sie mit anderen ihre These vom Erstarken der AfD durch einen vermeintlichen Moralismus der Linksliberalen, was mich dazu führte, sie in einem Essay unter dem Titel *Aufstieg von rechts, welche Schuld trägt links* zu hinterfragen. Darin unterstrich ich die Gegenthese, dass Vertreter*innen dieser Meinung außer Acht lassen, dass die hierzulande niedrig entlohnten und von Armut betroffenen Beschäftigten auch, und insbesondere Schwarze Menschen, BPoC, also migrantisierte und rassifizierte Menschen sind. Es sind also diejenigen, die Identitätspolitik betreiben, weil sie von Rassismus und Diskriminierung betroffen sind. Eine Tatsache, die erklärt, warum es kein Zufall ist, dass in der Corona-Krise systemrelevante und damit plötzlich gefährliche Jobs in erheblichem

Maß von Frauen oder Personen, die weiblich gelesen werden, und migrantisierten Menschen verrichtet werden. Es sind Zusammenhänge und Tatsachen, die oft ausgeblendet werden.

Bereits 2016 fragte der Soziologe Eribon bei der Veranstaltung »Streitraum: Grenzen der Herkunft, Grenzen der Scham« in der Berliner Schaubühne, warum wir zwischen verschiedenen Kämpfen gegen verschiedene Formen der Unterdrückung wählen sollten. Damals sprach Eribon sich gegen einen linken Populismus aus, weil dieser nach rechts einen Raum öffne, der nicht mehr kontrollierbar sei. In meinem Text zitiere ich die Politikwissenschaftlerin Vanessa E. Thompson, die in Anlehnung an die Kulturwissenschaftlerin Peggy Piesche hinter der Tendenz, die »soziale Frage« und »Identität« gegeneinander auszuspielen, den Wunsch vermutete, die Emanzipationsbewegungen auszubremsen, ganz im Sinne von »nicht zu schnell zu viel Freiheit für die Marginalisierten«.

In ihren Ausführungen unternimmt Thompson eine Gegenüberstellung mit W.E.B. Du Bois' Konzept der »white reconstructions« von 1935. Im Werk *Black Reconstruction* wird hinterfragt, warum eine Solidarität zwischen den ehemals versklavten Menschen und den armen *weißen* Arbeiter*innen nach dem US-amerikanischen Bürgerkrieg nicht möglich war, obwohl es aufgrund ihrer Klassenzugehörigkeit die Gelegenheit gewesen wäre, eine antirassistische, demokratische Gegenposition zur etablierten Oberschicht zu entwickeln. Sie fragt, warum es nicht zum solidarischen Bündnis kam, zur Allianz, um eine gemeinsame klassenbasierte Politik zugunsten aller zu entwickeln. Warum orientierten sich die *weißen* Arbeiter*innen zum großen Teil an den *weißen* Strukturen der Bessergestellten?

Du Bois' Erklärung: Die Arbeiter*innen hätten das Bündnis zugunsten eines sogenannten *weißen*, sozialpsychologischen Lohnes des *Weiß*seins (white wages) abgelehnt und ihre eigene kapitalistische Ausbeutung durch das Abwerten der Schwarzen Arbeiter*innen kompensiert. Sie hatten entschieden, sich in der Hierarchie lieber etwas über und nicht auf eine gemeinsame Stufe mit ihnen zu stellen. Im Sinne Du Bois' diente ihnen ihr *Weiß*sein dazu, sich im Sinne der »white supremacy« einen besseren sozialen Status zu verschaffen. Ihre Arbeit war im Vergleich zu den Schwarzen Arbeiter*innen mehr wert, sie konnten sich mehr erlauben, und auch außerhalb der Arbeit hatten sie einen Überlegenheitsanspruch, der Schwarzen Menschen abgezogen wurde. Sie profitierten von der Spaltung ihrer Klasse, und davon wiederum profitierte das Kapital der Reichen über ihnen. Gleichzeitig galten die abgewerteten Schwarzen Menschen bei den *weißen* Arbeiter*innen als unliebsame Konkurrenz, weil sie ja für weniger Geld arbeiteten und arbeiten mussten. Es ist das Sündenbockprinzip, das besonders in (Wirtschafts-)Krisen aufkommt, wenn der Kampf und die Sorge um Arbeit Schuldige brauchen. Diese Beobachtung legt frei, worin es im Kern aller Identitätsdebatten geht: Wie ist die Macht verteilt, und wer steht in der Hierarchie an welcher Stelle?

Du Bois' Analyse ließ sich 2017 hervorragend auf die Rolle der *weißen* Arbeiter*innenklasse für die US-Wahlen übertragen, aus denen Trump als neuer Präsident hervorging. Thompson, die im Bereich des sogenannten »racial capitalism« forscht, koppelte dabei die »wages of whiteness« als mögliche Erklärung an die Dynamiken innerhalb der sogenannten Linken in Deutschland. Zwar lässt sich die Geschichte der USA nicht eins zu eins mit dem deutschen Kontext und seiner Kolonialgeschichte gleichsetzen, aber die Reaktualisierung von Du Bois' Konzeption hilft, um das Erstarken von Rassismus auch als Krise von *Weiß*sein zu verstehen. Globalisierungs- und Ökonomisierungsprozesse fördern nicht nur in ökonomischer Hinsicht das Prekariat, sondern hinzu kommt auch, dass der sozialpsychologische Lohn eingeschränkt wird, den *weiße* Milieus früher erhalten haben und weiterhin erwarten. Unterstützer einer völkischen Identitätspolitik rechter Strömungen versprechen sich sogar eine Aufbesserung dieses Lohns, wenn sie die AfD wählen. Auf dieser Basis kann auch der Putschversuch kurz vor Trumps Abwahl auf das Kapitol in den USA im Januar 2021 gelesen werden: nämlich als eine Art Konterakt der reaktionären Kräfte gegen den gesellschaftlichen Wandel. Einer, der überwiegend von *weißen* Männern mittleren Alters einer verrohten, unteren Mittelschicht und *weißen,* vermögenden Unterstützern getragen und von mächtigen, älteren *weißen* Männern wie Expräsident Trump angetrieben wurde. Nicht nur in den USA, sondern auch hierzulande zeigt sich ihre Aggression gegen Frauen mit Migrationsgeschichte in Medien und Politik, in queerfeindlichen Übergriffen oder Anschlägen auf Unterkünfte geflüchteter Menschen. Es kursieren Fantasien übermächtiger kosmopolitischer Eliten, eine Tendenz, die sich in Zeiten von Corona noch einmal verstärkte. Welche Wut sich aus Richtung dieser Protagonisten entladen kann, zeigt sich immer wieder im Netz. Der scharfe Ton dient der Verteidigung der eigenen Position. Für die Etablierten gibt es scheinbar mehr zu verlieren als die Diskurshoheit.

In der »Mittelklasse« stecke nicht nur die Norm, sondern auch das Maß, schreibt Dröscher. Deshalb werde es Zeit, dass wir uns mit mehr Ausdifferenzierung den verschiedenen Klassen unserer Gesellschaft der Gegenwart widmen. Eine »soziologische Kartografie« entwerfen, die nicht davon ausgeht, dass es etwas Schlechtes ist, wohlhabend zu sein. Weil Wohlstand das Leben verbessert und jede Person das Recht auf ein würdiges Leben hat, was Wohlstand eigentlich bedeutet, wie hooks konstatiert. Nur, dass es einen Unterschied macht, wenn der eigene Reichtum auf der Ausbeutung und Unterdrückung anderer aufgebaut ist und aufrechterhalten wird. Das ist es nämlich, was eine demokratische Vision von Wohlstand untergräbt. Es ist Überfluss, den wir an vielen Orten bei vielen Menschen finden. Diesen für ein »gutes Leben für alle« zu verteilen würde schlussendlich dazu führen, dass reiche Menschen nicht mehr in ständiger Angst auf Distanz leben müssten, weil die mit wenigen oder keinen Klassenprivilegien nicht mehr von gierigen Menschen ausgebeutet würden. Es hieße also mehr Freiheit für alle.

Aber so einfach ist es natürlich nicht. Auch weil die Situation ambivalent ist, weil an so vielen Orten mit dem Schönen der herrschenden Klasse geworben wird: in der Werbung, in Filmen, beim Blick in Nachbars Garten. Ich verstehe, warum es arme Menschen gibt, die mit dem Kauf von Statussymbolen ein Gefühl von »ich bin auch mal oben« verbinden. Auch arme Menschen hätten gelernt, wie Reiche zu denken, selbst wenn ihre wirtschaftliche Situation etwas anderes vermuten lasse, schreibt hooks. Und dass wir auch über Habgier sprechen sollten, weil das der gemeinsame Nenner von Arm und Reich sei. In Kulturen des Überflusses sei es nicht leicht, sich den tagtäglichen Versuchungen zu erwehren und die eigene Integrität aufrechtzuerhalten. Es sei ein bewusster Akt, sich diese Tatsache bewusst zu machen, um beispielsweise der Korruption etwas entgegenzusetzen. Aber kann ein gesellschaftliches Umdenken passieren, das so vieles verändern würde?

Die Klimakrise und die Pandemie könnten ein Katalysator für neue Wege sein, weil der Blick in die Geschichte zeigt, dass Zeiten der Not schon immer Veränderungen und Neuausrichtungen beschleunigt haben. So könnte aus dieser Zeit, in der wir uns jetzt befinden, aus einer nötigen Rücksicht eine produktive Idee für unsere Gesellschaft werden: Um armen Menschen auf Augenhöhe zu begegnen, müssten wir das, was wir für uns wollen, eben auch für sie wollen, schrieb hooks. Und so könnte der Klassenkampf mit einer Umarmung beginnen, weil Privilegien zu verlieren nie bequem ist, schreibt Dröscher. Ein Verlust kann nur attraktiv werden, wenn an seine Stelle etwas anderes tritt: das Miteinander zum Beispiel. Und das fängt mit unserer Wahrnehmung an. Es bedeutet, meinen Nächsten als Nächsten überhaupt zu erkennen, unabhängig von seinem Beruf, sozialen Status, seinem Aussehen, Alter, Herkunft, Sprache oder Intellekt. Es geht darum, die damit verbundenen Abwertungen zu verlernen, und deshalb müssen wir auch über Scham sprechen. Für Dröscher ist »soziale Scham« eine Struktur, die über Generationen hinweg Wirkung zeigt, weil auch reiche Menschen keine Sprache dafür hätten. Und Mayr fügt hinzu, dass es für Menschen mit Geld, die empathisch sein wollen für die Perspektive der Armen, eine viel größere Anstrengung brauche, um sie zu verstehen, während arme Menschen viel schneller die Lebensweise der Reichen adaptieren könnten, ohne aufzufallen: Wer Geld hat, kann sich Dinge kaufen, aber umgekehrt ist es schwieriger, ein wirkliches Verstehen zu erreichen. Da hilft auch keine gebuchte Elendstour in einem Armenviertel in einem sogenannten Entwicklungsland, um sich hineinzufühlen. Sie ist eher voyeuristisch.

Ich finde Dröschers Ansatz, Scham als revolutionär zu bezeichnen, einen interessanten Gedanken. Sie ruft damit die Mitte dazu auf, nicht mehr aus Scham zu schweigen, sondern über andere Modelle der Erwerbsarbeit zu reden. Wir müssen ein Verständnis von Arbeit entwickeln, das den Wert eines Menschen eben nicht allein an Prestige und Status bemisst. Dröscher träumt von einer Sprache, die das Miteinander sucht, eine klassenlose Sprache. Ich träume mit Dröscher und setze meine Hoffnung in die jüngere Generation, die sich den Umweltrechten und dem Abbau von Klassenunterschieden stellen möchte. Es gibt dazu viele Ideen: Grundsicherung, Hartz IV abschaffen und keine Sanktionen für Arbeitslosengeld-II-Empfänger*innen,

Verdienstobergrenzen, Vermögens- und reformierte Erbschaftssteuern sowie das dreigliedrige Schulsystem abschaffen, das so früh selektiert wie in kaum einem anderen Land. Unser Bildungssystem wirkt exkludierend, und zu lange schon werden Mittelschulen (früher Hauptschulen) als Restschulen oder Aufbewahrungsanstalten für benachteiligte Schüler*innen und BPoC-Kinder verstanden – von einstigen »Sonderschulen«, die heute Förderschulen heißen, ganz zu schweigen. Deshalb fragt El-Mafaalani zu Recht, wie wir es schaffen können, dass das Schulsystem das ausgleichen kann, was in Familien nicht geleistet wird oder werden kann. In diesem System muss alles erfahrbar sein, was es zur Teilhabe in unserer Gesellschaft braucht. Von Musik, Kunst und Kultur, Handwerk, Botanik im Rahmen von Ganztags- und anders organisierter Schule. Aber auch Dinge wie der Umgang mit Geld müssen besprochen werden, Themen wie Armut und Finanzierungsmöglichkeiten – und das bitte auf diskriminierungssensible Weise. Ein kompletter Umbau also. Dabei kann Schule nicht die Startchancen ins Leben verändern, aber einen Blick auf die Voraussetzungen für Kinder werfen. Es braucht Lehrende, die fragen, wo ein einzelnes Kind steht, um seine Potentiale zu erkennen und ihm zu helfen, sie zu entwickeln. Wir müssten entscheiden, welches Leid wir zulassen und welches wir abfangen wollen, appelliert Mayr. Auch weil klar ist, dass sich Menschen irgendwann gegen Ungerechtigkeit wehren, und dass dann – wie die Geschichte uns zeigt – nicht immer die Kräfte das Sagen haben, die im Sinne der Gemeinschaft argumentieren. Unzählige Bücher sind inzwischen erschienen, die zu erklären versuchen, was der marxistische Philosoph Antonio Gramsci theoretisch beschreibt: dass es, um politisch handlungsfähig zu werden, einen Kollektivwillen, organisierende Kräfte, Disziplin, eine gemeinschaftsstiftende Identität und politische Vorgehensweise braucht.

#KlasseGeschichten

Über das Gefühl, durch einen Bildungsaufstieg die ursprüngliche gesellschaftliche Klasse hinter sich gelassen zu haben, haben einige Autor*innen geschrieben. In Frankreich zählen dazu **Annie Ernaux** und **Didier Eribon**. 2019 erschien von **Anke Stelling** *Schäfchen im Trockenen.* **Christian Baron** schildert 2020 seine Geschichte in *Ein Mann seiner Klasse* und **Deniz Ohde** berichtete darüber in *Streulicht.*

Check your habitus, 2021, ist ein Literaturprojekt von **Daniela Dröscher**, in dem viele Autor*innen ihre Reise beschreiben: von den verinnerlichten elterlichen Glaubenssätzen über die Versuche des Mithaltens bis zu Gefühlen von Trauer, Verrat, Scham und Hochstapelei, also das, was für einen »gespaltenen Habitus« von Aufsteiger*innen als typisch gilt. Zusammen mit **Paula Fürstenberg** hat Dröscher 2021 **Soll & Habitus** herausgegeben. Darin gehen die Autor*innen das Wagnis ein, ihr Verhältnis zu Geld zu überprüfen, und schreiben über ihren Habitus. Beiträge von: **Shida Bazyar, Ewe Benbenek, Verena Brakonier, Christian Dittloff, Özlem Özgül Dündar, Verena Güntner, Mareice Kaiser, Şeyda Kurt, Aurélie Maurin, Maria Milisavljević, Jacinta Nandi, Hendrik Quast, Sahar Rahimi, Lynn Takeo Musiol** und **Deniz Utlu** https://checkyourhabitus.com

Klasse und Kampf, 2021. Im von **Christian Baron** und **Maria Barankow** herausgegebenen Sammelband schreiben 14 Autor*innen in persönlichen Essays über Herkunft und Scham, über Privilegien und strukturelle Diskriminierung, über den Aufstieg und das Unwohlsein im neuen Milieu. Was bedeutet es, in einem reichen Land in Armut aufzuwachsen? Sich von seinem Herkunftsmilieu zu entfernen, aber die eigenen Wurzeln nicht verraten zu wollen? Und dennoch im neuen Milieu nie wirklich anzukommen? Mit Beiträgen von **Christian Baron, Martin Becker, Bov Bjerg, Arno Frank, Lucy Fricke, Kübra Gümüşay, Schorsch Kamerun, Pinar Karabulut, Clemens Meyer, Katja Oskamp, Sharon Dodua Otoo, Francis Seeck, Anke Stelling** und **Olivia Wenzel.**

Der Verein **Arbeiterkind** will Schüler*innen aus Familien ohne Hochschulerfahrung zum Studieren ermutigen. Ein bundesweites Netzwerk von Mentor*innen vermittelt an über 70 Hochschulorten in Deutschland, Österreich und der Schweiz. https://www.arbeiterkind.de

Gender, Sexualität und Körper

Wie betrachten wir uns?

Biologisch betrachtet ist ein Körper Kopf, Rumpf, Bauch- und Brustraum. Glieder, Arme und Beine. Abgesehen von den Augen, nur Haut und Haare. Die Organe liegen im Inneren, die Knochen bilden das Skelett. Die Nerven, das Gehirn. So viele kleine Teile, Atome und Moleküle aus Sauer-, Kohlen- oder Wasserstoff. Ganz viel Wasser. Dazu eine Seele und Geist. Der Körper kann biologisch, geometrisch, physikalisch betrachtet werden. Ein Körper, der Masse hat und Raum einnimmt, der aus Begrenzungen besteht, der Ecken und Kanten hat. Er hat auch ein Geschlecht, eines das ihm zugeschrieben wird. Deshalb das Aufbrechen binärer und heteronormativer Sichtweisen. Menschen und Körper ansehen, anfassen, fühlen. Körper, die unterschiedlich lieben und begehren.

Genderleicht. Pronomen und ich, du, wir

I believe that telling our stories, first to ourselves and then to one another and the world, is a revolutionary act. It is an act that can be met with hostility, exclusion, and violence. It can also lead to love, understanding, transcendence, and community. I hope that my being real with you will help empower you to step into who you are and encourage you to share yourself with those around you.

– Janet Mock

Ich bin eine hetero Cis-Frau, was mir in Sachen Identifikation wenig Probleme gemacht hat. Mein Pronomen zu nennen ist einfach in einer Welt, in der es für so viele Menschen nur das binäre Modell von männlich und weiblich gibt. Zu sagen, dass ich eine Frau bin, dass ich mit »sie/ihr« bezeichnet werden möchte, ist das Geringste, was ich auf Instagram oder in Vorstellungsrunden tun kann, um zu zeigen, dass ich diejenigen sehe, für die das nicht selbstverständlich ist. An dieser Stelle schaffe ich Raum, weil ihre Perspektiven immer noch wenig wahrnehmbar sind. Weil im gesellschaftlichen Umgang mit Genderidentität, inter, trans und nicht-binär zu sein immer noch als außerhalb der Norm gilt. Es ist eine Tatsache, dass diese Unterscheidung die Grundlage für Ausgrenzung, Pathologisierung, Gewalt und Feindlichkeiten schafft, die für Kinder und Jugendliche besonders verletzlich sind. Ein unterstützendes Umfeld ist für sie (über-)lebenswichtig, und deshalb spreche ich dieses Thema explizit an, versuche einen Einblick, aber kann ihn nicht ausführen, weil ich selbst nicht in dieser Position bin, aber Raum schaffen möchte für eine Lebensrealität, die oft unbeleuchtet bleibt.

Immer wieder stelle ich fest, wie wenig Wissen oder falsche Vorstellungen über unsere Genderdifferenz besteht und welche Distanz dazu eingenommen wird. Es ist ein Abstand, der sich für mich schwer greifen lässt, den ich mal mit fehlender Selbstverständlichkeit, fehlendem Kontakt und fehlendem Interesse verknüpfe. Auch ich bin mittendrin, mir Wissen anzueignen, weil eine Cis-Sozialisierung mich stark geprägt hat. Umso mehr empfinde ich es als einen schmalen Grat, dieses Kapitel aus privilegierter Position zu schreiben. Es hätte auch eine betroffene Person schreiben können. Aber mein Anliegen ist es ja, die Leerstellen, die Menschen mit Privilegien wie ich haben, und meinen Umgang mit diesen aufzuzeigen. Ich möchte ein Nachdenken und Gespräch darüber entwickeln, damit sich Betroffene nicht immer erklären müssen, aber ich gleichzeitig nicht für sie spreche. Ich möchte zeigen, wie ein Miteinander, Verstehen, Lernen und Verlernen, ein von Unterdrückung befreites miteinander und übereinander Sprechen gehen kann. Die Verantwortung, die ich dabei habe, ist groß, weil ich noch nicht fertig bin. Deshalb habe ich dieses Kapitel überarbeitet, weil ich es Menschen, die es betrifft, zum sensitiven Gegenlesen gegeben habe, die mich aufmerksam gemacht haben auf Dinge, die ich übersehen und damit ungewollt verletzt habe. Ich erzähle das, weil auch dieser Prozess eine Form eines anderen Miteinanders beschreibt: die des Austauschs.

Beginne ich also mit meiner eigenen privilegierten Position, aus der ich hier beschreibe: nämlich damit, dass ich mir früher über mein sozialisiertes Geschlecht wenig Gedanken gemacht habe. Über die Konstruktion meines weiblich gelesenen Schwarzen Körpers. Ich habe mich wenig mit dem mir nach meiner Geburt zugewiesenen Geschlecht beschäftigt, weil ich mich mit diesem identifizieren konnte. Heute beschäftige ich mich damit, mein Gefühl und meine Selbstverständlichkeit haben sich verändert. Ich habe im vergangenen Jahrzehnt Menschen kennengelernt, die das Gegenteil von dem erlebt haben, was ich erlebt habe, für die das Pronomen, das ihnen zugewiesen wurde, nicht passte oder nicht all das umfasste, was sie sind. Mit ihren Erfahrungen spiegelten sie mir meine Gender-Selbstverständlichkeit fast immer als ein Privileg wider, das mich bestimmten Erfahrungen und Gefahren nicht ausgesetzt hat. Es waren mehrere Initialmomente, die mich dazu geführt haben, mich mit den gängigen binären Vorstellungen auseinanderzusetzen, die in unserer Gesellschaft die Norm darstellen, die auch ich verinnerlicht hatte.

Pronomen sind ein Phantasma, erklärte die Philosophin Judith Butler und deutet, wie wir als Mädchen oder Jungen imaginiert werden und ein soziales Geschlecht auf uns projiziert wird. Sie erklärt, wie unsere Gesellschaft Menschen mit den dazugehörigen Pronomen markiert und das Dazwischen außer Acht lässt. Wie Menschen anhand körperlicher Merkmale eingeteilt werden, zuallererst nach der Geburt anhand ihrer Genitalien, und dass diese nicht immer auf eindeutig Mann oder Frau schließen lassen, weil intergeschlechtliche Menschen mit diversen Geschlechtsmerkmalen geboren werden. Diese Tatsache führte in vielen Fällen dazu, Kinder nach der Geburt »anzugleichen«, damit sie in eine der beiden Kategorien passen. Dabei wird außer Acht gelassen, dass Gender ein Spektrum beschreibt und sich nicht nur an körperlichen Merkmalen festmachen lässt. Im August 2015 beschloss der Deutsche Bundestag einen Gesetzentwurf, der vorsah, dass Menschen in Deutschland bei der Angabe im Geburtsregister zwischen männlich, weiblich und divers entscheiden können, um intergeschlechtlich eine Selbstbezeichnung geben zu können. Es ist das sogenannte dritte Geschlecht, das trans Menschen aber nicht miteinschließt. Und eine weitere Hierarchisierung in sich birgt. Denn wenn divers das dritte Geschlecht ist, was ist dann das erste und zweite, fragte zu Recht Maria González Leal nach dem sensitiven Lesen dieses Kapitels, eine Frage, die ich gerne weitergeben möchte.

Ich erinnere mich noch gut an meine erste bewusste Auseinandersetzung mit dem Thema Transgender. Es war eine privat-politische und persönliche, die in der Zeit meiner Vorstandsarbeit bei der ISD passierte. Es wurde zu einer intensiven Zeit, weil sich für viele von uns zeigte, dass das Thema innerhalb unserer damaligen Schwarzen Community-Kreise genauso wenig bearbeitet worden war wie in der Dominanzgesellschaft außerhalb dieser Räume. In *Spiegelblicke* berichtete der Trainer und Autor Tsepo Bollwinkel in seinem Text »Coming-out und Coming home«, dass er sich bis zu seiner Transition deshalb von Schwarzen Räumen ferngehalten habe, weil er sich sorgte, auch dort wie in der *weißen* und heteronormativen Gesellschaft Anfeindungen zu erleben. Und damit hatte er recht. Sein jahrelanger Verzicht darauf, sich als ganze Person zu zeigen, wurde zu einem schmerzhaften Prozess, der sich änderte, als sich innerhalb der Strukturen eine Öffnung unter den Aktiven vollzog. Es waren die Anfänge intersektionaler Denkräume, die auch in der ISD Einzug hielten. Es passierte während meiner aktiven Zeit, als sich die erste LGBTQIA+-Arbeitsgemeinschaft innerhalb der Vereinsstrukturen gründete, die innerhalb geschützter Räume noch einmal einen anderen Schutz für sich suchte. Es gründeten sich in den Folgejahren noch weitere AGs, die zu anderen Themen der Differenz miteinander arbeiteten. So beschreibt diese

Zeit der Anfänge ab 2014 für mich auch die eines schmerzhaften Wandels für die Verletzlichsten innerhalb der Community, weil in der Veränderungs- und Lernarbeit der Lernwilligen auch Verletzungen von denen ausgingen, die daran nicht teilnehmen wollten. Ich befand mich damals gefühlt mittendrin, fühlte mich oft ohnmächtig beim Versuch zu vermitteln und die Dynamiken, die entstanden, zu begreifen. Auch ich habe verletzt, ohne das beabsichtigt zu haben. Besonders traurig war diese Situation, weil die Schwarze Bewegung maßgeblich von queeren Menschen aufgebaut wurde. Ihnen gilt der Dank bis heute.

Diese Auseinandersetzung beschreibt meinen Initialmoment dafür, mich der Gender-Differenz in meinem Denken zu öffnen. Es wurde unsere gemeinsame Aufgabe im Verein, sie zu etablieren, einen politischen Umgang mit unserer Heterogenität zu finden, die schon immer da war. Es war keine leichte Aufgabe, möglichst viele, so unterschiedliche Menschen gleichzeitig mitzunehmen. Es war die Zeit, als ich mich erstmals bewusst mit den Perspektiven von trans Menschen beschäftigte. Ich informierte mich und wurde aufgeklärt über das Thema »Passing«, also den Prozess, in seinem selbstbestimmten Geschlecht gelesen beziehungsweise anerkannt zu werden. Und welcher Druck für viele damit verbunden ist, weil sich dieser Prozess in cis-hetero Kreisen oft innerhalb binärer Vorstellungen bewegt, also versucht wird, die Menschen immer wieder auf das eine oder andere Geschlecht festlegen zu wollen. Doch sind operative Eingriffe eine Möglichkeit, und es gibt eine Menge Gründe, weshalb Menschen keine durchführen wollen oder können. »Transitioning« beziehungsweise »Transition« ist der differenzierende Begriff für den Prozess, in dem eine trans Person soziale, körperliche und/oder juristische Änderungen vornimmt. Zudem gebe es eine Vielzahl von Operationen, die dann auch korrekt benannt werden könnten, erklärt Felicia Ewert, Autorin von *Trans. Frau.Sein. Aspekte geschlechtlicher Marginalisierung*.

Vulvaplastik, Vaginalplastik, Mastektomie, Orchiektomie, Penoidaufbau, Brustvergrößerungen oder Hysterektomie. In einem Instagram-Post beschreibt Ewert, wie das Thema tabuisiert wird, während sich cis-hetero Menschen berechtigt fühlten, trans Menschen immer wieder zu befragen, was sich zwischen ihren Beinen befinde. Deshalb passiert es, dass der Begriff Geschlechtsumwandlung oft mit Transgeschlechtlichkeit gleichgesetzt wird, obwohl trans Personen keine operativen Eingriffe durchführen müssen, um in ihrem Geschlecht anerkannt zu werden. Es gibt seit 2011 keinen Operationszwang mehr, der früher Voraussetzung war, um einen Eintrag in der Geburtsurkunde zu ändern. Ein Vorgang, der dennoch weiterhin schwierig ist, weil es bis zum Koalitionsvertrag 2021 dauerte, in dem konkrete Schritte zur Verbesserung der Lage von trans Personen angekündigt wurden. Unter anderem soll einem Selbstbestimmungsgesetz zugestimmt werden, das unter anderem eine Änderung des Geschlechtseintrags per Selbstauskunft möglich machen würde. So beschreibt die Transition nicht nur eine persönliche Ebene, sondern auch den Verwaltungsakt, der drastische Folgen für Menschen hat, die er betrifft. Seit der Bundestagswahl 2021 sitzen nun erstmals zwei *weiße* trans Frauen im Bundestag. Zudem gab es mit 22 Personen noch nie so viele queere Menschen, die dort vertreten waren.

Mein Kontakt und Erleben mit unterschiedlichen trans Personen hat mir viele eigene Leerstellen aufgezeigt. Noch heute passiert es mir, dass ich binäre und heteronormative Vorstellungen reproduziere, wenn ich unachtsam bin. Es ist mir unangenehm, aber ich weiß, dass in mir die Erkenntnis und ein Wille zur Veränderung wirken, die Bollwinkel in *Spiegelblicke* aufschrieb, nämlich, »dass in Communities sehr unterschiedliche Menschen und Lebenswelten zusammenkommen, die eigentlich nur eine einzige Erfahrung teilen oder ein Interesse eint – in diesem Fall ein Schwarzsein in einer *weiß* dominierten Gesellschaft. Aber dass es für ein anderes Miteinander ein Wissen um die dringende Notwendigkeit, mit allen Unterschieden und Differenzen, innerhalb einer Gemeinschaft braucht«. Diese Veränderung für ein diskriminierungssensibleres Miteinander einzuleiten, hat sich Bollwinkel zur Aufgabe gemacht. Sie ist nicht nur für Schwarze Räume relevant. Aber dort hat sich diese Erkenntnis vielerorts bereits durchgesetzt und wird vorangetrieben. Von diesen Erfahrungen lässt sich viel in Bezug auf einen gesamtgesellschaftlichen Blick lernen. Denn was die deutsche Medien- und Literaturlandschaft an aufklärenden Sichtweisen für die breite Masse hergibt, ist rar, und oft sind die Vorstellungen und Konstruktion der Personen, über die gesprochen wird, einseitig.

Dahingehend beschreibt Jayrôme C. Robinet in *Mein Weg von einer weißen Frau zu einem jungen Mann mit Migrationshintergrund* die Erfahrung, mit Rollenzuschreibungen konfrontiert und von normierten Klischeevorstellungen umgeben zu sein. Wie er in den Transitionsphasen »fehlverknüpft« wird, weil Robinet sich eigentlich als *weißer* Mensch positioniert hatte, während der Transition aber als migrantisierte Person gelesen wird, weil er mit einem dunklen Bart und seinem äußerlichen Erscheinen so gelesen wird. Ihm fällt das auf, weil er plötzlich Diskriminierungserfahrungen macht und rassistische Anfeindungen erlebt. So erfährt der Franzose, der in Berlin lebt, wie über seinen Körper Vorstellungen über sein Geschlecht, die Herkunft und damit verbundene Erfahrungen konstruiert werden. Schon vor der Transition wurde Robinet als nicht *weiß* gelesen, aber als Französin wurde seine Person positiv markiert. Früher sexy und exotisch, heute exotisch und gefährlich, schreibt er.

Es sind intersektionale Erfahrungen, die Robinet mit seinem

Weg der Selbstwerdung verbindet. Eindrücklich beschreibt er, was es bedeutet, als trans Mann eine Beziehung einzugehen, über die Sorge, zurückgewiesen zu werden, oder dass ein neues Gegenüber seine sexuelle Orientierung infrage stellt. Robinet macht deutlich, warum trans Menschen Sexualität nicht erklären wollen und trans sein auch keine Auskunft über die sexuelle Orientierung eines Menschen gibt, die sich über den Verlauf eines jeden Lebens sowieso verändern kann. An seiner Position macht Robinet deutlich, wie geschlechtliche Identität bereits Kindern erklärt und aufgrund von Optik an bestimmte Erwartungen gebunden wird. Dass viel Sozialisiertes »umzulernen« sei, um das eigene Selbst zu finden.

Die eigene Sozialisierung ablegen ist ein Thema, das bereits 1990 in dem Film *Boys don't cry* für ein Mainstream-Publikum verhandelt wurde. Auch der Film *The Danish Girl* von 2015 gilt als eine gesellschaftliche Erzählung für das breite Publikum. Allerdings wurde gerade in Bezug auf Letzteren die Kritik geäußert, dass dieser aus einer Cis-Perspektive erzählt wurde. Zudem wurde kritisiert, dass die Hauptrolle von dem cis-hetero Schauspieler Eddie Redmayne gespielt wurde, der kürzlich selbst in einem Interview die mangelnde Repräsentanz vielfältiger Schauspieler*innen bei Castings monierte und erklärte, dass er die Rolle heute nicht noch einmal spielen würde. Inzwischen gibt es Filme, die auf selbst erzählte Geschichten setzen und für alle sind. Dazu haben im Wesentlichen kritische Filmemacher*innen und Schauspieler*innen aus der trans Community beigetragen. Eine davon ist die US-Schauspielerin Laverne Cox, die als Sophia in der Serie *Orange Is The New Black* bekannt wurde. So finden sich dank Netflix und Co. ein paar wenige US-Hochglanz-Produktionen mit authentischen Charakteren, weniger Klischees und von Schauspieler*innen gespielt, die tatsächlich transgender sind. Repräsentation zählt –

auch im Film, der immer auch den Stand der gesellschaftlichen Debatte über ein Thema aufzeigt. Wo also stehen wir in Sachen Genderdifferenz?

»Anfang der 90er sprach niemand über trans Menschen, niemand kannte uns, wir waren nicht im Fernsehen, wir waren die lustig überdrehten Freaks, die gefährlichen Serienkiller-Freaks, die ermordeten Freaks«, schreibt Robinet. Es sei höchstens um Leidenswege einer sichtbaren *weißen*, urbanen und bürgerlichen Community gegangen, um medizinische Maßnahmen und Cis-Akzeptanz, aber wenig bis gar nicht um Themen wie Zwangssterilisation, Transsein als vermeintliche medizinische Identitätsstörung, Diskriminierung im Ehe- und Familienrecht, im Bildungs- und Gesundheitswesen, im Sport, auf dem Arbeitsmarkt oder die Ablehnung in schwul-lesbischen Zusammenhängen, Gewalterfahrungen und Hassverbrechen. Auch heute noch ist es ein langer Weg hin zu einem öffentlich-offenen Bewusstsein und einer interessierten Allgemeinheit dafür, dass es inter und trans Menschen schon immer gegeben hat und welche Erfahrungen sie machen. All das zu wissen ist wichtig, um sich nicht einfach über ein Gendersternchen zu empören, weil sie angeblich die Sprache verhunzen oder nicht ästhetisch seien, sondern sich damit zu beschäftigen, warum es das gibt.

Das Sternchen ist eine emanzipative Errungenschaft, doch spielt dieser Kontext fast nie eine Rolle in den aufgeheizten Debatten. Dass es sich um Menschen und nicht um Empfindlichkeiten handelt. Aber es ist wie in vielen Stellvertreterdebatten, die über unsere Sprache ausgetragen werden. Sich ernsthaft mit ihnen auseinanderzusetzen hieße, unsere Differenzen wahr- und wichtig zu nehmen. Die Auseinandersetzung erfordert ein Bewusstsein der eigenen Privilegien, um diese als Teil der Unterdrückung anderer erkennen zu können. Als cis-privilegierte Person sehe ich das als meine Aufgabe: Ich nehme Pronomen ernst, weil sie ermöglichen, Menschen in ihrem Sein zu zeigen, und es gibt viele Menschen, für die sie von mehr Bedeutung sind, solange sie damit noch erklären müssen, wer sie sind. Es ist eine politische Anerkennung, dass es ein Recht auf selbstgewählte Identitäten und dass Geschlecht keine rein anatomische Gegebenheit ist, sondern durch »performative Akte« konstituiert wird, wie Butler es in *Das Unbehagen der Geschlechter* beschreibt.

Denn eines steht fest: Egal, ob mit der Anrede »Herr« und »Frau« oder den Pronomen »sie« und »er«. Die deutsche Sprache ist durch und durch binär. Eine Sprache, die Frauen oft nicht berücksichtigt und nicht-binäre Menschen fast komplett ignoriert. Weil unsere Pronomen geschlechtsbezogen sind, bevorzugen manche unter ihnen Formen wie »sie/er« oder das englische »they/them«, das in der Schriftsprache oft mit eckigen Klammern hinter ihren Namen gekennzeichnet wird. Im Englischen wird oft »they« benutzt, wenn nicht klar ist, wie eine Person sich selbst positioniert. Eine Formulierung, die das Deutsche (noch) nicht verbreitet kennt. Doch wird bereits von manchen Personen »they« im Deutschen mit »sey« oder »dey« übersetzt, und es werden Begriffe wie »sie:er« oder »sier« oder »Eos« benutzt. Andere wiederum entscheiden für sich, zwischen den Pronomen zu wechseln oder gar keine zu benutzen und wollen nur beim Namen genannt werden. Wer nicht genau weiß, wie eine Person angesprochen werden möchte, sollte fragen. Es war auch meine Aufgabe in diesem Buch, Lösungen zu finden – und ich wurde dabei unterstützt.

Der Begriff Transition zeigt für Ewert, dass es bei der Namens- und Pronomenfindung auch um das Ausprobieren und Experimentieren gehe. Trans Menschen sind keine homogene Gruppe, sie sind vielfältig. Es gibt individuelle Positionen und politische Selbstbezeichnungen und nicht das perfekte Pronomen für alle. »Jede Person macht ihre trans Identität an etwas anderem fest.

Es ist nicht einmal für trans Personen möglich, zu fühlen, was andere trans Personen fühlen«, erklärt Busch unter @omnomnomknusper auf Instagram. Er/Sie ist eine von vielen Aktiven, die sich dort positionieren, um Aufklärung zu betreiben. Inzwischen gibt es einige Bücher und Glossare, die aus trans Perspektive verfasst wurden und Details und Lebenserfahrungen sichtbar machen sowie zu einem Verständnis für Begriffe, Selbstbezeichnungen und Überlegungen für eine genderneutrale Sprache beitragen. Sie erklären, was Enbys, genderqueere, genderbender, inbetween, postgender oder diverse bedeutet. Sie verhandeln, ob Begriffe wie trans* als Überbegriff für transgender, transident und nicht-binär genutzt werden sollten oder es differenzierter wäre, zu sagen, was ist. Sie setzen sich auch mit der Frage auseinander, ob es überall eines Sterns bedarf, weil zum Beispiel eine Frau* oder Mann* nicht inklusiv ist, weil ein trans Mann eben ein Mann und eine trans Frau eine Frau ist. Oder warum der Begriff transsexuell abgelehnt wird, weil eine trans Identität eben nichts mit Sexualität zu tun hat und das Konkrete, der Zustand, also transgender oder transident benannt werden sollte.

Weiblich sein ohne Brust und Vagina. Männlich sein ohne Bart und Penis. Je mehr unsere Gesellschaft sich auf Gender-Nonkonformität einstellt und Pronomen hinterfragt, die »er« zu einem Peniskörper und »sie« zu einem mit Vulva sagen, umso leichter fällt das Verlernen von binären, vermeintlich biologischen Erklärungen. Zu denen übrigens auch der Blick auf behinderte Menschen und ihre Genderdifferenz zählt. Mit dem 1985 erschienenen Buch *Geschlecht behindert – besonderes Merkmal Frau* beschrieben die Herausgeber*innen G. Hermes und C. Ewinkel sich selbst als eine Gruppe dazwischen, was sie am Cover mit einer Zeichnung von drei Toiletten, eine mit D für Damen, die zweite mit einem Behindertensymbol und die dritte mit einem H für Herren illustrierten. Damit machten sie deutlich, dass behinderte Menschen bis in ihre grundlegendsten Bedürfnisse als genderlose Wesen behandelt werden, denen ihre Sexualität abgesprochen wird. Dieser Gedanke zeigt, dass die Debatte um Toiletten für alle Geschlechter kein Unsinn ist, sondern repräsentativ dafür steht, Menschen und ihre Rechte wahrnehmbar zu machen und damit anzuerkennen.

Es gibt viele Gründe, warum wir mehr über unsere Genderdifferenz sprechen müssen. Durch meine persönlichen Erfahrungen, mich nicht genug beschäftigt zu haben, wusste ich, dass ich mich einarbeiten will. Ich wollte und will meine Leerstellen füllen. Und so lese ich mich noch immer durch Texte und Inhalte zum Thema, denke auf Instragram über Posts wie die von Busch aka @omnomnomknusper nach, weil ihr/sein intersektionales Denken auch eines aus autistischer Perspektive ist. Ich verbinde mittlerweile meine Gedanken über Körper und Sein. Ich interessiere mich für die Verknüpfung von Erfahrungen und finde Buschs Appell wichtig, dass es nicht darum gehe, sich krampfhaft in das Gegenüber hineinversetzen zu wollen, weil das einfach nicht immer geht, sondern dass es darum geht, die Erfahrung anderer respektieren zu können, empathisch zu sein, anzuerkennen und zu akzeptieren. Oder wie ich es ausdrücken würde: Es geht darum, ein Mit-Gefühl zu entwickeln. Wie sich dadurch Wissen verändert, Sicherheiten und Selbstverständlichkeiten in einem wachsen, zeigte mir die Begegnung mit einer Gruppe junger Erwachsener vor einigen Jahren, nachdem ich begonnen hatte, mich mit diesem Thema zu beschäftigen. Ich traf sie in einem Sommerurlaub. Sie kannten sich aus Kindertagen und hatten ohne ihre Eltern die gemeinsame Reise unternommen. Sie kannten sich lange, aber nicht alle gut. Gemeinsam wohnten wir auf einer weitläufigen Anlage mit wenigen Häusern im Süden Europas. Man grüßte sich und sprach miteinander. Eine Person vertraute sich uns in einer kleinen Runde an, darunter auch meinem Partner und mir. Sie suchte den Kontakt zu älteren Menschen, vermisste ihr Zuhause, fühlte sich in der eigenen Gruppe nicht immer wohl. Anfänglich waren die Beschreibungen unklar, irgendwann vermutete ich etwas, aber wusste nicht genau und fragte nicht nach. In unserem Gespräch verpackte ich Sichtweisen über Non-Binarität, wenn wir über dies und das sprachen. Irgendwann ging es verklausuliert darum, sich vor dem eigenen Freundeskreis im Urlaub »öffnen« zu wollen, weil sich ansonsten alles falsch anfühle. Dass es kompliziert sei, weil auch ein Geschwister dabei sei und die Eltern zu Hause nichts wüssten. Was ich empfehlen würde? Ich fühlte mich erinnert an viele Jahre zuvor, als ich mir nicht so bewusst darüber war, was ich wie sagen kann, und es war ein schöner Moment, mich so viel klarer zu fühlen. Ich lieh der Person das Buch von Jayrôme Robinet, das ich in diesem Urlaub las. Was für ein Zufall! Aber Zufälle gibt es nicht, glaube ich. Am Abend kam die Person zu mir, sagte, dass ihr Name kein Frauenname, sondern ein männlicher sei. F. brachte später den Mut auf, dies auch seinen Freund*innen zu sagen. Einen Abend später fiel er uns um den Hals, weil diese gut reagiert hatten. Sie hatten einen Sekt geöffnet, um auf ihn anzustoßen.

Heterowelten

Empowerment ist, sich in jeder der eigenen Rollen, die man lebt, zu fühlen und beschreiben zu können.

– Amma Yeboah

Wie wir lieben ist unterschiedlich. Unsere sexuelle Identität sagt nicht nur etwas über unsere Genderdifferenz, sondern auch über unser Begehren aus. Unsere komplexe Identität bezieht sich darauf, wie wir uns selbst sehen und wie wir von anderen wahrgenommen werden (wollen). Unser Körper, unsere Psyche, unsere soziale Rolle, unser sexuelles Erleben und unsere sexuelle Orientierung sind ihre Bausteine. Und Sexualität wird von uns Menschen vielfältig gelebt. Das war schon immer so. Es gibt lesbische, schwule, bisexuelle, pan-, asexuelle und andere Liebesweisen, doch gilt Heterosexualität für viele als die Norm, an der sich alles orientiert und an der Menschen, die nicht in diese Rolle passen, sich abarbeiten dürfen. Deshalb fordert die LGBTQIA+-Community mit den Farben des Regenbogens seit Jahrzehnten Sichtbarkeit und Akzeptanz für alle. Aber vor allem feiert sie die Differenz. Meine Zwanziger, als ich noch viel auf Partys und als Reporterin für das Stadtmagazin *Frizz-Frankfurt* unterwegs war, waren geprägt von Feiern der Gays und Friends-Szene. Ein Motto, das Orte, Partys und Events beschreibt, in der die LGBTQIA+-Szene und deren nicht queeren Freunde gemeinsam feiern. Dort zeigte sich für mich als cis-hetero Frau die Selbstverständlichkeit für den symbolischen Regenbogen, die vielen bis heute fehlt. Darum schreibe ich darüber.

Einer meiner besten Freunde ist schwul, und da wir schon immer offen über Sexualität gesprochen haben, verdanke ich ihm, internalisierte, heteronormative Blicke über Jahre reflektiert zu haben. Wir haben gegenseitig viel von unseren Perspektiven gewonnen. Differenzerfahrungen der Gesellschaft waren schon immer unser Thema. Wenn wir uns sehen und sprechen, ist es intensiv, wir teilen viel über unsere Sichtweisen aufs Leben. Wir suchen danach, was uns verbindet, wir fällen keine Urteile, wenn einer von uns beiden etwas nicht gleich versteht. Wir versuchen, uns selbst und die andere Person auch kritisch zu hinterfragen, Rückschlüsse und Vergleiche zu ziehen, Überschneidungen festzustellen und Aha-Momente zu feiern.

Kai Kupferschmidt ist Molekularbiologe und ein bekannter Wissenschaftsjournalist. Sein naturwissenschaftliches Denken hat mir zusätzlich zu meinem polit-soziologischen Weltzugang weitere gedankliche Türen geöffnet. Immer wieder war dabei auch (unsere) Gesundheit Thema. Was es bedeutet, (chronisch) krank sein zu sein. In Zeiten der Pandemie wurde Kai zu meinem Ort innerer Sicherheit, weil er sich, seit ich denken kann, mit Seuchen beschäftigt, also einem Thema, das den Westen nicht bewegte, bis es uns als Gesellschaft jetzt erwischte. So basiert unsere Freundschaft auf einem großen Vertrauen und Austausch, der Veränderung zulässt und davon ausgeht, dass sich Dinge beim Gegenüber verändern, weil Erkenntnisse dazugewonnen werden können. Wir haben beide viele Fragen an das Leben und sind bereit, möglichen Irritationen zu begegnen. Kai und ich haben uns in unserer journalistischen Ausbildung kennengelernt. Uns verbindet deshalb auch ein analytischer Blick.

Aus Hetero-Perspektive ist vieles leicht zu übersehen oder zu bewerten. Ich weiß durch die Menschen in meinem Leben, was es für sie heißt, unterschiedlich zu begehren, und was es heißt, (politisch) queer zu sein. Schon während meines Volontariats nahm ich die Stelle als freie Reporterin im Musikressort von *L-Mag – Magazin für Lesben* an, die mir meine Klassenkameradin vermittelt hatte. Ich kam dadurch auf die Veranstaltung »Lebendige Frauengeschichten – die afrodeutsche Lesbe Gupha Voss erzählt«. Es war der Abend ihres öffentlichen Outings. Damals war Gupha 78 Jahre alt. Gupha war eine zarte Person mit schmalen Fingern und einem sanften, fein geschnittenen Gesicht. Das lockige Haar durchzogen nur wenige graue Strähnen. Gupha beobachtete viel und sprach mit Pausen, um nachzudenken. Nach diesem Abend lernten wir uns besser kennen, ich kam oft zu Besuch, um zuzuhören, und wir unternahmen Ausflüge. Nachdem ich zurück nach Frankfurt zog, verlor ich Gupha aus den Augen, aber mir bleiben bis heute ihre und unsere Fotos.

1930 war Gupha als die Tochter eines liberianischen Vaters und einer deutschen Mutter geboren worden. Ihr Vater war zunächst als Heizer auf einem Schiff der »Deutsch-Afrika-Linie« angestellt, bevor er später in Deutschland beim Zirkus Sarrasani als Darsteller in den sogenannten Afrikaschauen arbeitete. Bei einem Aufenthalt in Chemnitz verliebt er sich in Guphas Mutter, doch kommt diese wegen ihrer Liebe während des Zweiten Weltkriegs in ein Arbeitslager in Scheuen. Guphas Vater erhält ein Umgangsverbot mit seinen Kindern, die jetzt bei ihrer Großmutter leben. Er stirbt mit 44 Jahren an einer Lungenentzündung. Da ist Gupha 15 Jahre alt. 1950 zieht sie mit ihrer ersten Freundin nach Westberlin, findet dort aber keine Arbeit. Sie kehrt nach Chemnitz zurück, wo sich lesbische Frauen oder Personen, die als solche gelesen werden, hinter zugezogenen Vorhängen treffen und sich für Zärtlichkeiten im Stillen verabreden.

Gupha arbeitet auf dem Bau, verkauft Zeitungen und kehrt später wieder nach Berlin zurück, lernt dort eine Partner*in kennen. Beide leben neun Jahre zusammen, bis Gupha betrogen wird. Im Kummer lernt sie einen Mann kennen, von dem sie schwanger wird. Sie trifft keine Frauen mehr, trennt sich von ihrem ersten Mann, und als 1989 ihr zweiter Mann stirbt, ergreift sie die Chance. Mit der erwachsenen Tochter besucht sie mit 59 Jahren das erste Mal ein Lesbenlokal. »Diesen Tag vergesse ich nie«, sagte Gupha. Und ich werde Gupha nie vergessen, die mir zeigte, dass zu sich zu finden an kein Alter gebunden ist. Dass es nie zu spät ist, das eigene Leben zu einem schöneren zu verändern.

Jedes Jahr feiern marginalisierte Gruppen ihr Dasein. Zum Pride Month im Juni 2021, der einmal im Jahr wie der Black History Month im Februar und der Romnja: Power Month im März die Geschichte seiner Bewegungen feiert, höre ich im Deutschlandfunk ein Feature über die Geschichte der Menschenfeindlichkeit gegen Schwule und Lesben. Es beginnt in der Antike, als weder Römer noch Griechen zwischen homo- und heterosexuellem Begehren unterscheiden und erst im Laufe des Mittelalters Sex unter Männern oder Personen, die als solche gelesen werden, als »widernatürliche Praktik« definiert und mit sexuellen Handlungen an Tieren gleichgesetzt wird. Ich höre weiter, weil ich wissen will, wie die Meilensteine emanzipativer Errungenschaften eines jahrhundertelangen Kampfs um Menschenrechte erzählt werden. Wie der sogenannte »Queer-Moment« eingeordnet wird, der sich als Begriff in den 80er Jahren etabliert. Queer als Katalysator, der viele zentrale Einsichten aus früheren Jahren stützte und sich in politischen Kämpfen gegen eine antifeministische, misogyne, homo- und transfeindliche Mobilisierung in den USA wie Europa neu formulierte, wie es Genderforscher*in Sabine Hark erklärt. Es sind damals insbesondere rechte Kräfte, die AIDS mit männlicher Homosexualität verknüpfen, zum Niedergang US-amerikanischer Macht erklären und eine monogame Heterosexualität als Symbol für nationale Stabilität propagieren. Die sogenannte AIDS-Krise gilt als eine Zeit, in der neue Bündnisse versuchten, eine Diskursverschiebung eines Stigmas der Homosexualität zu verhindern und gleichzeitig den Staat mit der Forderung nach besserer medizinischer und pflegerischer Versorgung in die Pflicht zu nehmen und Präventions- und Selbsthilfekampagnen zu unterstützen. Dieser »Queer-Moment« erzählt auch davon, wie Armut und Prekariat für queere Menschen durch ihre Ausgrenzung einmal mehr zur Bedrohung wurde.

Der Historiker Martin Lücke beschreibt, wie im Kaiserreich zum ersten Mal so etwas wie eine reichseinheitliche Strafbarkeit von Homosexualität geschaffen wurde, wie es später der Paragraf 175 tat. Viele Jahre galt dieser nur für Männer, weil Frauen eine vom Mann unabhängige Sexualität abgesprochen wurde. Männer mussten stark und aktiv, Frauen sollten passiv sein. Homosexuellen wurden weibliche Attribute zugeschrieben, und Frauen galten als Objekt der Begierde. Sie hatten quasi keine Sexualität, oder wie es die Autor*in Carolin Emcke in *Wie wir begehren* beschreibt, was es nicht gibt, könne auch nicht »entartet« oder als Bedrohung gewertet werden. So wurden während des Zweiten Weltkriegs lesbische Frauen und schwule Männer aufgrund der Rechtslage unterschiedlich verfolgt. Bei Frauen führte die Idee von »asozialem Verhalten« zu ihrem Abtransport.

Viel zu lange wurde in der Wissenschaft Homosexualität als etwas zwischen binären Geschlechtervorstellungen definiert, als Weiblichkeit bei Männern und Männlichkeit bei Frauen. Dazu kam ab den 50er Jahren eine Politik, die die Hetero-Ehe in den Mittelpunkt allen Seins rückte, was die Verfolgung durch den Paragraf 175 in der Bundesrepublik noch verstärkte. Anders war es in der DDR, wo das Strafrecht zwar früher gelockert wurde, das Stigma allerdings auch nicht aufgehoben war. Erst 1994 verschwand der Paragraf aus dem Strafgesetzbuch des wiedervereinigten Deutschland. Das ist also nicht einmal 30 Jahre her. Und so verwundert es nicht, dass sich hierzulande die diskriminierenden Bilder von hypersexuellen, übergriffigen und potentiell pädophilen schwulen Männern und lesbischen Frauen, denen die Lust auf Männer fehlt, so hartnäckig halten. Es verwundert auch nicht, warum bis heute in Studien viele Befragte keine eindeutige Angabe zu ihrer sexuellen Orientierung und Gender-Zuordnung machen, weil sie Folgen wie Bedrohung, Ausgrenzung, diskriminierende Zuschreibungen, körperliche Gewalt und sexuelle Übergriffe fürchten.

Unter dem Titel *Was ich erlebt habe* veröffentlicht das Berliner Anti-Gewalt-Projekt MANEO die Gewalterfahrungen von homo-, bisexuellen und trans Menschen. Die jüngsten Zahlen mit 1000 Fällen stammen aus dem Jahr 2019. Rückblickend auf die vergangenen fünf Jahre haben sich die Zahlen verdoppelt, und die Täter*innenschaft sei größtenteils männlich. Die gesellschaftlichen Ressentiments sind eingebettet in unser gesellschaftliches Denken und Sprechen, in die Art und Weise, wie Witze gemacht oder Schimpfwörter genutzt werden.

Aus Hetero-Perspektive genügt es nicht, sich damit zu begnügen, dass in Deutschland die Lebenssituation für queere Menschen vergleichsweise besser ist als in anderen Teilen der Welt. Denn was heißt das? Und was bedeutet es, wenn zur Fußball-Europameisterschaft eine Regenbogenflagge gehisst werden soll, um der Ukraine, die kurz zuvor die LGBTQIA+-Rechte eingeschränkt hatte, mal zu zeigen, wie es hier mit dem Bekenntnis zur Vielfalt so viel besser läuft. Es ist für die, die hier leben, eine relativ bessere Erfahrung. Besser als woanders heißt eben noch lange nicht gleichberechtigt.

Es ist nicht ganz unproblematisch, dass ich den Begriff queer hier als Sammelbezeichnung für so viele unterschiedliche Leben verwende. Für Schwule, Lesben, bisexuelle, trans, zuweilen auch inter- und asexuelle Menschen, die alle sehr unterschiedliche Erfahrungen machen und keine einheitliche Gruppe bilden, nicht einmal zwingend dieselben politischen Interessen verfolgen. Für viele steht der Begriff »queer« daher auch für eine soziale Position, bei der es um die Kritik an heteronormativen Verhältnissen und Gendervorstellungen als Machtverhältnisse geht, in denen heterosexuelle Genderdifferenz die Norm darstellt. Damit würden nicht-heterosexuelle, nicht-binäre Menschen und queere Lebensweisen jenseits der oft bürgerlichen heterosexuellen Familie ausgeschlossen und marginalisiert, erklärt die Referentin Michal Schwartze. Der Begriff stellt also auch eine Haltung dar.

Wo also beginnt eine heteronormative Verantwortung? Sie beginnt mit den Bildern und Vorstellungen, die wir haben, an denen sich auch Kinder orientieren. Ein gutes Beispiel gibt die Person Kai aka @vegan_rebel_ auf Instagram. Als queere, verheiratete, weiblich gelesene, non-binäre Person und Elternteil eines Kindes musste Kai immer wieder damit rechnen, anzuecken, weil viele sich nicht vorstellen können, dass Kai mit einem Mann verheiratet ist, »weil ich so ›lesbisch aussehe‹. Oder sie können sich nicht vorstellen, dass ich nicht hetero bin, weil ich ja sonst nicht mit einem Mann verheiratet wäre«. Kai erklärt, dass das ein Problem sei, das viele Menschen hätten, die sich als bi- oder pansexuell outen würden. Dass eine Person oft aus Hetero-Perspektive nicht für voll genommen würde. Nicht jede Person, die als cis, lesbisch oder hetero gelesen wird, sei es auch. Es gebe viele Facetten des Regenbogens, und keine mache einen weniger queer, schreibt Kai, die vor allem deshalb aktiv sei, um das »B« für Bisexualität in LGBTQIA+ und viele andere sexuelle und romantische Orientierungen und Genderidentitäten wichtig zu machen.

Kai hinterfragt auf Instagram mit anderen Aktiven gängige Vorstellungen. Und so speisen sich die verschiedenen Formen von Homo-Feindlichkeit und gegen Personen, die im patriarchalen System diskriminiert werden, aus dem gleichen Ursprung. Davon abgeleitet lässt sich beobachten, wie früh bei Kindern versucht wird, sie in diese Schubladen zu stecken. Wer ist wild, wer darf weich sein? Ich denke darüber nach, dass es eine positive Entwicklung ist, dass Mädchen oder weiblich gelesenen Kindern in bestimmten Kreisen inzwischen vermeintlich männliche Attribute zugestanden werden, weil diese als widerständig gegen patriarchale Strukturen gefeiert werden, aber es Jungs oder männlich gelesenen Kindern schwer gemacht wird, sich weich, mit vermeintlich weiblichen Attributen zu zeigen. So sind es festgelegte Genderrollen, die einer soldatischen Männlichkeit des 20. Jahrhunderts eine eindeutig untergeordnete häusliche Weiblichkeit entgegenstellen, durch die Männer oder Personen, die als solche gelesen werden, quasi dazu verpflichtet werden, auf eine bestimmte harte, rationale Art zu sein, in denen Problemlösungsstrategien wie Trost oder Hilfe suchen oder weinen keinen Platz haben. Dieser Druck kann allerlei ungesundes Verhalten mit sich bringen, das wissenschaftlich unter dem Begriff »toxische Männlichkeit« gefasst wird.

Männlichkeit. Ein Begriff, der sich auf idealtypische Vorstellungen, wie ein »richtiger Mann« zu sein hat, bezieht, der von einer breiten Masse akzeptiert wird. Damit verbundene Anforderungen können sich je nach Zugehörigkeit, sozialem Umfeld, Zeit und Ort verändern, aber es gibt sie in vielen Gesellschaften. Und sie beschreiben die Tatsache, dass sich Männer oder Personen, die männlich gelesen werden, an vielem abarbeiten müssen, was als männlich gilt, als typisch, als die Norm. Dinge wie keine

Schwäche zeigen zu dürfen, Umgang mit Gewalt, Hierarchiedenken und -handeln. Durch die gesellschaftliche Höherbewertung von Männlichkeit herrscht unter Männern oder Personen, die männlich gelesen werden, oft eine Art Panik, nicht dem Bild vermeintlicher geschlechtstypischer Stärke und Härte zu entsprechen. Kreiert wurden Geschlechterunterschiede, in denen es um Kontroll- und Machtverlust von Privilegien geht, weil alle Menschen, die aus dieser Zweigeschlechtlichkeit herausfallen, dieses starre Korsett fester Normen gefährden.

Die letzten Tage des Patriarchats überschrieb die Autor*in Margarete Stokowski 2019 einen Kolumnenband, in dem sie über den Umgang mit Macht, Sex und Körpern, die #MeToo-Debatte und Rechtspopulismus schreibt. Über das Patriarchat, das ein System sozialer Beziehungen und Verhaltensmuster erklärt, die von Männern und Vätern geprägt, kontrolliert und repräsentiert werden und das Menschen jenseits dieser Männlichkeitsnormierung ausschließt. Das Buch erklärt stereotype Rollenbilder in einer Welt, die faktisch immer noch auf privilegierte cis-hetero Männer ausgelegt ist, die in positiven wie negativen Rollen an der Spitze ihrer Gesellschaften stehen. »Politische Männlichkeit« ist das Stichwort, das die Journalistin Susanne Kaiser in ihrem gleichnamigen Buch nutzt und als autoritären Backlash erklärt, weil sozial Unterdrückte in den vergangenen Jahren Machtstrukturen und Männlichkeit mehr und mehr infrage stellen. Ein Kontroll- und Vorteilsverlust führe dazu, dass Männer ihre Rolle in Politik, Gesellschaft, Familie verlieren und dadurch ansprechbar für autoritäre Bewegungen würden, die Männlichkeit mit der Vorstellung binärer Geschlechterrollen und einer untergeordneten Weiblichkeit ins Zentrum stellen, um die gewünschten Hierarchien aufrechtzuerhalten. Diese Art der Argumentation findet sich in der Propaganda weltweit agierender rechtspopulistischer Regierungen und Menschenfeinde. Es geht um Frühsexualisierung, um diskriminierende Schlagworte, schwul-lesbisches Begehren wird entwertet und queeren Menschen wird zugeschrieben, Kinder umerziehen zu wollen. Behauptet wird außerdem, dass plötzlich nichts mehr sicher ist, vor allem nicht das klassische Konzept von Familie und deren Reproduktion. Der gesellschaftliche Fortbestand werde von Homosexualität gefährdet. Die Argumentation ist alt und auch aus religiös-fundamentalistischen Kontexten bekannt. Sie will das Patriarchat aufrechterhalten, weil Männlichkeit angeblich von queeren Menschen bedroht wird.

»Wann ist ein Mann ein Mann«, sang Herbert Grönemeyer 1984 in seinem schon von vielen Menschen mitgegrölten Hit, der eine heute noch aktuelle Frage stellt. Ich wäre nicht seit über zehn Jahren mit meinem Ehemann zusammen, wenn wir darüber nicht sprechen könnten, wenn er nicht feministisch und rassismuskritisch denken und dazulernen würde. Wenn wir nicht im Laufe unserer Beziehung Vereinbarungen getroffen hätten, die davon berichten, wie wir versuchen, eine gleichberechtigte Partnerschaft zu leben. Es ist wichtig für mich, offen über Machtverhältnisse sprechen zu können, die nicht nur Frauen, Lesben, intergeschlechtlichen, nicht-binären und trans Menschen schaden, sondern auch für cis-hetero Männer von Nachteil sind, weil sie ihnen die Sicht auf die eigene Männlichkeit verbauen. So ist homosexuelle Männlichkeit ein Teil von Männlichkeit, die, wie es beispielsweise Nils Pickert, Autor des Buches *Prinzessinnenjungs,* erklärt, unfassbar viele positive Dinge hervorbringen kann, um die Welt neu zu sehen. Und das Bedürfnis, festgefahrene Rollen zu verlassen, ist seitens vieler Männer oder Personen, die männlich gelesen werden, in ihrer Differenz längst da. Sie wünschen sich ein offeneres Männerbild. Sie sind Väter, die wie mein Mann keine Lust haben, ihren Söhnen zu erzählen, dass sie nicht weinen dürfen oder immer stark sein müssen. Die Umarmungen und Körpernähe mit ihnen schön finden. Das Patriarchat schadet unseren Beziehungen und insbesondere denen von Vätern, wenn es ihnen keinen Raum gibt, Gefühle zu zeigen oder über Verletzungen zu sprechen. Die Forschung zeigt, dass Jungen, die bereits früh ihre Emotionen auszublenden lernen, es später im Leben schwerer haben, tiefere Verbindungen einzugehen, weil die Verbindung zum authentischen Selbst fehlt und stattdessen Verhaltensweisen praktiziert werden, die der Sexismus und patriarchale Ideale als männlich erklären. Deshalb reden mein Mann und ich über Männlichkeit, auch weil wir ein wildes und weiches Kind haben, von dem wir nicht wissen, wie oder wer es einmal werden oder sein will, und ich den Wunsch habe, einen möglichst großen Rahmen für die Vorstellungen des Möglichen zu öffnen. Wir versuchen, unserem Kind nahezubringen, dass es etwas Positives ist, Gefühle zu zeigen und Worte dafür zu finden. Er darf alle Teile in sich ausleben. Es geht darum, Kindern zu erlauben, sie selbst zu sein und zu werden, ihnen zu verstehen zu geben, dass sie auf unendlich viele Weisen fühlen und sein können.

Eine »kritische Männlichkeit« zu leben bedeutet, aus veralteten Denkmustern auszusteigen, alternative Vorstellungen zu finden und damit auch viele Männer oder Personen, die männlich gelesen werden, von den gängigen Bildern zu befreien, zumal es viele cis-hetero Männer gibt, die sich diesen Strukturen nicht unterwerfen wollen und mit einer männlichkeitskritischen Einstellung einen Anforderungsdruck abbauen, der auch sexistisches Verhalten eindämmt. Damit ist kritische Männlichkeit ein Oberbegriff, bestimmte Einstellungsmuster zu hinterfragen, sich feministischen Ansprüchen verpflichtet zu fühlen und deren Bewegung für ein gemeinsames, ein anderes Miteinander anzuerkennen. Es hilft, wenn Lehrkräfte oder Bezugspersonen mehr über dieses Thema wissen und in den Schulen besprechen, sich mit Freund*innen oder Arbeitskolleg*innen darüber offen auszutauschen oder in Familien darüber zu sprechen und darüber nachzudenken, dass wir allen Menschen erlauben, so zu sein, wie sie in Wirklichkeit sind. Weg mit der Frauenfeindlichkeit und der Misogynie, um als vermeintlich »echter Mann« bestehen zu können. Weg mit den homophoben Sprüchen, um irgendwo irgendwer zu sein. Mehr Freiheit für alle, das wäre schön, aber bis dahin gibt es in unserem gesellschaftlichen Denken noch viel zu verlernen.

Queer Heroes sind positive geschichtliche Gegenentwürfe, die Selbstverständlichkeiten schaffen. Das ist der Titel eines Kinderbuchs, das beschreibt, wer die Pionier*innen waren, die in Geschichtsbüchern oft nicht vorkommen. Es sind 54 Porträts über Menschen wie Frida Kahlo, Michelangelo, James Baldwin, Alexander Wang, Pedro Almodóvar, Virginia Woolf, Tschaikowski, Marlene Dietrich, Josephine Baker, Oscar Wilde oder Ellen DeGeneres. In der *New York Times* lese ich die Geschichte von Marsha P. Johnson, Schwarz, queer, gender-nonkonform, arm und eine der wichtigsten Symbolfiguren der US-amerikanischen LGBTQIA+-Bewegung, der im Sommer 2021 das erste Denkmal für eine trans Person in New York gesetzt wurde: Es ist die Geschichte einer Frau, die als Malcolm Michaels Jr. 1945 geboren wurde, mit 17 Jahren in New York strandete und für sich selbst fortan ein weibliches Pronomen nutzte. Die sich als »Transvestitin«, homosexuell und Drag Queen bezeichnete und aus heutiger Sicht als trans Frau bezeichnet werden könnte, ein Begriff, den es damals noch nicht gab. 1969 schaffte sie mit 23 Jahren einen historischen Moment, als sie mit ihrer puerto-ricanischen trans Freundin Sylvia Rivera bei einer Polizeirazzia den ersten Stein wirft. Es ist der Auftakt eines tagelangen Aufstands gegen Ungerechtigkeit und Gewalt gegenüber der LGBTQIA+-Community in der Christopher Street, die unter dem Namen

»Stonewall-Unruhen« in die Geschichte eingeht. Er gilt als Wendepunkt im Kampf gegen die Unterdrückung, dem die ersten »Pride Parades« und Demonstrationen der Schwulenbewegung folgen.

Johnson gründet später mit Rivera die »Street Transvestite Action Revolutionaries« (STAR), die junge, wohnungslose, nonbinäre Jugendliche unterstützt. Fast ihr ganzes Leben lang wohnen die beiden auf der Straße, kommen in Kinos, Autos oder bei Freund*innen unter, ein Schicksal, das viele trans Menschen teilen. Ich erzähle ihre Geschichte an dieser Stelle, weil sie zeigt, dass das kontinuierliche Infragestellen der eigenen Identität eine systematische Gewalt ist, die zu Trauma und chronischen Erkrankungen führen kann. 1973 lichtet Andy Warhol Johnson für sein Projekt »Ladies and Gentlemen« im Club The Gilded Grape ab. 1980 fährt sie zum ersten Mal im vordersten Wagen der jährlichen »Gay Pride Parade« in New York vor, was einer Verbeugung vor ihren aktivistischen Errungenschaften gleicht. Johnson begleitet HIV-infizierte Freund*innen, engagiert sich gegen AIDS und erfährt 1992, dass sie sich mit 47 Jahren selbst mit HIV infiziert hat. Nur ein paar Tage danach wird ihr lebloser Körper aus dem Hudson River geborgen. Die Polizei spricht von Selbstmord, aber Freund*innen glauben nicht an diese Erklärung, weil es eine enorme Wunde am Hinterkopf der Leiche gibt. Erst 2012 werden die Ermittlungen wieder aufgenommen und ihr Tod seither neu untersucht. Die *New York Times* führt ihre Geschichte in der Rubrik »ÜBERSEHEN« auf. Dort heißt es: »Seit 1851 werden Nachrufe von *weißen* Männern dominiert. Jetzt fügen wir die Geschichten anderer bemerkenswerter Menschen hinzu.«

#QueerePerspektiven

»Les MigraS« haben sich 1999 gegründet und arbeiten als Verein intersektional. Es ist ein Ort von und für BPoC, Migrant*innen, geflüchtete und *weiße* Menschen, von und für trans* und cis-Frauen, trans* Männer, alle gender-queeren, nicht-binären, trans* und inter* Personen, die lesbisch, bisexuell, pansexuell, asexuell, queer und weiteres sind. Das Selbstverständnis basiert darauf, dass Gender und die Pronomen einer Person nicht an Aussehen, Stimme, anderen äußerlichen Merkmalen oder Namen »erkannt« werden können. Auch die Aktiven dort benutzen unterschiedliche Selbst-Definitionen. https://lesmigras.de

BIPoC und queere Perspektiven finden im öffentlichen Diskurs noch immer wenig Raum. Das will **BBQ** ändern. Im Podcast von **Zuher Jazmati** und **Dominik Djialeu** geht es um vieles, was bewegt. Ob queere Bewegung im Osten Deutschlands, BIPoCs in der Politik oder die Welt der Ballroom Culture – zu Gast sind immer Betroffene, Aktive und Menschen aus der Szene, um ihre Expertise zu teilen. @bbq.podcast

Linus Giese, Autor des 2016 erschienenen Buches **Ich bin Linus. Wie ich der Mann wurde, der ich schon immer war**. Die Dokumentation **Ab heute – der lange Weg zum eigenen Namen** ist ein Einblick in den teilweise jahrelangen rechtlichen Hürdenlauf, den trans Personen in Deutschland durchlaufen müssen, um offiziell ihren richtigen Namen- und Personenstand führen zu dürfen. Online verfügbar unter https://www.abheute-doku.com/doku. **Das TransFormations – Trans* Film Festival Berlin** ist das erste, von Trans* Personen of Color und Schwarzen trans* Personen selbstorganisierte Filmfestival in Berlin, welches erstmalig 2016 stattfand. Gezeigt wurden Filme aus trans Perspektive wie **Eine fantastische Frau** (Una mujer fantástica). Als inklusive Produktionen gelten auch US-Serien wie **Pose** mit den Darsteller*innen **Mj Rodriguez, Indya Moore, Hailie Sahar, Angelica Ross** und **Dominique Jackson** oder der Film **Doubt** mit Schauspieler*in **Laverne Cox.** Das gefeierte Debüt **Süßwasser**, 2018 von **Akwaeke Emezi**, aus dem Englischen übersetzt von **Anabelle Assaf** und **Senthuran Varatharajah,** zeigt an der Person Ada, wie es ist, wenn sich verschiedene Identitäten in einem selbst laufend konstruieren.

Wie wir begehren, 2013. Wie frei sind wir, unser Begehren zu leben? In ihrem so persönlichen wie analytischen Text schildert **Carolin Emcke** das Suchen und die allmähliche Entdeckung des eigenen, etwas anderen Begehrens. Eine Erzählung, die gleichermaßen intim wie politisch ist. In **Radikale Zärtlichkeit – Warum Liebe politisch ist,** 2021, nimmt **Şeyda Kurt** Liebesnormen im Kraftfeld von Patriarchat, Rassismus und Kapitalismus auseinander und zeigt am Beispiel ihrer eigenen Biografie, wie traditionelle Beziehungsmodelle in die Schieflage geraten. Sie fragt, wie wir lieben? Wen und wie viele und wie er aussehen kann, ein radikaler Neuentwurf der Liebe, mit dem sich Menschen gemeinsam gegen die Diskriminierung unserer Gesellschaft behaupten können.

In **Prinzessinnenjungs** beschäftigt sich **Nils Pickert** mit der geschlechtergerechten Erziehung von Jungen oder Personen, die als solche gelesen werden. **Mädchen, Junge, Kind, Geschlechtersensible Begleitung und Empowerment von klein auf** lautet der Titel der Handreichung für Eltern und Erwachsene von **Daniela Thörner**. Auf Instagram betreibt Kai @vegan_rebel_ Bildungsarbeit. In Workshops unter anderem bei **SCHLAU Frankfurt,** einem ehrenamtlichen Antidiskriminierungsprojekt zu den Themen sexuelle Orientierung und Gender-Identität, vermittelt sie, wie queere Bildung an Schulen funktionieren kann. Kai hat das Kapitel Heterowelten sensitiv gelesen.

Das Projekt **i-Päd – intersektionale Pädagogik** ist ein Projekt, das intersektionale Antidiskriminierungsarbeit in Berlin anbietet.
http://frankfurt.schlau-hessen.de, https://i-paed-berlin.de

Körperbetrachtungen

Sei du selbst. Alle anderen gibt es schon.

– nach Oscar Wilde

Mein Kind war fünf Jahre alt, als es das Schwarzsein anderer Menschen außerhalb unserer Familie feststellte. Wie es ist, light-skinned und dark-skinned zu sein, kennt mein Kind von meinem Vater und meinen Geschwistern. In unserer Familie sind wir all shades, und das war nie Thema, bis wir eine Gruppe Schwarzer dark-skinned Frauen und Personen, die als solche gelesen werden, im Mauerpark in Berlin trafen, die neben uns grillten. Er beobachtete die Gruppe, die einen Geburtstag feierte, und sagte irgendwann zu meinem Mann: »Papa, die sind brauner als ich.« Ich hatte mich gerade wieder zu ihnen gesetzt. Mein Mann sagte: »Das stimmt«, und blickte mich an. Ich ergänzte, dass es wie bei uns in der Familie Menschen mit unterschiedlichen Hauttönen gebe. Ich wollte seine Beobachtung unterstützen, die Natürlichkeit unserer Differenz markieren. Mehr nicht. Leider wollte es der Umstand, dass die Frau eines Bekannten sich einschaltete und ich mich plötzlich in einem Gespräch über das Erklären von Hauttönen und ihren Unterschieden wiederfand. Sie meinte es gut, und trotzdem benutzte sie das Wort »pechschwarz«, als sie über ein Kind aus dem Kindergarten ihrer Tochter sprach. Puh! Abwertung. Ich hatte keine Lust, sie darauf hinzuweisen und das Thema groß werden zu lassen. Mein Kind hatte sich längst abgewendet, und für mich gab es eine Mikroaggression.

Es sind diese kleinen Momente, in denen Kinder geprägt werden. Für mein Kind war es die Zeit der Selbstwahrnehmung, die sich nun auch in seiner Sprache spiegelte. Eine Woche später ein weiteres Erlebnis im Schwimmbad. Ein etwa zehnjähriges Kind läuft an uns vorbei. Mein Sohn sagt: »Der Junge hat einen dicken Bauch.« Ich stimme zu. Wir laufen zu unserem Platz zurück, und ich erinnere mich an die Situation im Mauerpark. Ich frage mich, was mein Kind denkt, wenn es beobachtet. Warum hat er Hautschattierungen in unserer Familie bisher nie thematisiert, aber nun die der anderen in Vergleich zu sich gesetzt? Es geht also jetzt darum, Unterschiede zu verbalisieren und in Relation zu setzen. Es sind entwicklungspsychologische Betrachtungen einer kindlichen Entwicklung, die ich beobachte. Sie sagen mir viel über unser Miteinander als Erwachsene, weil dabei auch Bodyshaming, also verachtende Körperbetrachtungen und -kommentierungen alltäglich sind. »Schön sein müssen nervt, und sich schön finden müssen nervt noch mehr«, lese ich in einem Text. Und, dass Normschönheit schon immer die Pflicht des weiblichen Vollprogramms gewesen sei. Es ist für mich eine weitere Differenzkategorie, die in unserem Miteinander mitschwingt, aber wenig beachtet wird.

Und so sitze ich im Schwimmbad und versetze mich in das andere Kind. Wie hätte es sich gefühlt, wenn es gehört hätte, dass sein Dicksein benannt wurde? Wäre es verletzt gewesen? Wie hätte es den Begriff »dick« bewertet, weil dieser in unserer Gesellschaft negativ besetzt ist? Es ist wichtig, Kindern zu zeigen, dass sie die Körper anderer Menschen nicht kommentieren sollten, weil diese divers in ihrem Erscheinungsbild sind. Kindliche Betrachtungen zeigen für mich viel von den normierten

Vorstellungen, die die Begriffe dick_fett negativ konnotieren. Sie gelten als Schimpfwort, wie behindert oder Schwarz sein.

Unsere Körper sind nicht nur Körper, die uns gehören, sondern sie werden verhandelt. Bei Kindern sehen wir, wie sie lernen, die Merkmale behindert, Schwarz oder dick_fett nicht mehr als neutrale Tatsachen wahrzunehmen, sondern plötzlich als unangenehm oder defizitär zu empfinden. Immer wieder sind es bestimmte Merkmale, Verhaltensweisen oder Eigenschaften, die in Kindergruppen abwertend genannt werden.

Ja, Kinder sind »unschuldig«, und dennoch finden Ausgrenzungen und Hänseleien statt. Weil es Erwachsene sind, die ihnen ein vermeintlich angemessenes Verhalten vermitteln, mit dem sie erwachsen werden. Erwachsene zeigen Kindern, dass unsere Gesellschaft nur ganz bestimmte Eigenschaften markiert, bespricht und problematisiert. Kinder wiederum sind neugierig, wollen die Welt auf ihre Art und entsprechend ihrer Möglichkeiten verstehen, was eine ihrer tollsten Eigenschaften ist. Sie haben Interesse an der Herkunft und Funktion von Dingen, wie Hautfarben entstehen oder warum Menschen nicht laufen können.

An Körpern lassen sich also Machtverhältnisse einer Gesellschaft beschreiben. Machtkritisch wäre es, Kinder in den Antworten auf ihre Fragen nicht mit Angst, Scham oder Verlegenheit zu sozialisieren, wenn diese Fragen zu Körpern stellen. Das Stichwort ist »vorurteilsbewusste Erziehung«, die bewusst gestaltet werden muss, um positiven Einfluss auf ein Kind zu nehmen. Kinder lernen nicht nur durch die Antworten von Erwachsenen, sondern auch durch die Art, wie wir sie geben und reagieren, erklären die Autorinnen Olaolu Fajembola und Tebogo Nimindé-Dundadengar. Die Frage ist, was ich vermitteln will auf die Frage, warum ein Mensch ein Kopftuch trägt oder braune Haut hat oder das Kind nur eine Hand benutzt oder nicht sprechen kann. Im besten Fall ist die Antwort achtsam und diskriminierungsfrei. Es ist ein Ausdruck von Religiosität, ein Melanin, das für unsere Hautschattierungen verantwortlich ist oder die Tatsache, dass es Menschen gibt, die ihren Körper unterschiedlich nutzen, die mit Hilfsmitteln arbeiten. Wertende Antworten schaffen Machtverhältnisse, und wenn Kinder keine Antworten bekommen, entwickeln sie ihre eigenen Theorien. Erwachsene haben abwertendes Wissen bereits verinnerlicht, und viele, die es besser machen wollen, tappen in die Falle, die Differenz in gegenteilige Bilder zu entwickeln. Dann sind auf einmal behinderte, Schwarze oder dick_fette Kinder etwas »ganz Besonderes«, oder es wird Mitleid als Form der Empathie erzeugt. Aber wenn kindliche Nachfragen kommen, braucht es keinen Trost für das *Anderssein* des Gegenübers, sondern Aussagen, die unsere Unterschiede normalisieren: Die Welt ist voller Menschen, die verschieden sind. Wir sind so, wie wir sind, und dafür brauchen wir dringend mehr vorurteilsbewusste Bilder und Worte.

»Alle Leut', alle Leut' gehen jetzt nach Haus'. Große Leut', kleine Leut', dicke Leut', dünne Leut'«, heißt es in einem Lied, das ich aus der Kita, dem Kindergarten und den Spielgruppen meines Kindes kenne. Verschiedenheit lässt sich so leicht besingen. Es hätte auch mir sicherlich geholfen, meinen Körper als Kind mit weniger Negativität zu betrachten. Ich erinnere mich gut daran, wie hässlich ich ihn und mein Aussehen fand, und wie andere auf mich reagierten. Es waren insbesondere meine Haare, meine vielen großen und kleinen Locken unterschiedlicher Stärke und Krause, die ich entsetzlich fand, während sie andere faszinierten. »Wenn dir jemand in die Haare greift, dann schrei.« So hatte es mir meine Mutter als Kind geraten. Das tat ich. Aber warum fassten mir unbekannte Menschen überhaupt in die Haare?

In der Grundschulzeit bekam ich Zöpfe von meiner Mutter geflochten. Sie kümmerte sich gut um meine Locken und pflegte sie. Meine Mutter hat selbst viele davon, nur dass ihre weich sind. Mit zwölf Jahren suchte sie einen Afro-Shop für mich, dort brachte ihr die Friseurin bei, mein Haar mit einem heißen Kamm zu glätten, damit ich sie leichter frisieren konnte. Manchmal verbrannte sie mir dabei ein Ohr, und ich bekam eine kleine Brandblase. Das war nervig. Doch so trug ich mein natürliches Haar, bis ich vierzehn Jahre alt war. Danach erhielt es seine erste Chemie. Sie machte meine Locken weicher und mich glücklich. Von da an sollte ich alleine zum Friseurladen gehen, doch schon mein zweiter Besuch endete in einer Katastrophe. Meine Friseurin war nicht da, und eine andere Person verpasste mir ein anderes Mittel, einen Relaxer, der mein Haar komplett glättete. Keine einzige Locke war mehr da. Ich war im Schock, als ich den Laden verließ. Zumal die Person meine Haare im damaligen Stil der 90er, im Look der Rapper*innen von Salt 'n' Pepa, hart und glatt geföhnt hatte.

Ich weinte zu Hause über Stunden, traute mich nicht, in die Schule zu gehen. Ich hatte das Gefühl, alle starrten mich an. Erst als ich die Haare nach ein paar Tagen waschen durfte, wurden sie weicher, aber sie blieben glatt. Ich war ein neuer Typ und bekam später einen Spitznamen. Snoop, weil der Rapper Snoop Doggy Dogg die Haare jahrelang so wie ich trug – oder ich wie er. Ein Bob mit Mittelscheitel. Vielleicht trug ich die Haare deshalb in den Jahren danach so selten offen, versteckte sie unter Steckfrisuren, Dutts und Zöpfen, weil ich mich schämte. Meine natürlichen Locken wiederzubekommen hätte bedeutet, meine Haare ganz kurz schneiden zu müssen, um sie wieder herauswachsen zu lassen. Das wollte ich als jugendlicher Mensch nicht. Kurze Haare sind was für alte Frauen, dachte ich und wusste damals nicht, dass nur denen mit langen Haaren eine gesellschaftliche Attraktivität zugeschrieben wird, was mich sicherlich beeinflusst hat. Deshalb ging ich alle vier bis fünf Monate wieder zu meiner Friseurin, um meine Haaransätze zu glätten. Ich gewöhnte mich daran und pflegte meinen Komplex, morgens ins Bad zu rennen, damit kein Mensch mich nach dem Aufwachen sieht. Wie sehr habe ich mir damals gewünscht, dass meine Haare so weich wären wie die meiner Freundinnen, dass meine Strähnen so herabfallen würden wie ihre. Mit 20 Jahren schnitt ich meine Haare ab. Ganz kurz. Ich war raus aus der Schule. Ein neues Leben. Mal färbte ich die Haare rot, mal nur einzelne Strähnchen blond.

Ich bin schön. Das zu mir sagen zu können, war ein Weg. Dieses Gefühl hatte ich das erste Mal, als ich 30 Jahre alt wurde und in meinem WG-Zimmer nackt vor dem Spiegel stand: Selbstliebe. Ich fühlte mich und meinen Körper als Ganzes. Schon lange hatte ich verstanden, dass mir das fehlte, aber das änderte nichts, dieses Gefühl war nicht da gewesen. Ich bin mit dieser Erfahrung und Erzählung nicht alleine. Nicht umsonst hat die Civil-Rights-Bewegung in den USA den selbstbestärkenden Slogan »black is beautiful« geprägt. »Schwarz ist schön« hat seinen Ursprung in der von Frantz Fanon initiierten sogenannten Négritude-Bewegung, die die rassistische Vorstellung beenden wollte, dass die natürlichen Merkmale von Schwarzen Menschen, also Hautschattierungen, Gesichtszüge, Haare und Körpertypus, von Natur aus hässlich seien. Es sind tiefsitzende Botschaften, die abseits bestimmter Schönheitsvorstellungen über Generationen und Kontinente hinweg seit Jahrhunderten vermittelt werden. Vorurteile dieser Art kennen auch nicht-binäre Menschen. Es sind Erfahrungen, die erlebt, gelebt und weitergegeben werden.

Als junger Mensch erfuhr ich all diese Vorurteile am eigenen Körper. Mir fehlte der positive Bezug. Bei vielen, denen es ähnlich geht, mündet diese Erfahrung in dem Gedanken, weniger liebenswert zu sein. Es sind Botschaften, die Einfluss auf Geschlechterbilder nehmen. So orientieren sich die gängigen Schönheitsideale an *weißen* Menschen, und ich habe mich deshalb lange an *weißen* Frauen orientiert. Weil krause Locken als das Gegenteil von normschön galten, mochte ich meine Haare nicht. Ich erinnere mich noch, wie ein Dozent während meiner Moderationsausbildung vor allen Teilnehmenden in der Vorstellungsrunde über mein »Strubbelhaar« sprach, das heute ja ganz gut vor der Kamera ginge. Ich antwortete knapp mit: »Das sind Locken.«

»Texturism« ist der Name für die Abwertung von Afro-Haar. Und die aus den USA stammende Natural-Hair-Bewegung ermutigt Schwarze Menschen dazu, die natürliche Struktur ihrer Haare nicht zu verändern, sie mit Stolz zu tragen und die eigene Hautfarbe nicht mit aufhellenden Cremes zu ruinieren. Über Colorism habe ich bereits geschrieben, also den rassistischen Frame, dass, je dunkler die Hautschattierung ist, desto hässlicher sei man angeblich. Colorism und Texturism werden von »Featurism« ergänzt, also der Abneigung gegenüber Körpern Schwarzer Menschen. Es drückt sich in Sätzen aus wie: »Du bist hübsch für eine Schwarze Frau«, Oder: »Wie schön glatt dein Haar ist.«

Es macht etwas mit dir, wenn die Hautschattierung deines Vaters negativ besetzt wird. Wenn du erkennst, dass Menschen sich ihm gegenüber anders verhalten, weil sie ihn für »richtig Schwarz« halten und du »doch gar nicht so Schwarz bist« und das irgendwie ein Kompliment sein soll. Es ist der Grund, warum ich mein Umfeld, insbesondere Kolleg*innen vor der Geburt meines Kindes darauf »vorbereitet« habe, mich bitte danach nicht damit zu behelligen, wie sie die Hautschattierung meines Kindes empfinden. Diese ist nicht relevant. Mir war klar, dass, egal wie mein Sohn ist und aussieht, er Teil einer Erfahrung sein wird, die Schwarze Menschen auch untereinander machen. Erfreulicherweise hat die Rassismusdebatte 2020 auch dieses Thema mit aufs Tableau der kritischen Betrachtung gebracht, als vor allem light-skinned Schwarze Menschen als Sprecher*innen für öffentliche Auftritte angefragt oder für Preise nominiert wurden, zu denen auch ich zählte. Diese Tatsache führte zu einer Debatte innerhalb der Schwarzen Community, weil ihre Realitäten aus intersektionalen Erfahrungen mit Rassismus bestehen. Im TED-Talk »The Danger of a Single Story« erläuterte Chimamanda Ngozi Adichie, wie durch einseitige Darstellungen von Personen, Gruppen oder Orten neue Stereotype und Klischees entstehen. Wenn Diversität mit Schwarzen Menschen, dann bitte in all shades and all bodies, das ist die Forderung.

»Alle Leut', alle Leut' gehen jetzt nach Haus'. Große Leut', kleine Leut', dicke Leut', dünne Leut'.« Aber wie werden die dicken und die dünnen Leute gesehen? Wenn ich nicht meine Freundinnen hätte, wüsste ich sicher weniger darüber, denn ich bin normschlank. Eine von ihnen ist Christelle Nkwendja-Ngnoubamdjum, die unter dem Namen @Nkweeny auf Instagram mit anderen Schwarzen dicken_fetten, queeren FLINTA*-Personen wie Maria González Leal @BodyMary oder SchwarzRund Denkanstöße aus nicht-*weißer* Perspektive setzt. Die Body-Positivity (BOPO) und Fat-Acceptance-Bewegung gilt als das Kind der Civil-Rights-Bewegung und wurde maßgeblich von Schwarzen Frauen und weiblich gelesenen Menschen mitbegründet. 1967 demonstrierten Hunderte dick_fette Menschen im New Yorker Central Park gegen das soziale Stigma großer Körper, was als die Geburtsstunde der Fat-Acceptance-Bewegung gilt. Lew Louderback veröffentlichte in der *Saturday Evening Post* den Essay »More People Should be Fat« und beschrieb, wie besessen die Gesellschaft von normschlanken Körpern sei. Die Bürgerrechtsorganisation National Association to Advance Fat Acceptance wurde gegründet, die sich gegen Diskriminierung von dick_fetten Menschen einsetzt. Das Buch *Fat is a Feminist Issue* erschien Ende der 70er Jahre in England und stellte den steigenden Schönheitsdruck in einen patriarchalen Zusammenhang. Weitere Bücher und Magazine erschienen, doch bekommt die Bewegung erst Ende der Nullerjahre einen neuen Schub. In Deutschland gründet sich 2005 die deutsche Gesellschaft gegen Gewichtsdiskriminierung. Es geht ihnen unter anderem darum, das Merkmal Gewicht in das Antidiskriminierungsgesetz (AGG) mit aufzunehmen. 2015 erlebe ich, wie sich in Frankfurt die Gruppe fetter_widerstand gründet. Heute zeigt sich, wie sehr die Sozialen Medien mit unzähligen Accounts internationaler Stimmen zur Vernetzung und Sichtbarmachung beigetragen haben.

Melodie Michelberger ist eine von ihnen. Sie hat über das Leben als *weiße* dick_fette Frau das Buch *Body Politics* geschrieben und der Geschichte ihres Körpers Raum gegeben. Viele Jahre glaubte sie, dass ihr Körper ihr Hindernisse in den Weg stellt, hatte eine Geschichte des Versagens und des Hasses in ihn hineininterpretiert. Aus dieser Überzeugung heraus habe sie sich 30 Jahre lang ständig mit dem Aussehen ihres Körpers beschäftigt und versucht, ihn zu optimieren. Sie vermaß ihn, wog, begutachtete, beurteilte und verschob Dinge auf die Zeit, wenn ihr Körper »endlich schlank« sein würde. Heute sieht sie ihn anders, und sie beschreibt in ihrem Buch ihre bewegende Reise zu mehr Körperliebe.

Was sagt es über unsere Gesellschaft aus, dass das Verlangen nach Gewichtsverlust für ein Standardmerkmal des Frauseins gehalten wird, fragt Roxane Gay in ihrem Buch *Hunger*. Als ich es las, hat es mich nicht mehr losgelassen. Es ist so intensiv, weil es vom Hunger im Kopf und im Körper, im Herzen und in der Seele und von dem Ende einer Selbstzerstörung handelt. Es ist die Geschichte einer Frau von Größe und ihrem kraftvollen Körper, der in jungen Jahren sexualisierte Gewalt angetan wurde und die überlebt hat. In ihrem Buch spricht Gay über das, was sie damit in sich verschlossen hat. Wie sie aß, um aus ihrem Körper eine Festung zu machen. Sie ging bereits als junges Mädchen davon aus, dass Dicksein in unserer Gesellschaft heißt, von Männern nicht begehrt zu werden. Auch ihr war beigebracht worden, normschlank und zierlich sein zu müssen, nicht zu viel Raum einzunehmen, gesehen, aber nicht gehört zu werden. Normschlank sein sei die soziale Währung, mit der unsere Gesellschaften Frauen mit großen Körpern verachteten und diverse Körper nicht akzeptierten.

Gay nennt es die »Ökonomie der Dünnheit«, ein Klassifizierungssystem für Körper mit unzähligen abfälligen Beschreibungen. Diese Körper kaufen Plus-Size- und Kingsize-Mode, weil sie von Normschlanken aufgefordert werden, ihre Körper zu kaschieren. Gay spricht Klartext darüber, wie es ist, wenn Menschen erst deinen Körper sehen, bevor sie dich sehen. Wie gewaltvoll Bilder dicker Menschen in Medien und Reality-Fernsehen gestaltet sind. »Die Gleichsetzung von normschlank sein mit Selbstwert ist eine machtvolle Lüge«, schreibt die Englischprofessorin. Ja, viele kennen die endlosen Werbespots über Diätnahrung und Abnehmtipps, Magazine, die uns darüber informieren, was mit den Körpern prominenter Frauen passiert. Zunehmen, bäh, abnehmen, Party. Selbst der schwangere Körper bleibt unter stetiger Kontrolle. Er soll schnell wieder normschlank werden nach einer Geburt.

Gay beschreibt die Scham und die Angst davor, angestarrt zu werden, glotzendes Geflüster, Gelache, Kinder mit brutaler Ehrlichkeit. Die Sorge vor der verlegenen Pause der Eltern. Und wie andere glauben, zu wissen, warum dicke Menschen dick sind, nicht anerkennen, dass jeder Körper seine eigene Geschichte hat und Körper divers sind. In Michelbergers Buch lese ich das Interview mit Nkwendja Ngnoubamdjum, die über ihren Weg zum Fettaktivismus berichtet. Sie erzählt von ihrer schmerzhaften, gewaltvollen Erfahrung in einem Vorstellungsgespräch. Ich kannte sie damals schon. Erinnere mich an mein Entsetzen, weil ihr angeboten worden war, sie im Backoffice zu beschäftigen, da sie am Empfang auf Kund*innen »bedrohlich« wirken könnte. Dass das Unternehmen ihr anbot, zum Tee- oder Kaffeeholen gerne in die Küche kommen zu können, da zur vorgeschlagenen Arbeitszeit sowieso wenig Kundenverkehr sei. Diese Erfahrung zeigt, wie sich Rassismus und Fettfeindlichkeit verbinden und in Nkwendja Ngnoubamdjums Lebensrealität auch von ihrem Frau-Sein nicht trennen lassen.

Diese Erniedrigung ist kein Einzelfall, sondern zeigt, wie sehr der Hass und die Abneigung gegen dick_fette Menschen etabliert und gefördert werden. Eine Studie der Universität Tübingen zeigte bereits 2012, dass Vorgesetzte mehrgewichtigen Menschen einen Job mit Führungsqualitäten absprechen. Nicht nur deshalb ist es wichtig, die Definition normschöner Körper auf unterschiedliche Körpergrößen auszuweiten oder die Bedeutung von Schönheit an sich infrage zu stellen. Schlussendlich geht es darum, dick_fetten Menschen mit Würde zu begegnen, sie als lebenswert, liebenswert und achtenswert wahrzunehmen und zu behandeln, schreibt Nkwendja Ngnoubamdjum. Die Fat-Acceptance-Bewegung bedeutet, auf gesellschaftliche und auf selbststärkende Weise zu vermitteln, dass es bei Körperbetrachtungen nicht nur um Wohlbefinden geht, sondern dass der Wert eines Menschen sich nicht am Gewicht oder seinem Aussehen festmacht. Es geht darum, deutlich zu machen, dass wir in einer Kultur sozialisiert werden, die ständig versucht, Körper zu disziplinieren und zu kontrollieren. Optimiere dich selbst statt individuelle Autonomie.

Gleichzeitig braucht es auch Räume, um über Gesundheit ohne Stigma zu sprechen und sich darüber Gedanken zu machen, dass auch Gesundheit ein Konstrukt ist, das die Bedürfnisse bestimmter Normvorstellungen bedient. Gay betont, dass Fat Acceptance heißt, zu akzeptieren, dass dick_fette Menschen auch Probleme mit ihrer Körperwahrnehmung haben können oder sie nicht bedingungslos annehmen. Dick_fette Menschen unterscheiden sich, genau wie es auch normschlanke tun.

Ich weiß, hätte ich meine dick_fetten Freundinnen nicht gehabt und wäre mit ihnen gewachsen, hätte ich mir in den vergangenen Jahren vielleicht weniger Gedanken über das Thema Fettfeindlichkeit gemacht. Irgendwann wäre es sicher dazu gekommen, weil mein Wunsch nach einem intersektionalen Verstehen mich antreibt. Ich habe das Glück, dass auch mein Job viel Recherche und Begegnung möglich macht. So hatte ich meine erste bewusste Berührung mit dem Thema Fettfeindlichkeit 2015 mit der Autor*in Magda Albrecht bei der Veranstaltung #BestimmtSchön, die ich für das Frauenreferat Frankfurt moderierte. Ich war nachhaltig von ihrer Erklärung beeindruckt, wie unseren Körpern Rechte und Würde genommen werden und sie Gegenstand der Verhandlungen anderer Menschen sind. Albrecht hält seit vielen Jahren Vorträge und gibt Workshops zu den Themen Körpernormen und Strategien zur Selbstermächtigung. Sie hat das erste populäre deutschsprachige Sachbuch *fa(t)shionista* über Fettaktivismus in Deutschland geschrieben. Ich begann mir ein Wissen über die Formen systemischer Diskriminierung großer Körper anzueignen. Systemisch heißt zum Beispiel, dass in den meisten Geschäften keine passende Kleidung gekauft werden kann, im Flugzeug die Sitze möglicherweise zu eng sind oder dass nicht jeder Stuhl in einem Restaurant zu allen passt, was bedeutet, aktiv von der Teilnahme am öffentlichen Leben ausgeschlossen zu werden. Es heißt, immer wieder mit dem fettfeindlichen Bild von »faul« und »verfressen« konfrontiert zu werden oder der Wunschvorstellung anderer, doch abnehmen wollen zu müssen. Es bedeutet, in den Medien keine Repräsentation von Körpern zu erfahren, die so aussehen wie deiner. In Habachtstellung zu sein, weil du beim Dating nicht weißt, welche Absichten dein Gegenüber hat. Und du weißt, dass die Sexualität dicker Menschen entsexualisiert wird oder wie Gay es beschreibt, Geschlecht und Weiblichkeit ausgelöscht werden.

Was heißt dick, was fett, was adipös? Die sogenannte »Adipositas« ist in der internationalen statistischen Klassifikation der Krankheiten und verwandter Gesundheitsprobleme (ICD) der Weltgesundheitsorganisation (WHO) unter »Ernährungs- und Stoffwechselkrankheiten« verzeichnet. Wer genau hinschaut, stellt fest, dass Diskriminierung unter dem Deckmantel der Gesundheit stattfindet. Als »adipös« gilt, wer als Frau einen BMI von über 25 und als Mann von über 30 hat. Der Body Mass Index (BMI) ist das Gewicht eines Menschen geteilt durch das Quadrat seiner Körpergröße. Eine Rechenformel, die Menschen normiert. Für Gay ist er ein Maßstab, der es Mediziner*innen erlaubt, vermeintlich undisziplinierten Körpern ein Gefühl für Disziplin beizubringen. Mitte der 90er Jahre war der BMI auf der Konferenz »Adipositas: Verhütung und Bewältigung einer weltweiten Epidemie« der WHO als weltweiter, normierter Maßstab neu definiert und auf 25 heruntergesetzt worden, sodass plötzlich Millionen von Menschen als »übergewichtig« galten, obwohl sie kein Kilo zugenommen hatten. Das hatte Folgen für diejenigen, die plötzlich als gesundheitsgefährdet galten und aus der Norm fielen. Zuvor hatte der Grenzwert dafür bei einem Wert von knapp 28 gelegen. Einer der Gründe für die Veränderung sei gewesen, dass eine markante Zahl wie 25 sich den Menschen leichter einpräge, schreibt Gay. Und so glauben bis heute viele Ärzt*innen, dass sie mit dem BMI den Gesundheitszustand einer Person einschätzen können, obwohl in Sachen Fettanteil in Körpern differenzierter zu urteilen wäre, weil er beispielsweise den individuellen Körperbau eines Menschen nicht berücksichtigt. Dazu kommt, dass wissenschaftliche Forschungen wiederholt gezeigt haben, dass ein von und für *weiße* Menschen erstellter Maßstab für Schwarze Menschen ungenau ist, weil sie unterschiedliche Körper haben, was zu allen möglichen Fehldiagnosen führen kann. Kritiker*innen des BMI zeigen außerdem, dass Pharmakonzerne, Schönheits- und Fitnessindustrie von der vermeintlichen Therapiebedürftigkeit dick_fetter Menschen profitieren.

»Es ist eine Beleidigung zu glauben, ich würde nicht wissen, wie ich aussehe. Und es ist eine Beleidigung anzunehmen, dass ich mich dafür schäme, dick zu sein, egal, wie nah das der Wahrheit kommen mag«, schreibt Gay. Solange dick_fett als Beleidigung verstanden wird oder Menschen sich »fett fühlen« und mit diesem Ausdruck ihre Körper beschämen, würden fette Menschen systemische Unterdrückung, Diskriminierung und Ausgrenzung erfahren. Gleichzeitig ist »dick_fett« eine Selbstbezeichnung, und es gibt Versuche, sich Wörter wie »dick« zurückzuerobern. Es brauche kein »Gaslighting« normschlanker Menschen, also vermeintliche Komplimente wie »Du hast so ein schönes Gesicht«, als könne dick_fett sein nicht mit positiven Eigenschaften verbunden sein, schreibt Gay. Und darüber, wie schwer es für normschlanke Menschen sei, mit dick_fetten Menschen im Gespräch über deren Körper den richtigen Ton zu treffen. Doch schafft genau der Austausch das Vermögen, sich gegenseitig besser einfühlen zu können in das Erleben des *Anderen*. Auch ich habe einen Körper, über den andere Urteile fällen, der als Schwarzer Körper »exotisiert« wird. Und es gibt Männer oder männlich gelesene Personen, die unter Bigorexie leiden, der Angst, zu wenig muskulös zu sein. Dass das eigene Aussehen für den Selbstwert sehr bedeutend ist, ist auch zu einem männlichen Problem geworden. Es gilt auch für nonbinäre und trans Menschen. Gleichzeitig setzen Schönheitsideale Frauen in besonderem Maß unter Druck. Insbesondere ihre Körper werden überhäuft mit Glaubensmustern. Auch ich wurde damit sozialisiert und muss mich bewusst mit ihnen auseinandersetzen, um sie nicht einfach zu übernehmen.

Körper sind unterschiedlich, und nicht alle erfahren Diskriminierung. Wer entspricht dem Schönheitsideal, fühlt sich aber nicht entsprechend? Wer ist Teil einer politischen Bewegung, und wer gehört eher zum Mainstream, der für Body Positivity wirbt? Eine prominente Debatte über die persönliche und gesellschaftliche Bewertung von Körpern hat die Influencerin Mary Jelkovsky auf Instagram angestoßen, als sie über den Heilungsprozess ihrer Essstörung und Depressionen schrieb, die durch ihren Job als Bikinimodel verursacht wurden. Sie postete Bilder, auf denen sie ihren vermeintlich defizitären normschlanken Körper zur Schau stellt. Die New Yorker Fett-Aktivistin Ashleigh Tribble kritisierte das Posting, weil Jelkovsky damit die Kritik der Body Positivity (BOPO) verwässere und ihr schade. Schließlich entsprächen Frauen wie Mary trotz Bauchröllchen dem konventionellen Schönheitsideal. In der Bewegung gehe es nicht nur darum, den eigenen Körper zu akzeptieren, zu feiern und den Hashtag #Bodypositivity als Marketinggag zu posten, sondern darum, Akzeptanz und Raum für diejenigen Körper zu schaffen, die von der Gesellschaft als nicht normschön und oder nicht gesund erachtet werden. Denn, ja, Zugänge und Selbstliebe sind für alle da, aber sie gestalten sich eben unterschiedlich schwierig, je nachdem, wie groß der gesellschaftliche Hass gegen bestimmte Körpermerkmale ist. Und so gilt die BOPO-Bewegung als eine, die sich aktiv gegen Kapitalismus, Rassismus, Sexismus, Ableismus, Queerfeindlichkeit, gegen Armut und Wohnungslosigkeit positioniert. Die Fragen stellt, zum Beispiel, warum dick_fette Menschen härter für ihre Themen kämpfen müssen als normschlanke, oder warum es bestimmte Körper gibt, die gar nicht erst gesehen werden.

Darüber habe ich unter anderem mit der Vorsitzenden des hessischen Behindertenrates Naxina Wienstroer in einem Podcast gesprochen, den ich 2021 zum Thema Bodyshaming für das Frankfurter Zentrum für Essstörungen moderiert habe. Sie zählt zu den Frauen und weiblich gelesenen Menschen der ersten Stunde, die sich im Weibernetz, einer bundesweiten politischen Interessenvertretung für behinderte Frauen und Mädchen, organisierte und mir erzählte, wie behinderte Frauen als geschlechtliche Neutren behandelt werden und ihr die eigene Mutter vermittelt habe, keine »richtige« Frau zu sein. Dass schön oder begehrenswert zu sein mit Blick auf behinderte Menschen gesellschaftlich meist keine Rolle spiele, und dass sie mit dieser Meinung in feministischen Kreisen mit seltsamen Vorstellungen konfrontiert gewesen sei. Symbolisch steht dafür ein Editorial einer *Emma*-Ausgabe von 1981, in dem Alice Schwarzer feststellte, dass es für behinderte Frauen einfacher sei, sich zu emanzipieren, weil sie aufgrund ihrer Behinderung nicht um die Aufmerksamkeit von cis-hetero Männern konkurrieren müssten. Die Vorstellungen von Körpern und davon, was als scheinbar intakt und unversehrt verstanden wird, haben sich über eine lange Zeit entwickelt: Die Schriftstellerin Amanda Leduc analysiert diese Vorstellungen in ihrem Buch *Entstellt* am Beispiel von Erzählungen des 17. und 18. Jahrhunderts von Autor*innen wie Charles Perrault, den Gebrüdern Grimm oder Hans Christian Andersen und am Beispiel moderner Disney-Varianten. Sie zeigt, wie die »Bösen« oft »hässlich« sind und ein Happy End stets Normschönheit und Nicht-Behinderung zeigt. Allein in 80 von 200 Märchen der Gebrüder Grimm tauchen Figuren mit körperlicher oder geistiger Besonderheit auf. Darin werden Menschen stumm wie die Fische, tragen Buckel oder schrumpfen zu Däumlingen, und körperliche Abweichung wird als Strafe erklärt. Diese Nichtanerkennung bestimmter Körper in Kombination mit der Annahme biologischer »Minderwertigkeit« hatte Folgen, insbesondere für behinderte Frauen und Personen, die weiblich gelesen werden, sagt Wienstroer. Sie wurden zu Objekten gemacht. In diesem Zusammenhang berichtet mir Wienstroer von einer Fotoausstellung nackter, behinderter Frauen in den 90er Jahren, die deren Empowerment beschreiben. Sie erinnern mich an die Fotos der US-amerikanischen queeren und behinderten Fotograf*in Trista McGovern. Die Arbeiten zeigen die Faszination für menschliche Körper, die nicht normperfekt und alterslos zu sein haben. Es sind Perspektiven, die dazugehören, die meistens ausgeblendet werden.

So werden über Körper feministische Kämpfe ausgetragen. Über die Logik des Marktes, Kapital aus normierten Körperbetrachtungen zu schlagen hat die Journalistin Beate Hausbichler das Buch *Der verkaufte Feminismus* geschrieben. Sie verarbeitet darin den von Nancy Fraser genutzten Begriff eines »progressiven Neoliberalismus«, der kritisch die Allianz zwischen intersektionalen Bewegungen und kommerziellen, oft dienstleistungsbasierten Sektoren betrachtet. An die Stelle einer antihierarchischen, klassenbewussten und egalitären Auffassung von Emanzipation tritt für Fraser eine linksliberal-individualistische. Was bedeutet, dass die Produktindustrie mit sogenannten Body-Positivity-Kampagnen eine weibliche Zielgruppe im Zusammenhang mit feministischen oder diskriminierungskritischen Slogans begeistert, aber Schönheitsideale nur scheinbar. Der vermeintliche Feminismus von heute schmeckt und duftet nach Vielfalt und trägt sich gut auf T-Shirts mit Aufschriften wie »We Should All Be Feminists«, der sich auf die gleichnamige TED-

Rede von Chimamanda Ngozi Adichie bezieht. Auch die Barbie gibt es seit einigen Jahren nicht mehr nur als hyperschlankes Püppchen, sondern auch mit realistischeren Proportionen. In der Werbebranche gibt es ein Wort für den neuen Trend: »Femvertising«. Hausbichler nennt es ein »Feminist Washing«, weil politische Forderungen verwässert werden, weil die Firmen, die Frauen jetzt angeblich empowern wollen, dieselben Firmen sind, die jahrzehntelang mit ihren Produkten die unterschwellige Botschaft gesendet hätten, dass Frauen noch nicht normschön genug seien und ihre Körper eine ewige Baustelle.

Ich bin die Generation erste Staffel *Germany's Next Topmodel*, bei der über Jahre keine Schwarzen Frauen oder Personen, die weiblich gelesen werden, mitgedacht wurden, sodass ich mich hätte identifizieren können. Und jetzt stehen Jahr für Jahr mehr Menschen aus dem Diversitätsspektrum vor der Kamera. Zu migrantisierten Personen sind trans Frauen und Curvy-Models hinzugekommen. Ich höre von einem »Team Diversity«, was in diesem Format als Fortschritt gefeiert wird. Ein Grund zu feiern? Joah, denke ich, weil es in der Sendung weiterhin darum geht, wer wie aussieht, und dann zeigt sich, dass es eine dark-skinned Schwarze auch mal schaffen kann, aber weitere Normabweichungen wie Mehrgewicht oder sichtbare Behinderungen schwierig werden. Diversitätsmodel sind Kampagnen-Körper-Token, so lautet die Kritik, denn die Schönheitsnorm ist die gleiche geblieben und orientiert sich weiterhin an der Nachfrage patriarchaler Denkmuster. Es wird weiter hierarchisiert, nur subtiler. Wie aber wirkt das? Ich denke darüber nach, weil diese Sendung so unzählig viele junge Menschen schauen und weiß, dass Beratung bei Fachstellen einzuholen wichtig ist, um zu verstehen, was die subtilen Botschaften mit dem Selbstbild von jungen Mädchen, die vor den Bildschirmen zuschauen, macht. Und ich frage mich, wie der Feminismus der zweiten und dritten Frauenbewegung zum Instagram-Account einer feministischen Sinnfluencerin passt. Denn immer wieder lässt sich im Subtext Sozialer Medien feststellen, dass es doch die alteingesessenen Schönheitsideale sind, die die idealisierte Norm darstellen und den Körpern von dick_fetten oder behinderten Menschen kein authentischer und selbstverständlicher Raum geschaffen wird. Die Lage ist schwierig, auch weil im Netz viele Menschen von Räumen ausgeschlossen sind oder keinen Zugang zu bestimmtem Wissen finden. Andererseits bieten Soziale Medien Räume, in denen Körper-Empowerment stattfindet und Verbindungen geschaffen werden, weil dort Menschen mit großen Körpern wahrnehmbar werden. Es kann also auch ein Raum realer Spiegelungen sein, schreibt mir @BodyMary. Und so bewege auch ich mich auf Instagram mit geposteten Fotos und präsentiere für den Algorithmus mein Aussehen samt Inhalten, die ich vertrete. Ja, eine feministische Haltung kann mit unterschiedlicher Performance von Körpern und Haltungen, in Highheels, Turnschuhen oder barfuß, präsentiert werden. Und gleichzeitig wird eine kritische Auseinandersetzung bleiben, inwieweit Kampagnen wie »Alle Körper sind schön« nützlich sind. Die BOPO-Bewegung steht dafür ein, große Körper anzuerkennen und Normschönheit weniger Stellenwert in unserer Gesellschaft einzuräumen. Stellen wir uns vor, unser aller Selbstwertgefühl würde weniger an die äußere Erscheinung gekoppelt und der Fokus sich auf uns selbst verschieben. Das wäre für mich, was die Schönheit der Differenz beschreibt.

Die 2005 gegründete Gesellschaft **gegen Gewichtsdiskriminierung** (GgG) ist ein Verband mit dem Ziel, die soziale Akzeptanz von dick_fetten Menschen zu verbessern. Fokus der Arbeit liegt primär auf dem diskriminierenden gesellschaftlichen Umfeld und Dick_fettsein als Menschenrechtsthema. Seit 2016 setzt sich die Gesellschaft verstärkt für eine Anpassung des Allgemeinen Gleichbehandlungsgesetzes (AGG), insbesondere die Aufnahme des Merkmals Gewicht/äußeres Erscheinungsbild unter die im AGG genannten Diskriminierungsmerkmale ein. https://gewichtsdiskriminierung.de

Da'Shaun L. Harrison, Belly of the beast - the politics of anti-Fatness as anti-Blackness, 2021. Harrison schreibt über fette, Schwarze, behinderte und nicht-binäre Personen aus intersektionaler Perspektive und erklärt, wie Fettfeindlichkeit und Anti-Schwarzer Rassismus sich in Gewalt äußert. Es geht um Polizeiarbeit, Entrechtung und das Unsichtbarmachen allgegenwärtiger Erfahrungen. An den Schnittpunkten von dick_fettsein, Schwarzsein, Behinderung und Geschlecht werden diskriminierende Erfahrungen verstärkt. L. Harrison formuliert eine »Politik der Erwünschtheit« und sucht nach Strategien, um die Verleugnung abzubauen und eine gesellschaftliche Programmierung zu verlernen, die uns unterdrückende Botschaften über dick_fette Menschen sendet. Weitere prominente Namen aus dem US-Kontext sind Sonya Renee Taylor, Sabrina Strings, Dr. Joy Cox.

Emilene Wopana Mudimu, @black_is_excellence. Die Leiterin des Jugendzentrums *KingzCorner e.V.* arbeitet als Sozialpädagogin in der rassismuskritischen und intersektionalen Bildungsarbeit. Zudem ist sie als Moderatorin, Bildungsreferentin, Spoken Word Künstler und Autorin tätig. Ihre Themen sind unter anderem Afro Hair Politics, Dekonstruktion westlicher Schönheitsideale und Politisierung Schwarzer Körper, Colorism und Empowerment-Arbeit mit BI*PoC, Antira-Sensibilisierungstrainings und Kreatives Schreiben. http://kingzcorner.de.

SchwarzRund, @schwarzrund publiziert in den unterschiedlichsten Formen. In Performancetexten, Vorträgen und Veranstaltungsreihen werden mehrdimensionale Lebensrealitäten inner- und außerhalb von Communitys verhandelt. Zuletzt erschien die afroqueere Novelle QUASI. Sie promoviert in der Forschungsgruppe Contested Democracy zum Demokratieverständnis Audre Lordes an der Universität Erfurt. https://schwarzrund.de. Latifah Cecilia Ama Cengel betreibt auf Instagram @beauty_and_politics Aufklärungsarbeit zu Anti-Rassismus, Queerfeindlichkeit/Queerness, intersektionalem Feminismus, Klassismus und Mental Health. @normaproforma visualisiert fette Schwarze Körper und verkauft Kunstdrucke im Etsy-Shop »FatFriedPride«.

Christelle Nkwendja-Ngnoubamdjum, @nkweeny, ist eine Schwarze, dicke, nicht-behinderte, in Deutschland lebende cis-Frau, verbunden mit Schwarzen Bewegungen. Sie studierte American Studies, Politik und Soziologie. Inhaltlich befasst sie sich aus einer aktivistischen, intersektionalen und emotionalen Perspektive mit Themen rund um Gewichtsdiskriminierung und Fat-Acceptance/Liberation. Sie hat dieses Kapitel vor Abdruck gelesen und diesen Anhang ergänzt.

Maria González Leal, @bodyMary, positioniert sich als Afri-Cubanisch-Deutsch, fett, queer und ost-sozialisiert. Als Antidiskriminierungsberater*in, Bildungsreferent*in, Workshopleiter*in und Moderator*in arbeitet und forscht Leal in den Bereichen Beratung, Öffentlichkeits- und Aufklärungsarbeit. Der intersektionale Ansatz fokussiert dabei die Themen: Antirassismus, Gewichtsdiskriminierung, intersektionaler Feminismus, Queerness, nicht sichtbare Behinderungen, psychische Erkrankung als Behinderung, chronische Erkrankung und vererbte Armut. Ziel ist es, verschiedene Diskriminierungsformen, Mehrfachdiskriminierungen und deren Verbindungen sichtbar zu machen und Lösungsansätze mit Verbündeten zu konzipieren, um Gewalterfahrungen abzubauen. In den Sozialen Medien @bodyMary werden diese Themen interdisziplinär in Form von Texten, Bildern, Videos und Podcasts aufgearbeitet. Leal hat im Team ein Drittel dieses Buches im Sensitivity Reading gelesen. http://bodymary.de

Geist

Wie nehmen wir wahr?

Ein vielschichtiges Wort und uneinheitlich verwendeter Begriff der Philosophie, Theologie, Psychologie und Alltagssprache, der im Zusammenhang mit unserem Bewusstsein steht. Er gilt als Verbund intellektueller und mentaler Fähigkeiten eines Menschen. Und bezieht sich auf kognitive, psychische Prozesse, die die Wahrnehmung, das Gedächtnis und das Schlussfolgern umfassen und sich als Verstand definiert. Als die Gesamtheit geistig-emotionaler Prozesse der Psyche. Er ist die Essenz einer Sache, Spukgestalt und gleichzeitig ein toter Mensch.

Wahrnehmung und Psyche

Das Ziel der Psychologie ist, sich um das Wohlergehen der Menschheit zu kümmern.
Wohlergehen ist ein Privileg, das durch menschliches Zutun nicht allen gewährt wird … Wohlergehen setzt ein gutes globales Füreinander und Miteinander voraus …
Eine psychologische und pädagogische Praxis braucht ein ganzheitliches Verständnis von Phänomenen rund um den Menschen innerhalb seines Kontextes. Sie muss migrationssensibel, »Kulturen«-kompetent, rassismuskritisch und traumaspezifisch sein.

– Dileta Fernandes Sequeira

Einmal saß ich im Zug, und im Nebenabteil schrie ein Kind. Es war ein Schreien, das mir durch Mark und Bein ging. Auch die Frau gegenüber spürte es. Wir sahen uns an, hielten inne, irgendwann stand ich auf und öffnete die Tür zu dem Abteil nebenan, in dem das Kind mit seiner Mutter saß. Dessen Blick war leer vom Schreien. Ich setzte mich zu ihnen, ohne zu fragen, ob ich das darf, ohne etwas zu sagen, und begann mit dem Kind zu spielen. Ich spürte seine Angst. Ich tat die Dinge im Affekt, war wie losgelöst, im Autofokus. Das Kind wurde ruhig. Wir spielten nicht lang. Ich stand auf, lächelte die Mutter an, die nichts sagte. Ich ging zurück zu der Frau im anderen Abteil, und sie sagte zu mir: »Ach, wissen Sie, unter jedem Dach ist ein Ach.« Und dieses hat auf jeden von uns eine andere Wirkung.

Als Kind war ich oft melancholisch. Ich hatte Weltschmerz, schaute traurige Filme, um zu weinen. Ich weinte bei Filmen wie dem über das Schiff versklavter Menschen *Amistad* oder *Sieben Jahre in Tibet*, über die Ungerechtigkeiten in der Welt, aber auch wenn es um die Liebe ging. Ich mag das Wort Melancholie. Es klingt leicht, hat aber gleichzeitig Tiefe. Im Netz lese ich, dass Melancholie sich durch Schwermut, Schmerz, Traurigkeit oder eine von Nachdenklichkeit geprägte Gemütsstimmung auszeichnet. Und dass sie eine Errungenschaft des Bürgertums im 18. Jahrhundert sei, weil sie vorher nur Adeligen vorbehalten war. Also Menschen, die es sich leisten konnten, traurig zu sein. Ich bin heute noch manchmal melancholisch, besonders an meinem Geburtstag und dann, wenn ich eine bestimmte Musik, insbesondere Lieder von früher höre. Melancholie gehört zu meinem Leben dazu, und wenn sie vorbeikommt, begrüße ich sie und weiß, was ich zu tun habe, damit sie sich wieder verabschiedet.

Früher war das anders. Da wusste ich nichts mit ihr anzufangen. Ich schrieb in mein Tagebuch, was in meiner Vorstellung damals nur Menschen taten, die einsam waren. Ich schrieb Gedichte, um mir die Dinge aus dem Kopf und den Gedanken zu schreiben. Irgendwo im Keller meiner Mutter liegen sie noch, diese Tagebücher. Ich habe nie wieder hineingeschaut, nicht geblättert wie in alten Fotoalben, in denen ein Mensch sich wiederentdeckt, sich an das vergangene Ich erinnert und im Heute die Kontinuität von damals sucht. Ich habe beschlossen, sie auch nicht für dieses Buch herauszukramen, sondern mich nur an das zu erinnern und das aufzuschreiben, was erinnert werden soll und was ich teilen will.

Ich habe mir zum Schreiben dieses Buches viel Zeit genommen, weil ich hier mein Inneres nach außen kehre. Oft habe ich mich während des Entstehungsprozesses gefragt, warum ich diese oder jene Zeile schreiben und wie viel ich von mir zeigen will. Immer kam ich zu der Antwort, dass ich nur in Verbindung zu mir meine Beobachtungen und meine Verknüpfungen zu unserer Gesellschaft authentisch erklären kann und dass es sich für andere nur dann auch echt anfühlt, wenn meine Gedanken bei meinem Gegenüber ankommen. So gehe ich auf Menschen zu, egal, ob ich mit Freund*innen spreche oder ob ich moderiere. Ich brauche eine gewisse Nahbarkeit, um den Boden unter den Füßen zu spüren, vielleicht möchte ich dabei auch »die Bühne senken«, wie einmal eine Regieassistentin meine Art der Moderation kommentierte. Für mich sollte dieses Buch kein Lehrbuch sein, aber ich möchte damit etwas von dem, was ich gelernt habe, teilen. Zum Beispiel meinen Glauben, dass wir alle mit unseren Psychen, Seelen und Köpfen verbunden sind und der Blick dorthin wichtig ist, wenn wir über Begegnungen mit Differenz und Diskriminierung sprechen. Es gibt eine Form des Sprechens und der Achtsamkeit, die ich über die Jahre für mich gefunden habe, um Dinge zu erkennen und innere Welten von Menschen zu analysieren. Es ist die Metasprache des Psychologischen.

Ich habe schon als Jugendliche angefangen, in diese Richtung Romane zu lesen. Niemand in meiner Familie wusste davon, dass ich mich über diese Themen informierte, dass ich aus dem Schrank meiner Mutter diese Bücher zog, weil sie sie las. Hätte man mich gefragt, warum ich danach suche, hätte ich auch keine Antwort gehabt. Nach dem Abitur hegte ich zunächst den Wunsch, Psychologie zu studieren, weil ich dachte, ich würde mich dann vielleicht besser verstehen. Ich begab mich selbst in eine Therapie, als ich mit Anfang 20 von zu Hause ausgezogen und mein Leben komplizierter geworden war. Regelmäßig zur Therapie zu gehen, half mir, mich aufzuräumen und wichtige Lebensentscheidungen zu treffen, ohne die ich heute sicher eine andere wäre. Mit Anfang 20 war ich damit ein Novum in meinem direkten Umfeld. Die 90er Jahre waren die Zeit der Talkshows. Menschen breiteten dort ihr Seelenleid aus. Das Publikum konnte zuschauen, hineinschauen, mitfühlen oder sich abgestoßen fühlen. »Postverwundet« beschreibt Leslie Jamison den Zustand, die eigene Geschichte vermeintlich verarbeitet und Verletzungen hinter sich gelassen zu haben. Es ist ein psychologisches Muster, es vorzuziehen, empfindungslos zu sein, statt sich den eigenen Gefühlen zu stellen. »Postverwundete Frauen machen Witze über ihre eigene Verletztheit und werden ungeduldig mit Frauen, die allzu sehr leiden«, schreibt Jamison. Nicht so laut heulen, nicht in die Opferrolle fallen, nicht um Schmerzmittel bitten. Postverwundet zu sein bedeute nicht, dass sich die Tiefe der Empfindungen verändere, sondern sich vor der Kulisse eines gesellschaftlichen Tabus und dem Gefühl von Scham und Schuld zu weigern, eine psychologische Disposition oder Melancholie zu zeigen. Bingo, denke ich. So war es bei mir. Es erklärt, warum es für mich früher mit unangenehmen Gefühlen behaftet war, zur Therapie zu gehen, und ich es trotzdem tat. Es war die Angst davor, ein Klischee zu sein. Und ich denke, es gab und gibt viele, die sich Unterstützung suchten und nicht darüber sprechen – bis heute.

Wir sprechen immer noch zu wenig über die Zustände unserer Psychen. Es ist noch nicht lange so, dass das Thema Depressionen es in unsere Mitte geschafft hat. Es gilt noch immer vielen als Tabuthema. Ich kenne Menschen mit Depressionen. Sie sind nahe Kontakte, Familie oder Freund*innen. Ich weiß, dass viele Faktoren eine Rolle spielen, dass nicht nur schwierige Lebensumstände der Grund dafür sind, sondern auch ein Mangel oder Ungleichgewicht bestimmter Botenstoffe im Gehirn, genetische

Veranlagung und belastende Erlebnisse in der Vergangenheit der Grund dafür sein können. Es heißt, jeder fünfte Mensch in Deutschland erkranke einmal im Leben an einer Depression. Laut den Daten der Stiftung Deutsche Depressionshilfe hat sich durch die Corona-Pandemie die Situation für viele Menschen noch einmal verschlechtert. Im Unterschied zu früher sprechen heute jedoch immer mehr Menschen darüber. Prominente melden sich zu Wort, es gibt Podcasts für Jung und Alt, in denen die unterschiedlichsten Menschen Erfahrungen teilen. All das hilft, Depressionen zu verstehen und mit mehr Offenheit darüber zu sprechen. Unter dem Begriff »Mental Health« werden inzwischen einige psychische Perspektiven verhandelt, aber dennoch zeigt die Berichterstattung oft, dass viele etwas als besonders wahrnehmen, was für andere alltäglich ist. Auch hier ist Differenzierung wichtig. So fordert beispielsweise die Autorin Tanja Kollodzieyski mehr Sichtbarkeit für das Thema »barrierefreie Mental Health« und erklärt, wie die Scham, die stereotype Vorstellung vom leidenden behinderten Menschen, eine Barriere für sie darstellt, um über ihre Depressionen zu sprechen. Sie erklärt, dass sie nicht depressiv sei, weil sie eine Behinderung habe, sondern dass sie behindert *und* depressiv sei und es für ihr psychologisches Befinden Ursachen gäbe, die präsent wären, auch wenn der Rollstuhl aus ihrem Leben verschwinden würde.

Und damit stellt sich die Frage, was sind die Kriterien für geistige Gesundheit und wer bestimmt sie? Wer entscheidet, was als Abweichung von dem gilt, was »bei Sinnen« ist oder als neurotypisch gilt? In einem Text lese ich, dass der Philosoph und Soziologe Michel Foucault in *Die Geburt der Klinik – eine Archäologie des ärztlichen Blicks* bereits 1963 darauf aufmerksam machte, wie Krankenhäuser auch Institutionen der Macht sein können. Orte, in denen Ressourcen nicht nur zum Wohle kranker Menschen gebündelt, sondern in manchen Fällen auch Zwang und

Druck ausgeübt werden. Seine Analyse hat er aus der persönlichen Erfahrung heraus geschrieben, weil sein Verhältnis zum Wahnsinn und zur psychiatrischen Institution ein persönliches gewesen ist.

Ich finde ja, dass die Literatur die Komplexität des Geistes besser erfasst, als wenn wir das Thema im Alltag besprechen. Dass dort auf unterschiedliche Art und Weise Erfahrungen nachempfunden werden können, da das Erleben anderer oder auch die eigene Betroffenheit nachgezeichnet werden. Nicht ohne Grund gilt die Bibliotherapie als therapeutische Unterstützung, das heißt, das Schreiben über sich selbst oder das Rezipieren von Texten kann Menschen helfen. Manchen gibt es Inspiration, ins eigene Innere zu blicken und zu erfahren, nicht alleine zu sein oder auf neue Lösungswege zu kommen. Irgendwer nannte »den Hunger nach Wirklichkeit« als Grund dafür, dass Bücher über Lebenserfahrungen heute gefragter sind denn je. Auch mein Buch gehört ja irgendwie dazu. Ich kann nachvollziehen, warum auf Instagram das Teilen der eigenen Geschichte und Gefühle nicht nur die Follower*innen-Zahl erhöht, sondern auch die Zahl derer, die anfangen zu schreiben. Geteiltes Leid ist halbes Leid, Glück und Freude verdoppeln sich. Zu schreiben ist eine Form des Empowerments. Das bedeutet allerdings auch, dass viele von Diskriminierung Betroffene kostenlose Bildungsarbeit liefern, von der sie sich nicht selten wünschen, diese nicht leisten zu müssen. Wie schön wäre es also, wenn wir uns auch im realen Leben auf eine offene und weiche Art begegnen würden, wenn wir eine Normalität im Umgang mit unseren unterschiedlichen Wahrnehmungen und Psychen hätten und neugierig wären auf die Vielfalt in unseren Köpfen?

Ich habe durch meine Familie und Freund*innen viel über diese Unterschiede gelernt. Wir sind auf »küchenpsychologische« Reisen gegangen, und ich war dabei, als Freund*innen erst im Erwachsenenalter herausfanden, dass sie ADHS haben oder Legastheniker*innen sind. Dass sie mit ihrer Wahrnehmung neurodivers sind, und welche Bedeutung das im Rückblick auf ihr Aufwachsen und ihr Leben hat; wie befreiend die Benennung ist, wie die inneren Irritationen aufgelöst werden können, weil sie eine Antwort auf so viele Fragen haben. In unseren Köpfen befinden sich unzählige Differenzen, weil es nicht den einen Bauplan für das Gehirn gibt.

»Neurodiversität« ist ein recht junger Begriff, der inzwischen immer häufiger fällt, wenn es um das Thema neurologische Vielfalt geht. Als Konzept wurde er 2012 erstmals öffentlichkeitswirksam auf dem National Symposium of Neurodiversity an der Syracuse University in New York diskutiert. Eine wachsende Bewegung fordert dort, sogenannte neurotypische Abweichungen wie Autismus, ADS und ADHS, Koordinations- und Entwicklungsstörungen, Legasthenie und Dyskalkulie, also sogenannte Lese-, Schreib- und Rechenabweichungen nicht als Krankheit oder Störung und demnach nicht als pathologisch zu begreifen, sondern als alternative Möglichkeit, die Welt zu betrachten und mit ihr zu interagieren. Mit diesem Blick auf eine »diversity of minds« werden neurodiverse Diagnosen nicht mehr defizitär und behandlungsbedürftig, sondern als menschliche Eigenarten verstanden. Sie sind eine Variante in einem breiten Spektrum des Verhaltens und Erlebens von Menschen, Möglichkeiten des Seins, unsichtbare Bausteine, auf denen unsere Gesellschaft basiert.

»Hat mir ja niemand gesagt, dass es Gehirne gibt, die anders funktionieren, dass Neurodiversität ein Ding ist und dass ich gar nicht komisch bin, sondern autistisch. Dass mit mir nichts falsch ist, sondern ich einfach nur anders funktioniere, und dass die Gesellschaft darauf nicht vorbereitet ist, dass manche Menschen anders funktionieren«, schreibt Busch aka @omnomnomknusper auf Instagram, wo sie:er über Non-Binarität und Autismus schreibt. Über Gefühlslagen, Stresslevel und innere Logiken, darüber, wie Busch plant, anderen Menschen beim Reden zuhört, abspeichert und nichts vergisst, was das Zuhören für einen selbst so viel anstrengender macht als für andere. Busch ist ein Beispiel für viele unterschiedliche Menschen, die sich im sogenannten Spektrum befinden, über das die breite Öffentlichkeit wenig weiß. Ich bin mir sicher, wir alle haben schon Begegnungen mit neurodiversen Menschen gemacht und wissen es nicht. Vielleicht wussten diese Menschen es nicht einmal von sich selbst.

Früher fehlte mir das Wissen darüber, dass nicht alles, was uns unterscheidet oder eben auch verbindet, nicht nur psychologisch, sondern auch neurologisch erklärbar ist. Heute hilft mir dieses Wissen dabei, im Kontakt mit anderen manchmal auch innezuhalten, weil wir nie wissen können, wie Kopf und Geist des anderen funktionieren. Das müssten wir auch nicht, wenn wir uns einen Grundstock an Sensibilitäten aufgebaut hätten, wie mir die Kulturjournalistin Judyta Smykowski von Leidmedien in einem Austausch sagte. Es ist das, was mich leitet, empathischer für unsere inneren Differenzen zu sein. Es prägt mich auch in meiner Arbeit als Journalistin, in der ich es mit den unterschiedlichsten Menschen zu tun habe und mein Gegenüber nie genau kennen kann. Als Reporterin schrieb ich über Geflüchtete, Geduldete und Gewaltopfer, habe viele Einblicke gewonnen und gelernt. Zum Beispiel über obdachlose Menschen. Nie vergessen werde ich diese eine Frau, die ich über Jahre an den unterschiedlichsten Orten von Berlin wiedertraf und in meinen Texten Miriam nannte, weil ich ihren echten Namen nicht nennen sollte. Ich nannte sie wie das Mädchen aus der gleichnamigen Erzählung von Truman Capote, der gerne über Gestrauchelte schrieb, und selbst einer war. Ich traf Miriam das erste Mal in einem Winter in der begrünten Ecke vor dem Standesamt in Alt-Lietzow in Berlin, wo sie ihr Hab und Gut in zwei Einkaufswagen mit Planen abgedeckt hatte, damit der Schnee ihre Sachen nicht aufweichte. »Normalerweise reden solche wie ihr gar nicht mit mir«, sagte sie. Diese Nacht damals war eisig kalt, und mir froren fast die Zehen ab. Miriam überspielte die traurigen Details ihres Lebens bei einem gemeinsamen Tee mit einem winzigen Lächeln. Sie, Mutter zweier Kinder, die in ihrem alten Leben 13 Jahre als Industrienäherin im Akkord gearbeitet hatte, später einen Mann aus Ghana heiratete und zwei Kinder bekam, die sie nach der Scheidung in den 90er Jahren nicht mehr wiedersehen sollte. Es war der erste Bruch. Es folgte die zweite Ehe mit einem Mann, der ein paar Jahre später in der gemeinsamen Wohnung sterben sollte. Der zweite Bruch. Wie sie dann bei einem Bekannten unterkam, der die Miete nicht bezahlte, und sie keine Rücklagen mehr hatte und keine Arbeit. Irgendwann war da kein soziales Netz mehr, das sie auffing, und sie konnte sich selbst innerlich nicht mehr halten.

Früher habe ich mich mit den Menschen in meinen Geschichten verbunden, ohne es genauer zu reflektieren. Ich habe mit-gefühlt, nachgefühlt, mich hineinbegeben in deren Leben. Ich hörte zu und erzählte die Geschichten nach, wollte auf einfühlsame Art verständlich machen, was ich beobachtet hatte. Ich erinnere mich an viele Begegnungen mit Menschen, die diese mir irgendwie bekannte Schwere in sich hatten und auf der Suche nach Leichtigkeit waren. Ich fühlte mich verantwortlich dafür, dass sie ihre Geschichten mit mir teilten, wenn ich sie aufschrieb. Das ist bis heute so. Es ist ein kostbares Gut und ein Geschenk, mit dem ich achtsam umgehen möchte. Ich glaube, wenn ich nicht so handeln würde, hätte ich nicht die Geschichte von Matthias Katsch, dem heutigen Opferbeauftragten des Eckigen Tischs für Betroffene sexualisierter Gewalt an Kindern durch

Angehörige der katholischen Kirche erzählen dürfen. 2010 hat er mir sein Vertrauen geschenkt, und ich durfte sein Erleben damals noch unter einem Pseudonym veröffentlichen. Er hatte als ehemaliger Schüler des katholischen Canisius-Kollegs öffentlich gemacht, was ihm dort als Kind widerfahren war. Sein ganzes Leben lang hatte er darüber geschwiegen, hatte verdrängt und vergessen. Er erzählte in unserem Gespräch, dass das vielleicht aus Loyalität gegenüber der Kirche, dem Orden, der Schule, der Erziehung geschehen sei, aber insbesondere aus Scham.

Im Verhandeln unserer inneren, unsichtbaren Differenzen spielt Scham auch hier eine große Rolle. Es gilt sie einfühlsam zu betrachten, weil sie gesellschaftliche Folgen haben kann. Es sind drastische, wenn die Scham sich mit Schuld- und Minderwertigkeitsgefühlen koppelt, wenn sie toxisch wird und beispielsweise durch eine dauerhafte Selbstabwertung »massenpsychologisch zu Feindbilddenken und Extremismus« führt. Scham erklärt, warum sich viele Menschen mit unserer Gesellschaftsgeschichte nicht auseinandersetzen möchten, weil sie sich mit dem unvorstellbar Grausamen von Genoziden als Ausdruck einer menschlich zerstörerischen Art nicht gut beschäftigen können. Scham- und Schuldgefühle sind für viele schwer auszuhalten. Deshalb werden sie in andere hineinprojiziert, um das Unvorstellbare loszuwerden und die negativen Gefühle vom Selbst fernhalten zu können, schreibt der Psychoanalytiker M. Fakhry Davids. Er nennt es eine »innerpsychische Abwehrorganisation«. »Normopathie« ist der Ausdruck für die Anpassung einer Mehrheit von Menschen an kranke gesellschaftliche Verhältnisse: an pathogenes psychosoziales Verhalten, dessen Fehler nicht mehr erkannt und von allen akzeptiert werden, weil eine Mehrheit auf bestimmte Weise denkt und handelt und weitere Menschen sich anschließen. Es ist eine kollektive Fehlentwicklung, wenn Menschen sich menschenfeindliche Strukturen herbeiwünschen, sie ausleben und für traumatische Erlebnisse bei anderen sorgen – die diesen Schmerz weitergeben, auch an ihre Kinder.

Ich weiß nicht mehr, wer geschrieben hat, dass ein Mensch noch einmal neu geboren wird, wenn dessen Kinder zur Welt kommen. Für mich ist da etwas dran. Die Forschung zeigt, dass Elternschaft Wunden der Kindheit reaktivieren kann und damit die Gelegenheit bietet, sie zu heilen oder sie auf die eine oder andere Art weiterzugeben. Ich habe viele Menschen beobachtet und dabei begleitet, wie ihre Elternschaft Unbekanntes oder Verdrängtes in ihnen hervorbrachte. Ich selbst erlebte Momente der Scham und die der anderen, wenn wir das Erlebte gemeinsam reflektierten. Der Biophysiker und Psychologe Peter Levine beschreibt Scham als eine der intensivsten Emotionen, weil wir sie teilweise schon in jüngsten Jahren verinnerlicht haben. »Wer sich schämt, möchte sich zurückziehen oder verschwinden. Manche Menschen wehren Scham ab, indem sie versuchen, andere zu beschämen und überheblich, aggressiv oder zynisch reagieren«, erklärt Silvia Zanotta, Psychotherapeutin und Autorin von *Wieder ganz werden. Traumaheilung mit Ego-State-Therapie und Körperwissen.* Und sie schreibt, dass sich oft die Betroffenen von Gewalt und nicht die Täter*innen schuldig fühlen, da es der Versuch ist, eine Lehre aus dem Grauenhaften zu ziehen, weil für manche Betroffene die Vorstellung, man hätte es besser machen können, leichter erträglich ist, als sich der Ohnmacht zu stellen, nichts für das Erlebte zu können. Und wegen all dieser komplexen Möglichkeiten finde ich wichtig, dass wir uns als Gesellschaft auch mit unseren inneren Differenzen beschäftigen. Denen, die nach außen für andere nicht wahrnehmbar sind, die uns selbst vielleicht nicht immer bewusst sind, aber viel von dem beeinflussen, wie wir sind und handeln und unser Miteinander bestimmen.

Trauma und Sein

> *Denn unsere ganze Begrifflichkeit (…) dient nur dazu, zu verschleiern, dass Rassismus eine zutiefst körperliche Erfahrung ist, dass er das Hirn erschüttert, die Atemwege blockiert, Muskeln zerreißt, Organe entfernt, Knochen bricht, Zähne zerschlägt.*
>
> – Ta-Nehisi Coates

Ein intensives Zitat, das erklärt, warum ich dem Trauma ein gesondertes Kapitel widme. »Das Vergangene ist nicht tot; es ist nicht einmal vergangen. Wir trennen es von uns ab und stellen uns fremd«, schrieb Christa Wolf in ihrem 1976 erschienenen Buch *Kindheitsmuster*. Auch in meiner Familie spielt das Thema Weitergabe von Traumata auf vielen unterschiedlichen Ebenen eine Rolle. Das zu erkennen war ein langer und intensiver Weg für mich. Ich konnte mit manchem brechen, weil wir darüber in meiner Familie zu unterschiedlichen Zeiten gesprochen haben und weil ich Selbst-, Seelen- und Körperarbeit betrieben habe. Ich wurde dabei von meinen bis heute engsten Freundinnen begleitet. Und ich war dabei, wie auch andere um mich herum erkannten, dass es ein Trugschluss ist zu glauben, dass Schweigen den Nachkommen nutzt, und Kinder stattdessen ungesunde Reaktionen und Verhaltensmuster der Eltern als das Normale übernehmen. Trauma-Erfahrungen schreiben sich im Nervensystem ein und können immer wieder ausgelöst, also getriggert werden. Deshalb widmete sich der Psychologe Peter A. Levine auch dem Thema der Selbstregulation des Körpers und entwickelte den körperorientierten Ansatz des sogenannten »Somatic Experiencing«, damit Menschen traumatischen Stress aufzulösen lernen. Sie ist eine von vielen Möglichkeiten, Verbindungen zu einem größeren Miteinander herzustellen, das sich mit einem selbst verknüpft.

Was aber bedeutet Trauma? In psychiatrisch-psychotherapeutischen Kontexten wird darunter eine außergewöhnlich bedrohliche Situation verstanden. Gewalttaten, sexualisierte Gewalt, Krieg, Terror, Naturkatastrophen und Erfahrungen, die die eigenen Bewältigungsmöglichkeiten übersteigen, die spätere Probleme oder Krankheiten auslösen können. »Komplizierte Wundheilung«, nennt es der Psychotraumatologe Arne Hofmann, bei der die Wunde äußerlich scheinbar abgeheilt ist, sich aber darunter ein Abszess gebildet hat, der so schwer sein kann, dass sich dadurch sogar die Persönlichkeit verändert. Die ständige Wiederholung von menschenfeindlichen Mikroaggressionen kann die persönlichen Abwehrbarrieren durchbrechen und Spuren im Persönlichkeitssystem hinterlassen, erklärt der Psychologe Robert T. Carter von der Columbia University, der bereits 2007 verschiedene Studien zu Folgeerscheinungen von Rassismuserfahrungen zusammengefasst hat. Die Psychologin Grada Kilomba, die Trauma als Verletzung, als »unbeschreibliche Wunde« erklärt, untersuchte, welche Folgen beispielsweise die immer wiederkehrende Konfrontation und Beschimpfung mit dem N-Wort auf Schwarze Menschen hat. In ihrer Arbeit legt sie dar, wie selten Rassismus als Trauma wahrgenommen wird, weil dessen Geschichte und die psychologischen Auswirkungen innerhalb des westlichen Diskurses vernachlässigt werden. Nach den international anerkannten Diagnosemanualen werden aber Rassismuserfahrungen inzwischen in einem erweiterten Verständnis der Definition als traumatisierendes Ereignis gewertet. Dabei gilt es, zwischen Trauma als individuellem und sozialem Phänomen zu unterscheiden, da eine bestimmte Art der Traumatisierung durch gesellschaftliche Machtverhältnisse geschehen kann.

Im englischsprachigen Raum gibt es bereits Forschungen darüber, wie sie ähnliche Effekte auf die psychische und emotionale Gesundheit haben können wie andere traumatische Erlebnisse. Auch in Deutschland wächst ein studienbasiertes Wissen über den sogenannten »race-related Stress«. Die Ergebnisse zeigen, wie er sich in Träumen, Fantasien, im Selbstbild, dem emotionalen Erleben und unbewussten Agieren der Nachkommen äußert. Schon Sigmund Freud bezeichnete die unterbewusste Weitergabe von Trauma-Erfahrungen an die Nachkommen als »Gefühlserbschaft«. Womit sich die Frage stellt, welche Rolle diese Erbschaft in Familien und damit in Gesellschaften spielt, und was passiert, wenn darüber geschwiegen wird, wenn es also zur unbewusst-unterbewussten Weitergabe, also zu sogenannten transgenerationalen Übertragungsphänomenen in den nachfolgenden Generationen kommt. Besonders bei Kindern und Enkeln von Überlebenden der Shoah wurde dieser Zusammenhang ab Mitte der sechziger Jahre offensichtlich, als die jungen Erwachsenen der zweiten und dritten Folgegeneration vermehrt therapeutische Hilfe suchten. Inzwischen wurde auf Bundesebene die Diagnose der »Übertragung« von psychischen Erkrankungen auf Kinder und Enkel als klinischer Befund anerkannt. Viele der Erkenntnisse stammen aus dem Forschungsfeld der Bindungsforschung, und es existieren Studien zur genetischen Wirkung von Traumata, die mit Blick zurück auch die Opfer politischer Verfolgung in der sowjetischen Besatzungszone, der ehemaligen DDR oder die Nachfahren von Versklavten und

Kolonialisierten bis heute betreffen. Es gibt viele unter ihnen, die sich heute in Altersheimen quälen und dort wegen ihrer Vergangenheit nicht zur Ruhe kommen.

»Don't let them fool ya. Or even try to school ya! Oh, no! We've got a mind of our own. So go to hell if what you're thinking is not right! Could you be loved and be loved... Don't let them change ya, oh! Or even rearrange ya, oh!...« Mit dieser Liedzeile von Bob Marley aus »Could you be loved« beginnt das auf Deutsch übersetzte Buch *Innerer Rassismus – Eine psychoanalytische Annäherung an race und Differenz* des Psychoanalytikers M. Fakhry Davids. Er erklärt darin, wie Marley in seinem Lied das »Zurechtgestutztwerden der kolonisierten Psyche« als Warnung an Schwarze Menschen verarbeitet und appelliert, dass sie ihren Verstand nicht kontrollieren lassen sollten. Davids untersucht diesen aus unterschiedlichen Perspektiven: der individuellen, intrapsychischen, gruppalen, kolonialen und der institutionellen Ebene. Theoretisch analysiert er an realen Beispielen, wie das von Opfern rassistischer Angriffe während einer Therapiesitzung oder anhand der Schilderung der Rolle eines Polizisten im Film *L.A. Crash,* wie sich dauerhafte Rassismuserfahrungen auf das Selbstverständnis eines Menschen auswirken. Am Beispiel migrantisierter Menschen zeigt die Psychologin Astride Velho, was passiert, wenn diese für ihr vermeintliches »Nicht-westlich-Sein« permanent kritisiert werden und nahegelegt bekommen, ihr eigenes Sein abzulegen, um Integrationswillen zu zeigen und damit der Vorstellung von vermeintlich »guten Migranten« zu entsprechen. Eine konstante Auseinandersetzung mit einem angeblichen Defizit kann dazu führen, sich unterbewusst dafür zu entscheiden, auf dieses »assimilative Bekenntnis« einzugehen. So lassen sich migrantisierte Menschen beobachten, die ständig darum bemüht sind, sich anzupassen oder ihre Zugehörigkeit und Modernität am »Phantasma einer deutschen oder westlichen Kultur« beweisen zu wollen, wie Velho es beschreibt. Und wie sie im Widerspruch dazu gleichzeitig wegen ihres Aussehens immer wieder dafür herangezogen werden, kulinarisch, künstlerisch, in Liebesbeziehungen oder mit ihren Kindern für die »exotische Würze im grauen bundesdeutschen Alltag« zu sorgen.

Es ist ein unglaublicher Druck, der hier entsteht, der oft unbearbeitet bleibt und sich nicht selten auf die nächste Generation überträgt, schreibt der Migrationsforscher Mark Terkessidis. Bereits 2004 stellte er in seiner Studie *Die Banalität des Rassismus* fest, dass viele Menschen, die ihn erfahren, wenig darüber wissen und dass ihre Versuche, mit den diskriminierenden Lebensumständen umzugehen, zwar vielfältig, aber oft einsam und nicht konstruktiv sind. Die Fachärztin für Psychiatrie und Psychotherapie Amma Yeboah hat in ihrem Essay *Rassismus und psychische Gesundheit in Deutschland* darüber geschrieben, dass Depressionen, Angststörungen, ein vermindertes Selbstwertgefühl, chronische Erschöpfung, das Risiko, an einer Psychose zu erkranken, und unkontrollierte Wut die Folgen sein können. Auch Dissoziation zählt dazu, das heißt, dass sich Gedanken, Gefühle und Wahrnehmungen, die ein Mensch sonst gleichzeitig und stimmig erlebt, voneinander trennen und die Ganzheitlichkeit der eigenen Person nicht mehr gespürt wird. Die Wahrnehmungsintensität verändert sich und das Bewusstsein wird teilweise außer Kraft gesetzt. Es kommt zu Erinnerungslücken, dem Vergessen von Ereignissen oder subjektiven Verzerrungen. Nicht selten werden bei älteren Kindern mit unverarbeiteten Rassismuserfahrungen später Probleme bei der Stressbewältigung wie Alkohol-, Drogenkonsum oder delinquentes Verhalten festgestellt. Und nicht unüblich ist, dass Schwarze Kinder sich an einem Punkt ihrer Entwicklung wünschen, *weiß* zu sein, so wie ich es mir früher gewünscht habe. Sie malen sich ihre

Haut mit Kreide an oder waschen sich übermäßig häufig. Rassismuserfahrungen auf dem Schulhof, im Unterricht, beim Bahnfahren bedeuten Stress, und dieser wirkt destruktiv. Ich kenne Geschichten insbesondere von Schwarzen Jungen, die in der Schule stigmatisiert wurden und in der Folge als unkonzentriert und aggressiv oder mit ADHS diagnostiziert wurden, und dass viel zu selten die Ursachen für ihr Verhalten in den Blick genommen wurden.

Die Politikwissenschaftlerinnen Maria Castro Varela und Nikita Dhawan entwickelten in ihrem »Konzept der Vulnerabilität« einen Blick auf sogenannte Verletzlichkeiten von Menschen. Darunter verstehen sie die Risiken bestimmter Gruppen, diskriminiert und stigmatisiert zu werden. Sie denken dabei intersektional, weil Menschen mit Rassismuserfahrungen immer auch Männer, Frauen, Schwule, Lesben, Transgender, Kinder, Jugendliche, Alte oder behindert, reich, arm, ohne oder mit formaler Bildung sein können. Diese Verschränkungen und Gleichzeitigkeiten bestimmen die Form ihrer Erfahrungen und ihre Positionen mit. Verletzlichkeit ist demnach so vielperspektivisch, wie wir Menschen es sind. Ebenso sind es die Arten, sich dagegen zu wehren. Die Diplompsychologin Stephanie Cuff-Schöttle und Mitgründerin der Online-Plattform *MyUrbanology.de* bietet deshalb in Berlin eine ressourcen- und lösungsorientierte Rassismussprechstunde für Eltern an. Sie beschreibt, wie Eltern durch das rassistische Mobbing ihrer Kinder selbst wieder an die eigenen Erlebnisse erinnert werden und ihre damals gespürte Scham, Hilflosigkeit und Angst reaktiviert werden könne. Dass die Eltern vielleicht über die Jahre Strategien erarbeitet hätten, die es ihnen erlaubt hätten, mit den eigenen Diskriminierungserfahrungen umzugehen, aber durch die Betroffenheit ihres Kindes plötzlich keinen Zugang mehr dazu hätten. Dass es Eltern gibt, die sich plötzlich traurig und schuldig fühlten. Ich erinnere mich an ein Beispiel von ihr über eine Mutter, die plötzlich strenger wurde und ihrem Sohn ungewollt das Gefühl gab, dass er das rassistische Mobbing möglicherweise hätte verhindern können, wenn er sich angepasster verhalten hätte. Die ihm dazu riet, obwohl sie gewusst habe, dass das falsch sei, doch griff sie auf das Gelernte der eigenen Kindheit zurück, und das hieß, sich unauffällig, leise, angepasster und fleißig zu benehmen.

May Ayim schrieb einmal: »Die einen zeigen Schmerz, indem sie weinen und schreien. Die anderen zeigen Verlust, indem sie keine Worte finden. Einen Moment lang lachen und tanzen, weil wir wissen, dass wir ihre Ideen und Worte und Pläne weitertragen werden. Dann wieder weinen, schreien und schweigen, weil wir es sind, die sprechen und fühlen und leben.« Mit Ayims Worten will ich diesen zweiten Teil dieses Kapitels mit Bedacht einleiten, weil es Wunden aufreißen kann. Deshalb an dieser Stelle eine Triggerwarnung. Doch möchte ich diese Realität thematisieren, um deutlich zu machen, wie dringlich es ist, dass wir uns jeglichen Unterdrückungssystemen entgegenstellen, weil sich manche davon betroffene Menschen nicht mehr halten können. Suizidgefährdung ist ein reales Thema unter Marginalisierten. Ich habe Schwarze Menschen gekannt, die irgendwann keine Lösung mehr für sich gefunden und sich dafür entschieden haben, aus diesem Leben zu gehen. Ich stand ihnen unterschiedlich nah. Mit einem von ihnen bin ich gewachsen. Ich werde ihn nie vergessen.

Ich nenne ihn F. und nicht beim vollen Namen, weil ich ihn nicht mehr fragen kann, ob er in diesem Buch erscheinen wollen würde. Irgendwie glaube ich das aber und hoffe es. Er war für viele ein besonderer Mensch: ein Schwarzer Punk und politisch. Er hatte viel Härte und noch mehr Sanftes in sich. Er hatte ein Lachen, das ich bis heute höre, wenn ich an ihn denke. Er war, als er lebte, ein wichtiger Teil der damaligen Schwarzen Community, die sich jährlich auf dem Bundestreffen sah. Er las dort aus seinen Tagebüchern vor, um sich von seinen rassistischen Erfahrungen zu befreien. Sein Online-Kondolenzbuch mit unzähligen Einträgen gibt es heute nicht mehr. Die Seite ist abgelaufen, aber die gedruckte Version steht in meinem Schrank. Ich habe sie jedes Jahr mitgebracht zu unserem Jahrestreffen, um sie in der Gedenkecke auszulegen. Sein Tod ist jetzt über zehn Jahre her, und einmal im Jahr bekomme ich im Dezember einen Reminder von meinem Handy, der mich an ihn erinnert. Manchmal sehe ich ihn auf einem Bild, wenn ich Austen P. Brandt besuche, weil ein Gruppenfoto von uns in seinem Regal steht. Es ist das Bild von unserem gemeinsamen Empowerment-Workshop im Jahr 2006, in dem wir uns gemeinsam fit machen wollten für die Welt da draußen. Wir waren damals alle noch so verwundbar, dass wir manches von uns noch nicht sehen, den anderen noch nicht zeigen konnten.

Nach F.s Tod hat Brandt uns als Gruppe begleitet, damit wir eine Form des Abschieds nehmen konnten, der unsere Wunden heilsam schließt. Er hat uns den Halt geschenkt, von dem wir damals nicht wussten, dass wir ihn brauchen. Weil wir nicht wussten, was diese Erfahrung mit uns macht. Weil ich erst später verstand, als noch andere Schwarze Menschen sich dazu entschieden zu gehen, dass es ein systemisches Problem ist. Dass sich unverarbeitete innere Verletzungen von Menschen über ein transnationales Trauma legen können und wie zerstörerisch psychologische Dissonanzen, Erkrankungen, aber auch Melancholie in den Leben der von Rassismus, Antisemitismus und anderen menschenfeindlichen Ideologien betroffenen Menschen wirkt. Es ist auch die Geschichte der Poetin May Ayim, deren Gedichte bis heute eine Inspirationsquelle für so viele Menschen sind. Im Briefband *May Ayim – Radikale Dichterin. Sanfte Rebellin* wird sie von ihr einst nahen Menschen beschrieben. Ich erfahre von der Autorin und ADEFRA-Mitgründerin Ika Hügel-Marshall, wie sie in ihre psychische Krise geriet. Wie sie müde und unendlich traurig wurde und nie wieder zurück ins Leben fand. Dieses Buch hat mich berührt, weil ich viel über die Freundschaften las, die sich mir in diesem Band eröffneten, und den Blick auf die Seiten einer Frau, die ich gerne gekannt hätte.

Es ist wichtig, ein Bewusstsein und eine Sprache für die Verletzungen zu finden, die Rassismen und andere Unterdrückungssysteme verursachen können. Es ist wichtig anzuerkennen, dass es sie gibt, um beispielsweise in Bildungseinrichtungen zu verhindern, dass sie zu traumatischen Dynamiken für die Kinder führen. Das ist es, was ich mir wünsche. Und natürlich will ich mit diesen Zeilen nicht alle, die Rassismus erfahren, zu Traumatisierten erklären. Denn Tatsache ist auch, dass Menschen Ausgrenzung unterschiedlich erfahren und damit unterschiedlich umgehen. Viele haben enorme Bewältigungskapazitäten, Ressourcen, Widerstandspotentiale oder eine Resilienz (entwickelt). Hilfreich ist die Fähigkeit, zu reflektieren und zu deuten, Strategien im Umgang damit zu haben. Auch ein Wissen darüber ist von elementarer Bedeutung im Leben von diskriminierten Gruppen. Deshalb ist ein offener Umgang mit diesen Themen auch so unglaublich wichtig und nötig und sollte Teil unserer Allgemeinbildung und Bildungsarbeit sein, um diese Menschen zu schützen und als Gesellschaft Strategien zu entwickeln. Denn leider fehlt es an so vielen Orten an machtkritischem Fachpersonal und Strukturen. Es gibt Diversity- aber keine Diskriminierungsbeauftragten, weil das hieße, dass sich Menschen melden könnten und sich auseinandersetzen müssten, aber genau darum sollte es in unserem Miteinander gehen. Dass wir uns Halt schenken und Empowerment und Handlungskompetenzen kennen. Damit es nicht nur die Sache der Betroffenen bleibt, die

Workshops geben, aufklären, Bücher schreiben, und das selbst im Bereich der Psychotherapie.

In ihrem Buch *Gefangen in der Gesellschaft* richtet sich die Psychologin Dileta Fernandes Sequeira mit ihrer Analyse deshalb an ein psychologisches Fachpersonal. Sie setzt sich darin mit deren Verstrickung auseinander, denn auch Therapeut*innen sind in ihrer Arbeit herausgefordert, sich mit diesem Thema zu beschäftigen, das eines ist, an dem sie als Menschen auf persönlicher Ebene Anteil haben. Bereits 2011 recherchierte ich über die Probleme queerer Menschen in der Psychotherapie, die dort die Erfahrung machen, mit Unsicherheiten und ambivalenten Gefühlen von Therapeut*innen konfrontiert zu sein, wie mir die damalige Oberärztin für Psychiatrie und Psychotherapie Lieselotte Mahler erklärte. Heute ist sie Chefärztin in den Kliniken im Theodor-Wenzel-Werk und engagiert sich noch immer im Bereich sexuelle Orientierungen und Gender in der Psychiatrie und Psychotherapie. Mit vielen anderen setzte sie sich lange für ein Verbot sogenannter Konversionstherapien ein, die erst 2020 vom Bundestag verboten wurden. Ein im Übrigen missverständlicher Begriff, weil es sich um Versuche handelte, Homosexualität in asexuelles oder heterosexuelles Verhalten umwandeln zu wollen.

Es ist einfach, Urteile über Menschen zu fällen, wenn Menschen sich im Bereich des leicht Verstehbaren für einen selbst bewegen. Aber so ist unser Geist leider nicht. Wir Menschen sind nicht immer leicht zu verstehen. Wir haben es auch mit »gebrochenen Identitäten« zu tun, wie sie der Facharzt für Psychiatrie Martin Reker bezeichnet. So ist die menschliche Psyche sowohl von den eigenen Erfahrungen als auch den Beziehungen zu anderen Menschen und den jeweiligen kulturellen, politischen, historischen Kontexten geprägt, und sie lässt sich mit all ihren Funktionen des Denkens, Fühlens und Erlebens bis heute nicht vollständig erklären. Umso wichtiger ist es, diese vielfältige Dimension unseres Seins mitzudenken, wenn wir über unser gesellschaftliches Miteinander sprechen. Weil wir mit unseren individuellen Lebensgeschichten und unseren psychologischen und neurologischen Lagen alle etwas mitbringen, was unsere Beziehungen und unsere Kommunikation beeinflusst. Ein Blick in die Gesellschaftsgeschichte und ihre Entwicklung zeige die inneliegende Dissoziation, erklärte 2017 der Dramaturg und Intendant des Thalia-Theaters Joachim Lux in seinem Vortrag »Dissoziation und Gegenwart«. Er erklärt darin ein »Auseinanderfallen« psychischer Fähigkeiten von Gedächtnis, Bewusstsein und Körper zum zentralen Motor menschlicher und gesellschaftlicher Entwicklung, in der Menschen verharren, weitergehen, konstruieren und dekonstruieren, sich abgrenzen und verschmelzen. Diesen Gedanken spielt er einmal durch die Kulturgeschichte hindurch: von der Renaissance über die Moderne, die 68er-Revolte und die Auflösung der Ost-West-Geschichte bis hin zur digitalen Revolution. Damit setzt Lux das individuelle Erfahren innerer psychologischer Veränderung in ein gesellschaftliches Ganzes, also ein ganzheitliches Verständnis, das Menschen samt ihrem Inneren und Äußeren nicht von der Umwelt trennt, in der wir mit all unseren Geschichten eben auch mit den politischen Verhältnissen verbunden sind. Und er stellt Fragen. Wie funktionierten der Mensch und sein Geist durch die Epochen? Und wie hat der Mensch sich immer wieder verändert? Epochale Umbrüche, Revolutionen, Kriege. Das alles muss verarbeitet und erkannt werden. Der Mensch musste immer wieder lernen, mit Spaltungen, also Dichotomien umzugehen. Und dieser Gedanke lässt sich auf unsere Gesellschaft übertragen. Lux beschreibt, wie neue Identitäten über eine Neugründung entstehen, bis sie im Laufe der Jahrzehnte oder Jahrhunderte wieder erodieren und sich neu finden. Vielleicht ist es genau diese Veränderung, die wir bei unserem Nachdenken über unser Miteinander zulassen sollten. Es ist das, was auch prozessorientierte Ansätze in der Psychotherapie tun. Sie beschreiben Menschen als »ständig werdend« und damit dynamisch. Es geht darum, unseren inneren Differenzen durch Zuhören und Empathie Raum zu geben, um weitere Traumata nicht passieren zu lassen oder ihrem Fortleben vorzubeugen. Das wäre die Richtung, in die sich auch ein Kollektiv entwickeln kann. Davon ausgehend, dass es einen natürlichen Fluss der Entwicklung in uns selbst gibt, kann es diesen auch für eine Gesellschaft geben, die sich ihren Beziehungsproblemen und Spannungen mit Wertschätzung stellt. Ein gesellschaftliches Wir kann sich demnach verändern, und manchmal muss das auch sein, damit neue Erfahrungen neues Wissen schaffen, das nicht nur wertvoll ist, sondern das wir brauchen, um weiterzukommen.

Dileta Fernandes Sequeira arbeitet seit 1987 als Psychologin. Als Trainerin bietet sie seit 2010 im Bereich »Rassismuskritisches Denken und Handeln« Seminare, Workshops und Vorträge an. Sie ist Gründerin des bundesweiten Verbundes Rassismuskritische Psychotherapie und Beratung. 2015 erschien ihr Buch »Gefangen in der Gesellschaft. Alltagsrassismus in Deutschland«, 2019 die Handreichung »Erkennen Lernen: Rassismus, Diskriminierung, Traumata und die eigenen Vorurteile in der pädagogischen Arbeit mit Geflüchteten«. https://www.dileta-sequeira.com

Amma Yeboah ist psychodynamische Supervisorin und Fachärztin für Psychiatrie und Psychotherapie mit dem Schwerpunkt geschlechtersensible und psychiatrisch-psychotherapeutische Versorgung. Als Dozentin und Lehrbeauftragte an mehreren Universitäten fokussiert sie intersektionale Perspektiven in Medizin und Psychotherapie. Gesellschaftspolitisch interessiert sie sich für die Auswirkungen von Dominanzstrukturen auf die kollektive Psyche.

Die Psychologin **Stephanie Cuff-Schöttle** arbeitet freiberuflich im Bereich rassismuskritischer und sensibler Beratung und Paartherapie, und sie bietet eine rassismusspezifische Sprechstunde im Rahmen einer Kinder- und Jugendpsychiatrischen Praxis in Berlin an. Sie ist Stressmanagementtrainerin und Trainerin für Autogenes Training, 2018 startete sie ihre Onlineplattform Myurbanology.de, die Schwarzes Leben und Ressourcen in Deutschland sichtbar macht (https://myurbanology.de).

Rose Kapuya ist Rehabilitationspädagogin und Kreativtherapeutin. Ihr Fokus liegt auf der Arbeit mit emotionalen Entwicklungsunterschieden bei von Rassismus betroffenen Kindern und Jugendlichen. Ihre therapeutische Herangehensweise ist die der Kunsttherapie. https://rose-kapuya.de

Verband von Lesben und Schwulen in der Psychologie (VLSP). Versteht sich als Netzwerk für in psychologischen Berufsfeldern tätige Menschen, die sich mit den Themen sexuelle Orientierung und geschlechtliche Vielfalt auseinandersetzen wollen. Sie zeigen queerfeindliche Tendenzen in der Psychologie und in der Gesellschaft auf und fordern den Ansatz einer anerkennenden psychologischen Arbeit. https://www.vlsp.de

Behinderung

Was blenden wir aus?

Beschreibung eines Merkmals. Das Gegenteil ist »nicht behindert«. Nach § 2 Abs. 1 SGB IX »wenn ihre körperliche Funktion, geistige Fähigkeit oder seelische Gesundheit mit hoher Wahrscheinlichkeit länger als sechs Monate von dem für das Lebensalter typischen Zustand abweichen und daher die Teilhabe am Leben in der Gesellschaft beeinträchtigt ist«. Durch externe Rahmenbedingungen werden Menschen behindert. Behindertenfeindlichkeit, Ableismus, ist die Abwertung von behinderten Menschen, die von einem physischen und psychischen Idealstandard des Menschen ausgeht.

Die Bewegung der größten marginalisierten Gruppe

> *Einige sehen ihre Behinderung als Teil ihrer Identität, andere als etwas, das ihnen einfach passiert ist. Manche tragen ihre Behinderung mit Stolz, andere kämpfen gegen sie an. Eine Behinderung kann die größte Herausforderung für das eigene Leben bedeuten oder das Natürlichste der Welt sein. Und manchmal erlebt man alles zusammen an einem einzigen Tag. Es ist das Allerschönste und Schlimmste.*
>
> – Laura Gehlhaar

»Meine Behinderung gehört nicht mir alleine, sie gehört all denen, die sie mitverursachen«, erklärte Laura Gehlhaar, Autorin, Aktivistin und Beraterin von Unternehmen in Sachen Inklusion, 2016 in einem Interview. Ich folge ihrem Blog und Instagram-Account und dem vieler anderer Vertreter*innen der jüngeren Behindertenrechtsbewegung wie der Autorin und Moderatorin Ninja LaGrande oder Nathalie Dedreux, einer Redakteurin bei *Ohrenkuss*, einem Magazin von Menschen mit Down-Syndrom, die damit bekannt wurde, dass sie Angela Merkel vor laufender Kamera eine Frage zur Spätabtreibung stellte, und sich dafür einsetzt, dass das »geistig behindert werden« als gesellschaftliche Konstruktion verstanden wird, und zuletzt in einer Petition forderte, dass die *Tagesschau* nicht nur in Gebärden-, sondern auch in Leichte Sprache übersetzt wird.

Oder Lukas Krämer, der auf seinem YouTube-Kanal mit Titeln wie: »Ausbeutung in der Behindertenwerkstatt« auf die prekäre Lage behinderter Menschen aufmerksam macht, und dem Teilhabe als Lohn für eine Vollzeitarbeit, mit der andere Gewinne machen, nicht ausreicht. 2021 startete er deshalb die Petition #StelltUnsEin und forderte darin einen Mindestlohn für die Arbeit in Werkstätten, die Ende desselben Jahres knapp 150000 Menschen unterstützten.

Wie in den Kapiteln zuvor ist es auch hier wieder ein schmaler Grat, über Menschen und Erfahrungen zu sprechen, die ich nicht mache. Repräsentation zu schaffen und gleichzeitig das Privileg, gehört zu werden, zu nutzen, um andere wahrnehmbar zu machen. Ich knüpfe zum Ende dieses Buches an den Anfang an, denn es geht um Initialmomente. Ich schließe den Kreis zu meinen Anfängen damals und meinem Leben heute und möchte den vielfältigen Perspektiven behinderter Menschen Platz machen. Der quasi größten heterogenen marginalisierten Gruppe weltweit. 2019 lebten laut Statistischem Bundesamt zum Jahresende rund 7,9 Millionen behinderte Menschen mit einem Behinderungsgrad von mindestens 50 Prozent in Deutschland. Das alleine sind fast zehn Prozent der Gesamtbevölkerung in diesem Land. Dazu kommen weitere Menschen mit bekannten oder unbekannten Beeinträchtigungen sowie chronischen Erkrankungen, die einen Namen und eine Geschichte haben. Häufigste Ursache einer schweren Behinderung ist eine im Lebensverlauf erworbene Krankheit. Die Menschen sind daher meist älter, und aufgrund des demografischen Wandels wird ihre Zahl in westlichen Ländern steigen. All diese Menschen können von unterschiedlichen Leben mit Behinderungen erzählen. Von körperlichen, kognitiven, Sinnes- oder Sprachbehinderungen. Damit ist auch die Identität nicht behinderter Menschen fragil, weil wir spätestens, wenn wir älter werden, alle mittendrin sein können im behinderten Leben, wie Rebecca Maskos erklärt. Zack, kann es gehen. Ein schwerer Unfall, und schon ist ein Mensch »Teil des Clubs«, denn fast kein Leben geht ohne Beeinträchtigungen zu Ende. Kein Mensch ist unverletzlich. Viele Menschen erfahren die Abhängigkeit von anderen, Pflegebedürftigkeit. Behinderte Menschen sind die einzige marginalisierte Gruppe, der jeder Mensch zu jeder Zeit angehören könne, sagt die Fotograf*in Trista McGovern, weshalb Behinderung bei manchen Menschen Angst und Unsicherheit hervorrufe.

Im realen Leben und im Netz treffe ich die Vertreter*innen menschenrechtlicher Fragen, die auf ihre Lebensrealitäten aufmerksam machen und deren Bündnisse wachsen. Es sind Menschen wie die Literaturwissenschaftlerin Tanja Kollodzieyski, die auf Twitter als @RolliFraeulein unterwegs ist und 2020 den Account @54Kontraste ins Leben rief, auf dem 54 Menschen mit Behinderung 54 Wochen über Ansichten und Themen aus ihrem Leben twitterten. Nix mit »Sauber, satt, still«, findet Kollodzieyski sich als Teil einer neuen Generation aktiver Menschen, die sich wieder bemerkbarer in Szene setzen, und in Sozialen Netzwerken die Arten und Weisen einer inklusiven Gesellschaft besprechen, in der wir alle unterschiedlich sein können und in unserer Verschiedenheit und den damit verknüpften Bedürfnissen nicht miteinander verglichen oder bewertet werden. Wo aufgeklärt und gezeigt wird, wie viel abwertendes, vermeintliches Wissen existiert.

So sind Behindertenpolitik, schulische Inklusion oder die Paralympics Inhalte, die hier und da eine gewisse mediale Aufmerksamkeit bekommen, wenn es um das Thema geht. Aber Arbeitsmarktfragen, persönliche Lebensumstände oder Hobbys spielen weniger eine Rolle. Keine Geschichten über die strukturellen Gründe für die hohe Arbeitslosigkeit unter behinderten Menschen. Über Betriebe, die die Pflichtquote, fünf Prozent ihrer Stellen mit behinderten Menschen zu besetzen, nicht erfüllen, aber in der DAX-Liste zu den größten börsennotierten Unternehmen Deutschlands zählen. Die Berichterstattung über behinderte Menschen ist voller Stereotypen: von bemitleidenswerten Opfern oder kuriosen Menschen oder als überwillensstarke Held*innen Gefeierten (inspirational porn), als Erfolgsgeschichte von Menschen, die es geschafft haben, glücklich zu sein. Selten werden die Menschen oder Familien in ihrem ganz alltäglichen Leben dargestellt.

Eine Studie der Berufsgenossenschaft für Gesundheitsdienst und Wohlfahrtspflege, die 2017 mehr als 1,2 Millionen Beiträge aus TV- und Radio-Nachrichten, Wochenmedien und ausgewählten Tageszeitungen zwischen 2012 und 2016 ausgewertet hat, zeigt, dass mindestens zehnmal mehr über Menschen mit Behinderungen berichtet werden müsste, damit ein relevanter Anteil der Bevölkerung Ahnung von ihrem Leben und dem Thema Inklusion bekommt, und überhaupt ein Interesse auch der Medien daran besteht. Dahingehend erinnere ich mich, wie wir als Arbeitsgruppe des Hessischen Rundfunks 2019 das jährliche Herbsttreffen der Medienfrauen von ARD und ZDF in unserem Haus organisierten. Mit meinem Anliegen, Sichtbarkeiten herzustellen, kümmerte ich mich um eine Workshop-Reihe, die sich Themen der Differenz widmen sollte. Zum Workshop, der sich mit der Berichterstattung über Menschen mit Behinderung beschäftigen sollte, gab es genau null Anmeldungen. Kein Interesse. Es war wie ein Schlag ins Gesicht, nicht nur für die Referentin.

Ich bin nicht verwundert darüber, dass das Thema gesellschaftlich so wenig relevant ist. Weil ein selbstverständlicher Kontakt zwischen Menschen mit und ohne Behinderung in unserer Gesellschaft fehlt. Gäbe es ihn, würden Gespräche über

Zugänge zum Arbeitsmarkt für alle relevanter werden, und es würde darüber diskutiert werden, dass 2900 Werkstätten in Deutschland mit etwa 300 000 Angestellten mit einem Lohn von durchschnittlich 180 Euro im Monat nicht mit dem Inklusionsgedanken vereinbar sind. Darüber, dass es so, wie der Weg in die Werkstatt klar vorgegeben wird, auch wieder einen Weg hinaus geben muss. Weil geschätzt weniger als ein Prozent laut der Beschäftigten von dort auf den allgemeinen, den sogenannten ersten Arbeitsmarkt wechseln, obwohl die Werkstätten den gesetzlich festgeschriebenen Auftrag haben, sie darauf vorzubereiten. Es sind so wenige, weil es viele Barrieren gibt, die diesen Übergang verhindern. Ein anderes Beispiel ist, dass die Landkarte der schulischen Inklusion heute zwar aus einzelnen Leuchttürmen in einzelnen Bundesländern besteht, aber es in der Fläche düster aussieht. Dieses Unwissen, teilweise Ignoranz, erklärt auch die problematische Berichterstattung über den gewaltvollen Tod von vier Menschen mit Behinderung in einer Pflegeeinrichtung 2021, die unter dem Hashtag #Potsdam diskutiert wurde.

Vier Menschen zwischen 31 und 56 Jahren wurden von einer Pfleger*in getötet. Eine weitere Bewohner*in überlebte schwer verletzt. Die Tatverdächtige hatte dort jahrelang gearbeitet. Auf ihre Tat folgten Spekulationen: War es Überforderung oder Überlastung, der Personalmangel oder die schlechte Bezahlung? Der Polizeipsychologe Gerd Reimann erklärte im rbb als möglichen Grund, dass sie die Leute von ihren Leiden habe erlösen wollen, die vielleicht unheilbar seien. Eine redaktionelle Einordnung erfolgte nicht. Diese Aussage wurde einfach stehen gelassen und versendet. Der Aufschrei erfolgte im Netz.

Menschen mit Behinderungen müssen nicht von ihrem Leiden, sondern von dem Leid erlöst werden, das andere verursachen, die ihnen ein gutes Leben verwehren oder absprechen.

Vom Leid der Diskriminierungen und Gewalt, damit sie ein sicheres, in ihren Rahmen selbstbestimmtes und langes Leben führen können, frei von wertenden und paternalistischen Blicken auf sie als die »Schutzlosen« und die »Schwächsten«. So fehlten am Tag nach der Tat in der Berichterstattung die Stimmen derjenigen, die es betrifft. Sie mussten sich selbst Öffentlichkeit verschaffen. Fordernd fragte der Autor und Aktivist Raul Krauthausen auf Instagram: »Wo seid ihr denn?«, weil es auch an Solidarität in der Vielfaltsblase in den Sozialen Medien mangelte, von der zunächst wenig Kritik ausging.

Das Beispiel Potsdam ist ein gutes, um aufzuzeigen, was für Fragen gestellt und welche Themen nicht behandelt wurden, obwohl der Anlass mehr als gegeben war. Es fehlten die Geschichten der Betroffenen. Oder ein Besprechen der Tatsache, dass pflegebedürftige Menschen tagtäglich Gewalt und Diskriminierung in Pflegeeinrichtungen und Wohnheimen erfahren. Im Fall von Potsdam wurden im November bei Zeug*innenaussagen vor Gericht schlechte Arbeitsbedingungen und eine »strukturelle Gewalt« der Hausleitung verhandelt, und dass bei Beschwerden die Versetzung gedroht hätte. Die traurige Tat hätte zum Anlass genommen werden können, um so vieles aus den Leben behinderter Menschen zu erzählen. Auch darüber, dass, wie eine vom Bundesfamilienministerium 2012 in Auftrag gegebene repräsentative Studie zeigt, behinderte Frauen und Personen, die als solche gelesen werden, in der Kindheit oder Jugend zwei- bis dreimal häufiger sexualisierte Gewalt erfahren als diejenigen im Bevölkerungsdurchschnitt. Auch hier versperrt ein Blick auf die Täter*innen die Sicht auf das Leben derjenigen, die von der Gesellschaft behindert werden. Eine Sicht, die sowieso verdeckt ist, weil es aus gesellschaftlicher Perspektive Sondersysteme gibt, in denen viele behinderte Menschen abgeschottet von den Leben der Dominanzgesellschaft existieren. Es sind in der Nachkriegszeit entstandene Versorgungsstrukturen, die von Elternvereinigungen und Mediziner*innen getragen wurden. Durch sie entstand ein flächendeckendes Netz an Sondereinrichtungen: Sonderkindergärten, -schulen und sogenannte beschützende Werkstätten. Nicht selten dominierte in ihnen eine ableistische Sicht auf Krankheit, Leid und Fürsorgebedürftigkeit. Nicht behinderte Menschen legten fest, was das Beste für Betroffene sei, wird Swantje Köbsell im Buch *Selbstbestimmte Norm. Feminismus, Pränataldiagnostik, Abtreibung* von der chronisch erkrankten Sozialwissenschaftler*in Kirsten Achtelik zitiert.

Wie Pflegeeinrichtungen gute und schlechte Orte sein können, berichtet Ed Greve, Referent beim Migrationsrat Berlin, der 2021 für die Bundestagswahl kandidierte. Auf Instagram schrieb er kurz nach der Tat von Potsdam darüber, was es bedeutet, dort eine Privatsphäre zu haben. Dass er mit 17 Jahren für einige Monate in einer Kurzzeitpflegeeinrichtung gewesen sei und sich dort nur sicher gefühlt habe, weil die Mitarbeitenden freundlich, zugewandt und respektvoll gewesen seien, und er einen eigenen Schlüssel zu seinem Zimmer gehabt habe. Die Autorin und Aktivistin für Vielfalt und Inklusion Julia Latscha schreibt fast zur gleichen Zeit über ihre Angst als nicht-behinderte Mutter, ihr fast erwachsenes Kind in einem Pflegeheim zu wissen, in dem sich ihr Kind zwar wohlfühle, sie es aber nur dort untergebracht habe, weil eine inklusive Wohnmöglichkeit noch nicht gefunden worden sei. Denn diese sind rar.

Es gibt sie also, die Abhängigkeiten vom System. Abhängigkeiten, die Corona noch verstärkte. Für manche behinderte Heranwachsende ist es ein Pendeln zwischen den Welten: am Wochenende zu Hause, unter der Woche im Heim. Latscha wünscht sich eine Öffnung der geschlossenen Abhängigkeitssysteme, weil dort vieles im Verborgenen passiert, weil zu wenige Kontakt- und Berührungspunkte nach außen bestehen, zu wenig Informationen in die Dominanzgesellschaft dringen. Weil manche Pflegebedürftige oder behinderte Menschen sich nicht wehren können, keine Lobby haben. Es gibt viele Menschen, die sich eine inklusive Politik wünschen, die wirklich bemüht sind, die Sondersysteme abzubauen und das Bildungssystem zu reformieren. »Wir sollten befreit werden von Menschen ohne Behinderungen, die Menschen mit Behinderungen nicht zu Wort kommen lassen und denken, dass ihre Perspektive eine allwissende sei«, schreibt Latscha. Sie hat recht.

Aber weil das nicht passiert, sind wir noch sehr weit weg davon, das umzusetzen, was Deutschland 2009 mit Zeichnung der UN-Behindertenrechtskonvention erklärt hat. Zwar gilt Inklusion seither als Menschenrecht mit verbindlichen Regeln, aber mit der Praxis, die die Ungerechtigkeit abbaut und Gleichberechtigung bringt, sieht es schlecht aus. Am Beispiel Schule zeigt sich exemplarisch, dass ein einfaches Nebeneinander von Kindern mit und ohne Behinderung nicht für eine gute Inklusion genügt. Es hakt in der Schulentwicklung, weil die »Schule für alle« im Widerspruch zu unserem selektierenden System steht. Gebraucht wird eine langfristige Planung und Weiterbildung. Es braucht echte Räume, in denen alle nach ihrem Tempo lernen können: mit qualifizierten Pädagog*innen und Lehrenden, die auch für das Thema soziales Miteinander und Ausgrenzung sensibilisiert sind, in dem alle verstehen, was ein gesellschaftlicher Nachteilsausgleich bedeutet. Dass eine Kompensation der durch die Beeinträchtigung entstehenden Nachteile keine Bevorzugung gegenüber nicht-behinderten Mitschüler*innen darstellt, sondern dass ihr Lernen barrierefrei und ihren Potentialen entsprechend gestaltet wird. Dazu fällt mir die Geschichte des indischen Philosophen Amartya Sen ein, in der drei Kinder darüber streiten, wem von ihnen eine Flöte gehören soll. Das erste Kind hat Musikunterricht und kann als einziges Flöte spielen.

Das zweite ist arm und besitzt kein anderes Spielzeug. Das dritte Kind hat die Flöte mit viel Ausdauer angefertigt. Wem gehört sie also? Mit diesem Gleichnis eröffnet Sen sein Buch über die Idee der Gerechtigkeit, in dem die Plausibilität der reinen Vernunft infrage gestellt wird. Die Theorie der Gerechtigkeit ist weniger am Sein einer ethisch perfekten Gesellschaft interessiert als an Argumenten, deren Maßstab Ungerechtigkeiten konkret überwindet.

Und so sehe und wünsche ich mir, dass mein Kind an inklusiven Orten wachsen kann. Weil ich sehe, wie das Zusammensein alle Kinder stärkt. Und damit meine ich nicht nur das der nicht-behinderten, die sich »gewöhnen«. Ich beobachte häufig die vermeintlich offene Haltung, dass die behinderten Kinder den nicht-behinderten »ja so viel geben« und zu ihrer Sozialisierung beitragen. Es ist eine einseitige Erzählung, weil dabei die Frage nach dem Wohlergehen des behinderten Kindes nicht gestellt wird, wie Judyta Smykowski von den *Leidmedien* mir schrieb. Sich mit diesen Vorstellungen auseinanderzusetzen braucht es, wenn die Differenz ganz selbstverständlich besprechbar werden soll. Wenn der Wunsch ist, dass Kinder später als Erwachsene es einfacher haben, ein anderes Miteinander zu leben als das, das wir jetzt als nicht-behinderte und behinderte Menschen zusammen führen. Dann bräuchte es keine Freude von Erwachsenen mehr darüber, wie toll das Kinder »zusammen« machen, wenn es um einen Umgang miteinander geht. Es bräuchte sie nicht, weil er selbstverständlich wäre. Es ist das, was so viele von uns als Kinder nicht hatten, was für mich der Grund ist, warum manche eine Inklusion auch nicht wirklich wollen oder sie ihnen als identitätspolitische (Über-)Forderung erscheint. Deshalb vergleiche ich Deutschland mit Ländern wie Italien oder den USA, wo die gesellschaftlichen Effekte früher Inklusionsbewegungen im Umgang mit behinderten Menschen wahrnehmbar sind. Sie haben so viele Jahre vor uns damit angefangen. Und auch wenn es selbst dort politische Rückschritte gibt, ist es doch interessant, wie sich der öffentliche Raum dadurch selbstverständlicher für alle gestaltet hat.

»Jedes Kind ist anders. Alle sind verschieden. Und wir werden im Laufe unseres Lebens immer verschiedener.« Es ist ein Zitat, frei nach dem Kinderarzt Remo H. Largo, das ich in der Kita von der Tochter eines befreundeten Paares in Berlin entdecke. Ich mache davon ein Foto, weil ich es schön finde, dass sich die Erzieher*innen damit an ihr Selbstverständnis erinnern wollen. Largo hat in einer prominenten Studie über 30 Jahre lang den Weg von 800 Säuglingen bis ins Erwachsenenalter begleitet und gezeigt, wie unterschiedlich die Entwicklung bei Kindern verläuft, angefangen von der benötigten Nahrungsmenge, Schlafdauer, Motorik und Sprache bis hin zu Schulentwicklung und Berufswahl. Es bedeutet, dass Kinder den größtmöglichen Freiraum brauchen, um ihre Wege zu gehen. Für Eltern und Bezugspersonen heißt das, ihre Bedürfnisorientierung nach vorne und die eigenen Erwartungen zurückzustellen. Und es bräuchte angemessene Möglichkeiten, damit die Individualität und entwicklungsspezifische Eigenheiten von Kindern in Bildungseinrichtungen kein Problem sind. Im Mittelpunkt steht die Frage, wie können Kinder am besten in ihrem Tempo lernen? Was können wir tun, damit kein Mensch ins Abseits gerät? Und was können Erzieher*innen, Lehrkräfte und Eltern tun, damit jedes Kind sein individuelles Entwicklungspotential realisieren und inkludiert werden kann?

Ich kenne es aus der Kita meines Kindes, in der sich die Mitarbeitenden Gedanken um eine bedarfsgerechte Förderung machen. Ich habe über die Jahre viele Lehrende und Pädagog*innen als Interviewpartner*innen oder Freund*innen getroffen, mit denen ich über Bildungseinrichtungen und Inklusion gesprochen habe. Ich konnte mir ein persönliches Bild machen an Orten, die die Ressourcen haben und einen entsprechenden Willen und Haltung mitbringen. Deshalb steht für mich fest: Wir brauchen flächendeckende Maßnahmen, die sich an diesen Leuchttürmen orientieren, damit alle Kinder einen Zugang zu Entwicklungsräumen bekommen. Und es gibt sie schon, die Ideen, Methoden und Ansätze, die anerkennen, dass sich gleichaltrige Kinder in unterschiedlichem Tempo entwickeln. Das Wissen ist insbesondere an den Universitäten vorhanden, auch an praktisch arbeitenden Orten und durch Einbeziehung der Betroffenen. Das Rad muss nicht neu erfunden werden. Es gibt konkrete Pläne, aber der (politische) Wille zur Veränderung, zur Investition in den Umbau fehlt, damit die Transformation über die nächsten Jahre geschehen kann. Zuletzt beklagten 2021 Wissenschaftler*innen des Wissenschaftszentrums Berlin für Sozialforschung (WZB) in einer öffentlichen Studie, wie schlecht das Menschenrecht auf gemeinsames Lernen in Deutschland umgesetzt wird und eine Reihe von Bundesländern die Anforderungen der UN-Behindertenrechtskonvention sogar systematisch verletzen. Während Bremen, Hamburg und Schleswig-Holstein bei der Umsetzung deutlich vorangekommen seien, fände diese in den meisten anderen Bundesländern nur unzureichend statt. Baden-Württemberg, Bayern und Rheinland-Pfalz seien weitgehend untätig geblieben oder machen Rückschritte.

Für die Studie hat das Forschungsteam relevante Vorschriften, Umsetzungsmaßnahmen und verfügbare Daten über den gemeinsamen Unterricht in den Ländern ausgewertet. Aus Artikel 24 der UN-Behindertenrechtskonvention leiteten sie vier zentrale Anforderungen ab, die gegeben sein müssten, um das Ziel zu erfüllen. Erstens muss es inklusive Bildungsmöglichkeiten in naher Umgebung geben, weil in der Mehrheit der Bundesländer zwar bereits die überwiegende Zahl aller Schulen Kinder mit Förderbedarf unterrichtet, aber inklusive Bildung in vielen Ländern, insbesondere in Baden-Württemberg, Bayern und Rheinland-Pfalz, nicht flächendeckend verfügbar ist. Zweitens muss der Zugang zu Schulen diskriminierungssensibel sein. Vorbehaltlos gilt das nur in Bremen und Hamburg. Baden-Württemberg, Bayern, Rheinland-Pfalz, Sachsen und Sachsen-Anhalt erfüllen diesen Anspruch nicht, weil es dort bis heute keinen klaren Vorrang für eine gemeinsame Beschulung gibt. Diese wird zwar im Schulgesetz vorgeschrieben, kann aber durch Vorbehalte zum Beispiel finanzieller Art eingeschränkt werden. Drittens muss das Schulangebot angemessen sein. Dafür gibt es ein Mangelhaft, weil in Ländern wie Baden-Württemberg, Bayern, Mecklenburg-Vorpommern, Sachsen-Anhalt, Rheinland-Pfalz und Saarland noch nicht einmal die Finanzierung inklusiver Beschulung ausreichend im Schulrecht konkretisiert wurde. Für die einzelnen Förderschwerpunkte fehlten konkrete Richtwerte, an denen sich Förderungszuweisungen orientieren könnten. Zudem zeigten die Daten in mehreren Bundesländern eine systematische Unterausstattung der allgemeinen Schulen gegenüber Förderschulen. Viertens muss das Schulsystem anpassungsfähig sein. Einen echten Wandel vom bestehenden Förderschulsystem in ein inklusives Regelschulangebot gibt es aktuell nur in Bremen, Niedersachsen, Mecklenburg-Vorpommern und Schleswig-Holstein. Die anderen elf Länder stellen das im internationalen Vergleich weit ausgebaute Förderschulsystem nicht zur Disposition. Gerechtfertigt wird dieses Vorgehen durch einen Verweis auf das »Elternwahlrecht«: Solange Erziehungsberechtigte die Förderschule für ihr Kind wählen, sollen Sonderstrukturen weiterexistieren. Das heißt, ob die schulische Inklusion gelingt, wird weiterhin formal auf die Erziehungsberechtigten abgewälzt. Das Studienteam nennt es »passive Steuerung«. So kann kein Fortschritt gelingen, denn das widerspricht dem Ziel, die UN-Konvention umzusetzen. Zumal nicht alle Eltern die Kapazität, das Wissen oder Geld haben, um ihre Kinder entsprechend zu fördern oder für sie zu kämpfen. Und so zeigen die Zahlen: Kinder aus sozial benachteiligten oder BPoC-Elternhäusern sind an Förderschulen weit überproportional vertreten. Das hat Gründe. Für den Sozialwissenschaftler Karim Fereidooni werden beispielsweise bei migrantisierten und rassifizierten Kindern kausale Zusammenhänge zwischen scheinbar mangelnden Sprachkenntnissen, kognitiven Fähigkeiten und/oder einschulungsrelevanten Verhalten konstruiert, die zur Zurückstellung führen und folglich als negativer Beginn einer Schulbiografie gedeutet werden können, da Lehrkräfte bei späteren Entscheidungen beispielsweise durch diesen Akteneintrag »diagnostische Reinterpretationen« vollziehen, schreibt er im Sammelband *Rassismuskritische Bildungsarbeit.* So wurde in Studien festgestellt, dass Defizite im Sprachgebrauch mit rassistischen Zuschreibungen in Bezug auf die Kinder und Eltern als Erklärung für negative Leistungsprognosen herangezogen wurden.

Es ist in vielerlei Hinsicht ein ungerechtes System, in dem unsere Kinder groß werden. Deshalb ist es ein großer Wandel, der ansteht, um das Miteinander für eine Gesellschaft der Zukunft anders zu gestalten. Einfach nur punktuell ein paar gute Projekte, sich auf ein paar wenigen willigen und gut arbeitenden Schulen auszuruhen oder kurzfristig zu planen, dieser Schuss geht nach hinten los. Das zeigen so viele Beispiele wie auch eines in Frankfurt am Main, als das Dezernat für Integration und Bildung 2019 die inklusive Zukunft der städtischen Kindergärten im Schnellverfahren zu planen versuchte und Protest entstand. Flächendeckend ein Förderkind pro Kindergarten sollte es innerhalb eines halben Jahres ab dem Sommer geben, und Einrichtungen, die seit Jahren mit einem Schlüssel von fünf behinderten und zehn nicht-behinderten in einer Gruppe von insgesamt 15 Kindern gearbeitet hatten, sollten die Zahl ihrer Förderkinder abspecken. Eltern und Inklusionsbefürworter gingen auf die Barrikaden: Warum die Vorbildeinrichtungen schließen? Wer bildet so schnell die Einrichtungen aus, die von Inklusion (noch) keine Ahnung haben? Und warum sollte fortan nur ein behindertes Kind pro Einrichtung möglich sein? Vereinzelung ist kein Schlüssel zur Inklusion. Es geht vor allem um das Wie: wie gefördert und unterstützt wird und ob ein nachhaltiger Plan einer Strukturveränderung dahintersteht. Und wir sollten uns fragen, wie die Tradition zustande kam, die darauf abzielt, Lerngruppen zu homogenisieren? Wie wird Differenz gesellschaftlich bewertet: als Chance, Herausforderung oder Belastung? Wie ungleichheitskritisch sind wir?

Theoretisch lässt sich eine Antwort darauf ableiten. So umfasst der Begriff Inklusion, was die gesellschaftliche Realität von Teilhabe und Ausschluss für alle Menschen bedeutet. Anders als Integration ist Inklusion ein Containerbegriff verschiedener Fachbereiche, der dafür steht, dass jeder Mensch selbstverständlich in seine jeweilige Gesellschaft eingeschlossen und einbezogen wird. In der Realität aber gilt Gleichheit vielen als Wachstumshemmnis, wie sich in unserem selektiven Schulsystem zeigt, das bereits nach der vierten Klasse (aus-)sortiert. Gesellschaftliche Abläufe über ihre Negation zu betrachten erklärt, warum die Inklusion als Ansatz alleine nichts nutzen wird, um sie zu erreichen. Weil wir die Menschen und ihre Inklusion sowie die Exklusionserfahrungen gemeinsam verstehen müssen. Das heißt, die Differenz und Diskriminierung gleichzeitig in den Blick zu nehmen. Dabei stehen Attribute wie Diversität, Gleichstellung, Teilhabe und Zugehörigkeit auf der positiven Seite und auf der negativen Homogenitätsgedanken, Diskriminierung, Ausschluss und Festlegung und das Beibehalten von Machtstrukturen. Beides existiert gleichzeitig in unserer Gesellschaft in Bezug auf behinderte Menschen. Die systemtheoretische Formel lautet: »Unterschied, der einen Unterschied macht«. Es ist ein weiteres Beispiel, dass wir, wenn es um die Differenzerfahrung geht, die nicht der Norm entspricht, immer auch die Ausgrenzung mitdenken müssen. Denn sie ist verantwortlich dafür, dass auch eine ausschließende Politik gemacht wird, die von unseren Institutionen ausgeht. Da hilft es dann auch nicht, dass wir auf persönlicher Ebene glauben, dass die Differenz von Kindern keinen Unterschied macht, wir aber genau diese systemisch immer wieder herstellen. Wir alle werden damit sozialisiert und sind es gewohnt, dass bestimmte Menschen Dinge bestimmen und andere weniger bekommen. Viele Menschen ordnen sich sogar selbst in diese Systeme ein. Und so stehen wir ganz am Anfang damit, sie zu benennen. Zu erkennen und zu lernen, dass *weiß*, nicht-behindert oder cis bedeutet, inkludiert zu sein, und dass, wer Schwarz, behindert oder trans ist, exkludiert wird. Es sind die letzteren Differenzmarker, die negativ besetzt werden, die die Negation erfahren. So kommt es, dass Identität und Inklusion in einem Spannungsverhältnis stehen, eben weil unsere Unterschiede erst durch die Ausschlüsse zum Problem gemacht werden. Und diesen Kampf fechten wir tagtäglich meistens im Kleinen aus.

Deshalb hat es der Inklusionsbewegung geschadet, dass ihre Probleme nicht differenziert genug diskutiert wurden. Dass politische Entscheidungen durch die defizitäre Brille gefällt werden. Solange die Politik nicht die notwendigen Voraussetzungen an den Schulen schafft, kann Inklusion nicht gelingen. Das Versäumnis liegt bei der Politik und kann nicht am gemeinsamen Unterricht festgemacht werden, der in vielen anderen Staaten schon heute die Regel ist, resümierte der Mitautor der WZB-Studie Sebastian Steinmetz zu Recht.

Und damit muss noch viel passieren, damit der Grundsatz der Behindertenrechtskonvention »Nicht ohne uns über uns« gängige Praxis in Prozessabläufen wird. Deshalb ärgert es mich, wenn die Statistik dem Projekt Inklusion ein schlechtes Zeugnis ausstellt, weil das nicht an der Idee, sondern an der Umsetzung liegt. Ich möchte Menschen in den Entscheidungspositionen zurufen, dass Inklusion nicht gescheitert ist, und ich trotzdem sehe, dass sie unter den gegebenen Bedingungen nicht zu leisten ist. Ich verstehe Eltern, die wie ich die guten Orte für ihre Kinder suchen, und weiß, warum eine Förderschule für viele aktuell noch immer die bessere Wahl darstellt, weil das inklusive System nicht ausgebaut ist, weil sie nicht wissen, wie ihre behinderten Kinder dort aufgenommen werden. Und es zudem viele Schulen gibt, die sie gar nicht aufnehmen wollen und sich deshalb auch nicht bemühen. Das System ist falsch, und es braucht ein neues nach Jahrzehnten der Ausgrenzung. Und auf dem Weg zur inklusiven Gesellschaft braucht es Kraft, Geld und den Willen dazu.

Gemeinschaft und Gemeinschaftsgefühl entstehen, wenn die Leben und Bedürfnisse von Menschen mit ihren unterschiedlichen Differenzerfahrungen anerkannt werden. Dazu muss das Thema beispielsweise auch in den Medien und den Redaktionen einen festen Platz finden. Es muss ein Wissen über ihre Bewegungsgeschichten und die Disability Studies geben, um Expert*innen zu kennen, die öffentlichkeitswirksam darüber sprechen. Seit Jahrzehnten versuchen Menschen mit Behinderungen und ihre Organisationen, Sichtbarkeit für ihren Alltag zu schaffen. Der Blick in die Geschichte zeigt, dass sie in den 70er Jahren damit begannen, zunächst die Geschichte ihrer Auslöschung im Nationalsozialismus aufzuarbeiten, und damit die Sichtweisen einer behindertenfeindlichen Gesellschaft erstmals öffentlich kritisierten. Als Initialmoment ihrer Bewegung gilt der Protest auf ein Gerichtsurteil von 1980, das einer Urlauberin recht gab, ihre Reisekosten erstattet zu bekommen, weil sie sich durch den Anblick einer Gruppe behinderter Menschen in ihrem Urlaubsgenuss beeinträchtigt fühlte. In Erinnerung bleiben auch die »Aktionen gegen das Jahr der Behinderer« 1981, als die UNO das »Jahr der Behinderten« feiern wollte und es Kritik daran hagelte, dass sich die Politik nur als Wohltäter aufspielen wolle.

Es ist die Zeit, als die Selbstbezeichnung »Krü***« provokativ zum abschätzigen Sprachgebrauch umgewidmet werden sollte und zeitweise zu einer autonomen Selbstbezeichnung ihrer Bewegung wurde, die es so heute nicht mehr gibt. Ihre Zeitung *KrüZ* prägte den Slogan »Jedem Krüppel seinen Knüppel« und rief zum Widerstand gegen das UNO-Jahr auf. Zusammen mit Initiativen des emanzipatorischen Spektrums kam es zu großen Veranstaltungen, die eine alternative Gesundheitsbewegung formierte. Viele der Aktiven waren zuvor in der Frauen- und Lesbenbewegung aktiv gewesen und hatten wie die bereits genannte Vorsitzende des hessischen Behindertenrates Naxina Wienstroer ihre intersektionalen Erfahrungen thematisiert, waren aber nicht gehört worden. Von einer »verkrampften Solidarität in der Frauenbewegung« berichtet auch Achtelik, die in ihrem Buch *Selbstbestimmte Norm* das bis heute aktuelle Spannungsfeld um reproduktive Rechte in den Mittelpunkt rückt.

Auch sie führen uns zurück. Konkret in Abtreibungsdebatten der 90er Jahre und das Verständnis weiblicher/körperlicher Selbstbestimmung. Diese entzündeten sich unter anderem an den Einladungen und den Auftritten des prominenten und umstrittenen Philosophieprofessors und Tierrechtlers Peter Singer. Er ist ein Vertreter des sogenannten Präferenzutilitarismus, und das Ziel seiner Moralphilosophie orientiert sich daran, die Summe des Glücks mit Blick auf die Präferenz und den Vorrang einer Gruppe zu vermehren. Auf dieser Basis hinterfragt Singer das Prinzip der »Heiligkeit des Lebens« und setzt sie in Bezug zu »Infantiziden«, also der Kindstötung nach Geburt, und Fragestellungen, warum es besser wäre, »zu vermeiden, dass mehr behinderte Menschen auf die Welt kommen«. Das Abwägen der Interessen und die Maximierung des Nutzens übertrug er auf arme Menschen und Bedürftige und sorgte damit zuletzt für Aufregung, als die Corona-Pandemie in Ländern wie Indien an Fahrt aufnahm und es seiner Meinung nach nicht das einzige Ziel in Zeiten der Pandemie sein könne, Leben zu retten.

Singer legt mit seinen Provokationen den Finger in eine Wunde über einen Status quo in unserer Gesellschaft, die definiert, was ein gutes Leben ist und wer es wert ist, darin zu leben. Es spiegelt sich in Debatten um das verschärfte Abtreibungsrecht wider, das Tausende Menschen auf die Straßen trieb. Hier urteilte das Verfassungsgericht, dass die Abtreibung schwer behinderter Föten gegen den Schutz des Lebens verstoße. Es ist ein ethisches Dilemma, das auch in Deutschland polarisiert, weil es der Selbstbestimmung von Frauen gegenübersteht. Es kanalisiert sich in den Protesten der Lebensschützer*innen und in aktuellen Debatten über nicht invasive Tests als Kassenleistung, mit denen werdende Eltern herausfinden können, ob ihr Kind das Down-Syndrom hat. Dedreux startete vor zwei Jahren eine Petition dagegen, dass die Krankenkassen die Kosten des NIPT übernehmen, sie tat es aus Sorge, dass er als einfache Methode genutzt werden könnte, Menschen mit ihrer Behinderung noch vor ihrer Geburt auszusortieren. Sie stellt damit die Frage, was passiert, wenn eine Gesellschaft ein Verfahren gängig macht, das ein Leben aufgrund eines Extrachromosoms für nicht lebenswert erklärt. Im Artikel »The last children of down syndrome« im US-Magazin *The Atlantic* lese ich, dass in Dänemark, wo dieser Test seit 2004 zum Voruntersuchungspaket für Schwangere zählt, sich diejenigen, die eine Down-Syndrom-Diagnose erhalten, zu 95 Prozent für eine Abtreibung entscheiden. Während 2019 in ganz Dänemark 18 Kinder mit Down-Syndrom geboren wurden, sind es in den USA jährlich fast 6000 Kinder, für Deutschland gibt es eine vergleichbare Statistik nicht, wo laut Statista rund 50 000 Menschen mit Down-Syndrom leben.

Es zeigt sich, dass es in dieser Debatte um mehr geht als selbstbestimmte Entscheidungen, die es aus feministischer Perspektive unbedingt braucht, es geht insbesondere auch um ein gesellschaftliches Klima und die Möglichkeit für Eltern behinderter Kinder, ein Leben in Teilhabe zu leben. Es geht um ihr Existenzrecht und ihre Inklusion. 1992 veröffentlichten Swantje Köbsell und Theresia Degener das Buch *Hauptsache, es ist gesund. Weibliche Selbstbestimmung unter humangenetischer Kontrolle.* Es gilt als Standardwerk der feministischen behindertenpolitischen Meinungsfindung, weil sie darin versuchen, die Kritik an pränatalen Untersuchungen mit dem gemeinsamen Befreiungsanspruch von Frauen zu vereinen. Es gehe um die Suche nach einer feministischen Ethik und das Verhältnis von Individuum und Kollektiv. Darum, dass erst, wenn Behinderung und Nicht-Behinderung als gleiche neutrale Zustände gedacht würden, »Behinderte und Nicht-Behinderte gleiche Menschen sind« und Behinderte nicht nur ›Auch-Menschen‹. Die Spaltung zwischen beiden Erfahrungen der Differenz zu überwinden ist damit ein altes Anliegen. Dieses Ziel zu erreichen beschreibt die Herausforderung für ein gelingendes Miteinander. Für Achtelik läuft der Weg über die gemeinsame Analyse verschiedener Unterdrückungsverhältnisse. Es geht auch ihr um ein intersektionales Denken.

Behindert sein und behindert werden

Ich habe eine Welt und diese Welt brennt!
Und wo etwas brennt, da entsteht Kraft.
Und diese Kraft reißt mit.

– Christine Lavant

Was ist schon normal? Ein Wort, das ich ständig höre, wenn es um behinderte und nicht behinderte Menschen geht. Kurz weitergedacht: Normal versus behindert hieße abnormal? Aber wie normal sind die Normalen? Wer hat den richtigen Körper, wer den richtigen Geist und die richtige Wahrnehmung? Und so geht es wie zuvor in diesem Buch um das gleiche Thema: die Anerkennung verschiedener Existenzen und die Verletzung durch Worte, weil sie nicht nur Geschichten haben, sondern eben auch unsere Gedanken und unser Handeln formen.

Behinderung heißt: behindert werden. Das Forschungsfeld der Disability Studies widmet sich diesem Thema und unterscheidet zwischen Behinderung und Beeinträchtigung. Beeinträchtigung stellt sich als die körperliche Seite der Behinderung dar, also das fehlende Bein oder die fehlende Sehkraft, die chronische Krankheit. Und Behinderung beschreibt die soziale Dimension, die die Beeinträchtigung oft erst zum Problem macht. Diese beiden Sichtweisen werden als das medizinische und soziale Modell von Behinderung bezeichnet. Das soziale Modell wurde in den 70er Jahren von behinderten Menschen überwiegend in Großbritannien entwickelt und dort sowohl in der Behindertenbewegung als auch in den Disability Studies angewandt. Es versteht Behinderung als einen von der Gesellschaft hergestellten Prozess, der Menschen mit bestimmten Merkmalen die gesellschaftliche Teilhabe, Anerkennung und den Respekt abspricht, der nicht-behinderten Menschen zugestanden wird. Heißt: Nicht die behinderten Menschen sind falsch, sondern die Gesellschaft, in der sie leben.

Das soziale Modell stellt quasi die gesellschaftlichen Barrieren in den Mittelpunkt, denn eine Behinderung umfasst eine Vielzahl von Einschränkungen wie Ausgrenzung, strukturelle Diskriminierungen durch Gesetze und fehlende Möglichkeiten auf Teilhabe. Simple Beispiele sind barrierefreie Züge, mehr Informationen in Leichter Sprache, in Braille-Schrift oder Untertitel im Fernsehen. So wird gezeigt, dass zum Beispiel nicht Rollstuhlnutzer*innen das Problem sind, sondern das barrierereiche Gebäude, nicht der schwerhörige Gast, sondern dass keine Gebärdensprache bei einer Veranstaltung angeboten wird. Das Modell hilft, behinderte Menschen und ihre Situationen wahrzunehmen. Aber es gibt auch Kritik daran.

Swantje Köbsell, Pädagogin und Behindertenrechtsaktivistin, beschreibt, wie der Druck, einen Gegenentwurf zum gängigen Behindertenbild zu präsentieren, in dem behinderte Menschen vor allem als Leidende angesehen werden, dazu führte, dass es in der Behindertenbewegung jahrelang geradezu verpönt war, über Schmerzen oder ein mögliches Leiden zu sprechen. Dieser Wunsch, kein Klischee zu sein, verschob den Blick auf die eigene körperliche Erfahrung. So wurde im letzten Jahrzehnt an einer gleichzeitigen Perspektive gearbeitet, die die ausgrenzenden gesellschaftlichen Bedingungen (Disability) und individuelle Beeinträchtigungen (Impairment) in den Blick nimmt, ohne stigmatisierend zu sein. So wurde das kulturelle Modell von Behinderung aus einer kritischen Betrachtung des sozialen Modells entwickelt und widerspricht einer kategorischen Trennung von Beeinträchtigung und Behinderung mit einem anderen Ansatz. Dieser geht davon aus, dass es Behinderung per se nicht gibt, sondern dass sie kulturell, sozial, historisch produziert wird. Damit wird Behinderung wie die Merkmale race oder Genderdifferenz zu einer sozialen Konstruktion, und die Frage ist: »Wie und warum wird – historisch, sozial und kulturell – eine Randgruppe wie die der ›Behinderten‹ überhaupt hergestellt?«, erklärt die Soziologin Anne Waldschmidt, welche die erste Universitätsprofessur für Soziologie und Politik der Rehabilitation und Disability Studies im deutschsprachigen Raum an der Universität zu Köln innehat. Daran anknüpfend entwickelte sich mit der Verabschiedung der UN-Behindertenrechtskonvention 2009 noch ein weiteres: das menschenrechtliche Modell, das davon ausgeht, dass die Lage behinderter Menschen nicht durch individuelle Beeinträchtigungen, sondern durch vorenthaltene Rechte zu erklären ist. Auch dieses geht über das soziale Modell hinaus, weil es in Bezug auf die in der Konvention in Artikel 3 formulierte Wertschätzung von Vielfalt den Staat und die Zivilgesellschaft mit in die Verantwortung nimmt, die Rechte aller Menschen zu achten und Benachteiligungen und Diskriminierungen zu verhindern.

Beide Modelle zielen also auf ein Verständnis von Gleichheit in Differenz ab, bei der in einer inklusiven Gesellschaft eine vermeintlich ungleiche Belastbarkeit, Mobilität oder Wahrnehmung von Menschen keine Rolle mehr spielen würde. Es geht darum, dass Menschen ihre Leben unterschiedlich leben und die Gleichberechtigung und Teilhabe aller Körper mitdenkt und -einschließt und ihnen einen Platz in unserer ausgrenzenden Leistungsgesellschaft schafft und sie in ihrer Individualität und in ihren Fähigkeiten anerkennt.

Es ist Zukunftsarbeit für ein anderes Miteinander, die ansteht. Als nicht-behinderte Frau sehe ich mich mitverantwortlich. Es ist wie mit allen Themen der Differenz und damit verbundenen Diskriminierungserfahrungen. Erst mit dieser Klarheit werden Parallelen und Unterschiede in ihnen sichtbar. Und dann erst kann aus intersektionaler Perspektive klarer werden, welche Auswirkungen eine Behinderung für Schwarze oder queere Menschen hat. Denn das heißt nicht, dass die Merkmale Frau, behindert oder erwerbslos einfach addiert werden, sondern in der Erfahrung eines Menschen als etwas Gleichzeitiges verstanden werden müssen. Erfahrungen gemeinsam zu denken versuchten 2016 beispielsweise die Herausgeber*innen Jürgen Budde, Susanne Offen und Anja Tervooren in *Das Geschlecht der Inklusion*, deren Anliegen es war, das Verhältnis von Frauen- und Genderforschung, Queer Studies und Disability Studies zu verbinden, um die Inklusionsforschung durch eine gendertheoretische Perspektive zu weiten. Die Erkenntnisse der Disability und Gender Studies zusammenzuführen macht Sinn, weil beide der Blick auf Körper und damit verbundene Machtverhältnisse verbindet. Bereits 2010 war dazu der Sammelband *Gendering Disability – Intersektionale Aspekte von Behinderung und Geschlecht* erschienen, in dem die Trainer*in und Berater*in für Menschenrechte und Inklusion Judy Gummich und die Sozialwissenschaftlerin Christiane Hutson fragen, was es bedeutet, in einer rassistischen und sexistischen Gesellschaft krank oder behindert zu sein. Was zum Beispiel bedeutet es für eine Schwarze Frau mit Rollstuhl, als Objekt der Begierde und gleichzeitig als entsexualisiertes und genderloses Wesen wahrgenommen zu werden? Oder damit konfrontiert zu sein, dass medizinisches Personal rassistisch handelt oder ist?

In ihrem wissenschaftlichen Text verbindet Hutson das Private und Politische miteinander und nimmt sich selbst in die

Analyse hinein. Sie beschreibt darin ihre Erkrankung, die ihre Ohrspeicheldrüsen äußerlich sichtbar anschwellen ließ, und wie sie sich durch Blicke anderer entwertet fühlte, weil diese sie als »krank« markierten. Und wie sie lernte, selbstbestärkt ihrem Gegenüber keine Macht mehr zu geben, sie als kranke Schwarze sich schlecht und hässlich fühlen zu lassen. Hutson etabliert in ihrer Auseinandersetzung den Ansatz der »mehrdimensionalen Verletzbarkeit«, der hierzulande den Schwarzen Perspektiven auf Behinderung ein neues Verständnis gab und zu mehr Klarheit verhalf. Zuletzt traf ich Hutson persönlich 2010, als sie die erste Veranstaltung unserer Frankfurter Empowerment-Gruppe »Schwarz Deutsch – kein Widerspruch« moderierte. Damals war ein intersektionales Verständnis noch ein wenig verbreitetes Wissen in vielen Community-Kontexten. Und heute, knapp elf Jahre später, konnte ich ihr online lauschen: in »Rampe reicht, ein Podcast über Behinderungen, gesellschaftliche und Community-interne Ausschlüsse und Roboterpopos«. In ihrem Gespräch mit den Hosts SchwarzRund und simo_tier erfahre ich, dass sie sich heute als gesund, privilegiert und ableisiert und nicht mehr als eine von gesellschaftlicher Behinderung betroffene Wissenschaftlerin beschreibt. Sie tut es, weil sie in ihrem Selbstverständnis gewachsen ist und ihr Aussehen sich durch medizinische Behandlung verändert hat. Die Erfahrung ihres früheren Lebens ist somit unsichtbar geworden. Ihr äußerer Körper erzählt anderen nun eine andere Geschichte. Hutson berichtet, wie diese Veränderung ihr Zeit und Freiheiten schenkte, weil der jahrelange und permanente Stress von ihr abgefallen sei. Dass die individuelle Erleichterung jedoch keine Befreiung sei, ihr aber ein Wissen mitgegeben habe, das sie nun in ihrer machtkritischen Arbeit verwende. SchwarzRund nennt es die »feinen Fühler«, die Menschen entwickeln können, die Diskriminierung und Unterdrückung erfahren. Es bringt mich zum Lächeln.

Mutterschaft. Eltern sein.

Mein Leben stellt Fragen, auf die es keine einfachen
Antworten gibt:
Was ist ein gutes Leben?
Wie wollen wir leben?
Für welche Werte wollen wir stehen?
… Ich kenne meine Antworten. Nicht alle, aber ich lebe auch
mit meinen Fragen.
Ich begegne Menschen anders seitdem. Ich weiß nicht mehr,
was normal ist und was nicht.
Ich gebe keine Antworten mehr auf Menschen. Ich frage sie:
Wer bist du? Was brauchst du?
Ich gehe durch mein Leben mit offenem Herzen und
entschlossenem Kopf.
Mit mehr Freude und mehr Trauer.
Mit mehr Klarheit und mehr Unsicherheit.
Ich gehe durch mein Leben mit mehr Blick für das
Dazwischen.
Zwischen Leben und Tod.
Glück und Leid.
Du und ich.

– Eszter, *Kaiserinnenreich*

Wie sieht Mutterschaft aus, wenn ein Kind eine Behinderung hat? Eszter ist eine von drei sehr unterschiedlichen Frauen, die darüber auf ihrem Blog »Kaiserinnenreich« erzählen und auf Instagram unter @polyeszterbindung über ihr Leben als »autistische, postmigrantische und miesepetrige« Person schreibt. Zusammen mit Barbara und Jasmin sind sie drei Mütter von insgesamt sieben Kindern. Einige mit und einige ohne Behinderung. Sie schreiben ihren Blog und gleichnamigen Instagram-Account mit liebevollen und ehrlichen Worten. Mit Schweiß und Müdigkeit, existentiellen Fragen, mit schönen und erfüllten Momenten, Wut und Dringlichkeit, wie sie sagen. Sie drücken vieles von dem aus, was behinderte und nicht-behinderte Mütter behinderter Kinder denken, erleben und fühlen. Frauen wie ich.

2014 hat die Journalistin Mareice Kaiser sich das Kaiserinnenreich ausgedacht. Ich folge dem Blog seit 2016, habe damals Kaisers Buch *Alles inklusive* gelesen. Fünf Jahre später, im Februar 2021, hat sie ihr Reich an Barbara, Eszter und Jasmin übergeben. »Mutterschaft ist politisch«, schreibt sie in ihrem zweiten Buch *Das Unwohlsein der modernen Mutter*. In der sie den Tod ihres ersten Kindes erwähnt und das Leben als alleinerziehende *weiße*, queere, Cis-Frau ohne Behinderung mit ihrem zweiten Kind beschreibt. Mutterschaft ist eine politische Kategorie, weil wir an Müttern sehen, wie sich die Auswirkungen von Familie, Arbeitsmarkt und Sozialpolitik gleichzeitig zeigen. Wie Frauen lernen, als Mütter da zu sein, damit es anderen gut geht. Und wie wichtig es ist, darüber zu sprechen, wie vielfältig Mutterschaft und Elternschaft sein kann. Diesen Blick bereichern Eszter, Barbara und Jasmin mit ihren Biografien voller Differenz, die sich mit denen ihrer Kinder verbinden. Sie haben unterschiedliche Arten und Weisen, wie sie ihre Leben gestalten, aber sie eint das Wissen, dass sie einander brauchen, weil ihnen als Elternteil behinderter Kinder eine besondere Aufgabe zukommt, was nicht sein müsste, wenn das gesellschaftliche System anders strukturiert wäre. Es ist der Grund, warum ich ihnen folge.

Manchmal erinnern mich ihre Texte daran, dass ich mich nicht immer so klar gefühlt habe wie heute. Daran, was Stärke, Verletzlichkeit und Verantwortung für mein heute fast sechsjähriges Kind in seiner Anfangszeit hieß. Heute weiß ich, dass es die Gleichzeitigkeit war, die ich damals verspürte. Meine Geschichte, seine Geschichte. Mein Schwarzsein, seine Behinderung. Ich hatte genügend gesellschaftspolitisches Wissen, aber privat fühlte ich mich plötzlich so ahnungslos. Mein erstes Kind, mein Baby, die Angst, es nicht schützen zu können. Ich hatte mich auf mein Kind im Geiste vorbereitet, war später als meine engsten Freundinnen Mutter geworden, hatte mich auf alle möglichen Rassismuserfahrungen eingestellt und war doch nicht vorbereitet. Es war schön, eine naive Schwangere gewesen zu sein mit meinem absoluten Wunschkind im Bauch. Ich hatte nichts außer Vorfreude und Übelkeit verspürt. Und nach der Geburt hieß es schnell, mit der Situation und frühen Entscheidungen klarkommen, das Wochenbett an den Nagel zu hängen, und die Angst der Anfänge irgendwann später zu verarbeiten. Der Kontrollverlust war nicht einfach für mich und einen Umgang mit meinem inneren Druck zu finden, möglichst alles schnell einordnen zu können: emotional, privat, politisch alles zu durchdringen, das war auch nicht einfach. Manchmal dachte ich, wir sind ihnen ausgeliefert, diesen Menschen da draußen mit ihren Schubladen. Wie begleite ich mein Kind in einer Welt, die das Leben von Menschen mit Behinderung negativ besetzt? Was kann ich tun, damit es ein selbst-bewusstes Kind wird? Es hat gedauert, das Gefühl der Ohnmacht zu verlieren, und diese Zeit hat mich verändert. Sie hat mich aufgefordert, »stark und laut zu werden, damit die Gesellschaft Platz für mich und mein

Kind macht«, wie Barbara von *Kaiserinnenreich* es schreibt. Um diese Gedanken dann aber immer wieder auch in den Hintergrund zu stellen, weil unser Kind so viel mehr ist als seine Behinderung. Und wir unser schönes Leben nicht von Betrachtungen von außen bestimmen lassen wollen.

Hauptsache gesund, heißt es während der Schwangerschaft oder nach der Geburt, wenn gefragt wird, ob es ein Junge oder Mädchen wird. In dieser Floskel hängt viel von den normierten Vorstellungen, die es Menschen schwer macht, wenn die Antwort darauf anders ausfällt. Kein Junge, auch kein Mädchen? Nicht gesund? Das macht den Raum auf für die Frage, was Gender bedeutet und was gesund, was behindert ist. Ein Mensch ist behindert, so wie er schwarze Haare hat. Es ist etwas anderes, als krank zu sein. Der Leitfaden für einen sensiblen Sprachgebrauch der *Leidmedien* zeigt die Feinheiten auf. Dass Krankheit für die meisten Menschen heißt, von einem »Leid(en) befallen« zu sein, von dem sie geheilt werden oder an dem sie schlimmstenfalls sterben. Behinderung aber ist etwas Dauerhaftes, etwas, das nicht weggeht und kein Leid verursachen muss.

»Hauptsache glücklich«, antworteten mein Mann und ich eine lange Zeit, wohl wissend, dass das in keinem Leben immer der Fall ist. Über die Jahre eigneten wir uns noch ein paar andere Kniffe an, die unserem Gegenüber seither nonchalant spiegeln, dass wir kein Mitleid brauchen und wenn überhaupt, Mit-Gefühl ein passenderes ist. Es geht uns um Akzeptanz, und wenn es um Gefühle geht, dann ist Zuversicht auf jeden Fall eines, das empowert.

In der zweiten Woche nach der Geburt meines Kindes hatte mir eine Pflegekraft das Buch *Lotta Wundertüte* empfohlen, wenn ich das Bedürfnis hätte, mich innerlich sortieren zu wollen. Es begleitete meinen Mann und mich in den ersten Monaten. Kapitel für Kapitel lasen wir es uns gegenseitig vor und sprachen über die Geschichte der Familie der Journalistin Sandra Roth. Mit ihr durchliefen wir ihre Gefühle und konnten unsere eigenen und gänzlich anderen Erfahrungen reflektieren. Ich empfahl das Buch meinen Freund*innen, damit ich nicht so viel erklären musste über unsere neue soziale Welt. Wir trafen über die Zeit andere Eltern mit ähnlichen Erfahrungen, bauten eine Community, unsere eigene Insel auf. Ich verhandelte die privaten Themen, bevor ich die gesellschaftlichen anging. Was sagen wir wem, wann und überhaupt? Die Erkenntnis: Wir müssen gar nichts erklären. Roth schrieb ich später einen persönlichen Brief, den ich auf eine Lesung von ihr mitbrachte, und ich las ihr zweites Buch, das ein politischeres wurde. Die Zeiten änderten sich für sie und für mich. Heute schreibe ich diese Zeilen.

Es gibt viele Menschen, für die unsere Familie der erste Kontakt mit einem Kind mit Behinderung ist. Ich weiß, dass viele Menschen keine Berührungspunkte mit behinderten Menschen haben, dass sie es nicht gewohnt sind, über Themen, die diese Leben betreffen, zu sprechen. Und deshalb tue ich es beiläufig. Ich verheimliche unser Leben nicht, aber ich hänge es auch nicht an die große Glocke. Ich wünsche mir mehr Selbstverständlichkeit für andere, normale Leben. Deshalb nutze ich die Form des belanglosen Erwähnens, ein Mitdenken, ein Benennen der Perspektive. Sie ist einfach da. Ganz natürlich.

Ich könnte wetten, dass nun die Neugier entstanden ist, wissen zu wollen, was mein Kind genau hat. Wie schwer ist es? Ob die Behinderung körperlich oder kognitiv ist? Ist es dem Kind anzusehen oder nicht? Wie wird es werden, wenn es groß ist? Mit geistig behindert verbinden viele Menschen Stigmatisierendes, weshalb der Begriff »Menschen mit Lernschwierigkeiten« auch die Antwort darauf ist, diesem einseitigen Bild etwas entgegenzusetzen. Ich kenne die irritierten und fragenden Blicke, wenn ich die Behinderung meines Kindes beiläufig erwähne.

Einmal reagierte eine Frau mit: »Das tut mir leid.« Und ich fragte: »Wieso?« Wie oft habe ich in den Anfängen den Satz: »Hoffentlich wird alles gut!«, gehört. Und gedacht: Es ist doch schon gut. Und wie oft höre ich heute den Satz: »Wie gut alles geworden ist, das freut mich für euch.« Und ich denke: Ja, das tue ich auch und muss doch innehalten, weil ich mich frage, was das in der Welt meines Gegenübers heißt, und was es hieße, wenn es anders gekommen wäre.

Die Frage »Habt ihr es vorher gewusst?« ist eine, die mir aufstößt. Denn was, wenn ja, was wäre dann? Ich kenne Mütter, die wussten, dass ihr Kind eine Behinderung haben wird, und denen Dinge gesagt wurden wie »So etwas muss doch heute nicht mehr sein«. Dann möchte ich in Vertretung für sie rufen: Warum glaubst du das? Ich bin einigen Frauen begegnet, die mir erzählten, dass ein Schwangerschaftsabbruch als logische Folge nach einem Befund im Arztgespräch mitschwang. Für mich ist das Unverständnis dafür, den Weg mit dem Kind gehen zu wollen, nicht nur traurig, es spiegelt auch den gesellschaftlichen Ableismus wider und kann auch als moderne Form der Euthanasie gedeutet werden.

Eine Abtreibung ist eine individuelle Entscheidung. Sie ist auch eine feministische Errungenschaft. Aber es geht auch darum, in Beratungsgesprächen in einer derartigen Abhängigkeitssituation ableismuskritische Informationen zu geben. Sie sollten ein Wissen vermitteln, das Eltern nicht aufs Abstellgleis stellt, damit Entscheidungen auf einem sicheren Boden getroffen werden können. Schwanger zu sein und ein Kind zu bekommen ist sowieso eine mit vielen Unsicherheiten und Neuheiten verbundene Lebensphase. Der Körper verändert sich, die Psyche, das Leben wird neu überdacht. Manchmal sind damit Ängste und Verunsicherungen verbunden oder körperliche Beschwerden. Pränataldiagnostik wird deshalb von manchen als Angebot verstanden, um Sorgen zu bearbeiten. Schließlich gilt Prävention und Risikovermeidung als gängige Praxis im Gesundheitssystem. Alles zum Wohl des Kindes, bis der Verdacht kommt. Dann gilt sie nicht mehr als Diagnose oder Routinecheck für die Kindesgesundheit. Pränataldiagnostik bietet auch, wie Achtelik schreibt, individuelle, medizinisch-technische Lösungen für gesellschaftlich-soziale Probleme. Sie gebe vor, die Antwort auf die reellen Ängste von Überforderung, finanzieller Belastung oder der drohenden Aufgabe des eigenen Lebensentwurfes zu sein. Das Problem ist, dass für Schwangere nicht unbedingt zu erkennen ist, dass die pränatalen Untersuchungen einer anderen Logik folgen als Folsäure einnehmen oder eine Zahnkontrolle. Sie sollte deshalb in ihrer Konsequenz gut besprochen sein. Eltern sollte klargemacht werden, dass Pränataldiagnostik nicht Prävention, sondern auch Selektion von Behinderung bedeuten kann. Weil das Feststellen von Normabweichungen oder Behinderungen am Fötus Folgen für einen selbst nach der Mitteilung des Arztes mit sich bringt. Darüber sollte besser vorher nachgedacht werden, das wird es aber oft nicht. Das erklärt den großen Schock vieler werdender Eltern, nachdem ein Test eine Auffälligkeit feststellt, mit der nicht gerechnet wurde, und wie stark die Möglichkeit von Behinderung oder Krankheit in Menschen verdrängt wird. Achtelik erklärt, dass die meisten eine Bestätigung »gesund« in Untersuchungen erwarten und dass es statt um Generierung von Wissen meist um die Abwehr von Ängsten und Ambivalenzen gehe. Entgegen der rationalen Rhetorik, mit der die Tests begründet werden, seien sie eher als Abwehrhandlung zu verstehen. Es gibt viele Menschen, die es für unverantwortlich halten, wenn Frauen sich dafür entscheiden, keine Tests in der Schwangerschaft durchzuführen, und ich habe Frauen kennengelernt, die später für die Behinderung ihres Kindes verantwortlich gemacht wurden. Dabei ist jegliche

Form der Beruhigung illusorisch, weil es so viele Unbekannte in einem Leben gibt. Komplikationen bei der Geburt, eine pränatal nicht erkannte Behinderung, ein postnataler schwerer Unfall und überhaupt das Leben auf und in dieser Welt.

So geht es schlussendlich nicht um einen Test oder die Entscheidung, wissen zu wollen, was ist, sondern vielmehr um einen persönlich verantwortlichen Umgang mit der Entscheidung dafür und möglichen Ergebnissen, die sich daraus ergeben. Aber es hängt auch daran, wie Eltern, Ärzt*innen, das Umfeld eine Behinderung bewerten, ob es eine Offenheit und Akzeptanz dafür gibt oder ob per se klar ist, dass ein Kind mit Behinderung nicht passt, ohne auch mögliche ableistische Gründe dafür zu hinterfragen. So kommt es, dass die gesellschaftliche Verantwortung auf die Eltern abgeschoben wird und der Test die Bedeutung bekommt, die Dedreux ihm zuschreibt und die sich statistisch spiegeln lässt. Achtelik schreibt, dass die Optimierung des eigenen Lebens den neoliberalen Gesellschaftsumbau unhinterfragt lasse. Wie viel Sorgearbeit insbesondere die Mütter zusätzlich leisten können, wird in ihre Verantwortung gelegt und lenkt ab von der Suche nach gesellschaftlichen Bedingungen, die sich ändern müssten.

Sich auseinandersetzen. Es liegt nicht in der Hand der einzelnen Schwangeren oder der Eltern, die Gesellschaft inklusiver zu machen. Sie könnten nur entscheiden, dieses Problem möglichst nicht zu ihrem zu machen, schreibt Achtelik. Es gilt, Behinderung und Nicht-Behinderung als gesellschaftliches Wir zu begreifen. Das Wort Behinderung ist auch der Erfolg von sozialen und politischen Kämpfen. Wir brauchen dieses Wort. Es ist so relevant und irrelevant wie mein Schwarzsein. So relevant und irrelevant wie meine Herkunftsgeschichte. Es ist so relevant, weil damit Diskriminierungserfahrungen verbunden sind, und so irrelevant, weil all das keine Rolle spielen sollte. Und nein, wir sind nicht alle ein bisschen behindert, auch wenn wir mal eine Knie-OP hatten, die einer Reha bedurfte. Gleichmachen verdeckt ableistische Diskriminierung genauso wie der Satz »Ich sehe keine Hautfarben« rassistische verdeckt. Menschliche Erfahrungen sind nicht immer gleich, nur in Relationen vergleichbar. Wer mal eine Erkältung hatte, weiß nicht, was es bedeutet, chronisch krank zu sein. Er bekommt vielleicht eine Ahnung von einem Gefühl, aber er weiß nicht, wie es ist, wenn das von Dauer ist und dein Leben begleitet. Auch deshalb nutze ich den Begriff behindert und will ihn nicht mit alternativen Begriffen wie »besondere Bedürfnisse« oder »Handicap« vermeiden oder weichkochen. Manchmal sehe ich diesen zuckenden Gesichtsausdruck meines Gegenübers, wenn ich ihn verwende. Ich irritiere, weil es keine Selbstverständlichkeit im Umgang damit gibt. »Darf ich behindert sagen?« Die Frage erinnert mich an die, ob Schwarz gesagt werden darf, und damit an die Unsicherheit, wie Schwarze Menschen denn nun am besten genannt werden sollen, wie versucht wird, Schwarz zu vermeiden, als ob es etwas Schreckliches wäre. Ich vergleiche es mit dem Versuch, Behinderung nicht sehen zu wollen, die betroffenen Menschen mit spitzen Fingern vorsichtig anzufassen. Und ja, behindert ist als Wort auch in Verruf geraten, weil es als Schimpfwort in schlechten und verletzenden Witzen und in Comedy verwendet wird. Aber es ist auch die Beschreibung eines Merkmals. Wichtig ist nur das Wort »Mensch« dazu, da mit dem Begriff »Behinderte« das Bild einer festen Gruppe entsteht, die in Wahrheit vielfältig ist. »Der oder die Behinderte« reduziert die Person auf eine Eigenschaft. Das ist übrigens auch der Fall, wenn von »den Blinden« oder »den Gehörlosen« die Rede ist und lässt sich alles im Leitfaden der Leidmedien nachlesen.

Es gibt da eine Dynamik, die schwierig zu durchbrechen ist, vor allem, wenn Handlungsalternativen für die Eltern fehlen.

Da ist meistens ein riesiges Paket Ängste und der Glaube, »das« nicht stemmen, sich nicht leisten zu können. Es fehlt ein flächendeckendes, etabliertes, selbstverständliches System und Sein für Eltern behinderter Kinder. Es ist deshalb meistens nicht nur eine persönliche Frage, ob Menschen eine Elternschaft eingehen, sondern insbesondere auch ein strukturelles Problem, mit dem Eltern konfrontiert sind und unterschiedlich umgehen. So traf ich in den vergangenen Jahren welche, die sich der sozialen Lage bewusst und wie ich politisch waren, sich auf sensible Art versuchten. Ich traf Eltern, die das neue Leben angenommen und/oder darunter gelitten haben, diejenigen, die nur noch für ihre Kinder lebten. Die, die viele und die, die wenig soziale Kontakte hatten, die versuchten, zu kaschieren oder zu überkompensieren, deren Perspektive aufs Leben bereichert wurde und die, die ihre Lebensfreude verloren haben, weil die Belastung sehr groß sein kann. Ich habe mit und in all diesen Begegnungen einmal mehr für mich verstanden, dass es keine Sicherheit für ein Leben nach Plan gibt, aber wie viele unterschiedliche Leben es gibt, für die der Platz in der gesellschaftlichen Mitte fehlt.

Ich wünsche mir, dass mehr Menschen das Unbehagen ablegen und die Assoziation, dass es ein schreckliches Leben sein muss, ein Kind mit Behinderung zu haben. Ich fühle inzwischen schnell, ob mein Gegenüber ein echtes Interesse am Leben meines Kindes hat oder es darum geht, seinen Entwicklungsstand in Vergleich zu den eigenen Leistungsvorstellungen und ableistischen Vorstellungen zu setzen. Es sind unsere Leistungsgesellschaft, der Wettbewerb und die kapitalistische Konkurrenz, die uns in diese Muster treiben. Sie führen dazu, dass viele Eltern schon im Kleinkindalter ihrer Kinder dazu neigen, sie zu vergleichen. Was kann das Kind? Krabbelt es schon, seit wann läuft es, wie viel spricht es? Es ist die Vorstellung vom »perfekten Baby«

und später von den Kindern, die nach Zeittabelle Dinge tun können müssen, die irgendwann in der Schule gut mitkommen, gute Noten schreiben und irgendwann als erwachsener Mensch selbstständig von zu Hause ausziehen und eine Karriere machen, die sich Eltern für sie wünschen. Was, wenn es nicht so läuft? Bitte nicht falsch verstehen, nicht alles ist immer gleich ableistisch. Das Potential seiner Kinder fördern zu wollen und sich über deren Erfolge zu freuen ist schön. Es gilt einfach nur für alle auf ihre eigene Weise. Und hier Wertungen und Rankings einzufügen ist das Subtile, von dem ich hier spreche. Es zeigt sich unterbewusst in Gedanken, Gefühlen, der Haltung oder dem Handeln von Menschen. Wer schwimmt mit im Strom, und wer nimmt einen anderen Weg? Schauen wir uns einmal um. Wo sehen wir die Kinder mit sichtbarer Behinderung auf Spielplätzen? Wie viele gibt es überhaupt, die inklusiv sind, also nicht nur barrierefrei sind, sondern auch Spielgerätschaften für alle Kinder haben? Wie erleben die Kinder ihre Schulzeit, deren Behinderung nicht wahrnehmbar ist? Was ist mit denen, die selbst nicht wissen, was sie von anderen im Sinne einer Beeinträchtigung unterscheidet, und das erst als Erwachsene über sich erfahren? Ich habe Freunde, denen es so ging. Sie hatten es als Kinder oft nicht leicht.

Ich weiß, dass ich nicht weiß, wie das Leben für mein Kind sein wird. Aber wer weiß das schon als Eltern? Es ist die Aufgabe und Herausforderung meines Mannes und mir, einen Weg mit diesem gesellschaftlichen Wissen zu finden. Immer einen Schritt weiter zu sein, um einordnen, vielleicht auffangen, aber in jedem Fall (er-)klären zu können. Das kenne ich schon aus meinem eigenen Leben. Meine größte Einsicht war, dass ich, was seine möglichen Diskriminierungserfahrungen aus marginalisierter Perspektive angeht, so wenig wissen werde, wie meine *weiße* Mutter wusste, wie es für mich als ihr Schwarzes Kind war. Aber dass es gleichzeitig Wege gibt, sich auf die Welt des anderen einzulassen und jemanden zu begleiten. Wäre ich Rebecca Maskos nicht vor Jahren begegnet und hätte an einem ableismuskritischen Denken gearbeitet, wäre vieles vielleicht anders gekommen. Und ich weiß, dass ich, obwohl ich, als nichtbehinderte Mutter sensibilisiert, trotzdem nicht vor stereotypem Denken geschützt bin, weil ich damit sozialisiert wurde. Elternliebe ist kein Schutz vor Ableismus. *Weiße* Mütter können Anti-Schwarzen-Rassismen internalisiert haben, auch wenn sie ihre Schwarzen Kinder lieben. Und hetero Väter können das Begehren ihrer homosexuellen Kinder nicht akzeptieren. Diese Reihe ließe sich fortsetzen.

Mein Mann und ich wollen der Rückenwind unseres Kindes sein. Das heißt, dass wir das gesellschaftliche Außen einschätzen wollen, das System, in dem Menschen behindert werden. Es ist der Grund, warum ich Sichtweisen aus der Perspektive behinderter Menschen reflektiere und dazulerne. Ich orientiere mich dabei an meinem inneren Kompass, an dem, was ich mir früher selbst als empowernde Begleitung von meinen Eltern gewünscht und was mich als Schwarzes Mädchen selbstbestärkt hätte. Ein »Ich sehe dich« und »vertraue dir«.

Was wir tun, ist, unser Kind beim Wachsen mit dem Ziel zu begleiten, ihn mit Kraft und Wegen zur Selbst-Bestimmtheit zu unterstützen. Eine Eigenschaft, die ich mir für jedes Kind wünsche. Sichere Bindung, wachsame Aufmerksamkeit, ein positives Selbstwerterleben fördern, Wertschätzung, Empathie und Klarheit. Seinem Potential offen und mit Geduld begegnen. Aber vor allem der Realität da draußen mit meiner ganzen Liebe trotzen und mit all den guten Vorsätzen wissen, dass wir nie alles richtig machen werden. Denn die perfekte Elternschaft gibt es nicht, aber zumindest eine authentische. Ich finde den Begriff passend, weil nicht immer alles schön und angenehm, sondern auch mal schwierig ist. Weil Freude und Wut eben nah beieinanderliegen, Kinder das auch erfahren und Eltern diese Gefühle zeigen dürfen, weil Kinder authentische Eltern brauchen, die sie befähigen zu wachsen. Auf diese Weise haben mein Mann und ich die vergangenen Jahre gelebt. Deshalb stelle ich mir vor, wie unser Kind irgendwann diese Zeilen liest. Dass es liest, dass dieses Leben, wie wir es heute leben, das beste ist, das ich mir hätte vorstellen können. Es ist eines, das ich anderen Menschen wünsche. Unser Leben verlief wie das von vielen und ist doch nicht so wie das der anderen. Und das ist normal. So normal, wie ich mir wünschen würde, dass normal wird, dass nicht behinderte Menschen die Distanz zu einem Leben mit Behinderung verlieren. Deshalb bin ich all denen dankbar, die darüber schreiben, bloggen und sprechen. Es sind behinderte Menschen, Eltern, Mütter und politisch Aktive. Ich danke den Erwachsenen mit Behinderung, die Position beziehen, und den ableismuskritischen Eltern danke ich, weil sie die Gratwanderung in der Öffentlichkeit mit ihren Kindern vollziehen, um Vorurteile im Kopf abzubauen. Aber zuallererst danke ich meinem Kind, ohne das ich heute so viel Wissen über das Leben und so viele Orte und Menschen nie kennengelernt hätte. Ich wüsste weniger darüber, was für Kämpfe Eltern behinderter Kinder kämpfen und wie sie sich Verbündete suchen müssen, weil die Unterstützungsangebote und Ansprüche nicht von einer zentralen Stelle kommuniziert werden und sie sich so viel durch Behörden, Anträge und Diskriminierung kämpfen müssen. Dadurch weiß ich, dass mich weniger mein Kind zu dieser Auseinandersetzung, die ich hier beschreibe, geführt hat, sondern vielmehr das mangelhafte von nicht-behinderten Menschen gemachte System, unsere gesellschaftliche Struktur.

In den letzten Jahren haben sich die Grenzen meines Denkens und Daseins massiv erweitert. Unser Erleben hat mich sensibler gemacht, meinen Blick auf die Gesellschaft noch einmal mehr verändert und geschärft. Ich sehe, wie die intersektionale Erfahrung sich in meinem Kind mit meinen Erfahrungen verbindet. Ich fühle mich verbunden, sehe mich in einer politischbewussten Elternschaft. Sie verfolgt den Wunsch, all die Kinder zu empowern, die ihre Antwort auf sich selbst verstärkt in sich selbst finden müssen. Die sich mit der Diskriminierung, die sie erleben, auseinandersetzen müssen und deren Lage sich besser oder schlechter gestaltet, je nachdem, in welchem Setting sie sich befinden, wer sie begleitet oder ob überhaupt eine Person da ist. Ich will Verantwortung übernehmen, eine inklusive Gesellschaft aktiv mitzugestalten, denn ich wünsche mir eine Gesellschaft, in der Differenz »die neue Norm« wird, weil darin die Schönheit liegt.

Sozialhelden. Etwa 15 Jahre arbeitet der Verein bereits an Lösungen für mehr Teilhabe und Barrierefreiheit. Zu den Projekten zählen zum Beispiel die Leidmedien, eine Fotodatenbank mit neuen Perspektiven oder das Online-Magazin für Vielfalt und Disability Mainstreaming **Die neue Norm**. Es gibt die **Wheelmap**, die größte freie Onlinekarte für rollstuhlgerechte Orte weltweit, die **Andersmacher,** als Vorbilder für Heranwachsende und **job inklusive**, um Menschen auf dem Arbeitsmarkt zu unterstützen. https://sozialhelden.de

Ability Watch ist eine Gruppe von Behindertenrechtsaktivisten rund um den Aktivisten **Raul Krauthausen**. Als Teil der Behindertenbewegung in Deutschland begleitet das Team kritisch die Politik und macht mit Aktionen auf die mangelnde Einhaltung der UN-Behindertenrechtskonvention aufmerksam. Zusammen mit **Benjamin Schwarz** hat Krauthausen das Buch **Wie kann ich was bewegen? Die Kraft des konstruktiven Aktivismus** geschrieben. Seinen regelmäßigen Newsletter kann man auf seiner Homepage abonnieren. https://abilitywatch.de https://raul.de

Das Archiv Behindertenbewegung hat die Materialien der ehemaligen Redaktion der 1986–2000 bundesweit erschienenen Zeitschrift **die randschau** und die Geschichte der emanzipatorischen Krüppel- und Behindertenbewegung dokumentiert. https://archiv-behindertenbewegung.org. **Kobinet** bietet tagesaktuelle Nachrichten zum Thema. Die **Sendereihe der Arbeitsgemeinschaft Behinderung und Medien** (ABM) bietet ein eigenes TV-Programm und dokumentiert den Alltag behinderter Menschen durch ein umfangreiches Fernsehangebot. **Ohrenkuss** ist eine Zeitschrift von Menschen mit Down-Syndrom. https://kobinet-nachrichten.org https://www.abm-medien.de/,tps://ohrenkuss.de/projekt/

#Behindernisse ist ein Blog über alltäglichen Ableismus von **Romy** @romluras und **Ash** @ashducation. Auf Instagram verhandelt **Ash** als queere trans Person Ableismus, Sexualität, Geschlechterthemen und Feminismus. https://be-hindernisse.org/. **www.AngryCripples.de online/ @AngryCripples**. Eine Empowerment Plattform von behinderten Menschen für behinderte Menschen. Gegründet von **Luisa L'Audace** @luisalaudace, **Evilina Enfer** @valkyria.rogue und **Alina Buschmann** @dramapproved. **Die neue Norm** ist ein Podcast. **Judyta Smykowski, Jonas Karpa** und **Raul Krauthausen.** Die drei brechen darin die Norm des Normalen auf und sprechen über Vielfalt, Inklusion und das Leben von Menschen mit Behinderung. https://dieneuenorm.de/podcast/ **Rampe reicht** ist ein Podcast über Be_hinderungen und Roboterpopos von **SchwarzRund** und **simo_tier**. https://rampereicht.de.

Ninia LaGrande, @ninialagrande moderiert verschiedenste Formate mit den Schwerpunkten Inklusion, Feminismus, Politik und Mode. In ihrem Podcast »alles inklusive« geht es um Inklusion, Chancengleichheit und Zugehörigkeit in unserer Gesellschaft. **Leeroy Matata,** @leeroymatata ist YouTuber und ehemaliger Rollstuhlbasketballer, heute arbeitet er unter anderem als Moderator bei funk/SWR. @Hand drauf **ist** das FUNK-Format von **Iris, Toma, Björn** und **Tobias** aus und für die Deaf Community. Auf Instagram schreiben @Wheelmum und @ nina_tame über das Familienleben mit Behinderung, Rollstuhl und Kindern. Über barrierefreies Reisen schreiben **Adina und**

Tino Hermann @mobilistaeu. Weitere Namen zum Folgen: @graf_fidi, @edwin.greve, @iamkubra_, @thelizzbiz, @annton.beate.schmidt, @Lydiaswelt, @WayofKatrin, @janin_li

Judy Gummich, Menschenrechtsaktivistin und Diversity-Trainerin. Ihre inhaltlichen Schwerpunkte sind (Anti-)Rassismus, Migration, Integration/Inklusion, Gender, sexuelle Identität, Beeinträchtigung/Behinderung sowie intersektionelle Lebensrealitäten und Diskriminierung. Sie berät Eltern von Kindern mit und ohne Behinderung. Das **KIMI-Siegel** vergibt ein Gütesiegel an Bücher, die fröhlich, realistisch und fantasievoll, aber vor allem beiläufig vielfältig und ohne Klischees und diskriminierende Zuschreibungen aus der Welt von heranwachsenden Menschen erzählen. LiES. Das Buch. Literatur in EinfacherSprache, 2020. Hauke Hückstädt hat in diesem Sammelband fünfzehn Geschichten herausgebracht, in denen er Schriftsteller*innen eingeladen hat in einfacher Sprache zu schreiben. https://www.compassorange.de/team/judy-gummich/ https://kimi-siegel.de

Judyta Smykowski, @jusmyk hat Online- und Kulturjournalismus studiert. Als Redakteurin bei Leidmedien arbeitet sie zu den Themen: Inklusion, intersektionaler Feminismus und Digitales. In diesem Kontext bietet sie auch Workshops für Medienschaffende an. Sie hat die Kapitel zum Abschnitt »Behinderung« vorab gelesen und kommentiert. Außerdem hat sie diesen Anhang mit bearbeitet.

Zum Schluss,
der kein Ende ist

Differenz feiern

Wir müssen in der Lage sein zu argumentieren, ohne uns vor der Drohung des Privilegs zu fürchten … Wir müssen andere, wirkungsvollere Arten finden, miteinander zu sprechen, ohne die Unterschiede zu verwischen. Wir sollten fähig sein zu sagen: Das ist meine Wahrheit, und diese sollte im Raum stehen, ohne dass Hunderte über sie herfallen und den Eindruck erwecken, dass multiple Wahrheiten nicht koexistieren können.

– Roxane Gay

In meiner Familie, in meinem zu Hause geht es mir gut. My home is my castle. Es ist mein sicherer Hafen, mein Wohnzimmer, safest space, also Schutzraum, in dem ich Verbundenheit erfahre. Auf meiner Party lässt sich ein Bild davon machen, wie Differenz gefeiert werden kann. Diese Party ist gut, weil die Menschen, die ich kenne, unterschiedliche Musik auflegen und damit andere in Bewegung bringen. Wie wäre es, wenn wir alle solche Räume nicht nur im Privaten, sondern auch politisch und in allen Bereichen des öffentlichen Lebens hätten? Unsere gemeinsame Vergangenheit schafft einen imaginären Zusammenhalt, bei dem die unterschiedlichen Lebenserfahrungen in der Gegenwart eine Rolle spielen, erklärte Stuart Hall. Der Glaube an kollektive Identitäten dient nur als Brücke zu einem Verständnis unserer Pluralität. Sie basiert auf ursprünglichen Erfahrungen, schließt aber auch alle folgenden Erfahrungen ein, und für die sind wir verantwortlich.

Wo stehen wir jetzt, nach den vielen Seiten dieses Buchs, in Sachen Erkenntnis? Dass wir viele sind, nicht einheitlich und in unterschiedlichen Milieus in vielen sozialen Kontexten leben und dass wir voranschreiten, weil mehr Menschen mitgestalten und dabei ein Bekenntnis zur Gleichheit im Unterschiedlichsein ablegen. Die Zukunft braucht weniger Integration, sondern »radikale Diversität« ist die Utopie einer Gesellschaft, in der alle Menschen in ihrer Differenz leben können. Auch ich feiere unsere superdiverse Gesellschaft und diejenigen, die schreiben, performen und bloggen, die Theaterensembles, Lehrstühle, Thinktanks und Organisationen gründen, um sie zum Mainstream zu erheben, und Menschen, die diese Privilegien nicht haben und auf ihre Arten und Weisen die Brücken bauen, um eine Dominanzkultur auf konstruktiv-kritische Weise in Frage zu stellen und sich zugewandte Gespräche über ein neues Miteinander wünschen.

Ich habe darüber geschrieben, wie es für mich gehen könnte, sich damit zu arrangieren, dass wir als Gesellschaft noch mehr Steine umdrehen werden. Es ist wie in einer Therapie. Sie dient der Reflexion. Und Menschen brauchen dafür Räume und Zeit, auch um Fragen stellen und Erkenntnisse mit sich selbst betrachten zu können. Gleichzeitig kostet es aus Perspektive der Betroffenen Energie und Kraft, Nicht-Betroffenen immer wieder die eigene Sichtweise und das Erleben zu vermitteln. Auch sie brauchen Orte, um sich zu schützen. Es ist ein Spannungsfeld, das bleiben wird. Aber da ist auch die Einsicht, dass eine plurale Gesellschaft aus ihrer Widerstandsfähigkeit schöpft. Es gibt heute ein prall gefülltes historisches Archiv, das uns über den Widerstand und die Selbstermächtigung diskriminierter gesellschaftlicher Gruppen lehrt: von der wehrhaften Poesie von Juden und Jüd*innen und aus Schwarzen Perspektiven, von feministischen Interventionen hin zu den Arbeiten von Gastarbeiter*innen und deren Nachkommen, von behinderten und queeren Menschen.

Ein wesentliches Merkmal unserer Gegenwart ist, dass in ihr neue Formen der Emanzipation in den Vordergrund getreten sind. Soziale Bewegungen und ihre Themen begegnen uns überall, für viele auf eine neue oder erstmalige Art. Wie dieses Buch gezeigt hat, gibt es dabei vieles zu beachten. Eva von Redecker zitiert in ihrem Buch *Revolution für das Leben* die spanische Philosophin Montserrat Galcerán Huguet, die glaubt, dass das 21. Jahrhundert erst mit der Pandemie begonnen habe und dass in ihm die Verteidigung des Rechts auf das Leben aller Priorität haben werde. Wir sind vor dem Virus nicht alle gleich, weil er als Verstärker bereits bestehender Ungleichheitsverhältnisse fungiert, sogar eine neue Achse der Differenz schuf, die wir vorher nicht kannten. In unserer gegenwärtigen Gesellschaft stellt der Ausnahmezustand für alle einen Bruch mit der Normalität dar. Wir leben in einer Art dissoziativem Zustand, durch den Gesellschaften sich immer schon gewandelt haben, und den wir jetzt für die Veränderung nutzen können. Wir sind gefragt, ob wir gegen eine soziale Kälte und die vielbeschworene Spaltung vorgehen und uns auf unsere Differenzen einlassen.

Zusammenhalt, Gemeinschaft, Miteinander. Mein solidarisches Bekenntnis ist das Resultat eines persönlichen Reflexionsprozesses, einer rationalen und emotionalen Entscheidung, die im feministischen Sinne aus meinem privaten Verständnis etwas Politisches werden lässt. »Parteilichkeit« nennt es Gesa Köbberling im Sammelband *Unentbehrlich*. Es ist ein Ansatz, um gesellschaftlich tabuisierte Gewalt zu erkennen, aufzudecken und das Wissen der Betroffenen anzuerkennen, weil es ohne sie ausgeblendet würde. Es heißt, dieses Wissen aufzuzeigen, wo es zum Schweigen gebracht wird. Parteilichkeit deckt auf: in den Medien, vor Gericht, in gesellschaftlichen Debatten und in der eigenen Arbeit. Parteilichkeit ist keine Anwaltschaft, sondern ein gemeinsames Betroffensein. Ich gehe mit Hall, der erklärte, dass von Überempfindlichkeiten absehen zu können nicht heißt, seine Empfindlichkeit zu leugnen. Wir sollten einfach ehrlicher zueinander sein.

Dieser Ansatz schafft Zugänge und hilft, sich auf Augenhöhe zu verbinden. Ein gewaltfreies Zusammensein, ein Gefühl der Zugehörigkeit ist möglich, wenn wir verinnerlichen, dass wir unsere Differenzen nicht überwinden müssen, weil der größte Wert unserer Begegnung in ihnen liegt. Machtkritisch zu agieren heißt, kein Ranking zwischen unseren Unterschieden herzustellen, keine Wertung, keinen Vergleich vorzunehmen. Der Soziologe Heinz Bude plädiert für ein Wirgefühl, in dem die jeweils anderen akzeptiert werden, weil das eine »neue Identität für alle« und ein »größeres Wir« bedeute. Der Weg dorthin führt über das eigene Ich. Über das Erkennen der eigenen Position und ein Nachdenken darüber. Reflektierte Parteilichkeit bedeutet auch, zu wissen, wo das eigene Unwissen dominiert, und sich ein Wissen über die Differenzerfahrungen der anderen anzueignen, um zu erfahren, wo sie Gewalt und Ausgrenzung erleben. Und gleichzeitig zu verstehen, dass sie unterschiedlich erlebt und verarbeitet werden, da wir alle unterschiedlich mit unseren Erfahrungen umgehen. Es gibt keine homogenen Gruppen, nur handelnde Menschen mit all ihren Widersprüchen und Interessen.

Was bleibt, ist die Überzeugung, für eine Gleichberechtigung einzustehen, die sich mit anderen solidarisch zeigt. Der Soziologe Émile Durkheim erklärte, dass Solidarität den Zusammenbruch der Gesellschaft verhindere. Anders als die Freund*innenschaft ist sie nicht auf eine Beziehung beschränkt.

Ich kann mit anderen solidarisch sein, weil sie für etwas stehen, mit dem ich mich identifiziere. Solidarität kann auf gemeinsamen Interessen gründen, muss aber kein Bündnis sein, eher ein Gefühl der Verantwortung. Sie ist die Bereitschaft, Position zu beziehen und vielleicht Opfer zu bringen, etwas, das Menschen zu teilen haben. Solidarität heißt, nicht im Stich gelassen zu werden, schreibt Redecker. Es wäre schön, wenn mehr Menschen die innere Sehnsucht nach einer Gesellschaft entwickelten, in der wir alle etwas miteinander anfangen könnten und ein Verständnis füreinander haben, das es gut mit dem anderen meint. Sich verbinden und verbünden. Im Sinne von Audre Lorde bedeutet verbündet zu sein, dass unsere Differenz nicht nur toleriert, sondern als Fundus unentbehrlicher Gegensätze angesehen wird, zwischen denen »unsere Kreativität dialektische Funken schlagen kann«. Im Sinne des Konzepts des Instituts für Social Justice & Radical Diversity verweist Verbündet-Sein auf eine spezifische Form der Solidarität als eine Art der »politischen Freund*innenschaft« hin, bei der die Anliegen der anderen zu den eigenen werden. Es ist das Versprechen, einander beizustehen, sich trotz oder sogar wegen der Differenz um den anderen zu sorgen, weil wir alle verletzlich sind. Es ist der Wunsch, einander unterstützend zu begegnen, nicht als wohlständiger Akt, sondern als gemeinsamer Pakt. Wechselseitige Hilfe, bei der die eigene Selbstachtung gewahrt wird, was mithilfe von Perspektivwechseln und Empathie leichter fällt. Es ist, wie Menschen die Tür zu öffnen, die davorstehen und die Hände voll haben. Oder im Bus seinen Platz freizugeben für einen Menschen, der nicht gut laufen kann. Es heißt solidarisch mit denjenigen sein, die »eingeschränkte Solidarität« erfahren. Mit denen, die unter unmenschlichen Bedingungen auf europäischen Inseln und Lagern oder auf dem Meer sterben gelassen werden, und deshalb auf einen menschenwürdigen Diskurs und eine politische Strategie zu drängen, die Mitverantwortung zeigt.

Auf diese Weise muss sich Solidarität in ein verändertes Handeln übersetzen. Es geht dabei nicht um Barmherzigkeit. Sie nutzt Menschen wie Tareq Alaows nicht, der 2021 als erster Geflüchteter Abgeordneter im Deutschen Bundestag werden wollte, aber seine Kandidatur in NRW zurückziehen musste, weil die rassistischen Anfeindungen und anonymen Morddrohungen gegen seine Familie zu stark wurden. Seit dieser Bundestagswahl sitzen knapp 12 Prozent Parlamentarier*innen mit Migrationsgeschichte im Vergleich zu vorher 8,7 Prozent im Bundestag. Eine echte Demokratie in Deutschland braucht mehr von ihnen, braucht mehr Diversität in der Gegenwart und Zukunft. Und in dieser müsste es heißen, dass wir unsere jeweiligen Privilegien für andere nutzen und die Bühne teilen. Oder dass wir die Geschichten der anderen miterzählen, wenn sie nicht dabei sind. Die sogenannte Positionierung in der Nicht-Positionierung bedeutet, dass ich mit einer grundlegenden Ablehnung gegen Diskriminierung auch über jede Form sprechen darf, was nicht heißt, »für« von etwas Betroffene zu sprechen, sondern eben als Verbündete. Wir müssen einander »Allierte« im Sinne von bell hooks sein, die mit-fühlen und sich für andere und ihre Anliegen starkmachen auch ohne eine eigene Betroffenheit. Was dich angeht, geht mich an, aber du sprichst für dich. Es ist eine Form des Ubuntu, das hier mitschwingt. Ich bin, weil du bist.

Es ist eine inklusive, alle miteinschließende Haltung und Handlungsanleitung, die bedeutet, dass ich mich mit Blick auf meine eigenen Privilegien und vorhandenen Möglichkeiten (Ressourcen) grundlegend gegen jede Form von Diskriminierung wehre. Wir geben nicht vor, wann und wie über ein bestimmtes Thema gesprochen wird (Tone Policing), aber wir schreiten ein, wenn die Ausgrenzung anderer passiert. Wir hören zu, wenn wir die Erfahrung unseres Gegenübers im ersten Moment nicht als diskriminierend wahrnehmen, sind offen für aufklärende Gespräche, versuchen uns in Fingerspitzengefühl und fragen nach. Wir fühlen uns frei von der Angst, Fehler zu machen, die menschlich sind. Diese Position hilft, sich gegen polarisierendes Denken, Vereinfachungen oder die Vorstellung festgezurrter (Gruppen-)Identitäten zu wenden. Es geht vielmehr um die Vision neuer Bündnisse zwischen denjenigen, die von Diskriminierungen betroffen sind, und denen, die dagegen aufbegehren wollen. Dahingehend beschreiben Lea Susemichel und Jens Kastner in *Unbedingte Solidarität* eine Beziehung, die dann erfolgreich wird, wenn sie sich zu einer »Solidarität, um etwas anderes zu werden« entwickelt. Wir müssen keine Einheit sein, um gemeinsam an einer Welt zu bauen, schreibt Redecker. Es geht also nicht darum, eine eingeschworene Gemeinschaft zu sein. Es geht um Kooperation, weil wir schließlich alle in unserer Art nicht nur unterschiedlich sein dürfen, sondern es auch in unserer Natur liegt, frei sein zu wollen. Und die Freiheit ergibt sich daraus, sich selbst an allen Orten zu wissen und bewegen zu können. Redecker beschreibt dahingehend eine »Demokratie der Teilenden«, die Versorgung bietet und auf einer Verbundenheit miteinander in einer geteilten Welt basiert.

Demnach ist Unbedingte Solidarität bedingungslos, kein an Bedingungen geknüpftes Tauschgeschäft. Und um sie zu erfahren, brauchen wir mehr initiierte gemeinsame Momente, damit wir mehr von der Differenz der anderen kennenlernen und uns miteinander verbinden und verbünden. Es ist erwiesen, dass wir uns durch Begegnung besser und einfacher verstehen, und wir sind dafür verantwortlich, dass diese Begegnungen stattfinden. Wir brauchen bildlich gesprochen mehr Partys, in denen wir einander in guter Stimmung erleben. Es heißt, die eigene Echokammer verlassen, um andere Menschen zu treffen, die sich von einem unterscheiden. Andere, als die, die man schon kennt, um auch sie kennenzulernen.

Und so harre und halte ich aus und glaube daran, dass mehr Menschen diese Perspektive einnehmen werden und in unserer diversen Gesellschaft ebenso viel Schönes sehen wie ich. Eine Gesellschaft, die innovativ und mutig ist, sich vom alten Erbe löst und frei von Schuld und Scham Verantwortung übernimmt. Die anerkennt, dass das, was war, nicht zu ändern ist, aber das Morgen eben schon. Die versteht, dass sich hierzulande nicht alle gleich mit der deutschen Geschichte und ihren Verbrechen identifizieren, dass wir Nachkommen unterschiedlicher Erfahrungen sind, aber dass wir eine gemeinsame globale Geschichte teilen und uns alle mit dem Wunsch nach Entlastung auseinandersetzen müssen. Schön wäre es, wenn solidarisches Handeln ein Leichtes würde und in gesellschaftlichen Praxen (infra-)strukturell, institutionell und politisch verankert würde. Unsere Gesellschaft ist ein »Flickenteppich«, der nach Czollek und dem Dramaturgen Necati Öziri unsere einzige Chance ist, um endlich gemeinsam zu einer Bestimmung von »deutsch« zu kommen, die nicht auf Homogenität und Harmonie beruht. Ein »Wir«, das nicht mehr anhand von religiösen, vermeintlich kulturellen oder migrationsbiografischen Linien definiert wird. Eine integrierende, inklusive Gesellschaft muss dafür bereit sein, sich von Idealvorstellungen zu verabschieden, und »die Widersprüche der Wirklichkeit auszuhalten und mit dem eigenen Unvermögen konfrontiert zu bleiben«, beschrieb es einmal der ehemalige Bundespräsident Gustav Heinemann. Es braucht eine zeitgemäße, ja auch progressive Haltung für eine plurale Gemeinschaft, die neu entstehen soll und akzeptiert, dass in einer offenen Gesellschaft Streit dazugehört, die zeitweise Disharmonie als Chance ansieht. Die bisherigen Erfolge unserer gesellschaftlichen Entwicklung zeigen, dass Emanzipation und damit

Fortschritt dabei schon immer erstritten und erkämpft wurde. Auch die Demokratie und der Sozialstaat waren nicht einfach da. Jahrhunderte der Aushandlung liegen hinter uns, das Entscheidende ist deshalb, ob wir lernen, neue emanzipatorische Politiken anzuwenden, die unsere Differenzen als wesentliche Stärke betrachten.

Dafür brauchen wir noch einiges, das uns fehlt. Eine gemeinsame Sprache, Konzepte und Begriffe, die auch alle kennen und verstehen. Wir brauchen mehr Versuche, den Weg aus der alten historischen Schleife aufzuzeigen, indem wir gemeinsam die Geschichte neu schreiben. Wir brauchen keine neue »Integrationsdebatte«, sondern einen neuen gesellschaftlichen Plan, damit wir uns von den *Anderen*, die sie schon lange nicht mehr sind, verabschieden können. Stellen wir uns wachsende Bündnisse in einer Zukunft vor, in der eine geschrumpfte Dominanzgesellschaft unserer Vielfalt gewichen ist. In der es keine marginalisierten Menschen mehr gibt, die von einer vermeintlichen Mehrheit Ablehnung erfahren. Und keine Menschen, die ihr Anderssein ändern wollen, damit sie vermeintlich irgendwo hineinpassen. Um diesen Zustand zu erreichen, heißt es, eine Solidarität in Differenz an allen Orten in politischen Forderungen, Strukturen und gesellschaftlichem Denken einzufordern und inhaltlich zu übersetzen. Es bedeutet, Handlungsbedingungen und Strategien zu entwickeln, um diese gesellschaftliche Idee konkret werden zu lassen. Benötigt werden Geduld und Geld, neue Absprachen und Standards, die hinterfragt werden müssen, damit eine daraus folgende Veränderung für alle spürbar wird. Im geteilten Bekenntnis braucht es auch auf politischer Ebene eine Anerkennung unserer Differenz, um Ungleichheitsverhältnisse zu überwinden. Dabei muss globaler gedacht werden. Wir brauchen einen Tisch, vielleicht einen neuen, an dem alle Platz haben. Und das heißt nicht, dass es nicht auch dort Ambivalenzen und

Störungen auszuhalten gilt. Wir sind schließlich nur Menschen. Aber wenn es hart auf hart kommt, einfach Ruhe bewahren und den Blick auf Kurs halten. Machen wir unsere inneren Prozesse für andere öffentlich, und sehen wir es positiv. Wir schreiten voran, weil sich schon viel mehr Türen geöffnet haben. Jetzt heißt es für alle, durchzugehen, damit die Party auch gut werden kann. Oder wie Nelson Mandela sagte: »It always seems impossible until its done.«

Dank

Ich hätte dieses Buch nicht geschrieben …

… wenn es Lars nicht gäbe, meinen Lebensbegleiter, Ehemann, Freund und Komplizen. Danke, dass du mich ermutigst und mutiger machst, Dinge für mich siehst, die ich oft nicht sehen kann.

… wenn es mein Kind nicht gäbe. Du öffnest mir die Tür zu meinem Innersten und machst mit deiner Art mein Leben leuchtend.

… wenn es die Menschen nicht gäbe, die mich in meinem Leben begleiten oder begleitet haben, die zum Teil in diesem Buch erscheinen – mit und ohne Namen. Danke für euer Sein, eure Arbeit und Stärke.

Ein besonderer Dank an …

… meine Eltern: Ich bin, weil ihr seid. Eure Geschichte ist meine. Danke, dass ich sie erzählen durfte.

… Alfio, für deine zugewandte Art und Klarheit. An deiner Seite fühlt sich vieles leichter an.

… Madlen, dass du mich gesehen, so warmherzig begleitet und beschützt hast. Es war ein großes Geschenk, mit dir an diesem Buch zu arbeiten.

… Yezenia, Mary und Rose, dass ihr mir im Sensitivity Reading mit all eurer Kraft gezeigt habt, was ich noch zu lernen habe, und damit dieses Buch prägt.

… Judyta, Michal, Julius, Kai und Kai, Christelle und Tayo für eure Verbundenheit und das kritische Lesen der Kapitel eurer Realitäten.

… Cendrine, Linda, Maria, Zümrüt und Katrin für die liebevolle Begleitung und Beratung. Ohne euch gäbe es dieses Cover nicht. Zümrüt, dein »privacy-reading« gab mir die Sicherheit, mich damit rauszutrauen.

… Alice, Remi und Jonas für euer geschwisterliches Lesen des Buches in meiner verletzlichsten Phase.

…Anna. Herzlicher hätte kein journalistisch-konstruktives Feedback in guter alter Volontariats-Manier sein können.

…Austen für Ubuntu, die stetige Verbindung und Kraft und Dileta, dass du mir beibringst zu spüren.

…Zarah, Emilia, Kiyan, Levent, Coco, Lenny, Tilda, Noé, Nala, Finn, Mats, Lia, Oda, Smilla, Adele, Amina, Zola, Nelani, Julian, Tom, David, Marla, Simon, Bela, Pina, Jakob, Till, Jonas und all die anderen Kinder, die mir zeigen, wie ein Wachsen in Differenz gehen kann. Auf eure, eine gerechtere Zukunft. @Etienne. Träume sollen sich erfüllen.

…an die politischen Wegbereiter*innen Eleonore, Tahir, Sharon, Jonas, Tsepo, Ria, Abenaa, Marion, Katharina, Gabriela, Helga, Sheila, Daniela, Aminata und viele andere innerhalb der Schwarzen Community, die ihr Wissen und ihre Wärme mit mir geteilt haben. Keine Emanzipation für mich ohne euch.

…die Menschen, die sich Gedanken über ein gleichberechtigtes Miteinander machen und die Veränderung unserer Gesellschaft mit angehen wollen.

Quellenverzeichnis

Vorwort

Hannah Arendt: Vita activa oder Vom tätigen Leben. München 1989, S. 164.

Nelson Mandela: Rede bei der Vereidigung zum Staatspräsidenten 1994, zitiert nach: Mandela-Zitate 10. Febr. 2013 https://www.welt.de/newsticker/dpa_nt/infoline_nt/thema_nt/article122757753/Mandela-Zitate.html (Zuletzt abgerufen Jan. 2022).

Aladin El-Mafaalani: Das Integrationsparadox. Warum gelungene Integration zu mehr Konflikten führt. Köln 2018, S. 77.

Charta der Vielfalt (Hg.): Die Diversity Dimensionen. https://www.charta-der-vielfalt.de/diversity-verstehen-leben/diversity-dimensionen/ (Zuletzt abgerufen Jan. 2022).

Martine Hemmer: Der Konflikt als gesellschaftliches Integrationsmittel. München 2000.

Kimberlé Crenshaw: Demarginalizing the Intersection of Race and Sex. A Black Feminist Critique of Antidiscrimination Doctrine, Feminist Theory and Antiracist Politics. In: University of Chicago Legal Forum: Vol. 1989: Iss. 1, Article 8. http://chicagounbound.uchicago.edu/uclf/vol1989/iss1/8 (Zuletzt abgerufen Okt. 2021).

Peggy Piesche: Politische Intersektionalität als Heilungsangebot 15. April 2019 https://www.gwi-boell.de/de/2019/04/15/politische-intersektionalitaet-als-heilungsangebot (Zuletzt abgerufen Jan. 2022).

Bodo Morshäuser: Das schiefe Bild der gespaltenen Gesellschaft 25. Febr. 2021 https://www.deutschlandfunkkultur.de/politische-radikalisierung-das-schiefe-bild-der-gespaltenen.1005.de.html?dram:article_id=493076 (Zuletzt abgerufen Jan. 2022)

Tsitsi Dangarembga: Friedenspreis des deutschen Buchhandels 2021. Ansprachen aus Anlass der Verleihung. Laudatio: Auma Obama. Frankfurt am Main 2021.

Disclaimer: Wie dieses Buch lesen

Ingeborg Bachmann: Frankfurter Vorlesungen. Probleme zeitgenössischer Dichtung. München, Zürich 1989, S. 16.

Susan Arndt, Maureen Maisha Eggers, Grada Kilomba, Peggy Piesche (Hg.): Mythen, Masken und Subjekte. Kritische Weißseinsforschung in Deutschland. Münster 2006.

Maisha-Maureen Auma: »Rassismus hat übrigens nichts mit der Hautfarbe zu tun.« 27. Juli 2020 https://www.zeit.de/campus/2020-07/maureen-maisha-auma-erziehungswissenschaftlerin-colorism-schwarze-community-rassismus (Zuletzt abgerufen Okt. 2021).

The Living Archives: https://thelivingarchives.org/glossar/bipoc/ (Zuletzt abgerufen Okt. 2021).

A11up: Genderinklusive Sprache & Barrierefreiheit. 21. April 2021 https://taner-aydin.dev/a11y-up/genderinklusive-sprache-und-barrierefreiheit/?fbclid=IwAR3X2ic89qDp7JyFm2m7bwx__5_HhSToF9xcvU4q8ZwEbundiLC3yiaC3bk&mc_cid=62a8b1eaf6&mc_eid=a661e83c58 (Zuletzt abgerufen Okt. 2021).

Eddi Steinfeldt-Mehrtens: Hä? Was heißt denn: Genderdoppelpunkt? 08. März 2021 https://missy-magazine.de/blog/2021/03/08/hae-was-heisst-denn-genderdoppelpunkt/?mc_cid=62a8b1eaf6&mc_eid=a661e83c58 (Zuletzt abgerufen Okt. 2021).

Heiko Kunert: Diskriminiert das Gender-Sternchen blinde Menschen? 08. November 2022 https://heikos.blog/2020/11/08/diskriminiert-das-gender-sternchen-blinde-menschen/ (Zuletzt abgerufen Okt. 2021).

Peter Weissenburger: Gendern und Barrierefreiheit / Liebe Leser Unterstrich innen. 03. März 2021 https://www.deutschlandfunk.de/gendern-und-barrierefreiheit-liebe-leser-unterstrich-innen.2907.de.html?dram:article_id=493455 (Zuletzt abgerufen Okt. 2021).

TransInterQueer e.V.: Trans* Inter* Queer* ABC. Berlin 2021.

Leah Carola Czollek, Gudrun Perko, Corinne Kaszner, Max Czollek: Praxishandbuch Social Justice und Diversity. Theorien, Training, Methoden, Übungen. Weinheim 2019.

Sozialisierung: Wie werden wir?
Kindheit: Bei Rassismus wird ihnen schlecht

May Ayim: Blues in schwarz weiss. Berlin 2005, S. 61.

Katharina Oguntoye, Dagmar Schultz, May Opitz: Farbe bekennen. Afrodeutsche Frauen auf den Spuren ihrer Geschichte. Frankfurt/Main 1992.

Paul Starzmann: Muss das Völkermord-Abkommen mit Namibia neu verhandelt werden? 22. September 2021 https://www.tagesspiegel.de/politik/herero-und-nama-protestieren-gegen-deutschland-muss-das-voelkermord-abkommen-mit-namibia-neu-verhandelt-werden/27637546.html (Zuletzt abgerufen Okt. 2021).

Hadija Haruna: Ermordet, präpariert und erforscht. 27. September 2011 https://www.tagesspiegel.de/wissen/genozid-in-afrika-ermordet-praepariert-und-erforscht/4665882.html (Zuletzt abgerufen Okt. 2021).

Paul Starzmann: Muss das Völkermord-Abkommen mit Namibia neu verhandelt werden? 22. September 2021 https://www.tagesspiegel.de/politik/herero-und-nama-protestieren-gegen-deutschland-muss-das-voelkermord-abkommen-mit-namibia-neu-verhandelt-werden/27637546.html (Zuletzt abgerufen Okt. 2021).

Petitionsdetails KEINE bilateralen Genozidverhandlungen! Wir fordern weltweite Ovaherero&Nama Beteiligung!: https://www.change.org/p/steinmeier-reparationszahlungen-für-völkermord-an-ovaherero-nama-für-die-opfer-nicht-für-die-namibische-regierung

Azadê Peşmen: Wie Tausende kleine Mückenstiche. 05. Juli 2018 https://www.deutschlandfunkkultur.de/rassismus-macht-den-koerper-krank-wie-tausende-kleine.976.de.html?dram:article_id=422167 (Zuletzt abgerufen Okt. 2021).

Ibram X. Kendi: How To Be an Antiracist, München 2020, S. 72.

Alice Hasters: Was weiße Menschen nicht über Rassismus hören wollen, aber wissen sollten. Berlin 2019.

Alice Hasters: More than a feeling. 23. Dezember 2019 https://www.zeit.de/kultur/2019-12/rassismus-wut-trauer-gefuehle-diskurs-10nach8 (Zuletzt abgerufen Okt. 2021).

Robert Miles: Rassismus. Einführung in die Geschichte und Theorie eines Begriffs. Hamburg 1992.

Stuart Hall: Vertrauter Fremder: Ein Leben zwischen zwei Inseln. Hamburg 2020.

Étienne Balibar, Immanuel Wallerstein: Rasse Klasse Nation. Ambivalente Identitäten, Hamburg 2014.

Mark Terkessidis: Die Banalität des Rassismus. Migranten zweiter Generation entwickeln eine neue Perspektive. Bielefeld 2004, S. 98 ff.

Michel Foucault: Das Subjekt und die Macht. In: Widerspruch: Beiträge zu sozialistischer Politik. Band 7, 1987.

Kenneth Bancroft Clark und Mamie Phipps Clark: The Doll Test. 07. Dez. 2012 https://www.youtube.com/watch?v=tkpUyB2xgTM (Zuletzt abgerufen Okt. 2021).

Maisha M. Eggers: Gleichheit und Differenz in der frühkindlichen Bildung - Was kann Diversität leisten? O. Datum https://heimatkunde.boell.de/de/2012/08/01/gleichheit-und-differenz-der-fruehkindlichen-bildung-was-kann-diversitaet-leisten (Zuletzt abgerufen Okt. 2021).

https://www.pedocs.de/volltexte/2021/22249/pdf/Schmidt_2021_Differenzen_und_die_Heterogenitaet.pdf (Zuletzt abgerufen Okt. 2021).

Olaolu Fajembola und Tebogo Nimindé-Dundadengar: Gib mir mal die Hautfarbe. Mit Kindern über Rassismus sprechen. Weinheim 2021, S. 40.

Constanze von Kitzing: Ich bin anders als du – ich bin wie du. Hamburg 2019.

Afrika und Schwarzes Bewusstsein. Mein Empowerment

Randy Cordova: Maya Angelou's 2011 ‚Arizona Republic' interview. O. Datum https://eu.azcentral.com/story/entertainment/books/2014/05/28/maya-angelou-arizona-republic-interview/9682587/ (Zuletzt abgerufen Okt. 2021).

Alice Walker: In Search of our Mothers' Gardens. Eugene 1984, S. 291.

Ibram X. Kendi: Colorism as Racism: Garvey, Du Bois and the Other Color Line. 24. Mai 2014 https://www.aaihs.org/colorism-as-racism-garvey-du-bois-and-the-other-color-line/, (Zuletzt abgerufen Okt. 2021).

Luise Rehling 1952 zitiert nach: https://dserver.bundestag.de/btp/01/01198.pdf (Zuletzt abgerufen Okt. 2021).

Katharina Oguntoye, Dagmar Schultz, May Opitz: Farbe bekennen. Afrodeutsche Frauen auf den Spuren ihrer Geschichte. Frankfurt/Main 1992.

O.A.:Schwarz und deutsch - Die Geschichte der Afrodeutschen. Geschichte im Ersten. 07. Juni 2021 https://www.ardmediathek.de/video/geschichte-im-ersten/schwarz-und-deutsch-die-geschichte-der-afrodeutschen/das-erste/Y3JpZDovL2Rhc2Vyc3RlLmRlL2dlc2NoaWNodGUtaW0tZXJzdGVuL2M3NzcxYzQ1LTQwMTAtNDM3My1iYTUzLWI1YzljZjNmYjkxNg/ (Zuletzt abgerufen Okt. 2021).

Elisabeth Wehling: Politisches Framing. Wie eine Nation sich ihr Denken einredet – und daraus Politik macht. Köln 2018 (= edition medienpraxis, Band 14).

Andreas Beckmann: Wie sich der Rassismus modernisiert hat. 22. März 2018 https://www.deutschlandfunk.de/sozialforschung-wie-sich-der-rassismus-modernisiert-hat.1148.de.html?dram:article_id=413731 (Zuletzt abgerufen Okt. 2021).

Hadija Haruna und Joshua Kwesi Aikins: Ein Leben, das wir weitertragen werden. 22. Oktober 2019 https://www.zeit.de/kultur/2019-10/theodor-

wonja-michael-gestorben-nachruf/komplettansicht (Zuletzt abgerufen Okt. 2021).
Theodor Wonja Michael: Deutsch sein und schwarz dazu. Erinnerungen eines Afro-Deutschen. München 2013.
Steve Biko: I write what I like. Selected Writings. New York 1978.
Frantz Fanon: Die Verdammten dieser Erde. Vorwort von Jean-Paul Sartre. Frankfurt/Main 1981.
W.E.B. Du Bois: Die Seelen der Schwarzen – The Souls of Black Folk. Berlin 2003.
Tupoka Ogette: exit RACISM. rassismuskritisch denken lernen. Münster 2019.
Mohamed Amjahid: Unter Weißen. Was es heißt, privilegiert zu sein. Berlin 2019.
Mohamed Amjahid: Der weiße Fleck: Eine Anleitung zu antirassistischem Denken. München 2021.
Noah Sow: Deutschland Schwarz Weiß. Der alltägliche Rassismus. München 2008.

Mein (Schwarzer) Feminismus

June Jordan zitiert nach: https://bukrate.com/author/june-jordan (Zuletzt abgerufen Okt. 2021).
Chimamanda Ngozi Adichie: We Should All be Feminists. London 2014. TED-Talk unter: /https://www.ted.com/talks/chimamanda_ngozi_adichie_we_should_all_be_feminists?language=de (Zuletzt abgerufen Okt. 2021).
Silke Martin: Ist Feminismus noch zeitgemäß? Eine Betrachtung des Ist-Zustandes im historischen Kontext. In: Gleichstellung in der Praxis. 1/2018, S. 21–26.
bell hooks: Feminism is for Everybody. Passionate Politics. London 2014.
Roxane Gay: Bad Feminist. Essays. München 2014, S. 11.
Teresa Bücker: Kolumne Freie Radikale: Ist es radikal, alle Care-Arbeit selbst zu erledigen? 15. Jan. 2020 https://sz-magazin.sueddeutsche.de/freie-radikale-die-ideenkolumne/gleichberechtigung-haushalt-pflege-88262 (Zuletzt abgerufen Okt. 2021).
Edition F: Feminismus: Was der Begriff heute bedeutet und wann jemand Feministin ist. 15. März 2018 https://editionf.com/babbel-definition-feminismus/ (Zuletzt abgerufen Okt. 2021).
Lahya Aukongo: https://www.instagram.com/p/BuwHOCCndsj/ (Zuletzt abgerufen Okt. 2021).
Sojourner Truth: Ain't I a Woman? New York 2020.

Audre Lorde: Vom Nutzen unseres Ärgers – Audre Lorde über Rassismus und Sexismus. In: Gigi – Zeitschrift für sexuelle Emanzipation. Heft 11/ 1981 https://blog.zwischengeschlecht.info/public/Audre_Lorde_Gigi11.pdf (Zuletzt abgerufen Jan. 2022).

Marion Kraft: Sisterhood und Empowerment – Audre Lordes Erbe in Deutschland. In: Audre Lorde: Sister Outsider. Essays. München 2021, S. 261–265.

Bewegung: Was beeinflusst uns?
Initialmomente

Michel de Montaigne: Gedanken und Meinungen über allerley Gegenstände. Fünfter Band, drittes Buch. Berlin 1794, S. 480.

Gisela Hermes, Swantje Köbsell (Hg.): Disability Studies in Deutschland -Behinderung neu denken! Dokumentation der Sommeruni 2003. https://archiv-behindertenbewegung.org/media/26_disability-studies-in-deutschland-behinderung-neu-denken-dokumentation-sommeruni-2003.pdf (Zuletzt abgerufen Okt. 2021).

Rebecca Maskos: Warum Ableismus Nichtbehinderten hilft, sich »normal« zu fühlen. 26. Okt. 2020 https://dieneuenorm.de/gesellschaft/ableismus-behindertenfeindlichkeit/ (Zuletzt abgerufen Okt. 2021).

Sidney Gennies: Liebe Weiße, wie profitiert ihr von Rassismus? 12. Juni 2021 https://www.tagesspiegel.de/gesellschaft/zwei-people-of-color-fragen-deutschland-liebe-weisse-wie-profitiert-ihr-von-rassismus/25909068.html (Zuletzt abgerufen Okt. 2021).

Audre Lorde: Sister Outsider. München 2021, S. 22.

Gloria Wekker: White Innocence. Paradoxes of Colonialism and Race. Durham 2016.

Roxane Gay: Die Politik der Respektabilität. In: Dies.: Bad Feminist. Essays. München 2019, S. 331–336.

Rebekka Reinhardt: Wach denken. Für einen zeitgemäßen Vernunftgebrauch, 2020. Interview im Deutschlandfunk https://www.deutschlandfunk.de/rebekka-reinhard-wach-denken-wider-den-binaeren-ernst-100.html (Zuletzt abgerufen Okt. 2021).

Fabian Kessl und Melanie Plößer (Hg): Differenzierung, Normalisierung, Andersheit. Soziale Arbeit als Arbeit mit den Anderen. Wiesbaden 2010 (= Pädagogik und Gesellschaft, Band 2).

Meine Reise durch die Mitte

Andrea Dernbach: Migrationsforscherin Naika Foroutan. »Es ist unser Land, verteidigen wir es gemeinsam«. 22. Juli 2018 https://www.tagesspiegel.de/politik/migrationsforscherin-naika-foroutan-ich-sehe-da-eine-emotionale-distanz/22830476-2.html (Zuletzt abgerufen Okt. 2021).

Lena Kampf, Katja Riedel und Sebastian Pittelkow: Rechtsextreme wollten Migranten jagen. 26. August 2019 https://www.tagesschau.de/investigativ/ndr-wdr/chemnitz-rechtsextreme-ausschreitungen-101.html (Zuletzt abgerufen Okt. 2021).

Hilal Sezgin (Hg.): Manifest der Vielen. Deutschland erfindet sich neu. Berlin 2011.

Jaochim Müller-Jung: Sarrazins Biologismus. Phantasma »Juden-Gen«. 30. Aug. 2010 https://www.faz.net/aktuell/feuilleton/sarrazin/die-thesen/sarrazins-biologismus-phantasma-juden-gen-11028466.html (Zuletzt abgerufen Okt. 2020).

Thilo Sarrazin: Deutschland schafft sich ab: Wie wir unser Land aufs Spiel setzen. München 2010, S. 95 f., 284, 286.

Naomi Bader: Auf der Suche nach dem Sarrazin-Effekt. 01. September 2018 https://www.zeit.de/gesellschaft/2018-08/thilo-sarrazin-afd-buch-rechtspopulimus-rechtsruck-fremdenfeindlichkeit-studie (Zuletzt abgerufen Okt. 2021).

Alice Bota, Khuê Phạm und Özlem Topçu: Wir neuen Deutschen. Wer wir sind, was wir wollen. Hamburg 2012.

O.A.: Koranvers als Werbebotschaft. 05. Februar 2011 https://www.tagesspiegel.de/berlin/mode-fuer-muslima-koranvers-als-werbebotschaft/3793846.html (Zuletzt abgerufen Okt. 2021).

Pip Usher: Modest Fashion: So wurde die Lust an der Verhüllung zum globalen Mode-Phänomen. 27. November 2018 https://www.vogue.de/mode/mode-trends/modest-fashion (Zuletzt abgerufen Okt. 2021).

Andreas Zick, Beate Küpper und Wilhelm Berghan: Verlorene Mitte – Feindselige Zustände. Rechtsextreme Einstellungen in Deutschland 2018/19. Bonn 2019 (Hg. für die Friedrich-Ebert-Stiftung v. Franziska Schröter).

Andreas Zick und Anna Klein: Fragile Mitte – Feindselige Zustände. Rechtsextreme Einstellungen in Deutschland 2014. Bonn 2014 (Hg. für die Friedrich-Ebert-Stiftung von Ralf Melzer).

Daniel Bax: »Es sind auch meine Kinderbücher!« 31. Januar 2013 https://taz.de/Rassismus-in-Kinderbuechern/!5074250/ (Zuletzt abgerufen Okt. 2021).

Daniel Bax: Die Kleine Hexe, ohne Rassismus. 04. Januar 2013 https://taz.

de/Diskriminierende-Sprache-bei-Preussler/!5076053/ (Zuletzt abgerufen Okt. 2021).
Christine Nöstlinger: Der Neger bleibt ein Neger. In: Die Zeit Nr. 5/2013.
Hannah Pilarczyk: Die Maske des Denis Scheck. 31. Januar 2013 https://www.spiegel.de/kultur/literatur/denis-scheck-rassistischer-sketch-in-ard-sendung-druckfrisch-a-880157.html (Zuletzt abgerufen Okt. 2021).
Sasha Lobo: Deutsch-Rechts/Rechts-Deutsch 01. Aug. 2018 https://www.spiegel.de/netzwelt/web/rechte-sprache-deutsch-rechts-rechts-deutsch-a-1221185.html (Zuletzt abgerufen Okt. 2021).
Thomas Barfuss, Peter Jehle: Antonio Gramsci zur Einführung. 2014 https://ekvv.uni-bielefeld.de/blog/uniaktuell/entry/neue_mitte_studie_zur_verbreitung (Zuletzt abgerufen Okt. 2021).
Andreas Zick und Beate Küpper: Die geforderte Mitte. Rechtsextreme und demokratiegefährdende Einstellungen in Deutschland 2020/21. Bonn 2021 (=Hg. für die Friedrich-Ebert-Stiftung v. Franziska Schröter).

Differenz und Soziale Bewegung

Lindiwe Mabuza: Stimmen, die vorangehen. In: Dies.: Africa to me. Gedichte. Englisch/Deutsch. Wuppertal 1999, S. 35.
Audre Lorde: Vom kreativen Nutzen der Verschiedenheit. Interview mit Marion Kraft. In: Tarantel. Frauenzeitung, Nr. 22/23, 4.Jg. 1987, S. 4–5.
Hadija Haruna: Freiheit ist ein ewiger Kampf. 10. Dezember 2013 https://www.fr.de/frankfurt/freiheit-ewiger-kampf-11381737.html (Zuletzt abgerufen Okt. 2021).
Audre Lorde: Sister Outsider. München 2021, S. 27.
Maureen Maisha Eggers: ‚Audre Lorde's Germany'. 18. Dezember 2018 https://blog.feministische-studien.de/2014/12/audre-lordes-germany/ (Zuletzt abgerufen Okt. 2021).
ISD-Bund e.V.: Die tägliche Erfahrung mit Rassismus – Schwarzsein und in Deutschland leben. 15. September 2016 https://isdonline.de/die-taegliche-erfahrung-mit-rassismus-schwarzsein-und-in-deutschland-leben/ (Zuletzt abgerufen Okt. 2021).
Encarnación Gutiérrez Rodríguez, Pinar Tuzcu: Migrantischer Feminismus in der Frauen:bewegung in Deutschland (1985–2000). Münster 2021.
Kimberlé Crenshaw: Demarginalizing the Intersection of Race and Sex. A Black Feminist Critique of Antidiscrimination Doctrine, Feminist Theory and Antiracist Politics. In: University of Chicago Legal Forum: Vol. 1989: Iss. 1, Article 8. http://chicagounbound.uchicago.edu/uclf/vol1989/iss1/8 (Zuletzt abgerufen Okt. 2021).

O.A.: Intersektionalität: eine kurze Einführung. 12. April 2019 https://www.gwi-boell.de/de/2019/04/12/intersektionalitaet-eine-kurze-einfuehrung (Zuletzt abgerufen Okt. 2021).

Mîran Newroz Çelik: Intersektionalität ist ein Konzept, das in meinem Leben nie ein Konzept war .15. April 2019 https://www.gwi-boell.de/de/2019/04/15/intersektionalitaet-ist-ein-konzept-das-meinem-leben-nie-ein-konzept-war (Zuletzt abgerufen Okt. 2021).

Inga Bartels: Die Erfinderin der Intersektionalität in Berlin. 30. April 2019 https://www.tagesspiegel.de/wissen/kimberle-crenshaw-die-erfinderin-der-intersektionalitaet-in-berlin/24269536.html (Zuletzt abgerufen Okt. 2021).

Peggy Piesche: Politische Intersektionalität als Heilungsangebot. 15. April 2019 https://www.gwi-boell.de/de/2019/04/15/politische-intersektionalitaet-als-heilungsangebot (Zuletzt abgerufen Okt. 2021).

Emilia Roig: Why We Matter. Wege aus der Unterdrückung. Berlin 2021, S. 24.

Patrisse Khan-Cullors: #BlackLivesMatter. Eine Geschichte vom Überleben. Köln 2018.

Deutsches Zentrum für Integrations- und Migrationsforschung: Black Lives Matter in Europa. 05. Juli 2021 https://dezim-institut.de/fileadmin/user_upload/Presse/Pressemitteilungen/05072021_PM_DRN__6_BLM_in_Europa_final.pdf (Zuletzt abgerufen Okt. 2021).

Thembi Wolf: Diese Studie untersucht, was bei Black Lives Matter in Deutschland schief lief. 06. Juli 2021 https://www.vice.com/de/article/v7eyyd/diese-studie-untersucht-was-bei-black-lives-matter-in-deutschland-schief-lief (Zuletzt abgerufen Okt. 2021).

Armin Nassehi: Das große Nein. Eigendynamik und Tragik des gesellschaftlichen Protests. Hamburg 2020. Zusammengefasst in Vortrag bei den Römerberggesprächen 1/2021, https://www.youtube.com/watch?v=staqWuRqJCM (Zuletzt abgerufen Jan. 2022).

Armin Nassehi: Das Virus ändert alles, aber es ändert sich nichts. 04. Mai 2020 https://www.zeit.de/kultur/2020-05/corona-massnahmen-lockerungen-kontaktverbot-lockdown-social-distancing/komplettansicht (Zuletzt abgerufen Jan. 2022).

Timo Luthmann: Politisch aktiv sein und bleiben. Handbuch Nachhaltiger Aktivismus. Münster 2019.

Generationendialoge und der (Klima-)wandel

Bertolt Brecht: Lob der Dialektik. In: Bertolt Brecht, Hanns Eisler, Lieder Gedichte Chöre, Éditions du Carrefour, Paris, 1934, zitiert nach:

https://www.deutschelyrik.de/lob-der-dialektik-1934.html (Zuletzt abgerufen
Jan. 2022).
Bettina Weiguny: Denn es ist unsere Zukunft. Junge Rebellinnen verändern die Welt – von Greta Thunberg bis Emma Gonzalez. Hamburg 2021.
Sophie Aschenbrenner: So haben junge Menschen gewählt. 26. September 2021 https://www.jetzt.de/politik/bundestagswahl-2021-ergebnisse-wie-haben-junge-menschen-gewaehlt (Zuletzt abgerufen Okt. 2021).
Wolfgang Heuer: Hannah Arendt: In Selbstzeugnissen und Bilddokumenten. Reinbek 1987.
Eva von Redecker: Revolution für das Leben: Philosophie der neuen Protestformen. Frankfurt/Main 2020, S. 110.
Bernd Ulrich: Jetzt kommt der Klimarealismus. 27. September 2021 https://www.zeit.de/politik/deutschland/2021-09/klimaschutz-bundestagswahlkampf-2021-klimapolitik-spd-cdu-gruene-klimawende?utm_referrer=https%3A%2F%2Fwww.google.com (Zuletzt abgerufen Okt. 2021).
Tupoka Ogette: exit RACISM. rassismuskritisch denken lernen. Münster 2019.
Bettina Weiguny: Denn es ist unsere Zukunft. Junge Rebellinnen verändern die Welt – von Greta Thunberg bis Emma Gonzalez. Hamburg 2021.
Corinne Butschi und Ingeborg Hedderich: Kindheit und Kindheitsforschung im Wandel. In: Ingeborg Hedderich, Jeanne Reppin und Corinne Butschi (Hg.): Perspektiven auf Vielfalt in der frühen Kindheit. Mit Kindern Diversität erforschen. 2., durchgesehene Auflage. Bad Heilbrunn 2021, S. 19–40.
Katharina Walgenbach: Erziehungswissenschaftliche Perspektiven auf Vielfalt, Heterogenität, Diversity / Diversität, Intersektionalität. In: Ingeborg Hedderich, Jeanne Reppin und Corinne Butschi (Hg.): Perspektiven auf Vielfalt in der frühen Kindheit. Mit Kindern Diversität erforschen. 2., durchgesehene Auflage. Bad Heilbrunn 2021, S. 41–59.
Grit Höppner und Anna Wanka: un/doing age: Multiperspektivität als Potential einer intersektionalen Betrachtung von Differenz- und Ungleichheitsverhältnissen. In: Zeitschrift für Soziologie, Band 50, Heft 1, S. 42–57 https://www.degruyter.com/document/doi/10.1515/zfsoz-2021-0005/html (Zuletzt abgerufen Okt. 2021).
Hunner-Kreisel, Christine und Stella März: Intersektionalität in der Kindheits- und Jugendforschung (Editorial). Diskurs Kindheits- und Jugendforschung/Discourse. Journal of Childhood and Adolescence Research, 14(2) 2019, S. 133–140.

Leah Thomas: The Intersectional Environmentalist: How to Dismantle Systems of Oppression to Protect People + Planet«. Angekündigt für März 2022.
https://www.greengirlleah.com/ (Zuletzt abgerufen Okt. 2021).
Leonie Fößel: Wie die Klimakrise Millionen Menschen zur Flucht zwingt. Ohne Datum. https://www.sos-kinderdoerfer.de/informieren/wie-wir-helfen/klima-umwelt/klimakrise-millionen-menschen-flucht (Zuletzt abgerufen Okt. 2021).

Globalisierung: Wie leben wir?
Kinder der Diaspora

Mahret Ifeoma Kupka: https://www.instagram.com/p/CDERo1PK3Ik/ (Zuletzt abgerufen Okt. 2021).
Dunja Hayali: Haymatland: Wie wollen wir zusammenleben? Berlin 2018.
Anna G. Und Freida P.: Unser Vater war Kameruner, unsere Mutter Ostpreußin. In: Katharina Oguntoye, Dagmar Schultz, May Opitz: Farbe bekennen. Afro-deutsche Frauen auf den Spuren ihrer Geschichte. Frankfurt/Main 1992, S. 65.
Sachverständigenrat deutscher Stiftungen für Integration und Migration (Hg.): Auf dem Weg nach Europa, auf dem Weg nach Deutschland? Migration in und aus Afrika. In: Gemeinsam gestalten: Migration aus Afrika nach Europa. Jahresgutachten. Berlin 2020, S. 14–42, https://www.soziologie.uni- konstanz.de/typo3temp/secure_downloads/83820/0/43fe14f1e0b5012b1692e2e42b24da3bc488ff9b/SVR_Jahresgutachten_2020.pdf (Zuletzt abgerufen Okt. 2021).
Nina von Nolting: Gemeinschaft im Exil. Eritreische Flüchtlinge in Frankfurt am Main. Abschlussarbeit. Mainz 2001 (=Arbeitspapiere/Working Papers Institut für Ethnologie und Afrikastudien, Johannes Gutenberg-Universität, Forum 6, Nr. 11). https://www.ifeas.uni-mainz.de/files/2019/07/Nolting.pdf (Zuletzt abgerufen Okt. 2021).
Odile Tendeng-Weidler: Migration entsteht nicht aus dem Nichts. In: Joseph McIntyre, Beate Balliel, Katrin Pfeiffer: Wurzeln in zwei Welten: Westafrikanische Migrantinnen und Migranten in Hamburg. Frankfurt/Main 2004, S. 87–97.
Erika Eichholzer: Ghanaer und Ghanaerinnen In: Joseph McIntyre, Beate Balliel, Katrin Pfeiffer: Wurzeln in zwei Welten: Westafrikanische Migrantinnen und Migranten in Hamburg. Frankfurt/Main 2004, S. 98–102.
Hadija Haruna: Jenseits von Wedding. 15.04.2009 https://www.tagesspiegel.

de/berlin/stadtleben/afrikanisches-viertel-jenseits-von-wedding/1496556.html (Zuletzt abgerufen Okt. 2021).
Joseph McIntyre, Beate Balliel, Katrin Pfeiffer: Wurzeln in zwei Welten: Westafrikanische Migrantinnen und Migranten in Hamburg. Frankfurt/Main 2004.

Wir sind hier, weil ihr da wart

Sonja Eismann: «Die Haltung zu Migration ist ein Seismograf dafür, wie demokratisch eine Gesellschaft ist" Kuratorin Manuela Bojadžijev im Interview zum Symposium «Gefährliche Konjunkturen" im HKW Berlin. 15. März 2018 https://missy-magazine.de/blog/2018/03/15/die-haltung-zu-migration-ist-ein-seismograph-dafuer-wie-demokratisch-eine-gesellschaft-ist/ (Zuletzt abgerufen Jan. 2022).
Aminata Touré: Wir können mehr sein. Die Macht der Vielfalt. Köln 2021.
Ibram X. Kendi: How to Be an Antiracist. München 2020, S. 87f.
Kimiko Suda, Sabrina J. Mayer, Christoph Nguyen: Antiasiatischer Rassismus in Deutschland. In: Aus Politik und Zeitgeschichte (AUPUZ 42-44/2020) https://www.bpb.de/apuz/antirassismus-2020/316771/antiasiatischer-rassismus-in-deutschland#footnode1-1 (Zuletzt abgerufen Okt. 2021).
O.A.: Angreifer auf Massagesalons zu lebenslanger Haft verurteilt. 28. Juli 2021 https://www.spiegel.de/panorama/atlanta-angreifer-auf-massagesalons-zu-lebenslanger-haft-verurteilt-a-d04a869b-2456-4568-8170-a08ac4fb1b72 (Zuletzt abgerufen Okt. 2021).
DaMigra e.V.: Was bedeutet es, gemeinsam intersektionale Kämpfe zu führen? Ein Statement. 3. Mai 2021 https://www.damigra.de/meldungen/was-bedeutet-es-gemeinsam-intersektionale-kaempfe-zu-fuehren/ (Zuletzt abgerufen Okt. 2021).
Ambalavanar Sivanandan: Catching History on the Wing. 06. November 2008 https://irr.org.uk/article/catching-history-on-the-wing/ (Zuletzt abgerufen Okt. 2021).
Nancy Fraser zitiert nach: Christa Wichterich: Doing Gender durch Entwicklungspolitik. Geschlechterpolitik zwischen neoliberalem Empowerment und post-kolonialer Kritik. In: Gerhard Hauck, Ilse Lenz, Hanns Wienold: Entwicklung. Gewalt. Gedächtnis. Wege zu einer Weltsoziologie. Münster 2014, S. 56–64. http://www.femme-global.de/fileadmin/user_upload/femme-global/themen/gender-Epol/Doing_Gender_Epol.pdf (Zuletzt abgerufen Okt. 2021).
Chandra Talpade Mohanty: Under Western Eyes: Feminist Scholarship and Colonial Discourses. In: Boundary 2, Vol. 12/13 1984, S. 333–58.

Chandra Talpade Mohanty: «Under Western Eyes« Revisited: Feminist Solidarity through Anticapitalist Struggles. In: Signs. Journal of Women in Culture and Society, Vol. 28/2 2003, S. 499–535.

Brigitte Theißl: »Feministische Politik braucht keine charismatischen Figuren«. 28. Juni 2019 https://www.derstandard.de/story/2000105522644/feministische-politik-braucht-keine-charismatischen-fuehrungsfiguren (Zuletzt abgerufen Okt. 2021).

Gayatri C. Spivak: Teaching for the times. In: Jan Nederveen Pieterse und Bhikhu Parekh (Hg.): The Decolonization of Imagination: Culture, Knowledge and Power. London 1995, S. 177–202.

Gayatri C. Spivak: Other Asias. London 2008, S. 42 ff.

Gayatri C. Spivak zitiert nach: Maria do Mar Castro Varela, Alisha M.B. Heinmann: Globale Wissensproduktionen verändern. In: Zeitschrift für internationale Bildungsforschung und Entwicklungspädagogik 39, 2/2016, S. 17–22.

Suketu Mehta: This land is ours. An Immigrant's Manifesto. New York 2004.

Manuel Gogos: Das Lied von Manuel. 25. Juli 2021 https://www.deutschlandfunkkultur.de/ein-schlagerreiseprogramm-das-lied-von-manuel.3691.de.html?dram:article_id=499176 (Zuletzt abgerufen Okt. 2021).

Urmila Goel: Ungehörte Stimmen. Überlegungen zur Ausblendung von Migration in die DDR in der Migrationsforschung. In: Duygu Gürsel, Zülfukar Çetin und Allmende e.V. (Hg.): Wer Macht Demo_kratie? Kritische Beiträge zu Migration und Machtverhältnissen. Münster 2013, S. 138–150.

Patrice G. Poutrus: Ausländer in Ostdeutschland. 24. August 2020 https://www.bpb.de/geschichte/deutsche-einheit/lange-wege-der-deutschen-einheit/314193/auslaender-in-ostdeutschland (Zuletzt abgerufen Okt. 2021).

Andrea Pürckhauer und Paulina Lorenz: Welche Migration gab es in der DDR? 08. November 2019 https://mediendienst-integration.de/artikel/welche-migration-gab-es-in-der-ddr.html (Zuletzt abgerufen Okt. 2021).

Sachverständigenrat deutscher Stiftungen für Integration und Migration (Hg.): Auf dem Weg nach Europa, auf dem Weg nach Deutschland? Migration in und aus Afrika. In: Gemeinsam gestalten: Migration aus Afrika nach Europa. Jahresgutachten 2020. Berlin, S. 42, https://www.soziologie.uni-konstanz.de/typo3temp/secure_downloads/83820/0/43fe14f1e0b5012b1692e2e42b24da3bc488ff9b/SVR_Jahresgutachten_2020.pdf (Zuletzt abgerufen Okt. 2021).

Stuart Hall: Der Westen und der Rest: Diskurs und Macht. In: Stuart Hall

(Hrsg.): Rassismus und kulturelle Identität. Ausgewählte Schriften. 2, Argument-Verlag, 1994, S. 137–179.
Waslat Hasrat-Nazimi: Meinung: Schluss mit der Afghanistan-Heuchelei! 15. August 2021 https://www.dw.com/de/meinung-schluss-mit-der-afghanistan-heuchelei/a-58872891 (Zuletzt abgerufen Okt. 2021).
Dagmar Henn: Kognitive Dissonanz – wie der Westen die Realität in Afghanistan verdrängte. Kommentar. 22. August 2021 https://de.rt.com/meinung/122809-kognitive-dissonanz-wie-westen-realitat/ (Zuletzt abgerufen Okt. 2021).

Denk ich an Hanau: Über Selbststärkung als Widerstand

#denkichanhanau, https://www.youtube.com/watch?v=bdQzfMelFFo, (Zuletzt abgerufen Okt. 2021).
O.A.: Wer Deutsche beschimpft, fliegt raus - abenteuerliche Thesen in der Hessen-CDU. 24. Januar 2008 https://daserste.ndr.de/panorama/archiv/2008/Wer-Deutsche-beschimpft-fliegt-raus-abenteuerliche-Thesen-in-der-Hessen-CDU,erste730.html (Zuletzt abgerufen Okt. 2021).
Mohamed Amjahid: Die neue »Deutschfeindlichkeit«. 07. Juni 2020 https://www.spiegel.de/politik/deutschland/kriminalitaet-deutschfeindliche-straftaten-was-steckt-dahinter-a-541ae885-7724-4df6-b128-c03a5e37e069 (Zuletzt abgerufen Okt. 2021).
Jo Reichertz und Thomas Feltes: Polizieren und Polizeiwissenschaft. O. Datum https://www.thomasfeltes.de/pdf/veroeffentlichungen/2015_Reichertz_Feltes.pdf (Zuletzt abgerufen Okt. 2021).
Hendrik Cremer: »Racial Profiling« – Menschenrechtswidrige Personenkontrollen nach § 22 Abs. 1 a Bundespolizeigesetz. Berlin 2013. https://www.institut-fuer-menschenrechte.de/fileadmin/_migrated/tx_commerce/Studie_Racial_Profiling_Menschenrechtswidrige_Personenkontrollen_nach_Bundespolizeigesetz.pdf (Zuletzt abgerufen Okt. 2021).
Daniel Loick (Hg.): Kritik der Polizei. Hamburg 2018.
Hendrik Cremer: Racial Profiling – Menschenrechtswidrige Personenkontrollen nach § 22 Abs. 1 a Bundespolizeigesetz. Empfehlungen an den Gesetzgeber, Gerichte und Polizei, 2013 Kampagne Opfer rassistischer Polizeigewalt (KOP), Chronik seit dem Jahr 2000. O. Datum https://kop-berlin.de/chronik (Zuletzt abgerufen Okt. 2021).
Heike Mauer: Polizieren als intersektional-rassistisches Verhältnis. Vanessa E. Thompson im Interview. 07. Juli 2020 https://www.gender-blog.de/beitrag/polizieren-rassistisches-verhaeltnis (Zuletzt abgerufen Okt. 2021).

Christian Bangel: »Zu viele betrachten diesen Anschlag als einen Einzelfall«. 19. Februar 2021 https://www.zeit.de/gesellschaft/zeitgeschehen/2021-02/rassismus-deutschland-vanessa-eileen-thompson-anschlag-hanau-rechtsterrorismus-white-supremacy/komplettansicht (Zuletzt abgerufen Okt. 2021).

Frantz Fanon: Die Verdammten dieser Erde. Vorwort von Jean-Paul Sartre. Frankfurt/Main 1981.

Vanessa E. Thompson: Die Verunmöglichung von Atmen. 2. September 2020 https://heimatkunde.boell.de/de/2020/09/02/die-verunmoeglichung-von-atmen (Zuletzt abgerufen Okt. 2021).

Tanja Zakrzewski: Wehrhafte Demokratie. Februar 2021 https://www.politische-bildung-brandenburg.de/themen/extremismus-bei-uns/wehrhafte-demokratie (Zuletzt abgerufen Okt. 2021).

Denise Bergold-Caldwell, Laura Digoh, Christelle Nkwendja-Ngnoubamdjum, Hadija Haruna-Oelker, Camilla Ridha, Eleonore Wiedenroth-Coulibaly (Hg.): Spiegelblicke – Perspektiven Schwarzer Bewegung in Deutschland. Berlin 2016.

Jeanette Ehrmann: Schwarzes Mittelmeer, weißes Europa – Kolonialität, Rassismus und die Grenzen der Demokratie. In: Zeitschrift für Praktische Philosophie, 8 (1), 2021, S. 419–466.

Sebastian Leber: Warum sich Oury Jalloh nicht selbst angezündet haben kann. 08. Januar 2021 https://www.tagesspiegel.de/themen/reportage/in-polizeizelle-verbrannt-warum-sich-oury-jalloh-nicht-selbst-angezuendet-haben-kann/26774236.html (Zuletzt abgerufen Okt. 2021).

O.A.: Neues Gutachten nährt alte Zweifel. 03. November 2021 https://www.tagesschau.de/inland/tod-jalloh-gutachten-101.html (Zuletzt abgerufen Okt. 2021).

Stella Leder: Meine Mutter, der Mann im Garten und die Rechten. Eine deutsch-jüdische Familiengeschichte. Berlin 2021.

Harpreet Kaur Cholia, Christin Jänicke (Hg.): UNENTBEHRLICH. Solidarität mit Betroffenen rechter, rassistischer und antisemitischer Gewalt. Münster 2021.

bell hooks: Feminist Theory: From Margin to Center. London 2000.

Konstruktion: Was wird aus uns gemacht? Vom Deutschsein, ***Weiß***sein und den ***Anderen***

Advanced Chemistry, Frederik Hahn, Kofi Yakpo, Toni Landomini: Fremd im eigenen Land. Songtext. 1995 https://musikguru.de/advanced-chemistry/

songtext-fremd-im-eigenen-land-1310649.html (Zuletzt abgerufen Okt. 2021).

Hadija Haruna: Deutschland - Ghana: Das Spiel meiner Herzen. 24. Juni 2010 https://www.tagesspiegel.de/sport/fussball-wm2010/zwei-heimaten-deutschland-ghana-das-spiel-meiner-herzen/1865800.html (Zuletzt abgerufen Okt. 2021).

Taiye Selasie: Fragen Sie nicht, woher ich komme, sondern welchen Orten ich mich verbunden fühle. Oktober 2014 https://www.ted.com/talks/taiye_selasi_don_t_ask_where_i_m_from_ask_where_i_m_a_local?language=de (Zuletzt abgerufen Okt. 2021).

Ferda Ataman: Ich bin von hier. Hört auf zu fragen! Frankfurt/Main 2019.

Selma Zoronjić: Nein Dieter Bohlen, du sollst Kinder nicht damit nerven, woher sie »ursprünglich« kommen. 19. Februar 2019 https://www.spiegel.de/panorama/dieter-bohlen-beim-supertalent-warum-die-frage-woher-jemand-urspruenglich-kommt-nervt-a-779c52bf-63e4-4b2f-906d-2998a2ab883c (Zuletzt abgerufen Okt. 2021).

Mark Terkessidis: Die Banalität des Rassismus – Migranten zweiter Generation entwickeln eine neue Perspektive. Bielefeld 2004, S. 180.

Max Czollek: Desintegriert euch! München 2018.

Carl Zuckmayer: Des Teufels General. Theaterstücke 1947–1949. Frankfurt/Main 1996.

Friedrich Schiller: Sämtliche Werke. Hrsg. von Gerhard Fricke / Herbert G. Göpfert. Bd. I: Gedichte / Dramen I. München 1958, S. 267.

Max Frisch zitiert nach: O.A.: Der Schweizer Schriftsteller Max Frisch 1965 zum Thema Immigration: »… und es kommen Menschen«. 08. Jan. 2005 http://www.berliner-zeitung.de/archiv/der-schweizer-schriftsteller-max-frisch-1965-zum-thema-immigration-und-es-kommen-menschen-,10810590,10247142.html (Zuletzt abgerufen Okt. 2021).

Spiegel-Cover: Fußball, Politik Wirtschaft – Es war einmal ein starkes Land. Der Spiegel Nr. 27/2018.

Stern-Cover: Das zerrissene Land. Stern Nr. 25/2018.

Hans-Joachim Schubert: The Chicago School of Sociology. Theorie, Empirie und Methode. In: Jahrbuch für Soziologiegeschichte 2007, S. 119–164.

Regina Römhild: Transnationale Migration und soziokulturelle Transformation: Die Kosmopolitisierung der Gesellschaft. O. Datum, https://heimatkunde.boell.de/de/2011/05/18/transnationale-migration-und-soziokulturelle-transformation-die-kosmopolitisierung-der (Zuletzt abgerufen Okt. 2021).

Jagoda Marinic: Migrant*innen an die Macht. 3. Oktober 2019 https://taz.de/Tag-der-Deutschen-Einheit/!5630824/ (Zuletzt abgerufen Okt. 2021).

Urmila Goel: Ungehörte Stimmen. Überlegungen zur Ausblendung von Migration in die DDR in der Migrationsforschung. In: Duygu Gürsel, Zülfukar Çetin & Allmende e.V. (Hg.): Wer Macht Demo_kratie? Kritische Beiträge zu Migration und Machtverhältnissen. Münster 2013, S. 138–150.

Nhi Le: Auch Migrant*innen sind Ostdeutsche. 07. Mai 2020 https://heimatkunde.boell.de/de/2020/05/07/auch-migrantinnen-sind-ostdeutsche (Zuletzt abgerufen Okt. 2021).

Daniel Kubiak: Diese Ossis. 19. Februar 2016 https://www.fluter.de/diese-ossis (Zuletzt abgerufen Okt. 2021).

Sarah Ulrich: »Die Realität der ostdeutschen Migrationsgesellschaft wird zu wenig benannt«. 09. November 2019 https://heimatkunde.boell.de/de/2019/11/09/die-realitaet-der-ostdeutschen-migrationsgesellschaft-wird-zu-wenig-benannt (Zuletzt abgerufen Okt. 2021).

Patrice Potrous: 47. Römerberggespräche. https://www.youtube.com/watch?v=596bFuloywg (Zuletzt abgerufen Okt. 2021).

Sabine Mannitz: Die verkannte Integration: Eine Langzeitstudie unter Heranwachsenden aus Immigrantenfamilien. Bielefeld 2005 (= Kultur und soziale Praxis).

Naika Foroutan und Jana Hensel: Die Gesellschaft der Anderen. Berlin 2021.

Katja Thorwarth: Hans-Georg Maaßen glaubt immer noch nicht an die Hetzjagd in Chemnitz. 21. Mai 2019 https://www.fr.de/politik/hans-georg-maassen-cdu-chemnitz-hetzjagd-video-90529208.html (Zuletzt abgerufen Okt. 2021).

Zvi Rix zitiert nach: Gunnar Heinsohn: Was ist Antisemitismus? Frankfurt/Main 1988.

Ann-Kristin Tlusty: »Antisemitismus ist eine leidenschaftliche Welterklärung«. 29. April 2018 https://www.zeit.de/gesellschaft/2018-04/psychologie-antisemitismus-welterklaerung-wahn-aehnlichkeit/seite-1 (Zuletzt abgerufen Okt. 2021).

bell hooks: Talking Back: Thinking Feminist, Thinking Black. London 1989.

Étienne Balibar, Rassismus und Nationalismus. In: Étienne Balibar und Immanuel Wallerstein (Hg.): Rasse, Klasse, Nation. Ambivalente Identitäten. Hamburg 1990.

Aleida Assmann: Die Wiedererfindung der Nation. Warum wir sie fürchten und warum wir sie brauchen. München 2020.

Asal Dardan: Betrachtungen einer Barbarin. Hamburg 2021.

Muslimisch, jüdisch, romani und andere – Zur Konstruktion von Gruppen

Ilse Aichinger: Die größere Hoffnung. Frankfurt/Main 2000, S. 76.

Kübra Gümüşay: Sprache und Sein. Berlin 2020, S. 56.

Betty Mahmoody: Nicht ohne meine Tochter. Köln 2010.

Viola Dombrowski, Katharina Hajek: Zwischen Femonationalismus und Antigenderismus. Rechtspopulistische Geschlechterpolitiken in Deutschland. In: Gender: Zeitschrift für Geschlecht, Kultur und Gesellschaft (2021) Nr. Sonderheft 6, 42–58.

Ibram X. Kendi: How To Be an Antiracist. München 2020.

Frantz Fanon: Die Verdammten dieser Erde. Vorwort von Jean-Paul Sartre. Frankfurt/Main 1981.

Stuart Hall: Cultural Identity and Diaspora. In: Jonathan Rutherford (Hg.): Identity. Community, culture, difference. London 1990, S. 225.

Blog »Politically Incorrect": https://www.pi-news.net/. (Zuletzt abgerufen Okt. 2021).

Meron Mendel und Astrid Messerschmidt (Hg.): Fragiler Konsens. Antisemitismuskritische Bildung in der Migrationsgesellschaft. Bonn 2019 (= Schriftenreihe bpb, Bd. 10281).

Matthias Heyl, Verena Haug, Christian Staffa und Elke Gryglewski: Antisemitismuskritik im Kontext von Erinnern. In: Meron Mendel und Astrid Messerschmidt (Hg.): Fragiler Konsens. Antisemitismuskritische Bildung in der Migrationsgesellschaft. Bonn 2019 (= Schriftenreihe bpb, Bd. 10281).

Julia Bernstein, Andreas Hövermann, Silke Jensen und Andreas Zick: Jüdische Perspektiven auf Antisemitismus in Deutschland. Ein Studienbericht für den Expertenrat Antisemitismus und Verbreitung von Antisemitismus in der deutschen Bevölkerung. Ergebnisse ausgewählter repräsentativer Umfragen. Bielefeld 2017.

Hanna Peaceman, Max Czollek, Dmitrij Kapitelman, David Kowalski: Zwischen Postnazismus und Post-Migration: Jüdische Perspektiven auf die Wende- und Nachwendezeit. In: Lydia Lierke und Massimo Perinelli (Hg.): Erinnerung stören. Der Mauerfall aus migrantischer Perspektive. Mit Illustrationen von Nino Paula Bulling und Burcu Türker. Berlin 2020, S. 31–67.

Christoph David Piorkowski: Neue Forschung zum Antiziganismus »Für Sinti und Roma gab es keine Befreiung«. 13. Juli 2021 https://m.tagesspiegel.de/wissen/neueforschung-zum-antiziganismus-fuer-sinti-und-roma-gab-es-keine-befreiung/27414014.html?utm_referrer=https%3A%2F%2Fwww.google.de (Zuletzt abgerufen Okt. 2021).

Dokumentations- und Kulturzentrum Deutscher Sinti und Roma: »Rassendiagnose: Zigeuner«. Der Völkermord an den Sinti und Roma und der lange Kampf um Anerkennung. O. Datum https://www.sintiundroma.org/de/auschwitz-birkenau/deportationsbefehl-himmlers/ (Zuletzt abgerufen Okt. 2021).

Graevskaia Lausberg: Antiziganistische Realitäten: Das Beispiel Duisburg. 23. Juli 2013 https://www.migazin.de/2013/07/23/antiziganistische-realitaeten-das-beispiel/ (Zuletzt abgerufen Okt. 2021).

Christoph David Piorkowski »Für Sinti und Roma gab es keine Befreiung« 13. Juli 2021 https://www.tagesspiegel.de/wissen/neue-forschung-zum-antiziganismus-fuer-sinti-und-roma-gab-es-keine-befreiung/27414014.html (Zuletzt abgerufen Jan. 2022).

Perspektivwechsel – Nachholende Gerechtigkeit – Partizipation. Bericht der Unabhängigen Kommission Antiziganismus. 12. Juli 2021 https://www.bmi.bund.de/SharedDocs/downloads/DE/veroeffentlichungen/themen/heimat-integration/bericht-unabhaengige-kommission-antiziganismus.pdf;jsessionid=32330FC9A78D148163DE3C15B8C7FEE6.1_cid364__blob=publicationFile&v=5 (Zuletzt abgerufen Okt. 2021).

Jane Schuch und Isidora Randjelović: »Wir müssen einen Weg für uns suchen. Wir müssen einen Weg für uns finden.« (Häns'che Weiss 1979) - Gesellschaftspolitische Positionierungen von Roma und Sinti in Deutschland. 03. Dez. 2014 https://heimatkunde.boell.de/de/2014/12/03/wir-muessen-einen-weg-fuer-uns-suchen-wir-muessen-einen-weg-fuer-uns-finden-haensche (Zuletzt abgerufen Okt. 2021).

Hadija Haruna-Oelker im Gespräch mit Christoph Sterz: Kritik an WDR-Talkshow »Letzte Instanz«/»Ein Beispiel, das repräsentativ für andere steht«. 01. Feb. 2021 https://www.deutschlandfunk.de/kritik-an-wdr-talkshow-letzte-instanz-ein-beispiel-das-100.html (Zuletzt abgerufen Okt. 2021).

Emilia Roig: Why We Matter. Das Ende der Unterdrückung. Berlin 2021.

Karin Scherchel: Rassismus als flexible symbolische Ressource. Eine Studie über rassistische Argumentationsfiguren. Bielefeld 2015.

Klaus Holz: Die antisemitische Figur des Dritten in der nationalen Ordnung der Welt. In: Christina von Braun, Eva-Maria Ziege (Hrsg.): Das bewegliche Vorurteil. Aspekte des internationalen Antisemitismus. Königshausen & Neumann 2005, S. 43–61.

Debora Antmann: Zwischen den Stühlen. Mit der Dichotomie von «BIPoC« und «weiß" bleiben weiße Jüd*innen weiterhin raumlos, sagt unsere Kolumnistin. 18. Aug. 2020 https://missy-magazine.de/blog/2020/08/18/zwischen-den-stuehlen/ (Zuletzt abgerufen Okt. 2021).

Judith Coffey, Vivien Laumann: Gojnormativität. Warum wir anders über Antisemitismus sprechen müssen. Berlin 2021.

Irina Ginsburg: Queere Perspektiven auf jüdisches Leben in der Frühen Neuzeit. Interview mit Michal Schwartze. 27. Juli 2020 https://www.juedischesmuseum.de/blog/queere-perspektiven/ (Zuletzt abgerufen Okt. 2021).

Anna Hájková: Queere Geschichte und der Holocaust. 14. Sept. 2018 https://www.bpb.de/apuz/275892/queere-geschichte-und-der-holocaust (Zuletzt abgerufen Okt. 2021).

Theodor W. Adorno: Minima Moralia: Reflexionen aus dem beschädigten Leben. Frankfurt/Main 19878, S. 184 ff (= Bibliothek Suhrkamp 236).

Annedore Prengel: Wieviel Verschiedenheit verträgt die Kita? 2014 https://docplayer.org/13155781-Wieviel-verschiedenheit-vertraegt-die-kita-prof-dr-annedore-prengel.html (Zuletzt abgerufen Okt. 2021).

Katharina Walgenbach: Erziehungswissenschaftliche Perspektiven auf Vielfalt, Heterogenität, Diversity / Diversität, Intersektionalität. In: Ingeborg Hedderich, Jeanne Reppin, Corinne Butschi (Hg.): Perspektiven auf Vielfalt in der frühen Kindheit. Mit Kindern Diversität erforschen. Bad Heilbrunn 2021, S. 41–59.

Katharina Walgenbach: Heterogenität - Intersektionalität - Diversity in der Erziehungswissenschaft. Berlin, Toronto 2017.

Michael Wildt: Massenmord und Holocaust. 18. Dez. 2012 https://www.bpb.de/izpb/151942/massenmord-und-holocaust (Zuletzt abgerufen Okt. 2021).

Fragiler Konsens. Eine Podiumsdiskussion mit Meron Mendel, Astrid Messerschmidt und Hadija Haruna-Oelker. 23. Mai 2018 http://lernen-aus-der-geschichte.de/Lernen-und-Lehren/content/14012 (Zuletzt abgerufen Okt. 2021).

Saskia Trebing: Künstlerin Moshtari Hilal. 07. Mai 2021 »Kritik ist das Gegenteil von Gleichgültigkeit« https://www.monopol-magazin.de/moshtari-hilal-menschen-mit-nazi-hintergrund-kritik-ist-das-gegenteil-von-gleichgueltigkeit (Zuletzt abgerufen Okt. 2021).

Niklas Luhmann: Soziale Systeme. Grundriß einer allgemeinen Theorie. Frankfurt/Main 1987.

Heinz Bude und Andreas Willisch: Die Debatte über die »Überflüssigen«. Einleitung. In: Heinz Bude und Andreas Willisch (Hg.): Die Debatte über die »Überflüssigen«. Frankfurt/Main 2008, S. 9–30.

Kien Nghi Ha, Nicola Lauré al-Samarai, Sheila Mysorekar (Hg.): re/visionen Postkoloniale Perspektiven von People of Color auf Rassismus, Kulturpolitik und Widerstand in Deutschland. Münster 2007.

Familienverstrickungen und Mit-Gefühl

Roger Willemsen: Wer wir waren. Zukunftsrede. Frankfurt/Main 2016.

Moshtari Hilal und der Autor und Geograf Sinthujan Varatharajah zitiert nach: https://www.instagram.com/p/CLpGaieKv5b/?igshid=1qb3ucit0z9lj (Zuletzt abgerufen Jan. 2021).

Mareike Fallet und Claudia Keller: Michel Friedman und Max Czollek über jüdisches Leben in Deutschland »Das ist Gedächtnistheater!« 29. Dez. 2020 https://chrismon.evangelisch.de/artikel/2020/51011/michel-friedman-und-max-czollek-ueber-juedisches-leben-in-deutschland (Zuletzt abgerufen Okt. 2021).

Eva von Redecker: Revolution für das Leben. Philosophie der neuen Protestformen. Frankfurt/Main 2020.

Staatliche Hochschule für Gestaltung Karlsruhe: Das Ich der Sachherrschaft. Vortrag von Eva von Redecker. 23. Jan. 2020 https://hfg-karlsruhe.de/aktuelles/das-ich-der-sachherrschaft/ (Zuletzt abgerufen Okt. 2021).

Maria do Mar Castro Varela und Alisha M. B. Heinemann: Globale Bildungsbewegungen – Wissensproduktionen verändern. In: Zeitschrift für internationale Bildungsforschung und Entwicklungspädagogik, 2/2016, S. 19.

Identitäten und die (Ohn)Macht der Differenz

Tsepo Bollwinkel: Coming in and Coming home. In: Denise Bergold-Caldwell, Laura Digoh, Christelle Nkwendja-Ngnoubamdjum, Hadija Haruna-Oelker, Camilla Ridha, Eleonore Wiedenroth-Coulibaly (Hg.): Spiegelblicke – Perspektiven Schwarzer Bewegung in Deutschland. Berlin 2016, S. 93–95.

Erik H. Erikson: Identität und Lebenszyklus. Drei Aufsätze. Frankfurt/Main 1973.

Valentin Groebner: Der Glamour der Identität. 07. März 2021 https://geschichtedergegenwart.ch/der-glamour-der-identitaet/ (Zuletzt abgerufen Okt. 2021).

Combahee River Collective: https://combaheerivercollective.weebly.com/ (Zuletzt abgerufen Okt. 2021).

Homi K. Bhabha: Über kulturelle Hybridität: Tradition und Übersetzung. Wien 2017.

May Ayim: Blues in schwarz weiss, Berlin 2005, S. 61.

Mark Terkessidis: Die Banalität des Rassismus. Migranten zweiter Generation entwickeln eine neue Perspektive. Bielefeld 2004.

Emilia Roig: Why We Matter. Das Ende der Unterdrückung. Berlin 2021.

Valentin Groebner: Der Glamour der Identität. 07. März 2021 https://

geschichtedergegenwart.ch/der-glamour-der-identitaet/ (Zuletzt abgerufen Jan. 2022).
Jens Kastner und Lea Susemichel (Hg.): Identitätspolitiken. Konzepte und Kritiken in Geschichte und Gegenwart der Linken. Münster 2020.
Amanda Gorman: The Hill We Climb – Den Hügel hinauf: Zweisprachige Ausgabe. Hamburg 2021.
Janice Deul: Opinie: Een witte vertaler voor poëzie van Amanda Gorman: onbegrijpelijk. 25. Feb. 2021 https://www.volkskrant.nl/columns-opinie/opinie-een-witte-vertaler-voor-poezie-van-amanda-gorman-onbegrijpelijk~bf128ae4/?referrer=https%3A%2F%2Fhaidee-kotze.medium.com%2Fenglish-translation-janice-deuls-opinion-piece-about-gorman-rijneveld-8165a8ef4767 (Zuletzt abgerufen Okt. 2021).
Haidee Kotze: English translation: Janice Deul's opinion piece about Gorman/Rijneveld. 18. März 2021 https://haidee-kotze.medium.com/english-translation-janice-deuls-opinion-piece-about-gorman-rijneveld-8165a8ef4767 (Zuletzt abgerufen Okt. 2021).
Sharon Dodua Otoo: Vor der Grenze – Über einen Übersetzungsstreit. 29. März 2021 https://www.54books.de/vor-der-grenze-ueber-einen-uebersetzungsstreit/ (Zuletzt abgerufen Okt. 2021).
Audre Lorde: Die Werkzeuge der Herrschenden werden das Haus der Herrschenden niemals einreißen. In: Audre Lorde: Sister Outsider. München 2021, S. 7–12.
Open End: IDENTITÄT: Mit Michel Friedman, Hadija Haruna-Oelker, Jagoda Marinic & Wolfgang Thierse. 09. Mai 2021 https://www.youtube.com/watch?v=W7HFOKEPL6s (Zuletzt abgerufen Okt. 2021).
Wolfgang Thierse: Wie viel Identität verträgt die Gesellschaft? 22. Feb. 2021 https://www.faz.net/aktuell/feuilleton/debatten/wolfgang-thierse-wie-viel-identitaet-vertraegt-die-gesellschaft-17209407.html (Zuletzt abgerufen Okt. 2021).
Ludwig Wittgenstein: Tractatus logico-philosophicus. Logisch-philosophische Abhandlung. Berlin 2021, Satz 5.6.
Paula-Irene Villa Braslavsky, In: Römerberggespräche #50 Sprache. Macht. Gerechtigkeit. 06. Nov. 2021 https://roemerberggespraeche-ffm.de/2021-50-roemerberggespraeche-sprache-macht-gerechtigkeit-wer-darf-wie-reden/ (Zuletzt abgerufen Okt. 2021).
Andreas Hetzel: Öffentlichkeit als Konflikt. In: fiph. JOURNAL Ausgabe Nr. 30 / Oktober 2017. https://fiph.de/veroeffentlichungen/journale/cover-downloads/fiph_038_RZ_Journal_Ausgabe_30_2017-10-27_Schwerpunktthema_Andreas_Hetzel.pdf?m=1570630417&
(Zuletzt abgerufen Okt. 2021).

Kübra Gümüşay: Die Erklärerin. 14. Jan. 2021 https://renk-magazin.de/die-erklaererin/ (Zuletzt abgerufen Jan. 2022).
Beate Hausbichler: Kübra Gümüşay: »Inszenierte Debatten machen uns nicht schlauer«. 02. Feb. 2020 https://www.derstandard.de/story/2000113962701/kuebra-guemuesay-inszenierte-diskussionen-machen-uns-nicht-schlauer (Zuletzt abgerufen Okt. 2021).
Sarah Borufka: Emilia Roig. Vom Ende der Unterdrückung. 25. Mai 2021 https://www.goethe.de/prj/jad/de/the/man/22226445.html (Zuletzt abgerufen Okt. 2021).
John Galtung: Theorien zum Frieden. In: Dieter Senghaas (Hg.): Kritische Friedensforschung. Frankfurt/ Main 1981, S. 235–246.
O.A.: »Schwarze Frauen waren auf dieser Buchmesse nicht willkommen«. 24. Okt. 2021 https://www.spiegel.de/kultur/literatur/frankfurter-buchmesse-2021-debatte-ueber-rechte-verlage-auch-bei-friedenspreis-verleihung-a-b6c7c928-6c54-4627-ac8c-db971fea1115 (Zuletzt abgerufen Okt. 2021).
Tsitsi Dangarembga: Friedenspreis des deutschen Buchhandels 2021. Ansprachen aus Anlass der Verleihung. Laudatio: Auma Obama. Frankfurt/Main 2021.

Vom Lernen und Verlernen

Roger Willemsen: Wer wir waren. Zukunftsessay. Frankfurt/Main 2016, S. 43.
Gayatri C. Spivak: Teaching for the times. In: Bhikhu Parekh und Jan Nederveen Pieterse (Hg.): The Decolonization of Imagination: Culture, Knowledge and Power. London 1995, S. 177–202.
Donna Landry und Gerald Maclean (Hg.): The Spivak-Reader: Selected Works of Gayatri Chakravorty Spivak. London 1996.
Roger Willemsen: Wer wir waren. Zukunftsessay. Frankfurt/Main 2016, S. 26.

Emotion: Wie fühlen wir?
Vom Fühlen

Erich Fried: Fast Glück. In: Um Klarheit. Gedichte gegen das Vergessen. Berlin, Verlag Klaus Wagenbach 1985, 1998, S. 46.
Denise Bergold-Caldwell, Laura Digoh, Christelle Nkwendja-Ngnoubamdjum, Hadija Haruna-Oelker, Camilla Ridha, Eleonore Wiedenroth-Coulibaly (Hg.): Spiegelblicke - Perspektiven Schwarzer Bewegung in Deutschland. Berlin 2001.

Hadija Haruna-Oelker und Lorenz Rollhäuser: Die Öffentlich-Rechtlichen und die Migrationsgesellschaft. Dekolonisiert euch! 24. Nov. 2020 https://www.hoerspielundfeature.de/die-oeffentlich-rechtlichen-und-die-migrationsgesellschaft-100.html (Zuletzt abgerufen Okt. 2021).

bell hooks: Sisters of the Yam. Black Women and Self-Recovery. Boston 1993, S. 14.

Silvia Zanotta: Wieder ganz werden. Traumaheilung mit Ego-State-Therapie und Körperwissen. Heidelberg 2018.

Leslie Jamison: Die Empathie-Tests. Berlin 2015, S. 297.

Jan Plamper: Vergangene Gefühle. Emotionen als historische Quellen. 30. Juli 2013 https://www.bpb.de/apuz/165747/vergangene-gefuehle-emotionen-als-historische-quellen?p=all https://www.zitate.eu/autor/immanuel-kant-zitate/130453 (Zuletzt abgerufen Okt. 2021).

Stefanie Stahl: Das Kind in dir muss Heimat finden. Der Schlüssel zur Lösung (fast) aller Probleme. München 2015.

Carlotta Welding: Fühlen lernen. Warum wir so oft unsere Emotionen nicht verstehen und wie wir das ändern können. Stuttgart 2021.

Dirk Louw: Power sharing and the challenge of ubuntu ethics. https://uir.unisa.ac.za/bitstream/handle/10500/4316/Louw.pdf (Zuletzt abgerufen Okt. 2021).

Manon Westphal: Kritik- und Konfliktkompetenz. Eine demokratietheoretische Perspektive auf das Kontroversitatsgebot https://www.bpb.de/apuz/266578/kritik-und-konfliktkompetenz-eine-demokratietheoretische-perspektive-auf-das-kontroversitaetsgebot (Zuletzt abgerufen Jan. 2022).

Leah Carola Czollek, Gudrun Perko, Corinne Kaszner, Max Czollek: Praxishandbuch Social Justice und Diversity. Theorien, Training, Methoden, Übungen. Weinheim 2019, S. 51–57.

Von der Wut

Maya Angelou, https://twitter.com/drmayaangelou/status/1382717886385561603, (Zuletzt abgerufen Jan. 2022).

Alena Schröder: Wohin mit der weiblichen Wut? 03. Okt. 2018 https://sz-magazin.sueddeutsche.de/leben-und-gesellschaft/wohin-mit-der-weiblichen-wut-86197 (Zuletzt abgerufen Okt. 2021).

Audre Lorde: Auge in Auge. Schwarze Frauen, Hass und Wut. In: Audre Lorde: Sister Outsider. München 2021, S. 162–207.

Paul Watzlawick: Geschichte mit dem Hammer. In: Paul Watzlawick: Anleitung zum Unglücklichsein. München 1983, S. 10–14.

Ciani-Sophia Hoeder: Wut und Böse. Berlin 2021.
Wendy Ashley: The angry black woman: the impact of pejorative stereotypes on psychotherapy with black women. Soc Work Public Health 2014; 29 (1), S. 27–34. https://pubmed.ncbi.nlm.nih.gov/24188294/ (Zuletzt abgerufen Okt. 2021).
Audre Lorde: Es gibt keine Hierarchie der Unterdrückung. In: AnouchK Ibacka Valiente (Hg.): Vertrauen, Kraft und Widerstand. Kurze Texte von Audre Lorde. Hiddensee 2015.

Klassifikation: Wie werden wir eingeteilt?
Haste Arbeit, haste Geld, haste …

bell hooks: Die Bedeutung von Klasse. Münster 2020, S. 61.
Karl Marx: Das Kapital. Buch I: Der Produktionsprocess des Kapitals. Hamburg 1867, S. 233.
Didier Eribon: Die Rückkehr nach Reims, Berlin 2016 (= edition suhrkamp).
Anna Mayr: Die Elenden. Berlin 2020.
bell hooks: Die Bedeutung von Klasse. Warum die Verhältnisse nicht auf Rassismus und Sexismus zu reduzieren sind. Münster 2020.

Wenn Habitus zählt

Theodor W. Adorno: Minima Moralia: Reflexionen aus dem beschädigten Leben. Frankfurt/Main 1978, 184 f. (= Bibliothek Suhrkamp 236).
Feridun Zaimoglu: Kanak Sprak – 24 Mißtöne vom Rande der Gesellschaft. Berlin 1995.
Hadija Haruna: Weissu – is krasse Sprache! 20. Juni 2011 https://www.fluter.de/weissu-is-krasse-sprache (Zuletzt abgerufen Okt. 2021).
Aladin El-Mafaalani: Mythos Bildung: Die ungerechte Gesellschaft, ihr Bildungssystem und seine Zukunft. Köln 2020.
Mansur Seddiqzai: Und Bildung ist doch kein Mythos. 11. Feb. 2020 https://www.zeit.de/gesellschaft/schule/2020-02/ungleichheit-bildung-mythos-aladin-el-mafaalani (Zuletzt abgerufen Okt. 2021).
Max Weber, Johannes Winckelmann (Hg.): Wirtschaft und Gesellschaft. Grundriß der verstehenden Soziologie. Tübingen 1980 (1922), S. 534 ff.
Amrei Bahr, Kristin Eichhorn, Sebastian Kubon: #IchBinHanna: Promoviert, habilitiert, perspektivlos. In: »Blätter« 8/2021, S. 21-24. https://www.blaetter.de/ausgabe/2021/august/ichbinhanna-promoviert-habilitiert-perspektivlos (Zuletzt abgerufen Okt. 2021).
Michael Reitz: Das Denken Pierre Bourdieus im 21. Jahrhundert / Noch

feinere Unterschiede? 26. Nov. 2017 https://www.deutschlandfunk.de/das-denken-pierre-bourdieus-im-21-jahrhundert-noch-feinere.1184.de.html?dram:article_id=398990 (Zuletzt abgerufen Okt. 2021).
Aladin El-Mafaalani, Vom Arbeiterkind zum Akademiker – Über die Mühen des Aufstiegs durch Bildung, S. 21. https://www.kas.de/c/document_library/get_file?uuid=a2af0ac0-e96c-3637-7e86-6b2a88dd7105&groupId=252038 (Zuletzt abgerufen Okt. 2021).
Daniela Dröscher: Zeig mir deine Klasse: Die Geschichte meiner sozialen Herkunft. Hamburg 2018, S. 240.
Bettina Kohlrausch: Abstiegsängste in Deutschland. Ausmaß und Ursachen in Zeiten des erstarkenden Rechtspopulismus. Working Paper Forschungsförderung Nummer 058, Februar 2018 https://www.boeckler.de/pdf/p_fofoe_WP_058_2018.pdf (Zuletzt abgerufen Okt. 2021).
Aladin El-Mafaalani: Vortrag Römerberggespräche. 2021 https://www.youtube.com/watch?v=Zabs94ymRjw, (Zuletzt abgerufen Okt. 2021).
Friederike Bahl und Philipp Staab: Das Dienstleistungsproletariat. https://www.his-online.de/forschung/projektdetail/projects/227/ (Zuletzt abgerufen Okt. 2021).
Anna Mayr: Die Elenden. Berlin 2020, S. 125.

Klasse und Chance

Bosse: Das Paradies. Album: Sunnyside, 2021.
Andreas Kemper und Heike Weinbach: Klassismus. Eine Einführung. Münster 2009, https://andreaskemper.org/klassismus/ (Zuletzt abgerufen Okt. 2021).
Andreas Kemper: Class / Klassismus. Zwischen den Stühlen. https://andreaskemper.org/klassismus/ (Zuletzt abgerufen Okt. 2021).
Hardy Funk: Das Märchen vom Aufstieg. Warum wir wieder über Klasse reden müssen. 05. Okt. 2021 https://www.br.de/kultur/gesellschaft/warum-wir-wieder-von-klassen-reden-muessen-100.html (Zuletzt abgerufen Okt. 2021).
Daniela Dröscher: Zeig mir deine Klasse: Die Geschichte meiner sozialen Herkunft. Hamburg 2018.
Andreas Reckwitz: Zwischen Hyperkultur und Kulturessenzialismus. Die Spätmoderne im Widerstreit zweier Kulturalisierungsregime. 16. Jan. 2017 https://www.bpb.de/politik/extremismus/rechtspopulismus/240826/zwischen-hyperkultur-und-kulturessenzialismus (Zuletzt abgerufen Okt. 2021).
Jan Feddersen: »Der Unterschied liegt in der Kultur«. 02. Aug. 2018

https://taz.de/Soziologe-ueber-die-neue-Mittelklasse/!5523416/ (Zuletzt abgerufen Okt. 2021).

Stephanie Rohde und Andreas Reckwitz: Das Zeitalter der Deregulierung ist zu Ende. 27. Okt. 2019 https://www.deutschlandfunkkultur.de/soziologe-andreas-reckwitz-das-zeitalter-der-deregulierung-100.html (Zuletzt abgerufen Okt. 2021).

Andreas Zick, Beate Küpper und Wilhelm Berghan: Verlorene Mitte – Feindselige Zustände. Rechtsextreme Einstellungen in Deutschland 2018/19. Bonn 2019 (Hg. für die Friedrich-Ebert-Stiftung v. Franziska Schröter).

Caroline Fourest: Generation Beleidigt – von der Sprachpolizei zur Gedankenpolizei. Berlin 2020 (= Critica Diabolis).

Sahra Wagenknecht: Die Selbstgerechten. Mein Gegenprogramm – für Gemeinsinn und Zusammenhalt. Hamburg 2021.

Hadija Haruna-Oelker: Aufstieg von rechts, welche Schuld trägt links? In: Eva Berendsen, Saba-Nur Cheema und Meron Mendel (Hg.): Triggerwarnung. Identitätspolitik zwischen Abwehr, Abschottung und Allianzen. Berlin 2019 (= Edition Bildungsstätte Anne Frank, 1), S.63-77.

Streitraum 16/17: Unbegrenzt entgrenzt 2: Grenzen der Herkunft, Grenzen der Scham. Carolin Emcke im Gespräch mit Didier Eribon. 27. Nov. 2016 https://carolin-emcke.de/unbegrenzt-entgrenzt-2-grenzen-der-herkunft-grenzen-der-scham/ (Zuletzt abgerufen Okt. 2021).

Peggy Piesche und Vanessa E. Thompson. In: Hadija Haruna-Oelker: Aufstieg von rechts, welche Schuld trägt links? In: Eva Berendsen, Saba-Nur Cheema und Meron Mendel (Hg.): Triggerwarnung. Identitätspolitik zwischen Abwehr, Abschottung und Allianzen. Berlin 2019 (= Edition Bildungsstätte Anne Frank, 1), S. 68.

W.E.B. Du Bois: Black Reconstruction in America 1860-1880. New York 1999.

Vanessa E. Thompson In: Hadija Haruna-Oelker: Aufstieg von rechts, welche Schuld trägt links? In: Eva Berendsen, Saba-Nur Cheema und Meron Mendel (Hg.): Triggerwarnung. Identitätspolitik zwischen Abwehr, Abschottung und Allianzen. Berlin 2019 (= Edition Bildungsstätte Anne Frank, 1), S. 68.

Andreas Reckwitz: Zwischen Hyperkultur und Kulturessenzialismus. Die Spätmoderne im Widerstreit zweier Kulturalisierungsregime. 16. Jan. 2017 http://www.bpb.de/politik/extremismus/rechtspopulismus/240826/zwischen-hyperkultur-und-kulturessenzialismus (Zuletzt abgerufen Okt. 2021).

Daniela Dröscher: Zeig mir deine Klasse: Die Geschichte meiner sozialen Herkunft. Hamburg 2018.

bell hooks: Die Bedeutung von Klasse. Münster 2020.
Daniela Dröscher: Zeig mir deine Klasse: Die Geschichte meiner sozialen Herkunft. Hamburg 2018.
Anna Mayr: Die Elenden. Berlin 2021.
ZDF Aspekte: Einmal arm – immer arm. Leben wir in einer Klassengesellschaft? Mit Katty Salié. 3. Sept. 2021 https://www.zdf.de/kultur/aspekte/klassengesellschaft-armut-klassismus-deutschland-100.html (Zuletzt abgerufen Okt. 2021).
Daniela Dröscher: Zeig mir deine Klasse: Die Geschichte meiner sozialen Herkunft. Hamburg 2018, S. 242.
Aladin El-Mafaalani: Mythos Bildung: Die ungerechte Gesellschaft, ihr Bildungssystem und seine Zukunft. Köln 2020.
Anna Mayr: Die Elenden. Berlin 2021.
Martin Speetsmann-Kunkel (Hg.): Antonio Gramscis Hegemonieverständnis. In: Kultur interdisziplinär – eine Kategorie in der Diskussion, S. 122.

Gender, Sexualität und Körper: Wie betrachten wir uns? Genderleicht. Pronomen und ich, du, wir

Paulette Beete: #TuesdayThought: Janet Mock. 03. März 2020 https://www.arts.gov/stories/blog/2020/tuesdaythought-janet-mock, (Zuletzt abgerufen Okt. 2021).
Judith Butler: Das Unbehagen der Geschlechter. Gender Studies. Frankfurt/Main 1991 (= edition suhrkamp).
Der Deutsche Bundestag 2015 https://www.bundestag.de/dokumente/textarchiv/2018/kw50-de-geburtenregister-581364, (Zuletzt abgerufen Okt. 2021).
Tsepo Bollwinkel: Coming in and Coming home. In: Denise Bergold-Caldwell, Laura Digoh, Christelle Nkwendja-Ngnoubamdjum, Hadija Haruna-Oelker, Camilla Ridha, Eleonore Wiedenroth-Coulibaly (Hg.): Spiegelblicke – Perspektiven Schwarzer Bewegung in Deutschland. Berlin 2016, S. 93-95.
Felicia Ewert: Trans. Frau. Sein. Aspekte geschlechtlicher Marginalisierung. Münster 2020.
Bundesverfassungsgericht: Voraussetzungen für die rechtliche Anerkennung von Transsexuellen nach § 8 Abs. 1 Nr. 3 und 4 Transsexuellengesetz verfassungswidrig, Pressemitteilung Nr. 7/2011 vom 28. Januar 2011 https://www.bundesverfassungsgericht.de/SharedDocs/Pressemitteilungen/DE/2011/bvg11-007.html (Zuletzt abgerufen Okt. 2021).

Inga Hoffmann und Tillmann Warnecke: Tessa Ganserer und Nyke Slawik sind die ersten trans Frauen im Bundestag. 27. September 2021 https://www.tagesspiegel.de/gesellschaft/queerspiegel/historischer-erfolg-bei-der-bundestagswahl-tessa-ganserer-und-nyke-slawik-sind-die-ersten-trans-frauen-im-bundestag/27651736.html (Zuletzt abgerufen Okt. 2021).

Tsepo Bollwinkel: Coming in and Coming home. In: Denise Bergold-Caldwell, Laura Digoh, Christelle Nkwendja-Ngnoubamdjum, Hadija Haruna-Oelker, Camilla Ridha, Eleonore Wiedenroth-Coulibaly (Hg.): Spiegelblicke – Perspektiven Schwarzer Bewegung in Deutschland. Berlin 2016, S. 93-95.

Jayrôme C. Robinet: Mein Weg von einer weißen Frau zu einem jungen Mann mit Migrationshintergrund. Berlin 2019.

Queer.de: »Es war ein Fehler« Eddie Redmayne bereut »Danish Girl«-Rolle. O. Datum, https://www.queer.de/detail.php?article_id=40521 (Zuletzt abgerufen Okt. 2021).

Elena Nicolaou: Die Darstellung von transgender Charakteren in Filmen & Serien. 28. Juni 2021 https://www.refinery29.com/de-de/transgender-personen-in-filmen-und-serien (Zuletzt abgerufen Okt. 2021).

Jayrôme C. Robinet: Mein Weg von einer weißen Frau zu einem jungen Mann mit Migrationshintergrund. Berlin 2019, S. 270.

Linus Giese: Trans Menschen werden für Zwangs-OPs nicht entschädigt. 03. Juni 2019 https://www.tagesspiegel.de/gesellschaft/queerspiegel/folgen-des-transsexuellengesetzes-trans-menschen-werden-fuer-zwangs-ops-nicht-entschaedigt/24412070.html (Zuletzt abgerufen Okt. 2021).

Judith Butler: Performative Akte und Geschlechterkonstitution. Phänomenologie und feministische Theorie. In: Uwe Wirth: Performanz. Zwischen Sprachphilosophie und Kulturwissenschaften. Berlin 2002, S. 301-320.

https://www.instagram.com/p/CP-zXaCn66u/?utm_medium=share_sheet

Carola Ewinkel und Gisela Hermes u. a. (Hg.): Geschlecht: behindert. Besonderes Merkmal: Frau. Ein Buch von behinderten Frauen. München 1985.

Heterowelten

Amma Yeboah: mdl. Zitat ISD-Empowermentworkshop 2020.

Kai Kupferschmidt: Blau: Wie die Schönheit in die Welt kommt. Hamburg 2019.

Hadija Haruna-Oelker, Gupha Voss In: Denise Bergold-Caldwell, Laura Digoh, Christelle Nkwendja-Ngnoubamdjum, Hadija Haruna-Oelker, Camilla Ridha, Eleonore Wiedenroth-Coulibaly (Hg.): Spiegelblicke – Perspektiven Schwarzer Bewegung in Deutschland. Berlin 2016, S. 217.

Maike Strietholt: Homofeindlichkeit ist bis heute tief verankert. 03. Mai 2021 https://www.deutschlandfunkkultur.de/gleichgeschlechtliche-lebensweisen-homofeindlichkeit-ist.976.de.html?dram:article_id=496620 (Zuletzt abgerufen Okt. 2021).

Carolin Emcke: Wie wir begehren. Frankfurt/Main 2012.

MANEO-Kurzgeschichten: Was ich erlebt habe. Erzählungen aus dem Alltag – von Lesben, Schwulen, Bisexuellen und Trans*personen und ihren Familienangehörigen. http://www.maneo.de/fileadmin/user_upload/dateien/WIEH_22.pdf (Zuletzt abgerufen Okt. 2021).

https://www.instagram.com/p/CVYHAjAMjzb/?utm_medium=share_sheet (Zuletzt abgerufen Okt. 2021).

Margarete Stokowski: Die letzten Tage des Patriarchats. Hamburg 2019.

Susanne Kaiser: Politische Männlichkeit. Wie Incels, Fundamentalisten und Autoritäre für das Patriarchat mobilmachen. Berlin 2020 (= edition suhrkamp).

Deutschlandfunk Nova: Rollenbilder: Was ist Männlichkeit heute? https://www.deutschlandfunknova.de/rollenbilder-was-ist-maennlichkeit-heute (Zuletzt abgerufen Okt. 2021).

Kritische Männlichkeit: Was ist kritische Männlichkeit? https://kritische-maennlichkeit.de/was-ist-kritische-maennlichkeit/ (Zuletzt abgerufen Okt. 2021).

Nils Pickert: Prinzessinnenjungs. Wie wir unsere Söhne aus der Geschlechterfalle befreien. Weinheim 2020.

Arabelle Sicardi: Queer Heroes. 53 LGBTQ-Held*innen von Sappho bis Freddie Mercury und Ellen DeGeneres. Mit Illustrationen von Sarah Tanat-Jones. München 2020.

Sewell Chan, Marsha P. Johnson: A transgender pioneer and activist who was a fixture of Greenwich Village street life. https://www.nytimes.com/interactive/2018/obituaries/overlooked-marsha-p-johnson.html (Zuletzt abgerufen Okt. 2021).

Körperbetrachtungen

Oscar Wilde zitiert nach: https://www.edwardviesel.eu/0043.html (Zuletzt abgerufen Okt. 2021).

Anja Tervooren: Repräsentation und Repräsentationskritik in den Disability Studies. Das Konzept des »verletzlichen Körpers« revisited. 08. Juli 2008 https://www.zedis-ev-hochschule-hh.de/files/tervooren_repraesentationskritik.pdf (Zuletzt abgerufen Okt. 2021).

Caroline Ali-Tani: Wie Kinder Vielfalt wahrnehmen: Vorurteile in der frühen

Kindheit und die pädagogischen Konsequenzen. https://www.kita-fachtexte.de/fileadmin/Redaktion/Publikationen/KiTaFT_AliTani_2017_WIeKinderVielfaltwahrnehmen.pdf (Zuletzt abgerufen Okt. 2021).

Olaolu Fajembola und Tebogo Nimindé-Dundadengar: »Gib mir mal die Hautfarbe« - Mit Kindern über Rassismus sprechen. Weinheim 2021.

Frantz Fanon: Die Verdammten dieser Erde. Vorwort von Jean-Paul Sartre. Frankfurt/Main 1981.

O.A.: Your Fat Friend: The Bizarre and Racist History of the BMI. 15. Okt. 2019 https://elemental.medium.com/the-bizarre-and-racist-history-of-the-bmi-7d8dc2aa33bb (Zuletzt abgerufen Okt. 2021).

O.A.: ZDF Aspekte: Kampf um Identität – was ist heute noch »normal«? Mit Katty Salié. 23. April 2021 https://www.zdf.de/kultur/aspekte/identitaetspolitik-debatte-um-diskriminierung-und-rassismus-100.html (Zuletzt abgerufen Okt. 2021).

Chimamanda Ngozi Adichie: We Should All be Feminists. London 2014. TED-Talk unter: /https://www.ted.com/talks/chimamanda_ngozi_adichie_we_should_all_be_feminists?language=de (Zuletzt abgerufen Okt. 2021).

Charlotte Cooper: Llewellyn Louderback, More People Should Be FAT. November 1967 http://obesitytimebomb.blogspot.com/2011/07/lew-louderback-more-people-should-be.html (Zuletzt abgerufen Okt. 2021).

Susie Orbach: Fat is a Feminist Issue. London 2016.

Melody Michelberger: Body Politics. Rowohlt 2021.

Roxane Gay: Hunger. Die Geschichte (m)eines Körpers. München 2019, S. 149 und S. 143.

Universität Tübingen: Übergewicht bringt berufliche Nachteile. Tübinger Wissenschaftler untersuchen Vorurteile gegenüber Adipösen: Personalentscheider sprechen dicken Menschen Führungsqualitäten ab. 23. Aug. 2012 https://uni-tuebingen.de/uploads/media/12-08-23Adipositas_und_Beruf.pdf (Zuletzt abgerufen Okt. 2021).

https://bildungmachtrassismus.blogs.uni-hamburg.de/essay-fat-or-and-phat/ (Zuletzt abgerufen Okt. 2021).

Miriam Suter: Ist die Body-Positivity-Bewegung nichts für schlanke Menschen? 06. Febr. 2019 https://www.vice.com/de/article/9kpa4e/ist-die-body-positivity-bewegung-nichts-fur-schlanke Menschen (Zuletzt abgerufen Okt. 2021).

Christelle Nkwendja-Ngnoubamdjum: Ringvorlesung. #BlackFatBellyLove https://bit.ly/3llmgne (Zuletzt abgerufen Okt. 2021).

Magda Albrecht: Fa(t)shionista: Rund und glücklich durchs Leben. Berlin 2018.

Celia Parbey, Sabrina Strings: «Die Verwendung eines einzigen BMI-Standards

ist rassistisch". 23. Dez. 2019 https://rosa-mag.de/sabrina-strings-die-verwendung-eines-einzigen-bmi-standards-ist-rassistisch/ (Zuletzt abgerufen Okt. 2021).
Roxane Gay: Hunger. Die Geschichte (m)eines Körpers. München 2019, S. 210.
O.A.: Warum ich das mit der »Body Positivity« nicht mehr hören kann. 14. Aug. 2018 https://www.watson.de/leben/kommentar/935107477-warum-ich-das-mit-der-body-positivity-nicht-mehr-hoeren-kann (Zuletzt abgerufen Okt. 2021).
Juliane Frisse: »Das Ziel ist nicht, seine Pickel schön zu finden«. 11. Aug. 2019 https://www.zeit.de/die-antwort/2019-08/body-positivity-schoenheitswahn-body-neutrality-selbstbewusstsein/seite-3 (Zuletzt abgerufen Okt. 2021).
Frankfurter Zentrum für Ess-Störungen: #Stopbodyshaming, Podcast des Frankfurter Zentrums für Ess-Störungen, moderiert von Hadija Haruna-Oelker. 2021 https://essstoerungen-frankfurt.de/stopbodyshaming/ (Zuletzt abgerufen Okt. 2021).
Beate Hausbichler: Der verkaufte Feminismus: Wie aus einer politischen Bewegung ein profitables Label wurde. Wien und Salzburg 2021.
Amanda Leduc: Entstellt: Über Märchen, Behinderung und Teilhabe. Hamburg 2021 (= Nautilus Flugschrift).
Beate Hausbichler: Feminist Washing: Achtung vor dem Populär-Feminismus! 07. Apr. 2021 https://www.annabelle.ch/leben/feminist-washing-achtung-vor-dem-populaer-feminismus/ (Zuletzt abgerufen Okt. 2021).

Geist: Wie nehmen wir war?
Wahrnehmung und Psyche

Dileta Fernandes Sequeira: https://www.dileta-sequeira.com/ansichten/ (Zuletzt abgerufen Okt. 2021).
Leslie Jamison: Die Empathie-Tests. Berlin 2015, S. 297.
Deutsche Depressionshilfe, Sondererhebung Deutschland-Barometer Depression: 2. Lockdown verschlechtert Krankheitsverlauf und Versorgung von psychisch Erkrankten massiv. 2021 https://www.deutsche-depressionshilfe.de/presse-und-pr/pressemitteilungen (Zuletzt abgerufen Okt. 2021).
Tanja Kollodzieyski: Depression und Behinderung: Einmal alles, bitte! 23. Juli 2021 https://dieneuenorm.de/kolumne/depression-und-behinderung-einmal-alles-bitte/ (Zuletzt abgerufen Okt. 2021).
Michel Foucault: Die Geburt der Klinik. Eine Archäologie des ärztlichen Blicks. Frankfurt/Main 1963.

Christoph David Piorkowski: Eine Lange Nacht über Michel Foucault. Die Spur der Macht in uns allen. 08. Okt. 2016 https://www.deutschlandfunk.de/eine-lange-nacht-ueber-michel-foucault-die-spur-der-macht.704.de.html?dram:article_id=365838 (Zuletzt abgerufen Okt. 2021). https://www.instagram.com/p/CR56DQBspee/?utm_medium=share_sheet (Zuletzt abgerufen Okt. 2021).

https://www.somatic-experiencing.de/was-ist-somatic-experiencing/peter-levine-und-die%20geschichte-von-se/ (Zuletzt abgerufen Okt. 2021).

Hadija Haruna: Wenn Zuwendung wärmt. In: Der Tagesspiegel Nr. 20 494, 09. Januar 2020 https://hadijablog.files.wordpress.com/2016/08/wennzuwendungwacc88rmt_hadija_haruna.pdf (Zuletzt abgerufen Okt. 2021).

Hadija Haruna: Warten auf tätige Reue der katholischen Kirche. 01. März 2010 https://www.zeit.de/gesellschaft/schule/2010-03/missbrauch-canisius-entschaedigung (Zuletzt abgerufen Okt. 2021).

Dagmar Weidinger: »Wer sich schämt, möchte verschwinden«. 01. Juni 2019 und 14. Okt. 2019 https://www.wienerzeitung.at/nachrichten/reflexionen/zeitgenossen/2011645-Wer-sich-schaemt-moechte-verschwinden.html (Zuletzt abgerufen Okt. 2021).

Hadija Haruna: Warten auf tätige Reue der katholischen Kirche. 01. März 2010 https://www.tagesspiegel.de/berlin/nach-missbrauchsfaellen-warten-auf-taetige-reue-der-katholischen-kirche/1837720.html (Zuletzt abgerufen Okt. 2021).

M. Fakhry Davids, Veronika Grüneisen und Christiane Bakhit: Innerer Rassismus. Eine psychoanalytische Annäherung an race und Differenz. Gießen 2019, S. 10.

Silvia Zanotta: Wieder ganz werden. Traumaheilung mit Ego-State-Therapie und Körperwissen. Heidelberg 2018.

Trauma und Sein

Ta –Nehisi Coates: Zwischen mir und der Welt. Frankfurt/Main 2015, S. 17.

Christa Wolf: Kindheitsmuster. Roman. München 1999, S. 13.

Bundesweite Arbeitsgemeinschaft der Psychosozialen Zentren für Flüchtlinge und Folteropfer – BAfF e.V. (Hg.): Trauma, Empowerment und Solidarität. Berlin 2020, S. 20. https://www.baff-zentren.org/wp-content/uploads/2020/06/BAfF_Trauma-Empowerment-Solidaritaet.pdf (Zuletzt abgerufen Okt. 2021).

Arne Hoffmann zitiert nach: Helwi Braunmüller: Das weitergegebene Trauma. 17. Febr. 2016 https://www.srf.ch/wissen/gesundheit/das-weitergegebene-trauma (Zuletzt abgerufen Okt. 2021).

Grada Kilomba-Ferreira: »Don't You Call Me Neger!« – Das N-Wort, Trauma und Rassismus. In: ADB & cyberNomads (Hg.): TheBlackBook. Deutschlands Häutungen. Frankfurt/Main und London 2004.

Grada Kilomba: Das N-Wort. 03. Juni 2009 https://www.bpb.de/gesellschaft/migration/afrikanische-diaspora/59448/das-n-wort (Zuletzt abgerufen Okt. 2021).

Amma Yeboah: Rassismus und psychische Gesundheit in Deutschland. https://rassismusbericht.de/wp-content/uploads/Rassismus-und-psychische-Gesundheit.pdf (Zuletzt abgerufen Okt. 2021).

Martin Reker: Die gebrochene Identität als Thema in der Psychiatrie. In: Jahrbuch der Psychotherapie, Philosophie und Kultur, Psycho_logik, Bd. 13. Identität(en), 2018, S. 168-180.

Shawn O Utsey, Joseph G. Ponterotto: Development and validation of the Index of Race-Related Stress (IRRS). Journal of Counseling Psychology, 43(4), 1996, S. 490-501.

Utsey, S. O., & Ponterotto, J. G.: Development and validation of the Index of Race-Related Stress (IRRS). Journal of Counseling Psychology, 43(4) 2006, S. 490–501.

Deutscher Bundestag (Hg.): Sachstand Transgenerationale Traumatisierung. https://www.bundestag.de/resource/blob/501186/5cab3d455ea7c85a1dfbd7ce458d499a/WD-1-040-16-pdf-data.pdf (Zuletzt abgerufen Okt. 2021).

Landeshauptstadt München, Direktorium und Antidiskriminierungsstelle für Menschen mit Migrationshintergrund AMIGRA (Hg.): Alltagsrassismus und rassistische Diskriminierung. Auswirkungen auf die psychische und körperliche Gesundheit. Dokumentation der Fachtagung vom 12.10.2010 https://www.elina-marmer.com/wp-content/uploads/2014/02/fachtagung_alltagsrassismus.pdf (Zuletzt abgerufen Okt. 2021).

Carola Hoffmeister: Gesundheitsschädlicher Rassismus: Interview mit Stephanie Cuff. Apr. 2019 https://so-gesund.com/gesundheitsschaedlicher-rassismus/ (Zuletzt abgerufen Okt. 2021).

Verena Klütsch und Günter Reich: Die mehrgenerationale Weitergabe von Traumatisierungen – empirische und familiendynamische Perspektiven. In: Praxis der Kinderpsychologie und Kinderpsychiatrie 2012, 61 (8), S. 564-583.

Astride Velho: Auswirkungen von rassistischen Diskriminierungserfahrungen auf die Gesundheit und auf Prozesse der Subjektivierung, In: Überblick Schwerpunkt Rassismus – Subjekt – Subjektivierung. 1/2011, 17. Jg.

Mark Terkessidis: Die Banalität des Rassismus. Migranten zweiter Generation entwickeln eine neue Perspektive. Bielefeld 2004.

Amma Yeboah: Rassismus und psychische Gesundheit in Deutschland. In: Karim Fereidooni und Meral El: Rassismuskritik und Widerstandsformen. Wiesbaden 2017, S. 143-161.
https://link.springer.com/chapter/10.1007%2F978-3-658-14721-1_9 (Zuletzt abgerufen Okt. 2021).
Mario Castro Varela und Nikitha Dhawan zitiert nach: Landeshauptstadt München, Direktorium und Antidiskriminierungsstelle für Menschen mit Migrationshintergrund AMIGRA (Hg.): Alltagsrassismus und rassistische Diskriminierung. Auswirkungen auf die psychische und körperliche Gesundheit. Dokumentation der Fachtagung vom 12.10.2010 https://www.elina-marmer.com/wp-content/uploads/2014/02/fachtagung_alltagsrassismus.pdf (Zuletzt abgerufen Okt. 2021).
May Ayim: Ana ist tot. In: Blues in Schwarz Weiss. Berlin 2005, S. 47.
Dileta Fernandes Sequeira: Gefangen in der Gesellschaft – Alltagsrassismus in Deutschland: Rassismuskritisches Denken und Handeln in der Psychologie. Marburg 2015.
KU Gesundheitsmanagement: Dr. Lieselotte Mahler ist neue Ärztliche Direktorin in den Kliniken im TWW. 15. Juni 2021 https://ku-gesundheitsmanagement.de/2021/06/15/dr-lieselotte-mahler-ist-neue-aerztliche-direktorin-in-den-kliniken-im-tww/ (Zuletzt abgerufen Okt. 2021).
Hadija Haruna: Problemfall Homosexualität. 09. Okt. 2011 https://www.tagesspiegel.de/themen/gesundheit/psychotherapie-problemfall-homosexualitaet/4734844.html (Zuletzt abgerufen Okt. 2021).
Martin Reker: Die gebrochene Identität als Thema in der Psychiatrie. In: Chr. Nixon: Psychologik Bd. 13, Identitäten. Freiburg/München 2018.
Joachim Lux zitiert nach: Dissoziation und Identität – Teil 1. Vortrag im Rahmen der 15. Langeooger Woche der Kinder- und Jugendpsychiatrie und Psychotherapie »Dissoziation und Gegenwart«, 2017 https://www.thalia-theater.de/beitraege/619 (Zuletzt abgerufen Okt. 2021).

Behinderung: Was blenden wir aus?
Die Bewegung der größten marginalisierten Gruppe

Laura Gehlhaar: https://www.instagram.com/p/CEg95VcKvl3/?utm_medium=copy_link, (Zuletzt abgerufen Okt. 2021).
Silvia Follmann: Laura Gehlhaar: »Meine Behinderung gehört auch all denen, die sie mitverursachen«. 07. April 2017 https://editionf.com/female-future-force-interview-laura-gehlhaar/ (Zuletzt abgerufen Okt. 2021).
Touchdown 21: Natalie Dedreux: Menschen mit Down-Syndrom sind cool. Und sie findet: Das soll die Welt wissen. https://touchdown21.info/de/

seite/17-globus/article/245-natalie-dedreux.html (Zuletzt abgerufen Okt. 2021).
Petition Lukas Krämer: #StelltUnsEin - Ich fordere den Mindestlohn für Menschen in Behindertenwerkstätten! https://www.change.org/p/olafscholz-stelltunsein-ich-fordere-den-mindestlohn-für-menschen-in-behindertenwerkstätten (Zuletzt abgerufen Okt. 2021).
Bundesagentur für Arbeit, Statistik/Arbeitsmarktberichterstattung, Berichte: Blickpunkt Arbeitsmarkt. Arbeitsmarktsituation schwerbehinderter Menschen 2020. Mai 2021 https://statistik.arbeitsagentur.de/DE/Statischer-Content/Statistiken/Themen-im-Fokus/Menschen-mit-Behinderungen/generische-Publikation/Arbeitsmarktsituation-schwerbehinderter-Menschen.pdf?_blob=publicationFile (Zuletzt abgerufen Okt. 2021).
Rebecca Maskos: #AbleismTellsMe: Behinderte Menschen teilen Diskriminierungserfahrungen. 06. Sept. 2020 https://editionf.com/ableism-tells-me/ (Zuletzt abgerufen Okt. 2021).
O.A.: »Behinderte Menschen sind sexuell – und queer!« 10. Jan. 2021 https://editionf.com/behinderte-menschen-sind-sexuell-und-queer/ (Zuletzt abgerufen Okt. 2021).
Tanja Kollodzieyski: Ableismus. Berlin 2020 (= AuK 527).
Studie der Berufsgenossenschaft für Gesundheitsdienst und Wohlfahrtspflege 2017: https://www.presseportal.de/pm/77149/3727204 (Zuletzt abgerufen Okt. 2021).
Sophia Behrend: Raus aus der Werkstatt, aber wie? 11. Nov. 2021 https://dieneuenorm.de/arbeit/werkstaetten-allgemeiner-arbeitsmarkt/ (Zuletzt abgerufen Okt. 2021).
Rebecca Ricker: Teilhabe reicht nicht. 30. Okt. 2021 https://taz.de/Forderung-nach-Mindestlohn/!5808583/ (Zuletzt abgerufen Okt. 2021).
Lisa Steger: »Er besaß die Frechheit, noch zu leben«. 22. Dez. 2021 https://www.rbb24.de/panorama/beitrag/2021/12/oberlin-prozess-potsdam-pflegehelferin-urteil-lisa-steger-gerich.html (Zuletzt abgerufen Dez. 2021).
Julia Latscha: Dieser Tod ist keine Erlösung. 11. Mai 2021 https://www.zeit.de/kultur/2021-05/behindertenfeindlichkeit-mord-potsdam-pflegerin-inklusion-ableismus-erloesung/seite-1 (Zuletzt abgerufen Okt. 2021).
Übermedien: Gewalttat von Potsdam: Wie können Medien besser berichten? 07. Mai 2021 https://uebermedien.de/59612/gewalttat-von-potsdam-wie-koennen-medien-besser-berichten/ (Zuletzt abgerufen Okt. 2021).
Raul Krauthausen: Dachdecker wollte ich eh nicht werden: Das Leben aus der Rollstuhlperspektive. Reinbek 2014.

Bundesministerium für Familie, Senioren, Frauen und Jugend (Hg.): Lebenssituation und Belastungen von Frauen mit Beeinträchtigungen und Behinderungen in Deutschland. Berlin 2014.

Kirsten Achtelik: Selbstbestimmte Norm. Feminismus, Pränataldiagnostik, Abtreibung. Berlin 2015.

Christiane Hutson: Mehrdimensional verletzbar. Eine Schwarze Perspektive auf Verwobenheiten zwischen Ableism und Sexismus. In: Jutta Jacob, Swantje Köbsell und Eske Wollrad (Hg.): Gendering Disability, Intersektionale Aspekte von Behinderung und Geschlecht. Bielefeld 2014, S. 61–72.

https://www.instagram.com/p/CORDtKbn5HH/?utm_medium=share_sheet

Sara Tomšić: Brand New Bundestag. »Von meiner Kandidatur könnten sich viele Menschen provoziert fühlen«. 03. Aug. 2020 https://www.zeit.de/campus/2020-07/brand-new-bundestag-edwin-greve-diversitaet-graswurzel-bewegung (Zuletzt abgerufen Okt. 2021).

Julia Latscha: Dieser Tod ist keine Erlösung. 11. Mai 2021 https://www.zeit.de/kultur/2021-05/behindertenfeindlichkeit-mord-potsdam-pflegerin-inklusion-ableismus-erloesung/seite-1 (Zuletzt abgerufen Okt. 2021).

UN-Behindertenrechtskonvention: In-Kraft-treten der Konvention https://www.behindertenrechtskonvention.info/in-kraft-treten-der-konvention-3138/ (Zuletzt abgerufen Okt. 2021).

Amartya Sen: Die Idee der Gerechtigkeit. Friedenspreis des Deutschen Buchhandels 2020 für Amartya Sen. München 2020.

Remo H. Largo: Babyjahre: Entwicklung und Erziehung in den ersten vier Jahren. Erziehungsratgeber für Kleinkinder. München 1997.

WZB: Inklusive Bildung: Bundesländer verstoßen gegen UN-Konvention. 08. Sept. 2021 https://www.wzb.eu/de/pressemitteilung/inklusive-bildung-bundeslaender-verstossen-gegen-un-konvention (Zuletzt abgerufen Okt. 2021).

Karim Fereidooni und Stefan E. Hößl (Hg.): Rassismuskritische Bildungsarbeit. Reflexionen zu Theorie und Praxis. Frankfurt/Main 2021.

Sandra Busch: Inklusive Kitas in Frankfurt sollen bleiben, wie sie sind. 01. Febr. 2019 https://www.fr.de/frankfurt/frankfurt-inklusive-kitas-sollen-bleiben-sind-11628113.html (Zuletzt abgerufen Okt. 2021).

Ottmar Miles-Paul: 8. Mai 1980: Erinnerung an Demo gegen Frankfurter Reiseurteil. 08. Mai 2020 https://kobinet-nachrichten.org/2020/05/08/8-mai-1980-erinnerung-an-demo-gegen-frankfurter-reiseurteil/ (Zuletzt abgerufen Okt. 2021).

Archiv behindertenbewegung: Krüppel-Zeitung. https://archiv-behindertenbewegung.org/beitraege/krueppel-zeitung/proteste-zum-uno-jahr-der-behinderten/ (Zuletzt abgerufen Okt. 2021).

Ottmar Miles-Paul: Heute vor 40 Jahren begann das Krüppel-Tribunal in Dortmund. 12. Dez. 2021 https://kobinet-nachrichten.org/2021/12/12/heute-vor-40-jahren-begann-das-krueppel-tribunal-in-dortmund/ (Zuletzt abgerufen Okt. 2021).

Kirsten Achtelik: Selbstbestimmte Norm. Feminismus, Pränataldiagnostik, Abtreibung. Berlin 2015, S. 83.

Werner Moskopp: Der (Präferenz-)Utilitarismus Peter Singers. 14. Juli 2017 https://www.bpb.de/gesellschaft/umwelt/bioethik/208812/standpunkt-der-praeferenz-utilitarismus-peter-singers (Zuletzt abgerufen Okt. 2021).

Nina Streeck: «Ein Embryo hat kein Recht auf Leben». 24. Mai 2015 https://www.nzz.ch/nzzas/nzz-am-sonntag/philosoph-peter-singer-ein-embryo-hat-kein-recht-auf-leben-1.18547574 (Zuletzt abgerufen Okt. 2021).

RWM: Peter Singer – der umstrittene Tierrechtler wird 75. 04. Juli 2021 https://neuesruhrwort.de/2021/07/04/umstrittener-tier-rechtler-peter-singer-wird-75/ (Zuletzt abgerufen Okt. 2021).

Sarah Zhang: THE LAST CHILDREN OF DOWN SYNDROME. Dez. 2020 https://www.theatlantic.com/magazine/archive/2020/12/the-last-children-of-down-syndrome/616928/ (Zuletzt abgerufen Okt. 2021).

Swantje Köbsell und Theresia Degener: Hauptsache, es ist gesund?: Weibliche Selbstbestimmung unter humangenetischer Kontrolle. Hamburg 1992.

Kirsten Achtelik: Selbstbestimmte Norm. Feminismus, Pränataldiagnostik, Abtreibung. Berlin 2015.

Behindert sein und behindert werden

Christine Lavant in einem Brief an Paula Purtscher. Mit freundlicher Genehmigung des Wallstein-Verlags, Göttingen.

Jutta Jacob, Swantje Köbsell und Eske Wollrad (Hg.): Gendering Disability, Intersektionale Aspekte von Behinderung und Geschlecht. Bielefeld 2014.

Claudia Gottwald: Behinderung. 24. Juni 2019 https://www.socialnet.de/lexikon/Behinderung (Zuletzt abgerufen Okt. 2021).

Sebastian Steinmetz, Michael Wrase, Marcel Helbig und Ina Döttinger: Die Umsetzung schulischer Inklusion nach der UN-Behindertenrechtskonvention in den deutschen Bundesländern. Baden-Baden 2021 (= Recht und Gesellschaft, Law and Society, Bd. 15).

Jürgen Budde, Susanne Offen und Anja Tervooren (Hrsg.): Das Geschlecht der Inklusion. Berlin, Toronto 2016.

Christiane Hutson: Mehrdimensional verletzbar. Eine Schwarze Perspektive auf Verwobenheiten zwischen Ableism und Sexismus. In: Jutta Jacob, Swantje Köbsell und Eske Wollrad (Hg.): Gendering Disability, Intersektionale Aspekte von Behinderung und Geschlecht. Bielefeld 2014.

Mutterschaft. Eltern sein

Eszter Jakab von Kaiserinnenblog auf Instagram: https://www.instagram.com/p/CTAOWr_Mhug/?utm_medium=copy_link.Zuletzt abgerufen Okt. 2021).

Mareice Kaiser: Alles inklusive: Aus dem Leben mit meiner behinderten Tochter. Frankfurt/Main 2013.

Mareice Kaiser: Das Unwohlsein der modernen Mutter. Hamburg 2021.

Kaiserinnenblog: http://kaiserinnenreich.de/ (Zuletzt abgerufen Okt. 2021).

Sandra Roth: Lotta Wundertüte: Unser Leben mit Bobbycar und Rollstuhl. Köln 2013.

Sandra Roth: Lotta Schultüte: Mit dem Rollstuhl ins Klassenzimmer. Köln 2018.

Kirsten Achtelik: Selbstbestimmte Norm. Feminismus, Pränataldiagnostik, Abtreibung. Berlin 2015.

Touchdown 21: Natalie Dedreux: Menschen mit Down-Syndrom sind cool. Und sie findet: Das soll die Welt wissen. https://touchdown21.info/de/seite/17-globus/article/245-natalie-dedreux.html (Zuletzt abgerufen Okt. 2021).

Udo SiercK: Das Risiko, nichtbehinderte Eltern zu bekommen. Kritik aus der Sicht eines Behinderten. O. O. 1989.

Schluss jetzt?
Differenz feiern

Roxane Gay: Fragwürdige Privilegien. In: Bad Feminist. München 2019, S. 36.

Max Czollek: Gegenwartsbewältigung. München 2018.

Eva von Redecker: Revolution für das Leben. Philosophie der neuen Protestformen. Frankfurt/Main 2020.

Gesa Köbberling: Parteilichkeit als Grundlage einer gesellschafts- und machtkritischen Sozialen Arbeit. Hintergründe und praktische Spannungsfelder. In: Harpreet Kaur Cholia, Christin Jänicke (Hg.): UNENTBEHRLICH. Solidarität mit Betroffenen rechter, rassistischer und antisemitischer Gewalt. Münster 2021.

Eva von Redecker: Revolution für das Leben. Philosophie der neuen Protestformen. Frankfurt/Main 2020.

Audre Lorde, In: Eva von Redecker: Revolution für das Leben. Philosophie der neuen Protestformen. Frankfurt/Main 2020, S. 212.

Grüne Dinslaken: Rückzug der Bundestagskandidatur von Tareq Alaows. 30. März 2021 https://www.gruene-dinslaken.de/rueckzug-der-bundestagskandidatur-von-tareq-alaows/ (Zuletzt abgerufen Okt. 2021).

Lea Susemichel, Jens Kastner (Hg.): Unbedingte Solidarität. Münster 2021, S. 44.

Eva von Redecker: Revolution für das Leben. Philosophie der neuen Protestformen. Frankfurt/Main 2020, S. 135.

Leah Carola Czollek, Gudrun Perko, Corinne Kaszner, Max Czollek: Praxishandbuch Social Justice und Diversity. Theorien, Training, Methoden, Übungen. Weinheim 2019.

Necati Öziri zitiert nach Hadija Haruna-Oelker: Es gibt keine deutsche Gesellschaft ohne uns. 22. Sept. 2018 https://www.fr.de/kultur/gibt-keine-deutsche-gesellschaft-ohne-10967687.html (Zuletzt abgerufen Okt. 2021)

Gustav Heinemann: Unser Grundübel ist der Idealismus. In: Der Spiegel 22/1969 https://www.spiegel.de/politik/unser-grunduebel-ist-der-idealismus-a-96d361c7-0002-0001-0000-000045562756 (Zuletzt abgerufen Okt. 2021).

Paula-Irene Villa Braslavsky im Gespräch mit Karin Fischer: Gefahr und Chancen des Identitätsdiskurses/»Wir sollten das Miteinander in der Differenz denken«. 02. April 2021 https://www.deutschlandfunk.de/gefahr-und-chancen-des-identitaetsdiskurses-wir-sollten-das.911.de.html?dram:article_id=495047 (Zuletzt abgerufen Okt. 2021).

Hadija Haruna-Oelker: Es gibt keine deutsche Gesellschaft ohne uns. 22. Sept. 2018 https://www.fr.de/kultur/gibt-keine-deutsche-gesellschaft-ohne-10967687.html (Zuletzt abgerufen Okt. 2021).

Nelson Mandela Square: https://nelsonmandelasquare.co.za/it-always-seems-impossible-until-its-done/ (Zuletzt abgerufen Okt. 2021).

Die den Kapiteln vorangestellten Zitate
können als Destillat des jeweils nachfolgenden Kapitels
gelesen werden.

MIX
Papier aus verantwortungsvollen Quellen
FSC® C014496

Penguin Random House Verlagsgruppe FSC® N001967

1. Auflage

Neumarkter Str. 28, 81673 München
Covergestaltung: buxdesign, München
unter Verwendung einer Illustration von © Ruth Botzenhardt
Satz: Uhl + Massopust, Aalen
Druck und Einband: GGP Media GmbH, Pößneck
Printed in Germany
ISBN 978-3-442-75946-0

www.btb-verlag.de